TRAUNER VERLAG

Recht

KARL KRÜCKL
REINHARD BIRKENMEYER
KATHARINA KISS
SONJA SCHNABL

Wir weisen darauf hin, dass das Kopieren zum Schulgebrauch aus diesem Buch verboten ist – § 42 Absatz 6 Urheberrechtsgesetz (Stand: 1. 8. 2015): „Die Befugnis zur Vervielfältigung zum eigenen Schulgebrauch gilt nicht für Werke, die ihrer Beschaffenheit und Bezeichnung nach zum Schul- und Unterrichtsgebrauch bestimmt sind."

PEFC/06-39-364/05

© 2017
TRAUNER Verlag + Buchservice GmbH
Köglstraße 14, 4020 Linz
Österreich/Austria
Alle Rechte vorbehalten.

Nachdruck und sonstige Vervielfältigung, auch auszugsweise, nur mit ausdrücklicher Genehmigung des Verlages.
Layout wurde vom Patentamt mustergeschützt © Österreich 2010

Lektorat/Produktmanagement:
Birgitt Decker
Gestaltung und Grafik:
Bettina Victor, Sandra Bauer
Titelgestaltung: Bettina Victor
Schulbuchvergütung/Bildrechte:
© Bildrecht GmbH/Wien
Gesamtherstellung:
TRAUNER Druck GmbH & Co KG, Linz

ISBN 978-3-99062-320-6
Schulbuch-Nr. 180.765

ISBN 978-3-99062-323-7
Schulbuch-Nr. Kombi E-Book 180.887
www.trauner.at

Impressum

Krückl u. a., Recht IV HAK
1. Auflage 2017, aktualisierter Nachdruck 2019
Schulbuch-Nr. 180.765
Schulbuch-Nr. Kombi E-Book 180.887
TRAUNER Verlag, Linz

Das Autorenteam

OStR Dr. Karl Krückl, MA LL.M
Emeritierter Rechtsanwalt (www.krueckl-law.eu; https://www.facebook.com/Krückl-Verteidiger-in-Strafsachen-567288860275170),
Höhere technische Bundeslehranstalt Leonding

Dr. Reinhard Birkenmeyer
Bundeshandelsschule und Bundeshandelsakademie Braunau

Ministerialrätin Mag. Katharina Kiss
Abteilungsleiterin der pädagogischen Fachabteilung für kaufmännische Schulen im Bundesministerium für Bildung, Wissenschaft und Forschung

OStR Dr. Sonja Schnabl
Bundeshandelsschule und Bundeshandelsakademie Neumarkt am Wallersee

Approbiert für den Unterrichtsgebrauch für den IV. Jahrgang an Handelsakademien im Unterrichtsgegenstand Recht.
Bundesministerium für Bildung, BMBF-5.048/0016–IT/3/2016 vom 12. Oktober 2016

Die Inhalte entsprechen dem vorgeschriebenen Kompetenzraster laut Bildungsstandards und sind laut Lehrplan zu vermitteln. Eine Auswahl bzw. Gewichtung ist nur innerhalb einzelner Kapitel (Beispiele bzw. Vertiefungsangebote) gewährleistet, nicht jedoch dürfen lt. Ministerium einzelne Kapitel oder Kompetenzbereiche ausgelassen werden.

Liebe Schülerin, lieber Schüler,
Sie bekommen dieses Schulbuch von der Republik Österreich für Ihre Ausbildung. Bücher helfen nicht nur beim Lernen, sondern sind auch Freunde fürs Leben.

Ziele und Aufbau des Buches

Den Schülerinnen und Schülern Rechtslehre lebendig, aktuell und verständlich zu vermitteln, das ist das Ziel dieses Buches. Ob in Tageszeitungen, Fernsehen oder Radio ... rechtliche Fragestellungen und Entscheidungen begegnen den Schülerinnen und Schülern ständig im Alltag. Sie sollen daher die Hintergründe und Zusammenhänge dieser Themen begreifen.

Neben prägnantem Sachtext und vielen Übersichten, die dem Unterricht Struktur geben und systematisches Lernen ermöglichen, werden die Schülerinnen und Schüler mit Echtsituationen konfrontiert. So wird ihnen durch zahlreichen Beispielen veranschaulicht, wie und wo rechtliche Entscheidungen Auswirkungen auf ihr persönliches Leben haben. Schrittweise entwickeln die Lernenden Kompetenzen, die sie befähigen, rechtliche Probleme zu erkennen, zu analysieren und zu lösen.

Wir wünschen Ihnen ein intensives Arbeiten, spannende Übungen und Diskussionen und viel Erfolg beim praktischen Umsetzen.

Die Autoren

Wesentliche Elemente und verwendete Symbole

Die Ziele kennzeichnen, was Sie nach Durcharbeiten des Kapitels können sollen. Die Kompetenzstufen sind farblich gekennzeichnet.

Meine Ziele

Nach Bearbeitung dieses Kapitels kann ich
- Blau (wiedergeben, verstehen)
- Rot (anwenden)
- Schwarz (analysieren und entwickeln)

Aufgabenstellungen, Ziele erreicht?

Zur Erarbeitung der Kenntnisse und Fertigkeiten sowie zur Kontrolle des Lernerfolgs stehen den Lernenden Aufgabenstellungen und Abschlusstests („Ziele erreicht?") zur Verfügung. Die Aufgabenstellungen und „Ziele erreicht?"-Aufgaben sind ebenfalls nach dem Kompetenzmodell mit den Farben Blau, Rot und Schwarz gekennzeichnet. Es wird unterschieden zwischen Aufgaben, bei denen die Schüler/innen
- die gelernten Fachinhalte verstehen und wiedergeben;
- erworbenes Wissen anwenden können;
- eigenständig Probleme analysieren und Lösungen entwickeln.

Aufgabenstellungen erfordern die praktische Umsetzung des Wissens und verlangen zum Teil eigene kreative Lösungsansätze. Sie helfen den Lernenden, die Kenntnisse und Fertigkeiten zu festigen.

 „Ziele erreicht – Aufgaben?" am Ende eines Kapitels ermöglichen den Lernenden, selbst festzustellen, inwieweit sie in ihrem Lernprozess erfolgreich waren. Der Kompetenzzuwachs wird aufgezeigt.

Kompetenzen erworben?
Kreuzen Sie aufgrund der durchgeführten „Ziele erreicht?"-Aufgaben an, ob Sie die Kompetenzen
☺ **zur Gänze**
😐 **überwiegend** oder
☹ **(noch) nicht ausreichend**
erworben haben. Wiederholen Sie den jeweiligen Lehrstoff im Buch, falls Sie einzelne Ziele noch nicht erreicht haben.

Folgende weitere Piktogramme unterstützen das Lehren und Lernen im Buch:

 für Diskussionsaufgaben

 für Wissenswertes, Tipps und Downloads

 „Achtung!" oder „Beachte!"

 für Verknüpfungen mit anderen Gegenständen oder anderen Kapiteln

 für Verweise zu Gesetzen oder für Auszüge aus Gesetzestexten

Inhaltsverzeichnis

7. SEMESTER

I Rechtsordnung 9

1	Normen	11
2	Stufenbau der Rechtsordnung	11
3	Rechtsanwendung und Rechtsauslegung	13
4	Einteilung und Arten des Rechts	14
5	Rechtssubjekt – Rechtsobjekt	15
6	Zugang zum Recht	16

II Österreichisches und Europäisches Recht 21

Verfassungsrecht 22

1	Grundsätze der österreichischen Bundesverfassung	23
1.1	Das demokratische Prinzip	23
1.2	Das bundesstaatliche Prinzip	28
1.3	Das republikanische Prinzip	29
1.4	Das rechtsstaatliche Prinzip	30
1.5	Das gewaltenteilende Prinzip	30
2	Neutralität	31
3	Umfassende Landesverteidigung	32
4	Bundesgesetzgebung	35
4.1	Nationalrat	35
4.2	Bundesrat	37
4.3	Bundesversammlung	38
4.4	Rechtsstellung der Mitglieder der gesetzgebenden Körperschaften	38
5	Bundesverwaltung	40
5.1	Bundespräsident/in	40
5.2	Bundesregierung	41
5.3	Bundeskanzler/in	42
5.4	Bundesminister/innen	43
6	Landesgesetzgebung	44
6.1	Landtag	44
6.2	Entstehung von Landesgesetzen	45
7	Landesverwaltung	46
7.1	Landesregierung	46
7.2	Landeshauptmann/Landeshauptfrau	47
7.3	Amt der Landesregierung	47
7.4	Bezirksverwaltungsbehörden	47
8	Gemeinde – kommunale Selbstverwaltung	49
8.1	Organe der Gemeinde	49
8.2	Wirkungsbereiche und Aufgaben der Gemeinde	50
8.3	Leistungsverwaltung der Gemeinden	50
9	Kontrolle der Staatsgewalt	52
9.1	Parlamentarische Kontrolle	52
9.2	Verwaltungsgerichtsbarkeit	53
9.3	Verfassungsgerichtshof (VfGH)	55
9.4	Volksanwaltschaft	56
9.5	Rechnungshof (RH)	57

Gerichtsorganisation 61

1	Gerichtsbarkeit	62
2	Grundsätze der Gerichtsbarkeit	63
2.1	Richterliche Unabhängigkeit	63
2.2	Anklageprinzip	64
2.3	Mitwirkung des Volkes an der Rechtsprechung	64
3	Wirtschafts-und Korruptionsstaatsanwaltschaft (WKStA)	64

Die Sozialpartner und ihre Interessenvertretungen 66

1	Was ist die Sozialpartnerschaft?	67
2	Interessenverbände der Sozialpartnerschaft	68
2.1	Wirtschaftskammer Österreich	69
2.2	Präsidentenkonferenz der Landwirtschaftskammern Österreichs	70
2.3	Bundesarbeitskammer	71
2.4	Österreichischer Gewerkschaftsbund	72

Individuelle Rechtsinteressen 74

1	Staatsbürgerschaftsrecht	75
2	Grund- und Freiheitsrechte – Menschenrechte	79
2.1	Arten von Grundrechten	79
2.2	Verschiedene Grundrechte (Auszug)	80
2.3	Beschränkung der Grundrechte	80
2.4	Grundrechtsschutz	80
3	Asyl- und Fremdenrecht	83
3.1	Wie sieht das Asylrecht in Österreich aus?	93
3.2	Das österreichische Asylverfahren	84

Die Europäische Union 91

1	Entwicklung und Grundstrukturen der EU	92
1.1	Der lange Weg zur Europäischen Union	93
1.2	Wer kann Mitglied der EU werden?	93
1.3	Verträge der EU	94
1.3.1	Vertrag von Maastricht	94
1.3.2	Vertrag von Lissabon – Reformvertrag	96
2	Grundlagen des EU-Rechts und Rechtsdurchsetzung	97
2.1	Wie wird die EU regiert?	97
2.2	Wie entsteht ein EU-Gesetz?	99
3	EU-Gerichtsbarkeit	103
4	Sicherheitspolitik der EU	106
5	Österreich in der EU	107
6	Weiterentwicklung der EU	108

III Unternehmer/in und Arbeitnehmer/in in Recht und Wirtschaft — 115

Gewerbe- und Betriebsanlagenrecht — 116

1 Gewerberecht — 117
1.1 Voraussetzungen für die Ausübung eines Gewerbes — 117
1.2 Gewerbearten und ihre Voraussetzungen — 118
1.3 Gewerbeausschließungsgründe — 119
1.4 Beginn der Gewerbeausübung — 120
1.5 Erlöschen der Gewerbeberechtigung — 121
1.6 Standort, Namensführung und Geschäftsbezeichnung — 121
2 Betriebsanlagenrecht — 122
3 EU – EWR-Anpassungsbestimmungen — 125

Wettbewerbsrecht – Immaterialgüterrecht — 128

1 Wettbewerbsrecht — 129
1.1 Gesetz gegen den unlauteren Wettbewerb – UWG — 129
1.2 Verwaltungsrechtliche Verbote — 130
1.3 Rechtsfolgen bei Verletzung des UWG — 130
2 Immaterialgüterrecht — 131
2.1 Markenrecht — 131
2.2 Musterschutz — 132
2.3 Patentrecht — 132
2.3.1 Patent — 132
2.3.2 Gebrauchsmuster — 133
2.4 Urheberrecht — 134
2.4.1 Allgemeines — 134
2.4.2 Übertragung von Urheberrechten – Verwertungsrechte — 135
2.4.3 Wie ist bei Nutzung fremder Werke vorzugehen? — 135
2.4.4 Schutzdauer von urheberrechtlichen Werken — 136
2.4.5 Folgen von Urheberrechtsverletzungen — 136
2.4.6 Beispiele für Eingriffe in fremde Urheberrechte — 136

Produkthaftung und Produkthaftungsgesetz — 140

1 Produkthaftung — 141
2 Produktsicherheit — 144

Grundlagen des Arbeitsrechts — 146

1 Gliederung des Arbeitsrechts — 147
2 Arbeitsvertragsrecht — 148
2.1 Arbeitsverhältnis — 148
2.2 Arbeitsvertrag — 148
2.2.1 Ausbildungsverhältnisse — 149
2.2.2 Probearbeitsverhältnis — 150
2.2.3 Sonderformen von Arbeitsverträgen — 150
2.3 Pflichten des Arbeitgebers — 151
2.3.1 Entgeltleistung — 152
2.3.2 Entgeltfortzahlung — 152
2.3.3 Fürsorgepflicht — 154
2.4 Pflichten der Arbeitnehmerin/des Arbeitnehmers — 155
2.5 Beendigung des Arbeitsverhältnisses — 156
2.5.1 Zeitablauf — 156
2.5.2 Auflösung während der Probezeit — 156
2.5.3 Einvernehmliche Lösung — 157
2.5.4 Kündigung — 157
2.5.5 Entlassung und Austritt — 158
2.6 Ansprüche während und nach Beendigung eines Arbeitsverhältnisses — 159
3 Arbeitnehmerschutz — 161
3.1 Grundlegende Pflichten der Arbeitgeber — 161
3.2 Arbeitsinspektion — 162
3.3 Schutzvorschriften — 162
3.3.1 Arbeitszeit- und Arbeitsruhegesetz — 163
3.3.2 Personenschutz — 164
4 Kollektives Arbeitsrecht — 166
4.1 Berufsverfassungsrecht — 167
4.1.1 Berufsverbandsrecht — 167
4.1.2 Kollektive Rechtsgestaltung — 168
4.1.3 Arbeitskampfrecht — 169
4.2 Betriebsverfassungsrecht – betriebliche Mitbestimmung — 169

IV Rechtsdurchsetzung — 175

Verwaltung und Verwaltungsverfahren — 176

1 Verwaltungsorganisation — 177
2 Verwaltungsverfahren — 178
2.1 Zuständigkeit — 179
2.2 Parteien und Beteiligte — 180
2.3 Kosten eines Verfahrens — 180
2.4 Üblicher Ablauf eines Verwaltungsverfahrens in erster Instanz — 180
2.5 Allgemeine Regeln über den Verkehr zwischen Behörden und Parteien/Beteiligten — 181
2.5.1 Akteneinsicht — 181
2.5.2 Ladung — 182
2.5.3 Niederschrift — 182
2.5.4 Fristen — 182
2.5.6 Erledigung — 183
2.6 Bescheid — 183
3 Rechtsmittel im Verwaltungsverfahren — 186
3.1 Rechtsmittelverfahren – Beschwerde — 186
3.2 Berufungsbehörden im Verwaltungsverfahren — 187
3.3 Weitere Rechtsschutzeinrichtungen — 188
4 Vollstreckung — 188
5 Verwaltungsstrafrecht — 190
5.1 Materielles Verwaltungsstrafrecht — 190
5.2 Formelles Recht: Das Verwaltungsstrafverfahrensrecht — 190

5.2.1	Zuständigkeiten	190
5.2.2	Erledigungsformen erster Instanz	191

Arbeits- und sozialgerichtliches Verfahren — 194

1	Zuständigkeit	195
2	Verfahrensablauf in Sozialrechtssachen	196
3	Weitere Behörden	196

Insolvenzrecht — 198

1	Insolvenzverfahren	199
1.1	Gerichtliches Insolvenzverfahren	199
1.1.1	Sanierungsverfahren	200
1.1.2	Konkursverfahren	201
2	Schuldenregulierungsverfahren (Privatkonkurs)	203

8. SEMESTER

V Bearbeitung und Lösung alltäglicher Rechtsprobleme — 207

Personenrecht — 208

1	Unterscheidung natürliche Person – juristische Person	209
2	Natürliche Person	209
2.1	Rechtsfähigkeit	210
2.2	Handlungsfähigkeit	211
2.2.1	Geschäftsfähigkeit	211
2.2.2	Gesetzliche Vertretung – Wer vertritt Nichtvolljährige?	212
2.2.3	Erwachsenenschutzgesetz	213
3	Juristische Person	214

Familienrecht — 216

1	Wer ist mit wem verwandt?	217
2	Eherecht	218
2.1	Verlobung	218
2.2	Ehe und Eheschließung	218
2.3	Eingetragene Partnerschaft und „Ehe für alle"	219
2.4	Ehewirkungen – Pflichten und Rechte während der Ehe	219
2.4.1	Persönliche Ehewirkungen	219
2.4.2	Ehegüterrecht	220
2.5	Beendigung der Ehe	221
2.5.1	Scheidung	221
2.5.2	Aufhebung und Nichtigerklärung der Ehe	222
3	Eltern-Kind-Beziehung	223
3.1	Kindeswohl	224
3.2	Abstammung des Kindes	224
3.3	Name	225
3.4	Obsorge	225
3.5	Persönliche Kontakte, Informations-, Äußerungs- und Vertretungsrecht	226
3.6	Kindesunterhalt	226
3.7	Adoption – Pflegekindschaft	227
4	Lebensgemeinschaft	228

Erbrecht — 230

1	Allgemeines zum Erbrecht	232
2	Materielles Erbrecht	233
2.1	Testament	233
2.2	Erbvertrag	236
2.3	Gesetzliche Erbfolge	236
2.3.1	Gesetzliches Erbrecht des unehelichen Kindes und bei Adoption	237
2.3.2	Ehegattenerbrecht – gleichgeschlechtliche Partnerschaften	237
2.3.3	Außerordentliches Erbrecht von Lebensgefährten	237
2.3.4	Pflichtteilsrecht	237
2.3.5	Enterbung	238
2.3.6	Pflegevermächtnis	238
2.3.7	Europäische Erbrechtsverordnung	239
2.3.8	Erblose Verlassenschaft	239
3	Formelles Erbrecht	240
3.1	Gang des Verlassenschaftsverfahrens	240
3.2	Haftung für Schulden	241
3.3	Erbschafts- und Aneignungsklage	241

Sachenrecht — 243

1	Allgemeines	244
2	Innehabung – Besitz – Eigentum	245
2.1	Besitz	246
2.1.1	Besitzerwerb	246
2.1.2	Besitzverlust	246
2.1.3	Besitzstörung	246
2.2	Eigentum	247
2.2.1	Arten des Eigentums	247
2.2.2	Eigentumserwerb	247
2.2.3	Eigentumsbeschränkungen	249
2.2.4	Eigentumsschutz	249
3	Grundbuch	252
4	Pfandrecht	252
5	Dienstbarkeiten (Servituten)	254
6	Reallasten	255
7	Baurecht	255

Schuldrecht — 257

1	Allgemeines	258
2	Grundlagen des Vertragsrechts	258
3	Vertragserfüllung	260
4	Vertragsabsicherung	260
5	Leistungsstörungen	261
5.1	Gewährleistung	261
5.2	Verkürzung über die Hälfte des wahren Wertes	264
5.3	Spätere Unmöglichkeit der Leistung	265

5.4	Verzug	265
6	Erlöschen der Schuld	267
7	Vertragstypen	267
8	Schadenersatzrecht	268
8.1	Haftung für eigenes Verschulden	268
8.2	Haftung von Aufsichtspersonen	271
8.3	Haftung für eigenes schuldloses Handeln	271
8.4	Haftung für fremdes Verschulden	272
8.5	Haftung für gefährliche Sachen (Gefährdungshaftung)	272

Konsumentschutzrecht — 275

1	Für wen gilt das Konsumentenschutzrecht?	276
2	Die wichtigsten Bestimmungen des KSchG	276
2.1	Besondere Rücktrittsrechte für Konsumentinnen und Konsumenten	276
2.1.1	Die berühmten „Haustürgeschäfte"	277
2.1.2	Beschränkung der Risiken des Onlineshoppings	278
2.2	Kostenvoranschläge	281
2.3	Unzulässige Vertragsbestandteile	281
2.4	Abzahlungsgeschäfte (Ratenkauf)	282
2.5	Gewährleistung	283
2.6	Gewinnzusagen gemäß § 5J KschG	283

Wohn- und Mietrecht — 285

1	Wohnen ist ein Grundbedürfnis	286
2	Wohnen mit Wohnungseigentum	286
3	Wohnen mit Mietvertrag	287
3.1	Mietvertrag	287
3.2	Wichtige Pflichten des Vermieters bzw. Rechte der Mieter/innen	289
3.3	Mietzins	290

Recht im Internet — 293

1	Datenschutzrecht	294
1.1	EU-Datenschutz-Grundverordnung – DSGVO	294
1.2	Datenarten	294
1.3	Rechte der Betroffenen	295
1.4	Pflichten von Verantwortlichen und Auftragsverarbeitern	299
1.5	Rechtsbehelfe – Haftung – Sanktionen	301
1.6	Datenschutzbehörden	302
2	E-Commerce und Fernabsatz	303
3	Elektronische Signatur	304
4	Umgang mit Social Networks	305
5	Mediengesetz	306

VI Rechtsdurchsetzung im Strafverfahren und im Zivilverfahren — 309

Materielles Strafrecht (A) und Strafprozessrecht (B) — 310

A Materielles Strafrecht — 311

1	Strafgesetzbuch	312
1.1	Allgemeiner Teil – die Elemente des Verbrechensbegriffes im Überblick	312
1.1.1	Handlungsbegriff	312
1.1.2	Tatbestandsmäßigkeit	313
1.1.3	Rechtswidrigkeit	313
1.1.4	Schuld	315
1.1.5	Die Entwicklung einer Straftat	315
1.1.6	Beteiligung mehrerer an einer Straftat	316
1.1.7	Strafaufhebungs- und Strafausschließungsgründe	316
1.2	Besonderer Teil des Strafgesetzbuches	316
2	Sanktionen	319
2.1	Strafen	319
2.2	Vorbeugende Maßnahmen	321
2.3	Diversion	321
3	Strafregister und Tilgung	322
4	Jugend- und Heranwachsendenstrafrecht	322
4.1	Jugendstrafrecht	322
4.2	Heranwachsendenstrafrecht	323
4.3	Jugendkriminalität: Tatsachen und öffentliche Wahrnehmung	324

B Strafprozessrecht — 325

1	Wer ist an einem Strafprozess beteiligt?	325
2	Verfahrensgrundsätze	326
3	Wie läuft ein Strafverfahren ab?	326
4	Instanzenzug	328
5	Einsatz von Zwangsmitteln	329

Zivilprozess- und Exekutionsrecht — 332

1	Zivilprozessrecht	333
1.1	Was passiert in einem Zivilprozess?	333
1.2	Verfahrensarten	333
1.3	Verfahrensgrundsätze	334
1.4	Zuständigkeit	334
1.4.1	Örtliche Zuständigkeit	334
1.4.2	Sachliche Zuständigkeit	335
1.5	Ablauf des Verfahrens vor den Gerichten	335
1.5.1	Mahnverfahren	335
1.5.2	Ordentliches Verfahren	336
1.6	Rechtsmittel	341
1.7	Anwaltspflicht, Kosten und Verfahrenshilfe	341
2	Exekutionsrecht	343
2.1	Exekution wegen Geldforderung	344
2.1.1	Fahrnisexekutionsverfahren	344
2.1.2	Forderungsexekution, Lohnpfändung	345
2.2	Sonstige Exekutionsarten	345

Stichwortverzeichnis	347
Bildnachweis	350

I Rechtsordnung

Gehen wir davon aus, dass Menschen, die in Gruppen leben, ohne Recht nicht existieren können, so muss Recht mehrere Eigenschaften aufweisen, um dem Anspruch, nämlich das Zusammenleben der Menschen zu ordnen, gerecht zu werden.

Diese Eigenschaften, die Grundbegriffe der Rechts- und Staatslehre sind Gegenstand dieses Kapitels.

I Rechtsordnung

Rechtsordnung

Sie sollen, im Sinne von Max Frisch, in die Lage versetzt werden, neben Ihren Pflichten auch die vielen Rechte, die die Rechtsordnung uns zugesteht, zu (er-)kennen und so aktiv als Bürgerin oder Bürger Ihr Leben zu gestalten.

Dazu müssen Sie natürlich vorab die Regeln kennenlernen – denn allgemein gilt der Grundsatz: **Unwissenheit schützt vor Strafe** nicht! Andernfalls würde gerade der belohnt werden, der sich aus Faulheit oder Fahrlässigkeit nicht informiert. Jede/r in Österreich ist verpflichtet, sich über das geltende Recht zu informieren. Niemand kann sich also damit entschuldigen, dass er/sie nicht wusste, dass etwas verboten ist.

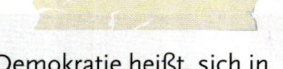

„Demokratie heißt, sich in seine eigenen Angelegenheiten einzumischen."

Max Frisch, schweizer Schriftsteller (1911–1991)

KOMPETENZ-ERWERB

 Meine Ziele

Nach Bearbeitung dieses Kapitels kann ich
- den Zweck einer Rechtsordnung erkennen;
- Rechtsnormen von moralischen Normen unterscheiden;
- den Stufenbau der Rechtsordnung skizzieren;
- die einzelnen Schritte der Rechtsauslegung erklären;
- an einem Beispiel beschreiben, wie Recht angewendet wird;
- die einzelnen Arten des Rechts erkennen und vergleichen;
- mich als mündige Bürgerin/mündiger Bürger bei Rechtsfragen oder Rechtsproblemen selbst über einfache Rechtsinhalte informieren oder die passende Einrichtung für Rechtsberatung auffinden.

1 Normen

Paul liest in der Zeitung, dass der Direktor einer Neuen Mittelschule nach Abstimmung im Schulforum ab sofort den Schülerinnen und Schülern in der Schule und am Schulgelände das Küssen verbietet, da dies seiner Meinung nach über das übliche Maß einer Begrüßung hinaus ausgeübt würde und daher moralisch bedenklich wäre. Paul fragt sich, was Küssen am Schulhof mit Rechtslehre zu tun hat? Ist es nicht die ganz private Angelegenheit von Jugendlichen, ihren Gefühlen freien Lauf zu lassen? Wieso glauben der Herr Direktor und das Schulforum, dies verbieten zu müssen, und können oder dürfen sie dies überhaupt?

Überall, wo Menschen zusammenleben, werden **Verhaltensregeln** gebildet, nach denen sich die Mitglieder dieser Gemeinschaft mehr oder weniger richten müssen, um auch weiterhin Mitglied der Gruppe zu bleiben, also „dazuzugehören". Diese Verhaltensregeln nennt man allgemein **Normen**. Manche wichtigen Normen müssen von allen Menschen eingehalten werden. Dies kann vom Staat eingefordert und sogar zwangsweise durchgesetzt werden.

💬 Küssen am Schulhof verboten? Wer entscheidet darüber, was erlaubt ist? Was ist Ihre persönliche Meinung zu diesem Thema?

Man unterscheidet

Rechtsnormen

- Regeln das Zusammenleben von Menschen.
- Die Verletzung dieser Normen hat **rechtliche Folgen** (Sanktionen, Strafen).
- Sind **mit staatlicher Gewalt durchsetzbar**.

Moralische Normen, Sitten

- Unter **Moral** versteht man, was das eigene Gewissen als richtiges Handeln ansieht.
- Als **Brauch** oder **Sitte** wird ein in einer Gemeinschaft übliches Verhalten bezeichnet.
- Bräuche, Sitten, moralische und ethische Normen sind **nicht mit staatlicher Gewalt durchsetzbar**.

Sitten, Bräuche und **Moral** können einen großen Einfluss haben. So wird jemand, der gegen die Sitten- und Moralvorstellungen einer Gruppe verstößt, eventuell Schwierigkeiten bekommen und aus dieser ausgeschlossen werden (Gruppenzwang).

💬 Haben Sie schon einmal die Erfahrung gemacht, dass Sie aufgrund Ihres Verhaltens oder Aussehens gegen die „Sitten" verstoßen haben? Diskutieren Sie in der Klasse darüber.

2 Stufenbau der Rechtsordnung

Die **Gesamtheit aller Rechtsvorschriften,** die für das Zusammenleben der Menschen in einem Staat gelten, wird als **Rechtsordnung** bezeichnet. Damit es nicht zu Überschneidungen oder Widersprüchen von Gesetzen kommt, gibt es eine Rangordnung/Hierarchie der Gesetze, die auch als **Stufenbau der Rechtsordnung** bezeichnet wird.

I Rechtsordnung

⚠️ Ein untergeordnetes Gesetz darf nie einem übergeordneten widersprechen. Ist dies trotzdem der Fall, so ist das Gesetz nur so lange gültig, bis es vom Verfassungsgerichtshof aufgehoben wird.

Stufenbau der Rechtsordnung: Einzelfallentscheidungen (Urteile …) – Verordnungen – Gesetze – Bundesverfassungsgesetze / Landesverfassungsgesetze – EU-Recht – Leitende Verfassungsprinzipien

	Erklärung	Beispiele
Leitende Verfassungsprinzipien ■ Demokratisches Prinzip ■ Bundesstaatliches Prinzip ■ Republikanisches Prinzip ■ Rechtsstaatliches Prinzip ■ Gewaltenteilendes Prinzip	Sind die Eckpfeiler und damit die Grundlage der österreichischen Rechtsordnung. Alle nachgeordneten Normen müssen in der Verfassung gedeckt sein und dürfen ihr nicht widersprechen. Wenn eines dieser Prinzipien wesentlich verändert, eingeschränkt oder ganz abgeschafft werden soll, braucht es die Zustimmung der Mehrheit der Bevölkerung **(Volksabstimmung).**	■ Bundesverfassungsgesetz ■ Staatsvertrag ■ Neutralitätsgesetz
EU-Recht	Österreich hat sich mit dem Beitritt zur EU verpflichtet, europäisches Recht zu übernehmen und anzuwenden. Eine Verordnung der EU ist von der Wirkung her mit einem österreichischen Gesetz vergleichbar. Widersprechen einander eine Regelung der EU und des österreichischen Rechts, ist EU-Recht anzuwenden. Ausnahme: Leitende Verfassungsprinzipien.	■ Gründungsverträge und Ergänzungsverträge der EU (z. B. Vertrag von Rom, Maastricht, Lissabon …) ■ Verordnungen und Richtlinien ■ Europäischer Standardführerschein
Bundesverfassungsgesetze Landesverfassungsgesetze	In diesen Gesetzen sind die Grundlagen für unser Leben als Bürgerinnen und Bürger zu finden. Ob ein Bereich unseres Lebens vom Bund oder von den Ländern geregelt wird, legt die Bundesverfassung fest. Sie zählt die Aufgabenbereiche auf, die der Bund als Gesetzgeber zu regeln hat, wie z. B. Arbeitsrecht, Staatsbürgerschaftsrecht.	**Bundesgesetze** ■ Allgemeines Bürgerliches Gesetzbuch (ABGB) ■ Strafgesetzbuch (StGB) **Landesgesetze** ■ Oö. Jugendschutzgesetz ■ Nö. Bauordnung
Verordnungen	Im Unterschied zu Gesetzen, die ein langwieriges Verfahren durchlaufen, können Verordnungen z. B. von einem Verwaltungsorgan (Bundesminister/in, Magistrat, Gemeinde …) rasch erlassen werden.	■ Flächenwidmungsplan ■ Bebauungsplan
Einzelfallentscheidungen ■ Bescheid ■ Urteil ■ Vollstreckung	Sie stellen für den **konkreten Einzelfall** Rechte fest oder gestalten Rechtsverhältnisse. Sie werden von **Verwaltungsbehörden** mittels **Bescheid** oder von **Gerichten** durch **Urteil** bzw. **Beschluss** entschieden. Die Einzelfallentscheidung kann von Gerichten oder einer Behörde mit **staatlichem Zwang** durchgesetzt werden, wenn sich der/die Betroffene nicht daran halten will.	■ Steuerbescheid ■ Baubewilligungsbescheid ■ Verurteilung oder Freispruch wegen Diebstahls ■ Zwangsweise Eintreibung von Steuerschulden ■ Abriss eines nicht genehmigten Bauwerks

3 Rechtsanwendung und Rechtsauslegung

Die Rechtsanwendung erfolgt nach einem übersichtlichen **Schema** in mehreren Schritten:

Schema der Rechtsanwendung

1. Feststellung des Sachverhalts, Beweisaufnahme und Beweiswürdigung

Hier kommt den **Beweismitteln** eine besondere Bedeutung zu. Es muss eingeschätzt werden, ob die Beweise glaubwürdig und für die Entscheidung des Falles bedeutend sind.

2. Suchen der Norm,

die dieses Verhalten regelt, und Auslegen des Tatbestandes.

3. Prüfung, ob der Sachverhalt der Rechtsnorm untergeordnet werden kann (Subsumtion)

Ist nun der Rechtsanwender zum Schluss gekommen, dass ein Sachverhalt einem Tatbestand untergeordnet werden kann, dann hat dieser die gesetzlich festgelegte Rechtsfolge (z. B. Geldstrafe, Freiheitsstrafe) auszusprechen.

4. Feststellung der sich daraus ergebenden Rechtsfolge (Sanktion)

Da Österreich ein Rechtsstaat ist, steht am Ende jeder Entscheidung auch eine Auskunft, inwieweit und in welchem Zeitrahmen dagegen ein **Rechtsmittel** eingebracht werden kann.

Wie liest man einen Paragrafen?

§ 10 Abs.2 Z 3 lit.a StVO spricht man folgendermaßen aus:

§ 10	Paragraf 10
Abs. 2	Absatz 2
Z 3	Ziffer 3
lit.a	litera* a
StVO	Straßenverkehrs-ordnung

* litera (lat.) heißt Buchstabe

Rechtsanwender/innen sind Personen, die einen konkreten Fall mit den entsprechenden rechtlichen Regelungen überprüfen und die notwendige rechtliche Entscheidung treffen (z. B. Richter/innen, Landesbedienstete, Gemeindebedienstete, Finanzbeamte/-beamtinnen).

Beispiel

Stefan will nach einer Feier gemeinsam mit seinem Freund Max mit dem Taxi nach Hause fahren. Aus Übermut drängt Max den Taxifahrer, schneller zu fahren. Mit überhöhter Geschwindigkeit rammt dieser bei einer Kreuzung ein stehendes Fahrzeug. Dessen Fahrer erleidet beim Aufprall im Nacken ein „Peitschenschlagsyndrom". → **Sachverhalt**

Alle Beteiligten werden einvernommen. Der Taxilenker und Stefan schildern wahrheitsgemäß den Sachverhalt. Max streitet ab, den Lenker zum Schnellfahren aufgefordert zu haben. Die übereinstimmenden Aussagen des Taxilenkers und von Stefan erscheinen glaubwürdig. → **Beweiswürdigung**

Ein Peitschenschlagsyndrom ist als Körperverletzung auszulegen. Diese wurde nicht absichtlich, jedoch in jedem Fall fahrlässig herbeigeführt, da der Taxilenker sich weder von einem Fahrgast noch von anderen Umständen verleiten lassen darf, die Verkehrsregeln zu missachten. Aber auch der Kollege wird vom Strafgesetz als Mittäter angesehen. → **Auslegung**

Der Sachverhalt stimmt mit dem Tatbestand überein. → **Subsumtion**

Als Rechtsfolge (→ **Sanktion**) bestimmt § 88(1): „... ist mit Freiheitsstrafe bis zu drei Monaten oder mit Geldstrafe bis zu 180 Tagessätzen zu bestrafen". Wenn die Täter noch nie straffällig geworden sind, wird der Richter/die Richterin eine Geldstrafe verhängen.

⚠️ Stefan ist als Zeuge zur Wahrheit verpflichtet. Der Taxilenker und Max als mögliche Mittäter brauchen sich nicht selbst zu belasten.

Fahrlässigkeit: Jemand handelt nicht mit der notwendigen Sorgfalt.

I Rechtsordnung

4 Einteilung und Arten des Rechts

Einteilung des Rechts

Sie wissen bereits, dass es eine strenge Hierarchie in der Rechtsordnung gibt. Das Recht selbst wird in **zwei große Rechtsgebiete** eingeteilt:

Einteilung des Rechts

Öffentliches Recht	Privat- oder Zivilrecht

■ Regelt als Träger der hoheitlichen Gewalt die Beziehungen zwischen dem Staat (Bund, Länder und Gemeinden) einerseits sowie ■ die Beziehungen zwischen dem Staat und Privatpersonen andererseits.	■ Regelt die Rechtsbeziehungen zwischen zwei Personen oder Unternehmen. ■ Die Beteiligten sind gleichberechtigt, d. h. sie haben die gleichen Rechte und Pflichten.
Die Vorschriften haben **zwingenden Charakter**, d. h., sie können auch im gegenseitigen Einverständnis nicht abgeändert oder aufgehoben werden.	Es wird zwischen **zwingendem** und **nachgiebigem** (dispositiven) **Charakter** unterschieden.
Beispiele Verfassungsrecht Verwaltungsrecht Strafrecht Sozialversicherungsrecht	**Beispiele** Familienrecht, Sachenrecht, Schadenersatzrecht, Erbrecht, Vertragsrecht ... Urheberrecht

Hoheitsgewalt = Befugnis des Staates, einseitig rechtlich verbindliche Anordnungen zu erlassen.

⚠ Tritt der Staat als „Privatperson" auf, kauft z. B. Schreibmaterial für die Behörden, Baustoffe für den Straßenbau etc., ist er seinen Vertragspartnern nicht übergeordnet, sondern untersteht den Bestimmungen des Privatrechts.

Zwingendes und nachgiebiges Recht

Speziell das Privatrecht ist dadurch gekennzeichnet, dass es den Bürgerinnen und Bürgern in ihren Rechtsbeziehungen untereinander gewisse Freiheiten gewährt. Viele Rechtsvorschriften gelten deshalb nur dann, wenn keine anderen Abmachungen getroffen wurden. Sie haben also ergänzenden Charakter. Es gibt aber auch Fälle, in denen es auch den Parteien des Privatrechts untersagt ist, eigene, von den gesetzlichen Regeln abweichende Vereinbarungen zu treffen. Solche Rechtsnormen haben also zwingenden Charakter.

 Aufgabenstellung

■ Ordnen Sie folgende Rechtsvorgänge dem öffentlichen oder privaten Recht zu:

	Öffentliches Recht	Privatrecht
Jana mietet eine Wohnung.		
Paul erhebt Einspruch gegen den Steuerbescheid.		
Dominik und Karina heiraten.		
Frau Poltinger kauft eine Zeitung am Kiosk.		
Herr Holzner unterschreibt einen Arbeitsvertrag.		
Patrick erhält eine Strafanzeige wegen Falschparkens.		
David bekommt von seinem Großvater zum Geburtstag ein iPhone.		
Die Stadt Wien vermietet ein Grundstück an die Haas GmbH.		

Arten des Rechts

Recht ist nicht immer gleich Recht. So wird Recht nach verschiedenen Zwecken und Inhalten geordnet. Beispiele:

Objektives Recht	Subjektives Recht
Ist die Gesamtheit aller Rechtsvorschriften (Verfassung, Gesetze, Verordnungen) eines Staates. Dieses Recht wurde für das Zusammenleben der Menschen geschaffen. **Beispiele:** Arbeitsrecht, Familienrecht	Ist das Recht, das einer bestimmten Rechtsperson zusteht und gegen andere Personen durchgesetzt werden kann. **Beispiele:** Eigentumsrecht an einer Sache, Erbrecht
Materielles Recht	**Formelles Recht**
Regelt die Inhalte der Rechtsnormen, konkret die Rechte und Pflichten, die sich aus den Rechtsnormen ergeben. **Beispiel:** Wenn man ein Moped kauft, hat man die Pflicht, es zu bezahlen.	Das sind alle Regelungen, die der Durchsetzung des materiellen Rechts dienen. **Beispiel:** Wenn man das Moped nicht bezahlt hat, regelt das formelle Recht den Ablauf des Prozesses, mit dem der Verkäufer seine Kaufpreisforderung durchzusetzen versucht.
Völkerrecht	**Innerstaatliches Recht**
Regelt die Beziehungen zwischen Staaten und internationalen Organisationen untereinander. **Beispiele:** Satzung der UNO, Konvention zum Schutz der Menschenrechte	Die Rechtsnormen gelten nur für das Gebiet eines bestimmten Staates. **Beispiele:** das ABGB in Österreich, das BGB in Deutschland

Die Eigentümerin kann über ihr Handy vollständig verfügen, es benutzen, verkaufen, zerstören ... (subjektives Recht).

ABGB = Allgemeines Bürgerliches Gesetzbuch
BGB = Bürgerliches Gesetzbuch

5 Rechtssubjekt – Rechtsobjekt

Aus der Rechtsordnung ergeben sich für die Teilnehmer am Rechtsverkehr subjektive Rechte und Pflichten. Jeder, der Träger von Rechten und Pflichten sein kann, ist **Rechtssubjekt**. Damit ist untrennbar der Begriff der Rechtsfähigkeit verbunden.

Rechtssubjekte nach dem ABGB

Natürliche Personen, das sind alle Menschen.	Juristische Personen, das sind Vereine, Kapitalgesellschaften, Stiftungen, Fonds, Körperschaften des öffentlichen Rechts, z. B. Kammern

Rechtsobjekt ist alles, was Gegenstand eines Rechtes oder einer Pflicht sein kann, z. B. alle Sachen.

Siehe dazu Kapitel „Personenrecht" (S. 208) und „Sachenrecht" (S. 243).

I Rechtsordnung

6 Zugang zum Recht

Um sich über ein Rechtsthema umfassend zu informieren, gibt es **zahlreiche Möglichkeiten:**

Rechtsinformationssystem (RIS)	Im RIS der **Republik Österreich** findet man kostenlos den gesamten österreichischen **Gesetzesbestand.** Die Entscheidungen der höchsten **Gerichte** und **Verwaltungsbehörden** können ebenso wie die Gesetzblätter abgefragt werden. Das RIS enthält auch eine umfangreiche **Linkliste,** die zu den Websites verschiedener Bundes- und Landesdienststellen sowie europäischer und internationaler Einrichtungen führt.
Gesetzesblätter	Sie sind die wichtigste Erkenntnisquelle für das in Österreich geltende Recht. Man unterscheidet ■ das Bundesgesetzblatt (BGBl.), ■ die neun Landesgesetzblätter (LGBl.) und ■ das Amtsblatt der Europäischen Union (ABL). Die Gesetzesblätter können im RIS abgefragt werden.
Gesetzesausgaben	Sind umfassende Zusammenfassungen aller ein bestimmtes Thema behandelnden wichtigen Gesetze, z. B. ABGB, UGB (erstellen private Verlage).

⚠ Das Rechtsinformationssystem des Bundes ist selbsterklärend aufgebaut. Von besonderer Bedeutung ist, dass Bundes- und Landesgesetze nur noch im Rechtsinformationssystem kundgemacht werden. Vor der Kundmachung gelten sie nicht.

Startseite: www.ris.bka.gv.at

„Bundesrecht" anklicken.

Wie finde ich einen Gesetzestext im RIS?

- Unter **„Bundesrecht"** findet man die entsprechenden Kundmachungen „Bundesgesetzblatt authentisch ab 2004".
- Als Fließtext einschließlich aller Änderungen findet sich der Gesetzestext unter **„Bundesrecht konsolidiert".**

16

Rechtsordnung

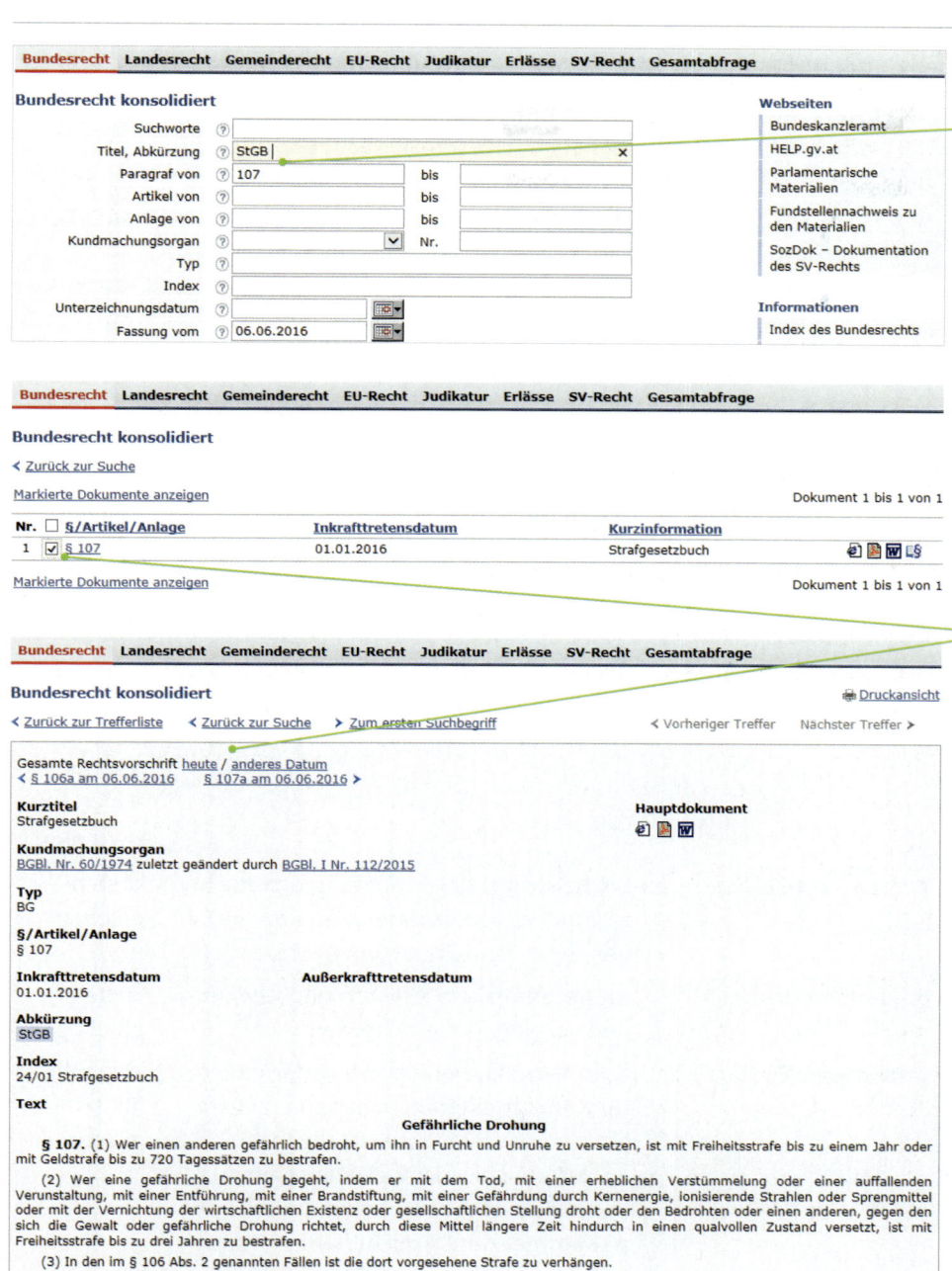

Kennt man die Bezeichnung der Paragrafen, gibt man diese ein (wie hier: StGB, Paragraf 107), ansonsten kann man auch mit Schlagworten suchen (Vorsicht: Kommt das Schlagwort im Gesetzestext nicht vor oder wird es nicht exakt geschrieben, gibt es keine Treffer).

Wenn man den entsprechenden Paragrafen anklickt, sieht man die gesamte Rechtsvorschrift.

⚠️ Unter „**Judikatur**" findet man ausgewählte Entscheidungen des Obersten Gerichtshofs, der Oberlandesgerichte, der Landesgerichte und Bezirksgerichte („Justiz [OGH, OLG, LG, BG, OPMS, AUSL]") sowie Entscheidungen des Verfassungsgerichtshofs, des Verwaltungsgerichtshofs, der Verwaltungsgerichte und unter anderem des Bundesfinanzgerichtes.

Aufgabenstellungen – „Zugang zum Recht"

1. Geben Sie an, welche Informationen man aus dem RIS gewinnen kann.
2. Suchen Sie den Straftatbestand des Mordes im Strafgesetzbuch. Wie lautet die Höchststrafe? Was passiert, wenn Sie anstelle des Titels „Strafgesetzbuch" aufgrund eines Tippfehlers „Strafgesetzuch" eingeben?
3. Stellen Sie mithilfe des RIS fest, wie lange unter 18-Jährige nach den Bestimmungen des Jugendschutzgesetzes in Oberösterreich sich an allgemein zugänglichen Orten aufhalten („alleine fortgehen") dürfen.

I Rechtsordnung

Folgende Institutionen bzw. Personen bieten Rechtsauskünfte an:

Bundesministerium für Verfassung, Reformen, Deregulierung und Justiz	Es informiert über geplante Gesetzesvorhaben. Die Website bietet Informationen über Rechtsauskünfte und sonstige Hilfestellungen.	
Österreichischer Rechtsanwaltskammertag	Ermöglicht unter anderem die Suche nach allen österreichischen Rechtsanwälten und -anwältinnen und ihren Spezialgebieten.	
Gerichtstag	Richter/innen der Bezirksgerichte erteilen zu bestimmten Terminen Rechtsauskunft.	kostenlos
Verwaltungsbehörden	Haben Auskunftspflicht.	kostenlos
Rechtsanwaltskammer	Sie bietet eine erste rechtsanwaltliche Auskunft.	kostenlos
Rechtsanwälte/ Rechtsanwältinnen	Sie erteilen Auskünfte und übernehmen Rechtsvertretungen als Bevollmächtigte, errichten Verträge und Testamente, sind Treuhänder/innen etc.	kostenpflichtig erste Auskunft meist kostenlos
Notare/Notarinnen	Sie helfen bei der Errichtung öffentlicher Urkunden, von Testamenten und Verträgen, sind Treuhänder/innen etc.	kostenpflichtig
Steuerberater/innen	Sie vertreten ihre Klienten und Klientinnen vor den Steuerbehörden.	kostenpflichtig
Interessenverbände	Kammern, Gewerkschaften, der Verein für Konsumenteninformation etc. beraten und vertreten ihre Mitglieder. ■ Österreichischer Gewerkschaftsbund ■ Verein für Konsumenteninformation ■ Kammer der Wirtschaftstreuhänder ■ Wirtschaftskammer Österreich ■ Arbeiterkammern	kostenlos für Mitglieder
Versicherungsunternehmen	Sie bieten Rechtsschutzversicherungen an, die die Gebühren und Kosten der Rechtsverfolgung decken.	kostenpflichtig
Europäische Union	Die Website bietet u. a. Möglichkeiten zur Abfrage des Rechts der EU.	kostenlos

www.justiz.gv.at

www.oerak.or.at

www.help.gv.at

www.rechtsanwaelte.at

www.notare.at

www.kwt.or.at

www.oegb.or.at
www.konsument.at
www.kwt.or.at
www.wko.at
www.arbeiterkammer.at

www.europa.eu

Diese Website informiert Jugendliche über elektronische Amtswege.

Amtshilfe über das Internet

Zahlreiche Behörden der **österreichischen Verwaltung** können über das Internet erreicht werden. Bundes- und Landesregierungen, ihre nachgeordneten Dienststellen, aber auch Städte und Gemeinden bieten an, Verwaltungsakte rasch und bequem von zu Hause aus zu erledigen. Der Zugang ist meist einfach und benutzerfreundlich gestaltet.

In vielen Angelegenheiten ist es möglich, vom Antrag bis zur behördlichen Entscheidung (bzw. ihrer Zustellung) das Verfahren zur Gänze auf elektronischem Weg zu erledigen.

Rechtsordnung

Das **Bundeskanzleramt** betreibt den elektronischen Amtshelfer www.help.gv.at, der als virtueller Wegweiser durch Behörden, Ämter und andere Institutionen wichtige Informationen bietet.

Tipp!
Der Online-Amtshelfer hilft:
- Behördenwege zu planen und zu erledigen
- Adressen und Details über Behörden zu erfahren
- Das „Juristendeutsch" leichter zu verstehen
- Informationen zu verschiedenen Themen zu bekommen
- Beim Download von Formularen
- Bei der elektronischen Abwicklung von Amtsgeschäften

Wissensfragen – „Rechtsordnung"

1. Erklären Sie, welche verschiedenen Zwecke eine Rechtsordnung erfüllen muss.
2. Erklären Sie die folgenden juristischen Begriffe: Subsumtion, Sachverhalt, Tatbestand, Rechtsfolge.
3. In der österreichischen Rechtsordnung gibt es eine klare Hierarchie der Normen. Beschreiben Sie den Stufenbau der Rechtsordnung und führen Sie je zwei Beispiele an. Warum spricht man von einem Stufenbau?

Ziele erreicht – „Rechtsordnung"

1. Überlegen Sie, in welchen Ihrer Lebensbereiche Sie in Zukunft öfter mit dem öffentlichen Recht oder dem Privatrecht zu tun haben könnten. Nennen Sie je zwei Beispiele.

Öffentliches Recht	Privatrecht

2. Unterscheiden Sie Rechtsnormen von Bräuchen, moralischen und sittlichen Normen. Nennen Sie jeweils ein konkretes Beispiel.

	Definition	Beispiel
Rechtsnormen		
Sittliche Normen - Sitte - Moral - Brauch		

I | Rechtsordnung

3. Nennen Sie drei verschiedene Rechtsarten und führen Sie jeweils ein Beispiel an.

Rechtsart	Beispiel

4. Recherchieren Sie folgende Fragen unter Verwendung der im Buch angeführten Rechtsinformationsquellen. Dokumentieren Sie die Ergebnisse und welche Rechercheschritte Sie unternommen haben.

a) Sie arbeiten fünf Stunden pro Woche im Lager eines Unternehmens. Auf Ihre Nachfrage, ob Sie sich auch Urlaub nehmen könnten, meint Ihr Vorgesetzter: „Nein, denn geringfügig beschäftigte Mitarbeiter haben keinen Anspruch auf Urlaub." Hat Ihr Vorgesetzter recht?

b) Ab welchem Alter dürfen Sie einen Mietvertrag unterschreiben?

c) Ein Bekannter ist beim Raddiebstahl erwischt worden. Wie hoch kann die Strafe für diesen Diebstahl ausfallen?

5. Ordnen Sie richtig zu:

	Verfassungsgesetz	Bundesgesetz	Landesgesetz	Verordnung	Einzelfallentscheidung
Konsumentenschutzgesetz					
Nö. Kindergartengesetz					
Signatur- und Vertrauensdienstegesetz					
Strafgesetzbuch					
Flächenwidmungsplan					
Steuerbescheid					
Staatsvertrag					
ABGB					
Baubewilligungsbescheid					
Schulunterrichtsgesetz					
Neutralitätsgesetz					

6. Die 15-jährige schüchterne Ferialpraktikantin Julia wird wegen einer akuten Erkrankung des Nachtportiers und wegen massiver Personalprobleme aufgrund einer Grippewelle vom Hoteldirektor dringend aufgefordert, den Nachtdienst von 20.00 bis 6.00 Uhr zu übernehmen. Der sehr freundliche Hoteldirektor verspricht Julia dafür einen weiteren freien Tag und zusätzlich 50 Euro.

Analysieren Sie in Gruppenarbeit den Sachverhalt, beurteilen Sie die Rechtslage, erörtern Sie den Zweck des Arbeitszeit-, Kinder- und Jugendbeschäftigungsgesetzes und präsentieren Sie das Ergebnis. (Beschäftigung von Jugendlichen im Gastgewerbe – § 17 KJBG)

II Österreichisches und Europäisches Recht

Da die Machtkonzentration auf den Staat auch gewisse Risiken in sich birgt, ist es notwendig, dass sich der Staat bei der Ausübung seiner Staatsgewalt an gewisse „Spielregeln" hält. Diese Regeln sind in der Verfassung enthalten. Somit ist die Verfassung die rechtliche Grundordnung des Staates.
Seit dem Beitritt Österreichs zur Europäischen Union 1995 ist den österreichischen Gerichten in Fragen der Auslegung des EU-Rechts der Europäische Gerichtshof übergeordnet.

- **Verfassungsrecht** .... **Seite 22**
- **Gerichtsorganisation** .... **Seite 61**
- **Die Sozialpartner und ihre Interessenvertretungen** .... **Seite 66**
- **Individuelle Rechtsinteressen** .... **Seite 74**
- **Die Europäische Union** .... **Seite 91**

Verfassungsrecht

Hans Kelsen (li.), geb. 1881 in Prag, gest. 1973 in Berkeley (USA), Staats- und Verwaltungsrechtler, Rechtsphilosoph, Schöpfer der österreichischen Bundesverfassung von 1920; **Karl Renne**r (1870–1950), von 1918–1920 Staatskanzler und von 1945–1950 erster Bundespräsident der Zweiten Republik

Das österreichische Verfassungsrecht ist ein Teilgebiet der österreichischen Rechtsordnung. Die grundlegende Verfassungsurkunde ist das **Bundesverfassungsgesetz vom 1. Oktober 1920.** Zu diesem Gesetz gibt es bis heute schon sehr viele **Novellen.** Eine bedeutende Veränderung erfuhr unsere Verfassung 1994 durch das **Bundesverfassungsgesetz über den Beitritt zur Europäischen Union.**

Novellen = Neuerungen, Abänderungen, Ergänzung von Gesetzen.

Der österreichische **Verfassungsgerichtshof** ist ein Höchstgericht und achtet auf die Einhaltung der Verfassung.

Meine Ziele

Nach Bearbeitung dieses Kapitels kann ich
- die wichtigsten Grundprinzipien der Bundesverfassung präsentieren;
- die Gesetzgebung des Bundes und der Länder darstellen;
- die Regierungsform in Österreich beschreiben;
- Zweck und Wesen der verschiedenen Kontrollorgane zwischen den Staatsgewalten erfassen;
- meine Möglichkeiten, mich an politischen Entscheidungen zu beteiligen, erkennen sowie meine Interessen artikulieren.

Verfassungsgesetze sind besonders geschützt und bilden die rechtliche Grundlage eines demokratischen Staates, wie:
- das Bundesverfassungsgesetz (B-VG),
- Staatsverträge,
- die Europäische Menschenrechtskonvention (EMRK).

1 Grundsätze der österreichischen Bundesverfassung

Daniel ist bei den kommenden Landtagswahlen das erste Mal wahlberechtigt. Er ist verunsichert, weil er sich bisher kaum Gedanken darüber gemacht hat, was das Wahlrecht für eine Bedeutung hat und dass er mit seiner Stimme die Chance hat, das politische Geschehen mitzugestalten.

Diskutieren Sie in der Klasse darüber, wie wichtig es ist, von seinem Wahlrecht Gebrauch zu machen.

Eine Verfassung beinhaltet die Grundregeln für das Zusammenleben in einem Staat. Sie ist das wichtigste Rechtsdokument und regelt den Aufbau und die Organisation des Staates.

Welche Staatssymbole repräsentieren Österreich? Kreuzen Sie die richtigen an.

Leitende Prinzipien der österreichischen Verfassung
- Demokratisches Prinzip
- Bundesstaatliches Prinzip
- Republikanisches Prinzip
- Rechtsstaatliches Prinzip
- Gewaltenteilendes Prinzip

Hammer	☐
Sichel	☐
Schwert	☐
Kette	☐
Adler	☐
Doppeladler	☐
Falke	☐
Berge	☐
Ströme	☐
Wappen	☐
Staatsflagge	☐
Staatssiegel	☐
Hymne	☐

Für jede Gesamtänderung der Bundesverfassung muss eine Volksabstimmung durchgeführt werden (z. B. über den EU-Beitritt Österreichs). Ob eine Verfassungsänderung eine Gesamtänderung darstellt oder nicht, entscheidet der Verfassungsgerichtshof.

1.1 Das Demokratische Prinzip

§ Der Artikel 1 des Bundesverfassungsgesetzes (B-VG) erklärt es kurz und prägnant: **„Österreich ist eine demokratische Republik. Ihr Recht geht vom Volk aus."**

In einer parlamentarischen Demokratie wie Österreich sollen alle Menschen die Möglichkeit haben, ihre Meinung zu äußern und ihre Anliegen vor Behörden und anderen Einrichtungen zu vertreten. Freie und geheime Wahlen und ein funktionierendes Parlament sind zentrale Elemente einer Demokratie.

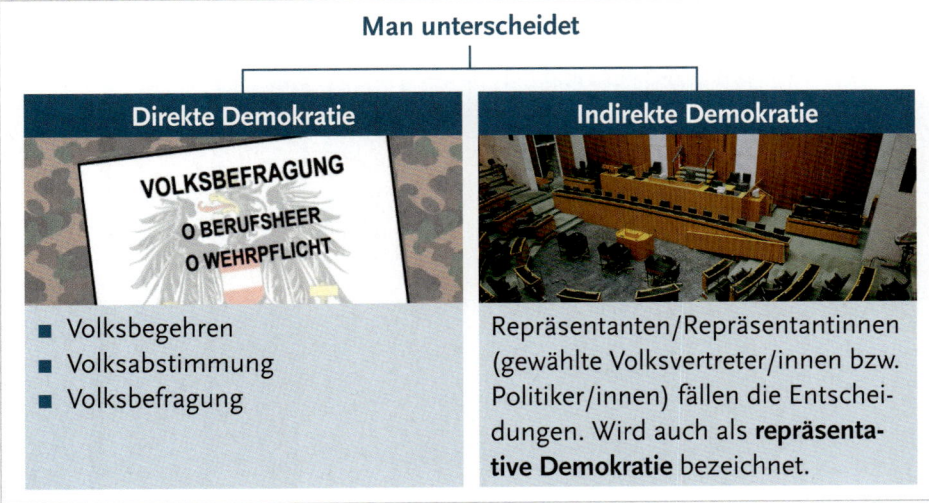

Man unterscheidet

Direkte Demokratie
- Volksbegehren
- Volksabstimmung
- Volksbefragung

Indirekte Demokratie
Repräsentanten/Repräsentantinnen (gewählte Volksvertreter/innen bzw. Politiker/innen) fällen die Entscheidungen. Wird auch als **repräsentative Demokratie** bezeichnet.

Gewählte Volksvertreter
- Bürgermeister/in
- Gemeinderäte/-rätinnen
- Landtagsabgeordnete
- Nationalratsabgeordnete

Direkte Demokratie

Die direkte Demokratie wird in Österreich nur selten praktiziert, im Gegensatz zu unserem Nachbarland Schweiz, wo das Volk immer wieder durch Volksabstimmungen in die Gesetzgebung einbezogen wird.

Volksbegehren

Ein Volksbegehren hat den Sinn, einen **Gesetzesantrag des Volkes** an das Parlament weiterzuleiten. Volksbegehren sind **rechtlich nicht bindend,** d. h., dass der Gesetzgeber (das Parlament) die Entscheidung des Volkes nicht befolgen muss. Damit ein Volksbegehren dem Nationalrat zur Behandlung weitergeleitet werden kann, sind **100 000 Unterschriften** (inklusive Unterstützungserklärungen) **erforderlich.**

Das **Volksbegehren „Don't smoke"** ist von 881 692 Österreicherinnen und Österreichern unterschrieben worden. Es landete damit auf Platz 6 in der Liste der Volksbegehren in der 2. Republik.

Wie läuft ein Volksbegehren ab?

1. Einleitungsantrag
Der Antrag bzw. das gewünschte Vorhaben müssen formuliert werden. Die Unterstützungsunterschriften von mindestens einem Promille der österreichischen Bevölkerung (ca. 8 000 Wahlberechtigte) sind notwendig.

2. Eintragungsverfahren
Das Innenministerium hat dann drei Wochen Zeit, über einen Einleitungsantrag zu entscheiden. Wenn die Voraussetzungen für ein Volksbegehren erfüllt sind, wird ein Eintragungszeitraum von einer Woche festgesetzt, in dem alle wahlberechtigten österreichischen Staatsbürger/innen das Volksbegehren in ihrer Heimatgemeinde unterschreiben können.

3. Gesetzesvorschlag
Nach erfolgreicher Durchführung des Volksbegehrens ist der Nationalrat verpflichtet, den Gesetzesvorschlag zu behandeln. Das Volk hat auf den Ausgang der Entscheidung jedoch keinen Einfluss.

Text des Volksbegehrens
„Wir fordern aus Gründen eines optimalen Gesundheitsschutzes für alle Österreicherinnen und Österreicher eine bundesverfassungsgesetzliche Regelung für die Beibehaltung der 2015 beschlossenen Novelle zum Nichtraucherschutzgesetz (Tabakgesetz)."

⚠️ Aus einem konkreten Anlass kann sich das Volk auch zu einer **Bürgerinitiative** zusammenschließen, um durch Aktionen wie z. B. Demonstrationen auf ein Problem aufmerksam zu machen.

Aufgabenstellung – „Volksbegehren"

- Gehen Sie auf die Website des Innenministeriums www.bmi.gv.at/wahlen. Dort finden Sie eine Übersicht über alle bisher stattgefundenen Volksbegehren:

  a) Ermitteln Sie die fünf erfolgreichsten Volksbegehren.

  b) Recherchieren Sie anschließend, ob bzw. wie weit diese Volksbegehren umgesetzt wurden.

  c) Wählen Sie ein Volksbegehren davon aus und schreiben Sie einen kurzen Bericht über die Umsetzung (Initiatoren etc.).

Bezeichnung	Jahr	Unterschriften	Umsetzung

Verfassungsrecht

Volksabstimmung

Eine Volksabstimmung ist die einzige Möglichkeit für das Volk, in die Gesetzgebung einzugreifen, denn das **Ergebnis** einer Volksabstimmung ist für den Nationalrat **zwingend**. Volksabstimmungen sind in Österreich gesetzlich vorgeschrieben, um bedeutende **Verfassungsänderungen** zu ermöglichen. Daher musste vor dem EU-Beitritt eine Volksabstimmung abgehalten werden.

Gegenstand der Volksabstimmung ist ein vom Parlament beschlossenes Gesetz. Gefragt wird, ob ein Gesetzesbeschluss des Nationalrates in Kraft treten soll – die Frage wird mit **Ankreuzen** eines „**Ja**"-Feldes oder eines „**Nein**"-Feldes beantwortet. Es entscheidet die einfache Mehrheit, d. h. über 50 Prozent Ja- oder Neinstimmen.

Volksbefragung

Wie wissen Politiker/innen, welche Meinung das Staatsvolk zu gewissen Themen hat? Sicher gibt es Meinungsforschungsinstitute, doch bei sehr heiklen Themen kann der Nationalrat eine bundesweite Volksbefragung anordnen.
- Es wird eine mit „**Ja**" oder „**Nein**" zu beantwortende Frage gestellt oder es werden zwei alternative Lösungsvorschläge zur Auswahl vorgegeben.
- Das **Ergebnis** der Volksbefragung ist **rechtlich nicht bindend,** doch bisher hat sich kein Gesetzgeber über ein Mehrheitsergebnis hinweggesetzt.

Bis 2013 wurden Volksbefragungen jedoch noch nie auf Bundesebene, sondern nur auf regionaler Ebene durchgeführt (z. B. Expo 2000 in Wien, Musiktheater in Linz, Bewerbung der Stadt Salzburg für die Olympischen Spiele). 2013 fand die **erste österreichweite Volksbefragung zur Beibehaltung der allgemeinen Wehrpflicht** statt. ÖVP und FPÖ sprachen sich für eine Beibehaltung der Wehrpflicht aus, SPÖ, Grüne und Team Stronach für ein Berufsheer. Mit 59,7 Prozent der Stimmen bei einer Wahlbeteiligung von 52,4 Prozent wurde für die Beibehaltung der Wehrpflicht gestimmt.

Olympia 2026: Tirol sagt Nein zu Bewerbung

Dieses Ergebnis ist eine herbe Schlappe für die Pro-Olympia-Koalition bestehend aus Land Tirol, Stadt Innsbruck und Österreichischem Olympischen Comité (ÖOC). Vor allem Landeshauptmann Günther Platter (ÖVP) und Innsbrucks Bürgermeisterin Christine Oppitz-Plörer hatten die Werbetrommel für das Großereignis gerührt. Doch die Tiroler schenkten dem Versprechen „redimensionierter Spiele", die ohne Neubauten und „ohne einen Cent Steuergeld" auskommen wollten, mehrheitlich kein Vertrauen. Auch seitens der Politik gestand man die Niederlage bereits am Sonntag ein. Platter erklärte: „Die Bevölkerung hat eine Entscheidung getroffen, das ist zu akzeptieren. Diese Entscheidung pickt!" Oppitz-Plörer betonte, dass man versucht habe, im Vorfeld umfassend zu informieren, um einen breiten Dialog ins Rollen zu bringen. Lange zeichnete sich das erwartete Kopf-an-Kopf-Rennen von Gegnern und Befürwortern ab. Im Land zeichnete sich eine Ost-West-Spaltung ab. So fiel das Ergebnis im Tiroler Oberland pro Olympia aus, während im Unterland viele, vor allem große Gemeinden und Städte, dagegen stimmten. Ein interessantes Detailergebnis kommt aus Kitzbühel. Dort sprach sich eine Mehrheit von 52,4 Prozent gegen die Olympiabewerbung aus. Das könnte daran liegen, dass die Gamsstadt nicht als Austragungsort vorgesehen war. Wobei in nicht-olympischen Tourismus-Hochburgen wie Sölden (69,8) und Ischgl (83,4) die Mehrheit für Olympia gestimmt hat. Naturgemäß war die Stimmung in den geplanten Austragungsorten St. Anton am Arlberg (85,1) und Hochfilzen (80,7) deutlich pro Olympia.

www.standard.at, 15. Oktober 2017 (gekürzt)

💡 **Bisher gab es in Österreich erst zwei Volksabstimmungen**
- 1978 über die Inbetriebnahme des Kernkraftwerkes **Zwentendorf**:
  - 49,5 % Jastimmen
  - 50,5 % Neinstimmen
- 1994 über den **Beitritt zur EU**:
  - 66,6 % Jastimmen
  - 33,4 % Neinstimmen

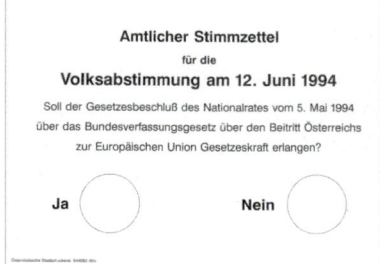

Bundesheer-Volksbefragung 2013
Fragestellung:
- „Sind Sie für die Einführung eines Berufsheeres und eines bezahlten freiwilligen Sozialjahres?"

Oder
- „Sind Sie für die Beibehaltung der allgemeinen Wehrpflicht und des Zivildienstes?"

Innsbruck wird nicht zur Olympiastadt 2026

💬 Diskutieren Sie in der Klasse über die Sinnhaftigkeit von Volksbefragungen.

II Österreichisches und Europäisches Recht

Sinkende Wahlbeteiligung

Jahr	Vertretungs-körper	Wahlbeteiligung in %
1945	Nationalrat	94,30
1966	Nationalrat	93,30
1983	Nationalrat	92,60
1986	Nationalrat	90,40
1990	Nationalrat	86,00
1994	Nationalrat	81,90
1994	EU-Gesamt	56,80
1995	Nationalrat	85,90
1996	EP	67,20
1999	Nationalrat	80,42
1999	EP	49,40
1999	EU-Gesamt	49,90
2002	Nationalrat	84,27
2004	EP	42,43
2006	Nationalrat	78,49
2008	Nationalrat	78,81
2009	EU-Gesamt	43,00
2009	EP	46,00
2013	Nationalrat	74,90
2014	EP	45,97
2017	Nationalrat	80,00

❓ Versuchen Sie, anhand der Grafik eine Aussage über die Entwicklung der Wahlbeteiligung in Österreich zu treffen.

⚠️ Durch die aktive Teilnahme an Wahlen haben Sie die Möglichkeit, Ihre „politische Stimme" zu erheben und damit die Gestaltung des öffentlichen Lebens zu beeinflussen.

💡 Informationen zum Wahlrecht gibt es auf der Website des Innenministeriums www.bmi.gv.at/wahlen sowie auf www.help.gv.at.

Indirekte Demokratie – Wahlen

Das Volk überträgt durch demokratische Wahlen seine Macht den gewählten Volksvertretern (Bundespräsident, Nationalrat, Landtag, Gemeinderat, Bürgermeister/in) und übt dadurch **indirekt Einfluss auf die Gesetzgebung** aus.

Wahlen
- sind ein Grundprinzip jeder Demokratie (das Recht geht vom Volk aus),
- dienen der Überwachung der Politiker/innen,
- bestimmen eine gewisse Richtung der Politik mit und
- sind ein Mittel, um eine falsche Politik zu bestrafen und Änderungen herbeizuführen.

Aufgabenstellung – „Wählen – wozu?"

- Diskutieren Sie diese Aussagen in der Klasse und ergänzen Sie sie mit Ihrer persönlichen Meinung.

Welche Bedeutung hat für mich die Wahlberechtigung?

Gerhard Palmetzhofer, 16 Jahre: „Ich interessiere mich jetzt mehr für Politik!"

Ulrike Maier, 17 Jahre: „Es ändert sich doch nichts!"

Thomas Kleedorfer, 17 Jahre: „Ich diskutiere vor Wahlen auch mit meinen Freunden darüber!"

Man unterscheidet

Wahlen auf Bundesebene	Wahlen auf Landes- und Gemeindeebene	Europawahlen
■ Nationalratswahlen (alle 5 Jahre) ■ Bundespräsidentenwahl (alle 6 Jahre)	■ Landtagswahlen (alle 5 Jahre, in OÖ: alle 6 Jahre) ■ Gemeinderatswahlen (alle 5 Jahre, nur in K, OÖ und T alle 6 Jahre) ■ Bürgermeisterwahlen (alle 5 Jahre in B, S, V; alle 6 Jahre in K, OÖ und T)*	■ Wahl der Abgeordneten zum Europäischen Parlament, EP (alle 5 Jahre)

* In NÖ, in der Stmk. und in Wien wählt der Gemeinderat die Bürgermeisterin oder den Bürgermeister.

Verfassungsrecht

Wählen – wie geht das?
Es gelten die Grundsätze des allgemeinen, gleichen, unmittelbaren, persönlichen, geheimen, freien und Verhältniswahlrechts.

- **Allgemeines Wahlrecht**
Jedem Staatsbürger/jeder Staatsbürgerin steht das aktive und passive Wahlrecht zu.

Aktives Wahlrecht (das Recht zu wählen)	Staatsbürger/innen, die spätestens am Wahltag das 16. Lebensjahr vollendet haben und vom Wahlrecht nicht ausgeschlossen sind, dürfen wählen.
Passives Wahlrecht (das Recht, gewählt zu werden)	Jeder Staatsbürger/jede Staatsbürgerin ab dem vollendeten 18. Lebensjahr, der/die nicht vom Wahlrecht ausgeschlossen ist, kann gewählt werden (Ausnahme: Bundespräsidentenwahl: Vollendung des 35. Lebensjahres ist Voraussetzung).

Ausgeschlossen vom Wahlrecht ist z. B., wer wegen einer mit Vorsatz begangenen strafbaren Handlung zu einer mehr als einjährigen Freiheitsstrafe wegen Straftaten gegen den Staat, ansonsten zu einer mehr als fünfjährigen Freiheitsstrafe verurteilt worden ist. Der Ausschluss vom Wahlrecht beginnt mit Rechtskraft des Urteils und endet, sobald die Strafe vollstreckt ist sowie mit Freiheitsentziehung verbundene vorbeugende Maßnahmen vollzogen oder weggefallen sind.

- **Gleiches Wahlrecht**
Jede Stimme hat den gleichen Zählwert.
- **Unmittelbarkeit des Wahlrechts**
Jede/r Wahlberechtigte kann die Abgeordneten zum Nationalrat direkt und ohne Umweg wählen. Ein Wahlmännersystem wie in den USA ist ausgeschlossen.
- **Persönliches Wahlrecht**
Wahlberechtigte müssen ihre Stimme persönlich im Wahllokal abgeben. Körperlich eingeschränkte Personen können eine Begleitperson in die Wahlzelle mitnehmen. Wer am Wahltag verhindert ist, kann sich beim zuständigen Gemeindeamt eine Wahlkarte holen und z. B. per Briefwahl wählen.
- **Geheimes Wahlrecht**
Um die Wahlentscheidung der einzelnen Bürger/innen geheim zu halten, gibt es folgende Vorkehrungen: Wahlzelle, Wahlurne, Wahlkuverts, Schutz des Wahlgeheimnisses durch das Strafgesetz.
- **Freies Wahlrecht**
Die Bürgerinnen/die Bürger dürfen von niemandem in ihrer Wahl beeinflusst werden, d. h., die Stimmabgabe muss frei von Zwang sein.
- **Verhältniswahlrecht**
In Österreich wird die Anzahl der Mandate, die eine Partei durch eine Wahl erhält, nach dem Verhältnis der auf sie entfallenden Stimmen ermittelt, man spricht deshalb auch vom Verhältniswahlrecht. Dadurch wird die politische Vielfalt gewährleistet. Eine Partei muss jedoch **mindestens 4 Prozent** der Stimmen erhalten, damit sie in den Nationalrat einziehen kann.
Der Nationalrat, die Landtage, die Gemeinderäte und die österreichischen Mitglieder des Europäischen Parlaments werden nach dem Verhältniswahlrecht gewählt.

Wahlkarte – Briefwahl

- Die Wahlkarte kann bei der zuständigen Gemeinde ab dem Tag der Wahlausschreibung beantragt werden.
- Durch die Wahlkarte wird entweder die Stimmabgabe in einem Wahllokal, das außerhalb des Wohnortes liegt, ermöglicht (bei einer Stimmabgabe im Ausland ist auch die Abgabe bei einer österreichischen Vertretungsbehörde oder einer im Ausland stationierten Einheit des österreichischen Bundesheeres möglich) oder die Wahlkarte muss auf dem Postweg (Briefwahl) an die zuständige Bezirkswahlbehörde übermittelt werden.
- Sie muss spätestens am Wahltag bis 17.00 Uhr dort einlangen.
- Bei der Briefwahl kann die Stimme sofort nach Erhalt der Wahlkarte abgegeben werden.

> **Aha!**
> Beim **Mehrheitswahlsystem** steht in jedem Wahlkreis nur eine Kandidatin/ein Kandidat pro Partei zur Wahl und diejenige/derjenige mit den meisten Stimmen erhält das Mandat (z. B. in den USA und in Frankreich).

Wie ist der Ablauf einer Wahl im zuständigen Wahllokal?
- Jede/r Wahlberechtigte erhält vor der Wahl von der zuständigen Gemeinde eine **„amtliche Wählerinformation"** (genaue Angaben über das zuständige Wahllokal).
- Am Tag der Wahl betritt die Bürgerin/der Bürger das Wahllokal und wird von einer **Wahlkommission** aufgefordert, sich auszuweisen.

II Österreichisches und Europäisches Recht

- Mit dem ausgehändigten Stimmzettel und dem Kuvert betritt die/der Wahlberechtigte anschließend **die Wahlzelle,** um geheim ihre/seine Stimme abzugeben (durch Ankreuzen).
- Anschließend wird der Stimmzettel in das Kuvert gesteckt und vor den Augen der Wahlkommission in die **Wahlurne** geworfen.

Aufgabenstellungen – „Indirekte Demokratie – Wahlen"

1. Vervollständigen Sie den Lückentext mit den folgenden Wörtern:

Bundespräsidentenwahl ■ Wahlrecht ■ Verhältniswahlrechts ■ Demokratie ■ Volksvertretern ■ Parteien ■ demokratische Wahlen ■ Nationalratswahlen

Das Volk überträgt durch _____ seine Macht den gewählten _____. Wahlen sind ein Grundprinzip jeder _____.

Politische Meinungsbildung bedeutet eine Auseinandersetzung mit den werbenden _____ und ihren Programmen. Wahlen auf Bundesebene sind die _____ und die _____. Jedem Staatsbürger/jeder Staatsbürgerin steht das aktive und passive _____ zu. Es gelten die Grundsätze des allgemeinen, gleichen, unmittelbaren, persönlichen, geheimen, freien und _____.

2. Ordnen Sie die folgenden Begriffe richtig zu:

aktives Wahlrecht ■ passives Wahlrecht ■ gleiches Wahlrecht ■ Mandat ■ Unmittelbarkeit des Wahlrechts ■ persönliches Wahlrecht ■ geheimes Wahlrecht ■ Verhältniswahlrecht

Die Anzahl der Mandate, die eine Partei erhält, aufgeteilt nach dem Verhältnis der auf sie entfallenden Stimmen	
Sitz eines/einer Abgeordneten im Parlament	
Die Abgeordneten zum Nationalrat werden direkt gewählt	
Wahlberechtigte geben ihre Stimme persönlich im Wahllokal ab bzw. wählen durch Wahlkarte oder Briefwahl	
Das Recht zu wählen	
Jede Stimme hat den gleichen Zählwert	
Das Recht gewählt zu werden	
Vorkehrungen wie Wahlzelle, Wahlurne, Wahlkuverts etc.	

1.2 Das bundesstaatliche Prinzip

Das bundesstaatliche Prinzip bedeutet die Aufteilung der Aufgaben zwischen den neun österreichischen Bundesländern und dem Gesamtstaat (= Republik Österreich).

 Art. 2 B-VG lautet:
„Österreich ist ein Bundesstaat. Der Bundesstaat wird gebildet aus den selbstständigen Ländern Burgenland, Kärnten, Niederösterreich, Oberösterreich, Salzburg, Steiermark, Tirol, Vorarlberg, Wien."

Innerhalb des Bundesstaates ist zwischen **Gesamtstaat** (Bund) und den **Teilstaaten** (Ländern) zu unterscheiden. Die Rechtsbeziehungen zwischen Bund und Ländern sind durch Verfassungsrecht geregelt.

- Gesetzgebung und Vollziehung sind zwischen Bund und Ländern aufgeteilt, allerdings nicht annähernd im gleichen Verhältnis. Die wichtigsten Staatsaufgaben sind überwiegend dem Bund zugewiesen, insbesondere die finanziellen Angelegenheiten.
- Die Gerichtsbarkeit in Zivil- und Strafsachen ist ausschließlich Bundessache.
- An der Gesetzgebung des Bundes wirken die Länder durch den **Bundesrat** mit.
- Ein großer Teil der Verwaltungsaufgaben des Bundes wird durch die Länderorgane besorgt (mittelbare Bundesverwaltung). Soweit ein entsprechender finanzieller Ausgleich dafür geleistet wird, liegt das im Interesse der Länder, da sie damit wesentlich an Einfluss gewinnen.
- Bund und Länder haben eine eigene Gesetzgebung.
- Bund und Länder haben eine eigene Vollziehung.
- Bund und Länder haben jeweils eigene Finanzwirtschaften, d. h. ein eigenes Budget, sie können auch eigene Abgaben einheben.

⚠️ Die Zuständigkeiten sind in der Verfassung geregelt.

1.3 Das republikanische Prinzip

Die Merkmale einer Republik beziehen sich auf die **Rechtsstellung des Staatsoberhauptes,** auf den Bundespräsidenten/die Bundespräsidentin. Im Gegensatz zur Monarchie wird er/sie vom Volk gewählt. Die Amtsdauer des Bundespräsidenten/der Bundespräsidentin ist zeitlich begrenzt und er/sie ist rechtlich für sein/ihr Handeln gegenüber der Bundesversammlung bzw. politisch dem Bundesvolk verantwortlich.

Monarchie
- **Parlamentarische Monarchie:** Das Staatsoberhaupt hat fast keinen Einfluss auf die Regierungsgeschäfte. Der Monarch/die Monarchin ist nur mehr Repräsentant/in (z. B. in Großbritannien, Schweden, Norwegen, Spanien, den Niederlanden).
- **Absolute Monarchie:** Der Monarch/Die Monarchin regiert alleine (z. B. Katar, Oman).
- **Konstitutionelle Monarchie:** Die Macht des Monarchen/der Monarchin ist durch eine geschriebene Verfassung (Konstitution) eingeschränkt. Neben dem Monarchen/der Monarchin gibt es also zusätzlich noch ein Parlament, das die Gesetzgebung entweder allein oder im Zusammenwirken mit dem Monarchen/der Monarchin wahrnimmt (z. B. Liechtenstein, Monaco, Jordanien).

Republik
Varianten der Staatsform Republik:
- **Präsidentschaftsrepublik:** Der Präsident/die Präsidentin ist Staatsoberhaupt und gleichzeitig Regierungschef (z. B. in den USA).
- **Parlamentarische Republik:** Der Präsident/die Präsidentin ist in erster Linie repräsentatives Staatsoberhaupt, die Entscheidungsmacht liegt hauptsächlich beim Parlament.
- **Volksrepublik:** Selbstbezeichnung für Staaten, in denen eine Partei, die kommunistische, uneingeschränkt regiert, z. B. die ehemalige DDR, Nordkorea.
- **Islamische Republik:** Selbstbezeichnung für Staaten, die teilweise auch nach islamischen Prinzipien regiert werden. Der Islam ist als Staatsreligion in der Verfassung verankert („Gottesstaat").

II Österreichisches und Europäisches Recht

💡 **Dem individuellen Schutz der Menschen dienen z. B. folgende weitere Einrichtungen:**
- Die österreichische Gerichtsbarkeit ist unabhängig.
- Grundrechte (z. B. Meinungsfreiheit) sind verfassungsgesetzlich gewährleistet.
- Alle staatlichen Handlungen unterliegen in der Regel der Kontrolle des Verfassungs- und/oder Verwaltungsgerichtshofes.
- Die Rechnungs- und Gebarungskontrolle obliegt dem Rechnungshof.
- Verwaltungsbehörden und Gerichte dürfen nur auf der Grundlage von Gesetzen handeln.

1.4 Das rechtsstaatliche Prinzip

Das rechtsstaatliche Prinzip soll
- Willkür bei der Anwendung staatlicher Gewalt verhindern,
- die Freiheit und die Würde aller Staatsbürger/innen sichern
- und jeden in seinen Rechten schützen.

⚠️ In einem demokratischen Rechtsstaat müssen sich alle staatlichen Behörden bei ihren Entscheidungen an seine Gesetze und Verordnungen halten. Dadurch wird Willkür ausgeschaltet und die Bürger/innen sind nicht schutzlos einer „Diktatur" ausgeliefert.

1.5 Das gewaltenteilende Prinzip

Die Macht im Staat ist auf die drei Säulen Legislative, Judikative und Exekutive aufgeteilt. Diese drei Organe sind in demokratischen Staaten in allen Bereichen voneinander getrennt. Dadurch ist eine wechselseitige Kontrolle möglich und es soll sowohl eine Machtkonzentration als auch ein Machtmissbrauch verhindert werden.

⚠️ Durch die Teilung der Staatsgewalt soll Machtmissbrauch verhindert werden.

Funktionsträger der Staatsgewalt

GESETZGEBUNG Legislative	VERWALTUNG Exekutive	GERICHTSBARKEIT Judikative
Ist für die Gesetzgebung zuständig	Vollzug der staatlichen Handlungen laut Gesetzen und Verordnungen	Regelung von Streitsachen, Vollzug des Strafgesetzes, Kontrolle der Verwaltung

Zu unterscheiden sind

Gesetzgebung	Vollziehung durch
■ **Bundesebene** ▶ Nationalrat ▶ Bundesrat ■ **Landesebene** ▶ Landtage	■ **Verwaltung** ▶ Bundespräsident ▶ Bundesregierung ▶ Landesregierungen ▶ Gemeinden ■ **Gerichtsbarkeit**

2 Neutralität

Am 15. Mai 1955 wurde im Schloss Belvedere in Wien der Staatsvertrag von Vertretern der vier Besatzungsmächte (USA, UdSSR, Großbritannien, Frankreich) unterzeichnet. Manche Leute erinnern sich heute noch an die Worte des damaligen Außenministers Leopold Figl: „Österreich ist frei!"

In diesem Staatsvertrag war die Neutralität noch nicht enthalten, sie war aber die Bedingung für den Abzug der Besatzungstruppen. Am 26. Oktober 1955 wurde das entsprechende Verfassungsgesetz vom österreichischen Nationalrat beschlossen:

§ Artikel 1 des Bundesverfassungsgesetzes

(1) Zum Zwecke der dauernden Behauptung seiner Unabhängigkeit nach außen und zum Zwecke der Unverletzlichkeit seines Gebietes erklärt Österreich aus freien Stücken seine immerwährende Neutralität. Österreich wird diese mit allen ihm zu Gebote stehenden Mitteln aufrechterhalten und verteidigen.

(2) Österreich wird zur Sicherung dieser Zwecke in aller Zukunft keinen militärischen Bündnissen beitreten und die Errichtung militärischer Stützpunkte fremder Staaten auf seinem Gebiete nicht zulassen.

Was bedeutet die Neutralität für uns Österreicher/innen überhaupt?

- Österreich muss sich gegen militärische Angriffe verteidigen und zu diesem Zweck eine funktionierende militärische Landesverteidigung aufbauen und erhalten.
- Österreich darf keinem militärischen Bündnis (z. B. NATO) beitreten.
- Österreich darf keine kriegerischen Handlungen beginnen und sich auch an solchen nicht beteiligen.

Brauchen wir die Neutralität in Österreich heute noch?

„Aus freien Stücken" hat Österreich 1955 seine immerwährende Neutralität erklärt und die Neutralität war das Mittel um wieder ein vollständig souveräner Staat zu werden. Auf der anderen Seite war die Neutralität von Österreich damals eine Voraussetzung für die Zustimmung der Sowjetunion zum Staatsvertrag.

Auch der Beitritt Österreichs zur EU 1995 brachte einige Diskussionen über die Aktualität der Neutralität von Österreich mit sich. Österreich versteht sich heute als solidarisch mit den EU-Mitgliedsstaaten und neutral gegenüber allen anderen Staaten. Am Ende des Kalten Krieges zwischen Russland, seinen verbündeten Ostblockstaaten und der westlichen Welt hat die Neutralität für manche Menschen schon ihre Bedeutung verloren.

Aufgabenstellungen

1. Recherchieren Sie im Internet die Grundlagen und völkerrechtlichen Bedingungen für die Neutralität von Österreich.
2. Analysieren Sie, ob Auslandseinsätze des österreichischen Bundesheeres mit der Neutralität vereinbar sind.
3. Diskutieren Sie die Vor- und Nachteile eines neutralen Österreich.

Österreicher als „Blauhelme" im Einsatz
Die Einsätze unserer Soldaten beziehen sich nur auf die Friedenssicherung und Waffenstillstandsüberwachung. Seit 1960 haben schon mehr als 60 000 Soldaten und Soldatinnen Dienst unter der Schirmherrschaft der UNO geleistet.

⚠ Zwecks Beteiligung an der Gemeinsamen Außen- und Sicherheitspolitik der EU wurde der **Artikel 23j der Bundesverfassung** geschaffen, der Österreich die Teilnahme an humanitären Aufgaben und Rettungseinsätzen, friedenserhaltenden Aufgaben sowie Kampfeinsätzen bei der Krisenbewältigung einschließlich friedenschaffender Maßnahmen ermöglicht.

„Die Neutralität ist ein Stück der Identität Österreichs."
Alt-Landeshauptmann Dr. Josef Pühringer, OÖ

💬 Diskutieren Sie über diese Aussage in der Klasse.

3 Umfassende Landesverteidigung

„Wozu brauchen wir überhaupt ein Bundesheer, wir führen doch gar keine Kriege!", so oder ähnlich haben Sie sicherlich auch schon einmal gedacht. Das Bundesheer bewältigt jedoch neben den militärischen viele andere Aufgaben. Vor allem bei Katastrophen, wie Hochwasser, ist es unermüdlich im Einsatz.

Artikel 9 BG-V

(1) Österreich bekennt sich zur umfassenden Landesverteidigung. Ihre Aufgabe ist es, die Unabhängigkeit nach außen sowie die Unverletzlichkeit und Einheit des Bundesgebietes zu bewahren, insbesondere zur Aufrechterhaltung und Verteidigung der immerwährenden Neutralität. Hiebei sind auch die verfassungsmäßigen Einrichtungen und ihre Handlungsfähigkeit sowie die demokratischen Freiheiten der Einwohner vor gewaltsamen Angriffen von außen zu schützen und zu verteidigen.

Seit dem Jahr 1960 nimmt das österreichische Bundesheer an friedenserhaltenden internationalen Einsätzen teil. Zurzeit unterstützt es hauptsächlich Hilfskontingente im Kosovo, in Bosnien und im Libanon.

⚠ Das **Neutralitätsgesetz** verpflichtet Österreich, ein funktionierendes Bundesheer zu unterhalten.

Militärische Landesverteidigung

Aufgaben dieses Bereiches sind
- der militärische Schutz des Landes und
- der Schutz der Neutralität.
- Durch die ständige Wehrbereitschaft und die militärischen Möglichkeiten soll auch ein Beitrag zur Krisenverhinderung geleistet werden.

Oberbefehlshaber des Bundesheeres ist der **Bundespräsident,** politisch verantwortlich ist jedoch der **Bundesminister für Landesverteidigung und Sport.**

Wer ist in Österreich wehrpflichtig?

- Die **Wehrpflicht für männliche Staatsbürger** beginnt mit der Vollendung des 17. Lebensjahres und dauert grundsätzlich bis zur Vollendung des 50. Lebensjahres.
- Die Ausbildung beginnt mit einem **Grundwehrdienst,** zu dem alle tauglichen männlichen österreichischen Staatsbürger bis zu ihrem 35. Lebensjahr einberufen werden können.
- Der Grundwehrdienst dauert **sechs Monate** (erfolgt in drei Abschnitten), anschließend kann sich jeder für **Kaderübungen** freiwillig verpflichten.

Ausbildungsdienst (AD)

- Dieser kann von Wehrpflichtigen und seit 1998 auch von Frauen nach einer freiwilligen Meldung absolviert werden.
- Der Ausbildungsdienst dauert **12 Monate** und ist ein spezieller Wehrdienst, der Frauen und Männern eine Karriere beim Bundesheer ermöglicht.
- Männer können diesen vor, während und nach dem Grundwehrdienst antreten.

Grundwehrdiener bei einer Übung

Zivildienst

Manche junge Wehrpflichtige lehnen den Dienst mit der Waffe aus Gewissensgründen ab. Daher besteht die Möglichkeit, im Rahmen des Zivildienstes **gemeinnützig sozial** tätig zu sein. Schwerpunkte der sozialen Leistungen liegen im Bereich des Roten Kreuzes, in der Alten- und Behindertenbetreuung und im Katastrophenschutz. Dauer des Zivildienstes: 9 Monate.

Zivildiener können ihren Dienst auch in einer Kinderbetreuungseinrichtung absolvieren.

Das Bundesheer wirbt für Nachwuchs

Girls Day 2017: Doskozil hoch erfreut über Rekord-Teilnehmerinnenzahl beim Bundesheer

„Rund 3 300 Mädchen und junge Frauen haben sich heuer für den Girls Day angemeldet, um sich über die Jobmöglichkeiten beim Bundesheer zu informieren – das sind mehr als doppelt so viele wie im vergangenen Jahr. Das beweist, dass das Bundesheer als Arbeitgeber für Frauen immer mehr an Attraktivität gewinnt", so der Bundesminister. Die Erhöhung des Frauenanteils beim Bundesheer sei ihm ein ganz wichtiges Anliegen, bekräftigte Doskozil. ...

Seit 1998 Soldatinnen fixer Bestandteil beim Bundesheer

Am 1. April 1998 rückten die ersten sieben Rekrutinnen beim Österreichischen Bundesheer ein. Seither sind Frauen in allen Funktionen und Waffengattungen des Bundesheeres tätig – von der Militärpilotin bis zur Panzerfahrerin.
Aktuell sind 473 Soldatinnen beim Bundesheer beschäftigt. Außerdem wird im Rahmen der Sportförderung derzeit 94 Leistungssportlerinnen die Möglichkeit geboten, für nationale und internationale Wettkämpfe zu trainieren.

www.ots.at

Wehrpflicht oder Berufsheer?
2013 wurde in Österreich eine Volksbefragung zur Wehrpflicht durchgeführt. Mit 59,7 Prozent der Stimmen bei einer Wahlbeteiligung von 52,4 Prozent wurde damals für die Beibehaltung der allgemeinen Wehrpflicht gestimmt.

Wie stehen Sie zu diesem Thema?

Aufgabenstellungen

1. Recherchieren Sie auf der Website des Bundesheeres www.bundesheer.at die Hauptaufgaben des Bundesheeres und schreiben Sie einen kurzen Bericht darüber.
2. Diskutieren Sie: Sollen Frauen zur Wehrpflicht herangezogen werden?

Geistige Landesverteidigung

Die geistige Landesverteidigung ist dafür zuständig, den Staatsbürgerinnen und Staatsbürgern ein richtiges Bild von den politischen, militärischen und wirtschaftlichen Machtverhältnissen in Europa und der Welt zu vermitteln. Ängste und Unsicherheiten sollen abgebaut werden, und die Menschen sollen sich sicher fühlen und stolz auf das Heimatland Österreich sein.

 An vielen Schulen gibt es Referenten und Referentinnen, die die Grundlagen der geistigen Landesverteidigung vermitteln.

www.zivilschutzverband.at

Zivile Landesverteidigung

Die Aufgabe der zivilen Landesverteidigung ist die Vorsorge zum **Schutz der Zivilbevölkerung.** Um in einem Krisenfall einen Mindeststandard an lebenswichtigen Einrichtungen aufrechterhalten zu können, müssen **Vorsorgepläne** entwickelt werden. Die Aufrechterhaltung der Funktionsfähigkeit der Behörden ist ebenfalls ein notwendiger Bestandteil eines Alarmplans.

Wer ist zuständig für die Zivilschutzmaßnahmen?

- **Behörden:** Sie umfassen neben der Ausarbeitung der gesetzlichen Grundlagen und der internationalen Zusammenarbeit vor allem die Warnung und Information der Bevölkerung im Katastrophenfall sowie die Koordination der Einsatzkräfte.
- **Hilfs- und Rettungsorganisationen**
- **Bundesheer:** Wenn die zivilen Kräfte überfordert sind, kann das Bundesheer zur Assistenzleistung angefordert werden. Die Einsatzleitung verbleibt jedoch bei der zivilen Behörde.
- **Internationale Hilfe:** Der Zivilschutz ist wie kein anderer Bereich bei der Bewältigung von Naturkatastrophen oder technischen Katastrophen von der internationalen Hilfe und Solidarität abhängig.
- **Private Haushalte:** Um die Zeitspanne vom Eintritt einer Notsituation bis zum Eintreffen und Wirksamwerden einer organisierten Hilfe zu überbrücken, hilft aktiver Selbstschutz (z. B. entsprechendes Verhalten, Vorrat an Lebensmitteln, Trinkwasser, alternative Energieversorgung ...). Durch richtiges Verhalten wird das Risiko, einen Schaden zu erleiden, deutlich verringert.

Welche Bedrohungsfälle können eintreten?

- Naturkatastrophen, z. B. Überflutungen
- Umweltprobleme
- Terrorismus
- Atomunfälle

Recherchieren Sie auf der Website des Zivilschutzverbandes, welche Lebensmittelvorräte ein Haushalt für den Katastrophenfall halten sollte.

Einmal jährlich (jeden ersten Samstag im Oktober) wird österreichweit ein Probealarm mit allen Zivilschutzsignalen durchgeführt. Damit erfolgt zum einen die Erprobung der technischen Anlagen, zum anderen sollen die Signale und ihre Bedeutung der Bevölkerung in Erinnerung gebracht werden.

Wie werden wir im Krisenfall gewarnt?

Grafische Darstellung der Zivilschutzsignale	
Warnung 3 Minuten	Radio oder TV einschalten, Lautsprecherdurchsagen beachten! **Gleichbleibender Dauerton von drei Minuten** Herannahende Gefahr, Aufforderung zum Einschalten des Rundfunks zur Entgegennahme von Gefahrenmeldungen
Alarm 1 Minute	**Auf- und abschwellender Heulton von mindestens einer Minute** Unmittelbare Gefahr, unverzügliches Ergreifen von geeigneten Schutzmaßnahmen (durch Eigeninitiative oder aufgrund von Rundfunkmeldungen bzw. Lautsprecherdurchsagen)
Entwarnung 1 Minute	**Gleichbleibender Dauerton von einer Minute** Ende der Gefahr
Feuerwehrsignale 7 sec 7 sec 15 sec 15 sec 15 sec	

Notrufe

- Euronotruf 112
- Feuerwehr 122
- Polizei 133
- Rettung 144
- Bergrettung 140
- Ärztenotdienst 141

Wirtschaftliche Landesverteidigung

Aufgaben der wirtschaftlichen Krisenvorsorge sind
- die Aufrechterhaltung der wirtschaftlichen Tätigkeiten,
- die ausreichende Versorgung der Bevölkerung,
- die Erhaltung der Leistungsfähigkeit der österreichischen Wirtschaft sowie
- die Sicherung der Arbeitsplätze.

Verfassungsrecht

4 Bundesgesetzgebung

*„Manipulierten Glücksspielautomaten droht schon bald das Aus. Der Nationalrat verabschiedete mit breiter Mehrheit zwei Novellen zum Glücksspielgesetz."
13 Gesetzesbeschlüsse, zwei genehmigte Staatsverträge, diverse Entschließungen, eine umfassende Sicherheitsdebatte sowie eine dringliche Anfrage, das ist die Bilanz von zwei Sitzungstagen des Nationalrates.
Wie der Nationalrat arbeitet und wie ein Gesetz zustande kommt, erfahren Sie in diesem Kapitel.*

Wer ist in Österreich für die Bundesgesetzgebung zuständig?

Sicher haben Sie sich schon einmal gefragt, wer gerade für „dieses eine Gesetz" die Verantwortung trägt. Alle Gesetze auf Bundesebene werden
- vom **Nationalrat** erarbeitet und
- vom **Bundesrat** kontrolliert **(Zweikammersystem).**

Bis ein Bundesgesetz dann vom Bundespräsidenten unterschrieben und veröffentlicht werden kann, ist ein langer Weg zurückzulegen. Bevor wir uns jetzt mit dem rechtmäßigen Zustandekommen von Gesetzen beschäftigen, wollen wir uns mit dem Nationalrat näher auseinandersetzen.

4.1 Nationalrat

Wie setzt sich der Nationalrat zusammen?

Der Nationalrat (NR) besteht aus 183 Abgeordneten, die direkt vom Volk für eine Gesetzgebungsperiode **(Legislaturperiode)** von **fünf Jahren** gewählt werden. Durch die Vergabe einer Vorzugsstimme hat die Wählerin/der Wähler direkt Einfluss auf die Zusammensetzung des NR.

Der Nationalrat kann aber zu jedem Zeitpunkt **vorzeitig aufgelöst** werden, und zwar
- indem er selbst mit einfacher Mehrheit seine Auflösung beschließt oder
- durch den Bundespräsidenten (auf Vorschlag der Bundesregierung).

In jedem Fall kommt es dann zu Neuwahlen.

Sitzverteilung im Nationalrat (1/2018)

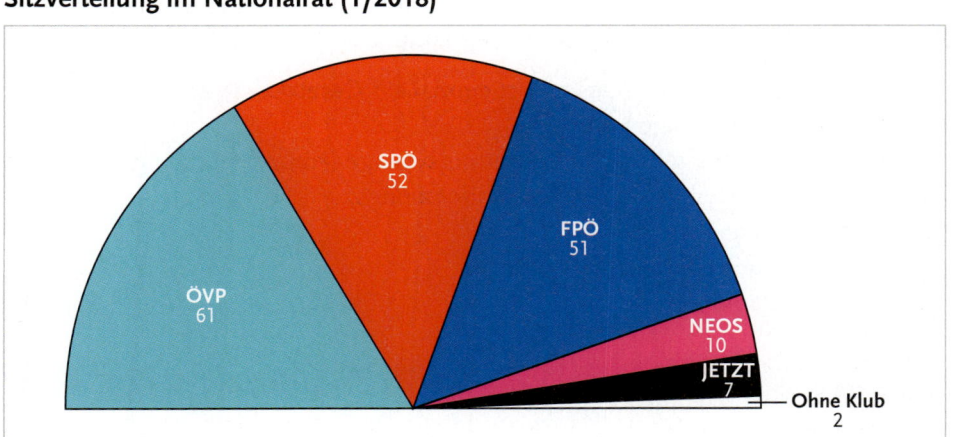

Nennen Sie die derzeitigen Nationalratspräsidenten bzw. -präsidentinnen und geben Sie an, welcher Partei sie angehören.

1. Präsident

2. Präsidentin

3. Präsidentin

II Österreichisches und Europäisches Recht

Sitzungssaal des Nationalrates im Parlament; Blick auf die Regierungsbank. Das Parlament wird seit 2017 bis voraussichtlich 2021 umfangreich renoviert. Die Sitzungen des Nationalrats finden in dieser Zeit in der Hofburg statt.

Plenarsitzung = Vollversammlung aller Parlamentsmitglieder.

Zwingend vorgeschriebene Ausschüsse
- Hauptausschuss
- Dessen ständiger Unterausschuss
- Immunitätsausschuss
- Rechnungshofausschuss
- Haushaltsausschuss

Sonstige Ausschüsse
- Justizausschuss
- Sozialausschuss
- Landesverteidigungsausschuss
- Untersuchungsausschüsse
- Andere nach Bedarf

Ausschusssitzungen sind **nicht öffentlich.**

Gesetzesantrag

↓

Erste Lesung

↓

Wie ist der Nationalrat organisiert?

Der Nationalrat wählt am Beginn einer Gesetzgebungsperiode aus seiner Mitte **drei Präsidenten** bzw. **Präsidentinnen.** Diese kommen in der Regel aus den drei Parteien mit den meisten Sitzen im Nationalrat.

Der Präsident/die Präsidentin
- **leitet die Geschäfte** des Nationalrates,
- erstellt zusammen mit den beiden anderen Präsidenten bzw. Präsidentinnen den **Budgetvoranschlag** für den Nationalrat,
- **vertritt** den Nationalrat nach **außen,**
- beruft ihn zu seinen **Sitzungen** ein,
- **führt** in der Praxis abwechselnd mit dem zweiten und dem dritten Präsidenten bzw. der zweiten und dritten Präsidentin in den Sitzungen **den Vorsitz,**
- **wacht über die Geschäftsordnung** und achtet auf deren Einhaltung,
- übt das **Hausrecht** im Parlamentsgebäude aus.

Welche Aufgaben hat der Nationalrat zu erfüllen?
- **Beratung** und **Beschlussfassung** von Gesetzen.
- Der Nationalrat macht das **politische Geschehen transparent** und **öffentlich,** da alle Plenarsitzungen für die Bürger/innen zugänglich sind. Wichtige Sitzungen werden vom ORF übertragen. In Ausnahmefällen kann aber auch die Öffentlichkeit ausgeschlossen werden.
- Der Nationalrat hat eine wichtige **Kontrollfunktion.** Er prüft die Arbeit der Regierung, z. B. durch die Beantragung von Untersuchungsausschüssen, Überprüfung der staatlichen Finanzen usw.

Wie arbeitet der Nationalrat?
- Die Tagungen des Nationalrates beginnen grundsätzlich Mitte September und dauern bis Mitte Juli des darauffolgenden Jahres. Der Nationalrat tritt während seiner Tagungsperioden an zwei oder drei Tagen im Monat zu **Plenarsitzungen** (Sitzungen aller Parlamentsmitglieder) zusammen.
- Zur Vorbereitung von Gesetzen werden **Ausschüsse** gebildet. Die Aufgabe der Ausschüsse besteht darin, über Gesetzesanträge zu beraten und dem **Plenum** (das sind alle Parlamentsmitglieder) einen fachlichen Bericht vorzulegen.
- Diese Ausschüsse haben das Recht, einen **Unterausschuss** zu bilden, um Verhandlungen und Beschlüsse zielorientiert abwickeln zu können.
- Für die einzelnen Bereiche gibt es **Fachausschüsse,** in denen die Experten und Expertinnen der einzelnen Parteien ihre Beratungen führen.

Wie kommt ein Gesetzesvorschlag ins Parlament und wie erfolgt das Verfahren?

Für jedes künftige Gesetz muss zuerst einmal ein **Gesetzesantrag** eingebracht werden. Dies kann erfolgen durch
- die Bundesregierung mit einer Regierungsvorlage (kommt am häufigsten vor),
- mindestens fünf Abgeordnete des Nationalrates,
- den Bundesrat,
- Ausschüsse des Nationalrates oder
- ein Volksbegehren.

Die **erste Lesung** im Plenum ist eine
- Kundmachung über den allgemeinen Inhalt des Gesetzesantrages und
- Beratung über eine **Zuweisung an einen Ausschuss** zur weiteren Behandlung und Berichterstattung.

- Nun hat der Ausschuss Zeit, um genaue Informationen einzuholen. Dazu kann er sich auch Experten bzw. Expertinnen einladen.
- Der Ausschuss erstellt schließlich einen **Bericht für den Nationalrat** und kann Änderungsvorschläge einbringen.

- In der **zweiten Lesung** gibt der Ausschuss diese Informationen an den Nationalrat weiter.
- Die Abgeordneten haben jetzt die Möglichkeit, in einer **Generaldebatte und Spezialdebatte** Fragen zu stellen bzw. ihre Einwände einzubringen.

Über den **Gesetzesantrag** wird in der Regel durch Aufstehen (Zustimmung) oder Sitzenbleiben (Ablehnung) **abgestimmt.** In bestimmten Fällen kann es zu namentlichen oder geheimen Abstimmungen per Stimmzettel kommen.

Mindesterfordernisse bei einer Abstimmung			
	Einfaches Bundesgesetz	**Beharrungsbeschluss**	**Verfassungsgesetz**
Anwesenheit	Ein Drittel	Die Hälfte	Die Hälfte
Zustimmung der anwesenden Abgeordneten	Mehr als die Hälfte	Mehr als die Hälfte	Zwei Drittel

In der **dritten Lesung** wird schließlich über die endgültige Annahme oder Ablehnung des Gesetzesentwurfes **abgestimmt.**

- Jeder **Gesetzesbeschluss** ist unverzüglich dem **Bundesrat** (siehe Kapitel „4.2 Bundesrat") zu übermitteln.
- Dieser kann binnen acht Wochen einen begründeten Einspruch erheben, zustimmen oder die Frist ohne Reaktion verstreichen lassen.
- Erhebt der Bundesrat Einspruch, kann der Nationalrat den Gesetzesbeschluss ändern oder einen **Beharrungsbeschluss** (der NR bleibt bei seinem Gesetzesbeschluss) fassen.

Nach der Zustimmung des Nationalrates und des Bundesrates bestätigt der **Bundespräsident** mit seiner Unterschrift, dass der Gesetzesbeschluss verfassungsgemäß zustande gekommen ist. Eine inhaltliche Prüfung und evtl. Ablehnung ist nicht möglich.

Die **Gegenzeichnung** erfolgt durch den Bundeskanzler.

Das Gesetz wird im elektronischen **Bundesgesetzblatt** www.ris.bka.gv.at/Bgbl-Auth/ veröffentlicht.

4.2 Bundesrat

Der Bundesrat übt gemeinsam mit dem Nationalrat die **Gesetzgebung** des Bundes aus. Seine Mitglieder werden nicht wie der Nationalrat direkt gewählt, sondern von den Landtagen der Bundesländer entsandt. Er wird deshalb auch als **Länderkammer** bezeichnet.

II Österreichisches und Europäisches Recht

Sitzungssaal des Bundesrates

Bundesversammlung – Saal des ehemaligen Abgeordnetenhauses (bis 1918)

Das Bundesland mit der größten Einwohnerzahl entsendet zwölf Mitglieder, jedes andere Land entsprechend weniger, mindestens aber drei. Derzeit hat der Bundesrat 62 Mitglieder. Der Bundesrat wird nach den Landtagswahlen laufend erneuert. Die Sitzungen sind öffentlich.

Bedeutung und Stellenwert

Das politische Gewicht des Bundesrates ist nicht sehr groß. Als Länderkammer hat er die **Interessen der Bundesländer** wahrzunehmen. Er kann zwar Einspruch gegen einen Gesetzesbeschluss des Nationalrates erheben, dieser hat aber meist nur aufschiebende Wirkung. Das heißt, der Nationalrat kann den Einspruch durch das Wiederholen des Beschlusses (Beharrungsbeschluss) überwinden.

4.3 Bundesversammlung

Die Bundesversammlung ist die **gemeinsame Sitzung** des **Nationalrates** und des **Bundesrates.** Sie wird in der Regel vom Bundeskanzler einberufen. Die Sitzungen sind öffentlich.

Aufgaben

- Sie nimmt die Angelobung des Bundespräsidenten/der Bundespräsidentin vor.
- Sie kann auf Antrag des Nationalrates eine Volksabstimmung über die Absetzung des Bundespräsidenten/der Bundespräsidentin beschließen.
- Sie entscheidet – ebenfalls auf Antrag des Nationalrates –, ob der Bundespräsident/die Bundespräsidentin in einer bestimmten Angelegenheit behördlich verfolgt werden darf und ob gegen ihn eine Anklage wegen Verletzung der Bundesverfassung vor dem Verfassungsgerichtshof erhoben werden soll.
- Ihr obliegt die Entscheidung über eine Kriegserklärung.

4.4 Rechtsstellung der Mitglieder der gesetzgebenden Körperschaften

Die Abgeordneten in Nationalrat, Bundesrat und den Landtagen dürfen in der Ausübung ihres Mandates nicht behindert werden. Dafür sollen folgende Einrichtungen garantieren:

Freies Mandat	Abgeordnete können frei entscheiden, wie sie abstimmen. Durch **Klubzwang** und Parteidisziplin wird das freie **Mandat** jedoch verhindert und außer Kraft gesetzt. Im Falle eines Parteiaustrittes oder eines Ausschlusses eines Abgeordneten/einer Abgeordneten aus seiner/ihrer Partei kommt allerdings das freie Mandat zum Tragen: Der/die Abgeordnete behält trotzdem sein/ihr Mandat („wilder Abgeordneter").
Immunität	Abgeordnete sind vor Strafverfolgung und Sanktion geschützt. **Berufliche Immunität** Wegen ihres Abstimmungsverhaltens können Abgeordnete niemals zur Verantwortung gezogen werden. Wegen Äußerungen im Parlament können sie nur von diesem zur Verantwortung gezogen werden.

💡 Haben Sie schon vom **Jugendparlament** gehört? Ziel des Jugendparlaments www.reininsparlament.at ist es, bei Jugendlichen Interesse für demokratische Entscheidungsprozesse zu wecken und ein vertieftes Verständnis für parlamentarische Abläufe zu vermitteln.

Klubzwang = Die politischen Parteien veranlassen ihre Abgeordneten, sich bei Abstimmungen der vorgegebenen Meinung der Partei (des Klubs) anzuschließen.

Mandat = Sitz im Parlament.

	Außerberufliche Immunität Sie schützt die Abgeordneten vor behördlicher Verfolgung wegen strafbarer Handlungen, die abseits der parlamentarischen Tätigkeit begangen werden. Die Zustimmung zur Verfolgung kann nur durch das zuständige Parlament **(Immunitätsausschuss)** erteilt werden. Die Immunität bietet aber keinen Schutz vor zivilgerichtlichen Schritten.
Unvereinbarkeit	Der Zweck der Unvereinbarkeitsbestimmungen liegt in der **Vermeidung von Interessenkonflikten,** die sich aus der Anhäufung öffentlicher Ämter und privatwirtschaftlicher Funktionen ergeben können. Das Unvereinbarkeitsgesetz betrifft die Betätigung von Abgeordneten und öffentlichen Funktionären wie Ministern/Ministerinnen, Bürgermeistern/Bürgermeisterinnen, Stadträten/-rätinnen in der Privatwirtschaft.

 Abgeordnete, die auf frischer Tat ertappt werden, können verhaftet werden. Die Verhaftung ist dem Präsidenten/der Präsidentin des Nationalrates mitzuteilen. Auf Verlangen des Nationalrates (bzw. des Immunitätsausschusses) muss die Haft aufgehoben werden.

Aufgabenstellungen – „Bundesgesetzgebung"

1. Definieren Sie folgende Begriffe mit eigenen Worten: Plenum, wilde/r Abgeordnete/r, Zweikammersystem, Klubzwang.
2. Vervollständigen Sie das folgende Schema eines Gesetzgebungsverfahrens.

Einen Gesetzesantrag einbringen können:	▪ ▪ ▪ ▪ ▪
Was passiert in der: ▪ Ersten Lesung ▪ Zweiten Lesung ▪ Dritten Lesung	▪ ▪ ▪
Folgende Aufgaben bzw. Möglichkeiten haben: ▪ Bundesrat ▪ Bundespräsident ▪ Bundeskanzler	▪ ▪ ▪

5 Bundesverwaltung

> Nach den Nationalratswahlen dauert die Regierungsbildung meist Wochen bis Monate. Alle im Nationalrat vertretenen Parteien möchten mitregieren. Wissen Sie Bescheid, wie eine Regierung zustande kommt?

💡 Der Bund, die Länder und die Gemeinden werden als Gebietskörperschaften bezeichnet. Sie sind jeweils für einen bestimmten Bereich des Staates und für die dort lebenden Menschen zuständig. Die Aufteilung der Kompetenzen, also wer für was zuständig ist, ist in der österreichischen Bundesverfassung geregelt.

Ein Staat muss verwaltet werden. Die Verwaltungsaufgaben werden von den
- **obersten Organen** der Verwaltung (Bundespräsident/in, Bundeskanzler/in, Bundesregierung und Bundesminister/innen) sowie ihren
- **nachgeordneten Organen** (z. B. Bezirkshauptmannschaften, Magistraten, Finanzämtern) wahrgenommen.

⚠️ Grundsätzlich sind die Aufgaben der Bundesverwaltung in den Ländern in mittelbarer Bundesverwaltung zu führen, d. h., die entsprechenden Landesorgane müssen eingebunden werden.

5.1 Bundespräsident/in

Der Bundespräsident/Die Bundespräsidentin hat die Funktion des **Staatsoberhauptes**. Er/Sie verkörpert die Einheit des Staates nach außen und innen. Die **Präsidentschaftskanzlei** befindet sich in der Hofburg in Wien.

Wahl des Bundespräsidenten/der Bundespräsidentin

- Der Bundespräsident/Die Bundespräsidentin wird vom Volk **direkt für sechs Jahre** gewählt und kann für die unmittelbar folgende Amtsperiode einmal wiedergewählt werden.
- Gewählt ist, wer die **absolute Mehrheit** der gültigen Stimmen erreicht. Ergibt sich keine solche Mehrheit, so findet ein zweiter Wahlgang statt, in dem die zwei stimmenstärksten Kandidaten/Kandidatinnen zur Wahl stehen.
- Jede Person, die das aktive Wahlrecht zum Nationalrat hat und mit Ablauf des Tages der Wahl das **35. Lebensjahr** vollendet hat, kann gewählt werden.

Die Hofburg in Wien, Amtssitz des Bundespräsidenten/der Bundespräsidentin

Vertretung

Die Vertretung des Bundespräsidenten/der Bundespräsidentin hat der Bundeskanzler/die Bundeskanzlerin (bis zu 20 Tage), bei länger dauernder Verhinderung die drei Präsidentinnen/Präsidenten des Nationalrates in kollegialer Verwaltung.

Das Amt endet durch
- Ablauf der Funktionsperiode,
- Tod,
- verurteilendes Erkenntnis des Verfassungsgerichtshofes,
- Volksabstimmung über die Absetzung des Bundespräsidenten/der Bundespräsidentin,
- Verurteilung des Amtsinhabers/der Amtsinhaberin wegen einer mit Vorsatz begangenen strafbaren Handlung, die mit mehr als einer einjährigen Freiheitsstrafe bedroht ist, und schließlich
- Amtsverzicht.

Aufgaben

Die Aufgaben des Bundespräsidenten/der Bundespräsidentin sind vielfältig und im Bundesverfassungsgesetz genau aufgezählt. Viele davon dürfen jedoch nur über **Vorschlag der Bundesregierung** ausgeführt werden. Die Kompetenzen wurden in der Ersten und Zweiten Republik nie ausgeschöpft.

Aufgaben des Bundespräsidenten (Auswahl)
- Ernennung und Entlassung des Bundeskanzlers/der Bundeskanzlerin
- Entlassung der gesamten Regierung
- Beurkundung der Gesetzesbeschlüsse
- Angelobung des Bundeskanzlers/der Bundeskanzlerin, der Bundesminister/innen und Staatssekretär/innen, der Landeshauptleute und anderer Organe
- Oberbefehl über das Bundesheer
- Vertretung der Republik nach außen, Empfang und Beglaubigung der Gesandten, Genehmigung der Bestellung fremder Konsuln, Bestellung österreichischer Konsuln, Abschluss von Staatsverträgen
- Einberufung des Nationalrates und der Bundesversammlung
- Auflösung des Nationalrates
- Ernennung der Bundesbeamten/-beamtinnen, Richter/innen und Offiziere
- Erlass von Notverordnungen
- Begnadigung der rechtskräftig Verurteilten

5.2 Bundesregierung

Sie ist ein **kollegiales Organ**, d. h., sie umfasst mehrere Amtsinhaber/innen:
- An der Spitze steht der **Bundeskanzler/die Bundeskanzlerin,**
- seine Vertretung hat der **Vizekanzler/ die Vizekanzlerin.**
- **Bundesminister/innen.**

Alle Mitglieder der Bundesregierung sind rechtlich gleichgestellt.

Die Bundespräsidenten der Zweiten Republik

1	Karl Renner	1945–1950
2	Theodor Körner	1951–1957
3	Adolf Schärf	1957–1965
4	Franz Jonas	1965–1974
5	Rudolf Kirchschläger	1974–1986
6	Kurt Waldheim	1986–1992
7	Thomas Klestil	1992–2004
8	Heinz Fischer	2004–2016
9	Alexander Van der Bellen	Seit 2017

Ordnen Sie die Namen den jeweiligen Fotos zu.

II Österreichisches und Europäisches Recht

✎ Welche Regierungsform haben wir derzeit in Österreich? Welche Parteien sind daran beteiligt?

Wie kommt eine Bundesregierung zustande?

Die **Regierungsbildung** ist einer der wichtigsten Vorgänge in der Innenpolitik. Sie erfolgt in der Regel aufgrund der Ergebnisse bei der Nationalratswahl.
- Der Bundespräsident/Die Bundespräsidentin beauftragt den Vorsitzenden bzw. die Vorsitzende der Partei, die die meisten Stimmen erlangt hat, mit der Regierungsbildung. Diese stellt dann auch meist den/die **Bundeskanzler/in.**
- Da selten eine Partei die absolute Mehrheit erringt (über 50 Prozent), kommt es meist zur Bildung einer **Koalition** (Zusammenschluss mehrerer Parteien).
- Die Parteien im Nationalrat, die nicht in der Regierung vertreten sind, werden als **Opposition** bezeichnet.
- Die **Mitglieder der Bundesregierung** werden vom Bundeskanzler/von der Bundeskanzlerin dem Bundespräsidenten/der Bundespräsidentin vorgeschlagen und von diesem/dieser ernannt.

Die Bundesregierung wird spätestens nach jeder Nationalratswahl neu gebildet, theoretisch ist sie **fünf Jahre** im Amt. Sie kann aber jederzeit während einer Funktionsperiode umgebildet werden, da kein rechtlicher Zusammenhang mit der Funktionsperiode des Nationalrates besteht.

Die Bundesregierung kann folgende Formen haben:	
Alleinregierung	Eine Partei regiert alleine, unabhängig davon, ob sie über eine Mehrheit im Parlament verfügt oder nicht (Minderheitsregierung).
Mehrheitsregierung	Wird von einer Partei (Alleinregierung) oder von mehreren Parteien (Koalitionsregierung) gebildet.
Minderheitsregierung	Die regierende Partei verfügt über keine Mehrheit im Parlament.
Koalitionsregierung	Mehrere Parteien teilen sich die Regierungsgeschäfte. Grundlage ist ein Koalitionsabkommen zwischen den Regierungsparteien. **Große Koalition:** Die beiden stärksten Parteien im Nationalrat bilden die Regierung. **Kleine Koalition:** Eine große Partei teilt die Regierungsgeschäfte mit einer kleinen Partei, mit der sie im Parlament eine Mehrheit bildet.
Konzentrationsregierung	(Alle im Parlament vertretenen Parteien sind ab einer bestimmten Größenordnung an der Regierung beteiligt (in Österreich von 1945 bis 1947).

Die Bundeskanzler der 2. Republik	
Karl Renner* (SPÖ)	1945
Leopold Figl (ÖVP)	1945–1953
Julius Raab (ÖVP)	1953–1961
Alfons Gorbach (ÖVP)	1961–1964
Josef Klaus (ÖVP)	1964–1970
Bruno Kreisky (SPÖ)	1970–1983
Fred Sinowatz (SPÖ)	1983–1986
Franz Vranitzky (SPÖ)	1986–1997
Viktor Klima (SPÖ)	1997–2000
Wolfgang Schüssel (ÖVP)	2000–2006
Alfred Gusenbauer (SPÖ)	2006–2008
Werner Faymann (SPÖ)	2008–2016
Christian Kern (SPÖ)	2016–2017

Staatskanzler

5.3 Bundeskanzler/in

Der Bundeskanzler bzw. die Bundeskanzlerin ist Vorsitzende/r der Bundesregierung, verfügt jedoch über kein Weisungsrecht gegenüber den anderen Mitgliedern der Bundesregierung.

Die Vertretung hat der Vizekanzler/die Vizekanzlerin inne. Sind Bundeskanzler/in und Vizekanzler/in gleichzeitig verhindert, so wird er/sie durch das dienstälteste, bei gleichem Dienstalter durch das an Jahren älteste, nicht verhinderte Mitglied der Bundesregierung vertreten.

Aufgaben
- **Koordinierungsfunktion,** z. B.
  - einheitliches Zusammenarbeiten der Bundesministerien,
  - Koordination der umfassenden Landesverteidigung und Krisenmanagement,

Verfassungsrecht

- **Informationstätigkeit der Regierung,** wie
  - Information der Öffentlichkeit über die Regierungsarbeit und Pressedienst,
  - Angelegenheiten der Staatsdruckerei, der Wiener Zeitung,
- Angelegenheiten der staatlichen **Verfassung** und der staatlichen **Verwaltung** (Gegenzeichnung der vom Bundespräsidenten/der Bundespräsidentin beurkundeten Bundesgesetze).

5.4 Bundesminister/innen

- Bundesminister/innen stehen einem Ministerium vor, das für einen bestimmten Bereich **(Ressort)** zuständig ist.
- Den Bundesministern/-ministerinnen kann zu ihrer Unterstützung ein **Staatssekretär/eine Staatssekretärin** unterstellt werden. Bestellt und abberufen werden diese so wie Bundesminister/innen.
- Die **Funktionsperiode** der Minister/innen **endet** durch
  - Tod,
  - Entlassung,
  - Enthebung (bei Rücktritt der Bundesregierung) oder eigenem Rücktritt,
  - Misstrauensvotum des Nationalrates,
  - Erkenntnis des Verfassungsgerichtshofes oder Verurteilung durch ein Strafgericht.

Aktueller Bundeskanzler:

_____

Partei:

_____

Aufgabenstellungen – „Bundesverwaltung"

1. Welche Zusammensetzungen wären in der derzeitigen Regierung möglich? Nehmen Sie dazu die Grafik auf Seite 35 zuhilfe.
2. Wie viele Ministerien hat die derzeitige Regierung? Vervollständigen Sie mithilfe der Website des Bundeskanzleramtes www.austria.gv.at die Tabelle.

Bundesministerium	Name des Ministers/der Ministerin	Partei

II Österreichisches und Europäisches Recht

6 Landesgesetzgebung

Wahrzeichen:

Stadt:

> *Der 15-jährige Tobias wohnt in einem kleinen Ort in Oberösterreich. Am Abend darf er laut Oö. Jugendschutzgesetz bis 24:00 Uhr ohne Aufsicht unterwegs sein. Der gleichaltrige Anton lebt nur wenige Kilometer entfernt über der Donau in Niederösterreich. Er kann laut Nö. Jugendschutzgesetz bis 1:00 Uhr in der Früh ausbleiben.*
> *So wie beim Jugendschutzgesetz gibt es für viele Bereiche in jedem Bundesland unterschiedliche Gesetze. Bei manchen, wie eben dem Jugendschutz, wird bereits über eine bundesweit einheitliche Gesetzgebung diskutiert. Wäre das Ihrer Meinung nach sinnvoll?*

Zur Erledigung ihrer Aufgaben benötigen die Bundesländer eigene Landesverfassungs- und Landesgesetze. Die Gesetzgebungsorgane der Länder sind die **Landtage**.

6.1 Landtag

Der Landtag ist das „Parlament" des jeweiligen Bundeslandes. Hier werden die Landesgesetze und das Landesbudget beschlossen. Der Landtag gibt als Gesetzgeber die Regeln für die Entwicklung des Landes vor und sorgt gleichzeitig für eine unabhängige Kontrolle der Regierungsarbeit. Der Landtag wählt auch die Landesregierung, das oberste Vollzugsorgan der Landesverwaltung. Diese vollzieht die Landesgesetze und verwaltet die Finanzen des Landes.

Wahrzeichen:

Stadt:

Der Landtag ist in den folgenden Bereichen für die Gesetzgebung zuständig:
- Gemeindeorganisation
- Kindergartenwesen
- Baurecht und Raumplanung
- Abwasser- und Abfallbeseitigung
- Rettungswesen
- Sportwesen
- Organisation der Landesbehörden
- Natur- und Landschaftsschutz
- Wohnbauförderung
- Jagd und Fischerei
- Kulturförderung
- Katastrophenhilfe
- u. v. m.

Wahrzeichen:

Stadt:

Neben der Landesgesetzgebung hat der Landtag noch weitere Aufgaben, wie
- Wahl und Entsendung der Bundesräte/-rätinnen,
- Genehmigung des Landesbudgets,
- Wahl des Landeshauptmannes/der Landeshauptfrau und der zwei Stellvertreter/innen sowie
- Wahl der Landesräte/-rätinnen (Mitglieder der Landesregierung).

Wie ist der Landtag organisiert?

Die Abgeordneten zum Landtag werden von den Wahlberechtigten der Bundesländer gewählt. Die Legislaturperiode (Gesetzgebungsperiode) ist in den einzelnen Bundesländern unterschiedlich lang:
- 5 Jahre: Wien, Niederösterreich, Steiermark, Kärnten, Salzburg, Tirol, Vorarlberg und Burgenland
- 6 Jahre: Oberösterreich

✏️ Kennen Sie die Wahrzeichen auf diesen Fotos? Welchen Landeshauptstädten sind sie zuzuordnen? Welches Wahrzeichen hat Ihre Landeshauptstadt?

Die **Zahl der Landtagsabgeordneten** wird in der Landesverfassung geregelt:
- **100** in Wien
- **56** in Oberösterreich und Niederösterreich
- **48** in der Steiermark,
- **36** im Burgenland, in Kärnten, Salzburg, Tirol und Vorarlberg

Die Abgeordneten des Landtages wählen aus ihrer Mitte das **Landtagspräsidium.** Dieses setzt sich aus drei Landtagspräsidenten/-präsidentinnen zusammen. Bei den **Landtagssitzungen,** die meistens einmal im Monat stattfinden, führen diese abwechselnd den Vorsitz.

6.2 Entstehung von Landesgesetzen

Gesetzgebungsverfahren
(Abweichungen in den einzelnen Bundesländern möglich)

Gesetzesantrag durch
- Landesregierung oder
- Landtagsabgeordnete (Entweder als Initiativantrag oder als Antrag eines Auschusses) oder
- Volksbegehren

Die Landesregierung erstellt und beschließt die Gesetzesvorlage. Es folgt die Begutachtung durch Landesdienststellen, Gemeindeverband, Städtebund, Interessenvertretungen u. a.

↓

Landtagsausschuss

Der Antrag im Plenum wird dem zuständigen Landtagsausschuss zugewiesen. Anschließend wird er im Ausschuss beraten, und das Ergebnis der Beratung wird dem Plenum berichtet.

↓

Generaldebatte – Spezialdebatte – Beschlussfassung

Im Plenum wird über das Gesetz abgestimmt. Der Gesetzesbeschluss geht an das Bundeskanzleramt.

↓

Bundesregierung hat ein suspensives Veto

Die Bundesregierung kann
- binnen acht Wochen Einspruch wegen Verletzung von Bundesinteressen erheben,
- zustimmen oder
- die Frist ohne Stellungnahme verstreichen lassen.

↓

Landtagspräsident/in beurkundet den Gesetzesbeschluss
Gegenzeichnung durch den Landeshauptmann/die Landeshauptfrau und die zuständigen Landesräte/-rätinnen

↓

Kundmachung im Landesgesetzblatt

Mit der Veröffentlichung im Landesgesetzblatt tritt das Gesetz in Kraft.

💡 Der Weg zur Entstehung eines Landesgesetzes entspricht im Wesentlichen dem eines Bundesgesetzes und ist in den einzelnen Landesverfassungsgesetzen geregelt.

Plenum = alle Abgeordneten zum Landtag.

Suspensiv (= aufschiebend): verhindert nur vorübergehend.

Sitzung des OÖ. Landtages

7 Landesverwaltung

Katrin fährt mit ihrer Freundin Anna in den Ferien nach Griechenland. Ihr Pass ist abgelaufen und sie muss sich einen neuen besorgen. Sie informiert sich unter www.help.gv.at, was sie alles für den Antrag benötigt.

? Wissen Sie, welche Behörde für die Ausstellung eines Reisepasses zuständig ist?

Eine gute Verwaltung ist eine wesentliche gesellschaftliche Grundlage und Grundrecht jeder Bürgerin und jedes Bürgers. Die Verwaltungsbehörden sollen rasche, unbürokratische und bürgernahe Abläufe und Entscheidungen ermöglichen.

Wie ist die Landesverwaltung organisiert?

Landesregierung
Steht an der Spitze der Landesverwaltung. Sie wird vom Landtag gewählt. Den Vorsitz hat der **Landeshauptmann/die Landeshauptfrau.**

Unterstützt durch:

Amt der Landesregierung
Erledigt die Aufgaben der Landesregierung (Verwaltungsapparat). Vorstand und Leiter/in ist der Landeshauptmann/die Landeshauptfrau, den inneren Dienst leitet der **Landesamtsdirektor/die Landesamtsdirektorin.**

Bezirksverwaltungsbehörden

Bezirkshauptmannschaften	Magistrate der Statutarstädte
Sie besorgen unter der Leitung des **Bezirkshauptmannes/der Bezirkshauptfrau** die Landes- und mittelbare Bundesverwaltung.	Sie besorgen unter der Leitung des **Bürgermeisters/der Bürgermeisterin** für den Bereich ihres politischen Bezirks die Landes- und mittelbare Bundesverwaltung.

Statutarstädte = Städte mit Stadtstatuten. Haben neben Gemeindeaufgaben auch die Aufgaben einer Bezirksverwaltungsbehörde zu erfüllen. (Siehe Kap. „8 Gemeinde.")

Arkadenhof des Grazer Landhauses

7.1 Landesregierung

Die Landesregierung ist das **oberste Organ der Landesverwaltung.** Sie wird vom **Landtag gewählt** und besteht aus
- dem Landeshauptmann/der Landeshauptfrau,
- seinen/ihren Stellvertretern und Stellvertreterinnen
- den Landesräten und -rätinnen.

Ressort = Geschäfts-, Arbeits-, Aufgabengebiet.

Aufgaben
- Die Mitglieder der Landesregierung sind mit der Leitung und Führung von **Verwaltungsressorts** betraut. Zum Unterschied von der Bundesverwaltung sind in den Ländern oft auch Vertreter der Minderheitsparteien mit der selbstständigen Ressortleitung beauftragt.
- Die Landesregierung trifft sich zu **nicht öffentlichen Sitzungen,** die nach Bedarf, mindestens jedoch einmal im Monat, stattfinden. Den Vorsitz hat der Landeshauptmann/die Landeshauptfrau.
- Der **Landespressedienst** informiert Presse, Rundfunk und Fernsehen über die Regierungsbeschlüsse.

Die Regierungsform einer Landesregierung kann entweder
- eine **Proporzregierung** sein, d. h., alle im Landtag vertretenen Parteien stellen nach ihrer Mandatsstärke Landesräte/-rätinnen, faktisch werden jedoch nur die größeren Parteien berücksichtigt, oder
- eine **Mehrheits- bzw. Minderheitsregierung** sein, d. h., die Oppositionsparteien stellen keine Landesräte/-rätinnen.

Die konkrete Regierungsform wird durch die jeweilige Landesverfassung bestimmt.

Die Anzahl der Mitglieder der Landesregierung ist in der Landesverfassung festgelegt:
- Niederösterreich 9
- Oberösterreich 9
- Steiermark 9
- Tirol 8
- Burgenland 7
- Kärnten 7
- Salzburg 7
- Vorarlberg 7
- Wien 9–15

7.2 Landeshauptmann/Landeshauptfrau

Der Landeshauptmann/die Landeshauptfrau wird vom **Landtag gewählt** und vom Bundespräsidenten angelobt. Als Träger/in der mittelbaren Bundesverwaltung ist er/sie der **Bundesregierung verantwortlich.**

Aufgaben
- Vertretung des Landes nach außen
- Vorsitz der Landesregierung, Einberufung und Leitung der Sitzungen der Landesregierung
- Angelobung der Landesräte/-rätinnen
- Kundmachung der Gesetzesbeschlüsse im Landesgesetzblatt
- Ausübung der Bundesverwaltung auf Landesebene (mittelbare Bundesverwaltung, u. a. Gewerbe-, Wasser- und Forstrecht)
- In Krisenfällen Koordinator/in sämtlicher Behörden im Landesgebiet
- Vertretung des Landes in internationalen Belangen (z. B. Ausschuss der Regionen im Rahmen der EU)
- Vertretung des Landes in der Landeshauptleutekonferenz

Wie heißt der Landeshauptmann/die Landeshauptfrau Ihres Bundeslandes. Welcher Partei gehört er/sie an?

7.3 Amt der Landesregierung

Das Amt der Landesregierung ist der **Verwaltungsapparat** der Landesregierung. Es ist in Abteilungen, Referate und Unterabteilungen gegliedert und wird vom **Landesamtsdirektor/der Landesamtsdirektorin** geführt.

Es gibt für jede Verwaltungsangelegenheit ein zuständiges, rechtlich und politisch verantwortliches Regierungsmitglied (Landesrat/-rätin), für den Bereich der mittelbaren Bundesverwaltung ist das der Landeshauptmann/die Landeshauptfrau.

7.4 Bezirksverwaltungsbehörden

Bezirksverwaltungsbehörden sind die **Bezirkshauptmannschaften** und die **Magistrate** der Statutarstädte.

Die Bezirkshaupmannschaft ist Landesbehörde. Ihr Amtssprengel ist der politische Bezirk. An der Spitze der Bezirkshauptmannschaft steht der **Bezirkshauptmann/die Bezirkshauptfrau.** Er/sie wird von der Landesregierung bestellt und untersteht dem Landeshauptmann/der Landeshauptfrau und dem Landesamtsdirektor/der -direktorin.

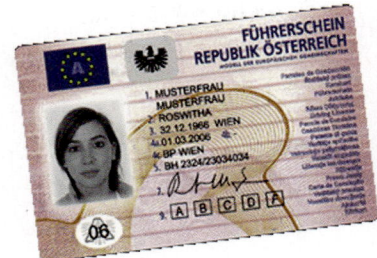

Ihren Führerschein bekommen Sie von der Bezirkshauptmannschaft ausgestellt.

II Österreichisches und Europäisches Recht

Wie heißt die Bezirkshauptfrau/der Bezirkshauptmann Ihres Bezirks?

_____

Unter der Leitung des Bezirkshauptmannes/der -hauptfrau werden sowohl Aufgaben der Landesvollziehung als auch der mittelbaren Bundesverwaltung erfüllt.

Die wichtigsten Aufgaben

- Kraftfahrzeugwesen (Führerschein, Übungsfahrten, Ausstellung von Typenschein-Duplikaten)
- Gesundheitswesen (Amtsarzt/-ärztin)
- Veterinärmedizin (Amtstierarzt/-ärztin)
- Land- und Forstwirtschaftswesen
- Verkehrsüberwachung
- Passwesen
- Familien- und Erziehungsberatung (Eltern-Kind-Zentren, Jugendamt)

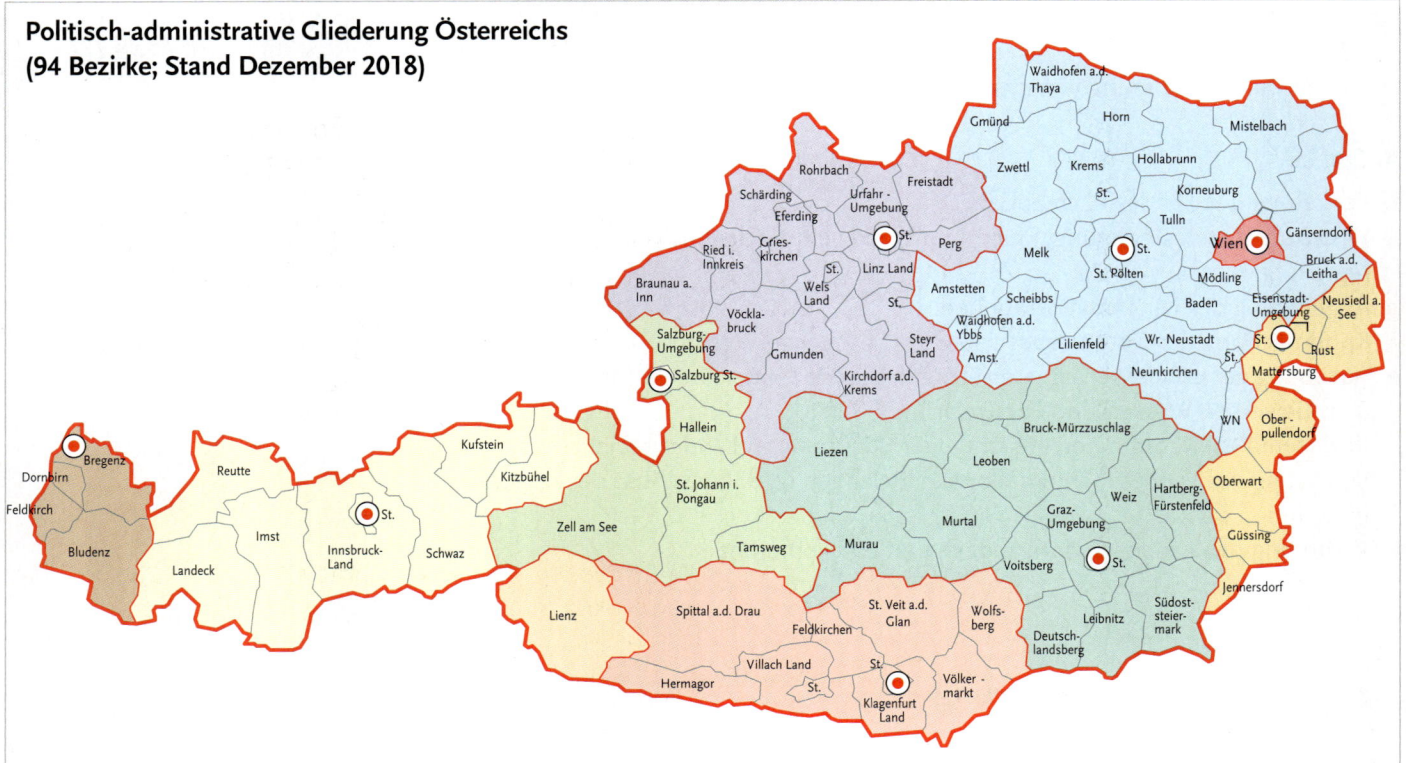

Politisch-administrative Gliederung Österreichs (94 Bezirke; Stand Dezember 2018)

Aufgabenstellungen – „Landesverwaltung"

1. Führen Sie an, welche Parteien in der Landesregierung Ihres Bundeslandes sitzen und wie die Sitzverteilung aussieht.
2. Recherchieren Sie, welche Ressorts es in Ihrem Bundesland gibt, wie die zuständigen Landesrätinnen und Landesräte heißen und welcher Partei sie angehören.

Ressort	Landesrätin/Landesrat	Partei

8 Gemeinde – kommunale Selbstverwaltung

Die Gemeinden sind die kleinsten staatlichen Einheiten und grundsätzlich Ortsgemeinden mit gleichen Rechten und Pflichten. Städte mit **Stadtstatuten** (Statutarstädte) haben neben Gemeindeaufgaben auch die Aufgaben einer Bezirksverwaltungsbehörde zu besorgen.

Die Gemeinde kann trotz Selbstverwaltung (Autonomie) nicht nach Belieben schalten und walten. **Bund** und **Land** haben ein **Aufsichtsrecht**. Das Land hat das Recht, die Geschäftstätigkeit der Gemeinde auf Sparsamkeit, Wirtschaftlichkeit und Zweckmäßigkeit zu überprüfen.

Österreichischer Gemeindebund
www.gemeindebund.at

www.staedtebund.at

2 098 österreichische Ortsgemeinden (Stand Jänner 2019) haben sich in zwei freiwilligen Interessenvertretungen, dem **Gemeindebund** und dem **Städtebund,** zusammengeschlossen. Die Aufgabe der Interessenvertretungen liegt hauptsächlich darin, die Gemeinden bei der Finanzausgleichsverhandlung mit dem Bund und den Ländern zu vertreten.

8.1 Organe der Gemeinde

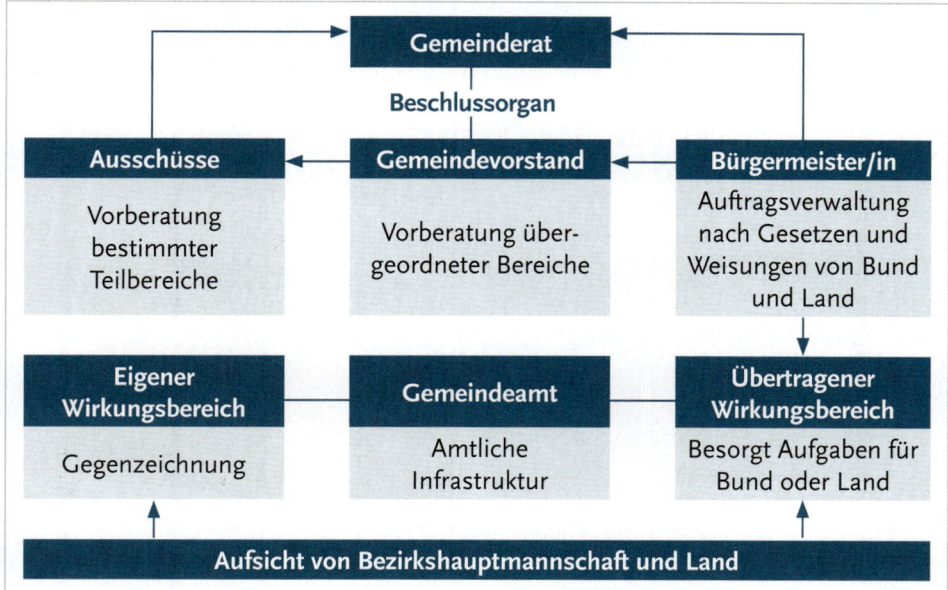

In Österreich haben folgende Städte Stadtstatuten:
Wien, Eisenstadt, Rust, Klagenfurt, Villach, Wr. Neustadt, St. Pölten, Krems/Donau, Waidhofen/Ybbs, Linz, Steyr, Wels, Salzburg, Graz, Innsbruck

Sitzungssaal einer Gemeinde

Gemeinderat	■ Der Gemeinderat ist die gewählte Volksvertretung und oberstes Organ innerhalb einer Gemeinde. ■ Seine Mitglieder werden als **Gemeinderäte** bezeichnet.
Gemeindevorstand	■ Er wird vom Gemeinderat gewählt und bildet die **Regierung** der Gemeinde. Die im Gemeinderat vertretenen politischen Parteien haben ihrer Stärke entsprechend Anspruch auf Vertretung im Gemeindevorstand. ■ In Stadtgemeinden führt der Gemeindevorstand die Bezeichnung **Stadtrat**, in Statutarstädten **Stadtsenat**.
Bürgermeister/in	■ Er/Sie wird entweder vom Gemeinderat oder direkt vom Volk (in K, T, im Bgld., in Sbg., Vlbg. und OÖ.) gewählt und vertritt die Gemeinde nach außen. ■ Er/Sie ist Vorsitzende/r des Gemeinderates und des Gemeindevorstandes.
Gemeindeamt	■ Das Gemeindeamt unterstützt die Gemeindeorgane und wird von einem leitenden Beamten (Gemeinde: Gemeindesekretär/in, Stadt: Stadtamts- oder Magistratsdirektor/in) geführt. In größeren Gemeinden ist er in Sachabteilungen gegliedert. ■ In Statutarstädten trägt das Gemeindeamt die Bezeichnung **Magistrat**.

8.2 Wirkungsbereiche und Aufgaben der Gemeinde

Nach dem Bundesverfassungsgesetz sind der Gemeinde ein **eigener** und ein **übertragener Wirkungsbereich** zugewiesen.

Eigener Wirkungsbereich (Gemeindeautonomie)

In den eigenen Wirkungsbereich fallen Angelegenheiten, die im Interesse der Gemeindebürger/innen liegen und von den Gemeindeorganen **eigenverantwortlich** besorgt werden können. Das heißt, dass die Gemeinde diese Aufgaben ohne Weisung von Bund oder Land wahrnehmen kann.

💡 Wesentlich für den eigenen Wirkungsbereich sind das Recht auf selbstständige **Haushaltsführung** (Budget) und die Abgabenausschreibung. Dadurch hat die Gemeinde die Möglichkeit, neben den Mitteln aus dem Finanzausgleich auch **eigene Einnahmequellen** zu erschließen.

Dazu zählen z. B.:
- Grundsteuer
- Kommunalsteuer
- Gemeindeverwaltungsabgaben
- Zweitwohnsitzabgabe
- Tierhaltungsabgaben

Aufgaben des eigenen Wirkungsbereiches (Beispiele)
- Bestellung der Gemeindeorgane und Gemeindebediensteten
- Wahrung der Sicherheit (örtliche Sicherheitspolizei)
- Verwaltung der Verkehrsflächen der Gemeinde
- Örtliche Baupolizei und Feuerpolizei
- Örtliche Gesundheitspolizei wie Rettungs- und Bestattungswesen
- Örtliche Raumplanung
- Alle wirtschaftlichen Tätigkeiten wie der Betrieb von Verkehrsunternehmen, Gas- und Wasserwerken, Veranstaltungsunternehmen, Bauunternehmen, Müllbeseitigung

Die Hundesteuer ist an die Gemeinde zu entrichten.

Übertragener Wirkungsbereich

Die Gemeindeorgane (Bürgermeister/in) haben auf **Weisung des Bundes bzw. des Landes** auch mittelbare Verwaltungsaufgaben wahrzunehmen.

Verwaltungsaufgaben (Beispiele)

Bundesangelegenheiten	Landesangelegenheiten
- Führung der Personenstandsregister – „Meldewesen" - Durchführung von Nationalratswahlen - Durchführung der Bundespräsidentenwahlen	- Durchführung von Landeswahlen - Jagd- und Fischereiwesen - Naturschutz

8.3 Leistungsverwaltung der Gemeinden

Unter **Leistungsverwaltung** versteht man die Verwaltung und das Bereitstellen von Leistungen, die den Bürgerinnen und Bürgern dienen bzw. Nutzen bringen.

Die Aufgaben der Gemeinden haben sich in den letzten Jahrzehnten sehr stark verändert. Neben der Ordnungsverwaltung gibt es immer mehr Leistungsverwaltung.

Verfassungsrecht

Beispiele der Leistungsverwaltung
- Betrieb von Kindergärten
- Errichtung und Erhaltung von allgemeinen Pflichtschulen
- Bau und Erhaltung von Straßen
- Wasserversorgungsanlagen, Abwässerbeseitigung, Müllabfuhr
- Errichtung und Erhaltung von Freizeitzentren im sportlichen und kulturellen Bereich

Rathaus in Wien

„Wien ist anders"

Die Bundeshauptstadt Wien hat eine verfassungsrechtliche Sonderstellung, die andere Städte in Österreich nicht haben.

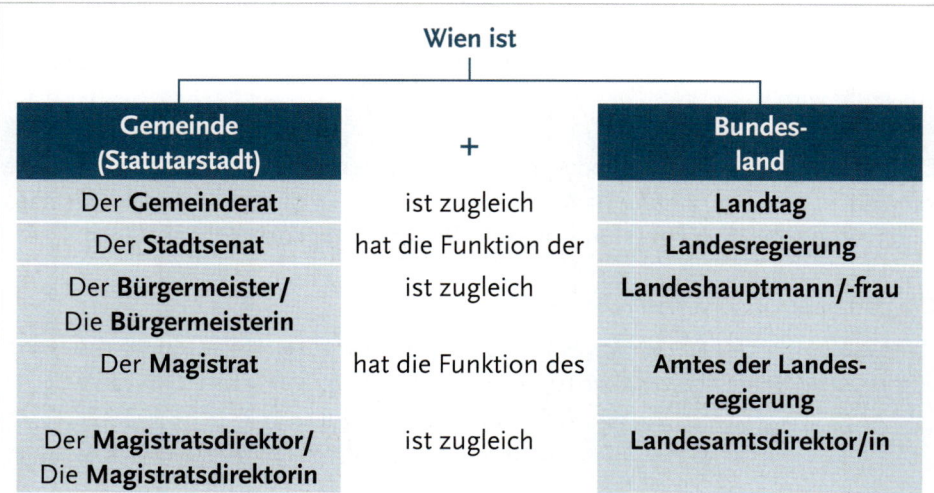

Aufgabenstellung – „Gemeinde"

- Aus Kostengründungen sollen immer mehr Gemeinden in der Verwaltung zusammengelegt werden.

  Forderung nach Gemeindezusammenlegungen
  Elmar Podgorschek (FPÖ) will in seiner Gemeindeaufsichtsfunktion das heiße Eisen Gemeindezusammenlegungen angehen. Sein Vorschlag: Gemeinden mit weniger als 1 000 Einwohnern sollten zusammengelegt werden.
  Das würde in Oberösterreich 92 der 442 Gemeinden betreffen. Dass das ganz ohne Widerstand gehen wird, glaubt auch Podgorschek nicht. Doch er setzt auf eine Art Bonus-Malus-System. Laut Experten seien Kommunen zwischen 2 000 und 5 000 Einwohnern am wirtschaftlichsten zu führen.
  www.ooe.orf.at, 11. Mai 2016

a) Überlegen Sie sich Argumente, die für eine Zusammenlegung sprechen und welche, die dagegen sprechen.

Pro	Kontra

b) Recherchieren Sie Gemeinden, die in den letzten beiden Jahren zusammengelegt wurden.

II Österreichisches und Europäisches Recht

⚠️ **Die Handlungen der Behörden werden überprüft durch**
- Verwaltungsgerichte (9 Landesverwaltungsgerichte, 1 Bundesverwaltungsgericht und 1 Bundesfinanzgericht),
- Verwaltungsgerichtshof und
- Verfassungsgerichtshof.

💡 Das **Fragerecht** wird am Beginn jeder Nationalratssitzung in einer **Fragestunde** (oder in der aktuellen Stunde) ausgeübt. Die Regierungsmitglieder können über alle Gegenstände der Vollziehung befragt werden, es können alle einschlägigen Auskünfte verlangt werden.

Untersuchungsausschüsse in Österreich (Auswahl)
- ERP-Hilfe (1949–1945)
- Autobahnbau (1966–1968)
- Spionageaffäre (1968–1969)
- UNO-City (1971–1972)
- Flugzeugbeschaffung des Bundesheeres (1971–1975)
- Konferenzzentrum Wien (1972–1975)
- Telefonabhöraffäre (1976–1977)
- AKH (1980–1981)
- Lucona (1988–1989)
- Noricum Waffenexporte (1989–1990)
- Eurofighter (2006–2007)
- Hypo Alpe Adria (2015–2017)
- Eurofighter (seit 2017)
- BVT (2018)

9 Kontrolle der Staatsgewalt

9.1 Parlamentarische Kontrolle

Parlamentarische Kontrolle ist die **Kontrolle der Tätigkeit der Verwaltungsorgane.**

Parlament —kontrolliert→ **Regierung und deren nachgeordnete Behörden**

Die Kontrolle der Bundesregierung ist – neben der Gesetzgebung – die zweite wichtige Aufgabe des Parlaments. Im Alltag der parlamentarischen Arbeit wird diese Kontrolle vor allem von den **Oppositionsparteien** ausgeübt. Die parlamentarische Kontrolle führt meistens zu politischen Konsequenzen und ist nicht zu verwechseln mit der rechtlichen Kontrolle, die von übergeordneten Behörden oder Gerichten ausgeübt wird.

Der Nationalrat kann Mitglieder der Bundesregierung (Bundeskanzler/in, Vizekanzler/in, Minister/innen, Staatssekretäre/Staatssekretärinnen) wegen Gesetzesverletzungen bei ihrer Amtsführung beim Verfassungsgerichtshof anklagen.

Die parlamentarische Kontrolle umfasst:

Fragerecht (Interpellationsrecht)	■ Das Fragerecht steht zwar allen Abgeordneten zu, wird aber zumeist nur von einer eher kleinen Minderheit des Nationalrates ausgeübt. ■ Über die Anfrage hat in der Regel eine **Debatte** stattzufinden. ■ Bei der Besprechung einer Anfragebeantwortung darf kein Redner/keine Rednerin länger als 15 Minuten sprechen.
Entschließungen (Resolutionsrecht)	■ Die Abgeordneten des Nationalrates haben das Recht, Wünsche über die Ausübung der Vollziehung in Form von **Entschließungen** zu äußern. ■ Die Bundesregierung ist rechtlich nicht zur Umsetzung verpflichtet. Sie stellen aber eine Empfehlung dar.
Untersuchungsausschüsse	■ Untersuchungsausschüsse dienen vor allem dazu, **Missstände in der Verwaltung** festzustellen. ■ Sie können aber auch für Beratungen über geplante Gesetze oder sonstige bedeutende Angelegenheiten eingerichtet werden.
Misstrauensvotum	■ Das stärkste Mittel des Parlaments gegen die Bundesregierung oder einzelne ihrer Mitglieder ist der **Entzug des Vertrauens.** Dazu ist die Anwesenheit der Hälfte der Mitglieder des Nationalrates erforderlich. ■ In der Folge ist der Bundespräsident in den vom Gesetz vorgesehenen Fällen berufen, die Bundesregierung oder das betreffende Mitglied des Amtes zu entheben. ■ Durch freiwilligen Rücktritt kann die Regierung oder ihr Mitglied der Amtsenthebung entgehen.

9.2 Verwaltungsgerichtsbarkeit

Verwaltungsgerichtshof (VwGH)

Der Verwaltungsgerichtshof garantiert den Anspruch der Bürger/innen auf Rechtssicherheit im Umgang mit den Verwaltungsbehörden. Als eines der drei Höchstgerichte mit Sitz in Wien garantiert der Verwaltungsgerichtshof das gesetzmäßige Handeln der Verwaltungsbehörden. Die anderen beiden Höchstgerichte in Österreich sind der Verfassungsgerichtshof (VfGH) und der Oberste Gerichtshof (OGH).

Der Verwaltungsgerichtshof entscheidet immer in Senaten:
- 5er-Senate sind der Regelfall. Sie sind zuständig, wenn nicht ausdrücklich ein 3er-Senat oder ein verstärkter Senat zuständig ist.
- 3er-Senate sind hauptsächlich zur Entscheidung in Verwaltungsstrafsachen und für formelle Entscheidungen zuständig.
- Verstärkte Senate (bestehen aus neun Mitgliedern) sind zuständig, wenn von der bisherigen Rechtsprechung abgegangen wird oder wenn die zu lösende Rechtsfrage in der bisherigen Rechtsprechung nicht einheitlich beantwortet worden ist.

> 💡 Der **Verwaltungsgerichtshof** besteht aus einer Präsidentin/einem Präsidenten, einer Vizepräsidentin/einem Vizepräsidenten und aus weiteren Richterinnen/Richtern.
> - Alle Richter/innen des Verwaltungsgerichtshofes werden vom Bundespräsidenten/von der Bundespräsidentin auf Vorschlag der Bundesregierung ernannt.
> - Der Verwaltungsgerichtshof erstattet jährlich dem Bundeskanzler einen Bericht über seine Tätigkeit im vorangegangenen Jahr und die dabei gesammelten Erfahrungen.
>
> www.vwgh.gv.at

Bundesverwaltungsgericht (BVwG)

Seit 1. Jänner 2014 besteht die Möglichkeit, Behördenentscheidungen durch weisungsfreie und unabhängige Richter/innen durch folgende elf **Verwaltungsgerichte** überprüfen zu lassen:
- Das **Bundesverwaltungsgericht** ist österreichweit die zentrale Anlaufstelle für Beschwerden gegen Behördenentscheidungen in Angelegenheiten der unmittelbaren Bundesverwaltung – mit Ausnahme des Finanzrechts (zuständig ist das **Bundesfinanzgericht**).

> **Keine GIS-Pflicht bei „reinem Internethaushalt"**
> Das Bundesverwaltungsgericht hat entschieden: Geräte, die aus dem Internet gestreamtes Radio wiedergeben (z. B Notebooks), sind keine Rundfunkempfangseinrichtungen im Sinne des § 1 Abs. 1 RGG, weshalb für derartige Geräte keine Programmentgeltpflicht gemäß § 31 Abs. 10 ORF-G besteht (Revision ist zulässig).
> *Der Beschwerdeführer hat gegen den Bescheid der GIS Gebühren Info Service GmbH Beschwerde beim Bundesverwaltungsgericht eingelegt.*

- Die **neun Landesverwaltungsgerichte** sind in allen Rechtssachen zuständig, die in Vollziehung Landessache sind oder die in mittelbarer Bundesverwaltung vollzogen werden oder der Sicherheitsverwaltung zuzurechnen sind.

Das Bundesverwaltungsgericht entscheidet über Beschwerden gegen
- einen Bescheid einer Verwaltungsbehörde wegen Rechtswidrigkeit, dann spricht man von einer **Bescheidbeschwerde;**
- einen Akt unmittelbarer verwaltungsbehördlicher Befehls- und Zwangsgewalt wegen Rechtswidrigkeit, die sogenannte **Maßnahmenbeschwerde**;
- die Verletzung der Entscheidungspflicht durch eine Verwaltungsbehörde, die sogenannte **Säumnisbeschwerde** und
- eine Weisung, dann liegt eine **Weisungsbeschwerde** vor (gilt im Schulrecht).

Das Bundesverwaltungsgericht überprüft behördliche Entscheidungen aus folgenden Bereichen:
- **Asyl- und Fremdenwesen** (beispielsweise wenn ein Antrag auf internationalen Schutz abgelehnt wurde)
- **Persönliche Rechte und Bildung** (beispielsweise wenn die Höhe Ihrer Studienförderung aus Ihrer Sicht falsch bemessen wurde)

> 💡 Die **Verwaltungsgerichtsbarkeits-Novelle 2012** ist eine der umfangreichsten Änderungen der österreichischen Bundesverfassung seit ihrem Beschluss im Jahr 1920. Als wesentlichste Neuerung wurde die zuvor nur einstufig organisierte Verwaltungsgerichtsbarkeit nunmehr mit dem Verwaltungsgerichtshof und den untergeordneten elf Verwaltungsgerichten zweistufig organisiert.
>
> www.bvwg.gv.at
>
> 💡 Das Bundesverwaltungsgericht ist das größte Gericht Österreichs. Jährlich werden rund 36 000 Verfahren bearbeitet. Es hat seinen Sitz in Wien und Außenstellen in Graz, Innsbruck und Linz.

- **Soziales** (beispielsweise haben Sie Zweifel, ob Ihre Versicherungszeiten richtig festgestellt wurden)
- **Wirtschaft, Kommunikation, Verkehr und Umwelt** (beispielsweise wurde Ihr Grundstück aus Ihrer Sicht nicht korrekt vermessen)

Bundesfinanzgericht (BFG)

www.bfg.gv.at

Das Bundesfinanzgericht entscheidet über Beschwerden gegen Bescheide eines Finanzamtes in Steuer-, Beihilfen- oder Finanzstrafsachen oder eines Zollamtes in Zoll- oder Finanzstrafsachen sowie gegen Bescheide betreffend Wiener Landes- und Gemeindeabgaben (beispielsweise Abfallwirtschaftsgesetz und Vergnügungssteuer) und die abgabenrechtlichen Verwaltungsübertretungen zu diesen Abgaben (beispielsweise Parkometerabgabe).

Landesverwaltungsgerichte (LwG)

Die Landesverwaltungsgerichte entscheiden über Beschwerden gegen Bescheide einer Verwaltungsbehörde des Landes, wie z. B. einer Bezirksverwaltungsbehörde, einer Landesregierung oder eines Gemeinderats, bzw. in Angelegenheiten, die nicht in die Zuständigkeit des Bundesverwaltungsgerichts oder des Bundesfinanzgerichts fallen.

⚠️ Die Länder können bezüglich der landesgesetzlich geregelten Angelegenheiten des eigenen Wirkungsbereichs der Gemeinden selbst regeln, ob es einen innergemeindlichen Instanzenzug wie bisher geben soll oder sogleich unmittelbar Beschwerde an das Landesverwaltungsgericht erhoben werden kann. So hat sich etwa das Land Tirol gegen den innergemeindlichen Instanzenzug entschieden. Ein Bescheid des Bürgermeisters z. B. in Bausachen kann daher unmittelbar beim Landesverwaltungsgericht bekämpft werden.

Wo kann die Beschwerde eingebracht werden?

Die Beschwerde muss bei jener Behörde eingebracht werden, die den Bescheid erlassen hat oder mit ihrer Entscheidung säumig ist. In der Regel beträgt die Frist vier Wochen ab Zustellung des Bescheides.

⚠️ Eine behördliche Entscheidung darf nicht länger als sechs Monate dauern.

Beispiel: Beschwerde gegen Bescheid eines Sozialversicherungsträgers

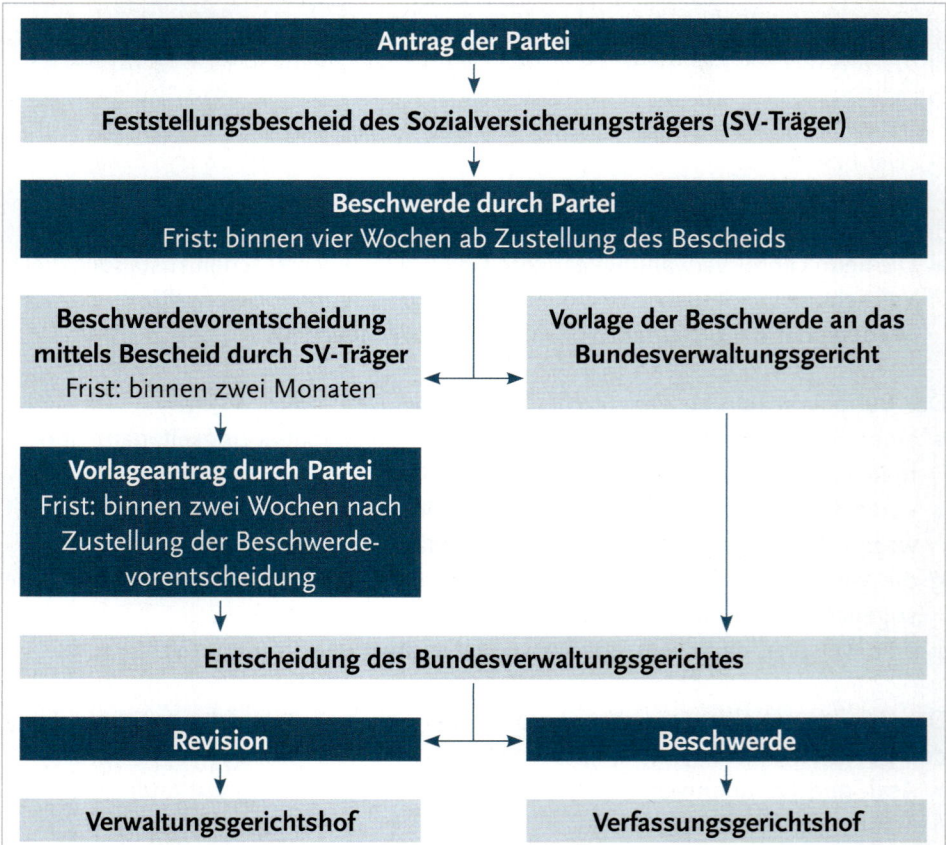

9.3 Verfassungsgerichtshof (VfGH)

Der österreichische Verfassungsgerichtshof ist ein Gerichtshof des öffentlichen Rechts mit Sitz in Wien. Er ist das zuständige **Höchstgericht zur Überprüfung der Einhaltung der Verfassung** und damit eine der wichtigsten Einrichtungen im Rechtsschutzsystem der österreichischen Bundesverfassung.

Dem Verfassungsgerichtshof obliegt es, die **Einhaltung der Verfassung zu kontrollieren.** Durch seine Aufgabe als „Grundrechtsgerichtshof" und seine Zuständigkeit zur Prüfung von Gesetzen und Verordnungen wird er oft als „Hüter der Verfassung" bezeichnet. Der Verfassungsgerichtshof ist per Gesetz dazu berufen, der demokratisch-rechtsstaatlichen Grundordnung in Österreich Wirksamkeit zu verschaffen und ihren Bestand zu sichern.

Zur genauen Einhaltung der Verfassung sind alle staatlichen Stellen und sonstige Institutionen, die staatliche Funktionen wahrnehmen, verpflichtet. Für den Fall einer Verletzung der Verfassung durch Behörden und Organe ist der Verfassungsgerichtshof als ein Höchstgericht eingerichtet, das darüber endgültig entscheidet und auch Abhilfe schaffen kann.

www.vfgh.gv.at

⚠️ Der Verfassungsgerichtshof wird grundsätzlich **nur auf Antrag tätig.**

💡 Der **Verfassungsgerichtshof** besteht aus einer Präsidentin/einem Präsidenten, einer Vizepräsidentin/einem Vizepräsidenten, sowie zwölf Mitgliedern und sechs Ersatzmitgliedern. Anders als die Mitglieder des Verwaltungsgerichtshofes sind die Mitglieder und Ersatzmitglieder des Verfassungsgerichtshofes **keine Berufsrichter/innen,** sondern üben ihre richterliche Funktion als „Nebentätigkeit" aus und sind dabei auch an keine Weisungen gebunden.

Aufgaben des Verfassungsgerichtshofes

Klärung von Zuständigkeitskonflikten	Der Verfassungsgerichtshof klärt Zuständigkeitskonflikte, z. B. zwischen ■ Gerichten und Verwaltungsbehörden, ■ Bund und Ländern. Die Entscheidung des VfGH hat den Charakter einer Verfassungsnorm.
Normenkontrolle	■ Er prüft die Rechtmäßigkeit von Gesetzen, Verordnungen, Staatsverträgen (Normenkontrolle). ■ Die Bundesregierung, eine Landesregierung, die Volksanwaltschaft, der Bundesminister bzw. die Bundesministerin für Finanzen oder Gemeinden können die Prüfung einer Norm ohne konkreten Anlassfall beantragen. ■ Gibt es einen konkreten Einzelfall, sind alle Gerichte, die Betroffene und der VfGH von Amts wegen antragsberechtigt.

Hassprediger wird Fall für Verfassungsgerichtshof

Seit Februar vor einem Jahr gab es in Graz eine Reihe von Prozessen gegen mutmaßliche Dschihadisten. 13 Angeklagte wurden dabei erstinstanzlich verurteilt, darunter auch jener Hassprediger, der junge Männer unter anderem in einer Grazer Moschee als Kämpfer für den IS angeworben haben soll.

Ein Geschworenengericht verurteilte ihn zu 20 Jahren Haft. Dagegen wurde Nichtigkeitsbeschwerde und Berufung angemeldet, das Urteil ist damit noch nicht rechtskräftig, darüber hinaus liegt jetzt auch eine Beschwerde beim Verfassungsgerichtshof vor, weil Geschworene in Österreich ihr Urteil nicht begründen müssen und das auch im Fall des Hasspredigers nicht getan haben. Diese Regelung würde dazu führen, so der Anwalt des Predigers, dass es keine Kontrollinstanz gibt, weil das Urteil ohne Begründung auch nicht angreifbar sei. Konkret wurde deshalb der Antrag gestellt, das Gesetz, das Geschworenenurteil regelt, auf seine Verfassungsmäßigkeit zu prüfen. Beim Verfassungsgerichtshof bestätigt man, dass man sich mit dem Fall beschäftigt; wann es eine Entscheidung geben wird, sei aber noch völlig offen.

www.steiermark.orf.at, 14. Februar 2017

Volksanwaltschaft
1015 Wien, Singerstraße 17
post@volksanwaltschaft.gv.at
Tel.: 0800 223 223
www.volksanwaltschaft.gv.at

Wahlanfechtung	Am häufigsten kommt es zur Anfechtung durch Wählergruppen. Es kann z. B. deren Wahlvorschlag als ungültig zurückgewiesen werden oder einer Einzelperson die Wählbarkeit rechtswidrig aberkannt werden.
Staatsgerichtsbarkeit	■ Der Verfassungsgerichtshof erkennt über staatsrechtliche Anklagen, mit denen die rechtliche Verantwortung oberster Bundes- und Landesorgane (z. B. Bundespräsident, Mitglieder der Bundesregierung, Landeshauptmann/-frau, Mitglieder der Landesregierungen) geltend gemacht wird. ■ Damit werden schuldhafte Rechtsverletzungen verfolgt, die durch die Amtstätigkeit der obersten Organe entstanden sind. ■ Ein verurteilendes Erkenntnis zieht den Verlust des Amtes nach sich.
Erkenntnisbeschwerde	Der VfGH entscheidet auch über Beschwerden gegen Erkenntnisse eines Landesverwaltungsgerichts, wenn ■ eine Verletzung der verfassungsgesetzlich gewährleisteten Rechte, ■ die Anwendung einer gesetzwidrigen Verordnung, ■ die Anwendung einer gesetzwidrigen Kundmachung über die Wiederverlautbarung eines Gesetzes, ■ die Anwendung eines verfassungswidrigen Gesetzes oder ■ die Anwendung eines rechtswidrigen Staatsvertrages behauptet wird.

9.4 Volksanwaltschaft

Die Volksanwaltschaft ist eine **unabhängige Kontrolleinrichtung des Staates.**

Ihre Aufgabe ist es,
- die von Bürgerinnen und Bürgern behaupteten Missstände in der Verwaltung zu überprüfen.
- Die Volksanwaltschaft ist auch für den Schutz und die Förderung der Menschenrechte in Österreich zuständig.
- Sie übernimmt eine öffentliche Kontrolle im Dienste von Rechtsstaat und Demokratie und ergänzt durch ihre Arbeit die politische, die rechtliche und die finanzielle Kontrolle im Staat.

Ein/e Beschwerdeführer/in kann sich unabhängig von der Staatsangehörigkeit an die Volksanwaltschaft mit einer Beschwerde über eine österreichische Verwaltungsbehörde wenden. Voraussetzung ist, dass die Person von einem Missstand in der Verwaltung selber betroffen ist und ihr gegen diesen Missstand kein Rechtsmittel mehr zur Verfügung steht.

> **Aha!**
> Die Volksanwaltschaft ist verpflichtet, jede Beschwerde zu prüfen und der Beschwerdeführerin/dem Beschwerdeführer das Ergebnis ihrer Prüfung mitzuteilen. Eine Beschwerde an die Volksanwaltschaft ist **gebührenfrei.** Die Volksanwaltschaft kann aber auch von **Amts wegen** tätig werden und selber vermutete Missstände in der Verwaltung überprüfen.

Aufgabenstellung – „Volksanwaltschaft"

- Frau Holl hat sich an die Volksanwaltschaft um Hilfe gewandt.

  a) Analysieren Sie im Team sorgfältig den Sachverhalt und sammeln Sie als „Volksanwalt" gute Argumente.

  b) Verfassen Sie als „Volksanwalt" eine schriftliche Eingabe an die zuständige Behörde.

> Als Frau Holl der Diebstahl ihrer Fahrzeugkennzeichentafeln auffiel, brachte sie sofort eine Anzeige bei der örtlichen Polizeiinspektion ein und erhielt eine entsprechende Bestätigung. Noch am selben Tag schrieb die Polizei die Kennzeichen im Elektronischen Kriminalpolizeilichen Informationssystem (EKIS) zur Fahndung aus. Aufgrund des Kennzeichenverlustes wurde auch die Aufhebung der Pkw-Zulassung im Kraftfahrzeugzulassungsregister (KZR), das mit dem EKIS nicht verknüpft ist, eingetragen – jedoch ohne Angabe des Verlustgrundes, weshalb der Diebstahl dort nicht aufschien.
> Der Dieb bzw. die Diebin wurde bis heute nicht gefasst. Allerdings erhielt Frau Holl eine Strafverfügung und später noch zwei Anonymverfügungen. In allen diesen Fällen warf man ihr vor, unter Verwendung der Kennzeichentafeln zu schnell gefahren zu sein.
>
> www.volksanwaltschaft.gv.at

> Die Volksanwaltschaft besteht aus drei Mitgliedern, die für sechs Jahre vom Nationalrat gewählt werden. Sie sind in Ausübung ihres Amtes unabhängig und für die Dauer ihrer Funktion unabsetzbar.

9.5 Rechnungshof (RH)

> „Der Rechnungshof kritisiert die verlustreichen ÖBB-Spekulationsgeschäfte scharf – und vor allem die Abfindungen für ÖBB-Chefs."
> „Rechnungshof kritisiert Bundesmuseen."
> „Rechnungshof kritisiert teure Fehlplanungen beim Hauptbahnhof Wien."
>
> Solche Meldungen sind fast täglich in den Medien zu hören und zu lesen. Was wissen Sie bereits über den Rechnungshof?

www.rechnungshof.gv.at

Das Rechnungshofgebäude in Wien

Der Rechnungshof ist ein **Hilfsorgan des Nationalrates** und übernimmt die rechnungsmäßige Kontrolle und finanzielle Überprüfung aller Budgetmittel des Bundes und der vom Bund beherrschten Unternehmen (50 Prozent Kapitalbeteiligung) und anderer Rechtsträgern.

Der Rechnungshof wird auch als **Hilfsorgan der Landtage** tätig und prüft die Gebarung des jeweiligen Bundeslandes und der vom Land beherrschten Unternehmen und sonstigen Rechtsträgern, die Gebarung von Gemeinden und Gemeindeverbänden sowie die Gebarung der Sozialversicherungsträger und einiger anderer durch Gesetz bestimmter Rechtsträger.

Der Rechnungshof prüft jeweils die ziffernmäßige Richtigkeit, die Rechtmäßigkeit, die Sparsamkeit, die Wirtschaftlichkeit und die Zweckmäßigkeit der Ausgaben.

Der Rechnungshof ist durch die Verfassung unabhängig und an keine Weisungen gebunden. Er erstellt einen Prüfbericht an den Nationalrat, verfasst den Bundesrechnungsabschluss und übt Kritik durch seine Prüftätigkeit aufgezeigten Mängeln.

> Die Finanzkontrolle in Österreich hat eine lange Tradition. Die Vorläuferin des Rechnungshofes, die „Rechen-Cammer", wurde im Jahr 1761 gegründet, um „alle im Finanzwesen, insbesondere aber bei den Ausgaben wahrgenommenen Gebrechen aufzuzeigen". Heute hat der Rechnungshof vielfältige Aufgaben zu bewältigen und internationale Verpflichtungen zu erfüllen.

Wissensfragen – „Verfassungsrecht"

1. Auf welche Prinzipien stützt sich unsere Verfassung?
2. Wer ist in Österreich für die Vollziehung der Gesetze und Verordnungen zuständig?
3. Unterscheiden Sie die direkte von der indirekten Demokratie.
4. Nennen Sie jene Repräsentantinnen und Repräsentanten, die direkt vom Volk gewählt werden.
5. Erläutern Sie die Grundsätze des österreichischen Wahlrechts.
6. Erklären Sie, welche Möglichkeiten der Stimmabgabe die Staatsbürgerin/der Staatsbürger hat.
7. Erläutern Sie die Begriffe „Verhältniswahlrecht" und „Mehrheitswahlrecht".
8. Beschreiben Sie die beiden Bereiche der Bundesverwaltung sowie die Zuständigkeiten.
9. Wer kann einen Gesetzesantrag im Parlament stellen?
10. Erklären Sie die Begriffe „Beharrungsbeschluss" und „Klubzwang".
11. Wann tritt die Bundesversammlung zusammen?
12. Wie lange dauert die Amtsperiode des Bundespräsidenten und wie oft kann er gewählt werden?
13. Was versteht man unter einer Koalition?
14. Welche Aufgaben hat der Bundeskanzler?
15. Schildern Sie, wie die österreichische Bundesregierung gebildet wird.
16. Nennen Sie die Organe der Landesregierung.
17. Wer kann einen Gesetzesantrag in den Landtag einbringen?
18. Nennen Sie fünf Bereiche, in denen die Länder für die Gesetzgebung zuständig sind.
19. Unterscheiden Sie Gemeinden von Statutarstädten.
20. Nennen Sie die Organe einer Gemeinde und beschreiben Sie deren Aufgabenbereiche.
21. Erklären Sie die Sonderstellung Wiens als Gemeinde.
22. Nennen Sie je drei Aufgaben im eigenen und im übertragenen Wirkungsbereich.
23. Welche Aufgaben hat der Verfassungsgerichtshof in Österreich?
24. Welche Maßnahmen kann der Rechnungshof bei Unregelmäßigkeiten bei der Geldgebarung in der Verwaltung setzen?

Verfassungsrecht

Ziele erreicht? – „Verfassungsrecht"

1. Überlegen Sie, wen Sie kontaktieren müssen, um folgende Dokumente und Unterstützungen zu bekommen:

Aufenthaltsgenehmigung		Reisepass	
Arbeitsbewilligung		Rot-Weiß-Rot-Karte	
Baugenehmigung		Schülerbeihilfe	
Geburtsurkunde		Sozialhilfe	
Heiratsurkunde		Staatsbürgerschaftsnachweis	
Kfz-Zulassung		Sterbeurkunde	
Meldezettel			

2. Wer kann Einspruch gegen ein Landesgesetz erheben? Kreuzen Sie die richtige Antwort an:

Bundespräsident/in		Bürgermeister/in des Landes	
Bundeskanzler/in		Gemeinderäte/rätinnen	
Bundesregierung		Landtagspräsident/in	
Bundesrat		Nationalrat	

3. Ordnen Sie die folgenden Begriffe den einzelnen Teilbereichen der Gewaltentrennung zu:

Bezirksgerichte ■ Bundespräsident ■ Bundesrat ■ Bundesregierung ■ Bundesversammlung ■ Landesgerichte ■ Landtage ■ Ministerien ■ Nationalrat ■ Oberster Gerichtshof ■ Verfassungsgerichtshof ■ Verwaltungsgerichtshof

Exekutive	Legislative	Judikative

4. Beschreiben Sie den Aufbau der Verwaltung in Österreich. Vervollständigen Sie das Schema.

Unmittelbare Bundesverwaltung	Mittelbare Bundesverwaltung
Der Bund bedient sich zur Erfüllung seiner Aufgaben	Der Bund bedient sich zur Erfüllung seiner Aufgaben
↓	↓
	↓
Beispiele:	Beispiele:

5. Lesen Sie den Zeitungsartikel und diskutieren Sie über die Aussage. Rufen Sie sich die Aufgaben und Befugnisse des Bundespräsidenten ins Gedächtnis und wägen Sie ab: Brauchen wir einen Bundespräsidenten/eine Bundespräsidentin?

Wozu denn brauchen wir einen Bundespräsidenten?

Vom ersten durch das Volk gewählten Bundespräsidenten, dem Sozialisten Theodor Körner, ist ein Ausspruch überliefert, den er nach seiner Wahl 1951 gegenüber einem Freund gemacht hat: „Schau, ich bin sehr traurig. Ich war gern Bürgermeister in Wien, da konnte man was machen. Jetzt soll ich der Bundespräsident werden. Hat ja gar keinen Sinn. Ich habe nur kandidiert, weil ich überzeugt war, dass ich nicht gewählt werde."
Körner hat damit die allgemeine Auffassung ausgedrückt, die man bis heute von diesem Amt hat: Man kann darin nichts bewegen. Allenfalls kann der Präsident im Hintergrund und diskret auf die Politik Einfluss zu nehmen versuchen.

www.diepresse.com, 25. Jänner 2016

6. Führen Sie mit Schlagworten jeweils drei Hauptmerkmale der leitenden Verfassungsprinzipien an.

Demokratisches Prinzip	
Bundesstaatliches Prinzip	
Republikanisches Prinzip	
Rechtsstaatliches Prinzip	
Gewaltenteilendes Prinzip	

7. Diskutieren Sie in Gruppen über die verschiedenen Staats- und Regierungsformen. Welche Qualitäten hat aus Ihrer Sicht eine föderalistisch demokratische Republik gegenüber einer absoluten Monarchie?

8. Wer ist Landeshauptmann/Landeshauptfrau in welchem Bundesland?

Landeshauptmann/Landeshauptfrau	Bundesland
Michael Ludwig (SPÖ)	
Peter Kaiser (SPÖ)	
Johanna Mikl-Leitner (ÖVP)	
Thomas Stelzer (ÖVP)	
Wilfried Haslauer (ÖVP)	
Günther Platter (ÖVP)	
Markus Wallner (ÖVP)	
Hermann Schützenhöfer (ÖVP)	
Hans Niessl (SPÖ)	

Gerichtsorganisation

Die Gerichtsbarkeit gilt neben der Gesetzgebung und der Verwaltung als dritte Säule des Rechtsstaats. Die Justiz unterliegt – im Gegensatz zur Verwaltungsgerichtsbarkeit – ausschließlich der Kompetenz des Bundes, sodass alle ordentlichen Gerichte – d. h. auch die Landesgerichte und Oberlandesgerichte – Einrichtungen des Bundes sind. Auch die Führung der für die Qualität Österreichs als Wirtschaftsstandort sehr bedeutenden Grund- und Firmenbücher ist Aufgabe der Gerichte.

Gerichte sind auf verschiedenen Gebieten tätig. Unwillkürlich denkt man an Strafgerichte; Strafgerichte verurteilen Menschen, die gegen besonders geschützte Rechtsgüter verstoßen haben. Zivilgerichte wiederum lösen Streitigkeiten über Ansprüche zwischen Bürgerinnen/Bürgern (z. B. Schadenersatz, Scheidung, Fälle von Gewährleistung und Garantie).

Den österreichischen Gerichten ist in Fragen der Auslegung des EU-Rechts der Europäische Gerichtshof übergeordnet. Sie haben ihren Entscheidungen auch EU-Normen zugrunde zu legen.

 Meine Ziele

Nach Bearbeitung dieses Kapitels kann ich
- die Gerichtsorganisation beschreiben;
- die Zuständigkeiten der verschiedenen Gerichte benennen;
- erklären, was man unter richterlicher Unabhängigkeit und dem Grundsatz des gesetzlichen Richters versteht.

1 Gerichtsbarkeit

> *"Im Namen der Republik ergeht folgendes Urteil."*
> *Diesen Satz haben Sie sicher schon gehört, und wenn es nur in einer Gerichtsserie im Fernsehen war. Die Gerichtsbarkeit unterliegt damit ausschließlich der Kompetenz des Bundes.*

⚠ Seit 2014 sind die Bundesländer durch Landesverwaltungsgerichte an der Gerichtsbarkeit beteiligt.

Die Gerichtsbarkeit wird in Österreich durch eigene **Bundesorgane** ausgeübt. Diese sind tätig in

- der **ordentlichen Gerichtsbarkeit,** wozu auch die Handelsgerichtsbarkeit zählt,
- der **Verwaltungs- und Verfassungsgerichtsbarkeit** und
- bei den **Spezialgerichten,** wie Kartellgerichten u.a.

Die Gerichte sind staatliche Einrichtungen, die über zivilrechtliche Ansprüche und strafrechtliche Anklagen in einem förmlichen Gerichtsverfahren entscheiden. Sie sind auf Grundlage der Gesetze eingerichtet und mit unabhängigen, unabsetzbaren, unversetzbaren, unparteiischen und nur an die Rechtsordnung gebundenen Richterinnen und Richtern besetzt.

Gerichtsbarkeit

Ordentliche Gerichtsbarkeit	Gerichte des öffentlichen Rechts
Für Straf- und Zivilrecht	Für Verfassungs-, allgemeines Verwaltungs- und Steuerrecht
■ Oberster Gerichtshof ■ Oberlandesgerichte ■ Landesgerichte ■ Bezirksgerichte	■ Verfassungsgerichtshof ■ Verwaltungsgerichtshof ▶ Landesverwaltungsgerichte ▶ Bundesverwaltungsgerichte ▶ Bundesfinanzgericht

⚠ **Die drei Höchstgerichte**
Oberster Gerichtshof (OGH)
www.ogh.gv.at
Verwaltungsgerichtshof
www.vwgh.gv.at
Verfassungsgerichtshof
www.vfgh.gv.at

Die ordentlichen Gerichte sind in vier Stufen organisiert

Oberster Gerichtshof (OGH)
Ist die oberste Instanz in Zivil- und Strafsachen. Er wird auch als Höchstgericht bezeichnet, d. h., gegen seine Entscheidungen ist kein weiterer (innerstaatlicher) Rechtszug mehr möglich.

4 Oberlandesgerichte (OLG)
Werden auch als Gerichtshöfe zweiter Instanz bezeichnet. Sie entscheiden in Zivil- und Strafsachen stets als Rechtsmittelgerichte über Berufungen gegen Urteile.

✏ Ermitteln Sie, wo sich die vier Oberlandesgerichte befinden und für welche Bundesländer sie zuständig sind.

20 Landesgerichte (LG)
Werden auch als Gerichtshöfe erster Instanz bezeichnet.

116 Bezirksgerichte (BG)

Bezirks- und Landesgerichte

	Bezirksgerichte	Landesgerichte
Zuständigkeit in Zivilsachen	Bis zu einem Streitwert von 15.000,00 EUR und unabhängig vom Streitwert für bestimmte Rechtssachen (v. a. Familienrecht, Mietrecht, Exekutionen …)	■ Für alle Rechtssachen erster Instanz, die nicht den Bezirksgerichten zugewiesen sind, ■ außerdem unabhängig vom Streitwert für bestimmte Rechtssachen (v. a. Arbeitsrecht, Sozialrecht, Gesellschaftsrecht) und ■ für Rechtsmittel gegen die Entscheidungen der Bezirksgerichte.
Zuständigkeit in Strafsachen	Für Delikte, die ausschließlich mit Geldstrafen oder mit Freiheitsstrafe bis max. ein Jahr geahndet werden.	Für alle anderen Delikte.
Richter/innen	■ Sind immer in **erster Instanz** tätig und ■ entscheiden immer als **Einzelrichter/innen**.	■ Entscheiden großteils als **Einzelrichter/in**. ■ Im **Senat** (3 Richter/innen) wird in Arbeits- und Sozialrechtssachen entschieden, in seltenen Fällen im Zivilverfahren, im Strafverfahren (**Schöffengericht**, bei schwereren Delikten) und in allen Rechtsmittelsachen. ■ Das **Geschworenengericht** (Laiengerichtsbarkeit) wird innerhalb eines Landesgerichtes aus drei Berufsrichtern und acht Geschworenen gebildet und ist für die schwersten Delikte zuständig.
Zusätzliche Aufgaben	Führen auch das **Grundbuch**.	Führen auch das **Firmenbuch**.
Leitung	Die Justizverwaltung wird vom **Gerichtsvorsteher/**von der **Gerichtsvorsteherin**, das ist ein Richter/eine Richterin, geleitet.	Die Justizverwaltung wird vom **Präsidenten/**von der **Präsidentin**, das ist ein Richter/eine Richterin, geleitet.

2 Grundsätze der Gerichtsbarkeit

2.1 Richterliche Unabhängigkeit

Zu den wichtigsten Grundlagen eines rechtsstaatlichen Systems zählt die verfassungsrechtlich garantierte **richterliche Unabhängigkeit**. Sie beruht auf drei **Säulen:**

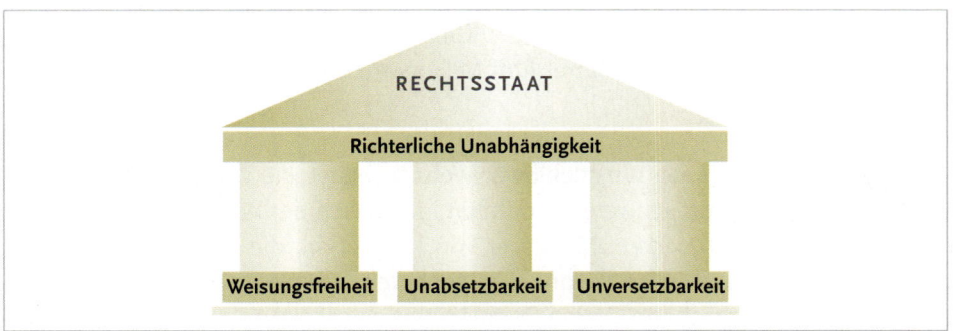

Grundsatz des gesetzlichen Richters: Der richterliche Personalsenat legt nach allgemeinen Richtlinien (z. B. nach dem Anfangsbuchstaben des/der Beklagten) meist auf ein Jahr im Vorhinein fest, welcher Richter/welche Richterin einen bestimmten Rechtsfall zu entscheiden hat. Damit soll die willkürliche Zuteilung einzelner Fälle an ein bestimmtes Gericht oder an einen bestimmten Richter/eine bestimmte Richterin aus Gründen des fairen Verfahrens verhindert werden.

„**Richter sind in Ausübung ihres richterlichen Amtes unabhängig**", normiert Artikel 87 (1) B-VG. Sie können gegen ihren Willen nur aufgrund der Gesetze und durch ein förmliches richterliches Erkenntnis (d. h. nicht durch Verwaltungsakt wie andere Staatsbeamte/-beamtinnen der allgemeinen Verwaltung) versetzt oder abgesetzt werden.

Der richterlichen Unabhängigkeit dienen noch andere Grundsätze der Verfassung:
- Niemand darf seinem gesetzlichen Richter entzogen werden.
- Die Geschäfte sind unter den Richtern/Richterinnen im Voraus zu verteilen (Grundsatz des gesetzlichen Richters).
- Die Ernennung der Richter/innen erfolgt durch den Bundespräsidenten/die Bundespräsidentin, das Vorschlagsrecht haben unabhängige richterliche Personalsenate, die aus der Gerichtsbarkeit kommen.
- Die Justiz ist von der Verwaltung in allen Instanzen getrennt.

Staatsanwaltschaftlichen Behörden = Bezirks-, Staats-, Oberstaatsanwaltschaften und Generalprokuratur.

2.2 Anklageprinzip

Anklageprinzip bedeutet, dass die Funktion des Richters/der Richterin von der des Anklägers/der Anklägerin getrennt sein muss. Dadurch wird die richterliche Objektivität in Strafverfahren gewährleistet.

Für eine strafgerichtliche Verfolgung muss **Anklage** erhoben werden. Ankläger sind die **staatsanwaltschaftlichen Behörden,** die den Weisungen des Bundesministers/der Bundesministerin für Justiz unterstehen.

2.3 Mitwirkung des Volkes an der Rechtsprechung

Das Volk wirkt in der Strafgerichtsbarkeit durch **Geschworene** oder **Schöffen/Schöffinnen** an der Rechtsprechung mit.

Laienrichter/innen wirken bei der Rechtsprechung mit.

3 Wirtschafts- und Korruptionsstaatsanwaltschaft (WKStA)

Die österreichische Justiz ist seit mehreren Jahren mit einer zunehmenden Anzahl besonders umfangreicher Wirtschaftsstrafsachen auch mit internationalen Verflechtungen konfrontiert. Dies erforderte neue Konzepte und Strukturen für einen effizienten und erfolgreichen Einsatz der Ermittlungsbehörden. Mit 1. September 2011 wurde die **Zentrale Staatsanwaltschaft zur Verfolgung von Wirtschaftsstrafsachen und Korruption** eingerichtet. Die WKStA ist für Amts- und Korruptionsdelikte und für Wirtschaftsstrafsachen mit fünf Millionen Euro übersteigenden Schadensbeträgen zuständig.

Die eigens eingerichtete **Whistleblower-Website** bietet die Möglichkeit, anonym bei der Aufklärung von schweren Straftaten im Bereich der Wirtschaftskriminalität und Korruption mitzuwirken. Mitwisser von Korruption, die bisher oft aus Angst vor persönlichen Nachteilen davor zurückscheuten, Informationen weiterzugeben, können über das gesicherte Online-Portal Hinweise geben und ein nicht zurückverfolgbares anonymes Postfach einrichten. Im Gegensatz zu einer anonymen Anzeige können die Ermittler/innen dadurch die Hinweisgeber für weitere Fragen direkt kontaktieren.

Whistleblower haben in Österreich wenig Schutz

Reden ist Silber. Schweigen ist Gold. Dieses Motto sollten potenzielle Whistleblower beherzigen, die nicht im öffentlichen Dienst tätig sind. Trotz der Homepage für Whistleblower der Justiz sind Hinweisgeber in der Privatwirtschaft nicht geschützt. Die Fälle der US-Whistleblower Edward Snowden und Chelsea Manning gingen um die Welt. ... Das Paradoxe: Whistleblower in den USA haben eigene, gesetzlich verankerte Regelungen zu ihrem Schutz – außer es werden Staatsgeheimnisse verraten.

www.derstandard.at, 19. Februar 2015

Gerichtsorganisation

„Speerspitze gegen Wirtschaftskriminelle"

Justizminister Wolfgang Brandstetter bricht für die noch junge Wirtschafts- und Korruptionsstaatsanwaltschaft (WKStA) eine Lanze. „Sie hat sich hervorragend als Speerspitze in der Bekämpfung von Wirtschaftskriminal- und Korruptionsfällen bewährt", sagte der Minister anlässlich des fünfjährigen Bestehens der WKStA am Donnerstag. Zugleich kündigte er an, diese „Spitzeneinrichtung" weiter auszubauen. ...

Die brisanteste Anklage ist die im Fall BUWOG gegen Karl-Heinz Grasser, Walter Meischberger und Peter Hochegger und andere. Sie wurde aber von den Verdächtigen beeinsprucht.

Derzeit führt die WKStA 233 Ermittlungsverfahren gegen 1 550 Personen. In Verteidigerkreisen wird bemängelt, dass die WKStA-Verfahren besonders lange dauern. „Eines unserer wesentlichen Ziele ist die Beschleunigung der Verfahren", kontert WKStA-Chefin Ilse-Maria Vrabl-Sanda. Vor allem Ermittlungen zu verdächtigen Geldflüssen würden sehr lange dauern. Mit dem zentralen Kontoregister, das in Kürze in Betrieb geht, soll viel Zeit gewonnen werden. Auch das anonyme Hinweisgebersystem BKMS habe sich bewährt. Rund 4 100 Hinweise führten zu 31 Anklagen.

www.kurier.at, 9. September 2016

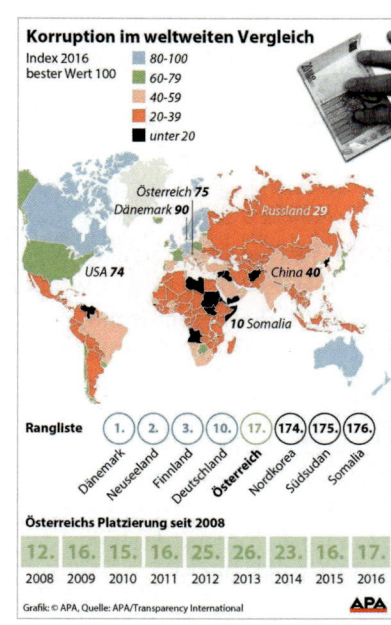

Ziele erreicht? – „Gerichtsorganisation"

1. Erklären Sie, wodurch sich die Stellung der Richterin/des Richters von derjenigen anderer Staatsbeamtinnen und Staatsbeamten unterscheidet.

2. Definieren Sie mit wenigen Worten die folgenden Begriffe:

   Grundsatz des gesetzlichen Richters

   Anklageprinzip

   Laiengerichtsbarkeit

3. Beschreiben Sie den Aufbau der Gerichtsbarkeit in Österreich.

4. Recherchieren Sie auf der Website des Obersten Gerichtshofs www.ogh.gv.at

   a) den Namen des aktuellen Präsidenten/der aktuellen Präsidentin

   b) im aktuellsten Tätigkeitsbericht (Menü – Medien – Tätigkeitsberichte) für das Jahr 20..
   - die Anzahl der Erledigungen insgesamt
   - die Anzahl der Rechtsmittel in Zivilsachen
   - die Anzahl der Rechtsmittel und Rechtsbehelfe in Strafsachen
   - die durchschnittliche Verfahrensdauer

Die Sozialpartner und ihre Interessenvertretungen

Geschichte der Sozialpartnerschaft
1848 Gründung der **Handelskammer** als Errungenschaft der Revolution von 1848/49, in der Aufständische für mehr politische und wirtschaftliche Freiheiten kämpften.
1918: Die beiden führenden Parteien in Österreich, Sozialdemokraten und Christlichsoziale strebten einen Ausgleich von Arbeitgeber- und Arbeitnehmerinteressen an.
Unter **Staatssekretär Ferdinand Hanusch** (1918–1920) wurden die Sozialgesetzgebung reformiert, der Acht-Stunden-Tag, das Arbeiterurlaubsgesetz (zwei Wochen) und die Arbeitslosenversicherung gesetzlich geregelt.
Erstmals übten im Betrieb die Arbeitnehmer/innen durch den gewählten und gesetzlich geschützten **Betriebsrat** Mitbestimmung und Kontrolle aus.
Streiks dienten als letztes Mittel, um Forderungen durchzusetzen, ein gesetzliches Streikrecht wurde jedoch nicht beschlossen.
Mit der Errichtung der **Arbeiterkammer** 1920 als gesetzlich gesicherte Vertretung der Arbeitnehmer/innen gab es nun auch einen gleichberechtigten Partner der Handelskammern in der Begutachtung von Gesetzen und der Vertretung von Interessen.
Die **Paritätische Kommission** für Preis- und Lohnfragen die **1957** gegründet wurde, bildete einen Meilenstein.

Interessen vertritt jede/r von uns, ob in der Familie oder im Verein – und bereits dort zeigt sich, wie schwierig es oftmals ist, erfolgreich zu sein. Dies gilt auch für das gesamte öffentliche Leben. Und hier hängt Erfolg häufig davon ab, ob hinter den Interessen eine mächtige Vereinigung oder eine Lobby steht.

Bei der Sozialpartnerschaft handelt es sich um die Zusammenarbeit der großen vier Interessenverbände und der Regierung. Die österreichische Besonderheit liegt darin, dass sich die Sozialpartnerschaft auf praktisch alle Gebiete der Wirtschafts- und Sozialpolitik erstreckt. Deshalb gilt Österreich auch als Musterbeispiel der umfassenden und koordinierten Interessenvertretung.

 Meine Ziele

Nach Bearbeitung dieses Kapitels kann ich
- die Merkmale der österreichischen Sozialpartnerschaft erläutern;
- erkennen, warum die Sozialpartnerschaft für die Entwicklung Österreichs eine wichtige Rolle spielt;
- die Aufgaben und Leistungen der vier Interessenverbände nennen;
- Dienstleistungen und Hilfestellungen recherchieren und in Anspruch nehmen.

1 Was ist die Sozialpartnerschaft?

„Lohnforderungen in der Metallerbranche" – „Das Tätigwerden der Sozialpartner ist gefordert". Solche und ähnliche Schlagzeilen lesen wir jedes Jahr im Herbst in den Tageszeitungen. Wer oder was aber sind nun diese „Sozialpartner"?

www.sozialpartner.at

Die Wirtschafts- und Sozialpartnerschaft (meist kurz Sozialpartnerschaft genannt) ist
- die **freiwillige Zusammenarbeit** von
- **Interessenverbänden der Arbeitnehmer/innen,**
- **Interessenverbänden der Arbeitgeber/innen** und
- der **Bundesregierung.**

💡 Die Sozialpartnerschaft ist ein Grundpfeiler der Zweiten Republik. Ein Bewahrer des sozialen Friedens. Ein Instrument des parteiübergreifenden Dialogs.

Das Wesen der Sozialpartnerschaft liegt darin, dass sich die vier großen Interessenorganisationen zu gemeinsamen längerfristigen sozial- und wirtschaftspolitischen Zielen bekennen. Konflikte sollen im Wege von Verhandlungen gelöst werden. **Konsens und Kompromissfindung** sind oberstes Ziel. Streiks sind das letzte Mittel zur Austragung von Interessengegensätzen.

Konsens = Übereinstimmung.
Kompromiss = Übereinkunft durch gegenseitige Zugeständnisse.

Ziele sind die **Absicherung und weitere Steigerung des Wohlstandes** für alle Bevölkerungsschichten und die **Stärkung des Wirtschaftsstandortes Österreich.** Die Zusammenarbeit bewirkt eine **niedrige Streikrate, sozialen Frieden** und **politische Stabilität** und leistet damit einen wichtigen Beitrag zur wirtschaftlichen und politischen Entwicklung Österreichs.

Aha!
Die Sozialpartnerschaft ist u. a. durch folgende **Merkmale** gekennzeichnet:
- **Freiwilligkeit** der Mitgestaltung: Es gibt keinen gesetzlichen Rahmen, in dem die Sozialpartnerschaft tätig sein muss.
- **Einstimmigkeit** der Beschlüsse und Empfehlungen: gilt in allen Gremien der Sozialpartner.
- **Nichtöffentlichkeit:** Verhandelt wird in der Regel hinter verschlossenen Türen.

Durch das „Miteinander" von Arbeitgebern und Arbeitnehmern sollen u. a. Streiks vermieden werden.

II Österreichisches und Europäisches Recht

💡 Die Paritätische Kommission ist 1998 das letzte Mal zusammengetreten. Sie wurde 1957 als Kooperationsinstrument zwischen Arbeitnehmer- und Arbeitgeberverbänden geschaffen.

Einrichtungen der Sozialpartnerschaft

Zentrales Organ der österreichischen Sozialpartnerschaft war bis vor einigen Jahren die **Paritätische Kommission.** Sie bestand aus dem Bundeskanzler, drei Ministern und mehreren Vertretern der vier Interessenverbände. Zudem gab es insgesamt vier Unterausschüsse bzw. Beiräte. Die Einrichtungen haben sich seit dem EU-Beitritt Österreichs 1995 verändert. Von den ursprünglich vier Unterausschüssen sind heute nur mehr folgende zwei von Bedeutung:

- Der **Beirat für Wirtschafts- und Sozialfragen** erarbeitet Studien und Gutachten zu wirtschafts- und sozialpolitischen Fragestellungen.
- Der **Unterausschuss für internationale Fragen** dient der Bewertung internationaler Prozesse.

Die Präsidenten der vier großen Interessenverbände treffen sich vierteljährlich. Außerdem gibt es alle sechs bis acht Wochen ein Treffen der Generalsekretäre.

In Bad Ischl findet jährlich der Dialog der Sozialpartner statt.

✏️ Recherchieren Sie auf der Website der Sozialpartner das Thema des letzten Bad Ischler Dialogs.

Aufgabenstellungen – „Sozialpartnerschaft"

1. Recherchieren Sie auf der Website der Sozialpartner, www.sozialpartner.at, mit welchen Themen sich die österreichischen Sozialpartner derzeit intensiv auseinandersetzen.

2. Wie heißen die aktuellen Präsidenten/Präsidentinnen der vier Verbände?
   WKÖ
   LK
   AK
   ÖGB

2 Interessenverbände der Sozialpartnerschaft

💡 Die Mitglieder müssen einen finanziellen Beitrag leisten, um die Arbeit der Interessenverbände zu ermöglichen.

> 0,5 Prozent des Bruttoeinkommens von Arbeitnehmerinnen und Arbeitnehmern gehen als Beitrag an die Arbeiterkammer. Die Kammerumlage bei Unternehmen ist u. a. abhängig von der Höhe der in Rechnung gestellten Umsatzsteuerbeträge. Für die Mitgliedschaft bei der Gewerkschaft fließt monatlich ungefähr ein Prozent des Einkommens an den ÖGB.

Bei drei der vier Interessenverbände besteht gesetzliche Mitgliedschaft (Pflichtmitgliedschaft). Arbeitnehmer/innen sind Mitglied bei der Arbeiterkammer, Unternehmen bei der Wirtschafts- bzw. Landwirtschaftskammer – sie alle müssen verpflichtend einen finanziellen Beitrag leisten. Nur beim Österreichischen Gewerkschaftsbund (ÖGB) besteht Freiwilligkeit, d. h., jede/r Arbeitnehmer/in kann selbst entscheiden, ob er/sie der Gewerkschaft beitritt oder nicht.

Die Sozialpartner und ihre Interessenvertretungen

2.1 Wirtschaftskammer Österreich

Die Wirtschaftskammer Österreich (WKÖ) ist die Interessenvertretung der **Arbeitgeber**. Mitglieder der Wirtschaftskammer sind alle, die zum selbstständigen Betrieb eines Unternehmens in einer der folgenden sieben Branchen (werden in der Wirtschaftskammer auch als **„Sparten"** bezeichnet) berechtigt sind:
- Gewerbe und Handwerk
- Industrie
- Bank und Versicherung
- Transport und Verkehr
- Handel
- Information und Consulting
- Tourismus und Freizeitwirtschaft

www.wko.at

Die Unternehmen sind zugleich **Mitglieder mehrerer Organisationen der Wirtschaftskammer**. So gehört jedes Mitglied sowohl
- der Wirtschaftskammer seines Bundeslandes und der zuständigen **Fachgruppe** als auch
- der Wirtschaftskammer Österreich und dem zuständigen **Fachverband** an.

💡 Unternehmer, die von der Wirtschaftskammer nicht vertreten werden, sind die freien Berufe, also u. a. Ärzte (vertreten durch Ärztekammer), Rechtsanwälte (Rechtsanwaltskammer) und Notare (Notariatskammer).

Beispiel: Fachgruppe und Fachverband
Das Unternehmen „Tischlerei Offenschlager e. U." mit Sitz in Kitzbühel (Tirol) ist sowohl Mitglied in der Wirtschaftskammer Österreich (WKÖ) als auch in der Wirtschaftskammer Tirol (WK Tirol).

Tischler Offenschlager e. U.
Sitz: Kitzbühel (Tirol)

Sparte: **Sparte:**
Handwerk und Gewerbe   Handwerk und Gewerbe
Fachgruppe (Innung):   **Fachverband:**
Tischler und Holzgestaltendes Gewerbe   Fachverband der Holzindustrie

Die **Aufgaben** der Wirtschaftskammer sind vor allem:
- Vertretung der Interessen der Mitglieder in wirtschaftlichen und rechtlichen Angelegenheiten
- Service und Beratung der Mitglieder (z. B. Gründerservice für Unternehmensgründer)
- Erstellung von Gutachten im Rahmen von Gesetzgebung und Verwaltung
- Anbieten von Aus- und Weiterbildung

💡 Die Fachgruppen heißen in der Sparte Gewerbe und Handwerk **„Innungen"**, z. B. die Innung der Konditoren.

II Österreichisches und Europäisches Recht

> Bei jeder Wirtschaftskammer ist ein Wirtschaftsförderungsinstitut (WIFI) zur Abwicklung des Aus- und Weiterbildungsauftrages eingerichtet.
> www.wifi.at

AußenwirtschaftsCenter

Neben der Interessenvertretung haben die Aktivitäten der Wirtschaftskammer im Außenhandel einen besonderen Stellenwert. Die **AußenwirtschaftsCenter** an allen wichtigen Plätzen der Erde werden von den hauptberuflichen **Wirtschaftsdelegierten** geleitet. Ihre Tätigkeit umfasst:

- Aufzeigen von Absatzmöglichkeiten
- Marktbeobachtung
- Beratung und Hilfe bei Firmenvertretungen
- Unterstützung bei Einfuhr und Ausfuhr
- Erteilung aller Außenhandelsinformationen
- Vermittlung von Geschäftskontakten etc.

> **Beispiel: AußenwirtschaftsCenter**
> AußenwirtschaftsCenter helfen Unternehmen herauszufinden, ob der ausländische Geschäftspartner zuverlässig ist. Die meisten AußenwirtschaftsCenter verfügen über entsprechende Rahmenvereinbarungen mit lokalen Auskunfteien, sodass Bonitätsauskünfte günstiger eingeholt werden können. Dazu können sie noch ergänzende Auskünfte zur angefragten Unternehmen recherchieren.
>
> Jedes Land der Erde wird durch ein oder mehrere AußenwirtschaftsCenter betreut bzw. mitbetreut. Insgesamt gibt es derzeit mehr als 100 AußenwirtschaftsCenter.

2.2 Präsidentenkonferenz der Landwirtschaftskammern Österreichs

Die Präsidentenkonferenz der Landwirtschaftskammern Österreichs ist der Vorstand der Landwirtschaftskammern. Er vertritt die in den Bundesländern eingerichteten Landwirtschaftskammern auf Bundesebene.

> **Aha!**
> **Präsidentenkonferenz = Vorstand**
>
> Der Präsidentenkonferenz gehören alle Kammerpräsidenten und zwei Vertreter des Österreichischen Raiffeisenverbandes an. Der Generalsekretär, der die Geschäfte der Präsidentenkonferenz leitet, die Kammerdirektoren und der Generalsekretär des Raiffeisenverbandes haben beratende Funktionen. Die Präsidentenkonferenz tritt in der Regel einmal monatlich zusammen.

> 💡 Der Präsident vertritt die Präsidentenkonferenz nach außen, leitet ihre Geschäfte und führt den Vorsitz in Präsidentenkonferenz und Vollversammlung.

Die wesentlichen **Aufgaben** der Landwirtschaftskammer Österreich sind die Betreuung der Mitglieder, die Vertretung gegenüber dem Staat und anderen Berufsgruppen sowie die Mitwirkung an Staatsaufgaben.

Für die Behandlung besonderer Fragen gibt es **Ausschüsse und Arbeitsgemeinschaften (Arge),** wie z. B. Arge für Bergbauernfragen, Bäuerinnen, Landjugendfragen, Ausschuss für Bildung und Beratung, für Energie und Klima, Forst- und Holzwirtschaft, Milchwirtschaft.

2.3 Bundesarbeitskammer

Die Österreichische Bundesarbeitskammer (BAK) ist die Dachorganisation für alle neun Arbeiterkammern (AK). Sie vertritt die sozialen und wirtschaftlichen Interessen der Arbeitnehmer/innen.

www.arbeiterkammer.at

> **Aha!**
> Auch Lehrlinge, geringfügig Beschäftigte, in Karenz befindliche Arbeitnehmer/innen sowie Präsenz- und Zivildiener sind Mitglieder der AK. Sie sind jedoch ebenso vom AK-Beitrag befreit wie Personen, die Arbeitslosengeld oder Notstandshilfe bekommen.

⚠️ In jeder Länderkammer ist eine **Lehrlings-** und **Jugendstelle** eingerichtet. Sie ist für Anliegen der Lehrlinge zuständig und erhält einen Durchschlag von jedem Lehrvertrag, der in dem betreffenden Bundesland abgeschlossen wird.

Die Arbeiterkammer berät ihre Mitglieder insbesondere in folgenden Bereichen:

Beratungsbereiche der AK

Arbeit und Recht	Steuer und Geld	Bildung	Beruf und Familie	Arbeit und Gesundheit	Konsumentenschutz
Beispiele	**Beispiele**	**Beispiele**	**Beispiele**	**Beispiele**	**Beispiele**
■ Was kann ich tun, wenn ich gekündigt werde? ■ Wie kann ich mich gegen Mobbing am Arbeitsplatz schützen?	■ Wie viel Lohn steht mir zu? ■ Wie kann ich mir Geld vom Finanzamt zurückholen?	■ AK-Bildungsförderung ■ Information und Beratung zum Thema Aus- und Weiterbildung	■ Welche Beihilfen und Förderungen stehen mir zu? ■ Tipps für den Wiedereinstieg nach der Karenz	■ Wie muss mein Arbeitsumfeld gestaltet sein? ■ Welche Gefahren lauern am Arbeitsplatz?	■ Hilfe bei Abschluss von Mietverträgen ■ Wie kann ich mich gegen Kostenfallen im Internet schützen?

Weitere **Aufgaben** der Arbeiterkammer sind:
- **Mitwirkung an der Gesetzgebung,** z. B. durch Vorschläge zur Verbesserung von Rechtsvorschriften, Begutachtung von Gesetzesentwürfen
- **Mitwirkung an der Gesetzesvollziehung** durch Mitbestimmung in Beiräten und Kommissionen, z. B. Lebensmittelkodexkommission, Pensionsanpassungsbeirat
- **Mitwirkung an der Gerichtsbarkeit** durch die Nominierung von Beisitzern, z. B. für Arbeits- und Sozialgerichte

Daneben bieten die Arbeiterkammern ihren Mitgliedern durch die ihnen unterstellten **Berufsförderungsinstitute (bfi)** die verschiedensten Möglichkeiten der Aus- und Weiterbildung.

www.bfi.at

> **Beispiel: AK-Erfolg gegen Internetfalle**
> Internetabzocke mit vermeintlichen Gratis-Angeboten: Eine sofortige Download-Möglichkeit nimmt Konsumentinnen/Konsumenten nicht das Rücktrittsrecht. Erst wenn Konsumentinnen/Konsumenten innerhalb der 14-tägigen Rücktrittsfrist tatsächlich Downloads durchführen und es zusätzlich eine gültige Vereinbarung gibt, dass der Unternehmer bereits innerhalb der Rücktrittsfrist die Dienstleistungen zur Verfügung stellt, verliert der Konsument sein Rücktrittsrecht. Die AK hatte Content Services geklagt. Das Urteil ist rechtskräftig.
>
> *www.arbeiterkammer.at*

www.oegb.at

2.4 Österreichischer Gewerkschaftsbund

Der Österreichische Gewerkschaftsbund (ÖGB) und seine Gewerkschaften vertreten die Interessen aller Arbeitnehmer/innen, Menschen in Ausbildung, Arbeitslosen und Pensionisten gegenüber Arbeitgebern, Staat und Parteien. Der ÖGB beruht auf **freiwilliger Mitgliedschaft.**

Jedes Gewerkschaftsmitglied gehört einer von sieben Gewerkschaften an:

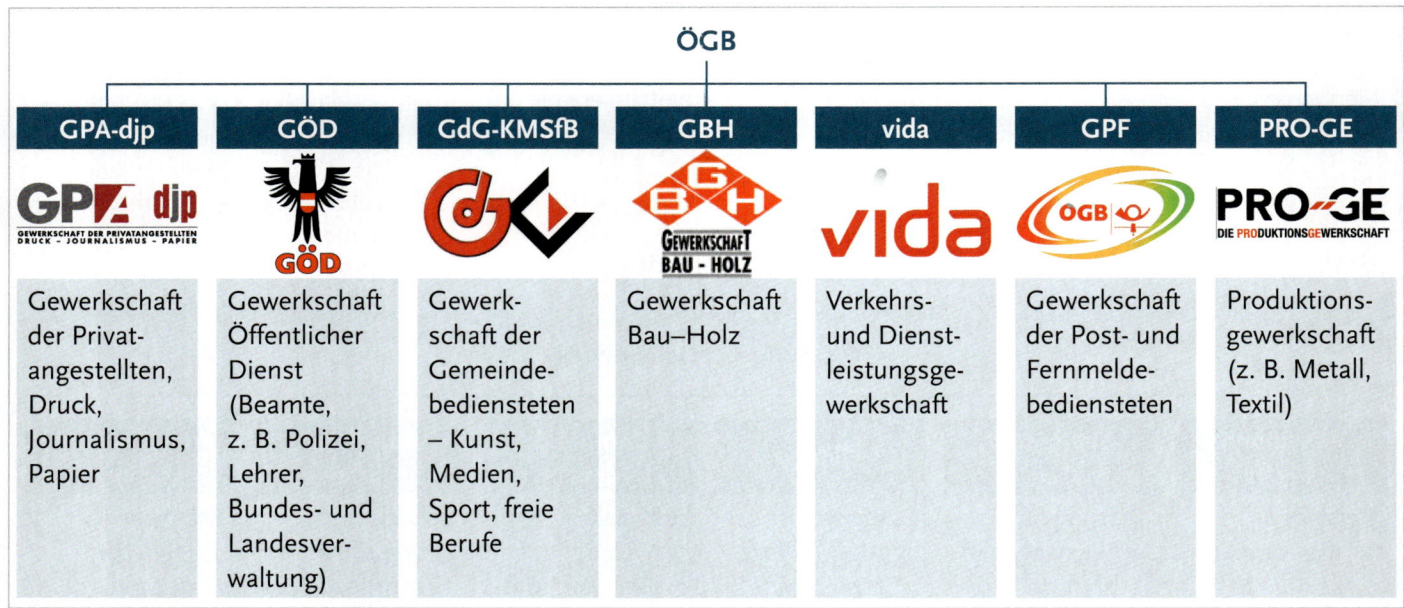

Für Jugendliche und Lehrlinge gibt es eine eigene Sparte: die Österreichische Gewerkschaftsjugend (ÖGJ) www.oegj.at.

Die in den Statuten des ÖGB festgelegten **Aufgaben** gelten auch für alle sieben Gewerkschaften. Zum Beispiel:
- Vereinbarung von Kollektivverträgen mit den Arbeitgebervertretern
- Rechtsschutz: Als Mitglied hat man Anspruch auf kostenlosen Rechtsschutz und Beratung
- Unterstützung von Mitgliedern im Falle unverschuldeter Erwerbsunfähigkeit
- Herbeiführung günstiger Arbeitsverhältnisse
- Mitwirkung an Gesetzen wirtschaftlicher und sozialpolitischer Art
- Wahrung, Verbesserung und Ausbau des Arbeitnehmerschutzes

Der ÖGB hat ca. 1,2 Millionen Mitglieder.

> **Beispiel: Kollektivverträge**
> Das Urlaubs- und Weihnachtsgeld und die jährlichen Gehalts- und Lohnerhöhungen stehen nicht im Gesetz. Sie werden jedes Jahr von den Gewerkschaften mit den Arbeitgebervertretern ausverhandelt und in den Kollektivverträgen festgeschrieben. Derzeit gibt es in Österreich fast 860 gültige Kollektivverträge. Das dichte Netz von Kollektivverträgen kommt allen Arbeitnehmerinnen und Arbeitnehmern in Österreich zugute.
>
> *www.oegb.at*

Die Sozialpartner und ihre Interessenvertretungen

Aufgabenstellung – „Die Sozialpartner und ihre Interessenvertretungen"

- Kreuzen Sie die richtige Lösung an (Mehrfachlösung möglich):

	AK	WK	ÖGB
Sie gliedert sich in sieben Sparten.			
Sie ist die gesetzliche Interessenvertretung aller Arbeitnehmer/innen.			
Sie ist die gesetzliche Interessenvertretung aller Unternehmer/innen.			
Es besteht Pflichtmitgliedschaft.			
An ihrer Spitze steht die Bundeskammer in Wien.			
Die Kammerumlage beträgt 0,5 % des Bruttoeinkommens.			
Es gibt sieben Fachgewerkschaften.			
Eine freiwillige Interessenvertretung der Arbeitnehmer/innen.			
Das WIFI ist die Fortbildungsinstitution der …			
Das BFI ist die Fortbildungsinstitution der …			

Wissensfragen – „Die Sozialpartnerschaft und ihre Interessenverbände"

1. Welche vier Verbände umfasst die Sozialpartnerschaft in Österreich?
2. Welche Merkmale kennzeichnen die österreichische Sozialpartnerschaft?
3. Was versteht man unter dem Bad Ischler Dialog der Sozialpartner?
4. Bei welchen Interessenverbänden herrscht Pflichtmitgliedschaft?
5. Wen vertritt die Wirtschaftskammer?
6. Welche Aufgaben übernehmen die AußenwirtschaftsCenter der WKÖ?
7. Zählen Sie die sieben Fachgewerkschaften auf.
8. Nennen Sie drei Beispiele, zu denen Sie sich bei der Arbeiterkammer beraten lassen können.
9. Was versteht man unter der Präsidentenkonferenz der Landwirtschaftskammern Österreichs?
10. Wer verhandelt jährlich die Kollektivverträge?

Ziele erreicht? – „Die Sozialpartnerschaft und ihre Interessenverbände"

1. **Rollenspiel: Lohnverhandlungen**

   Thema: kollektivvertragliche Lohnerhöhungen für die Metallarbeiter/innen.

   - Teilen Sie die Klasse in drei Gruppen: Eine Gruppe vertritt die Arbeitnehmer/innen, eine Gruppe die Arbeitgeber, die dritte Gruppe den Staat.
   - Die Forderung der Arbeitnehmer/innen-Vertreter liegt bei 3,2 % Erhöhung der Reallöhne.
   - Das Angebot der Arbeitgebervertreter liegt unter der 2-%-Marke.
   - Jede Gruppe sammelt vorab mindestens fünf Argumente, warum sie ihre Forderungen vertritt.
   - Jede Gruppe entsendet dann drei Mitglieder an den Verhandlungstisch, die jeweils ihre Standpunkte darlegen und zu einer Einigung gelangen sollen.

2. Erstellen Sie eine Mindmap zum Thema „Sozialpartnerschaft".

Individuelle Rechtsinteressen

Jeder Mensch hat Rechte, die nur ihn ganz persönlich betreffen. Individuelle Rechte stehen heute mehr denn je im Zentrum des Rechtsdenkens: als Gedanke der eigenen Berechtigung, als Ansprüche gegen Mitmenschen und Staat – und das in immer mehr Lebensbereichen.

 Meine Ziele

Nach Bearbeitung dieses Kapitels kann ich
- die Voraussetzungen zur Erlangung der österreichischen Staatsbürgerschaft nennen;
- darüber diskutieren, ob das österreichische Staatsbürgerschaftsgesetz zu streng ist;
- die Grund- und Freiheitsrechte im österreichischen, europäischen und internationalen Kontext erklären und bewerten;
- die Grundzüge des Asyl-, Fremden- und Staatsbürgerschaftsrechts zusammenfassen.
- den Ablauf des Asylverfahrens in Österreich beschreiben.

1 Staatsbürgerschaftsrecht

> Tims bester Schulfreund heißt Karim. Er ist mit seiner Familie vor sieben Jahren aus Afghanistan nach Österreich geflüchtet. Nun soll Karim, seinen Eltern und Geschwistern die österreichische Staatsbürgerschaft verliehen werden, da die Familie als „sehr gut integriert" gilt.

Kennen Sie jemanden, der auf die österreichische Staatsbürgerschaft wartet?

Staatsangehörige, die der Personalhoheit eines Staates unterstehen, bilden das Staatsvolk. Die Beziehung dieser Menschen zu ihrem Heimatstaat wird durch die Staatsangehörigkeit dokumentiert.

Mit der Staatsbürgerschaft sind verschiedene Rechte für Bürger/innen verbunden. Sie verschafft einen sicheren Aufenthalt in einem bestimmten Land und ermöglicht mehr oder weniger Mobilität. Sie gestattet Teilhabe in Form von politischer und gesellschaftlicher Beteiligung und ist damit ein integrationsstiftendes Element.

Erwerb der österreichischen Staatsangehörigkeit durch

Abstammung

Verleihung

- Verleihung aufgrund eines Rechtsanspruchs
- Verleihung nach freiem Ermessen

Gelöbnis, das vor der Verleihung der Staatsbürgerschaft mündlich abzulegen ist:
„Ich gelobe, dass ich der Republik Österreich als getreuer Staatsbürger/getreue Staatsbürgerin angehören, ihre Gesetze stets gewissenhaft beachten und alles unterlassen werde, was den Interessen und dem Ansehen der Republik abträglich sein könnte."

Erwerb der Staatsbürgerschaft durch Abstammung
- **Eheliche Kinder** erwerben mit der Geburt automatisch die österreichische Staatsbürgerschaft, wenn ein Elternteil österreichische/r Staatsbürger/in ist.
- **Uneheliche Kinder** erwerben mit der Geburt automatisch die österreichische Staatsbürgerschaft, wenn die **Mutter** zum Zeitpunkt der Geburt österreichische Staatsbürgerin ist, ohne dass auf die Staatsangehörigkeit des unehelichen Vaters Rücksicht genommen wird. Es kann sich aber aufgrund des Geburtsortes des Kindes eine **Doppelstaatsbürgerschaft** ergeben.

⚠ Die zuständige Behörde ist die Staatsbürgerschaftsabteilung des jeweiligen Amtes der Landesregierung.

 Doppelstaatsbürgerschaft
Bei der Verleihung der österreichischen Staatsbürgerschaft besteht die Verpflichtung, die frühere Staatsangehörigkeit zurückzulegen. Bei Flüchtlingen, und wenn Herkunftsländer die Aufgabe ihrer Staatsangehörigkeit nicht ermöglichen, akzeptiert Österreich aber die Entstehung von Doppelstaatsbürgerschaften. Oder wenn Menschen zwei (oder mehrere) Staatsangehörigkeiten haben, weil ihre Eltern bei ihrer Geburt unterschiedliche Pässe besaßen.

Erwerb der Staatsbürgerschaft durch Verleihung
Generelle Voraussetzungen:
- Mindestens **zehnjähriger** rechtmäßiger und ununterbrochener Aufenthalt in Österreich, davon mindestens **fünfjährige** Niederlassungsbewilligung;
- **Unbescholtenheit**
  - Keine gerichtlichen Verurteilungen
  - Kein anhängiges Strafverfahren (sowohl im In- als auch im Ausland)
  - Keine schwerwiegenden Verwaltungsübertretungen mit besonderem Unrechtsgehalt
- Hinreichend **gesicherter Lebensunterhalt**

II Österreichisches und Europäisches Recht

Einbürgerungen in Österreich

Jahr	Anzahl
1995	15 309
1999	25 032
2002	36 382
2003	45 112
2005	35 417
2006	26 259
2007	14 041
2008	10 258
2009	7 990
2010	6 190
2011	6 754
2012	7 107
2013	7 418
2014	7 570
2015	8 144
2016	8 530
2017	9 271

Quelle: Statistik Austria

💡 **Wer hat schlechte Chancen auf eine Einbürgerung?**
Schwer Zugang zu einer Staatsbürgerschaft haben Menschen mit vergleichsweise geringem Einkommen, wie etwa auch Teilzeitbeschäftigte oder Alleinerziehende. Menschen mit Behinderungen, die ihren Lebensunterhalt nicht allein sichern können, sind derzeit vom Zugang zur Staatsbürgerschaft ausgeschlossen.

Staatenlose sind Personen, die keine Staatsangehörigkeit besitzen. Sie genießen keine Schutzrechte.
Fremde (Ausländer/innen) sind Personen, die die Staatsangehörigkeit eines anderen Landes besitzen. Werden sie aufgenommen, ist ihnen ein völkerrechtlicher Mindeststandard an Rechten zu gewähren.

⚠️ Auch Fremde müssen sich an die Gesetze halten.

- Nachweis von **Deutschkenntnissen** auf B1-Niveau und Grundkenntnisse der demokratischen Ordnung und der daraus ableitbaren Grundprinzipien sowie der Geschichte Österreichs und des jeweiligen Bundeslandes
- **Bejahende Einstellung zur Republik Österreich** und Gewährleistung, dass keine Gefahr für die öffentliche Ruhe, Ordnung und Sicherheit besteht
- Kein bestehendes Aufenthaltsverbot und kein anhängiges Verfahren zur Aufenthaltsbeendigung
- Keine Rückkehrentscheidung
- Keine Rückführungsentscheidung eines anderen EWR-Staates oder der Schweiz
- Keine Ausweisung innerhalb der letzten 18 Monate
- Kein Naheverhältnis zu einer extremistischen oder terroristischen Gruppierung
- Grundsätzlich **Verlust der bisherigen Staatsangehörigkeit**
- Durch die Verleihung der Staatsbürgerschaft dürfen die internationalen Beziehungen der Republik Österreich nicht wesentlich beeinträchtigt werden und die Interessen der Republik Österreich nicht geschädigt werden

Verleihung aufgrund eines Rechtsanspruchs

Ein **Rechtsanspruch** auf die Verleihung der Staatsbürgerschaft, besteht, bei
- mindestens 30-jähriger ununterbrochenem Hauptwohnsitz in Österreich oder
- mindestens 15-jähriger ununterbrochenem Aufenthalt in Österreich und Nachweis der beruflichen und persönlichen Integration.
- mindestens **sechsjährigem rechtmäßigen und ununterbrochenen Aufenthalt**, wenn seit mindestens fünf Jahren eine aufrechte Ehe mit einer Österreicherin/einem Österreicher besteht und die Eheleute im gemeinsamen Haushalt leben oder der Status „Asylberechtigte/r" vorliegt oder die einbürgerungswillige Person EWR-Staatsangehörige/r ist oder in Österreich geboren wurde oder die Verleihung aufgrund von bereits erbrachten und zu erwartenden außerordentlichen Leistungen auf wissenschaftlichem, wirtschaftlichem, künstlerischem oder sportlichem Gebiet im Interesse der Republik Österreich liegt.

Verleihung nach Ermessen

Besteht kein Rechtsanspruch auf die Verleihung der Staatsbürgerschaft, entscheidet die Behörde nach **freiem Ermessen.** Ausschlaggebend sind hier
- das **öffentliche Interesse** (z. B. wenn außerordentliche Leistungen in Sport, Wissenschaft oder Kunst für Österreich erbracht wurden) und **allgemeine Wohl,**
- das **Ausmaß der Integration** sowie
- das **Gesamtverhalten** der Antragstellerin bzw. des Antragstellers.

Rechte und Pflichten von Staatsbürgerinnen und -bürgern

Mit der Staatsangehörigkeit sind z. B. folgende Rechte und Pflichten verbunden:

Rechte	Pflichten
■ Recht zu wählen und gewählt zu werden ■ Recht, öffentliche Ämter zu bekleiden ■ Aufenthaltsrecht: Österreichische Staatsbürger/innen dürfen nicht ausgewiesen und nicht ausgeliefert werden.	■ Pflicht zur Annahme bestimmter Ämter wie z. B. Geschworene/r ■ Pflicht zur Zeugenaussage ■ Pflicht zur Beachtung der Gesetze ■ Wehrpflicht

Die österreichische Staatsangehörigkeit verliert man durch:
- Erwerb einer fremden Staatsbürgerschaft
- Entziehung (z. B. wegen Schädigung des Ansehens der Republik)
- Verzicht
- Eintritt in den Militärdienst eines fremden Staates

⚠️ Will man die österreichische Staatsbürgerschaft nicht verlieren, muss vor dem Erwerb der fremden Staatsangehörigkeit um eine Bewilligung der Beibehaltung angesucht werden.

Wie schwer oder leicht ist es, österreichische Staatsbürger/in zu werden?
Österreich hat die restriktivsten Bestimmungen für die Staatsbürgerschaft in Westeuropa.

Österreich 2016 Schlusslicht bei Einbürgerungen

Österreich wies 2016 die niedrigste Einbürgerungsquote innerhalb der 28 EU-Staaten auf. Mit 0,68 Einbürgerungen pro 100 ansässigen Ausländern belegte Österreich gemeinsam mit Lettland den letzten Platz. Spitzenreiter war Kroatien mit einer Quote von 9,71 verliehenen Staatsbürgerschaften auf 100 Ausländer.

Insgesamt erhielten 995 000 Personen die Staatsangehörigkeit eines EU-Landes. 2015 waren es lediglich 841 000 Personen gewesen.
In Österreich sind seit dem Rekordjahr 2003 die Einbürgerungszahlen kontinuierlich gesunken und erreichten im Jahr 2010 den niedrigsten Wert. Seit 2011 stiegen die Zahlen wieder.

APA, red, 9. April 2018

Wie streng ist Österreichs Staatsbürgerschaftsgesetz?

Österreich zeigt sich im europäischen Vergleich als Staat mit restriktivem Einbürgerungsgesetz. … In den meisten Kategorien findet sich Österreich im letzten Drittel, etwa, was die Wartefrist betrifft. Liegt sie in Österreich bei zehn Jahren, sind europaweit fünf Jahre der Durchschnitt. Auch im Bezug auf Hürden ist Österreich strenger als andere Staaten.
So können schon Verwaltungsübertretungen – es reicht Alkohol am Steuer – dazu führen, dass man vom Zugang zur Staatsbürgerschaft ausgeschlossen wird. Auch die Höhe des erforderlichen Einkommens … liegt in Österreich im restriktiven Spitzenfeld. Eine liberale Position wird dagegen bei privilegierten Einbürgerungen eingenommen (also im Interesse der Republik). In anderen Ländern ist die Einbürgerung diesbezüglich schwieriger.

www.diepresse.com, 7. November 2012

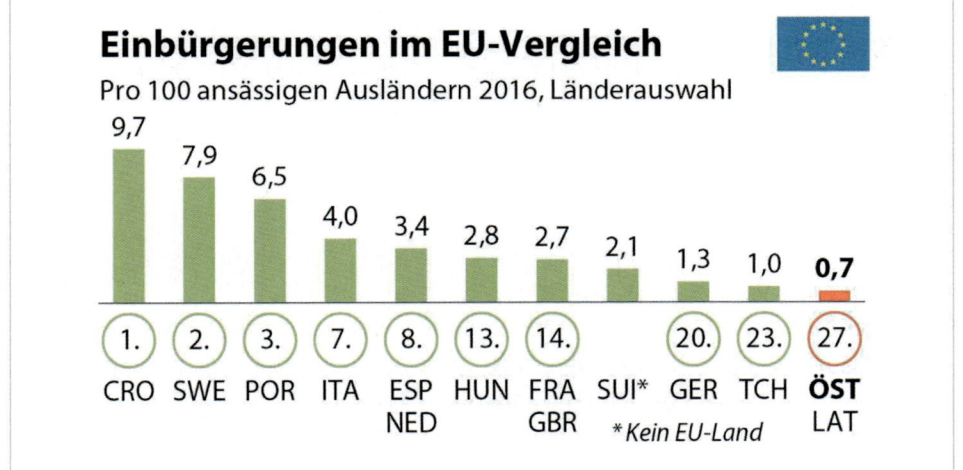

Einbürgerungen im EU-Vergleich
Pro 100 ansässigen Ausländern 2016, Länderauswahl

Rang	Land	Quote
1.	CRO	9,7
2.	SWE	7,9
3.	POR	6,5
7.	ITA	4,0
8.	ESP / NED	3,4
13.	HUN	2,8
14.	FRA / GBR	2,7
20.	SUI*	2,1
23.	GER	1,3
27.	TCH	1,0
27.	ÖST / LAT	0,7

*Kein EU-Land

EU-Bürgerschaft
Die Unionsbürgerschaft soll die nationale Staatsbürgerschaft nicht ersetzen, sondern ergänzen: EU-Bürger/innen bleiben Bürger/innen ihres Landes und sind gleichzeitig auch Unionsbürger/innen. Die Unionsbürgerschaft ist mit folgenden Rechten verknüpft:
- Reise- und Aufenthaltsrecht
- Wahlrecht
- Diplomatischer Schutz: Jede/r EU-Bürger/in genießt in Drittländern, in denen sein Land nicht vertreten ist, den diplomatischen Schutz der Auslandsvertretung
- Petitionsrecht
- Recht auf Beschwerde beim Bürgerbeauftragten des Europäischen Parlaments.

II Österreichisches und Europäisches Recht

Autochtone Volksgruppen/Minderheiten in Österreich

Autochthone Volksgruppen sind laut Volksgruppengesetz „die in Teilen des Bundesgebietes wohnhaften und beheimateten Gruppen österreichischer Staatsbürger mit nichtdeutscher Muttersprache und eigenem Volkstum". In der Bundesverfassung bekennt sich Österreich zu seiner sprachlichen und kulturellen Vielfalt und verpflichtet sich, Sprache und Kultur sowie Bestand und Erhaltung seiner autochthonen Volksgruppen „zu achten, zu sichern und zu fördern".

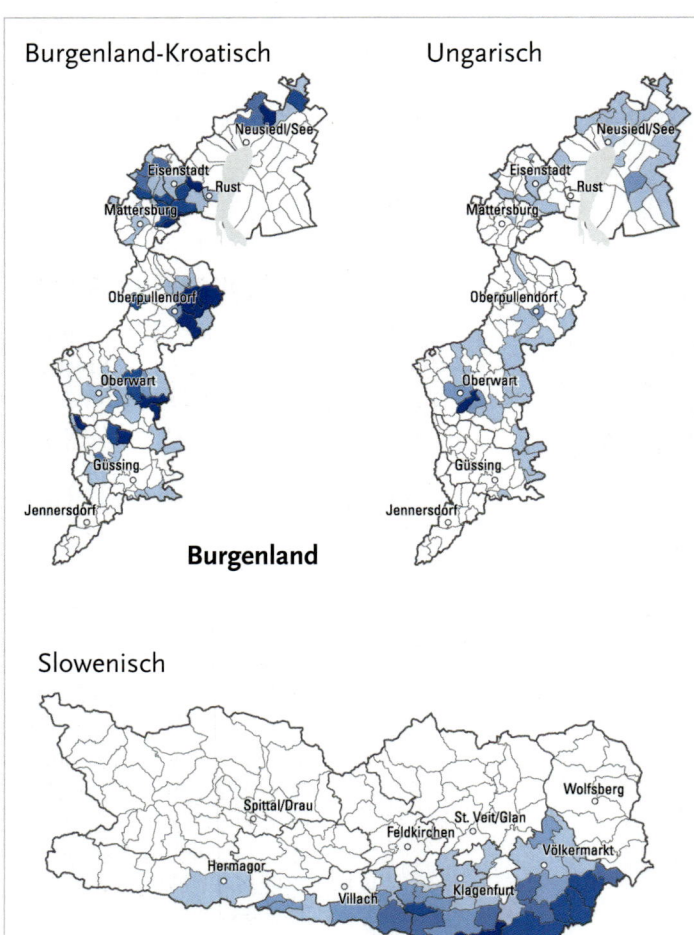

Die sechs autochthonen Volksgruppen in Österreich	
Volksgruppe	in/im ...
Slowenische	Kärnten, Steiermark
Kroatische	Burgenland, Wien
Ungarische	Burgenland, Wien
Roma	Burgenland
Tschechische	Wien
Slowakische	Wien

Volksgruppensprachen in Österreich	
Umgangssprache	2001
Slowenisch	17 953
Burgenland-Kroatisch	19 374
Ungarisch	25 884
Romanes	4 348
Tschechisch	11 035
Slowakisch	3 343

In % der Einw. mit österreichischer Staatsbürgerschaft
- 1,1–5,0
- 5,1–10,0
- 10,1–25,0
- 25,1–50,0
- 50,1 und mehr
— Grenzen der Politischen Bezirke
— Grenzen der Gemeinden

Quelle: Statistik Austria

Slowenische und kroatische Minderheiten haben gemäß dem § 7, Abs. 2 des Staatsvertrages von Wien (1955) Anspruch auf Elementarunterricht in slowenischer oder kroatischer Sprache und auf eine verhältnismäßige Anzahl eigener Mittelschulen.

Beispiel: Bilinguale HAK/TAK Klagenfurt/Celovec
Die zweisprachige BHAK bietet seit 1990 die Sprachen des Alpen-Adria-Raumes mit einer Wirtschaftsausbildung an. Die Absolventinnen und Absolventen beherrschen mindesten vier Sprachen: Deutsch, Slowenisch, Englisch, Italienisch. Die Gleichberechtigung der deutschen und der slowenischen Sprache ist das prägende Merkmal dieser Schule. Der Unterricht ist in allen Fächer zweisprachig.

Aufgabenstellungen – „Staatsbürgerschaftsrecht"

1. Recherchieren Sie, welche prominenten Sportler/innen und Künster/innen in den letzten Jahren die österreichische Staatsbürgerschaft erhielten. Finden Sie dies gerechtfertigt?
2. Machen Sie den Online-Übungstest „Vorbereitung zur Staatsbürgerschaft" auf www.staatsbuergerschaft.gv./at.index.php?id=24. Wie schneiden Sie ab?
3. Diskutieren Sie darüber, ob das österreichische Staatsbürgerschaftsgesetz zu streng ist.

2 Grund- und Freiheitsrechte – Menschenrechte

Karina postet ein Foto ihres Lehrers mit einem beleidigenden Kommentar auf Facebook. Sie denkt sich nichts dabei ... ist doch nur Spaß. Rechtlich gesehen, verletzt sie damit die Persönlichkeitsrechte des Lehrers und somit ein Menschenrecht.

 Wo beginnen bzw. enden für Sie die persönlichen Rechte? Diskutieren Sie in der Klasse darüber.

Man unterscheidet

Grund- und Freiheitsrechte	Menschenrechte
▪ Gelten für Staatsbürger/innen. ▪ Sind in den Verfassungen der einzelnen Staaten festgeschrieben. ▪ Schützen Personen vor staatlichen Eingriffen in die persönliche Freiheit. ▪ Können unmittelbar vor innerstaatlichen Behörden in einem Verfahren durchgesetzt werden, in Österreich insbesondere beim Verfassungsgerichtshof.	▪ Gelten für alle Menschen. ▪ Menschenrechte sind in völkerrechtlichen Verträgen festgelegt und verpflichten die Vertragsstaaten. ▪ Können vor Organen der Völkerrechtsgemeinschaft geltend gemacht werden.

Geschichte der Menschenrechte
- **1628** Petition of Rights
- **1679** Habeas-Corpus-Akte
- **1689** Bill of Rights
- **1776** Amerikanische Unabhängigkeitserklärung
- **1789** Erklärung der Menschen- und Bürgerrechte (Frankreich)
- **1948** Allgemeine Erklärung der Menschenrechte der Vereinten Nationen
- **1950** Konvention zum Schutz der Menschenrechte und Grundfreiheiten des Europarats
- **1976** Weltpakte über bürgerliche und politische Rechte und über wirtschaftliche, soziale und kulturelle Rechte der Vereinten Nationen

2.1 Arten von Grundrechten

Liberale Grundrechte	Dazu zählen z. B.: ▪ das Recht auf persönliche Freiheit ▪ der Schutz des Privateigentums ▪ das Recht auf Privatsphäre ▪ die Freiheit der Erwerbstätigkeit ▪ die Meinungs- und Pressefreiheit ▪ die Vereins- und Versammlungsfreiheit ▪ das Datenschutzrecht
Demokratische Grundrechte	Demokratische Grundrechte gehen von der Gleichheit aller vor dem Gesetz aus. Sie garantieren vor allem die Beteiligung des Volkes an der Ausübung der Staatsgewalt, z. B.: ▪ das aktive und passive Wahlrecht ▪ der Schutz der Abgeordneten durch Immunität ▪ das Recht auf einen gesetzlichen Richter
Soziale Grundrechte	Soziale Grundrechte sind Leistungsansprüche von Einzelpersonen gegenüber dem Staat. Soziale Grundrechte sind Merkmale eines Sozialstaates, z. B.: ▪ Grundrecht auf soziale Sicherung ▪ Recht auf medizinische Betreuung ▪ Recht auf Altersvorsorge ▪ Recht auf eine intakte Umwelt Soziale Grundrechte sind nicht in der Verfassung verankert.

Art. 1 Alle Menschen sind frei und gleich an Würde und Rechten geboren. Sie sind mit Vernunft und Gewissen begabt und sollen einander im Geist der Brüderlichkeit begegnen.
Allgemeine Erklärung der Menschenrechte durch die UN-Generalversammlung 1948

⚠ Die Einhaltung der Grundrechte und der Menschenrechte ist ein wesentliches Kennzeichen einer demokratischen Gesellschaft.

⚠️ **Grundrechte sind Rechte,** die ein Staat seinen Bürgerinnen und Bürgern garantiert und die in der Verfassung verankert sind.

2.2 Verschiedene Grundrechte (Auszug)

Bürgerrechte nach dem Staatsgrundgesetz 1867

✓	Gleichheit vor dem Gesetz
✓	Gleicher Zugang zu öffentlichen Ämtern
✓	Freizügigkeit der Person und des Vermögens
✓	Unverletzlichkeit des Eigentums
✓	Freiheit der Person ist gewährleistet
✓	Freie Wahl des Aufenthaltsortes, des Liegenschaftserwerbes und der Ausübung jedes Erwerbszweiges
✓	Schutz des Hausrechtes
✓	Schutz des Brief- und Fernmeldegeheimnisses
✓	Freiheit der Wissenschaft und Lehre
✓	Freie Berufswahl

Menschenrechte nach der Europäischen Menschenrechtskonvention

✓	Verbot der Folter
✓	Recht auf Leben
✓	Recht auf Freiheit und Sicherheit
✓	Verbot der Sklaverei oder Leibeigenschaft
✓	Recht auf Achtung des Privat- und Familienlebens
✓	Recht auf Gedanken-, Gewissens- und Religionsfreiheit
✓	Recht auf Beschwerde bei Verletzung eines Menschenrechtes
✓	Recht auf freie Meinungsäußerung
✓	Verbot der Benachteiligung wegen des Geschlechtes, der Rasse, der Hautfarbe, Sprache, Religion, Zugehörigkeit zu einer nationalen Minderheit u. a.

2.3 Beschränkung der Grundrechte

Wenn jemand z. B. eine Straftat begeht, dann kann der Staat durch Verhaftung das Grundrecht dieser Person auf Freiheit einschränken. Es müssen aber die gesetzlichen Vorgaben erfüllt sein. Man spricht vom **Gesetzesvorbehalt,** d. h., der Gesetzgeber ist ermächtigt, die Ausübung eines Grundrechtes auch zu beschränken. (Das Eigentumsrecht z. B. ist garantiert, trotzdem kann eine Enteignung in vom Gesetz bestimmten Fällen stattfinden.)

2.4 Grundrechtsschutz

Menschenrechtsschutz auf globaler Ebene	Die **Allgemeine Erklärung der Menschenrechte** ist eine Resolution der Vereinten Nationen von 1948, die zwar rechtlich nicht verbindlich ist, aber eine wichtige Richtlinie für das Handeln von Staaten darstellt.

Was haben Vorratsdaten gebracht?

Die Vorratsdatenspeicherung hat Telekom-Unternehmen verpflichtet, Verbindungsdaten aller Kunden sechs Monate lang zu speichern. Abgefragt werden konnte damit u. a. der Standort von Handy-Nutzern, wer mit wem telefoniert hat und wann jemand im Internet online war.
Der Datenschutzrat, ein Beratungsgremium der Regierung, will nun wissen, wie oft und warum die Justiz den Zugriff auf diese Daten beantragt hat. Außerdem will er Auskunft darüber, wie oft der Rechtschutzbeauftragte tätig war und welche Rechtsmittel er ergriffen hat. Die Vorratsdatenspeicherung trat im April 2012 in Kraft, galt aber nur bis Ende Juni 2014. Sowohl der Europäische Gerichtshof als auch der Verfassungsgerichtshof hoben die Massenüberwachung wegen gravierender Grundrechtsverletzungen auf. Justizminister Wolfgang Brandstetter sprach sich zuletzt für eine auf Schwerstkriminalität konzentrierte Neuauflage der Vorratsdatenspeicherung aus.

www.derstandard.at, 16. Dezember 2016

Menschenrechtsschutz auf europäischer Ebene	■ **Die Europäische Menschenrechtskonvention** (EMRK) des Europarats von 1950 ist das wirksamste Instrument. Der **Europäische Gerichtshof für Menschenrechte** entscheidet in Streitfällen, ob eine Konventionsverletzung vorliegt. ■ Die **Charta der Grundrechte** wurde von den Staats- und Regierungschefs der EU im Jahr 2000 proklamiert.
Menschenrechtsschutz auf österreichischer Ebene	Mehrere Verfassungsgesetze, wie z. B. ■ die **Grund- und Freiheitsrechte** von 1867, ■ die **EMRK** (für Österreich seit 1956), ■ das **Datenschutzgesetz** von 1978 und ■ das **Gesetz zum Schutz der persönlichen Freiheit** von 1988 dienen dem Schutz vor Grundrechtsverletzungen. Der **Verfassungsgerichtshof** entscheidet über Menschenrechtsverletzungen.

Verletzung von Menschenrechten

Eine mögliche Verletzung der Menschenrechte muss immer zuerst auf nationaler Ebene eingeklagt werden. Erst wenn alle nationalen Instanzen durchlaufen sind, ist eine internationale Beschwerde möglich. Nur in extremen Fällen von Menschenrechtsverletzungen wie Völkermord, Kriegsverbrechen etc. kann der **Internationale Strafgerichtshof** in Den Haag direkt agieren. Im Falle von Einzelpersonen waren eigens dafür errichtete Kriegsverbrechertribunale zuständig (Ex-Jugoslawien, Ruanda).

Einklagbarkeit von Menschenrechtsverletzungen in Österreich

Liegen Menschenrechtsverletzungen vor, ist auf nationaler Ebene ein Gang zum österreichischen Verfassungsgerichtshof möglich. International können die Rechte beim Europäischen Gerichtshof für Menschenrechte in Straßburg, dem Gerichtshof und dem Parlament der Europäischen Union sowie vor Einrichtungen der Vereinten Nationen eingeklagt werden.

Wird eine Menschenrechtsbeschwerde gegen die Republik Österreich zum Beispiel an den Europäischen Gerichtshof in Straßburg erhoben, bereitet der Verfassungsdienst des Bundeskanzleramtes unter Einbeziehung der betroffenen Bundesministerien eine Stellungnahme vor.

Wer überwacht die Einhaltung der Menschenrechte?

■ Die **UNO** hat für die Überwachung der Menschenrechte verschiedene Kommissionen und Komitees gebildet. So gibt es zum Beispiel ein Komitee für die Rechte der Kinder oder ein Komitee, das die Diskriminierung von Frauen verhindern soll.
■ Der **Europäische Gerichtshof für Menschenrechte** (EGMR) überwacht und kontrolliert die Einhaltung der EMRK in den Mitgliedsstaaten.
■ Internationale nichtstaatliche Organisationen (**NGO**s = International **N**on-**G**overnmental **O**rganizations) unterhalten Netzwerke von Menschenrechtsschützern überall auf der Welt und veröffentlichen Berichte über Verstöße, die weltweit Beachtung finden und von vielen Regierungen gefürchtet werden.

Während in der UN-Charta und der Europäischen Menschenrechtskonvention der Schwerpunkt auf den politischen Rechten liegt, werden in Afrika und Asien zusätzlich die sozialen Rechte im Hinblick auf existenzielle Probleme wie Hunger, Wassernot, wirtschaftliche Ausbeutung, Menschenhandel, Zerstörung des Lebensraumes und die gesundheitlichen Folgen viel ausführlicher angeführt.

Neben der weltweit geltenden Menschenrechtserklärung durch die UNO gibt es auf verschiedenen Kontinenten **regionale Menschenrechtsabkommen**:

Europa	Europäische Menschenrechtskonvention, EMRK
Afrika	Afrikanische Charta der Menschenrechte
Nord- und Südamerika	Amerikanische Menschenrechtserklärung 1948
Arabischer Raum	Arabische Charta der Menschenrechte 1994

www.amnesty.at

Eine der größten Menschenrechtsorganisationen ist Amnesty International (AI). Welche Menschenrechtsorganisationen sind Ihnen noch bekannt?

Aufgabenstellungen – „Grund- und Freiheitsrechte"

1. Interpretieren Sie die Übersicht über die Verurteilungen am EGMR und stellen Sie Ihr Ergebnis der Klasse vor.

	Staat	Verurteilungen gesamt	Verbot unmenschlicher/ erniedrigender Behandlung (Art. 3)	Freiheit und Sicherheit (Art. 5)	Faires Verfahren (Art. 6)	Schleuniges Verfahren (Art. 6)	Privat-/ Familienleben (Art. 8)	Meinungsfreiheit (Art. 19)	Effektives Rechtsmittel (Art. 13)	Schutz des Eigentums (ZP 1 Art. 1)
1	Türkei	2 747 (101)	243 (15)	554 (45)	729 (31)	493 (11)	83 (2)	207 (24)	237 (7)	611 (2)
2	Italien	2 166 (44)	16 (6)	29 (-)	245 (17)	1.155 (2)	133 (1)	4 (1)	76 (2)	310 (16)
3	Russland	1 212 (129)	357 (50)	422 (56)	570 (26)	154 (3)	94 (13)	23 (1)	291 (30)	456 (15)
4	Polen	945 (28)	19 (4)	267 (7)	92 (2)	412 (4)	91 (3)	17 (2)	20 (4)	21 (7)
5	Rumänien	859 (87)	68 (29)	64 (12)	343 (18)	88 (6)	45 (10)	15 (1)	17 (1)	441 (6)
6	Frankreich	848 (22)	19 (1)	47 (3)	251 (1)	281 (1)	29 (6)	25 (1)	32 (-)	29 (1)
7	Ukraine	822 (40)	70 (12)	134 (18)	432 (4)	259 (1)	25 (5)	9 (1)	145 (12)	301 (11)
8	Griechenland	686 (54)	28 (20)	32 (9)	120 (1)	403 (26)	8 (-)	9 (-)	132 (24)	66 (1)
9	Vereinigtes Königreich	462 (14)	15 (-)	60 (-)	90 (-)	26 (-)	64 (1)	11 (-)	32 (-)	2 (1)
10	Bulgarien	437 (18)	41 (7)	229 (5)	49 (2)	162 (-)	35 (3)	7 (-)	125 (2)	60 (2)
11	Österreich	299 (7)	4 (-)	10 (-)	83 (-)	86 (3)	14 (-)	32 (-)	11 (-)	4 (-)

2. Recherchieren Sie aktuelle Verfahren am Gerichtshof in Straßburg.

3. Diskutieren Sie, wie weit der Machtbereich des Gerichtshofes reichen sollte.

4. Lesen Sie den Zeitungstext: Diskutieren Sie anschließend in der Klasse: Welche Meinung vertritt der Verfasser? Handelt die Politik richtig oder werden unsere Grundrechte tatsächlich laufend beschnitten? Nennen Sie noch weitere Beispiele.

Scheibchenweise begrenzt die Politik die Grundrechte

Der gläserne Patient, Vorratsdatenspeicherung neu, Fingerabdrücke für die Finanz, neue Überwachungsbefugnisse für Staatsschützer, langer Abschied vom Bankgeheimnis: Das sind Schlagworte und Schlagzeilen in der öffentlichen Debatte der vergangenen Monate. ...

Die Rechtsanwaltschaft hat sich zu solchen Vorhaben der Politik immer wieder mahnend, kritisch und oft auch ablehnend zu Wort gemeldet. Das ist für eine Politik, die immer mehr bestimmen will, natürlich unbequem. Das Ergebnis waren manchmal kleinere Retuschen der Ministerialentwürfe für Gesetze oder Zurechtrückungen in den parlamentarischen Beratungen der Ausschüsse. Zurück bleibt großes Unbehagen. Wir sind mit einer scheibchenweisen Beschneidung der Grund- und Freiheitsrechte konfrontiert. ...

Grund- und Freiheitsrechte sind in Österreich das Erbe der bürgerlichen Revolution von 1848. Sie mussten mit Blut erkämpft werden und sind auch heute nicht immer selbstverständlich, was zahlreiche VfGH-Erkenntnisse aus jüngerer Zeit belegen: Die Entscheidungen zur Grunderwerbsteuer oder zur Adoption bei gleichgeschlechtlichen Lebensgemeinschaften zeigen, welch unterschiedliche Lebensbereiche davon betroffen sind.

Auch wenn Zweifel bestehen, ob es wirklich Aufgabe der Höchstrichter ist, Rechtspolitik an den Einrichtungen der parlamentarischen Demokratie vorbei zu betreiben, weil der Gesetzgeber säumig ist, muss sich ein mündiger Bürger wohl fragen: Wo sind die Schranken des Gesetzgebers? Wer gebietet den Behörden Einhalt bei ihren ausfernden Begehrlichkeiten an den Gesetzgeber? ...

RA Univ.-Prof. Dr. Michael Enzinger (Präsident der Rechtsanwaltskammer Wien); in: Die Presse, 6. Juli 2015

3 Asyl- und Fremdenrecht

> Es sind Bilder, die sich einbrennen. Erschöpfte Menschen schleppen sich über Landstraßen, Autobahnen und Eisenbahnschienen Richtung Westen; junge Männer, Alte, Frauen, Kinder, manche mit Krücken und verbundenen Wunden. Kaum ist eine Kolonne vorbeigezogen, setzt sich eine neue in Bewegung. Vergangenen Freitag landeten zwischen Mitternacht und sechs Uhr früh fast 4 000 Menschen am Grenzübergang in Nickelsdorf. Tags zuvor waren es 8 000 gewesen.
> (Profil, 14. 9. 2015)

§ Asylgesetz 2005 (AsylG 2005)

💬 Wie haben Sie den September 2015 in Erinnerung? Welche Gedanken und Bilder tauchen dabei auf?

Österreichisch-ungarische Grenze bei Nickelsdorf im September 2015

Asylanträge in Österreich 2002–2017	
2002	39 354
2003	32 359
2004	24 634
2005	22 461
2006	13 349
2007	11 921
2008	12 841
2009	15 821
2010	11 012
2011	14 416
2012	17 413
2013	17 503
2014	28 064
2015	88 340
2016	42 285
2017	24 735

Quelle: Bundesministerium für Inneres

Das Jahr 2015 wird uns allen in Erinnerung bleiben. Österreich erlebte eine der größten Flüchtlingswellen in der Nachkriegsgeschichte. Auch wenn für einen Teil Österreich nur eine Zwischenstation ist, haben doch viele Menschen, v. a. aus Syrien, Afghanistan und und dem Irak hier um Asyl angesucht.

3.1 Wie sieht das Asylrecht in Österreich aus?

Völkerrechtliche Grundlagen des Asylrechts sind
- die **Genfer Flüchtlingskonvention** (GFK) und
- die **Europäische Menschenrechtskonvention** (EMRK).
- Auf Ebene der Europäischen Union gibt es außerdem Richtlinien und Verordnungen, die im Rahmen des gemeinsamen europäischen Asylsystems von Österreich umgesetzt wurden (z. B. **Dublin-III-Verordnung**).

Gemäß der **GFK** wird jede Person als Flüchtling anerkannt:

> „die aus der begründeten Furcht vor Verfolgung wegen ihrer Rasse, Religion, Nationalität, Zugehörigkeit zu einer sozialen Gruppe oder wegen ihrer politischen Gesinnung sich außerhalb ihres Heimatlandes befindet, dessen Staatsangehörigkeit sie besitzt, und den Schutz dieses Landes nicht in Anspruch nehmen kann oder wegen dieser Befürchtungen nicht in Anspruch nehmen will; oder die sich als Staatenlose infolge solcher Ereignisse außerhalb des Landes befindet, in welchem sie ihren gewöhnlichen Aufenthalt hatte, und nicht dorthin zurückkehren kann oder wegen der erwähnten Befürchtungen nicht dorthin zurückkehren will".

💡 In der Regel ist jenes Land für das Verfahren zuständig, in dem die Asylwerberin bzw. der Asylwerber das erste Mal einen Asylantrag gestellt hat oder in dem er/sie nachweislich „EU-Boden" betreten hat.

II Österreichisches und Europäisches Recht

Unterschied Migration – Asyl

Migration
- Wanderung
- Freiwilliger, dauerhafter Wechsel des Wohnortes im politischen Raum
- Meist wirtschaftliche oder soziale Motive und Hintergründe

Asyl
- Flucht
- Wechsel des Wohnortes aufgrund einer Gefahr für Leib und Leben
- Verfolgt im Sinne der Genfer Flüchtlingskonvention

💡 Ab der Antragsstellung genießen Fremde den faktischen **Abschiebeschutz,** was bedeutet, dass der Aufenthalt im Bundesgebiet bis zur Entscheidung über den Antrag gestattet ist. Weiters besteht Anspruch auf Grundversorgung.

Bundesamt für Fremdenwesen und Asyl (BFA) = Behörde mit bundesweiter Zuständigkeit und dem Bundesministerium für Inneres zugeordnet. Die Zentrale ist in Wien, es gibt in jedem Bundesland eine Regionaldirektion.

Aus der Definition der GFK ergeben sich dadurch folgende **fünf Elemente des völkerrechtlichen Flüchtlingsbegriffes** inklusive der fünf Verfolgungs- bzw. Konventionsgründe:
- Wohlbegründete Furcht
- Verfolgung
- Vorliegen einer der folgenden Konventionsgründe:
  Rasse, Religion, Nationalität, Zugehörigkeit zu einer bestimmten sozialen Gruppe, politische Gesinnung
- Aufenthalt außerhalb des Herkunftsstaates (oder Land des gewöhnlichen Aufenthalts)
- Fehlen der Möglichkeit oder der Zumutbarkeit der Inanspruchnahme von Schutz im Herkunftsstaat

3.2 Das österreichische Asylverfahren

Österreich hat sich durch die Unterzeichnung der GFK verpflichtet, verfolgten Menschen Schutz zu gewähren. Den Schutzsuchenden wird ein faires, dem rechtsstaatlichen Prinzip entsprechendes Asylverfahren eingeräumt, bei dem alle einschlägigen nationalen sowie europa- und völkerrechtlichen Vorschriften eingehalten werden müssen.

Jede Person, die in Österreich um internationalen Schutz ansuchen möchte, muss zunächst einen Asylantrag im Inland stellen. Eine Antragstellung im Ausland bei einer österreichischen Vertretungsbehörde ist nicht möglich. Da es Flüchtlingen beinahe unmöglich ist, ein Einreisevisum für Österreich bzw. einen anderen EU-Mitgliedstaat zu bekommen, bleibt vielen keine andere Wahl, als ohne Visum und demnach unrechtmäßig nach Österreich zu kommen. Somit wird deutlich, dass Flüchtlinge zwar grundsätzlich das Recht auf ein Asylverfahren haben, in der Praxis aber ein effektiver Zugang zur Wahrnehmung dieses Rechts oft fehlt.

Ablauf des Asylverfahrens

Antrag auf internationalen Schutz (Asylantrag)
vor einem Organ des öffentlichen Sicherheitsdienstes (Polizist/in) oder einer Sicherheitsbehörde

↓

Erstbefragung
durch die Organe des öffentlichen Sicherheitsdienstes mittels Dolmetscher/in, um die Identität festzustellen

↓

Erkennungsdienstliche Behandlung (Fingerabdrücke)
Damit wird überprüft, ob der/die Asylwerber/in schon ein einem anderen EU-Land, in Island, Liechtenstein, Norwegen, der Schweiz oder in Österreich zuvor einen Asylantrag gestellt hat.

↓

Prognoseentscheidung des Bundesamtes für Fremdenwesen und Asyl (BAF)
Der/Die Fremde wird damit zur Asylwerberin/zum Asylwerber und befindet sich somit in der **Grundversorgung** des Bundes.

↓

Zulassungsverfahren
Das BFA klärt, ob Österreich für das Asylverfahren zuständig ist

↓

Individuelle Rechtsinteressen

Österreich ist voraussichtlich nicht zuständig
- Unterbringung in einer Erstaufnahmestelle
- Wenn nicht Österreich, sondern ein anderes Mitgliedsland des Dublin-Abkommens zuständig ist, führt das BFA ein Dublin-Verfahren durch. Dabei stellt das BFA fest, welcher europäische Staat für die Prüfung des Asylantrags zuständig ist. Der andere Staat muss dem zustimmen.
- Überstellung in den zuständigen Staat.

Österreich ist voraussichtlich zuständig
- Unterbringung in Verteilerquartieren in den Bundesländern.
- Eine Regionaldirektion oder Außenstelle des BFA führt das Verfahren weiter. Es kommt zu einer Einvernahme des/der Asylwerbers/in: Gründe für den Antrag (persönliche Umstände, Gründe der Flucht), Verfolgungsgründe nach der GFK, Gründe für einen subsidiären Schutz oder einen humanitären Aufenthaltstitel.
- Wenn das Verfahren zugelassen wird erfolgt die Unterbringung in einem Länderquartier bis zum Verfahrensschluss. (Schulpflicht für Kinder, Arbeitsmarktzugang mit Beschäftigungsbewilligung, gemeinnützige Arbeit)

Entscheidung (Bescheid)

Negativ –
- Prüfung durch Gericht möglich
- Bei Rechtskraft Ausreisepflicht, mit Frist zur freiwilligen Ausreise
- Ansonsten Abschiebung

Positiv +
- Asyl, Schutzstatus (annähernde Gleichstellung mit österreichischen Staatsbürgerinnen und Staatsbür-gern (Arbeitsmarkt etc.)

Rechtsmittel bei negativem Bescheid
- Der/Die Asylwerber/in kann beim **Bundesverwaltungsgericht** Beschwerde erheben. Dieses kann in seinem Erkenntnis den Bescheid bestätigen, vollinhaltlich abändern oder den Bescheid aufheben und zur neuerlichen Entscheidung an die erste Instanz zurückverweisen.
- Danach gibt es noch die Möglichkeit der Revision beim
  - **Verwaltungsgerichtshof** (VwGH), wenn die Entscheidung von der Lösung einer Rechtsfrage abhängt, der grundsätzliche Bedeutung zukommt.
  - Es besteht außerdem die Möglichkeit zur Erhebung einer Beschwerde an den **Verfassungsgerichtshof** (VfGH). Diese ist jedoch grundsätzlich nur zuständig, wenn der Beschwerdeführer/die Beschwerdeführerin behauptet, durch das Erkenntnis in einem verfassungsgesetzlich gewährleisteten Recht oder wegen Anwendung einer rechtswidrigen generellen Norm in seinen Rechten verletzt worden zu sein.

2016 haben 8 365 abgelehnte Asylwerber/innen Österreich wieder verlassen. Die meisten sind freiwillig in die Heimat zurückgekehrt, Hauptgrund dafür waren enttäuschte Erwartungen der Flüchtlinge: überfüllte Quartiere, lange Verfahrensdauern, kaum Möglichkeiten, die Familie nachzuholen. Abgewickelt werden diese Rückreisen vom Verein **„Menschenrechte"** im Auftrag des Innenministeriums. Die Hauptdestination war mit Abstand der Irak, gefolgt vom Iran sowie Afghanistan.

Wann kommt die Asylwerberin/der Asylwerber in eine Erstaufnahmestelle?
- Wenn Österreich wahrscheinlich nicht zuständig ist
- Wenn er/sie einen Folgeantrag stellt
- Unbegleitete/r Minderjährige/r ist
- Zur Abklärung der Identität, wenn diese noch nicht ganz klar ist

💡 Dublin-III-Verordnung
Diese Verordnung regelt, welcher Mitgliedstaat für die Durchführung eines Asylverfahrens zuständig ist. (Der Name kommt daher, dass die Verordnung in Dublin 1990 unterzeichnet wurde.) 2003 wurde sie erneuert. Seit 2014 gilt Dublin III.
Neben den EU-Mitgliedstaaten wenden noch Norwegen, Island, die Schweiz und Liechtenstein durch ein Übereinkommen mit der EU die Dublin-Instrumente an. Im Grunde besagt das Übereinkommen: Jener Staat, in dem ein Flüchtling als erstes einreist, muss sich um das Asylverfahren kümmern. In der Praxis sind das vor allem Griechenland und Italien. Es soll verhindert werden, dass Flüchtlinge in mehreren Mitgliedsstaaten Asylanträge stellen, oder dass sie von Mitgliedsstaat zu Mitgliedsstaat weitergeschoben werden. Es soll auch verhindert werden, dass Familienmitglieder getrennt werden, weil ihre Asylverfahren in verschiedenen Mitgliedsstaaten durchgeführt werden.

II Österreichisches und Europäisches Recht

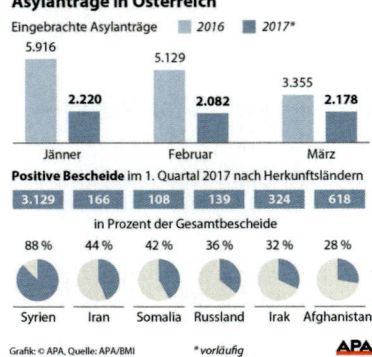

Ein Drittel aller Asylansuchen von Syrer/innen

Die meisten Asylwerber/innen kamen 2017 aus Syrien (30 % aller Anträge) und Afghanistan (15 %). Andere Herkunftsstaaten mit mehr als 1 000 Asylansuchen waren Pakistan, Nigeria, der Irak und Russland. Ebenfalls noch unter den Top-10-Herkunftsländern finden sich der Iran, Somalia und die Ukraine. Auch 800 Personen mit ungeklärter Staatsbürgerschaft (v.a. Staatenlose) stellten 2017 Asylanträge in Österreich.

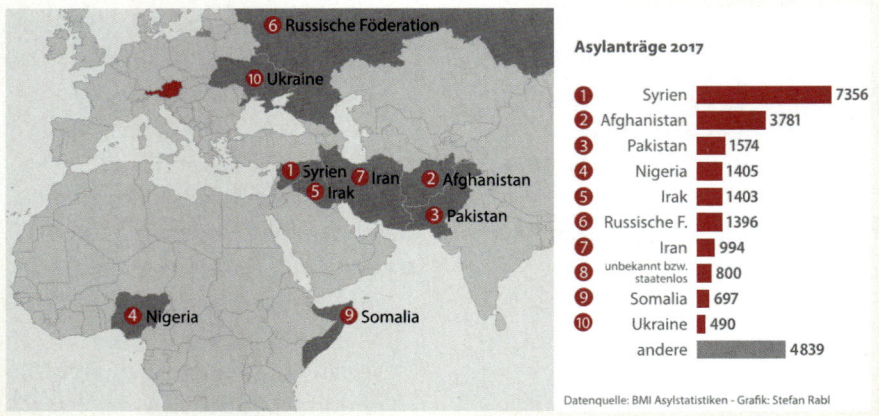

Anmerkung: Das BMI fasst in der Statistik staatenlose Personen und solche mit unbekannter Herkunft zusammen. Eurostat gibt 775 Asylanträge von Staatenlosen und 25 von Personen mit unbekannter Herkunft für 2017 an. Zur Herkunft der Staatenlosen gibt es keine Angaben, es dürfte sich aber v.a. um Palästinenser/innen, die in Syrien gelebt hatten, handeln.

Quelle: https://www.migration-infografik.at/

💡 Unbegleitete Minderjährige

Im Asylverfahren sind unbegleitete Minderjährige alle Personen unter 18 Jahren, bei denen kein Elternteil oder keine sonstige Obsorgeberechtigte/kein sonstiger Obsorgeberechtigter anwesend ist. Für diese Kinder und Jugendlichen bestehen Sonderbestimmungen und auf deren Wohl wird in Verfahren und Betreuung besonders geachtet. Die Minderjährigen werden in speziellen Unterkünften untergebracht und erhalten eine besondere Betreuung und Versorgung.

Von den insgesamt 987 920 Asylanträgen in der Europäischen Union von Jänner bis September 2016 entfielen 34 540 auf Österreich. Mehr Asylanträge als Österreich verzeichneten Deutschland (612 415), Italien (85 050) und Frankreich (61 830).

Eurostat

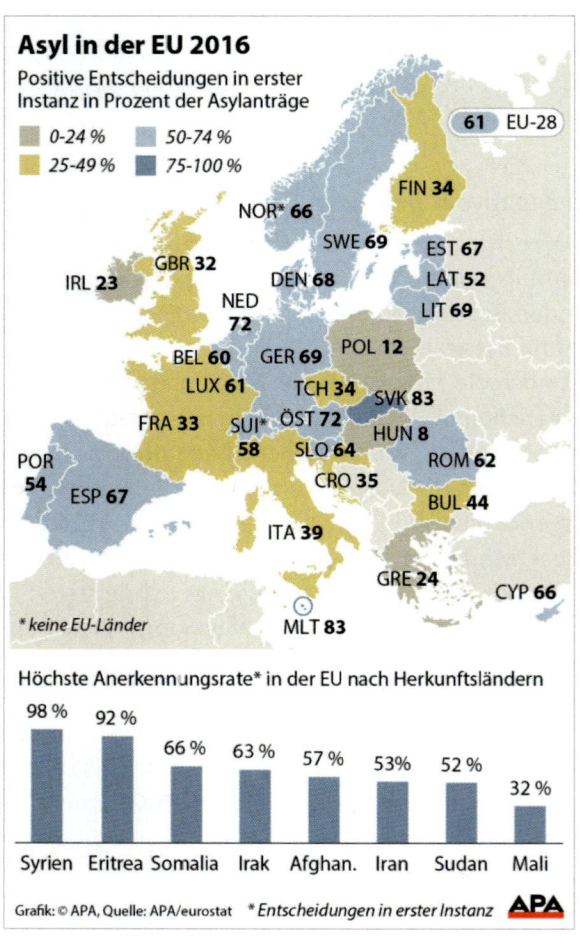

Individuelle Rechtsinteressen

Begriffserklärungen

Migration	Alle unfreiwilligen und freiwilligen Wanderungen vom Menschen.
Flüchtling	Person, die Anspruch auf Asyl im Sinn der Genfer Flüchtlingskonvention hat.
Asylwerber/in	Person, die einen Antrag auf Gewährung politischen Asyls im Sinne der Genfer Flüchtlingskonvention gestellt hat.
Subsidiärer Schutz	Subsidiären Schutz erhalten Personen, deren Asylantrag zwar mangels Verfolgung abgewiesen wurde, aber deren Leben oder Unversehrtheit im Herkunftsstaat bedroht wird. Sie sind daher keine Asylberechtigten, erhalten aber einen befristeten Schutz vor Abschiebung.
Humanitäres Bleiberecht	Humanitäres Bleiberecht wird gebilligt, wenn eine Abschiebung die Person besonders hart treffen würde. Beispiel: Ein Schwerkranker würde in ein Land abgeschoben werden, in dem die Krankheit nicht ausreichend medizinisch behandelt werden kann.
Abschiebung	Personen, die kein Recht haben, sich in Österreich aufzuhalten, müssen das Land verlassen. Die Ausreise kann freiwillig erfolgen oder erzwungen werden. Eine erzwungene Ausreise nennt man Abschiebung.
Schubhaft	Die Schubhaft ist keine Strafhaft. Sie wird vom Bundesamt für Fremdenwesen und Asyl verhängt.
Aufenthaltsverbot	Ein Aufenthaltsverbot ist die Entscheidung des Bundesamts für Fremdenwesen und Asyl, dass der/die Betroffene Österreich verlassen muss und für einen bestimmten Zeitraum nicht zurückkehren darf.

Aufgabenstellung – „Asyl- und Fremdenrecht"

- Analysieren Sie die Grafik:
  a) Schreiben Sie in Tabellenform auf, wie viele Flüchtlinge in den Jahren 1980/81, 1991/92, 1999, 2001–2003, 2008/09 nach Österreich gekommen sind (in Tausend).
  b) Wählen Sie eine dieser Hochphasen aus und schreiben Sie einen kurzen Bericht: Wie hat Österreich auf die Flüchtlingssituation reagiert.
  c) Ziehen Sie Parallelen zur aktuellen Flüchtlingssituation.

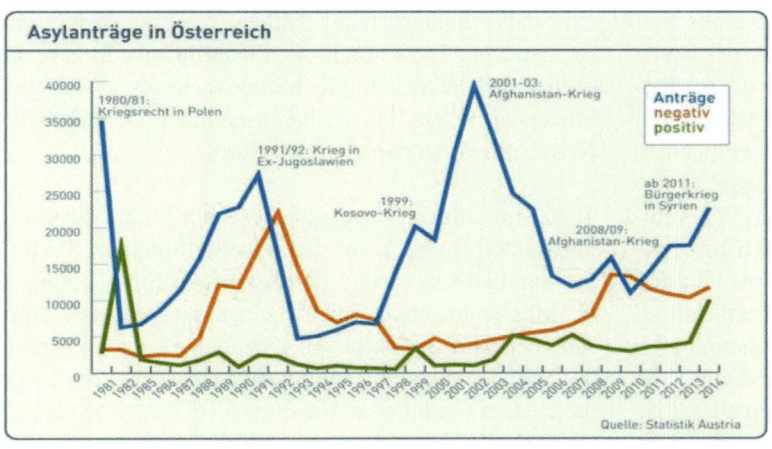

II Österreichisches und Europäisches Recht

Wissensfragen – „Individuelle Rechtsinteressen"

1. Beschreiben Sie, wodurch man in Österreich die Staatsbürgerschaft erwirbt.
2. Nennen Sie einige Einbürgerungsvoraussetzungen.
3. Welche Rechte haben wir durch die österreichische Staatsbürgerschaft?
4. Erklären Sie die Unterschiede zwischen Grund- und Freiheitsrechten und Menschenrechten.
5. Welche Arten von Grundrechten gibt es. Zählen Sie je drei Beispiele dazu auf.
6. Nennen Sie den Menschenrechtsschutz auf globaler, europäischer und österreichischer Ebene.
7. Wer überwacht die Einhaltung der Menschenrechte?
8. Benennen Sie die völkerrechtlichen Grundlagen des Asylrechts in Österreich.
9. Beschreiben Sie den Ablauf eines österreichischen Asylverfahrens.
10. Was versteht man unter „humanitärem Bleiberecht"?

Ziele erreicht? – „Grundzüge Asyl- und Fremdenrecht"

- Analysieren Sie die beiden Zeitungstexte:

  a) Welche wirtschaftlichen Auswirkungen werden durch die Flüchtlingswelle erwartet?

  b) Der zweite Artikel geht von einer Erhöhung der Staatsschulden um 23 Milliarden aus. Wie könnte dem begegnet werden?

  c) Überlegen Sie: Welche Auswirkungen auf unsere Gesellschaft könnten sich in positiver sowie negativer Hinsicht durch die Aufnahme von Flüchtlingen, wie in den beiden Artikeln dargestellt, ergeben?

Flüchtlinge: Mehr Nutzen als Kosten

Was kosten Asylberechtigte den Staat? Belasten sie das System wirklich so sehr, dass es den Leuten hierzulande schlechter geht? Fragen wie diese beschäftigen das Land schon länger. Aussagekräftige Studien hat es bislang wenige dazu gegeben. Die Forschungsgesellschaft Joanneum Research hat sich daher im Auftrag des Roten Kreuzes und der Caritas die Auswirkung von Asylberechtigten auf das Land in den vergangenen zehn Jahren angesehen. Die Erkenntnis: Durch anerkannte Flüchtlinge bekam der Staat bisher mehr, als er ausgab. Österreich bleibt durch Steuern, die erwerbstätige Flüchtlinge zahlen, durch Konsumausgaben und durch Jobs, die Asylberechtigte schaffen, rund 3.050 Euro pro Jahr und anerkanntem Flüchtling. Konservativ geschätzt. Da sind Leistungen wie Familienbeihilfe, Mindestsicherung, Arbeitslosengeld etc. schon abgezogen. Zusätzliche Kosten (wie Schulklassen, Deutschkurse) wurden allerdings nicht mit einberechnet. Hätte es in den vergangenen zehn Jahren keine anerkannten Flüchtlinge im Land gegeben, hätten rund 6 500 Österreicher keinen Job gehabt.

Zumindest war das bisher so. Denn die Studie bezieht sich auf die Jahre 2000 bis 2015, die aktuelle Flüchtlingswelle ist noch nicht (voll) eingerechnet. Denn viele der Menschen, die in Österreich sind, haben noch kein Asyl. Gleichzeitig sind die Kosten für Asylwerber hoch – da sie versorgt werden müssen, aber de facto nicht arbeiten dürfen. Eine Prognose des Finanzministeriums kam daher unlängst zum Schluss, dass der Wohlstand im Land bis 2060 durch die Flüchtlingswelle gesenkt wird. Erst 2060 zahlen Flüchtlinge mehr ins Sozial- und Steuersystem ein, als sie herausnehmen. Der jährliche Nettobetrag liegt dann bei 300 Euro.

Trotzdem gibt die Joanneum Research-Studie einen interessanten Einblick auf die aktuelle Situation. Sie bildet nämlich sehr genau die bisherigen Entwicklungen ab. Möglich macht das die Arbeitsmarktdatenbank. Dort scheinen alle in Österreich lebenden Personen (durch die Sozialversicherungsnummer) auf. So kam das Institut zu einer Grundgesamtheit von 65 000 Asylberechtigten und subsidiär Schutzberechtigten, die sich von 2000 bis 2015 in Österreich befanden.

Im Speziellen fokussierte sich das Institut die Erwerbskarrieren jener 13.500 Asylberechtigten, die seit zehn Jahren in Österreich leben. Die eingangs erwähnten Zahlen beziehen sich auf diese 13.500.

Dass anerkannte Asylwerber dem Staat mehr bringen, als sie ihn kosten, sei aber im Studienzeitraum schon ab dem ersten Jahr der Fall gewesen, sagt Prettenthaler. Da in der Datenbank Gehälter nicht ersichtlich sind, nahm das Institut an, dass Asylberechtigte so wenig verdienen wie die untersten zehn Prozent der heimischen Durchschnittsgesellschaft.

Eine Gruppe nicht verfügbar
Die Studie enthalte auch Warnsignale, so Prettenthaler. So gehen etwa nur 34 Prozent der asylberechtigten Frauen nach zehn Jahren arbeiten, bei den Frauen in Gesamtösterreich lag die Erwerbsbeteiligung aber bei 44 Prozent. Auch bei den erwerbstätigen Männern gibt es Nachholbedarf. Zwar finden nach sieben Jahren rund 50 Prozent der männlichen Asylberechtigten einen Job – und erreichen damit fast den österreichischen Schnitt von 52 Prozent Erwerbsbeteiligung. Doch das ist nicht genug: Die Asylberechtigten könnten aufgrund einer günstigen Alterszusammensetzung (wenige Alte) „klar über dem österreichischen Durchschnitt liegen", heißt es in der Studie. Auch verliert ein geringer Prozentsatz nach sieben Jahren seinen Job. Dass nur maximal 50 Prozent der Männer einen Job finden, könnte ein Hinweis sein, dass „eine Subgruppe" dem Arbeitsmarkt „aufgrund fehlender Qualifikationen" nicht zur Verfügung steht, heißt es. Man müsse daher mehr Geld für Bildung in die Hand nehmen, so Gerald Schöpfer, Präsident des Roten Kreuzes.

Eva Winroither in: www.diepresse.com, 8. Februar 2017 (gekürzt)

Die Aufnahme von Flüchtlingen werde die Staatsschulden bis 2060 um 23 Mrd. Euro erhöhen, für jeden Flüchtling müsse der Staat bis dahin 277.000 Euro aufbringen, so der Fiskalrat

Die Studie ist brisant und trägt den Vermerk „vorläufige Version". Am Freitag wurde sie den Mitgliedern des Österreichischen Fiskalrats zugestellt. Das Beratergremium des Finanzministeriums hatte die wissenschaftliche Untersuchung der „Langfristeffekte der Flüchtlingszuwanderung" bei Experten des Hauses in Auftrag gegeben. Die Fakten liegen auf dem Tisch – und der „Presse" exklusiv vor. Eine der Kernaussagen der Studienautoren lautet: „Die betrachtete Flüchtlingszuwanderung besitzt über die gesamte Betrachtungsperiode (2015 bis 2060) eine negative Auswirkung auf das reale BIP pro Kopf." Mit anderen Worten: Die Zuwanderung senkt den Wohlstand. Das Bruttoinlandsprodukt steigt nämlich laut den Berechnungen weniger stark als die Bevölkerung.

Bis zum Jahr 2060 werden allein aufgrund der Migration im Jahr 2015 157 000 Menschen mehr in diesem Land leben. Die Bevölkerung wird also um 1,6 Prozent stärker wachsen als ohne Flüchtlingsbewegung. Das Durchschnittsalter wird in 44 Jahren geringfügig – um rund sieben Wochen – sinken. Doch die Staatseinnahmen werden dennoch geringer sein als die Kosten für Integration, Sozialausgaben, Gesundheits- und Bildungssystem. Der sogenannte Nettofiskalbeitrag inklusive Zinslast betrage demnach 277.000 Euro pro aufgenommenem Flüchtling. Die Staatsschulden werden aufgrund der Flüchtlingszuwanderung bis 2060 um 23 Milliarden Euro oder 6,5 Prozent des BIPs steigen.

Dass die Flüchtlingszuwanderung auf Kosten des Wohlstands geht, ist nicht überraschend. Die Studie verdeutlicht aber, dass Integration ein langer und kostspieliger Weg ist. Umso schwerer tut sich der Fiskalrat mit der einen oder anderen Formulierung. Schließlich ist das Gremium alles andere als homogen. Die Mitglieder werden von der Regierung, Wirtschafts- und Arbeiterkammer, vom Gemeinde- und Städtebund sowie der Notenbank entsendet. Auch wenn das Studienergebnis mit dem Vermerk „vorläufig" versehen ist, an den Zahlen und Fakten gibt es nichts zu rütteln.

Flüchtlingsobergrenzen müssen halten
Es sei denn, die Regierung hält nicht an ihren Plänen fest. Grundlage der Berechnungen sind nämlich die Zahlen des Innenministeriums. Dort geht man davon aus, dass der aktuelle Flüchtlingsstrom zu 84 000 Asylberechtigten bis 2020 führt. Diese Zahl wird erreicht, wenn die von der Regierung festgelegten Obergrenzen eingehalten werden. Die Studienautoren wissen, dass genau dieser Punkt das größte Risiko birgt. Eine Überschreitung der Obergrenzen sei aufgrund des zu erwartenden Familiennachzugs nicht auszuschließen, heißt es in der Expertise.

In der Simulation kommen die Ökonomen auf eine jährliche Nettobelastung des Staatshaushalts (ohne Zinsen) pro Flüchtling von 16.200 Euro in diesem Jahr. 2020 liegt sie bei 10.200 Euro, 2040 bei 1300 Euro und erst 2060 zahlen Flüchtlinge mehr ins Sozial- und Steuersystem ein, als sie herausnehmen. Der jährliche Nettobetrag liegt dann bei 300 Euro.

Die Autoren rechneten mehrere Szenarien durch. In ihrem Hauptszenario nehmen sie an, dass 50 Prozent der Asylberechtigten nach zehn Jahren in den Arbeitsmarkt integriert werden können. Sollte dies in fünf Jahren gelingen, würde sich die Verschuldung 2060 lediglich um 0,8 Prozent des BIPs reduzieren. Dennoch lautet das Fazit: Je eher Asylberechtigte arbeiten, umso stärker wird das Budget entlastet. Lieber schnell Billigjobs schaffen, als viel Geld in Ausbildung zu stecken, die erst langfristig Wirkung zeigt.

Jeannine Binder und Gerhard Hofer in: www.diepresse.com, 30. September 2016

2. Ordnen Sie den Fotos die entsprechenden Namen zu und recherchieren Sie, warum diese Personen zu den berühmten Menschenrechtsaktivisten und -aktivistinnen zählen:

Dalai Lama ■ Malala Yousafzai ■ Sophie Scholl ■ Aung San Suu Kyi ■ Mahatma Gandhi ■ Martin Luther King ■ Shirin Ebadi ■ Mutter Teresa ■ Nelson Mandela ■ Hu Jia

1 _____
2 _____
3 _____
4 _____
5 _____
6 _____
7 _____
8 _____
9 _____
10 _____

3. Sari, ein 16-jähriger Flüchtling aus Marokko, lebt seit sechs Monaten in einem Flüchtlingsheim in Österreich. Sari nimmt regelmäßig an Deutschkursen teil und hilft fleißig bei allen anfallenden Arbeiten im Flüchtlingsheim mit. Ein Mitarbeiter vom Bundesamt für Asyl und Flüchtlingswesen informiert Sari, dass er nicht als Flüchtling in Österreich anerkannt werden kann. Prüfen Sie die Rechtslage und erklären Sie Sari, warum er nicht als Flüchtling in Österreich anerkannt werden kann.

Die Europäische Union

Europäisches Parlament in Brüssel

Die **Flagge** der Europäischen Union ist nicht nur ein Symbol für die EU, sondern steht im weiteren Sinne auch für die Einheit und Identität Europas. Sie zeigt einen Kreis aus zwölf goldenen Sternen auf blauem Hintergrund. Die Sterne stehen für die Werte Einheit, Solidarität und Harmonie zwischen den Völkern Europas.

Frieden, Wohlstand, offene Grenzen, eine gemeinsame Währung – viele dieser Errungenschaften der europäischen Integration sind für die Menschen in Europa längst selbstverständlich geworden.

Unter dem Eindruck jüngster problematischer Entwicklungen werden jedoch einige der Errungenschaften vermehrt infrage gestellt. Ungeachtet dessen bietet die EU ihren Mitgliedern langfristig große Chancen. Um verschwundenes Vertrauen in die europäische Einigung wieder aufzubauen, ist eine Zukunftsstrategie für mehr Handlungsfähigkeit und Krisenbewältigung nowendig. Dabei sollte ein produktives Miteinander der Mitgliedsstaaten ermöglicht und die Legitimation des europäischen Projekts gesichert und ausgebaut werden.

Meine Ziele

Nach Bearbeitung dieses Kapitels kann ich
- die Aufgaben und Ziele der EU beschreiben und zu ihren Vorzügen und Problemen begründet Stellung nehmen;
- die Struktur und Funktionsweise der EU vorstellen;
- die Entstehung der EU darstellen sowie die europäische Idee und ihre Weiterentwicklung verstehen und reflektieren;
- erklären, wie man innerhalb der EU seine Rechte durchsetzt.

II Österreichisches und Europäisches Recht

1 Entwicklung und Grundstrukturen der EU

🖊 Was verbinden Sie mit der EU?

> *Julia liest und hört in den Nachrichten fast täglich von der Europäischen Union. Sie fühlt sich nicht direkt betroffen, die EU ist für sie weit weg. Am Nachmittag geht sie einkaufen. Dabei fällt ihr auf vielen Verpackungen das CE-Logo auf, das auf Waren, die in der EU hergestellt wurden, abgebildet ist. Beim Bezahlen merkt sie, dass sie Euro-Münzen aus den verschiedensten Ländern in der Geldbörse hat. Julia wird bewusst, welche Rolle „Europa" im Alltag spielt, sei es bei Lebensmitteln, Geld, Schule, Reisen ...*

Supranational = die Verlagerung von Zuständigkeiten von der nationalstaatlichen Ebene auf eine höher stehende Ebene.

Die Europäische Union ist eine **supranationale Organisation** europäischer Staaten, die sich seit ihren frühen Gründungsverträgen in ständiger Bewegung und Erweiterung befindet. Die derzeit 28 Mitgliedsstaaten haben gemeinsame, den nationalen Parlamenten und Regierungen übergeordnete Organe und daher die Befugnis, bindende Beschlüsse auch gegen den Willen einzelner Mitglieder zu erlassen.

„In Vielfalt geeint!", Motto der EU

💡 Die Europäische Union hat derzeit ca. 510 Mio. Einwohner/innen (Zum Vergleich: Die USA haben ca. 300 Mio. Einwohner/innen) und ist damit der größte Binnenmarkt der Welt.

⚠ Da es bei Druck des Schulbuches noch keine Details zum „Brexit 2, dem Austritt Großbritanniens aus der EU gab, ist im Folgenden nach wie vor von 28 EU-Mitgliedsstaaten die Rede.

Auf der Karte sehen Sie, dass die EU aus ganz unterschiedlichen Ländern besteht. Deutschland, das bevölkerungsmäßig größte Land, hat über 82 Mio. Einwohner/innen, Malta, das kleinste, nur 400 000. Verschiedene Sprachen werden gesprochen. Es gibt unterschiedliche Traditionen, Kulturen, Essgewohnheiten ...

Die Europäische Union

1.1 Der lange Weg zur Europäischen Union

1952	**Gründung der Europäischen Gemeinschaft für Kohle und Stahl (EGKS)** Um nach dem Zweiten Weltkrieg den Frieden zu sichern, haben 1952 sechs Länder (Deutschland, Frankreich, Italien, Belgien, die Niederlande und Luxemburg) die EGKS gegründet, um die Stahl- und Kohlevorräte in Europa gemeinsam zu verwalten. Kohle war damals der größte Energieträger und ebenso wie Stahl daher sehr begehrt für den Wiederaufbau. Der Vertrag ist 2002 ausgelaufen.
1957	■ **Gründung der Europäischen Wirtschaftsgemeinschaft (EWG)** und der **Europäischen Atomgemeinschaft (Euratom)** ■ Schaffung eines **gemeinsamen Binnenmarktes**
1973	**Norderweiterung:** Großbritannien, Dänemark, Irland
1979	Erste direkte **Wahlen zum Europäischen Parlament**
1981	**Süderweiterung Teil 1: Griechenland**
1986	**Süderweiterung Teil 2: Spanien, Portugal**
1993	Der **Vertrag von Maastricht** tritt in Kraft, der die Wirtschafts- und Währungsunion begründete. Mit ihm wurde die EG zur **Europäischen Union.**
1995	**Finnland, Schweden und Österreich** treten bei.
1997	Der **Vertrag von Amsterdam** verändert und ergänzt den Vertrag von Maastricht.
2002	Einführung des **Euro**
2003	Der **Vertrag von Nizza** bildet den Grundstein für die Neuaufnahme von Mitgliedsländern.
2004	**Osterweiterung Teil 1:** Estland, Lettland, Litauen, Polen, Tschechische Republik, Slowakische Republik, Ungarn, Slowenien, Malta, Zypern
2007	**Osterweiterung Teil 2:** Bulgarien, Rumänien
2009	Der **Vertrag von Lissabon** tritt im Dezember 2009 in Kraft. Er soll die EU in die Lage versetzen, sich den Herausforderungen des 21. Jahrhunderts zu stellen und nach außen stärker und einheitlicher aufzutreten.
2013	**Kroatien** tritt bei.
	Beitrittskandidaten: Albanien, Montenegro, Mazedonien, Serbien, Türkei **Potenzielle Beitrittskandidaten:** Bosnien-Herzegowina, Kosovo
2017	Großbritannien beginnt den Austrittsprozess (Brexit)

Der Euro – die gemeinsame Währung

Die Vorderseite der Euromünzen ist für jedes Land gleich. Die Rückseite wird von jedem Land individuell gestaltet.

Auf den Banknoten sind auf der Vorderseite fiktive Bauwerke abgebildet, die die Kunstgeschichte Europas widerspiegeln, z. B. der 50-Euro-Schein die Renaissance. Auf der Rückseite sind im jeweiligen Baustil Brücken abgebildet.

Der Euro als Gemeinschaftswährung wurde noch nicht von allen Mitgliedsländern übernommen. Wissen Sie, welche EU-Länder den Euro nicht haben?

_____
_____
_____
_____
_____

1.2 Wer kann Mitglied der EU werden?

Jeder europäische Staat, der die Grundsätze der EU achtet, kann einen Antrag auf Beitritt stellen. Der Rat entscheidet über die Aufnahme von **Beitrittsverhandlungen.** In den **Kopenhagener Kriterien** wurde festgelegt, was jeder Beitrittswerber bis spätestens zum Ende der Verhandlungen erfüllen muss:

- **Politische Kriterien:** Stabilität als Garantie für eine demokratische und rechtsstaatliche Ordnung, die Wahrung der Menschenrechte sowie die Achtung und der Schutz von Minderheiten sowie ausdrücklich die Förderung der Werte der EU.
- **Wirtschaftliche Kriterien:** Eine funktionierende Marktwirtschaft sowie die Fähigkeit, dem Wettbewerbsdruck und den Marktkräften innerhalb der EU standzuhalten.
- Die **Übernahme des Rechtsbestandes der EU** („Acquis communautaire") und dessen Umsetzung in einem funktionierenden Justiz- und Verwaltungsapparat.

II Österreichisches und Europäisches Recht

> **§ Artikel 49 des Vertrages der Europäischen Union lautet:**
> Jeder europäische Staat, der die in Artikel 6, Absatz 1 genannten Grundsätze achtet, kann beantragen, Mitglied der Union zu werden.

> **§ Artikel 6 Absatz 1 lautet:**
> Die Union beruht auf den Grundsätzen der Freiheit, der Demokratie, der Achtung der Menschenrechte und Grundfreiheiten sowie der Rechtsstaatlichkeit; diese Grundsätze sind allen Mitgliedsstaaten gemeinsam.

Das Europäische Parlament muss mit absoluter Mehrheit und der Rat einstimmig der Aufnahme zustimmen. Die Parlamente der Nationalstaaten müssen den Beitrittsvertrag **ratifizieren** (durch Zustimmung anerkennen). Seit dem Inkrafttreten des Lissabon-Vertrages gibt es auch die Möglichkeit des **freiwilligen Austritts** aus der EU. (Siehe „Brexit", S. 111)

1.3 Verträge der EU

Aus dem Vertrag zur Gründung der EG für Kohle und Stahl entwickelte sich über mehrere Zwischenstufen die EU zu einer umfassenden wirtschaftlichen Gemeinschaft. Von großer Bedeutung sind dabei die Verträge von Maastricht und Lissabon.

1.3.1 Vertrag von Maastricht

Mit dem Vertrag von Maastricht wurde 1993 die Europäische Union begründet. Man einigte sich auf gemeinsame Regeln für drei Bereiche, das sogenannte **Drei-Säulen-Modell**.

Drei-Säulen-Modell		
Gemeinsame Wirtschaftspolitik	**Gemeinsame Außen- und Sicherheitspolitik (GASP)**	**Polizeiliche und justizielle Zusammenarbeit in Strafsachen**
■ Wirtschafts- und Währungsunion (WWU) ■ Zollunion und Binnenmarkt ■ Agrar- und Strukturpolitik	Zusammenarbeit in außenpolitischen Angelegenheiten, wie Friedenssicherung, Wahrung der Menschenrechte, gemeinsame Sicherheits- und Verteidigungspolitik mit einer zukünftigen gemeinsamen militärischen Verteidigung	Zusammenarbeit bei der Verhütung und Bekämpfung von illegalem Drogen- und Waffenhandel, Terrorismus und sonstigen Formen der internationalen Kriminalität. Als Institutionen wurden das Europäische Polizeiamt **(Europol)** und die Europäische Einheit für justizielle Zusammenarbeit **(Eurojust)** eingerichtet.

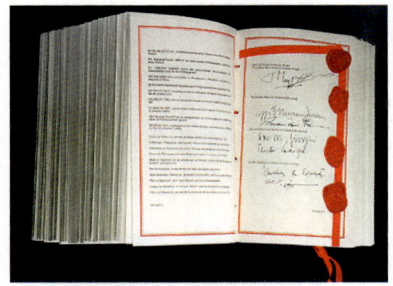

Der von den Vertretern der Mitgliedsstaaten unterzeichnete Vertrag von Maastricht

Europäische Zentralbank in Frankfurt/Main

1.3.1.1 Wirtschafts- und Währungsunion (WWU)

Die Einführung der WWU hatte zum Ziel, die Wirtschaftspolitiken der Mitgliedsstaaten auf europäischer Ebene zu koordinieren. Die Grenzen der teilnehmenden Staaten spielen in wirtschaftlichen Belangen kaum mehr eine Rolle. Als logische Konsequenz wurde 2002 als gemeinsame Währung der **Euro** eingeführt. Die Ländergruppe, die den Euro als gesetzliches Zahlungsmittel verwendet, wird auch als **Eurozone** bezeichnet.

Die **Europäische Zentralbank (EZB)** mit Sitz in Frankfurt/Main ist seit dem 1. Juni 1998 für die Geldpolitik der Euro-Mitgliedsstaaten verantwortlich. Die Hauptaufgabe der EZB ist die Wahrung der Preisstabilität in der Eurozone.

Die Mitgliedstaaten der EU, die den Euro noch nicht eingeführt haben, nehmen jedoch insofern an der WWU teil, als sie bestimmte grundsätzliche Vorschriften, etwa die Unabhängigkeit ihrer nationalen Zentralbanken, umsetzen mussten und bestimmte Bereiche ihrer Wirtschafts- und Währungspolitik mit den übrigen EU-Staaten abstimmen.

Voraussetzungen für die Einführung des Euro

Alle Länder, die den Euro einführen wollen, müssen konkrete wirtschaftliche Bedingungen, die sogenannten **Konvergenzkriterien,** erfüllen:
- **Preisstabilität:** Die Inflationsrate darf maximal 1,5 Prozentpunkte über dem Durchschnitt der drei preisstabilsten Mitgliedsländer liegen.
- **Schulden eines Landes:** Die jährliche Neuverschuldung darf nicht mehr als 3 % des Bruttoinlandsproduktes (BIP) betragen. Die Gesamtverschuldung darf nicht mehr als 60 % des BIP ausmachen. Bei Nichteinhalten dieser Bestimmungen drohen hohe Geldstrafen.
- **Wechselkurs:** Die Währung des betroffenen Landes darf in den letzten beiden Jahren nicht abgewertet worden sein.
- **Zinsen:** Der langfristige Zinssatz darf höchstens zwei Prozentpunkte über dem Durchschnitt der drei preisstabilsten Länder liegen.

Die Kriterien sollen verhindern, dass sich einzelne Staaten auf Kosten der anderen Vorteile verschaffen und diese wirtschaftlich schädigen.

1.3.1.2 Der gemeinsame Binnenmarkt

Um wirtschaftlich besser bestehen zu können, haben die EU-Staaten beschlossen, die Grenzen in der Wirtschaft innerhalb der EU weitgehend abzubauen. Dazu wurde der EU-Binnenmarkt gegründet.

Der Binnenmarkt besteht nicht nur zwischen den 28 EU-Staaten, sondern weitgehend auch mit den Staaten des **Europäischen Wirtschaftsraumes** (EWR), die zusätzlich Liechtenstein, Island und Norwegen (= EFTA ohne Schweiz; EFTA = Europäische Freihandelsassoziation) umfassen.

Der Binnenmarkt besteht nicht nur zwischen den 28 EU-Staaten, sondern auch mit den Staaten des Europäischen Wirtschaftsraumes (EWR), die zusätzlich Liechtenstein, Island und Norwegen umfassen.

Freier Warenverkehr
- Keine Grenzkontrollen
- Keine Zölle oder mengenmäßige Beschränkung bei der Einfuhr von Waren

Freier Personenverkehr
- Keine Passkontrollen an den Binnengrenzen (Schengenraum)
- Alle EU-Bürger/innen können ohne Arbeitsbewilligung in jedem anderen EU-Land arbeiten oder sich dort niederlassen.

Schengener Abkommen
Grenzkontrollen gibt es in der EU an den Binnengrenzen nicht mehr. Die **Reisefreiheit** ist durch das Schengener Abkommen, das Teil der EU-Verträge ist, geregelt. Ein Ausweisdokument (Reisepass oder Personalausweis) ist aber trotzdem nötig. Bei schwerwiegenden Bedrohungen der öffentlichen Ordnung oder inneren Sicherheit können die Grenzkontrollen jedoch mit einer Höchstdauer von zwei Jahren wieder eingeführt werden. Im Zuge der Flüchtlingskrise von 2015 setzten mehrere europäische Länder die Schengen-Reglung außer Kraft. Ab September 2015 begannen die Kontrollen an Deutschlands Grenzübergängen zu Österreich und an Österreichs Ost- und Südgrenze.

💡 Zu den Schengenstaaten zählen neben den EU-Mitgliedsländern noch Island, Liechtenstein, Norwegen und die Schweiz.

- 🟩 Vollanwenderstaaten
- 🟨 Nicht-EU-Schengenmitglieder (IS+N+CH+FL)
- 🟦 Zukünftige Mitglieder (RO+BG+CY+HR)
- 🟪 Kooperierende Staaten (GB+IRL)

Freier Dienstleistungsverkehr
- Dienstleistungsunternehmen können in allen EU-Ländern ihre Leistungen anbieten.
- Öffnung der Transport-, Post-, Telekommunikations- und Energiemärkte

Freier Kapitalverkehr
Ermöglicht europaweit offene, wettbewerbsfähige Finanzmärkte.
- EU-Bürger/innen können ihr Geld in anderen Mitgliedsstaaten anlegen oder verwalten, z. B. ein Bankkonto eröffnen, Immobilien kaufen.
- Unternehmen können z. B. ausländische Unternehmen erwerben.

1.3.2 Vertrag von Lissabon – Reformvertrag

Trotz mehrerer Reformschritte beruhte die EU rechtlich bis ins Jahr 2009 im Wesentlichen auf Verträgen, die ursprünglich von den sechs Gründungsmitgliedern abgeschlossen worden waren. Die 2007 auf 27 Mitgliedsstaaten angewachsene EU erwies sich zunehmend nicht mehr in der Lage, unter diesen Rahmenbedingungen sowohl international als Global Player mitzuspielen als auch innerhalb der EU Probleme zu bewältigen. Daher wurde schließlich unter Inkaufnahme vieler Kompromisse 2007 der Vertrag von Lissabon abgeschlossen und mit **1. 12. 2009** in Kraft gesetzt.

Durch den Vertrag von Lissabon wurden die „drei Säulen" aufgelöst, die EU hat eine **eigene Rechtspersönlichkeit** bekommen. Dadurch kann sie als **Völkerrechtssubjekt** in eigenem Namen (wenn auch grundsätzlich nur auf einstimmigen Beschluss des Rats für Auswärtige Angelegenheiten)
- internationale Verträge und Abkommen unterzeichnen,
- über den neu geschaffenen **Hohen Vertreter für Außen- und Sicherheitspolitik** (für fünf Jahre gewählt) diplomatische Beziehungen mit anderen Staaten aufnehmen und
- die Mitgliedschaft in internationalen Organisationen – etwa dem Europarat oder den Vereinten Nationen – beantragen.

⚠️ **Hoher Vertreter der EU für Außen- und Sicherheitspolitik**
Er vertritt die EU auch gegenüber Drittstaaten und internationalen Organisationen. Der Hohe Vertreter, umgangssprachlich auch als EU-Außenminister bezeichnet, ist zugleich Vorsitzender des Außenministerrates und Vizepräsident der Europäischen Kommission. Er vereint dadurch die außenpolitischen Kompetenzen beider Organe.

Federica Mogherini, die Hohe Vertreterin der EU für Außen- und Sicherheitspolitik, wird umgangssprachlich auch als EU-Außenministerin bezeichnet.

Wichtige Errungenschaften des Vertrages von Lissabon im Überblick

Mehr Demokratie und Bürgerbeteiligung
- Stärkung des EP, insbesondere als Mitgesetzgeber
- Wahl des Kommissionspräsidenten durch das EP
- Stärkere Einbeziehung der nationalen Parlamente bei EU-Verordnungen
- Einführung der Europäischen Bürgerinitiative

Eine neue gemeinsame Rechtsgrundlage
- Eigene Rechtspersönlichkeit der EU
- Einheitlicher Zielkatalog der EU
- Klarere Kompetenzabgrenzung zwischen den Mitgliedsstaaten und der EU

Stärkung der Grundrechte
- Rechtsverbindlichkeit der Charta der Grundrechte

Erweiterte Politikbereiche und Kompetenzen
- Gemeinsame europäische Energiepolitik und -solidarität
- Verstärkter Umwelt- und Klimaschutz in der EU
- Solidarität bei (Natur-)Katastrophen

Die Europäische Union

Aufgabenstellung – „Entwicklung und Grundstrukturen der EU"

- Was bringt mir die EU? Ordnen Sie die folgenden Punkte zu (Freier Personenverkehr = Freier PV; Freier Kapital- und Zahlungsverkehr = Freier KV; Freie Dienstleistungs- und Niederlassungsfreiheit = Freie DL/NLF; Freier Warenverkehr = Freier WV)

Nr.	Recht	Freier PV	Freier KV	Freie DL/NLF	Freier WV
1.	Ihre in Österreich erworbene Berufsqualifikation wird in allen EU-Staaten anerkannt.				
2.	Ganz gleich, wo Sie in der EU eine Ware kaufen, können Sie bis zwei Jahre nach Lieferung eine Nachbesserung oder Ersatzlieferung verlangen, falls die Ware nicht in Ordnung ist. Die Laufzeit der Garantie beginnt mit dem Zeitpunkt der Warenlieferung.				
3.	Hier haben Sie das Recht, vor dem Kauf eindeutige, korrekte und verständliche Informationen zu erhalten. Beachten Sie bitte, dass das nur für Online-Händler, die in der EU registriert sind, gilt. Online-Auktionen sind von dieser Regelung ausgenommen!				
4.	Sie haben das Recht, in jedem EU-Land unter denselben Bedingungen zu studieren wie die Staatsangehörigen dieses Landes.				
5.	Unternehmen haben das Recht, Dienstleistungen über Grenzen hinweg in einem anderen EU-Staat zu erbringen. Das gilt sowohl für ausländische als auch für einheimische Unternehmen.				
6.	Ihnen als Konsument/in steht ein größeres und hochwertiges Warenangebot zur Verfügung.				
7.	Sie haben in dem EU-Land, in dem Sie arbeiten, Zugang zu Sozialversicherung und Pension.				
8.	Sie genießen das Recht, Schulden grenzüberschreitend zu begleichen und Erlöse, die Sie im EU-Ausland gemacht haben, nach Österreich zu überweisen.				

2 Grundlagen des EU-Rechts und Rechtsdurchsetzung

2.1 Wie wird die EU regiert?

Nach wie vor können die Mitgliedsstaaten die vielen Gesetze eigenständig beschließen. Aber es gibt Regelungen, die für alle 28 Mitgliedsstaaten gemeinsam gelten. Diese nennt man einheitlich **EU-Gemeinschaftsrecht**. Die **Organe der EU** gestalten das Zusammenspiel innerhalb der Union.

Der Zugang zum EU-Recht
EUR-Lex
http://eurlex.europa.eu

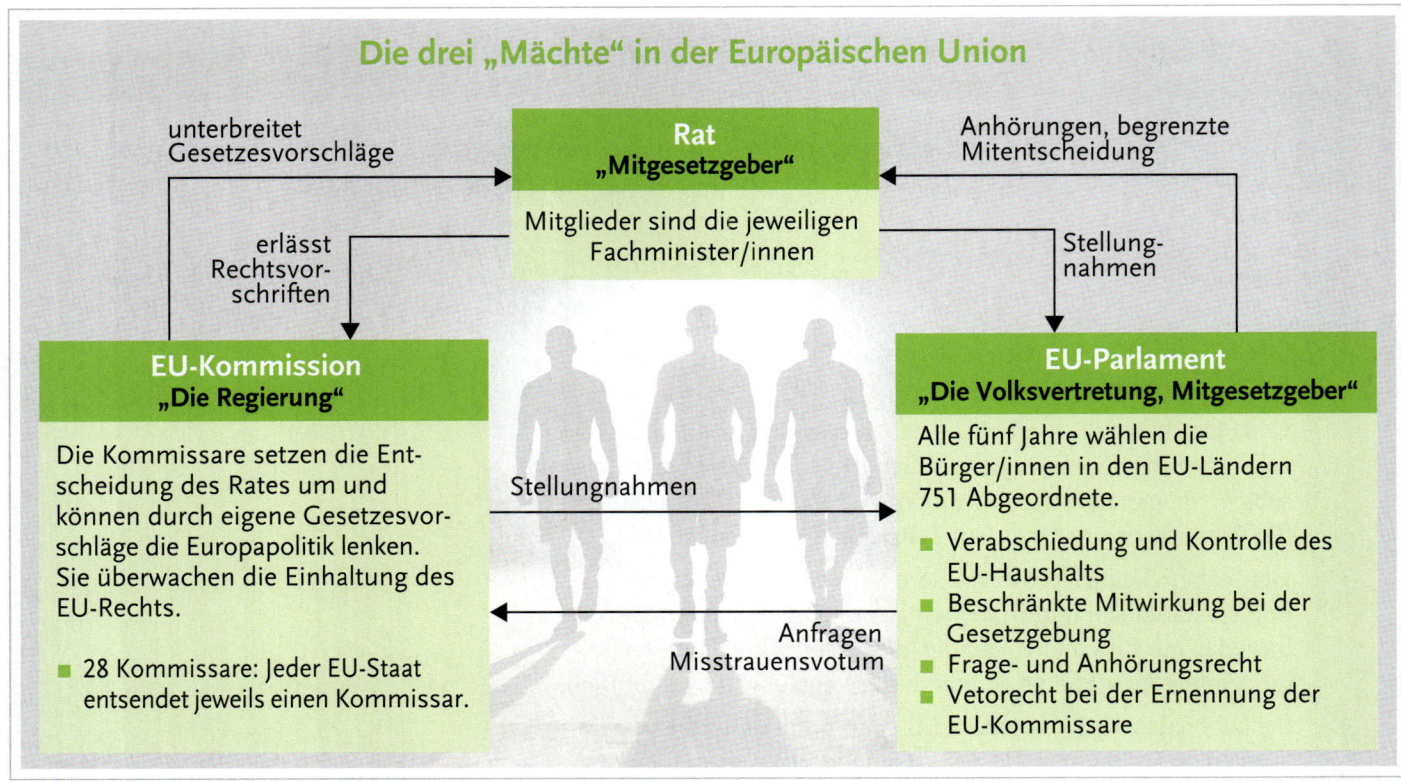

Organe/ Institutionen	Zusammensetzung	Aufgaben	Sitz
Rat der Europäischen Union „Ministerrat"	Fachminister/innen der Mitgliedsstaaten Treffen sich regelmäßig zu bestimmten Themenbereichen. Die Mitgliedstaaten wechseln sich alle 6 Monate im Vorsitz ab.	■ Vertritt die Mitgliedsstaaten der EU. ■ Beschließt alle wesentlichen Gesetze der EU gemeinsam mit dem EU-Parlament. ■ Stellt den Haushaltsplan auf. ■ Kontrolliert die Kommission.	Brüssel
Europäisches Parlament (EP) „Volksvertretung"	751 Abgeordnete (2017) Werden von den Bürger/innen der Mitgliedsstaaten direkt für fünf Jahre gewählt.	■ Ist die Vertretung der EU-Bürger/innen. ■ Entscheidet über den Haushalt und wirkt an der Gesetzgebung mit.	Straßburg (Brüssel)
Europäische Kommission „Regierung der EU"	28 Kommissare und Kommissarinnen, die jeweils für einen bestimmten Bereich zuständig sind (z. B. Landwirtschaft, Forschung) Werden alle fünf Jahre von den Regierungen jedes Mitgliedslandes benannt und müssen dann vom EP bestätigt werden.	■ Vertritt die gesamteuropäischen Interessen, arbeitet also für die EU und nicht für die einzelnen Mitgliedsländer. ■ Erarbeitet Vorschläge für neue Gesetze. ■ Setzt die EU-Politik um und verwaltet den Haushalt. ■ Sorgt gemeinsam mit dem Gerichtshof für die Einhaltung des EU-Rechts.	Brüssel
Europäischer Rat	Staats- und Regierungschefs bzw. -chefinnen der Mitgliedsstaaten und Kommissionspräsident/in Sitzungen finden mindestens zweimal jährlich statt. Diese werden vom Präsidenten des Europäischen Rates geleitet.	■ Trifft Grundsatzentscheidungen. ■ Legt die Leitlinien der europäischen Politik fest. ■ Berät über die aktuellen Probleme der internationalen Politik.	Brüssel

Europäischer Gerichtshof (EuGH)	28 Richter/innen (je eine/r pro Mitgliedsland) Werden von den Regierungen der Mitgliedsstaaten für sechs Jahre ernannt.	■ Ist das oberste Gericht der EU, das zusammen mit dem Europäischen Gericht u. a. für Klagen von Bürger/innen zuständig ist. ■ Wacht darüber, dass das EU-Recht von den Mitgliedsstaaten eingehalten wird. ■ Kann gegen EU-Organe, Mitgliedsstaaten oder Unternehmen vorgehen, die gegen EU-Recht verstoßen.	Luxemburg
Europäischer Rechnungshof	28 Mitglieder Werden für sechs Jahre ernannt.	■ Sorgt dafür, dass die Finanzmittel der EU ordnungsgemäß, wirtschaftlich und zweckgebunden verwendet werden.	Luxemburg
Europäischer Wirtschafts- und Sozialausschuss (EWSA)	350 Mitglieder aus allen EU-Ländern je nach Bevölkerungsgröße, z. B. Vertreter der Arbeitnehmer, Arbeitgeber, des Handels und der Konsumenten Werden vom Rat für fünf Jahre ernannt.	■ Vertritt die wichtigsten Interessengruppen der EU, wie Arbeitgeber, Gewerkschaften, Verbraucher und Umweltschützer. ■ Nimmt Stellung zu Gesetzesvorschlägen in den Bereichen Beschäftigung, Soziales etc.	Brüssel
Ausschuss der Regionen	350 Mitglieder (meist Kommunal- oder Regionalpolitiker/innen, die von den Mitgliedsstaaten ernannt werden)	Wird in Bereichen angehört, die sich unmittelbar auf die kommunale und regionale Ebene beziehen (z. B. Verkehr, Gesundheit, Beschäftigung, Bildung).	Brüssel
Europäische Zentralbank (EZB)	Die EZB ist die Zentralbank der 19 Mitgliedsstaaten der EU, die den Euro eingeführt haben.	■ Gewährleistung der Preisstabilität im Euroraum und damit der Kaufkraft des Euro ■ Bankenaufsicht	Frankfurt

2.2 Wie entsteht ein EU-Gesetz?

Im **Gesetzgebungsprozess** der EU spielen drei Einrichtungen eine zentrale Rolle:
- die Europäische Kommission,
- der Rat der Europäischen Union und
- das Europäische Parlament.

Durch den Vertrag von Lissabon haben auch die nationalen Parlamente der Mitgliedsstaaten ein Mitspracherecht, allerdings ein sehr eingeschränktes, auf EU-Ebene erhalten. Sie alle bilden das **legislative Viereck** der EU. Kommission, Rat und Europäisches Parlament werden als Institutionelles Dreieck bezeichnet.

EU-Parlament in Straßburg

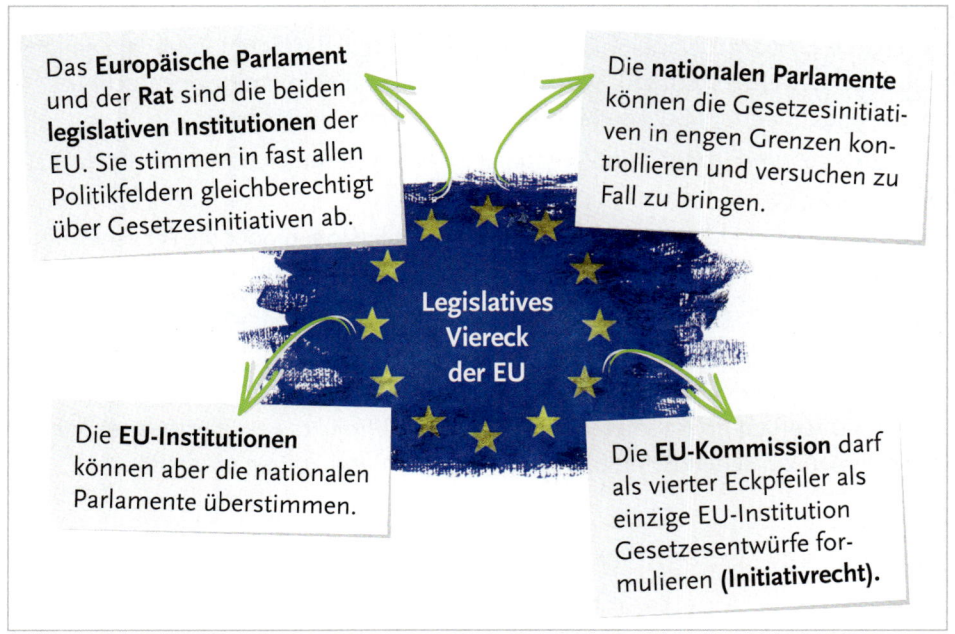

Das **Europäische Parlament** und der **Rat** sind die beiden **legislativen Institutionen** der EU. Sie stimmen in fast allen Politikfeldern gleichberechtigt über Gesetzesinitiativen ab.

Die **nationalen Parlamente** können die Gesetzesinitiativen in engen Grenzen kontrollieren und versuchen zu Fall zu bringen.

Die **EU-Institutionen** können aber die nationalen Parlamente überstimmen.

Die **EU-Kommission** darf als vierter Eckpfeiler als einzige EU-Institution Gesetzesentwürfe formulieren **(Initiativrecht)**.

II Österreichisches und Europäisches Recht

💡 Drei Verfahren gibt es für die Beteiligung des Europäischen Parlaments an der Gesetzgebung:
- **Ordentliches Gesetzgebungsverfahren:** Siehe nebenstehende Grafik. Gilt u. a. für die Bereiche Freizügigkeit der Arbeitskräfte, Niederlassungsrecht, gegenseitige Anerkennung der Abschlusszeugnisse, Harmonisierung des Binnenmarktes, Anreizmaßnahmen zur Förderung der Beschäftigung, Berufsbildung, Verkehrspolitik, Entwicklungszusammenarbeit.
- **Anhörungsverfahren:** u. a. bei Durchführungsverordnungen zu staatlichen Hilfen
- **Zustimmungsverfahren:** u. a. beim Beitritt neuer Mitgliedsstaaten

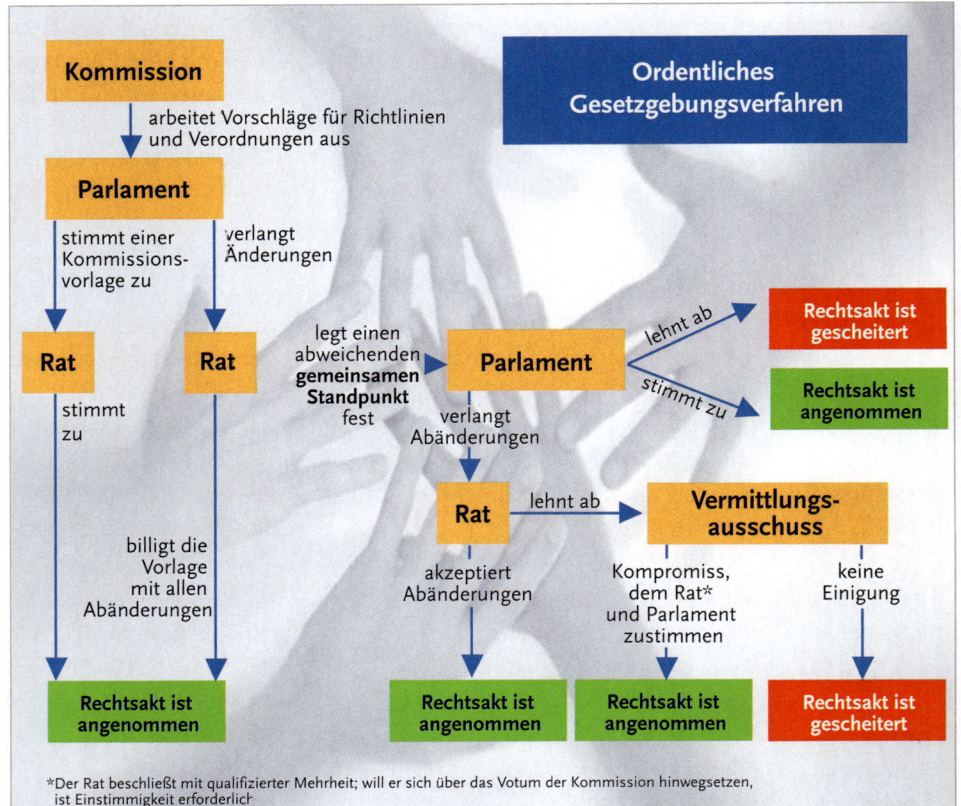

In den meisten Bereichen der EU-Gesetzgebung entscheidet der Rat mit **qualifizierter Mehrheit** im Rahmen des ordentlichen Gesetzgebungsverfahrens. Das heißt:
- 55 % der Mitglieder des Rates stimmen zu (16 von 28), und
- die von diesen Mitgliedern des Rates vertretenen EU-Länder stellen mindestens 65 % der Bevölkerung der EU dar.

Diese Regel wird **„doppelte Mehrheit"** genannt. Eine **Sperrminorität** wird durch mindestens vier EU-Länder gebildet. In einigen Bereichen der EU-Gesetzgebung entscheidet der Rat einstimmig. Darüber hinaus werden Verfahrensbeschlüsse mit einfacher Mehrheit angenommen (15 von 28 EU-Ländern stimmen zu).

Man unterscheidet verschiedene Arten von EU-Recht:

Verordnungen	Sind generelle, verbindliche Normen, die unmittelbar in jedem Mitgliedsland gelten.
Richtlinien	Sind generell Normen, die Zielvorgaben beinhalten, die in den Mitgliedsstaaten innerhalb einer bestimmten Frist umgesetzt werden müssen. Wird eine Richtlinie nicht in nationales Recht umgesetzt, so kann jemand, der dadurch Schaden erleidet, Schadenersatz begehren.
Beschlüsse	Sind verbindliche Regelungen im Einzelfall und entsprechen einem staatlichen Verwaltungsakt.
	Beispiele: Wettbewerbsrecht, Gentechnik Die Kommission (zumeist) entscheidet über die Zulässigkeit von Fusionen oder die Anwendung von Gentechnik.
Empfehlungen und Stellungnahmen	Sind nicht verbindlich. Es steht den Mitgliedsstaaten frei, sie in nationales Recht umzusetzen.
	Beispiele: - Stellungnahme der EZB zu mehr Transparenz im Wertpapierbereich. - Auf Empfehlung der EU werden im Rahmen des Gender-Basic-Projekts geschlechtsspezifische Unterschiede bei der medizinischen Behandlung von Männern und Frauen erarbeitet.

Beispiele für Richtlinien und Verordnungen

Im Rahmen der **Öko-Design-Richtlinie** aus dem Jahr 2005 wurde das schrittweise Verbot der Produktion aller herkömmlichen Glühbirnen sowie des Handels damit bis 2013 beschlossen.

Im Mai 2016 trat die **EU-Tabakrichtlinie** in Kraft: Schockbilder auf Zigarettenpackungen, strengere Auflagen für E-Zigaretten. Ziel ist, vor allem die Raucherquote von jungen Menschen zu senken.

Die EU-Kommission will den Stromverbrauch von **Haushaltsgeräten** reduzieren. Nach Waschmaschinen und Geschirrspülern waren die Staubsauger dran. Diese dürfen seit 2017 nicht über 900 Watt stark sein.

Das Europaparlament hat am 15. Juni 2017 das Aus für die **Roaming-Gebühren** beschlossen. Die Verordnung legt die Obergrenzen für die gegenseitige Gebührenabrechnung zwischen europäischen Mobilfunkunternehmen fest.

💡 2017 wurden insgesamt 2 090 Rechtsakte von der EU erlassen – durchschnittlich also fast sechs am Tag.

✏️ Welche EU-Richtlinien bzw. Verordnungen sind Ihnen bekannt?

_____
_____
_____
_____

Die EU greift mit neuen Regelungen immer stärker in den Alltag der Bürger ein

Immer weniger EU-Bürger zeigen Verständnis für lästige Detailvorschriften aus Brüssel, während für große Probleme noch zu wenig oder gar keine Regelungen auf europäischer Ebene bestehen. So mussten für den Finanzmarkt erst mühsam EU-Regeln aufgestellt werden, zuletzt etwa für die Abwicklung von Pleite-Banken. Gleichzeitig nervte die EU-Kommission mit dem Aus für herkömmliche Glühbirnen, Vorschlägen zur Begrenzung des Wasserverbrauchs für Toiletten und Duschen oder mit dem Verbot von leistungsstarken Staubsaugern. …

Im sogenannten „Komitologie-Verfahren reicht für Vorschläge in diesem Bereich die Zustimmung des Ministerrates, der sich manchmal überhaupt nur auf Expertenebene trifft. Das Europaparlament darf nicht mitentscheiden. Für die Heerscharen von Lobbyisten in Brüssel war es so einfacher, ihre Anliegen durchzusetzen. …

Der polnische EU-Kommissar Janusz Lewandowski hat für den Regelungswahn mancher Abteilungen der Brüsseler Behörde eine einfache Erklärung parat: Durch Regulierung entsteht Sichtbarkeit. So wurde leider zu oft ohne wirkliche Notwendigkeit in den Alltag der Bürger eingegriffen, erklärt der für das EU-Budget zuständige Pole. …

Österreichs EU-Kommissar Johannes Hahn schlägt vor zu prüfen, was auf europäischer Ebene behandelt werden soll und was auf nationaler, regionaler oder lokaler Ebene besser geregelt werden kann. Zuletzt habe eine Delegation aus Graz um eine EU-Regelung über das Betteln gebeten.

Die Europäische Union muss groß in großen Dingen und kleiner in kleinen Dingen sein, kündigte Präsident José Manuel Barroso im Europaparlament an. In einem profil-Interview im September des Vorjahres verteidigte er aber die Notwendigkeit von Regelungen für den gemeinsamen Markt, um fairen Wettbewerb für alle zu sichern. Denn es würde gerade Unternehmen in kleineren Ländern wie Österreich schwer treffen, wenn sie nicht mehr in größere Märkte exportieren können. …

Komitologie = Bezeichnung für ein spezifisches Beteiligungsverfahren in der EU: Der Rat der Europäischen Union (Ministerrat) überträgt der Europäischen Kommission generell die Befugnisse zur Durchführung der erlassenen Gesetze/Rechtsakte. Der Ministerrat kann hierbei bestimmte Modalitäten zur Ausübung dieser Befugnisse in der jeweiligen Rechtsgrundlage festlegen.

Im Programm **REFIT** (Programm zur Gewährleistung der Effizienz und Leistungsfähigkeit der Rechtsetzung) wird der gemeinsame Rechtsbestand der Union regelmäßig überprüft, um dessen Wirksamkeit und Effizienz zu untersuchen. Eine Regelung, die gestrichen wurde: Krümmung von Gurken und Bananen. Sie war lange Sinnbild für Brüsseler Regelungswut: die Verordnung über den Krümmungsgrad von Salatgurken aus dem Jahr 1988. Höchstens zehn Millimeter auf zehn Zentimeter Länge war für die Handelsklasse „Extra" vorgeschrieben. Damit wollte der Handel möglichst viele Gurken in einer Steige unterbringen. Ähnliche Vorschriften gab es zuvor bereits als UN-Norm, seit 1967 auch in Österreich. 2009 wurde die Verordnung abgeschafft, so wie eine über die Mindestgröße von Bananen.

Mit dem neuen REFIT-Programm (Regulatory Fitness and Performance) sollen bestehende EU-Gesetze vereinfacht oder ganz abgeschafft werden. …Der frühere bayerische Ministerpräsident und CSU-Chef Edmund Stoiber ist noch bis Herbst 2014 ehrenamtlicher Vorsitzender der High Level-Gruppe für Bürokratieabbau in der EU. Brüssel hat zu wenige Kompetenzen in manchen großen Fragen und zu viele Kompetenzen in der Gestaltung regionaler oder sogar lokaler Gegebenheiten, klagt Stoiber. Der Alltag der Bürger muss nicht in Brüssel geregelt werden. Er vermisst Vorschläge aus den Mitgliedstaaten, welche EU-Regelungen abgeschafft gehörten: Wo sind die Abbaulisten aus Österreich oder Deutschland? Die EU-Kommission diene dann als willkommener Sündenbock, auch wenn viele Initiativen für neue Regelungen aus der Wirtschaft und den Regierungen von Mitgliedsstaaten kämen. Wenn sich dann die Bürger beschweren, will man davon nichts mehr wissen und zeigt mit dem Finger auf die Kommission, so Stoiber.

Für den EU-Bürger soll der europäische Mehrwert von EU-Regelungen sichtbarer gemacht werden, fordert auch der Vorsitzende der liberalen Fraktion im Europaparlament, Belgiens ehemaliger Premierminister Guy Verhofstadt. Man dürfe die Diskussion nicht den Populisten überlassen: „Wir müssen besser erklären, dass ein einzelnes EU-Land große Probleme wie Klimawandel, Terrorismus, Einwanderung oder auch die Flut von Dumpingprodukten aus Fernost nicht mehr alleine lösen kann. Dazu ist eine bessere Politik, nicht mehr Regulierung nötig."

www.profil.at, 18. Jänner 2014

Aufgabenstellungen – „EU-Gesetzgebung"

1. Lesen Sie den Zeitungstext:

    a) Geben Sie in eigenen Worten kurz die Aussagen von EU-Kommissar Johannes Hahn, EU-Präsident José Barroso und Edmund Stoiber wider.

2. Diskutieren Sie: Reguliert die EU zu viel? Was sind die Vor- und Nachteile einheitlicher Regelungen in den Mitgliedsstaaten?

3. Recherchieren Sie im Internet je eine Verordnung und eine Richtlinie. Fassen Sie den Gesetzestext in eigenen Worten zusammen.

4. Finden Sie Beispiele für Verordnungen/Regelungen, die Sie persönlich betreffen und bewerten Sie deren Sinnhaftigkeit.

Verhältnis EU-Recht – nationales Recht

Das Recht der EU ist höherrangiger als das Recht der Mitgliedsstaaten. Die innerstaatlichen Gerichte und Verwaltungsbehörden müssen das Gemeinschaftsrecht unmittelbar anwenden.

Wenn Probleme bei der Anwendung des Gemeinschaftsrechts auftreten, hat dies der EuGH zu klären, da das Gemeinschaftsrecht in allen Mitgliedsstaaten gleich angewendet werden soll (Vorabentscheidungsverfahren).

Die Europäische Union

3 EU-Gerichtsbarkeit

Corinna kauft sich im Fachgeschäft einen E-Herd für ihre erste Wohnung. Dieser E-Herd ist aber defekt und muss aus der Küchenzeile wieder ausgebaut werden; nach der Reparatur ist der neuerliche Einbau erforderlich. Muss der Verkäufer auch diese Ausbau- und Einbaukosten tragen? Genau mit dieser Frage hat sich mit Bedeutung für die gesamte Europäische Union der (Europäische) Gerichtshof schon beschäftigen müssen.

www.curia.europa.eu

(Europäischer) Gerichtshof (EuGH)

- 28 Richter und Richterinnen (aus jedem Mitgliedsstaat einer/eine) überprüfen, ob die innerstaatlichen Gerichte und innerstaatlichen Gesetze das Recht der Europäischen Union richtig anwenden (**Vorabentscheidungsverfahren**).
- Sie befassen sich auch mit Fällen, bei denen ein Mitgliedsstaat europäisches Recht verletzt und deshalb von der Europäischen Kommission geklagt wird.
- Auch die Entscheidung von Streitfällen zwischen Organen der Europäischen Union untereinander gehört zu seiner Zuständigkeit (Europäisches Parlament, Rat der Europäischen Union ...).
- Der (Europäische) Gerichtshof ist **Rechtsmittelinstanz** gegen Entscheidungen des (Europäischen) Gerichts und manchmal **dritte Instanz** gegenüber Entscheidungen des (Europäischen) Gerichts über Urteile des (Europäischen) Gerichts für den Öffentlichen Dienst der Europäischen Union.
- Elf  beim (Europäischen) Gerichtshof unterstützen das Gericht durch Gutachten.

Der Sitz aller drei Gerichte befindet sich in **Luxemburg**.

(Europäisches) Gericht

Dem Gerichtshof ist seit dem Jahr 1988 ein weiteres Gericht zur Entlastung angegliedert worden: das „Gericht" (früher: Gericht erster Instanz oder Europäisches Gericht). Die Anzahl der Richter/innen und möglicher Generalanwälte/anwältinnen wird durch die Satzung des Gerichts bestimmt.

Die wesentlichen Zuständigkeiten sind:
- Das (Europäische) Gericht ist zuständig für Klagen natürlicher oder juristischer Personen gegen Maßnahmen der Europäischen Union und Klagen auf Schadenersatz gegen die Europäische Union.
- Das (Europäische) Gericht ist Rechtsmittelgericht gegen Entscheidungen des (Europäischen) Gerichts für den öffentlichen Dienst der Europäischen Union.
- Das (Europäische) Gericht besteht gleichfalls aus 28 Richterinnen und Richtern.

Die Generalanwälte beim (Europäischen) Gerichtshof haben nichts mit Staatsanwälten oder Ähnlichem zu tun; Einrichtungen wie Generalanwälte bei Gerichten gibt es im innerösterreichischen Recht nicht.

Apotheken: EuGH für mehr Wettbewerb

Die strengen Regeln für die Zulassung neuer Apotheken könnten eine Unterversorgung in ländlichen Regionen verursachen, so der Gerichtshof

Brüssel – Der Europäische Gerichtshof (EuGH) hat Österreich wegen seiner Regeln zur Eröffnung neuer Apotheken verurteilt. Die österreichische Gesetzeslage besagt, dass eine Apotheke zumindest ein Versorgungspotenzial von 5 500 Personen erreichen muss. Der EuGH sieht damit in manchen ländlichen Regionen die Versorgungssicherheit gefährdet.

Anlassfall war eine Klage einer Österreicherin, die im oberösterreichischen Pinsdorf eine öffentliche Apotheke errichten wollte. Dieses Ansuchen war mit der Begründung abgelehnt worden, dass im Gebiet der Gemeinde kein Bedarf bestehe. Einem Gutachten der österreichischen Apothekerkammer zufolge hätte die Errichtung einer Apotheke in Pinsdorf bewirkt, dass das Versorgungspotenzial der benachbarten Apotheke in der Gemeinde Altmünster deutlich unter 5 500 Personen gekommen wäre. Das Verwaltungsgericht ersuchte daraufhin den Europäischen Gerichtshof zu entscheiden, ob die Niederlassungsfreiheit hier einer nationalen Regelung entgegensteht.

www.derStandard.at, 13. Februar 2014 (Auszug)

Rechtsmittel gegen Entscheidungen des Gerichts können beim Gerichtshof eingelegt werden.

💡 Die Gerichtsfälle können alle Themen betreffen, die im Zusammenhang mit den EU-Institutionen stehen, z. B.:
- Landwirtschaft
- Staatliche Beihilfen
- Wettbewerb
- Handelspolitik
- Regionalpolitik
- Sozialpolitik
- Institutionelles Recht
- Markenrecht
- Verkehr

Das Gericht ist für drei Arten von Fällen zuständig

Nichtigkeitsklage	Untätigkeitsklage	Schadenersatzklage
Klage gegen Rechtsakte (Richtlinien, Verordnungen, Entscheidungen) der EU-Organe, durch die der Kläger/die Klägerin unmittelbar und individuell betroffen ist.	Klage gegen Unterlassung bestimmter Handlungen durch EU-Organe, z. B., wenn ein Mitgliedstaat gegen EU-Recht verstößt und die Kommission nach einer entsprechenden Aufforderung nichts dagegen unternommen hat.	Klage auf den Ersatz von Schäden, die durch rechtswidriges Verhalten von EU-Organen oder -Bediensteten in Ausübung ihrer Amtstätigkeit verursacht wurden.

⚠️ Die Entscheidungen des Gerichtshofs sind **verbindlich** und im Gegensatz zu den meisten anderen Beschwerdemechanismen **vollstreckbar**.

Die Europäische Union

Wer kann einen Fall vor das Gericht bringen?
- In der Theorie kann jeder, der direkt und individuell von einer Entscheidung oder dem Handeln einer EU-Institution betroffen ist, einen Fall vor das Gericht bringen.
- In der Praxis werden dadurch die Fälle, die von Einzelpersonen oder öffentlichen Interessengruppen eingereicht werden können, begrenzt, denn in der Regel sind sie nur indirekt betroffen.

Wie kann man einen Fall vor das Gericht bringen?
- Um einen Fall vor das Gericht zu bringen, ist eine rechtliche Beratung erforderlich. Die Klage muss schriftlich, adressiert an die Kanzlei, beim Gericht eingereicht werden.
- Sobald die Klage eingegangen ist, wird sie im Gerichtsregister eingetragen.
- Anschließend veröffentlicht der Registerführer eine Bekanntmachung der Klage und des Klageanspruchs im Amtsblatt der Europäischen Union.

Was passiert, wenn ein Fall angenommen wird?
- Das Verfahren vor dem Gerichtshof ist in einen schriftlichen und einen mündlichen Verhandlungsteil gegliedert.
- Es beginnt mit einem Austausch von Erklärungen zwischen den Parteien. Die Klageschrift wird an den Beklagten gesendet, der einen Monat lang Zeit hat eine Klagebeantwortung zu verfassen.
- Daraufhin kann der Antragsteller eine Antwort einreichen und der Beklagte darf noch einmal reagieren, in beiden Fällen innerhalb eines Monats.
- Ein Richter/Eine Richterin, der/die sogenannte Berichterstatter/in, ist verantwortlich für das Verfahren und bereitet einen Bericht über den Fall vor. Dieser dient dem Gericht als Grundlage für die Entscheidung darüber, ob eine vorherige Beweisaufnahme erforderlich ist, und wird bei einer öffentlichen Anhörung veröffentlicht.
- Die mündliche Verhandlung wird in der vom Antragsteller/von der Antragstellerin gewählten Sprache durchgeführt und gleichzeitig in andere Amtssprachen der EU übersetzt. Die Rechtsanwälte/-anwältinnen tragen den Fall vor den Richtern vor, die die Möglichkeit haben Fragen zu stellen.
- Anschließend beraten die Richter/Richterinnen und verkünden ihr Urteil.
- Urteile des Gerichtshofs werden mehrheitlich getroffen und bei einer öffentlichen Anhörung vorgetragen. Abweichende Meinungen werden nicht verlesen.

Quelle: www.curia.europa.eu

Aufgabenstellung – „EU-Gerichtsbarkeit"

- Sind folgende Aussagen richtig? Begründen Sie Ihre Entscheidung.

	richtig	falsch
Nationales österreichisches Bundesrecht rangiert vor EU-Recht.		
Grundprinzipien der Österreichischen Bundesverfassung gehen dem EU-Recht vor.		
Gemeinschaftsrecht geht dem Bundesverfassungsrecht vor.		
Die Rechtsprechung des EuGH ist für Österreich verbindlich.		
Entscheidungen des EuGH müssen von österreichischen Behörden exekutiert werden.		

4 Sicherheitspolitik der EU

> *Kriminalität macht vor Grenzen nicht halt. Die Zusammenarbeit von Polizei und Justiz, die gemeinsame Außen- und Sicherheitspolitik stellt deshalb eine der wichtigsten Herausforderungen an Europa im 21. Jahrhundert dar.*

⚠ Vorrangiges **Ziel** der GASP ist die **Wahrung der Identität der EU** auf internationaler Ebene. Es geht um Sicherung des Friedens, Stärkung der Demokratie, Rechtsstaatlichkeit und Menschenrechte.

Die **Gemeinsame Außen- und Sicherheitspolitik (GASP)** wurde 1992 mit dem Vertrag von Maastricht eingerichtet. Wichtige Beschlüsse können grundsätzlich nur einstimmig von allen Mitgliedstaaten im Europäischen Rat oder im Rat der Europäischen Union gefasst werden. Der **Hohe Vertreter für Außen- und Sicherheitspolitik** vertritt und koordiniert die Positionen der einzelnen EU-Länder.

Grenzüberschreitende Polizeiarbeit durch das Schengener Abkommen

Im Wettlauf mit den immer professionelleren Kriminellen, die zunehmend international agieren, wurde die Zusammenarbeit der Sicherheitskräfte verstärkt und die Außengrenzen werden mit verbindlichen Standards besser überwacht.

Dazu wurde das datenbankbasierte **Schengen-Informationssystem (SIS)** geschaffen, auf dessen Daten alle nationalen Polizeibehörden zugreifen können und das international ergänzt wird. Es erfasst:
- Personen, die unter Verdacht stehen, eine Straftat begangen zu haben – zum Zweck der Festnahme
- Angehörige von Drittstaaten – zur Einreiseverweigerung
- Personen, deren Aufenthalt ermittelt werden soll
- gestohlene Sachen, insbesondere Waffen und Kraftfahrzeuge

„Wer Schengen killt, wird den Binnenmarkt zu Grabe tragen"

EU-Kommissionspräsident Jean-Claude Juncker hat vor schweren wirtschaftlichen Folgen wegen wiedereingeführter Grenzkontrollen gewarnt. „Wer Schengen killt, wird den Binnenmarkt zu Grabe tragen", sagte Juncker in Brüssel. Grenzkontrollen bedeuteten etwa Wartezeiten im Güterverkehr und damit höhere Kosten für die Wirtschaft, die schnell in die Milliarden gehen und viele Arbeitsplätze kosten könnten.

Dies könne zu einem Arbeitslosenproblem führen, „das nicht mehr beherrschbar sein wird", sagte Juncker. „Wenn das alles zusammensackt", dann werde der wirtschaftliche Preis und der Verlust an Wachstum enorm sein. Auch der Euro sei dann infrage gestellt. „Ohne Schengen, ohne die Freizügigkeit der Arbeitnehmer, ohne die Reisefreiheit, von der alle Europäer profitieren können, macht der Euro keinen Sinn." …

Der deutsche Bundesfinanzminister Wolfgang Schäuble (CDU) wollte sich nicht zu den Schätzungen äußern. Es sei aber klar, dass Europa nahe an einem Scheitern Schengens stehe. Sollte Deutschland seine Grenzen schließen, wäre ein Leidtragender beispielsweise Griechenland. Die Verschärfung der Lage könne sehr schnell eintreten: „Das ist nicht eine Frage von Monaten", so Schäuble, sondern eines deutlich kürzeren Zeitraums. Falls Deutschland als größte Volkswirtschaft der Eurozone wie Schweden Grenzkontrollen einführte, wäre dies eine „gewaltige, eine enorme Gefährdung Europas".

Um Schengen zu erhalten, müsse deshalb schnell eine Lösung in der Flüchtlingskrise gefunden werden, forderte Schäuble. Er warnte die anderen EU-Länder indirekt, ihre Außengrenzen endlich besser zu schützen und auch mehr zur Stabilisierung von Krisenländern zu tun, damit der Zustrom nach Europa deutlich zurückgehe. Dazu sei auch eine „intensivere Unterstützung und Zusammenarbeit" mit EU-Nachbarstaaten und Herkunftsländern nötig. „Und dafür werden wir sehr viel mehr Geld brauchen." Wenn dabei nicht alle EU-Staaten mitmachen könnten, sei er auch für eine „Koalition der Willigen" offen, sagte Schäuble. …

www.zeit.de, 15. Januar 2016

Darüber hinaus wird die Polizei grenzüberschreitend tätig und kontrolliert auch abseits der bisherigen Grenzübergänge. Besonderes Augenmerk wird auf Terrorismus, Menschen-, Drogen- und Waffenhandel gelegt. Ergänzend arbeiten die Polizei- und Zollbehörden im **Europäischen Polizeiamt (Europol)**, die Justizbehörden in der **Einheit für justizielle Zusammenarbeit (Eurojust)** zusammen, und man arbeitet daran, Strafvorschriften anzugleichen.

Die Errungenschaften des Schengen-Raums, zu denen vor allem das Fehlen von Grenzkontrollen zwischen Mitgliedstaaten zählt, scheinen durch die Flüchtlingskrise 2015/2016 auf dem Prüfstand zu stehen.

Aufgabenstellungen – „Sicherheitspolitik der EU"

1. Fassen Sie den Zeitungstext in wenigen Sätzen zusammen.
2. Diskutieren Sie vor dem Hintergrund der Aussage, dass Kontrollen in Ausnahmesituationen erlaubt sind. Recherchieren Sie Anlässe, zu denen Kontrollen an Binnengrenzen durchgeführt wurden und bewerten Sie diese.
3. Das Schengener Abkommen: Vor- und Nachteile

   Personenverkehr zwischen Schengen-Mitgliedstaaten ohne Grenzkontrollen ■ Güterverkehr zwischen Schengen-Mitgliedstaaten ohne Grenzkontrollen ■ Zusammenlegung von Ressourcen (Zusammenarbeit der Polizei- und Justizbehörden; Schengener Informationssystem) ■ Nicht gesicherte Außengrenze zwischen Griechenland und der Türkei ■ Nicht alle EU-Mitgliedstaaten partizipieren (gleichermaßen) an Schengen

   a) Diskutieren Sie über die angeführten Vor-und die Nachteile, fügen Sie gegebenenfalls noch weitere Aspekte hinzu.
   b) Finden Sie dann konkrete Beispiele für die Vor- und Nachteile.

5 Österreich in der EU

Österreich ist seit dem **1. 1. 1995** Mitglied in der Europäischen Union. So wie alle Unionsbürger/innen können auch die österreichischen Staatsangehörigen an den Wahlen zum Europäischen Parlament teilnehmen, die alle fünf Jahre stattfinden. Es gelten die Bestimmungen der österreichischen Europawahlordnung.

Wo ist Österreich in der EU vertreten?
Europäischer Rat → Bundeskanzler
Europäische Kommission → Kommissar
Ministerrat → entsprechende Fachminister/innen
Europäisches Parlament → 18 Abgeordnete
Europäischer Gerichtshof (EuGH) → 1 Richter bzw. 1 Richterin
Europäischer Rechnungshof (EuRH) → 1 Richter bzw. 1 Richterin

Wissen Sie, wie der österreichische EU-Kommissar heißt und für welches Ressort er zuständig ist?

Durch den Beitritt Österreichs zur EU änderte sich in Österreich zunächst relativ wenig, da Österreich wirtschaftlich – ähnlich wie die Schweiz – im Rahmen des EWR weitgehend eingebunden war. Allerdings kann seit dem Beitritt auch in den EU-Gremien mitentschieden werden.

Volksbegehren für EU-Austritt

Über 261 000 Österreicher/innen haben ein Begehren für einen Austritt aus der EU unterzeichnet. ... Tatsächlich haben Österreicher/innen im Vergleich zu anderen Mitgliedsstaaten eine besonders kritische Haltung gegenüber der Europäischen Union. „Wir gehören zu den Ländern in Europa, in denen die EU das schlechteste Image hat", sagt der österreichische Politikwissenschaftler Peter Filzmaier von der Donau-Universität Krems zu FOCUS Online. Das zeigen auch Erhebungen wie das Eurobarometer, in dem die öffentliche Meinung in der EU untersucht wird. ... Der Politologe rechnet damit, dass sich die Aufregung schnell wieder legt. Zwar sei ein Teil der österreichischen Bevölkerung tatsächlich skeptisch gegenüber der EU – einem noch größeren Teil sei das Thema jedoch egal. „Das Grundinteresse an der Europäischen Union ist in Österreich generell gering", sagt Filzmaier.

www.focus.de, 3. Juli 2015

Weiters kann Österreich an vielen EU-Programmen teilnehmen. Die Osterweiterung eröffnete wirtschaftlich völlig neue Chancen, die trotz der Konkurrenz durch diese Billiglohnländer vor allem positive Effekte für die stark exportorientierte Wirtschaft brachten.

Aufgabenstellung

- Diskutieren Sie über die für Sie wichtigsten Vor- und Nachteile der österreichischen EU-Mitgliedschaft.

6 Weiterentwicklung der EU

Wo liegen die Grenzen Europas?

> Der Begriff „europäisch" setzt sich aus geografischen, historischen und kulturellen Elementen zusammen, die alle zur europäischen Identität beitragen. Die gemeinsame Erfahrung von Idee, Werten und historischen Wechselwirkungen lässt sich nicht zu einer einfachen, zeitlosen Formel verdichten, sondern unterliegt der Neuauslegung durch jede nachfolgende Generation.
>
> *Europäische Kommission*

Die EU hat sich nie als geschlossene Gesellschaft verstanden, sondern wollte und will für alle europäischen Länder offen sein. Die Aufnahme neuer Mitglieder sorgte in der Vergangenheit für Frieden und Stabilität in Europa. Nach dem Fall des Eisernen Vorhangs und dem Zusammenbruch der Sowjetunion gelang es der EU, durch ihre Erweiterungspolitik die Zone von Demokratie und Marktwirtschaft auf die Länder Mittelosteuropas auszuweiten. Auf der anderen Seite ist die Frage offen, wo dieses Europa endet, wie weit die Politik, Länder aufzunehmen, gehen soll.

Türkei – ein Teil Europas?

Bereits 1960 stellte die Türkei den Beitrittsantrag und wurde jahrzehntelang vertröstet. 2006 wurden schließlich die Verhandlungen aufgenommen. Neben wirtschaftlichen Gründen werden von den Gegnern auch grundlegende Unterschiede in der Kultur als Argumente gegen einen Beitritt genannt. Die nächsten Jahre werden jedenfalls zeigen, ob die Türkei die europäischen Standards erfüllen kann und der EU beitreten kann. Die Maßnahmen nach dem versuchten Militärputsch sprechen dagegen.

Ostanatolien: 99,8 % der Türkinnen und Türken gehören dem Islam an. In den wirtschaftlich zurückgebliebenen Teilen der Türkei werden die Traditionen hochgehalten.

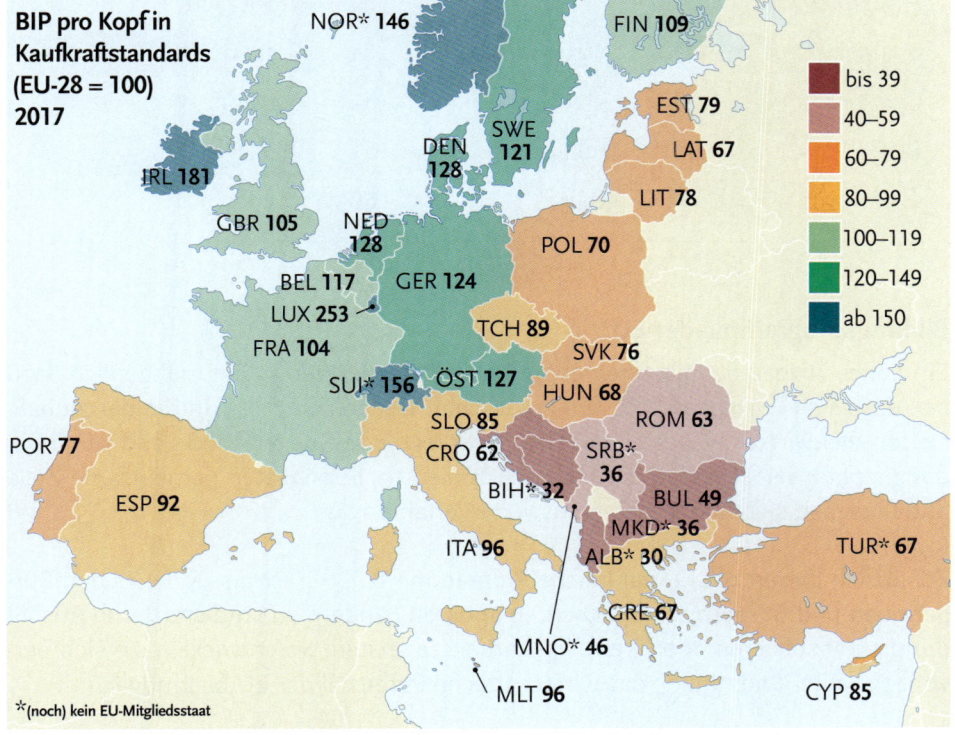

Abbau des Wohlstandsgefälles durch Regionalförderung und -politik

BIP pro Kopf in Kaufkraftstandards (EU-28 = 100) 2017

Der Großraum Istanbul: Hier treffen beide Welten der Türkei zusammen – die moderne, westliche Konsumgesellschaft mit der traditionellen, islamisch geprägten Welt.

💬 Warum ist es so wichtig, dass in allen Regionen der EU die Menschen gleiche wirtschaftliche Chancen haben?

Die EU will allen Menschen in allen Regionen gleiche wirtschaftliche Entfaltungsmöglichkeiten bieten. Eine der wichtigsten Prioritäten der Union nach den letzten Erweiterungsrunden ist es daher, den Lebensstandard in den seit 2004 beigetretenen Ländern – Bulgarien, Estland, Lettland, Litauen, Malta, Polen, Rumänien, Slowakei, Slowenien, Tschechische Republik, Ungarn und Zypern – auf EU-Niveau anzuheben. Einige Hauptstadtregionen wie Pressburg, Prag, Budapest oder Warschau haben in den letzten Jahren zu den erfolgreichen Regionen Europas aufgeschlossen.

Die EU – ein Bollwerk gegen die Wirtschaftskrise?

Der Beginn der Wirtschafts- und Finanzkrise im Oktober 2008 zeigte die Bedeutung eines koordinierten Vorgehens in der Wirtschafts- und Finanzpolitik der EU auf. Die Regierungen der Mitgliedstaaten, die Europäische Zentralbank (EZB) und die Kommission arbeiten gemeinsam an einer Sicherung des europäischen Wirtschaftsraumes, Rückkehr zur Stabilität und die Schaffung der nötigen Voraussetzungen für eine Belebung des Wachstums und des Arbeitsmarktes.

II Österreichisches und Europäisches Recht

Der EU-Rettungsschirm

Am 27. September 2012 trat der ESM in Kraft

Der EU-Rettungsschirm

Der **Europäische Stabilitätsmechanismus (ESM)**, umgangssprachlich auch Euro-Rettungsschirm, wurde 2012 mit dem Ziel gegründet, extrem verschuldete Mitgliedsstaaten der Eurozone durch Notkredite unter der Auflage von Maßnahmen aus der Krise zu helfen. Es soll damit verhindert werden, dass auch die übrigen Mitgliedsstaaten der Eurozone in eine Finanz-, Währungs- und Wirtschaftskrise schlittern.

EU-28 Staatsverschuldung 2018 in % vom BIP					
Griechenland	180	Kroatien	76	Schweden	38
Italien	133	Ungarn	74	Lettland	37
Portugal	125	Slowenien	72	Dänemark	36
Belgien	106	Irland	69	Litauen	35
Zypern	104	Deutschland	62	Tschechien	35
Frankreich	99	Finnland	60	Rumänien	34
Spanien	98	Niederlande	54	Bulgarien	24
Großbritannien	87	Slowakei	52	Luxemburg	22
EU	**81**	Polen	51	Estland	8
Österreich	77	Malta	50		

www.europass.at

Der Europäische Bildungspass **(europass)** soll die Mobilität der EU-Bürger/innen fördern. Mit dem europass sollen die Kenntnisse hervorgehoben bzw. ein vergleichbares, umfassendes Bild von Qualifikationen und Kompetenzen ermöglicht werden.

Bildungsprogramme der EU

Ein hohes Niveau der allgemeinen und beruflichen Bildung trägt maßgeblich dazu bei, dass sich Europa als Wissensgesellschaft weiterentwickeln und in der globalisierten Weltwirtschaft bestehen kann. Zwar legt jedes einzelne EU-Land seine Bildungspolitik selbst fest, doch setzen sich die Mitgliedsstaaten gemeinsame Ziele und tauschen sich über empfehlenswerte Verfahren aus.

Zusätzlich fördert die EU zahlreiche **Programme** (z. B. Erasmus+), die es den Bürgerinnen und Bürgern ermöglichen, in anderen Ländern zu studieren, eine Ausbildung zu absolvieren oder Freiwilligenarbeit zu leisten. So entwickeln sie sich persönlich weiter und nutzen das wirtschaftliche Potenzial der EU bestmöglich.

⚠ Ein gemeinsamer **Europäischer Referenzrahmen für Sprachen (GERS)** macht Sprachkenntnisse bzw. deren Niveau transparent und vergleichbar.

Großbritannien verlässt die EU

EU-Austritt: May unterzeichnet Brexit-Antrag

Die Scheidungspapiere sind fertig: Neun Monate nach dem Brexit-Referendum hat die britische Premierministerin den Austritt ihres Landes aus der EU formal eingeleitet. …

Im vergangenen Juni hatten die Briten in einem Referendum mit knapper Mehrheit für den Brexit gestimmt. Die britische Regierung in London und die übrigen 27 EU-Staaten haben nun zwei Jahre Zeit, um die Bedingungen des Austritts auszuhandeln. Dafür müssen Zehntausende EU-Regeln behandelt und Fragen nach britischen Zahlungsverpflichtungen, den Rechten für EU-Bürger oder den gegenseitigen Handelsbeziehungen geklärt werden. Beide Seiten rechnen mit schwierigen Gesprächen, deren Scheitern schon in einem frühen Stadium nicht ausgeschlossen ist. …

Die EU-Seite erhofft sich von den Briten jetzt konkrete Hinweise zu den britischen Zielen in den komplizierten Verhandlungen. Auf einer Veranstaltung in Birmingham sagte May am Dienstag, dass sie eine „neue tiefe und besondere Partnerschaft" mit der EU anstrebe. Klar ist aber, dass sie einen **harten Brexit** will: Großbritannien wird demnach auch aus dem Europäischen Binnenmarkt und der Zollunion aussteigen. Die Briten wollen sich auch nicht mehr der Rechtsprechung des Europäischen Gerichtshofs in Luxemburg unterwerfen. Zu den wichtigsten nun anstehenden Themen gehören die Rechte der etwa drei Millionen EU-Ausländer in Großbritannien. Etwa eine Million Briten leben in anderen EU-Ländern. Auch die neue EU-Außengrenze zwischen der Republik Irland und dem britischen Nordirland ist ein Thema. Sie könnte dem Handel auf der Insel schaden und alte Wunden in der Ex-Bürgerkriegsregion aufreißen.

Ärger deutet sich schon jetzt bei der Austrittsrechnung an. Experten sprechen von bis zu 60 Milliarden Euro, die die EU noch von Großbritannien verlangen könnte. Dabei geht es um Verpflichtungen, die das Land in mehr als 40 Jahren EU-Mitgliedschaft eingegangen ist. Die Premierministerin stellte solche hohen Zahlungen infrage. Der Vorsitzende des Auswärtigen Ausschusses im EU-Parlament, David McAllister (CDU), sagte, dass Großbritannien nach dem EU-Austritt allen eingegangenen Verpflichtungen nachkommen müsse. „Das wird ein ganz wesentlicher Punkt", sagte McAllister der Nordwest-Zeitung. „In London gibt es Politiker, die der Meinung sind, der Brexit sei zum Nulltarif zu haben."

www.zeit.de, 28. März 2017

Unter **hartem Brexit** versteht man einen klaren Bruch mit Brüssel. Das Verhältnis zwischen Großbritannien und den verbliebenen 27 EU-Staaten wäre vergleichbar mit der Beziehung der EU zu Kanada. EU-Bürger/innen müssten eine Arbeitserlaubnis beantragen, um in dem Land leben und arbeiten zu dürfen. Nötig wäre ein Freihandelsabkommen, damit auf Waren und Dienstleistungen keine Zölle erhoben werden. Es könnte bis zu zehn Jahre dauern, die nötigen Abkommen zu erarbeiten.

Mit **weichem Brexit** ist gemeint, dass Großbritannien eine ähnlich enge Anbindung an die EU suchen könnte wie Norwegen. Das Land ist kein EU-Mitglied, hat aber vollen Zugang zum europäischen Binnenmarkt. Im Gegenzug muss es zum EU-Haushalt beitragen, EU-Bürgerinnen und -bürgern erlauben, in Norwegen zu leben und zu arbeiten, und einen großen Teil der EU-Gesetzgebung übernehmen.

Was muss rechtlich gesehen auf eine nationale Entscheidung für den EU-Austritt folgen?

Artikel 50 ist die Bestimmung im **Vertrag über die Europäische Union** (EUV), die einen Austritt aus der EU ordnet. Absatz 3 lautet:

> „Die Verträge finden auf den betroffenen Staat ab dem Tag des Inkrafttretens des Austrittsabkommens (…) keine Anwendung mehr".

- Dieser Artikel wurde 2009 durch die Änderungen des Vertrags von Lissabon in den EUV eingefügt und schreibt Einzelheiten zu Austrittsverhandlungen vor.
- Er regelt, wie die EU ihre Seite der Verhandlungen zu gestalten hat und schreibt die Abstimmungsmodalitäten für eine Vereinbarung (qualifizierte Mehrheit) beziehungsweise für die Fristverlängerung (Einstimmigkeit) vor.
- Der Artikel entscheidet zwar über die Rahmenbedingungen der Trennung, nicht jedoch über die Einzelheiten einer zukünftigen Handelsbeziehung des Vereinigten Königreichs mit der EU.

💡 Brexit ist eine Wortneuschöpfung aus **„Britain"** und **„Exit"**. Kurz gesagt bedeutet Brexit dem Austritt Großbritanniens aus der EU. Knapp 52 Prozent der wahlberechtigten Bürger stimmten im historischen EU-Referendum am 23. Juni 2016 für die „Leave"-Kampagne. Etwa 48 Prozent machten ihr Kreuzchen bei „Remain", was den Verbleib in der EU bedeutet hätte.

II Österreichisches und Europäisches Recht

Zehntausende Menschen demonstrierten in London gegen das britische Brexit-Votum. Inzwischen haben rund vier Millionen Briten eine Online-Petition für ein zweites Referendum unterschrieben. Allerdings hat das zuständige Komitee im Unterhaus Zweifel geäußert, ob alle Unterschriften gültig seien. Die derzeit entscheidenden Politiker in London betonen, es gebe kein Zurück. Das Votum von 17 Millionen Briten für einen Austritt aus der EU müsse umgesetzt werden.

Tatsächlich ist die Herausforderung für die Regierung des Vereinigten Königreichs und ihre Verwaltung wohl noch viel größer. Denn es geht nicht „nur" um die Gespräche zwischen London und Brüssel. Eine Vielzahl von Vereinbarungen über Handel und Regulierung muss Britannien neu verhandeln, wenn das Land nach dem „Brexit" mit der übrigen Welt mindestens so verbunden sein möchte wie jetzt. Demzufolge geht es um nicht weniger als 759 Vereinbarungen mit 168 Ländern. Diese hat die EU mit sogenannten Drittstaaten geschlossen, also Ländern, die ihr nicht angehören.

Auswirkungen des Brexit

Die möglichen Auswirkungen des „Brexit" werden sehr unterschiedlich bewertet. So könnte es ein Vorteil für britische Arbeitnehmer/innen sein, dass durch den Rückgang der Einwanderung mehr Arbeitsplätze für Briten vorhanden sein werden. Für Unternehmer könnte es ein Vorteil sein, wenn die relativ strengen sozialen Vorschriften der EU wegfallen. Insgesamt überwiegen in der Diskussion jedoch die erwarteten Nachteile. So ist etwa unklar, wie die Zukunft der Beziehungen des Vereinigten Königreichs zum Binnenmarkt sein werden. Viele Unternehmen überlegen eine Standortverlagerung.

Europa als sinkendes Schiff

✏️ Aufgabenstellung – „Weiterentwicklung der EU"

- Interpretieren Sie die Karikatur. Schreiben Sie die einzelnen Begriffe auf und versuchen Sie eine Deutung.

Wissensfragen – „Die Europäische Union"

1. Erklären Sie, aus welchen Gründen die heutige EU entstanden ist.
2. Nennen Sie die Verträge der EU.
3. Schildern Sie das ehemalige Drei-Säulen-Modell.
4. Was regelt der Vertrag von Lissabon?
5. Erklären Sie, was die Wirtschafts- und Währungsunion ist.
6. Was ist die Hauptaufgabe der Europäischen Zentralbank?
7. Warum wurde ein gemeinsamer Binnenmarkt geschaffen?
8. Wie lauten die vier Grundfreiheiten?
9. Welche Staaten außer den EU-Mitgliedsstaaten gehören noch dem Europäischen Wirtschaftsraum an?
10. Erklären Sie, was das Schengener Abkommen ist.
11. Welche Aufgabe hat der Hohe Vertreter für Außen- und Sicherheitspolitik?
12. Nennen Sie die Organe/Institutionen der EU.
13. Was versteht man unter dem „Legislativen Viereck" der EU?
14. Was ist der Unterschied zwischen einer EU-Richtlinie und einer EU-Verordnung?
15. Nennen Sie die Organe, die an der Rechtsetzung der EU unmittelbar beteiligt sind.
16. Welche drei Gerichte sprechen in der EU Recht?
17. Nennen Sie die Aufgaben der Generalanwälte beim Europäischen Gerichtshof.

Ziele erreicht? – „Die Europäische Union"

1. Recherchieren Sie im Internet eine aktuelle Entscheidung des Europäischen Gerichtshofes mit Bezug zu Österreich und diskutieren Sie in der Klasse darüber.
2. Vergleichen Sie die Möglichkeiten für Ihr zukünftiges Leben in Europa mit den Möglichkeiten, die Ihre Eltern/Großeltern vor 30 Jahren hatten. Worin könnte der „Mehrwert" der Mitgliedschaft Österreichs in der Europäischen Union für Sie liegen?
3. Die Wirtschaftskammer Österreich hat eine kleine Broschüre „Österreich in er EU" herausgegeben:
   https://news.wko.at/news/oesterreich/eutt_Oesterreich-in-der-EU.pdf
   Lesen Sie diese durch. Worin erblickt die Wirtschaft die Vorteile der Mitgliedschaft Österreichs in der EU? Finden sich auch kritische Stimmen?
4. Sie möchten mir Ihrer Klasse eine Reise nach Brüssel organisieren, um Europäische Institutionen zu besuchen.
   a) Recherchieren Sie, wer Ihnen dabei von Seiten europäischer Institutionen und Vertretungen in Brüssel behilflich sein könnte.
   b) Formulieren Sie ein Schreiben an einen der Besucherdienste.

II Österreichisches und Europäisches Recht

5. Mein EU-Resümee: Begründen Sie Ihre Entscheidungen mit jeweils einem Satz.

Die Vorgänge in der EU sind für mich	☐ wichtig ☐ nicht wichtig	weil …
Die Politik der EU dient der Friedenssicherung.	☐ ja ☐ nein	
Die EU-Mitgliedschaft Österreichs führte zu einer Verschlechterung der Qualität heimischer Lebensmittel.	☐ richtig ☐ falsch ☐ weder–noch	
Die EU verschleudert österreichische Steuergelder.	☐ stimmt ☐ stimmt nicht	
EU-Verordnungen, wie z. B. über die Allergenkennzeichnung im Gastgewerbe	☐ sinnvoll ☐ sinnlos ☐ weiß nicht	
Mein Führerschein gilt in allen EU-Staaten.	☐ stimmt ☐ stimmt nicht	
Meine Berufsabschlüsse werden in jedem EU-Land anerkannt.	☐ stimmt ☐ stimmt nicht ☐ mit Einschränkungen	

III Unternehmer/in und Arbeitnehmer/in in Recht und Wirtschaft

- Gewerbe- und Betriebsanlagenrecht .... Seite 116
- Wettbewerbsrecht – Immaterialgüterrecht .... Seite 128
- Produkthaftungs- und Produktsicherheitsgesetz .... Seite 140
- Grundlagen des Arbeitsrechts .... Seite 146

Gewerbe- und Betriebsanlagenrecht

§ Gewerbeordnung (GeWO 1994)

⚠ Die Gewerbeordnung stellt die wichtigste berufs- und unternehmensrechtliche Regelung in Österreich dar. Bei unternehmerischen Tätigkeiten sind weiters u. a. diverse gewerberechtliche Nebengesetze, wie das Güterbeförderungsgesetz und das Kraftfahrliniengesetz, zu beachten.

💡 Auf der Website www.gruenderservice.at der Wirtschaftskammer können Sie sich informieren.

Haben Sie schon Pläne für Ihre Zukunft? Nach Abschluss Ihrer Schule haben Sie u. a. die Möglichkeit, sich selbstständig zu machen. Eine Geschäftsidee und ein Businessplan reichen dafür aber leider nicht aus. Bevor Sie starten können, gibt es auch viele gewerberechtliche Hürden zu nehmen.

Welche Fragen tauchen bei einer Unternehmensgründung auf?
Welche Art von Gewerbe möchte ich anmelden? Welche Voraussetzungen sind dafür notwendig? Wo und wie muss ich mein Gewerbe anmelden? und vieles mehr.

In diesem Kapitel erfahren Sie die Grundlagen des Gewerbe- und Betriebsanlagenrechts.

 Meine Ziele

Nach Bearbeitung dieses Kapitels kann ich
- die einzelnen Arten von Gewerbebetrieben definieren;
- beurteilen, wann eine gewerbsmäßige Tätigkeit vorliegt;
- die Voraussetzungen für den Antritt eines Gewerbes erläutern;
- den Gang einer Betriebsanlagengenehmigung erklären.

1 Gewerberecht

Anna hat erfolgreich die Handelsakademie abgeschlossen. Gemeinsam mit ihrem Freund Tobias, der ein Tourismuskolleg absolviert hat und schon in einem Gastbetrieb gearbeitet hat, möchte sie sich den Traum von einem Szenelokal erfüllen. Die beiden wissen, dass sie eine Gewerbeberechtigung brauchen. Aber was sind die gewerberechtlichen Voraussetzungen für die Gründung eines Lokals?

Wann kann eine Tätigkeit als Gewerbe bezeichnet werden?

Eine unternehmerische Tätigkeit ist dann eine **gewerbliche Tätigkeit,** wenn sie
- **erlaubt** ist, d. h. nicht gegen Gesetze oder die guten Sitten verstößt,
- **selbstständig,** d. h. auf eigene Rechnung und Gefahr, ausgeführt wird,
- **regelmäßig,** d. h. als sich wiederholende Handlungen ausgeübt wird, jedoch auch eine einmalige Handlung, wenn auf eine Wiederholungsabsicht geschlossen werden kann,
- **entgeltlich,** d. h. mit der Absicht, Ertrag oder sonstigen wirtschaftlichen Vorteil zu erzielen, betrieben wird.

> 💬 Neben den fachlichen Qualifikationen sollten Anna und Tobias auch persönliche Eigenschaften mitbringen, die für die Führung eines Lokals und generell für Unternehmer/innen notwendig bzw. von Vorteil sind. Überlegen Sie, welche Eigenschaften dies sein sollten.

1.1 Voraussetzungen für die Ausübung eines Gewerbes

Es müssen folgende Voraussetzungen erfüllt sein:

Allgemeine Voraussetzungen	Besondere Voraussetzungen
Bei natürlichen Personen - Eigenberechtigung (Vollendung des 18. Lebensjahres) - Staatsangehörigkeit zu einem EU- oder EWR-Mitgliedsstaat oder Vorliegen einer Aufenthaltsberechtigung - Fehlen von Ausschließungsgründen **Bei juristischen Personen** - Kein mangels kostendeckenden Vermögens nicht eröffnetes oder aufgehobenes Insolvenzverfahren - Nichtvorliegen von Ausschlussgründen bei Personen mit maßgeblichem Einfluss auf den Geschäftsbetrieb der Gesellschaft, wie z.B. Geschäftsführer/innen. - Bestellung eines/einer geeigneten gewerberechtlichen Geschäftsführers/Geschäftsführerin	- **Befähigungsnachweis:** Nachweis, dass der/die Gewerbeanmelder/in über die fachlichen und kaufmännischen **Kenntnisse, Fähigkeiten und Erfahrungen** verfügt, um die für das betreffenden Gewerbe eigentümlichen Tätigkeiten selbstständig ausführen zu können. - Einige Gewerbe, die sogenannten **„Zuverlässigkeitsgewerbe"** dürfen erst bei Vorliegen eines rechtskräftigen behördlichen Bescheids ausgeübt werden. Gleiches gilt hinsichtlich sicherheitsrelevanter Tätigkeiten beim Rauchfangkehrergewerbe. **Beispiele:** Baumeister, Gas- und Sanitärtechnik, Waffengewerbe, Reisebüros, Inkassoinstitute, Vermögensberatung, Elektrotechnik

🔗 **Ausschließungsgründe** siehe Kap. 1.3 Gewerbeausschließungsgründe", S. 119 f.

⚠️ Schon das Fehlen einzelner Voraussetzungen bewirkt, dass durch die Gewerbeanmeldung die Berechtigung zur Gewerbeausübung nicht erlangt wird.

1.2 Gewerbearten und ihre Voraussetzungen

Gewerbeart	Beschreibung	Voraussetzungen	Beispiele
Freie Gewerbe Es gibt über 400 freie Gewerbe.	Es ist **kein Befähigungsnachweis erforderlich.** Alle Gewerbe, die nicht ausdrücklich unter den reglementierten Gewerben aufgezählt sind, sind freie Gewerbe.	Nur **allgemeine Voraussetzungen** notwendig.	Buch-, Kunst- und Musikalienverlag, Marktfahrer, Werbeagentur, Würstelstand, Grafiker, Handelsgewerbe, Garagenunternehmungen
Reglementierte Gewerbe Derzeit gibt es 75 reglementierte Gewerbe. Liste siehe: www.bmwfw.gv.at/ Unternehmen/ Gewerbe	Sind Gewerbe, für die ein **Befähigungsnachweis** erbracht werden muss. ⚠ Welche Belege konkret – für sich allein oder in Verbindung miteinander – die Zugangsvoraussetzungen für ein reglementiertes Gewerbe darstellen, legt das Wirtschaftsministerium für jedes Gewerbe durch **Verordnung** fest.	Der Befähigungsnachweis kann aus ■ der **Meisterprüfung** (bei Handwerken) ■ oder einer **Kombination aus verschiedenen Möglichkeiten** bestehen (z. B. Zeugnis über Unternehmerprüfung, den Abschluss eines Studiums, einer Schule, eines Lehrgangs, der Lehrabschlussprüfung, Nachweise einer Tätigkeit als Betriebsleiter/in).	Augenoptiker (Handwerk), Bäcker (Handwerk), Baumeister, Bestatter, Überlassung von Arbeitskräften, Unternehmensberatung, Arbeitsvermittlung
Verbundene Gewerbe	Sind Gewerbegruppen, die sich aus zwei oder mehreren reglementierten Gewerben, die für sich vollkommen eigenständig sind, zusammensetzen.		Gärtner – Floristen Keramiker – Platten- und Fliesenleger

⚠ Seit der Gewerbeordnungsnovelle 2017 sind **Teilgewerbe** aus reglementierten Gewerben Teil der freien Gewerbe geworden.

Industriebetriebe

Reglementierte Gewerbe, die in Form eines Industriebetriebes ausgeübt werden sind i.d.R. vom Befähigungsnachweis ausgenommen.
Ausnahmen: Baumeister, Holzbaumeister, Steinmetzmeister, Waffengewerbe, Herstellung von Arzneimitteln und Giften, Herstellung von Medizinprodukten.

Eine industriemäßige Gewerbeausübung setzt aber voraus, dass eine entsprechende Kapitalausstattung, Mitarbeiteranzahl, technologische Ausstattung etc. vorliegt und/oder andere für die betreffende Branche industrietypische Merkmale nachgewiesen werden. Der Nachweis hiefür ist bei der Gewerbeanmeldung zu erbringen.

Unternehmerische Tätigkeit außerhalb der Gewerbeordnung

Nicht jede Form selbstständiger Tätigkeit, die regelmäßig und mit der Absicht, Ertrag zu erzielen, ausgeübt wird, ist mit der Erlangung einer Gewerbeberechtigung verbunden. Zu Tätigkeiten außerhalb der Gewerbeordnung zählen die **freien Berufe** (z. B. Ärzte, Notare, Rechtsanwälte, Apotheker) sowie die sogenannten **„Neuen Selbstständigen"** (z. B. Psycho- und Physiotherapeuten, Vortragende).

Wer muss den Befähigungsnachweis erbringen?

- Bei **Einzelunternehmen** muss der Inhaber/die Inhaberin den Befähigungsnachweis erbringen oder eine/n gewerberechtliche/n Geschäftsführer/in bestellen.

  Beispiel

  Peter studiert derzeit im dritten Semester Betriebswirtschaft. Seit seiner Schulzeit an der Handelsakademie interessiert er sich für die Themenbereiche Finanzierung und Vermögensanlage. Er möchte aber nicht nur sein eigenes Geld gut veranlagen, sondern auch anderen mit seinem Wissen und Können helfen. Für ihn gibt es nur einen Traumberuf – er möchte gewerblicher Vermögensberater werden.

  Bei einem Informationsgespräch mit einem Mitarbeiter des Gründerservice der Wirtschaftskammer erfährt er, dass ein erfolgreicher Abschluss der Handelsakademie für den Antritt des uneingeschränkten Gewerbes der gewerblichen Vermögensberatung nicht ausreicht. Peter hat aber die Möglichkeit das Gewerbe selbstständig auszuüben, wenn er einen gewerberechtlichen Geschäftsführer/eine gewerberechtliche Geschäftsführerin einsetzt, der/die den Befähigungsnachweis erbringt.

- **Gesellschaften** (OG, KG, GmbH, AG) müssen einen gewerberechtlichen Geschäftsführer/eine gewerbliche Geschäftsführerin bestellen, welche/r stellvertretend für die Gesellschaft den Befähigungsnachweis erbringen muss. Verpflichtend ist dessen/deren Einsetzung auch, wenn das Gewerbe in Form eines **Fortbetriebes** ausgeübt werden soll.
- Kann der Befähigungsnachweis nach den oben erwähnten Regelungen nicht erbracht werden, besteht die Möglichkeit der Feststellung einer **individuellen Befähigung**. Dabei sind der Gewerbebehörde durch entsprechende Beweismittel die für die jeweilige Gewerbeausübung erforderlichen Kenntnisse, Fähigkeiten und Erfahrungen nachzuweisen.
- Nur wer die Meisterprüfung erfolgreich abgelegt hat, darf sich auch **„Meister"** oder „Meisterbetrieb" o.ä. nennen.
- Das Antreten zu **Meister-** oder **Befähigkeitsprüfungen** ist mit Ausnahme der Volljährigkeit an keine Zulassungsbedingungen geknüpft. Gleiches gilt für die **Unternehmerprüfung**.

1.3 Gewerbeausschließungsgründe

Von der Ausübung eines Gewerbes ausgeschlossen sind Personen, die **Verstöße gegen das Strafgesetz** zu verantworten haben, und zwar wenn:
- sie von einem Gericht verurteilt worden sind
  - wegen betrügerischer Krida, Schädigung oder Begünstigung von Gläubigern/Gläubigerinnen oder grob fahrlässiger Beeinträchtigung von Gläubiger/innen-interessen;
  - wegen einer sonstigen strafbaren Handlung zu einer drei Monate übersteigenden Freiheitsstrafe oder zu einer Geldstrafe von mehr als 180 Tagessätzen und die Verurteilung nicht getilgt ist;
- sie wegen Übertretung des Suchtmittelgesetzes verurteilt wurden (gilt für das Gastgewerbe);
- sie wegen bestimmter Finanzvergehen, (z. B. Hinterziehung) von einer Finanzstrafbehörde verurteilt worden sind;

💡 Die konkreten Voraussetzungen können Sie nachlesen in: „Gewerblicher Vermögensberater-Verordnung" z. B. auf www.ris.bka.gv.at.

Unter **Fortbetriebsrecht** versteht man das Recht, das Gewerbe nach dem Tod des Gewerbeinhabers/der Gewerbeinhaberin (durch den die Gewerbeberechtigung erlischt) mit seiner/ihrer Berechtigung fortzuführen.

Österreichisches Gütesiegel für einen Meisterbetrieb

✏️ Nennen Sie fünf typische Meisterbetriebe.

_____

_____

_____

_____

_____

- Rechtsträger sind von der Gewerbeausübung ausgeschlossen, wenn der Konkurs mangels Masse abgewiesen wurde, und zwar solange dies in der Insolvenzdatei einsehbar ist (derzeit drei Jahre).

⚠ Es besteht die Möglichkeit, eine **Nachsicht** vom Ausschlussgrund bei der Bezirksverwaltungsbehörde zu beantragen. Voraussetzung dafür ist, dass nach der Eigenart der strafbaren Handlung und nach der Persönlichkeit des Verurteilten bei der Gewerbeausübung gleiche oder ähnliche Straftaten nicht zu befürchten sind.

Beispiel

Vor drei Jahren hat Moritz, der sich sonst nie etwas zu Schulden kommen hat lassen, mit seinem Freund Max in einem Heustadel geraucht. Den noch glühenden Zigarettenstummel warf er auf den Boden, als sie nach Hause gingen. Der Heustadel brannte ab und Moritz wurde wegen fahrlässiger Brandstiftung zu einer Geldstrafe von 250 Tagessätzen verurteilt.

Nun möchte er sich mit einem kleinen Restaurant selbstständig machen. Alle Voraussetzungen sind gegeben, nur der Gewerbeausschließungsgrund des Verstoßes gegen das Strafgesetz steht dem entgegen.

Wenn er bei der zuständigen Bezirksverwaltungsbehörde um eine Nachsicht vom Ausschlussgrund ansucht, hat er gute Chancen auf Erteilung einer Nachsicht. Schließlich sind weder nach der Eigenart der strafbaren Handlung noch nach der Persönlichkeit von Moritz bei der Gewerbeausübung als Gastwirt gleiche oder ähnliche Straftaten zu befürchten.

1.4 Beginn der Gewerbeausübung

- Wenn die Voraussetzungen für ein Gewerbe erfüllt sind, kann der Antrag auf eine **Gewerbeberechtigung** bei der **Gewerbebehörde** gestellt werden. Zuständige Gewerbebehörde ist die Bezirksverwaltungsbehörde des Gewerbestandortes und daher – je nach Standort – die Bezirkshauptmannschaft, der Magistrat der Stadt oder in Wien das zuständige Magistratische Bezirksamt.
- Mit dem vollständigen Einlangen der Anmeldungsunterlagen kann mit der gewerblichen Tätigkeit sofort begonnen werden, wenn alle Voraussetzungen vorliegen. Bei Gewerben mit Rechtskraftvorbehalt **(Zuverlässigkeitsgewebe)** muss allerdings die Rechtskraft des Bescheides über die Zuverlässigkeit abgewartet werden.
- Innerhalb von drei Monaten hat die Behörde – bei Vorliegen der gesetzlichen Voraussetzungen – den Anmelder/die Anmelderin in das zentrale **Gewerberegister** einzutragen und durch Übermittlung eines Originals des Auszuges aus dem Gewerberegister von der Eintragung zu verständigen.

💡 Das Bundesministerium für Digitalisierung und Wirtschaftsstandort gibt eine bundeseinheitliche **Liste der freien Gewerbe** heraus, die auch über Internet abrufbar ist. Bei der „Erfindung" neuer freier Gewerbe muss stets darauf geachtet werden, dass nicht in die Befugnisse reglementierter Gewerbe eingegriffen wird. Freie Gewerbe müssen daher bei ihrer Anmeldung so genau bezeichnet werden, dass eine klare Abgrenzung zu reglementierten Gewerben, freien Gewerben und Tätigkeiten, die nicht der Gewerbeordnung unterliegen, möglich ist.

In Gewerbeangelegenheiten schreiten ein:
Erste Instanz: Magistrate, Bezirkshauptmannschaften
Zweite Instanz: Landesverwaltungsgericht (Gegen die Entscheidung des Landesverwaltungsgerichts ist eine Revision an den Verwaltungsgerichtshof und eine Beschwerde an den Verfassungsgerichtshof zulässig)

Aha!

Die **Gewerbeanmeldung** kann samt Unterlagen persönlich, per Post, per Telefax oder im Wege automationsunterstützter Datenübertragung (z.B. per E-Mail oder Internet) bei der Gewerbebehörde eingebracht werden.

1.5 Erlöschen der Gewerbeberechtigung

Natürliche Personen	Die Gewerbeberechtigung von natürlichen Personen endet durch die Zurücklegung, die Entziehung sowie den Tod, außer es besteht ein Fortbetriebsrecht.
Juristische Personen	Die Gewerbeberechtigung einer juristischen Person endet, wenn die juristische Person untergeht, sowie durch Zurücklegung oder Entziehung.
Personengesellschaften	Die Gewerbeberechtigung endet unter anderem: ■ durch Auflösung der Personengesellschaft, wenn keine Liquidation stattfindet, sonst durch die Beendigung der Liquidation; ■ durch die Zurücklegung der Gewerbeberechtigung im Falle von Fortbetrieben; ■ durch die Entziehung der Gewerbeberechtigung durch die Behörde (siehe unten); ■ durch Zeitablauf oder durch Eintritt einer auflösenden Bedingung.

Entziehung der Gewerbeberechtigung

Die Gewerbeberechtigung ist von der Behörde zu entziehen, wenn
- **Ausschließungsgründe** zutreffen und mit der Ausübung des Gewerbes zu rechnen ist;
- der Gewerbeinhaber/die Gewerbeinhaberin infolge schwerwiegender Verstöße gegen Rechtsvorschriften und **Schutzinteressen,** die für die Ausübung des Gewerbes erforderliche Zuverlässigkeit nicht mehr besitzt;
- der Gewerbeinhaber/die Gewerbeinhaberin wegen Beihilfe zu einer **Verwaltungsübertretung** (Ausübung des Gewerbes ohne Gewerbeberechtigung) bestraft worden ist und weiteres vorschriftswidriges Verhalten zu befürchten ist.
- der Gewerbeinhaber/die Gewerbeinhaberin das Gewerbe **fünf Jahre nicht ausgeübt** hat und unbekannten Aufenthalts ist;
- der Gewerbeinhaber/die Gewerbeinhaberin aus einem Drittstaat die **Aufenthaltsbewilligung verliert;**
- die Ausübung in Form eines Industriebetriebes untersagt wird, weil kein Industriebetrieb mehr vorliegt und der Befähigungsnachweis nicht erbracht wurde.

Schutzinteressen in diesem Zusammenhang sind inbesondere die Verhinderung der illegalen Beschäftigung, der Kinderpornografie, des Suchtgiftkonsums, des Suchtgifthandels sowie der illegalen Prostitution.

1.6 Standort, Namensführung und Geschäftsbezeichnung

- Die Gewerbeberechtigung ist an einen **bestimmten Standort** gebunden. Wird das Gewerbe an einer **weiteren Betriebsstätte** ausgeübt, ist dies ebenfalls der Gewerbebehörde zu melden.
- Es muss in diesem Zusammenhang geprüft werden, ob eine **Betriebsanlagengenehmigung** nötig ist – sie muss für jeden Standort gesondert beantragt werden.
- Die Betriebsstätte muss mit einer **äußeren Geschäftsbezeichnung** versehen sein. Diese hat zumindest den Namen des/der Gewebetreibenden und einen unmissverständlichen Hinweis auf den **Gegenstand** und die **Art des Gewerbes** zu enthalten.
- Im **Geschäftsverkehr** (Stempel, Geschäftspapier) hat der/die Gewerbetreibende seine/ihre Firma oder seine/n Familiennamen zusammen mit mindestens einem ausgeschriebenen Vornamen zu verwenden. Bei Unterschriftsabgabe muss mindestens der Familienname verwendet werden. Abkürzungen sind in Ankündigungen dann zulässig, wenn keine Verwechslungsgefahr besteht.

Die Verpflichtung zur äußeren Kennzeichnung der Betriebsstätte trifft jeden Gewerbetreibenden. Stellt die Wohnung des Gewerbetreibenden auch gleichzeitig seinen Gewerbestandort dar, muss dies ebenfalls durch eine äußere Geschäftsbezeichnung ersichtlich sein.

III Unternehmer/in und Arbeitnehmer/in in Recht und Wirtschaft

Aufgabenstellungen – „Gewerberecht"

1. Zählen folgende Tätigkeiten zu den gewerblichen Tätigkeiten? Begründen Sie Ihre Antwort!

	Ja	Nein	Begründung
Einmalige Veranstaltung eines Schulfestes			
Betrieb einer Fahrschule			
Handeln mit Drogen			
Laufendes Betreiben eines Flohmarktes zugunsten von Behinderten			
Tätigkeit eines selbstständigen Konditors			

2. Überprüfen Sie, ob folgende selbstständig ausgeübten Tätigkeiten zu den freien oder zu den reglementierten Gewerben zählen.

	Freies Gewerbe	Reglementiertes Gewerbe
Fotograf		
Maler und Anstreicher		
Fahrradvermietung		
Filmverleih		
Organisation von Events		
Werbetexter		

2 Betriebsanlagenrecht

Anna und Tobias haben nach langer Suche endlich ein passendes Geschäftslokal gefunden. Nun ist es wichtig zu klären, ob ihr Vorhaben an dem gewählten Standort zulässig ist. Die beiden haben außerdem Sorge, dass Anrainer sich belästigt fühlen könnten und wollen sich nun umfassend über die Bestimmungen des Betriebsanlagenrechts und eventueller Genehmigungspflichten informieren und absichern.

Die Betriebsanlagengenehmigung ist **anlagenbezogen,** d.h., dass bei einer Übernahme einer genehmigten Betriebsanlage nicht neuerlich um eine Genehmigung angesucht werden muss, sofern keine Änderungen vorgenommen wurden bzw. werden. Die Genehmigung geht „automatisch" auf den neuen Inhaber/die neue Inhaberin über. Allerdings ist die Betriebsanlagengenehmigung an den Standort gebunden.

Betriebsanlagen sind örtlich gebundene Einrichtungen, die zur regelmäßigen Ausübung einer gewerblichen Tätigkeit bestimmt sind.

Wann ist eine Betriebsanlage genehmigungspflichtig?

Die Errichtung oder der Betrieb von Anlagen unterliegt der Genehmigungspflicht durch die Behörden, wenn folgende Gefahren von ihnen ausgehen:
- Das **Leben** oder die **Gesundheit** der Gewerbetreibenden, der mittätigen Familienangehörigen, der Mitarbeiter/innen, der Nachbarn/Nachbarinnen oder der Kunden/Kundinnen kann gefährdet sein.
- Das **Eigentum** oder sonstige dingliche Rechte der Nachbarn/Nachbarinnen können gefährdet sein oder es könnten Belästigungen durch Geruch, Lärm, Rauch, Staub, Erschütterung u. a. auftreten.

- Der **Unterricht** in Schulen, der Betrieb von Kranken- oder Kuranstalten oder die Religionsausübung in Kirchen kann beeinträchtigt werden.
- Die **Sicherheit, Leichtigkeit und Flüssigkeit** des Verkehrs wird wesentlich behindert.
- Sie können **nachteilig auf die Beschaffenheit von Gewässern** einwirken.

Durch die Genehmigungspflicht soll erreicht werden, dass die oben angeführten Nachteile auf ein zumutbares Ausmaß beschränkt werden.

⚠️ Mit der Errichtung einer gewerblichen Betriebsanlage darf erst nach vorliegender Genehmigung der zuständigen Behörde begonnen werden. Sonst kann es passieren, dass der Betreiber/die Betreiberin die Anlage wieder schließen muss. Außerdem droht dem Betreiber eine Verwaltungsstrafe.

⚠️ Kann von einer Betriebsanlage keine Gefahr oder Beeinträchtigung ausgehen, dann ist auch kein Genehmigungsverfahren notwendig. Beispiele hierzu sind reine Bürobetriebe, Friseurstudios und Handelsbetriebe ohne Reparaturbetrieb (sofern keine Anrainerbelästigung durch erheblichen Lieferverkehr zu erwarten ist).

Wie erhält man eine Betriebsanlagengenehmigung?

Die **Zuständigkeit** hinsichtlich der Erteilung von Betriebsanlagengenehmigungen ist folgendermaßen geregelt:

Erste Instanz	Zweite Instanz
■ Bezirksverwaltungsbehörde (Magistrat, Bezirkshauptmannschaften) oder ■ Landeshauptmann/-frau (in einigen Ausnahmefällen und wenn eine wasserrechtliche Bewilligung durch den Landeshauptmann/die Landeshauptfrau notwendig ist) oder ■ BM für Wissenschaft, Forschung und Wirtschaft	Die zweite Instanz im Genehmigungsverfahren ist das Landesverwaltungsgericht.

Als **Verfahrensart** steht je nach Projekt das ordentliche bzw. das vereinfachte Genehmigungsverfahren zur Verfügung.

- **Ordentliches Verfahren**
  Der Ablauf des ordentlichen Betriebsanlagengenehmigungsverfahrens gliedert sich in
  ▸ Antragstellung mit allen erforderlichen **Unterlagen**
  ▸ Vorprüfung durch die Behörde
  ▸ Lokalaugenschein mit den Nachbarn; Verhandlungsschrift
  ▸ Bescheid

- **Vereinfachtes Verfahren**
  In der Gastronomie und Hotellerie gibt es für festgelegte Betriebe die Möglichkeit eines vereinfachten Betriebsanlagengenehmigungsverfahrens.
- Dabei führt die Behörde im Gegensatz zum ordentlichen Verfahren grundsätzlich keine „Augenscheinsverhandlung" im Betrieb durch.
- Nachbarn haben in diesem Verfahren keine Parteistellung, das heißt, dass sie keine Einwendungen und auch keine Berufung erheben können. Sie müssen jedoch von der Behörde gehört werden **(Anhörungsrecht).** Die Behörde hat von Amts wegen die Interessen der Nachbarn wahrzunehmen und nötigenfalls entsprechende Aufträge zu deren Schutz zu erteilen.

Einreichunterlagen
- **Antrag** (1-fach)
- **Betriebsbeschreibung** (4-fach): Allgemein verständliche Beschreibung des Betriebsablaufs und der wichtigsten Arbeitsschritte
- **Verzeichnis der Maschinen und Betriebseinrichtungen** (4-fach); z. B. Drehbank, Kompressor, Kreissäge, Kühlgeräte, Heizung, Lüftung
- **Pläne und Skizzen** (4-fach): Lageplan, Grundrissplan/Bauplan, Maschinenaufstellungsplan
- **Abfallwirtschaftskonzept**
- **Unterlagen für die Beurteilung des Projekts** (1-fach): Zu erwartende Emissionen z. B. Lärm, Abluft, Geruch, Abwasser, Verkehrsaufkommen
- **Name und Anschrift** des Eigentümers des Betriebsgrundstücks und der Eigentümer der an dieses Grundstück unmittelbar angrenzenden Grundstücke (1-fach)

Quelle: WKO

III Unternehmer/in und Arbeitnehmer/in in Recht und Wirtschaft

Auszug: Maschinenverzeichnis
Verzeichnis (mit Nummern) und Beschreibung: aller Maschinen, Geräte und Transportmittel.
Beispiel: Kühl-, Heizungs-, Lüftungs- und Flüssiggasanlage, Herd, Dunstabzugshaube, Geschirrspüler, Fritter, Espressomaschine – Kenngrößen: Geräteart, Lieferanten- und Herstellername, Baujahr, elektr. Anschlussleistung, Tragkraft, Absaugleistung, Antriebsart, Antriebsleistung, Energieaufnahme bzw. -abgabe, Schallemission.

Das vereinfachte Verfahren gilt z. B. für
- Gastronomiebetriebe bis zu 200 Verabreichungsplätzen, in denen weder musiziert noch, z.B. mit einem Tonbandgerät, Musik wiedergegeben wird und
- freie Gastgewerbe, wie z. B. Schutzhütten, Milchausschank, Würstelstand, Buschenschankbuffet, Gästebeherbergung bis zehn Fremdenbetten.

Wann kann die Behörde in bestehende Betriebsanlagengenehmigungen eingreifen?

- Schon bei bloßem Verdacht (!) einer unbefugten Gewerbeausübung bzw. einer nicht genehmigten Anlagenerrichtung, -änderung oder -inbetriebnahme hat die Behörde den/die Gewerbetreibende/n zur Herstellung des rechtmäßigen Zustandes aufzufordern. Reagiert der/die Gewerbetreibende nicht, so muss die Behörde mit Bescheid die Schließung von Teilen des Betriebes oder einzelner Maschinen verfügen.
- Im Fall der Gesundheitsgefährdung bzw. Eigentumsgefährdung von Menschen (z.B. durch unzureichende Brandschutzmaßnahmen), unzumutbarer Belästigung der Nachbarn (z.B. durch Lärm) hat die Behörde entsprechende Sicherheitsmaßnahmen oder Vorkehrungen (Stilllegung von Maschinen, Betriebsschließung) unmittelbar zu verfügen.

⚠️ Derartige Bescheide sind sofort vollstreckbar, d.h. dass die angeordnete Maßnahme sofort zu befolgen ist. Eine Berufung hat hier keine aufschiebende Wirkung, d.h., trotz Berufung bleibt die Verfügung der Betriebsschließung bzw. Stilllegung aufrecht.

Erlöschen von Betriebsanlagengenehmigungen

Betriebsanlagengenehmigungen verlieren ihre Gültigkeit, wenn
- die Betriebsanlage nicht innerhalb von fünf Jahren errichtet wird,
- die Anlage mehr als fünf Jahre lang nicht mehr verwendet wird,
- eine Verlängerungsfrist von sieben Jahren verstrichen ist, ohne dass die Anlage errichtet wurde.

 Aufgabenstellung – „Betriebsanlagenrecht"

- Wie Sie an der Einreichliste für eine Betriebsanlagengenehmigung (Vorseite, Randspalte) sehen, sind die Anforderungen an eine Betriebsanlagengenehmigung enorm. Diskutieren Sie in der Klasse, ob diese Vorschriften nicht z. T. zu streng sind bzw. was diese einerseits für die Betriebsinhaber/innen und andererseits für die Konsumentinnen und Konsumenten bedeuten.

Gewerbe- und Betriebsanlagenrecht

3 EU – EWR: Anpassungsbestimmungen

Die Bestimmungen der GewO sind auf die EU bzw. auf EWR-Vertragsstaaten nach Berücksichtigung folgender Abweichungen anzuwenden.

Der Bundesminister/die Bundesministerin für Wissenschaft, Forschung und Wirtschaft hat einem Staatsangehörigen/einer Staatsangehörigen eines Mitgliedsstaates der EU oder eines Vertragsstaates des EWR die tatsächliche Ausübung von Tätigkeiten in einem anderen Mitgliedstaat der EU oder einem anderen Vertragsstaat des EWR als ausreichenden Nachweis der Befähigung auf Antrag mit Bescheid anzuerkennen, wenn:

- die Tätigkeit allenfalls in Verbindung mit einer einschlägigen Ausbildung oder einem Eignungs- oder Befähigungsnachweis nach Art und Dauer den Voraussetzungen der Verordnung gemäß Abs. 2 entsprechen und
- keine Ausschlussgründe gemäß § 13 GewO vorliegen.

Staatsangehörige eines Mitgliedsstaates der Europäischen Union oder eines Vertragsstaates des Europäischen Wirtschaftsraumes dürfen ein Gewerbe wie Inländer/innen ausüben.

Der Bundesminister/die Bundesministerin für Wissenschaft, Forschung und Wirtschaft hat durch Verordnung die konkreten **Anerkennungsvoraussetzungen** festzulegen.

Wissensfragen – „Gewerbe- und Betriebsanlagenrecht"

1. Definieren Sie den Begriff „Gewerbe".
2. Nennen Sie die Gewerbearten.
3. Wann erlischt die Gewerbeberechtigung bei natürlichen Personen, wann bei juristischen Personen?
4. Führen Sie mindestens zwei Gründe an, die zu einer Entziehung der Gewerbeberechtigung durch die Behörde führen.
5. Wer muss den Befähigungsnachweis erbringen
    a) bei Einzelunternehmen?
    b) bei Gesellschaften?
6. Bei welchen Behörden kann man um eine Gewerbeberechtigung ansuchen?
7. Erklären Sie, was man unter einer Betriebsanlage versteht und wann sie genehmigungspflichtig ist.
8. Welche Behörden sind für die Genehmigung von Betriebsanlagen zuständig?
9. Erklären Sie die Unterschiede zwischen einem ordentlichen und einem vereinfachten Verfahren im Zuge einer Betriebsanlagengenehmigung.

Ziele erreicht? – „Gewerbe- und Betriebsanlagenrecht"

1. Sie erinnern sich: Anna und Tobias möchten ein Szenelokal eröffnen:
    a) Nennen Sie die allgemeinen Voraussetzungen, die vom Betriebsinhaber/von der Betriebsinhaberin zu erfüllen sind.
    b) Wer von den beiden kann eine Gewerbeberechtigung erhalten? Begründen Sie Ihre Antwort.
    c) Welche Art von Gewerbe werden die beiden anmelden?
    d) Die beiden wohnen in Linz. Welche Behörde ist für die Gewerbeanmeldung zuständig?
    e) Machen Sie eine Checklist, welche Schritte für die Gewerbeanmeldung notwendig sind.

2. Ermitteln Sie, ob in den nachfolgenden Fällen eine Betriebsanlagengenehmigung notwendig ist oder nicht und argumentieren Sie Ihre Entscheidung.

   a) Gerhard Huber möchte in einer Wohnung in einem Mehrparteienhaus sein Büro für die selbstständige Tätigkeit als Unternehmensberater einrichten.

   b) Susanne Berenkamp ist Eigentümerin einer großen Liegenschaft, die im Gewerbegebiet ihrer Heimatgemeinde liegt. Sie möchte dort den Unternehmenssitz für ihr Transportgewerbe ansiedeln. Es ist mit zusätzlichen Lkw-Fahrten von 36 Stück pro Tag in der Gemeinde zu rechnen.

   c) Ein großes Mineralölunternehmen plant eine weitere Tankstelle in der Stadt Salzburg zu errichten und zu betreiben.

3. Lesen Sie die beiden folgenden Zeitungsartikel.

   a) Warum regelt der Gesetzgeber unternehmerische Tätigkeiten in eine Gewerbeordnung, welche Ziele verfolgt er damit?

   b) Welche Argumente sprechen gegen die weitreichende Regulierung, und welche dafür?

   c) Wie könnte sich die Freigabe bisher reglementierter Gewerbe auf die Lehrlingsausbildung auswirken?

Warum die Gewerbeordnung das meistgehasste Gesetz ist

Die Gewerbeordnung ist geradezu ein Sinnbild für Reformbedarf und Reformresistenz in Österreich. „Die Gewerbeordnung gehört, auf einem weißen Blatt Papier beginnend, neu geschrieben", sagt Michael Böheim, Experte für Regulierungspolitik am Wirtschaftsforschungsinstitut in Wien. Trotzdem scheiterte bislang jede größere Reform. Bis heute ist die Grundstruktur der Gewerbeordnung dieselbe wie im Jahr 1859. Die letzte richtig große Reform der Gewerbeordnung fand unter Bundeskanzler Bruno Kreisky im Jahr 1973 statt. Kleinere Abänderungen erfolgten etwa 1994 und 2002. Vieles kam hinzu. Einiges wurde ausgemustert. Manches ist heute viel zu viel reguliert, anderes wieder überhaupt nicht.

Insgesamt wurde alles spitzfindiger und undurchschaubarer, sagen Juristen und Ökonomen fast einhellig. Zum Beispiel schreibt die Gewerbeordnung vor, dass für das Umnähen einer Hose eine Ausbildung notwendig ist – aber nicht etwa für das Anfertigen eines Fallschirms. Wer Jobs wie jenen des Wäschebüglers ergreifen will, bei denen Gesundheit und Sicherheit wahrlich nicht groß in Gefahr geraten können, muss dafür eine zweijährige Berufspraxis vorweisen. Für das Heckenstutzen braucht es eine gärtnerische Ausbildung, für das Unkrautjäten nicht. Und was Reinigungsarbeiten im Haushalt betrifft: Wenn die Reinigung „nach Art der Hausfrau oder des Hausmannes" erfolgt, handelt es sich um ein freies Gewerbe. Alles andere ist ausbildungspflichtig.

Der Wildwuchs im Lauf der vergangenen 150 Jahre, die zahlreichen unterschiedlichen Tätigkeiten und Zugangsregeln – all das führe zu Problemen, klagen Unternehmer und Oppositionspolitiker. Nicht nur administrativ haben Selbstständige deshalb einiges zu bewältigen, auch finanziell. Der Grund: Für die Ausübung eines jeden Gewerbes benötigt man einen Gewerbeschein. Und der kostet Geld.

Offen ist im Fall einer radikalen Neuordnung nicht nur die Frage, wo die Kammer ihr Geld herbekommen soll – immerhin wären die Beiträge der Gewerbetreibenden dann niedriger als heute. Auch steht die Wirtschaftskammer vonseiten vieler ihrer Mitglieder unter Druck. Es sind Selbstständige, die ihre Gewerbe bereits ausüben dürfen, also den Anforderungen der Gewerbeordnung genügen. Wenn es sich dabei um Tätigkeiten mit Befähigungsnachweisen handelt, haben diese Kammermitglieder einst viel Zeit, Geld und Mühe investiert, um nun etwa als Fremdenführer oder Reisebürobetreiber arbeiten zu dürfen. Jetzt sollen es die Nachkommenden plötzlich leichter haben. Und noch dazu als neue Konkurrenz in großer Zahl nachströmen.

„Die Gewerbeordnung sorgt für Sicherheit, Konsumentenschutz und ein funktionierende Lehrlingswesen", argumentiert Reinhard Kainz, Geschäftsführer der Bundessparte Gewerbe der Wirtschaftskammer. Dass sie gar so verkrustet und starr sei, nennt er „eine Mär" – und verweist auf die häufigen Änderungen des Werks. „Die Gewerbeordnung reagiert flexibel auf neue Entwicklungen in der Wirtschaftswelt."
Trotzdem reagiert die Wirtschaftskammer ein stückweit auf die Kritik an der Gewerbeordnung. Eine Arbeitsgruppe berät laut Kainz derzeit über eine Neuordung der Finanzierung der Kammer – auch über eine mögliche Reform der umstrittenen Grundumlage. Noch heuer sollen Ergebnisse vorliegen. Und die geplante Reform der Regierung? „Wir sind gesprächsoffen", sagt Kainz, „auch wenn man sich anschauen muss, in welchen Bereichen das sinnvoll ist."

www.profil.at, 29. Juni 2016 (Auszug)

Was die neue Gewerbeordnung bringt

Ende Mai 2016 hat die Bundesregierung bekanntgegeben, die Gewerbeordnung umkrempeln zu wollen. Nun, mehr als ein Jahr und eine Regierungskrise später, sind die Verhandlungen abgeschlossen. Das Gesetz soll ab 1. Mai 2018 gelten.

Reglementierte Gewerbe: Aus 80 werden 75.
Freie Gewerbe: Der allergrößte Teil der Teilgewerbe wird zu freien Gewerben. Hier kommt es zur sogenannten „Single License". Mit einem Gewerbeschein kann man alle freien Gewerbe ausüben.
Nebenrechte: Diese werden für reglementierte und freie Gewerbe ausgeweitet. Bei den reglementierten Gewerben können auftragsbezogen 15 Prozent in anderen reglementierten Gewerben erwirtschaftet werden, ohne dass man eine zusätzliche Gewerbeberechtigung braucht. In den freien Gewerben können bis zu 30 Prozent des Jahresumsatzes in anderen freien Gewerben gemacht werden. Übersteigt man 30 Prozent, reicht eine Meldung im Online-Gewerberegister GISA, es wird aber eine weitere Kammerumlage fällig, auch wenn es die „Single License" gibt.
Anlagenrecht: Die Verfahren werden entbürokratisiert und schneller. Die maximale Verfahrensdauer sinkt von derzeit sechs auf vier Monate. Anlagenwerber können künftig nichtamtliche Sachverständige heranziehen. Betriebsanlagengenehmigungen bei vorübergehende Anlagen – etwa eine Theke des Gasthauses für ein Fest im Freien – fallen weg. „Beraten vor strafen" wird im Betriebsanlagenbereich etabliert.
Beherbergungsbranche: Im Gewerbe „Beherbergung von Gästen" können künftig Zusatzdienstleistungen wie Ausflüge, Wellnessdienstleistungen, Ticketverkäufe, Abholfahrten und Ähnliches angeboten werden.

Grüne und NEOS wollen nur 65 reglementierte Gewerbe

Die beiden Oppositionsparteien Grüne und NEOS sehen in den SPÖ-ÖVP-Plänen zur Reform der Gewerbeordnung nur einen Minimalkonsens. Die beiden Fraktionen werden morgen daher einen Abänderungsantrag im Nationalrat einbringen. Darin fordern sie, dass die Zahl der regulierten Gewerbe von 80 auf 65 sinken soll, wie sie am Mittwoch mitteilten.

„Mit unserem gemeinsamen Abänderungsantrag wollen Grüne und NEOS die Gewerbeordnung viel umfangreicher entrümpeln als die SPÖ-ÖVP-Regierung", so der grüne Selbstständigensprecher **Matthias Köchl** und NEOS-Chef **Matthias Strolz**.

„Die Gewerbeordnung benötigt eine grundlegende Neukonzeption und Trennung in Berufs- und Anlagenrecht um lebbar, lesbar und unternehmerfreundlich zu werden", sind sich die beiden Politiker einig. „Bis diese grundlegende Reform angegangen wird, können aber unmittelbar jene Gewerbe freigegeben werden, von denen kein relevantes Risiko für Gesundheit, Umwelt oder das Vermögen der Kunden ausgeht." Als könne man schon jetzt, von der Zahl 80 ausgehend, 15 Gewerbe liberalisieren, so Strolz und Köchl.

Darf nicht zur Mogelpackung verkommen"

„Wir müssen größere Schritte nehmen, um den Klientelismus von SPÖ und ÖVP endlich zu beenden und die Gewerbeordnung ins 21. Jahrhundert zu holen", so Strolz. „Die Freigabe der 'Arbeitsvermittlung' und der 'Erzeugung von Kosmetischen Artikeln' aus der Grünen Vorschlagsliste ist nur der Minimalkonsens zwischen SPÖ und ÖVP", so Köchl. Die drei weiteren regulierten Gewerbe, die das Sinken der derzeitigen Zahl von 80 auf 75 laut den Plänen der Regierung erlauben, ist das zusammenlegen von drei Textilgewerben (u. a. Kürschner) zu einem einzigen Textilgewerbe. „Es ist absurd, dass SPÖ und ÖVP nur zwei Gewerbe befreien wollen", so Strolz.

Köchl begrüßt immerhin die Einigung auf eine „Single License" bei den freien Gewerben. Diese dürfe aber nicht zu einer „Mogelpackung" verkommen, bekräftigt Köchl die Grünen-Forderung einer Deckelung der Grundumlage auf maximal 100 Euro pro Gewerbeberechtigung.

www.kleinezeitung.at, 28. Juni 2017 (gekürzt)

Wettbewerbsrecht – Immaterialgüterrecht

Das Wettbewerbsrecht erfüllt die wichtige Aufgabe, Spielregeln für den unternehmerischen Wettbewerb zu schaffen und zu definieren. Damit soll die Grundlage geschaffen werden, dass sich kein Unternehmer einen ungerechtfertigten Vorteil gegenüber den Mitbewerbern verschafft.

Neben materiellen Gütern, wie z. B. einem Auto, existieren auch Güter, die nicht so einfach fassbar sind. Dazu gehören u. a. Ideen, Erfindungen, Konzepte, geistige Werke und Informationen. Im allgemeinen Sprachgebrauch wird hier der Begriff „geistiges Eigentum" verwendet. Im juristischen Sprachgebrauch wird dieser Begriff durch „immaterielle Güter" ersetzt. Genauso wie auch materielle Güter müssen diese sogenannten immateriellen Güter durch Gesetze geschützt werden. Die rechtlichen Grundlagen dazu werden im Immaterialgüterrecht festgehalten.

 Meine Ziele

Nach Bearbeitung dieses Kapitels kann ich
- die verschiedenen Handlungen, die laut dem UWG verboten sind, anführen sowie die Rechtsfolgen darlegen;
- die verschiedenen Möglichkeiten zum Schutz von geistigem Eigentum nennen;
- Begriffe wie Marke, Patent und Muster erklären sowie Beispiele erklären;
- erkennen, wann ich in fremde Rechte eingreife.

1 Wettbewerbsrecht

> *Anna sieht in einem Prospekt einen MP3-Player um 89,00 EUR. Da dieser sagenhafte Preis für dieses Markengerät nur einen Tag gilt, geht sie gleich am nächsten Tag in der Früh in das besagte Geschäft. Das Gerät ist bereits ausverkauft und der Verkäufer erklärt ihr, dass die Filiale nur drei Geräte erhalten hat. Anna geht enttäuscht nach Hause.*

Ist Ihnen auch schon einmal Ähnliches wie Anna passiert? Glauben Sie, dass so eine Werbeaktion erlaubt ist? Diskutieren Sie in der Klasse darüber.

Viele Unternehmen im In- und Ausland befinden sich sowohl bei der Produktion als auch beim Verkauf von Waren und Dienstleistungen in einem sehr dynamischen **Wettbewerb** mit den Mitbewerbern und Mitbewerberinnen am Markt. Damit es dabei auch fair zugeht, gibt es verschiedene **Gesetze,** die einzuhalten sind.

1.1 Gesetz gegen den unlauteren Wettbewerb – UWG

Das UWG soll einen **fairen Wettbewerb** zwischen den Unternehmen in Österreich ermöglichen. Die Mitbewerber/innen sollen geschützt werden vor
- unlauteren/unfairen,
- aggressiven und
- irreführenden Handlungen.

Die einzelnen Mitbewerber/innen liefern sich oft eine regelrechte Preisschlacht, um Kundinnen und Kunden anzulocken.

Das UWG beinhaltet eine Liste mit Beispielen solcher Handlungen:	
Unlautere/unfaire Handlungen	Kundenfang durch Beeinflussung oder Manipulation der Entscheidungsfreiheit der Konsumenten und Konsumentinnen, z. B. Abwerben oder „Abfangen" von Kunden bzw. Kundinnen vor dem Geschäftslokal des Mitbewerbers.
Aggressive Handlungen	Bewusste Behinderung, gezielte Ausbeutung oder böswilliges Anschwärzen von Mitbewerbern/-bewerberinnen; z. B. durch Unterbieten des Preises versucht der Marktführer, Mitbewerber/innen zu verdrängen oder zu vernichten.
Irreführende Handlungen	Irreführend sind Angaben, wenn sie eine falsche Vorstellung von der Wirklichkeit hervorrufen, wie z. B. falsche Angaben bezüglich Beschaffenheit, Ursprung, Herstellungsart oder Preisbemessung der Ware.
Mogelpackungen	Eine besondere Form der gezielten Irreführung ist die Mogelpackung. Dabei handelt es sich um eine Verpackung, bei der ein auffälliges Missverhältnis zwischen der Verpackungsgröße und dem Inhalt vorliegt.

Kennzeichnungsvorschriften

Bestimmte Waren und Dienstleistungen dürfen nur angeboten werden, wenn sie folgende Informationen aufweisen:
- Firma des Erzeugers oder Händlers
- Inhaltsangaben (z. B. Gewicht)
- Beschaffenheit
- ordentlicher Gebrauch bzw. Pflege
- Preis mit Gewichts- und Mengeneinheiten
- Herkunft

Beispiel für Irreführung

Es handelt sich hier um die unwahre Angabe, der Unternehmer werde demnächst sein Geschäft aufgeben oder seine Geschäftsräume verlegen. Das bedeutet, ein Unternehmer, etwa ein Teppichhändler, darf nicht mit einem Räumungsverkauf wegen Geschäftsaufgabe werben, wenn er sein Teppichgeschäft nach dieser Aktion fortführt.

Beispiel für Mogelpackung
Frau Kastler verkaufte in ihrem Selbstbedienungswarenhaus eine Hautcreme in einem undurchsichtigen Tiegel. Die Creme selber befand sich in einem Kunststoffeinsatz mit einem Volumen von 50 ml, während der Tiegel nach außen noch einen nicht befüllbaren Hohlraum von 77,5 ml besaß. Laut einem Urteil des OGH liefen Verbraucher/innen, welche die übliche Verpackungsgröße gewohnt wären, Gefahr, trotz Gewichtsangabe über die enthaltene Warenmenge irregeführt zu werden.

1.2 Verwaltungsrechtliche Verbote

Einige Delikte des UWG werden von den Verwaltungsbehörden verfolgt. Zuständig ist die **Bezirksverwaltungsbehörde.**

- Beim **„Schneeballsystem"** werden Konsumenten und Konsumentinnen Versprechen auf Gewinne oder Vergünstigungen gemacht, wenn sie weitere Kunden/Kundinnen anwerben.
- Waren aus einer Konkursmasse dürfen nicht gleichzeitig mit anderen Waren zum Verkauf angeboten werden.
- Die falsche Angabe von Auszeichnungen, Befähigungen oder Berechtigungen ist verboten.
- Ein Vertragsabschluss darf nicht vom Ergebnis einer Verlosung abhängig gemacht werden.

1.3 Rechtsfolgen bei Verletzung des UWG

Bei Verstoß gegen die Bestimmungen des UWG muss der Verursacher/die Verursacherin mit verschiedenen **Sanktionen** rechnen.

Zivilrechtliche Ansprüche
- Unterlassungsanspruch
- Widerrufanspruch
- Beseitigungsanspruch
- Schadenersatzanspruch

⚠️ **Domain Grabbing**
Es ist verboten, die Marke, den Namen oder die Firma eines anderen als eigene Domain registrieren zu lassen.

Strafen durch Gerichte oder Verwaltungsbehörden
Sittenwidrig ist, was **wettbewerbswidrig** ist. Unlautere Geschäftspraktiken werden bei Gericht sehr streng beurteilt.

Aufgabenstellung – „Wettbewerbsrecht"

- Suchen Sie im Internet auf der Website des Schutzverbandes für unlauteren Wettbewerb – www.schutzverband.at / Wettbewerbsrecht / ausgewählte Judikatur" nach je einem Beispiel für unlautere und irreführende Handlungen und diskutieren Sie in der Klasse darüber.

2 Immaterialgüterrecht

> Lukas macht mit seinen Eltern Urlaub in der Türkei. Auf dem Basar kauft er sich Turnschuhe, die der Händler als „echte Nike" anpreist. Lukas zeigt sie zu Hause stolz seinen Freunden, die aber lachen und meinen, dass die Schuhe sicher nur ein Fake sind.

💬 Sind Sie auch schon einmal einem Händler auf den Leim gegangen oder haben wissentlich Plagiate (Fälschungen) gekauft? Diskutieren Sie in der Klasse über die rechtlichen Folgen solcher Geschäfte.

Das Immaterialgüterrecht **schützt das geistige Eigentum** einer Person.

Dazu gehören folgende Rechte

Markenrecht	Musterschutz	Patentrecht	Urheberrecht
Schützt Logos oder Zeichen, die Produkte und Dienstleistungen unterscheidbar machen.	Schützt das Design von Produkten.	Schützt technische Erfindungen.	Schützt Werke der bildenden und angewandten Kunst (auch Texte).

Seien Sie vorsichtig beim Kauf von Plagiaten: Bei Zollkontrollen kann es zu unliebsamen Überraschungen kommen.

Eintragung im Patentregister

Immaterialgüterrechte außer dem Urheberrecht können beim **Patentamt** (www.patentamt.at) angemeldet und im öffentlichen Register eingetragen werden. Das Patentamt in Wien untersteht dem Wirtschaftsministerium und ist für die Erteilung und Verwaltung von Patenten sowie Marken- und Musterangelegenheiten zuständig. Für das Urheberrecht gibt es eigene **Verwertungsgesellschaften**.

Für Rechtsstreitigkeiten im Zusammenhang mit Marken-, Urheber- und Geschmacksmusterrechten sind die Zivilgerichte zuständig, in Wien das Handelsgericht Wien.

Bestimmte Zeichen sind von der **Registrierung** beim Patentamt **ausgeschlossen:**
- Staatliche Hoheitszeichen
- Amtliche Prüfzeichen
- Zeichen internationaler Organisationen
- Zeichen, die Ärgernis erregen oder das Publikum täuschen

2.1 Markenrecht

Was ist eine Marke?

Marken sind **Kennzeichen,**
- die sich in **Worten** und/oder **grafisch** darstellen lassen und
- dazu dienen, **Waren oder Dienstleistungen** eines Unternehmens von gleichartigen Gütern anderer Unternehmen zu **unterscheiden.**

Sie stellen **große Vermögenswerte** für Unternehmen dar und verdienen daher besonderen Schutz.

✏️ Welche Beispiele zu den verschiedenen Markentypen fallen Ihnen ein?

Markenregister

Markenrechte können durch Eintragung in das Markenregister beim Patentamt in Wien erworben werden. Das Markenregister ist ein **öffentliches Buch,** in das jedermann Einsicht nehmen kann. Marken können auch geändert oder gelöscht werden.

Schutzdauer

Die Schutzdauer beträgt **zehn Jahre,** sie kann immer wieder um weitere zehn Jahre verlängert werden. Die Marke ist dadurch österreichweit geschützt. Es ist auch die Anmeldung einer internationalen Marke möglich.

Nutzung von Markenrechten

Markenrechte können bei einem Eigentumswechsel über das gesamte Unternehmen auf die neuen Eigentümer/innen übergehen, es kann aber auch nur das Recht an der Marke ohne das Unternehmen übertragen werden. Die Verletzung von Markenrechten wird nur auf Verlangen des/der Geschädigten gerichtlich verfolgt.

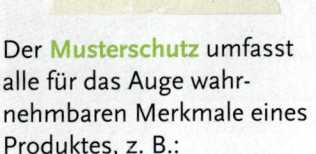

Der **Musterschutz** umfasst alle für das Auge wahrnehmbaren Merkmale eines Produktes, z. B.:
- Farbe
- Gestalt
- Oberfläche
- Verzierung

2.2 Musterschutz

Was ist ein Muster?

Ein Muster ist das Aussehen, das äußere Erscheinungsbild eines Produktes, also das **Design.** Durch ein ansprechendes Design werden Kunden und Kundinnen angelockt. Das Produktdesign hat im Wirtschaftsleben eine sehr große Bedeutung erlangt. Durch den Musterschutz kann der Rechtsinhaber/die Rechtsinhaberin andere Unternehmen davon ausschließen, seine/ihre Produkte nachzuahmen.

Schutzdauer

Die Schutzdauer in Österreich beträgt **fünf Jahre,** sie kann alle fünf Jahre bis zu maximal 25 Jahren verlängert werden. Es kann auch ein erweiterter Musterschutz auf andere Länder beantragt werden.

Anspruch auf Musterschutz hat grundsätzlich der Schöpfer/die Schöpferin des Musters oder sein/ihre Rechtsnachfolger/in. Der Musterschutz kann nur für Muster, die weder Ärgernis erregen noch gegen die öffentliche Ordnung verstoßen, erworben werden.

💡 Auch Verpackungen können Musterschutz erhalten. Beispiele wären ausgefallene Parfümflakons oder die charakteristische Form der Coca-Cola-Flasche.

2.3 Patentrecht

2.3.1 Patent

Was ist ein Patent?

Technische Erfindungen können von ihren Erfinderinnen/Erfindern durch ein Patent geschützt werden. Das Patentamt überprüft die Erfindung auf ihre
- Neuheit,
- erfinderische Leistung sowie
- gewerbliche Anwendbarkeit

und erteilt gegebenenfalls ein Patent.

Rechtlicher Schutz durch Eintragung

Ist das Patent eingetragen, gibt dies dem Patentinhaber/der Patentinhaberin das Recht, die Erfindung allein zu verwerten, d. h. anderen zu verbieten, Produkte auf Grundlage der Erfindung herzustellen und zu verkaufen. Der Erfinder/die Erfinderin hat somit ein Exklusivrecht an seiner/ihrer Erfindung, solange die Schutzdauer besteht.

Schutzdauer

Die Schutzdauer in Österreich beträgt bis zu **20 Jahre.** Durch einen internationalen Vertrag ist es möglich, gleichzeitig Schutz in anderen Ländern zu erhalten.

Verwertung von Patenten

Häufig stellen Erfinder/innen ihre erfundenen Produkte nicht selbst her, sondern lassen sie von Dritten produzieren und vertreiben. Bei diesem Vorgang handelt es sich um die Erteilung von Lizenzen durch einen **Lizenzvertrag,** für die der Erfinder/die Erfinderin Lizenzgebühren erhält.

Patentrechte sind **rechtlich übertragbar,** sie können z. B. vererbt oder verpfändet werden.

Bekannte Beispiele für Patente
- LD-Verfahren bei der VOEST-Stahlerzeugung
- Software von Microsoft

Jeden Tag werden sieben Patente angemeldet

Das starke Instrument Patent wird für die heimische Wirtschaft immer wichtiger, wenn es darum geht ihre innovativen Ideen national und international abzusichern, auch um neue Wachstumsmärkte zu erschließen", betonte Rödler. Positive Impulse erwartet sich der Patentamtschef vom für 2015 geplanten EU-Patent. Die Anmeldekosten für einen EU-weiten Schutz würden von derzeit 30.000,00 EUR auf schätzungsweise 8.000,00 EUR sinken. Im Bundesländervergleich liegt Oberösterreich mit 742 Erfindungsanmeldungen wie in den Vorjahren auf Rang eins, gefolgt von Wien (503), Niederösterreich (450) und Steiermark (414). Am wenigsten Anmeldungen gab es aus dem Burgenland (46) und aus Salzburg (117).

www.derstandard.at, 11. April 2013 (Auszug)

2.3.2 Gebrauchsmuster

Ein Gebrauchsmuster ist neben einem Patent die zweite Möglichkeit, eine **technische Erfindung** schützen zu lassen. Da ein Gebrauchsmuster jedoch nicht auf Neuheit und Erfindungseigenschaft geprüft wird, birgt es ein gewisses Risiko: Jede formal einwandfreie Anmeldung wird registriert – auch wenn sie nicht neu und erfinderisch ist. In diesem Fall kann die Registrierung wieder gelöscht werden.

Das Gebrauchsmuster ist einfacher und preiswerter anzumelden. Während eine Patentanmeldung oft einige Jahre dauert, kann das Gebrauchsmuster bereits wenige Wochen nach der Anmeldung eingetragen werden.

Dafür gibt es **Einschränkungen beim Schutzumfang:** Das Gebrauchsmuster ist maximal **zehn Jahre** lang geschützt. Der Gebrauchsmusterschutz gilt zunächst für drei Jahre. Jeweils nach drei, sechs und acht Jahren kann er verlängert werden.

Erfindungsranking

Rang	Unternehmen	Patente
1	AVL List GmbH	88
2	Zumtobel GmbH	53
3	Tridonic GmbH	46
4	Engel Austria GmbH	34
5	Meso Paper	26
	Plasser & Theurer	26
6	Julius Blum GmbH	24
7	Trumpf Maschinen	23
	Zizala Lichtsysteme	23
8	Fronius	19
9	Haas Food GmbH	16
	Siemens AG Österr.	16
	TU Wien	16
10	Erema GmbH	15

Quelle: www.patentamt.at, 2016

💡 **Das Europäische Patentamt (EPA)** bietet Erfinderinnen und Erfindern ein einheitliches Anmeldeverfahren, über das sie in bis zu 40 europäischen Staaten Patentschutz erlangen können.

Beispiel

Frau Hildner hat einen Kugelschreiber entwickelt, der nicht nur ein ausgefallenes, griffiges Design hat, sondern sich auch noch durch eine neuartige, besonders langlebige Mechanik auszeichnen.

Diesen besonderen Kugelschreiber möchte Frau Hildner verkaufen. Dabei möchte sie sichergehen, dass niemand ihre Kugelschreiber nachbaut und dann ebenfalls zum Verkauf anbietet.

Soweit es sich tatsächlich um einen neu erfundenen Kugelschreiber-Mechanismus handelt, könnte Frau Hildner für die neue Technik ein **Gebrauchsmuster** anmelden. Vor der Einreichung ihrer Anmeldung sollte sie jedoch mit einer Recherche beim Patentamt sicherstellen, dass ein gleichartiger Mechanismus nicht bereits durch einen anderen Erfinder eingetragen wurde.

Daneben kann Frau Hildner die äußere Form der Kugelschreiber, also das Design, als **Geschmacksmuster** anmelden. Auch hier empfiehlt sich eine vorherige Recherche nach bereits bestehenden, identischen Designs.

Wenn Frau Hildners Anträge ohne Beanstandungen bearbeitet sind, trägt das Patentamt für die Kugelschreiber einen Gebrauchsmuster- und einen Geschmacksmusterschutz ein. Frau Hildner muss dann nur noch an die rechtzeitige Zahlung der Verlängerungsgebühren denken, um den Schutz nicht vorzeitig zu verlieren.

2.4 Urheberrecht

Markus bereitet ein Referat vor. Er kopiert sich einiges Material aus dem Internet. Später, als er eine kleine Pause macht, lädt er sich einige Songs vom Internet auf sein iPod. Ob das alles erlaubt ist? Darüber hat er sich noch keine Gedanken gemacht.

💬 Haben Sie sich schon Gedanken darüber gemacht, was urheberrechtlich erlaubt ist und was nicht?

⚠️ Nicht alles, was Sie zeichnen, schreiben, komponieren oder zum Beispiel programmieren, ist automatisch urheberrechtlich geschützt. Auch das Hinzufügen des Zeichens © für Copyright ändert nichts daran. Ein Werk ist dann geschützt, wenn es den Werkbegriff des Urheberrechtsgesetzes erfüllt. Wenn Sie ein Werk in Händen halten, verwenden oder hören, wissen Sie somit nicht sicher, ob es auch gesetzlich geschützt ist oder nicht. Im Einzelfall kann das nur gerichtlich geklärt werden, wenn jemand in die Rechte eines anderen eingreift.

Früher lief man als Durchschnittsbürger/in kaum Gefahr, mit dem Urheberrecht in Konflikt zu kommen. Seit das Internet und damit die Nutzung und Verbreitung von Daten, Bildern, Musik u. a. m. zum Alltag in den Privathaushalten gehört, hat sich die Situation grundlegend geändert und es ist notwendig, über die Nutzungsrechte Bescheid zu wissen.

2.4.1 Allgemeines

Was versteht man unter dem Urheberrecht?

- Als Urheberrecht bezeichnet man das **ausschließliche Recht** eines Urhebers/ einer Urheberin an seinem/ihren Werk.
- Der Urheber/die Urheberin hat das alleinige Recht, sein/ihr Werk öffentlich zugänglich zu machen, zu vervielfältigen, zu verleihen und aufzuführen.
- Die Bestimmungen zum Urheberrecht wurden durch EU-Richtlinien europaweit vereinheitlicht.

Mit **eigentümlich** ist gemeint, dass das Werk als Ergebnis der geistigen Anstrengung etwas Neues und Originelles darstellen soll.

Was schützt das Urheberrecht?

Im § 1 des Urheberrechtsgesetzes werden der **Schutz** und die **Verwertung** eigentümlicher **geistiger Schöpfungen,** sogenannter **Werke,** auf den folgenden Gebieten geschützt:

2.4.2 Übertragung von Urheberrechten – Verwertungsrechte

Die meisten Urheber/innen wollen mit ihren Werken und Leistungen ihren Lebensunterhalt verdienen. Daher müssen Werke verwertet werden. Ob und auf welche Art ein Werk verwertet wird, bestimmt der Urheber/die Urheberin. Dazu stehen ihm/ihr folgende **Verwertungsrechte** zu:
- Vervielfältigungsrecht
- Verbreitungsrecht
- Senderecht
- Vortrags-, Aufführungs- und Vorführrecht
- Zurverfügungstellungsrecht

Beispiele für Werke
- Bücher
- Musikproduktionen
- Filme
- Fotos (Werke der Bildenden Künste)
- Computerprogramme (Werke der Literatur)
- Choreografien

Die Aufgabe der Verwertung übernehmen meist **Verwertungsgesellschaften:**
- Die staatlich genehmigte Gesellschaft der **A**utoren, **K**omponisten und **M**usikverleger, **AKM**, z. B. sorgt dafür, dass Urheber/innen von Musikstücken für die Nutzung ihrer Werke in Form von **Tantiemen** eine faire Bezahlung erhalten. Gegen Entgelt erteilt die AKM den Musiknutzern und -nutzerinnen die **Werknutzungsbewilligungen** für die Musikstücke ihrer Mitglieder (Künstler/innen). Die Einnahmen werden nach festen Regeln an die Mitglieder verteilt.

Tantiemen = anteilsmäßige Beteiligung für Musiker/innen, Autoren/Autorinnen etc. an Gewinnen bzw. Umsätzen aus der Nutzung ihrer Werke.

Beispiel: Schulball
Was wäre ein Ball ohne Musik? Vermutlich sehr langweilig, daher soll auf Ihrem Schulball eine Tanzband spielen oder ein DJ Musik auflegen. Zusätzlich zur Gage für die Künstler/innen müssen die Organisatoren den Musiknutzungsbeitrag an die AKM leisten.

Überlegen Sie, in welchen Fällen Sie bereits auf fremde Werke zurückgegriffen haben.

- Die **Literar Mechana** z. B. ist eine Verwertungsgesellschaft für Urheber/innen von Sprachwerken (Romane, Gedichte, Drehbücher etc.), Bildrechte ...

2.4.3 Wie ist bei Nutzung fremder Werke vorzugehen?

Urheber/innen können ihre Werke der Allgemeinheit unentgeltlich zur Verfügung stellen. Wenn Sie auf einer Website den Hinweis „Sie können alle auf meiner Website zum Download angebotenen Werke für private Zwecke kostenlos nutzen" lesen, sollte Ihnen klar sein, dass geschäftliche Nutzungen davon nicht umfasst sind.

Sollte zu der von Ihnen beabsichtigten Nutzung des Werkes keine **freie Werknutzung** (gesetzliche Lizenz) vorliegen, müssen Sie mit dem Rechteinhaber/der Rechteinhaberin Kontakt aufnehmen. Er/Sie kann Ihnen dann ein **Werknutzungsrecht** einräumen. Meist wird der Rechteinhaber/die Rechteinhaberin dies nur gegen Entgelt tun.

💡 Informieren Sie sich im Web, was unter einer **Creative-Commons**-Lizenz zu verstehen ist. Das wird Ihnen das Leben in Zukunft stark erleichtern!

✏️ Recherchieren Sie im Web, was alles im Rahmen der freien Werknutzung erlaubt ist.

Werknutzungsbewilligung	Werknutzungsrecht
■ Damit bekommen Sie das Recht eingeräumt, ein Werk auf eine **vereinbarte Verwertungsart** zu nutzen. ■ Der Rechteinhaber kann dieses Recht auch beliebig vielen anderen Personen einräumen.	■ Dabei handelt es sich um ein **Exklusivrecht.** ■ Das bedeutet, nur Sie haben das Recht bekommen, dieses Werk auf eine bestimmte Art zu nutzen, und niemand anderer sonst.

Beispiel
Herr Berger hat ein interessantes Buch zum Thema „Augmented Reality heute und künftige Anwendungsmöglichkeiten" geschrieben. Wenn er einem Verlag nun die Werknutzungsbewilligung der Vervielfältigung und Verbreitung einräumen würde, könnte er diese Rechte auch noch an andere Verlage vergeben. Der Verlag wird mit Sicherheit auf ein Werknutzungsrecht bestehen, um das Buch exklusiv auf dem Markt anbieten zu können.

2.4.4 Schutzdauer von urheberrechtlichen Werken

Das **geistige Eigentum** des Urhebers/der Urheberin ist **zeitlich begrenzt.** Nach Ablauf der Frist stehen dem Urheber/der Urheberin bzw. dessen Rechtsnachfolger/innen keine weiteren Rechte mehr zu.

Schutzfristen	
Bildende Kunst	70 Jahre nach Ablauf des Sterbejahres des Urhebers
Filmkunst	70 Jahre ab der Veröffentlichung
Tonkunst	50 Jahre ab der Veröffentlichung
Lichtbild	50 Jahre ab Erscheinen oder Herstellung

2.4.5 Folgen von Urheberrechtsverletzungen

Sollten Sie fremde Urheberrechte verletzen, drohen zivilrechtliche und strafrechtliche Folgen, die von Gerichten zu verhängen sind:
■ Klage auf Unterlassung der Verletzung
■ Vernichtung von zu Unrecht hergestellten oder vertriebenen Sachen
■ Veröffentlichung des Urteils auf Kosten des Verletzers
■ Zahlung eines angemessenen Entgelts, von Schadenersatz und Gewinnherausgabe
■ Strafrechtlich können auch Geld- oder Haftstrafe drohen

2.4.6 Beispiele für Eingriffe in fremde Urheberrechte

Sie wollen fremde Fotos oder Musik ins Web stellen

Sobald Sie fremde Werke auf einen Webserver hochladen, greifen Sie in das Recht auf Vervielfältigung ein. Dadurch, dass sie jetzt jeder abrufen kann, greifen Sie außerdem in das Zurverfügungstellungsrecht des Urhebers ein.

Sie haben eine Lizenz für ein Computergrogramm gekauft und möchten es auf zwei weiteren Rechnern installieren

Computerprogramme sind, wenn sie ein Werk im Sinne des Urheberrechtes sind, als Werke der Literatur geschützt. Aber Vorsicht: Bei Computerprogrammen gibt es Sondervorschriften im Urheberrecht!

Grundsätzlich sieht das Gesetz bei Werken, an denen Sie ein Recht zur Nutzung haben, das Recht der Vervielfältigung zum eigenen und privaten Gebrauch vor. Das gilt aber nicht für Computerprogramme. Erlaubt sind nur Sicherungskopien, mehr nicht. Wenn Sie die Software auch auf einem anderen PC installieren wollen, brauchen Sie eine weitere Lizenz.

💡 Wenn Sie auf legalem Weg Software kaufen, die Vorlagen für Websites enthält, müssen Sie sich keine Sorgen machen. Ebenso nicht, wenn Sie Gratisangebote nutzen wie zum Beispiel auf de.jimdo.com. Achten Sie bei kostenlosen Angeboten darauf, dass der Anbieter eine zuverlässige Quelle ist!

Sie sind vom Layout einer Website begeistert und wollen dieses nützen

Abgesehen davon, dass die Texte, Bilder oder die Musik, die Sie auf dieser Website finden, geschützt sein können, ist es auch möglich, dass das Layout einer Website selbst als Werk der bildenden Künste geschützt ist. Vorausgesetzt, wie immer, dass der Werkbegriff des Urheberrechtsgesetzes erfüllt wird.

Ein Freund hat sich auf einer Party schlecht benommen. Sie haben Fotos davon gemacht und wollen diese ins Web stellen

Erstens ist das rechtlich nicht erlaubt. Zweitens sollten Sie sich bewusst sein: Das Web vergisst nichts! Was Sie heute ins Internet stellen, kann Ihrem Freund in einigen Jahren, zum Beispiel bei der Jobsuche, das Leben schwer machen.

Im Urheberrecht befindet sich eine Regelung zum **Recht am eigenen Bild.** Dieses Recht regelt, dass Bilder einer Person dann nicht veröffentlicht werden dürfen, wenn durch die Veröffentlichung berechtigte Interessen des Abgebildeten verletzt würden.

Ob berechtigte Interessen verletzt werden, kann nicht anhand des Bildes allein entschieden werden. Es geht auch um einen allfälligen Bildtitel oder eine Kommentierung des Bildes sowie den Zusammenhang, in dem dieses Bild präsentiert wird.

Dieses Bild, auf dem Ihr Freund bei einer peinlichen Aktion zu sehen ist und das Sie mit dem Titel „Ein typischer Tag im Leben des Thomas Berger" versehen, wird jedenfalls seine berechtigten Interessen verletzen.

Aufgabenstellungen – „Immaterialgüterrecht"

1. Welche Voraussetzungen sind für die Anmeldung eines Patentes vom Erfinder bzw. der Erfinderin zu erfüllen? Beschreiben Sie mithilfe der Site www.patentamt.at den oft mühevollen Weg von einer technischen Erfindung bis zum rechtlich geschützten Patent.
2. Erklären Sie, was man unter einer Verwertungsgesellschaft versteht und zählen Sie ihre Aufgaben auf.
3. Sie kopieren verschiedene Beiträge, Fotos und Filme für Ihre Power-Point-Präsentation in einem Unterrichtsfach aus dem Internet. Diskutieren Sie als Schülerin bzw. Schüler kritisch die Anforderungen des Schulalltags im Zusammenhang mit der geltenden Rechtslage.
4. Sie wollen eine Website erstellen. Was sollten Sie alles bedenken, um keine urheberrechtlichen Probleme zu bekommen?

III Unternehmer/in und Arbeitnehmer/in in Recht und Wirtschaft

Wissensfragen – „Wettbewerbsrecht – Immaterialgüterrecht"

1. Nennen Sie die verschiedenen Möglichkeiten zum Schutz von geistigem Eigentum in Österreich.
2. Definieren Sie die Begriffe „Marke – Patent – Muster" und geben Sie je ein Beispiel dazu.
3. Nennen Sie drei Beispiele für Daten, die der Geheimhaltung unterliegen.
4. Was umfasst das Grundrecht auf Datenschutz?
5. Welche Handlungen gegen die guten Sitten nennt das UWG?
6. Welche zivilrechtlichen Folgen können bei Verletzung des UWG eintreten?
7. Unter welchen Bedingungen kann ein Patent erteilt werden?
8. Was sind Werke im Sinne des Urheberrechtsgesetzes?
9. Wer ist Urheber/in und welche Rechte kommen ihm/ihr zu?

Ziele erreicht? – „Wettbewerbsrecht – Immaterialgüterrecht"

1. Ergänzen Sie die Tabelle:

	Patentrecht	Musterrecht	Markerecht	Urheberrecht
Geeignet für ...	Technische Erfindungen			
Max. Schutzdauer				

2. Führen Sie für jeden Punkt zwei Beispiele an:

Patent	Muster	Marke	Urheberrecht

3. Recherchieren Sie im Internet und beantworten Sie die folgenden Sachverhalte. Begründen Sie Ihre Entscheidungen und führen Sie die verwendeten Internetquellen an.

Sachverhalte	Darf ich das?			Begründung	Internetquellen
	Ja	Nein	Umstritten		
a) Ich kaufe eine DVD mit meinem Lieblingsfilm und kopiere den Film auf eine weitere DVD.					
b) Ich scanne das Cover der DVD ein, drucke es aus und bewahre die kopierte DVD in dieser Hülle zu Hause auf.					
c) Nach einer Weile gefällt mir die DVD nicht mehr. Ich verkaufe die Original-DVD auf Ebay.					

Wettbewerbsrecht – Immaterialgüterrecht

Sachverhalte	Darf ich das?			Begründung	Internetquellen
	Ja	Nein	Umstritten		
d) Ich habe auf die kopierte DVD meines früheren Lieblingsfilms ganz vergessen. Als ich sie wieder finde, verkaufe ich auch sie auf Ebay.					

4. Karl ist ein ausgezeichneter Programmierer. Er diskutiert mit einem Freund, ob er an seinen Programmen, für die es viele Interessenten gibt, Werknutzungsrechte oder Werknutzungsbewilligungen vergeben soll. Argumentieren Sie, unter welchen Voraussetzungen ihm zur Vergabe eines Werknutzungsrechts oder einer Werknutzungsbewilligung zu raten ist.

5. Die Konzerte & Events Veranstaltungs GmbH will einen Ball für die Liebhaber klassischer Musik Mozart, Bach, Schubert und andere) veranstalten. Ein junger Mitarbeiter schlägt vor, dass in einem Raum auch eine Alternative wie z. B. Songs von Elvis Presley angeboten werden sollte. Der Geschäftsführer wirft ein, dass der Klassikball ja gerade auch den Vorteil hat, dass hier kein Entgelt an die AKM zu bezahlen ist. Prüfen Sie, ob der Geschäftsführer mit seiner Annahme richtig liegt und stellen Sie dar, wo die Problematik liegen könnte, wenn Songs von Elvis Presley gespielt würden.

Produkthaftung und Produkthaftungsgesetz

§ Produkthaftungsgesetz 1988 (PHG), Produktsicherheitsgesetz 2014 (ProdSG)

Als Konsument/in kommen wir täglich mit Produkten in Kontakt. Wir dürfen annehmen, dass die Produkte entsprechend überprüft wurden, bevor sie in den Handel kommen. Leider passiert es, dass auch fehlerhafte Produkte verkauft werden, die Menschen verletzen oder töten können bzw. durch die eine andere Sache beschädigt wird. Hier greift keine Gewährleistung oder Garantie. Wer haftet dann aber für den Schaden?

Während das Produkthaftungsgesetz (PHG) hauptsächlich die Haftung für fehlerhafte Produkte gegenüber Endverbraucherinnen und -verbrauchern regelt, hat das Produktsicherheitsgesetz (PSG) zum Ziel, Leben und Gesundheit von Menschen vor Gefährdungen durch unsichere Produkte präventiv zu schützen.

⚠ Der wesentliche Unterschied zwischen Produkthaftung und Gewährleistung besteht darin, dass es bei der Gewährleistung immer um einen Mangel an der Sache selbst geht, während bei der Produkthaftung Schäden zu ersetzen sind, die durch ein fehlerhaftes Produkt entstehen.

Meine Ziele

Nach Bearbeitung dieses Kapitels kann ich
- die jeweiligen Schutzzwecke von Produktsicherheits- und Produkthaftungsgesetz vergleichen;
- angeben, wer für Produktfehler haftet sowie den Haftungsumfang erläutern;
- die Pflichten der Hersteller anführen;
- Kriterien für die Beurteilung der Gefährlichkeit von Produkten nennen.

1 Produkthaftung

Paul fährt mit seinem Fahrrad von der Schule nach Hause. Er kommt zu Sturz, verletzt sich am Knie und sein neues Tablet, das sich in seinem Rucksack befindet, ist beschädigt. Es stellt sich heraus, dass aufgrund eines Produktfehlers die Fahrradlenkstange gebrochen ist. Wie sieht die rechtliche Situation aus? Bekommt Paul Schadenersatz für sein neues Tablet? Kann er Schmerzengeld fordern? Was ist, wenn Paul einen Dauerschaden vom Sturz davonträgt. All diese und noch mehr Fragen sind nun zu klären.

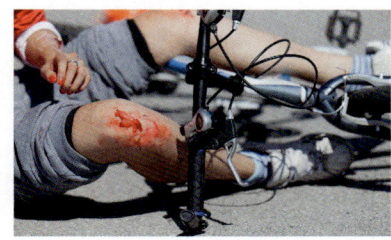

Diskutieren Sie diesen Sachverhalt in der Klasse. Wie wäre die Lage, wenn das beschädigte Tablet nicht Paul, sondern seinem Vater gehört hätte.

Produkthaftung bedeutet **verschuldensunabhängige Haftung** für Personen- und Sachschäden, die durch Produktfehler entstanden sind. Die Hersteller haften also auch dann, wenn sie am aufgetretenen Fehler keine Schuld tragen. Für Schäden am Produkt selbst wird nicht gehaftet. Die Haftung kann im Voraus weder ausgeschlossen noch beschränkt werden.

Als **Produkt** im Sinne des Produkthaftungsgesetzes gilt jede bewegliche körperliches Sache, auch wenn sie ein Teil einer anderen beweglichen Sache oder mit einer unbeweglichen Sache verbunden worden ist.

Wann kann Schadenersatz geltend gemacht werden?
Nach dem Produkthaftungsgesetz kann durch ein fehlerhaftes Produkt Schadenersatz dann geltend gemacht werden, wenn
- ein Schaden entstanden ist und
- nachweislich ein ursächlicher (kausaler) Zusammenhang zwischen Fehler und entstandenem Schaden besteht.

Als **Fehlerarten** kommen Konstruktionsfehler, Produktionsfehler und Instruktionsfehler in Betracht.

Häufig wird versucht, in den Gebrauchsanleitungen den Verwendungsbereich von Produkten einzuschränken, um die **Sicherheitserwartung** herabzusetzen. Für die Beurteilung der Fehlerhaftigkeit eines Produkts kommt es aber nicht darauf an, dass es nur für den von den Herstellern vorgesehenen bestimmungsgemäßen Gebrauch sicher ist, sondern auf die Sicherheit bei jeder vernünftigerweise zu erwartenden Verwendung. Unter Umständen ergeben sich Anwendungen durch Verbraucher/innen, die über die Funktionswidmung des Produktes hinausgehen.

> **Beispiel**
> Ein Buntstiftehersteller muss damit rechnen, dass Verbraucher/innen, v. a. Kinder, am Bleistift „kauen". Der Bleistift darf daher keine Giftstoffe enthalten, die durch das Kauen aufgenommen werden können.

Auf andere Gefahren – also solche, die nicht offenkundig sind oder mit denen **billigerweise** nicht gerechnet werden kann – muss der Hersteller hinweisen und davor warnen.

> **Beispiel**
> Stahlnägel können beim Einschlagen in einem Mauerstein absplittern.

Billigerweise zu erwartender Gebrauch: Fehlerhaft ist ein Produkt dann, wenn es nicht jene Sicherheit bietet, die der/die idealtypische Verbraucher/in erwarten kann.

Wer haftet für Produktfehler?
- Ersatzpflichtig sind grundsätzlich die **Hersteller** (Produzenten von End- und Teilprodukten bzw. Grundstoffen)
- **Quasi-Hersteller** (Unternehmer, die fremdproduzierte Produkte mit ihrem Erkennungszeichen, Namen, Marke etc. versehen)

- Wenn das Produkt außerhalb des Europäischen Wirtschaftsraumes erzeugt wurde, haftet der **Importeur,** der das Produkt erstmals zum Vertrieb in den Europäischen Wirtschaftsraum bzw. die Europäische Union eingeführt und hier in den Verkehr gebracht hat.
- Der **Händler,** bei dem das fehlerhafte Produkt gekauft wurde, haftet, wenn der Hersteller nicht festgestellt werden kann und er dem/der Geschädigten das Herstellungsunternehmen nicht in angemessener Frist nennt.

Rückgriffsrecht
Wenn nur einer oder einige Ersatzpflichtige vom Geschädigten in Anspruch genommen werden, steht diesen ein Rückgriffsrecht gegen die übrigen zu.

> **Beispiel**
> Ein Autohersteller wird zu Schadenersatz wegen eines fehlerhaften Airbags verurteilt. Da der Airbag von einem Zulieferer fehlerhaft geliefert wurde, hat der Autohersteller gegen diesen ein Rückgriffsrecht.

💡 Schäden am Produkt selbst werden aufgrund des Produkthaftungsgesetzes nicht ersetzt, da für solche Fälle gesetzliche Gewährleistungsansprüche und freiwillige Garantiezusagen vorgesehen sind.

Haftungsumfang
- Bei **Personenschäden** unbeschränkt (z. B. Schmerzengeld oder Ersatz von Heilungs- und Pflegekosten, sofern diese durch die gesetzliche Unfall-, Kranken- und Pensionsversicherung nicht gedeckt sind, Verdienstentgang).
- Bei **Sachschäden** Wertersatz oder Reparaturkosten. Die Geschädigten müssen einen Selbstbehalt von 500 Euro tragen.

> **Beispiel**
> Ein Elektrogerät beginnt wegen eines Produktionsfehlers zu brennen. Durch den dadurch ausgelösten Brand wird Mobiliar im Wert von 1.700 Euro zerstört.
> Die Schadenersatzsumme beträgt somit 1.200 Euro (1.700 Euro abzüglich 500 Euro). Der Schaden am Elektrogerät selbst ist allenfalls durch Gewährleistung und/oder Garantie gedeckt.

⚠️ Ein **Mitverschulden** der Geschädigten/des Geschädigten führt zu einer entsprechenden Minderung der Schadenersatzansprüche.

Nicht zu ersetzen sind Schäden, die ein fehlerhaftes Teilprodukt an anderen Teilprodukten des Endproduktes oder am Endprodukt verursacht (Weiterfresserschäden).

Wer kann im Rahmen der Produkthaftung Schadenersatz begehren?
Nicht nur der Geschädigte selbst, sondern auch Dritte.

> **Beispiel**
> Ein Partygast wird von den Glassplittern einer explodierenden Sektflasche verletzt, die jemand in der Bar öffnet. Der Partygast kann vom Hersteller Schadenersatz verlangen.

💡 Musterbriefe für Schadenersatzforderungen finden Sie auf den Seiten des Vereins für Konsumenteninformation www.konsumentenschutz.at. Nehmen Sie auf jeden Fall, bevor Sie erste Schritte setzen, eine rechtliche Beratung in Anspruch. Informationen zu Rechtsauskünften und zu Amtstagen beim Bezirksgericht finden sich auf www.help.gv.at.

Wie kann eine Schadenersatzforderung gestellt werden?
- **Außergerichtlich**
  Sie wenden sich direkt an den Schadenersatzpflichtigen (Hersteller, Importeur, Vorlieferant, Händler) mit einem eingeschriebenen Brief und einer möglichst umfassenden Dokumentation des Schadensfalles. Wenn so keine außergerichtliche Einigung erzielt werden kann, ist eine Klage möglich.
- **Klage bei Gericht**

Tipp!
Lesen Sie die Gebrauchsanleitungen und Warnhinweise immer sorgfältig durch! Wenn Sie selbst mit dem Produkt sorglos umgehen, kann bei einem Schadensfall Mitverschulden eingewendet und damit Ihr Schadenersatzanspruch vermindert werden.

Wann gibt es einen Haftungsausschluss?
Nur durch den Nachweis, dass
- der Fehler auf eine Rechtsvorschrift oder behördliche Anordnung zurückzuführen ist,
- die Eigenschaften des Produktes nach dem Stand der Wissenschaft und Technik zum Zeitpunkt der Einführung gegeben waren,
- der Hersteller, Importeur oder Händler nachweisen kann, dass das Produkt zum Zeitpunkt des **Inverkehrbringens** keine Fehler hatte.

Keine Haftung bei Zweckentfremdung
Keine Haftung trifft den Hersteller jedoch für Schäden, die durch eine völlige Zweckentfremdung des Produktes entstehen oder die auf allgemein erkennbare Gefahren des Produktes beruhen.

Häufig gibt es ein mehrmaliges Inverkehrbringen, z. B. der Grundstoffhersteller verkauft an den Teilhersteller, dieser an den Endhersteller, der Endhersteller an den Händler.

Beispiel
Der 15-jährige Lukas missbraucht das Deo-Spray zum „Schnüffeln". Sein Vater kämpft, dass Firmen mit ausdrücklichen Hinweisen vor Missbrauch warnen. Das Herstellerunternehmen antwortete diesem in einem Schreiben, dass es sich um eine nicht vorhersehbare Fehlanwendung des Produkts handle.

Keine Produkthaftung bei Zweckentfremdung.

Erlöschen des Anspruches
Der Schadenersatzanspruch verjährt nach drei Jahren ab Kenntnis von Schaden und Schädiger, jedenfalls nach zehn Jahren ab Inverkehrbringen des Produktes.

Aufgabenstellung – „Produkthaftung"

- Herr Müller kauft eine Leiter im Baumarkt. Zuhause will er im Garten Äpfel pflücken, fällt jedoch von der Leiter, weil eine Sprosse bricht. Er verletzt sich dabei schwer und ist einen Monat im Krankenstand. Nennen Sie die rechtlichen Folgen:

    a) für den Baumarkt

    b) für den Hersteller der Leiter.

2 Produktsicherheit

Vanessa kauft bei einem Stand auf dem Rupertimarkt eine Kette aus Silber mit Steinen. Nach einigen Tagen bekommt sie einen Ausschlag, vor allem im Halsbereich, und es ist ihr auch ständig übel. Es stellt sich heraus, dass das Schmuckstück einen viel zu hohen Bleigehalt aufweist. Wie sieht die rechtliche Situation aus? Kann sie Schmerzengeld, Verdienstentgang fordern? Was ist, wenn Vanessa einen Dauerschaden davon trägt. Bekommt sie Schadenersatz für die Kette? Wer ist dafür zuständig bzw. zu informieren?

Diskutieren Sie diesen Sachverhalt in der Klasse.

Im Sinne des Produktsicherheitsgesetzes (PSG) ist ein Produkt dann als sicher anzusehen, wenn es bei bestimmungsmäßiger oder vernünftigerweise vorhersehbarer Verwendung während der zu erwartenden Gebrauchsdauer keine Gefahren oder nur geringe, vertretbare für Menschen mit sich bringt.

Produktsicherheit wird sowohl auf europäischer als auch auf nationaler (österreichischer) Ebene geregelt. Hintergrund der EU-Regelungen ist der freie Binnenmarkt mit einem einheitlichen Sicherheitsniveau, die Beseitigung der Wettbewerbsverzerrungen und auch der Verbraucherschutz.

⚠️ Ziel des PSG ist der **Schutz des Lebens und der Gesundheit von Menschen vor gefährlichen Produkten.** Das PSG ist daher nicht auf Produkte anzuwenden, die nur Sachschäden herbeiführen können.

EU-Richtlinien zur Produktsicherheit gibt es z. B. für:
- Spielzeug
- Bauprodukte
- Medizinprodukte
- Aufzüge
- Pyrotechnik
- Persönliche Schutzausrüstung
- Sportboote

Beurteilung der Gefährlichkeit

Zur Beurteilung der Sicherheit gibt es allgemeine Kriterien, aber auch spezielle rechtliche oder technische Vorgaben (z. B. EU-Normen):
- Bei der Beurteilung der Sicherheit ist auf die Zielgruppe, das Erscheinungsbild und Ähnliches Bedacht zu nehmen, wie z. B. Kinder, Senioren, Menschen mit Beeinträchtigung
- Einschlägige Ausbildung der Benutzer/innen
- Aufmachung und Präsentation des Produktes (Gebrauchsanleitung, Etikettierung)
- Bestimmte Eigenschaften des Produktes (Zusammensetzung, Verpackung, Wartung, Lagerung)
- Wirkung bei Verwendung mit anderen Produkten (Kombinationen)

Pflichten der Hersteller

Wie beim PHG sind vom PSG nicht nur Hersteller, sondern auch Importeure und Händler erfasst. Demnach dürfen Hersteller und Importeure nur sichere Produkte in Verkehr bringen und unterliegen bestimmten **Pflichten.** Dazu zählen:
- Gefahrenaufklärungspflicht
- Produktbeobachtungspflicht
- **Korrekturpflicht,** d. h., der Hersteller oder sein Vertreter hat geeignete Maßnahmen zusammen mit dem Handel zu treffen: z. B. Rückholaktion, Beschlagnahme, Veröffentlichung von Warnungen usw.
- Kooperationspflichten (Auskünfte, Proben, Korrekturvorschläge etc.)

Produkthaftung und Produkthaftungsgesetz

Beispiel: Die AGES informiert über einen Rückruf der Firma Lidl Österreich. Das Unternehmen hat am 17. Mai 2017 einen Rückruf des Produkts Akku-Rasenmäher FRMA 36/2 B1, Marke „Florabest" veranlasst:

Die Firma Grizzly Tools GmbH & Co. KG führt im Sinne des vorbeugenden Verbraucherschutzes aktuell einen Warenrückruf des Artikels „Akku-Rasenmäher FRMA 36/2 B1" der Marke „Florabest" mit der Artikelnummer 282231 (siehe Typenschild links neben der Fangkorbklappe) inklusive der dazugehörigen Akkus durch.

Aufgrund eines Fertigungsfehlers kann bei einzelnen Geräten mit der oben genannten Artikelnummer eine Brandgefahr bei der Benutzung nicht ausgeschlossen werden. Die Firma Grizzly Tools GmbH & Co. KG bittet daher alle Kunden, den Rückruf dringend zu beachten und den betroffenen Artikel sowie die dazugehörigen Akkus nicht weiter zu verwenden.

Der Artikel wurde bereits aus dem Verkauf genommen und im Kassensystem gesperrt. Diese Warnung besagt nicht, dass die Gefährdung von Lidl Österreich verursacht worden ist.

www.ages.at

💡 Die **Agentur für Gesundheit und Ernährungssicherheit GmbH** (AGES) ist ein Unternehmen der Republik Österreich. Im Zentrum der Aufgaben stehen der Schutz der Gesundheit von Menschen, Tieren und Pflanzen sowie die Sicherheit und Qualität der Ernährung und der Schutz der Verbraucher/nnen vor Täuschung. Um dies zu gewährleisten analysiert, überwacht, bewertet, forscht und kommuniziert die AGES.

Zuständige Behörden

Zuständig für die Überwachung bei Lebensmitteln, Spielzeug oder Kosmetika sind die Länder, z. B. das Marktamt. Bei anderen Konsumgütern das Bundesministerium für Arbeit, Soziales und Konsumentenschutz.

Wissensfragen – „Produkthaftung und Produkthaftungsgesetz"

1. Definieren Sie die Begriffe „Produkthaftung" und „Produktsicherheit".
2. Wer haftet für Produktfehler?
3. Geben Sie den Haftungsumfang bei Personenschäden und bei Sachschäden an.
4. Nennen Sie die Kriterien bei Beurteilung der Gefährlichkeit von Produkten.
5. Welche Pflichten haben Hersteller, um sichere Produkte auf dem Markt zu bringen?

Ziele erreicht? – „Produkthaftung und Produkthaftungsgesetz"

1. Recherchieren Sie mit Ihren Mitschülerinnen und Mitschülern aktuelle Fälle der Rückholung und Beschlagnahme von Produkten in Österreich und ermitteln Sie die sich daraus ergebenden Rechtsfolgen.
2. Das Unternehmen Elektro Lutz GmbH lässt im Ausland ein Produkt durch eine Tochtergesellschaft herstellen und vertreibt das Produkt unter der eigenen Marke, sodass der Hersteller nicht erkennbar ist. Wer haftet für Schäden nach dem PHG?

Grundlagen des Arbeitsrechts

> Jedes Individuum in seiner Eigenschaft als Mitglied der Gesellschaft bedarf zur Wahrung seiner Würde und zur Entfaltung seiner Persönlichkeit des Schutzes vor sozialen Risken.
>
> *Art. 22 der UNO-Menschenrechtserklärung von 1948*

Sie haben wahrscheinlich schon ein Pflichtpraktikum absolviert oder absolvieren es spätestens in den kommenden Ferien. Vielleicht haben Sie auch einen „Nebenjob", um sich das Taschengeld aufzubessern. Wissen Sie, welche Art von Arbeitsverhältnis Sie dabei eingegangen sind? Welche Rechte und Pflichten Sie haben, wie der Arbeitnehmerschutz aussieht usw.?

Die Antworten auf diese Überlegungen und vieles mehr finden Sie in diesem Kapitel.

Meine Ziele

Nach Bearbeitung dieses Kapitels kann ich
- das Arbeitsverhältnis hinsichtlich seiner Rechte und Pflichten sowie Beendigungsmöglichkeiten charakterisieren;
- die Bestandteile eines Dienstzettels nennen und einen Dienstzettel erstellen;
- unterscheiden, was typische und atypische Arbeitsverhältnisse sind und deren sozialrelevanten Auswirkungen einschätzen;
- einzelne Bereiche des Arbeitnehmerschutzes darstellen.

1 Gliederung des Arbeitsrechts

Unter **Arbeitsrecht** versteht man die Gesamtheit der Bestimmungen, die die Beziehungen der an einem abhängigen Dienstverhältnis beteiligten Personen regeln.

Aufgabe des Arbeitsrechts ist es, das ökonomische und soziale Ungleichgewicht zwischen den Arbeitnehmerinnen/Arbeitnehmern und den Arbeitgebern auszugleichen.

💡 Das Arbeitsrecht ist das Recht der unselbstständig Erwerbstätigen.

Das Arbeitsrecht wird unterteilt in

Individualarbeitsrecht

Regelt die Rechtsbeziehungen zwischen einem Arbeitgeber/einer Arbeitgeberin (AG) und einem Arbeitnehmer/einer Arbeitnehmerin (AN).

- **Arbeitsvertragsrecht**
- **Arbeitnehmerschutzrecht**

Kollektives Arbeitsrecht

Regelt das Recht der Arbeitsverbände (Gewerkschaften, Arbeitgeberverbände, Betriebsräte), ihre Verträge (z. B. Betriebsvereinbarungen, Kollektivverträge) und das Arbeitskampfrecht.

- **Berufsverfassungsrecht**
- **Betriebsverfassungsrecht**

💡 **Arbeitnehmer/innen-Gruppen**
Arbeiter/innen
Angestellte
Beamtinnen/Beamte
Vertragsbedienstete
Heimarbeiter/innen
Hausbesorger/innen
Lehrlinge
Praktikantinnen/Praktikanten

Stufenbau der Rechtsvorschriften im Arbeitsrecht

(Pyramide von oben nach unten):
- Weisung Arbeitgeber
- Dienstvertrag
- Betriebsvereinbarung
- Kollektivvertrag (KV)
- Verordnung
- Gesetz

⚠️ Vereinbarungen auf einer unteren Ebene dürfen nicht gegen übergeordnete Bestimmungen verstoßen.
Weiters gilt das **Günstigkeitsprinzip**, d. h., die nachrangigen Rechtsquellen dürfen die Stellung des AN nicht verschlechtern, sondern nur verbessern.

Beispiel
Im Dienstvertrag kann vereinbart werden, dass dem AG mehr Urlaubstage zustehen, als dies im höherrangigen Kollektivvertrag geregelt ist. Weniger Urlaubstage als im Kollektivvertrag festgelegt, können nicht vereinbart werden.

2 Arbeitsvertragsrecht

Hat Philipp zu viel erwartet?

💬 Welche Erfahrungen haben Sie bei Ihren Ferialjobs gemacht?

Philipp freut sich. Er hat einen tollen Ferialjob bei der Webstar GmbH bekommen. Er will damit seinen Trip in die USA finanzieren. Vor allem aber hofft er, seine Erfahrungen im Webdesign, seinem Hobby, einbringen und vieles dazulernen zu können. Schon der erste Arbeitstag ist jedoch mehr als enttäuschend. Seine Aufgabe besteht aus dem Aufräumen des Lagers. Außerdem muss er noch die Jause für die Mitarbeiter/innen holen. Hat Philipp nicht das Recht, entsprechend eingesetzt zu werden?

Der Job ist gefunden – nun gilt es, einen Arbeitsvertrag zu unterschreiben. Denn klare Vereinbarungen verhindern Konflikte.

Folgende Punkte sind darin festgelegt

| Arbeits-verhältnis | Arbeits-vertrag | Pflichten des AG | Pflichten des AN | Beendigung des Arbeits-verhältnisses |

2.1 Arbeitsverhältnis

Merkmale
- Der AN stellt seine Arbeitskraft gegen Bezahlung eines **Entgelts** dem AG zur Verfügung.
- Der AN ist **wirtschaftlich** und **persönlich** (Weisungsgebundenheit) vom AG **abhängig.**
- Es besteht **persönliche Arbeitspflicht,** d. h., der AN kann sich nicht vertreten lassen.
- Der AG stellt dem AN die **Arbeitsmittel** (z. B. Computer, Telefon) zur Verfügung.
- Es besteht persönliche **Treue- und Fürsorgepflicht.**
- Der AN hat sich in die betriebliche Organisation einzuordnen.

Der AG stellt dem AN die Arbeitsmittel zur Verfügung.

⚠️ Nicht alle der genannten Bedingungen müssen in jedem Fall erfüllt werden. Es kommt darauf an, ob diese Merkmale überwiegen.

💬 Sie haben sicherlich schon Erfahrungen in der Arbeitswelt gesammelt und sei es auch nur als Praktikant/in. Diskutieren Sie mit Ihrem Nachbarn/Ihrer Nachbarin, inwiefern für Sie die persönliche Abhängigkeit vom Arbeitgeber spürbar war.

2.2 Arbeitsvertrag

Form	- Der Arbeitsvertrag ist grundsätzlich **formfrei.** - Er kann schriftlich, mündlich oder durch **schlüssige** Handlung abgeschlossen werden. - Ausnahme: Lehrverträge müssen schriftlich abgeschlossen werden.

Schlüssige Handlung: Ein Arbeitsvertrag kommt schlüssig zustande, wenn jemand Arbeitsleistung für einen anderen erbringt und dieser die Leistung annimmt.

Grundlagen des Arbeitsrechts

Übereinstimmung	Der Abschluss eines Arbeitsvertrages setzt **übereinstimmende Willenserklärung** voraus, d. h. AG und AN müssen sich über alle wesentlichen Punkte des Arbeitsverhältnisses einig sein.
Geschäftsfähigkeit	■ Der Abschluss eines Arbeitsvertrages ist erst mit der Geschäftsfähigkeit, die im Allgemeinen mit der Volljährigkeit (Vollendung des 18. Lebensjahres) eintritt, möglich. Für andere Personen tritt der gesetzliche Vertreter auf. ■ **Ausnahme:** Mündige Minderjährige (Vollendung des 14. Lebensjahres), die die Schulpflicht erfüllt haben.
Möglichkeit und Erlaubtheit des Vertragsinhaltes	Die Rechtsfolgen bei Unmöglichkeit und Unerlaubtheit richten sich nach allgemeinen schuldrechtlichen Grundsätzen. **Beispiel für Unerlaubtheit** Die Bezahlung eines angestellten Lkw-Fahrers nach gefahrenen Kilometern und nicht nach geleisteter Arbeit.

> **Abgrenzung zwischen privatrechtlichen (vertragsmäßigen) und öffentlichrechtlichen Dienstverhältnissen**
> In einem öffentlichrechtlichen Dienstverhältnis stehen Beamte/Beamtinnen, die bei einer Körperschaft des öffentlichen Rechts (Bund, Land, Gemeinde, Universität, Schule ...) beschäftigt sind. Sie werden ernannt. Vertragsbedienstete arbeiten auf Basis eines privatrechtlichen Vertrages.

Wenn kein schriftlicher Arbeitsvertrag ausgestellt wird, muss der AG dem AN einen **Dienstzettel** ausstellen.

Keine Verpflichtung zur Aushändigung eines Dienstzettels besteht u. a., wenn die Dauer des Arbeitsverhältnisses höchstens einen Monat beträgt (z. B. Ferialpraktikum) oder ein gültiger, schriftlicher Arbeitsvertrag ausgehändigt wurde.

⚠ Die AG ist zur Ausstellung eines Dienstzettels verpflichtet.

Was muss im Dienstzettel stehen?
- Name und Anschrift des AG
- Name und Anschrift des AN
- Beginn des Arbeitsverhältnisses
- Ende des befristeten Arbeitsverhältnisses
- Kündigungsfrist und Kündigungstermin
- Gewöhnlicher Arbeitsort und Hinweise auf eventuell wechselnde Arbeitsorte
- Allfällige Einstufung in ein generelles Schema (Kollektivvertrag)
- Vorgesehene Verwendung
- Grundgehalt und Grundlohn sowie Sonderzahlungen; Fälligkeit des Entgelts
- Ausmaß des jährlichen Erholungsurlaubs
- Vereinbarte tägliche oder wöchentliche Normalarbeitszeit
- Bezeichnung des gültigen Kollektivvertrages bzw. Betriebsvereinbarung
- Name und Anschrift der Mitarbeitervorsorgekasse

> **Die Angaben**
> - Dauer der Kündigungsfrist und Kündigungstermin,
> - gewöhnlicher Arbeitsort,
> - Fälligkeit des Entgelts,
> - Urlaubsausmaß sowie
> - tägliche oder wöchentliche Normalarbeitszeit
>
> können auch durch Verweis auf Gesetze, Kollektivverträge, Betriebsvereinbarungen erfolgen.

2.2.1 Ausbildungsverhältnisse

Zweck des Arbeitsverhältnisses kann neben der Arbeitsleistung auch die **Ausbildung** der Arbeitnehmerin/des Arbeitnehmers oder ihre bzw. seine **Erprobung** sein. Ausbildungsverhältnisse verpflichten den AG zur Ausbildung des AN. Man unterscheidet **Lehrverhältnisse,** die einer Ausbildung für einen bestimmten Beruf dienen, von anderen, nicht weiter geregelten Ausbildungsverhältnissen.

Lehrling	Ausbildung in einem bestimmten Lehrberuf
Anlernling	Ausbildung für die im Betrieb vorgesehene Verwendung
Volontär/in	Wird weder für den Betrieb noch für einen bestimmten Lehrberuf ausgebildet, sondern möchte Kenntnisse und Fähigkeiten für einen anderen Zweck (Berufstätigkeit, Ausbildung) erwerben. Er/sie erhält daher auch meist kein oder nur ein geringfügiges Entgelt.
(Ferial-)Praktikanten	Sind jene Personen, die nach schulrechtlichen Vorschriften entweder ein **Ferialpraktikum** oder ein **Pflichtpraktikum** absolvieren müssen. Es wird ein Ausbildungsvertrag zwischen dem Praktikanten und dem Betriebsinhaber geschlossen. Der AG schuldet aus dem Praktikantenvertrag dem (Ferial-)Praktikanten außer Entgelt und Fürsorge das Bemühen um Ausbildung. Wenn keine gesetzlichen oder kollektivvertraglichen Mindestentgeltsätze existieren, ist dem Praktikanten ein angemessenes Entgelt zu zahlen.

💬 Tauschen Sie sich mit Ihren Mitschülerinnen/Mitschülern aus, inwiefern der AG während Ihres Praktikums dem Bemühen um Ausbildung nachgekommen ist.

2.2.2 Probearbeitsverhältnis

Das Arbeitsverhältnis auf Probe unterscheidet sich vom gewöhnlichen Arbeitsverhältnis nur insofern, als (regelmäßig von beiden Teilen) geprüft werden soll, ob den Vertragspartnern an der Fortsetzung des begonnenen Dienstverhältnisses gelegen ist oder nicht. Das Arbeitsverhältnis wird also nur **vorläufig** eingegangen und kann jederzeit ohne Angabe von Gründen gelöst werden. In der Regel besteht diese **Lösungsmöglichkeit einen Monat** lang.

2.2.3 Sonderformen von Arbeitsverträgen

Prekariat
Atypische Beschäftigungsverhältnisse werden auch als **prekäre Beschäftigungsformen** bezeichnet. Der Begriff „Prekariat" setzt sich aus den Wörtern „prekär (schwierig, heikel, unsicher) und Proletariat (Arbeiterklasse) zusammen und bezeichnet diese „ungeschützten" Arbeiter/innen als neue soziale Klasse.
Prekäre Beschäftigungsverhältnisse sind gekennzeichnet durch:
- ein niedriges und nicht kontinuierliches Einkommen,
- unkalkulierbare Beschäftigungsdauer,
- ungenügenden sozialen Schutz,
- mangelnden Zugang zu betrieblicher Mitbestimmung und
- geringe Karrierechancen.

Es handelt sich dabei um alle Beschäftigungsformen, die vom „normalen" Arbeitsverhältnis, das durch arbeits- und sozialrechtliche Schutzbestimmungen, Kollektivverträge sowie Betriebsvereinbarungen geschützt ist, abweichen.

Freier Dienstvertrag
- Ein freier Dienstvertrag liegt vor, wenn sich jemand gegen Entgelt verpflichtet, für einen Auftraggeber seine Arbeitskraft zur Verfügung zu stellen.
- Die persönliche Abhängigkeit ist, wenn überhaupt, nur schwach ausgeprägt.
- In der Regel gibt es die Möglichkeit, sich vertreten zu lassen.
- Freie Dienstnehmer/innen übernehmen keine Erfolgsgarantie.
- Sie sind nicht in die Organisation des Auftraggebers eingegliedert.

Beispiel
Eva Jarosch nimmt neben der Handelsakademie einen Job zur Dateneingabe an. Sie arbeitet von zu Hause aus an ihrem Computer bei freier Zeiteinteilung. Einmal im Monat trifft sie sich mit ihrem Arbeitgeber zu einer Besprechung.

Werkvertrag
Beim **Werkvertrag** verpflichtet sich der Auftragnehmer zur Erbringung eines Erfolges oder zur Herstellung eines Werkes. Das **Entgelt** wird nur bezahlt, wenn die

Leistung laut Vertrag erbracht wird. Bei einem Werkvertrag ist nicht vorgeschrieben, wann, wo und wie der Werkvertragsnehmer arbeitet. Anders als beim freien Dienstvertrag arbeitet der Auftragnehmer **selbstständig.**

Der **Werkvertragsnehmer**
- kalkuliert das Honorar und vereinbart es mit dem Werkbesteller (auf Stundenbasis oder Gesamtpreis für das Werk),
- arbeitet auf **eigenes wirtschaftliches Risiko,** in der Regel nach eigenem Plan, meistens mit eigenen Betriebsmitteln,
- ist nicht in die Organisation des Werkbestellers eingegliedert,
- muss für Fehler (Gewährleistung) einstehen,
- kann selbst Arbeitnehmer einsetzen.

Beispiel
Die EDV-Spezialistin Sonja Maier übernimmt den Auftrag, bis Jahresende der Website der Sport4U GmbH ein neues Outfit zu verpassen. Nach pünktlicher und ordnungsgemäßer Erfüllung des Auftrages erhält sie ein Honorar von 7.000,00 EUR. Zwischen Sonja Maier und der Sport4U GmbH besteht ein Werkvertrag. Sie verwendet zur Erstellung der Website ihren eigenen Laptop und führt die Arbeiten in ihrer Wohnung durch.

Aufgabenstellungen – „Arbeitsvertrag"

1. Sie erinnern sich an Philipp, der von seinem Ferialjob enttäuscht ist? Unterscheiden Sie zwischen Ferialjob und Ferialpraktikum.
2. Formulieren Sie je ein eigenständiges Beispiel für einen Werkvertrag und einen Dienstvertrag.

2.3 Pflichten des Arbeitgebers

> **Unterscheiden Sie:**
>
> **Teilzeitbeschäftigung** ist ein „echtes" Dienstverhältnis mit geringerer Stundenanzahl, für das alle arbeits- und sozialrechtlichen Ansprüche gelten.
>
> **Geringfügige Beschäftigung** ist eine Form der Teilzeitbeschäftigung. Das Entgelt darf einen bestimmten Betrag (438,05 EUR, Stand 2018) nicht übersteigen. Geringfügig Beschäftigte sind zwar unfallversichert, es besteht jedoch keine automatische Kranken-, Pensions- und Arbeitslosenversicherung. Sie können sich jedoch um einen monatlichen Beitrag (60 EUR, Stand 2017) in der Pensions- und Krankenversicherung selbst versichern.

> Sowohl aus dem Arbeitsvertrag als auch aus der allgemeinen Gesetzgebung ergeben sich für den Arbeitgeber Verpflichtungen.

2.3.1 Entgeltleistung

Der AG ist verpflichtet, dem AN ein **Entgelt** für seine Arbeitsleistung zu zahlen. Das Entgelt besteht nicht nur aus dem **Grundlohn,** sondern auch aus allen anderen Zahlungen, die **regelmäßig** vom AG ausbezahlt werden, wie Überstundenentgelt, Prämien, Sonderzahlungen, Gewinnbeteiligungen und Sachbezüge.

⚠️ Das **Gleichbehandlungsgesetz** sieht vor, dass bei der Festsetzung des Entgelts niemand wegen seines Geschlechtes diskriminiert werden darf!

Die **Höhe des Entgelts** richtet sich in erster Linie nach den Vereinbarungen im **Arbeitsvertrag.** In den meisten Branchen legt der Kollektivvertrag, der Mindestlohntarif oder eine Betriebsvereinbarung eine Untergrenze für das Entgelt fest.

2.3.2 Entgeltfortzahlung

Entgeltfortzahlung im Krankheitsfall

Erkrankung oder Arbeitsunfall müssen unverzüglich dem AG mitgeteilt werden. Auf Verlangen ist dem AG eine ärztliche Bestätigung vorzulegen. Der AN hat eine **Mitteilungspflicht und Nachweispflicht.**

> **Aha!**
> Bringt der AN trotz Aufforderung durch den AG keine Bestätigung, verliert er für die Dauer der Säumnis den Anspruch auf Entgeltfortzahlung. Die Unterlassung des Nachweises berechtigt den AG nicht zur Entlassung.

⚠️ Wenn ein AN vorsätzlich oder grob fahrlässig eine Erkrankung herbeigeführt hat, hat er keinen Anspruch auf Entgeltfortzahlung (z. B. Verkehrsunfall durch Trunkenheit am Steuer).

Ansprüche der AN im Krankheitsfall und bei Arbeitsunfall		
Dienstjahr	**Anspruch bei Krankheit**	**Anspruch bei Arbeitsunfall bzw. Berufskrankheit**
1. Dienstjahr	6 Wochen voll, weitere 4 Wochen halb	8 Wochen
2.–15. Dienstjahr	8 Wochen voll, weitere 4 Wochen halb	8 Wochen
16.–25. Dienstjahr	10 Wochen voll, weitere 4 Wochen halb	10 Wochen voll
ab 26. Dienstjahr	12 Wochen voll, weitere 4 Wochen halb	10 Wochen voll

Entgeltfortzahlung im Urlaub

Der AN hat Anspruch auf den gesetzlich vorgeschriebenen **Mindesturlaub.** In dieser Zeit muss der AG dem AN das Entgelt weiterbezahlen. Der Anspruch auf Urlaub entsteht in den ersten sechs Monaten des ersten Arbeitsjahres anteilsmäßig, danach besteht er in voller Höhe. Er beträgt **30 Werktage** jährlich und erhöht sich nach einer Dienstzeit von 25 Jahren auf 36 Werktage.

Der Urlaubsantritt ist mit dem AG zu vereinbaren. Der AN darf den Urlaub nicht eigenmächtig antreten.

⚠️ Ein Betriebsurlaub sollte bereits im Vorhinein schriftlich im Arbeitsvertrag vereinbart werden, wobei allerdings nicht der gesamte Jahresurlaub vom Betriebsurlaub erfasst sein darf!

Grundlagen des Arbeitsrechts

Eine **Erkrankung unterbricht den Urlaub,** wenn sie länger als drei Tage (Werktage) dauert. Voraussetzung ist jedoch, dass der AG durch den AN rechtzeitig verständigt wird und eine ärztliche Bestätigung vorgelegt wird.

Beispiel: Erkrankung im Urlaub
Peter freut sich auf drei Wochen gemeinsamen Urlaub mit seiner Frau und den beiden Kindern. Bereits am vierten Tag des Urlaubs erkrankt er an einem Virus und ist erst nach vierzehn Tagen wieder gesund.

Damit die Krankheit seinen Urlaub unterbricht, darf er die Erkrankung nicht vorsätzlich oder grob fahrlässig herbeigeführt haben, muss er den Arbeitgeber von der Erkrankung spätestens nach drei Tagen verständigen und zudem bei Wiederantritt des Dienstes eine ärztliche Bestätigung vorlegen. Da er im Ausland erkrankt ist, muss er nicht nur ein ärztliches Zeugnis sondern auch eine behördliche Bestätigung vorlegen. Die behördliche Bestätigung hat zu belegen, dass das ärztliche Zeugnis von einem zugelassenen Arzt stammt. Diese Bestätigung ist nicht notwendig, wenn er belegen kann, dass er in einem öffentlichen Krankehaus behandelt wurde.

💡 Der Zeitpunkt des Urlaubsantrittes und die Urlaubsdauer sind zwischen Arbeitgeber und Arbeitnehmer/in unter Berücksichtigung der betrieblichen Interessen und der Erholungsmöglichkeiten der Arbeitnehmerin/des Arbeitnehmers konkret zu vereinbaren.

Zusätzlich zum Anspruch auf Fortzahlung des Entgelts gebührt dem AN in der Regel ein **Urlaubszuschuss**. Davon ist die **Urlaubsersatzleistung** für nicht verbrauchten Urlaub zu unterscheiden.

Urlaubszuschuss = Sonderzahlung, die dem AN aufgrund des Kollektivvertrages oder des Arbeitsvertrages zusteht.

Urlaubsersatzleistung ist zu zahlen, wenn das Arbeitsverhältnis vor Verbrauch des Urlaubs beendet wird.

Entgeltfortzahlung bei persönlicher Verhinderung
Der AN hat auch Anspruch auf Entgeltfortzahlung bei kurzfristiger Arbeitsverhinderung, z. B. bei eigener Eheschließung, dem Tod naher Angehöriger, bei Vorladung zu Behörden und bei einer Übersiedelung.

Pflegefreistellung
Für die Pflege von im Haushalt lebenden nahen Angehörigen hat der AN Anspruch auf Pflegefreistellung bis zum Ausmaß einer Wochenarbeitszeit innerhalb eines Arbeitsjahres. Für die Pflege von Kindern unter zwölf Jahren kann zusätzlich bis zu einem Höchstausmaß einer Wochenarbeitszeit Pflegefreistellung in Anspruch genommen werden. Bei Kindern kommt es auch nicht auf das Leben im gemeinsamen Haushalt an.

Für die Betreuung eines kranken Kindes hat man das Recht auf Pflegefreistellung.

Sonderfall Mutterschutz
- Schwangere Arbeitnehmerinnen erhalten bis zum Eintritt in den Mutterschutz (acht Wochen vor der voraussichtlichen Geburt und acht Wochen nach der Geburt bzw. zwölf Wochen bei Kaiserschnitt, Früh- und Mehrlingsgeburten) das **normale Entgelt.**
- Nach Eintritt in den Mutterschutz haben sie Anspruch auf **Wochengeld,** das von der Sozialversicherung ausbezahlt wird.
- Während des Mutterschutzes besteht **Beschäftigungsverbot.**
- Weiters besteht ein besonderer **Kündigungsschutz.** Er beginnt mit dem Eintritt der Schwangerschaft und endet
  - nach vier Monaten bei Nichtinanspruchnahme der **Karenz,**
  - vier Wochen nach Ende der **Karenz,**
  - spätestens jedoch nach 24 Monaten.
- Mütter und Väter haben Anspruch auf **Karenzurlaub** bis zum Ablauf des zweiten Lebensjahres des Kindes, wenn sie mit dem Kind im gemeinsamen Haushalt leben. Die Mindestdauer der Karenz beträgt drei Monate.

Karenz = Freistellung von der Arbeitsleistung gegen Entfall des Arbeitsentgelts.

Acht Wochen vor und nach der Geburt besteht Beschäftigungsverbot.

⚠️ **Gleichbehandlungsgebot**
Der AG mehrerer AN darf aufgrund der Fürsorgepflicht nicht Einzelne willkürlich, also ohne einleuchtende sachliche Rechtfertigung, schlechter behandeln.

⚠️ Der AG hat auch nach Beendigung des Arbeitsverhältnisses alles zu vermeiden, was sich bei der Arbeitsplatzsuche des ausgeschiedenen AN negativ auswirken könnte (z. B. das Ausstellen eines schlechten Dienstzeugnisses).

- Während der Karenzzeit besteht Anspruch auf das **Kinderbetreuungsgeld** (KBG). Eltern können zwischen dem flexiblen pauschalen KBG-Konto und dem einkommensabhängigen KBG wählen. Eltern, die sich den Bezug KBG annähernd gleich aufteilen, erhalten zusätzlich einen Partnerschaftsbonus. Weiters gibt es einen Familienzeitbonus für Väter nach der Geburt des Kindes.

2.3.3 Fürsorgepflicht

Unter Fürsorgepflicht versteht man, dass der AG dafür zu sorgen hat,
- dass das Leben und die Gesundheit seiner Mitarbeiter/innen möglichst geschützt sind (z. B. Schutzkleidung, ergonomischer Arbeitsplatz)
- und auch der Schutz der Persönlichkeit gewahrt bleibt (z. B. Schutz vor Mobbing oder sexueller Belästigung).

Firmen haften bei Mobbing am Arbeitsplatz

Bei Mobbing am Arbeitsplatz haftet der Unternehmer – zumindest, wenn er nicht umgehend einschreitet, wenn einer seiner Arbeitnehmer gemobbt wird. Das geht aus einem Urteil des Obersten Gerichtshofes hervor. …
Laut der Rechtsanwaltskanzlei Eversheds steht dem Arbeitgeber frei, wie er gegen Mobbing schützt. Der Arbeitnehmer habe keinen Anspruch auf ein bestimmtes Verhalten des Chefs. „Er hat jedoch ein Recht darauf, dass der Arbeitgeber aktiv wird und unverzüglich erforderliche Mittel ergreift, um ihn vor weiteren Angriffen zu schützen", hieß es aus der Kanzlei. …

Laut einer Entscheidung des Obersten Gerichtshofs sind durch Mobbing hervorgerufene gesundheitliche Beeinträchtigungen als Körperverletzung zu werten.
Wer bei Mobbing in seinem Unternehmen nicht unverzüglich einschreite und versuche, seine Mitarbeiter ernsthaft zu schützen, setze sich der Gefahr aus, für sämtliche Folgeschäden zu haften.

APA, 19. Dezember 2012

Arbeitgeberhaftung

Kommt eine Arbeitnehmerin/ein Arbeitnehmer während der Ausübung der beruflichen Tätigkeit zu Schaden, haftet der Arbeitgeber in bestimmten Fällen für diesen Schaden.
- Der AG haftet dem verunglückten AN (oder seinen Hinterbliebenen) für einen Schaden aus **Körperverletzung** infolge eines Arbeitsunfalls oder einer Berufskrankheit nur, wenn er sie **vorsätzlich verursacht** hat. Im Bereich des fahrlässigen Verhaltens muss sich der AN mit den verschuldensunabhängigen Leistungen der Allgemeinen Unfallversicherungsanstalt begnügen. Liegt grobe Vernachlässigung durch den AG vor, muss diese mit Regressansprüchen der zahlungspflichtigen Versicherung rechnen.
- Entstehen bei einem Arbeitsunfall neben dem Personenschaden auch **Sach- oder Vermögensschäden,** so haftet der AG für diese. Dabei ist jedoch zu berücksichtigen, ob den AN eine Mitschuld trifft und dieser somit anteilig haftet.
- Die Arbeitgeberhaftung beschränkt sich aber nicht nur auf Sachschäden, die durch das eigene Verschulden eines Arbeitgebers entstanden sind: Auch für Sachschäden, die durch seine Verrichtungsgehilfen beziehungsweise Erfüllungsgehilfen (Mitarbeiter/innen) entstanden sind, hat der AG aufzukommen **(Verschulden Dritter).** Der AG kann aber vom AN in dem Ausmaß, in dem ihn ein Verschulden trifft, die Kosten zurückfordern.

Grundlagen des Arbeitsrechts

Aha!
Grundsätzlich haftet ein Arbeitgeber, wenn ihn eine **schuldhafte Pflichtverletzung** trifft. Diese kann in Form einer mangelnden Aufklärung auftreten, bei einem Nichteingreifen beim Mobbing oder fehlenden Sicherheitseinrichtungen (dies kann gegebenenfalls sogar den Tatbestand einer strafbaren Handlung begründen).

Beispiele zur Arbeitgeberhaftung
- Eine Facharbeiterin verletzt sich an einer Maschine, die nicht ordnungsgemäß gewartet wurde. Der AG haftet.
- Max muss mit seinem Privatwagen eine Dienstreise unternehmen. Er verursacht einen Unfall, bei dem sein Pkw stark beschädigt wird. Da er zu schnell unterwegs war, trifft ihn eine Mitschuld und er muss für einen Teil der Reparaturkosten selbst aufkommen.
- Die Arbeiterin einer von einem Kunden beauftragten Reinigungsfirma lässt einen Kübel mit Wasser im Stiegenhaus stehen. Der Kunde sieht dies nicht, stürzt und verletzt sich. Hier muss der AG seinem Vertragspartner (Kunde) vollen Ersatz leisten.

2.4 Pflichten der Arbeitnehmerin/des Arbeitnehmers

Arbeitspflicht
- Der AN hat sich sorgfältig zu bemühen, die ihm übertragenen Aufgaben richtig auszuführen.
- Der AN schuldet dem AG seine persönliche Arbeitskraft.
- Der AN ist zur Erbringung der vertraglichen Arbeitsleistung verpflichtet, haftet aber nicht für einen bestimmten Erfolg.
- Der AN ist gegenüber dem AG weisungsgebunden.

Treuepflicht
Treuepflicht bedeutet, dass der AN die betrieblichen und unternehmerischen Interessen des AG zu beachten hat.

Beispiele
- **Verschwiegenheitspflicht:** Der An hat über die ihm bekannt gewordenen Geschäfts- und Betriebsgeheimnisse Verschwiegenheit zu bewahren.
- **Wettbewerbsverbot:** Der AN darf im Tätigkeitsbereich des AG keine Geschäfte tätigen, ihm sozusagen „keine Konkurrenz machen".
- Der AN darf **keine unwahren Behauptungen** verbreiten.

Sorgfalts- und Haftpflicht
Der AN kann für Schäden, die er bei der Arbeit verursacht, nur eingeschränkt haftbar gemacht werden. Beim **Verschuldensgrad** unterscheidet man **vier Stufen.**

Stufen	Erklärung zu Fehlverhalten	Folgen	Fristen
Entschuldbare Fehlleistung	Nur bei außerordentlicher Aufmerksamkeit vermeidbar	Keine Schadenersatzpflicht	–
Leichte Fahrlässigkeit	Dieser Fehler passiert gelegentlich auch einem sorgfältigen AN	Das Gericht kann den Schadenersatz mäßigen oder auch ganz erlassen.	6 Monate
Grobe Fahrlässigkeit	Der AN hat die erforderliche Sorgfalt in ungewöhnlicher und auffallender Weise vernachlässigt.	Das Gericht kann den Schadenersatz mäßigen, aber nicht ganz erlassen.	3 Jahre
Vorsatz	Der AN hat einen Schaden bewusst herbeigeführt.	Voller Schadenersatz	3 Jahre; Verjährung nach 30 Jahren

Sabrina ärgert sich wieder einmal furchtbar über ihre Chefin. Auf ihrem Facebook Account macht sie – wie schon oft – ihrem Ärger Luft und lässt sowohl die Chefin als auch den gesamten Betrieb in keinem guten Licht erscheinen. Da Sabrina viele „Freunde" auf Facebook hat, erfährt auch ihre Chefin über Umwege davon. Sabrina wird daraufhin fristlos entlassen.

💬 Diskutieren Sie, ob über soziale Medien eine Treuepflichtverletzung leichter fällt als im direkten Kontakt zwischen Menschen.

Beispiele Verschuldungsgrade
- **Entschuldbare Fehlleistung**
  Bedienungsfehler eines geringausgebildeten Arbeiters an einer halbautomatischen Maschine und bei monotoner Arbeit.
- **Leichte Fahrlässigkeit**
  Verschütten des Kaffees über den Laptop entgegen der Weisung des Arbeitgebers, bei Verwenden des Laptops weder zu essen noch zu trinken.
- **Grobe Fahrlässigkeit**
  Peter, ein angestellter Außendienstmitarbeiter stellt bereits am frühen Morgen, als er mit dem Firmenauto zu einem Kundentermin aufbricht, fest, dass die Bremsen nicht einwandfrei funktionieren. Dennoch fährt er mit dem Wagen zum Kunden. Dort angekommen gelingt es ihm nicht, den Wagen abzubremsen und er fährt in den Gartenzaun des Kunden. Der verursachte Schaden beträgt mehr als 800 Euro.
- **Vorsatz**
  Paul Meister schleppt bewusst einen Computervirus in seinem Arbeitsbetrieb ein, um sich für eine Nichtbeförderung zu rächen. Er haftet uneingeschränkt für den entstandenen Schaden.

Die Schadenersatzhöhe und die Fristen hängen vom Grad des Verschuldens des AN ab.

Aha!
Sonderfall – Schadenszufügung gegenüber Dritten
Wird ein **Dritter** (z. B. Kunde) geschädigt, muss der AG diesem den Schaden ersetzen. Der AG kann vom AN in dem Ausmaß, in dem ihn ein Verschulden trifft, die Kosten zurückfordern.

Aufgabenstellung – „Pflichten des AN"

- Simon arbeitet als EDV-Kaufmann bei Sportprofi e. U. Es passieren ihm so manche Fehler. Konstruieren Sie für jeden der vier Verschuldensgrade ein Fallbeispiel.

2.5 Beendigung des Arbeitsverhältnisses

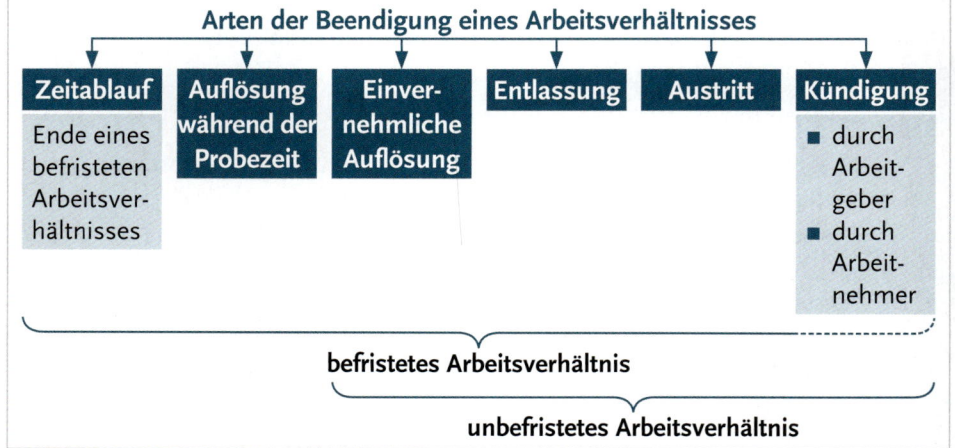

💡 Das Arbeitsverhältnis wird außerdem durch den Tod einer Arbeitnehmerin/eines Arbeitnehmers beendet.

2.5.1 Zeitablauf

Arbeitsverhältnisse, die auf bestimmte Zeit abgeschlossen werden (z. B. für sechs Monate, für die Dauer einer Karenzvertretung oder einer Saison), **enden automatisch** mit Ablauf der im Arbeitsvertrag vereinbarten Frist oder mit dem konkret vereinbarten Austrittstermin (z. B. 31. Jänner 20..).

2.5.2 Auflösung während der Probezeit

Ein **befristetes Probearbeitsverhältnis** kann sowohl vom Arbeitgeber als auch vom Arbeitnehmer **jederzeit während der Probezeit, ohne Einhaltung von Fristen und Terminen sowie ohne Angabe von Gründen gelöst werden.** Eine Probezeit kann im Arbeitsvertrag lt. § 19 (2) Angestelltengesetz maximal für einen Monat vereinbart werden. (Ausnahme: Lehrlinge haben eine dreimonatige Probezeit). Kürzere Fristen ergeben sich aus den Kollektivverträgen.

2.5.3 Einvernehmliche Lösung

Bei der einvernehmlichen Lösung **einigen** sich der AG und der AN darauf, das Dienstverhältnis zu einem **bestimmten Zeitpunkt** zu beenden. Es gibt **keine Formvorschriften** und es sind auch **keine Fristen** einzuhalten. Aus Beweisgründen ist es aber zu empfehlen, ein Schreiben aufzusetzen, das von beiden Seiten unterzeichnet wird.

⚠️ In der Regel wird der erste Arbeitsmonat als **Probezeit** vereinbart. In dieser Zeit kann das Arbeitsverhältnis vom AG und AN jederzeit aufgelöst werden.

2.5.4 Kündigung

- Die Kündigung erfolgt **einseitig** durch den AG oder den AN.
- Die Kündigung ist eine **empfangsbedürftige Willenserklärung,** d. h., dass die Zustimmung des AG bzw. AN nicht notwendig ist.
- Es gibt **keine Formvorschrift,** die Kündigung kann mündlich, schriftlich oder durch schlüssige Handlung (z. B. Übersendung der Arbeitspapiere) erfolgen und
- es muss auch **kein Kündigungsgrund** genannt werden.

Welche Termine sind einzuhalten?

Kündigungsfristen und -termine, die in den verschiedenen Gesetzen, Kollektivverträgen oder auch im einzelnen Arbeitsvertrag geregelt sind, müssen eingehalten werden.

Die Kündigung ist nur empfangsbedürftig.

Kündigungsfristen und -termine

Arbeiter/innen	Angestellte
Sind in den **branchenbezogenen Kollektivverträgen** unterschiedlich geregelt. Besteht keine Regelung im Kollektivvertrag oder im Arbeitsvertrag, so gilt eine Kündigungsfrist von **14 Tagen**. Ab 2021 gilt großteils das selbe Kündigungsrecht wie bei Angestellten.	Sind im **Angestelltengesetz** geregelt. **Kündigung durch den AN:** 1 Monat zum Monatsletzten **Kündigung durch den AG:** 6 Wochen bis 5 Monate zu Quartalsende

Als **Kündigungstermin** wird der letzte Tag des Arbeitsverhältnisses bezeichnet.

Die **Kündigungsfrist** ist die Zeitspanne zwischen dem Zugang der Kündigung und dem Kündigungstermin.

Beispiel
Ein Angestellter möchte am 31. 7. 2016 aus dem Betrieb ausscheiden. Die Kündigung muss spätestens bis 30. 6. 2016 ausgesprochen werden bzw. muss eine schriftliche Kündigung spätestens an diesem Tag beim AG einlangen (Postweg beachten!).

Kündigungsschutz

Damit Arbeitnehmer/innen nicht willkürlich „vor die Tür gesetzt werden können", gibt es einen **allgemeinen Kündigungsschutz.**

Vor der Kündigung muss der Betriebsrat vom AG verständigt werden. Dieser hat die Möglichkeit zu widersprechen oder zuzustimmen. Wenn die Kündigung trotz Widerspruchs durch den Betriebsrat ausgesprochen wird, kann sie vom Betriebsrat oder vom AN selbst beim **Arbeits- und Sozialgericht** (ASG) angefochten werden.

Beispiele für Anfechtungsgründe
- **Anfechtung wegen verpönter Motive**
  Beitritt, Mitgliedschaft oder Tätigkeit in Gewerkschaften, Einberufung der Betriebsversammlung durch den AN, Tätigkeit in einer Wahlkommission, Tätigkeit als Betriebsrat, Tätigkeit in einer Schlichtungsstelle, Tätigkeit als Sicherheitsvertrauensperson, Einberufung zum Präsenzdienst usw.
- **Anfechtung wegen Sozialwidrigkeit der Kündigung**
  Voraussetzung ist, dass der betroffene AN bereits sechs Monate dem Betrieb angehört hat, durch die Kündigung wesentliche Interessen des AN beeinträchtigt werden und kein Entlassungsgrund vorliegt.

⚠ Bei der **Selbstkündigung** hat man erst nach einer Sperrfrist von vier Wochen Anspruch auf Arbeitslosengeld vom AMS.

Die Kündigung ist zunächst gültig. Erst durch ein entsprechendes Urteil des Arbeits- und Sozialgerichts wird die Kündigung beseitigt und das Arbeitsverhältnis läuft ohne Berücksichtigung der Kündigung weiter.

💡 Umfassende Informationen zu den Themen Kündigung, Entlassung und Austritt finden Sie unter www.arbeiterkammer.at oder www.help.gv.at.

Besonderen Kündigungsschutz haben ...
u. a. werdende Mütter, Arbeitnehmer in der Elternkarenz, Präsenz-/Zivildiener, Betriebsratsmitglieder (hier ist eine vorherige Zustimmung des Arbeits- und Sozialgerichtes bei Kündigung erforderlich) und begünstigte Behinderte (vorherige Zustimmung des Bundessozialamtes erforderlich).

2.5.5 Entlassung und Austritt

Das Arbeitsverhältnis kann mit sofortiger Wirkung aus wichtigem Grund sowohl vom AG (Entlassung) als auch vom AN (Austritt) einseitig beendet werden. Es sind im Gegensatz zur Kündigung **keine Fristen** einzuhalten, sondern das Arbeitsverhältnis endet an dem Tag, an dem es der AG bzw. AN mündlich oder schriftlich für beendet erklärt.

⚠ **Entlassungsschutz**
Sowohl der BR als auch der AN können die Entlassung als rechtsunwirksam bekämpfen. Wird eine Entlassung ausgesprochen, hat der AN unverzüglich den BR, sofern einer eingerichtet ist, zu verständigen. Der BR kann innerhalb von drei Tagen ab Verständigung Stellung nehmen, d. h., der Entlassung zustimmen oder ihr widersprechen oder keine Stellungnahme abgeben. Je nach Inhalt der Stellungnahme kann die Entlassung vom Betriebsrat oder vom Arbeitnehmer beim Arbeits- und Sozialgericht angefochten werden.

Entlassungsgründe für den AG	Austrittsgründe für den AN
■ Der AN verursacht Tätlichkeiten gegen den AG oder einen Mitarbeiter/eine Mitarbeiterin.	■ Der AG verursacht Tätlichkeiten gegen den AN.
■ Der AN unterlässt ohne rechtmäßigen Hinderungsgrund (z. B. Krankheit) die Arbeitsleistung und weigert sich beharrlich, den Anforderungen des AG zu folgen.	■ Der AG bezahlt das vereinbarte Entgelt nicht.
■ Der AN verrät Betriebsgeheimnisse an ein Konkurrenzunternehmen.	■ Der AN kann die Arbeit ohne Schaden für seine Gesundheit nicht fortsetzen (z. B. der AG zwingt den AN, gefährliche Tätigkeiten ohne Schutzbekleidung durchzuführen).
■ Der AN erscheint betrunken zum Dienst.	■ Der AG belästigt den AN sexuell.
■ Der AN bestiehlt den AG oder seine Kollegen/Kolleginnen.	

💡 Die **Entlassung** kann mündlich oder schriftlich erfolgen. In der Praxis ist schon aus Beweisgründen die **Schriftform** zu empfehlen, wobei darauf zu achten ist, dass die Entlassung erst mit der Zustellung wirksam wird.

Folgende Arbeitnehmergruppen genießen einen **besonderen Entlassungsschutz:** Belegschaftsfunktionäre, Eltern gemäß Mutterschutzgesetz und Elternkarenzurlaubsgesetz, Behinderte und Opferbefürsorge, Präsenz- und Zivildiener, Lehrlinge, Vertragsbedienstete.

2.6 Ansprüche während und nach Beendigung eines Arbeitsverhältnisses

Nach Beendigung des Arbeitsverhältnisses hat der Arbeitnehmer folgende Ansprüche:

- **Laufendes Entgelt bis zum letzten Tag des Arbeitsverhältnisses**

- **Anteilige Sonderzahlungen** (Urlaubsgeld, Weihnachtsremuneration)

- **Ersatzleistungen für anteiligen Urlaubsanspruch,** sofern dieser noch nicht verbraucht worden ist

- **Abfertigungsanspruch**
  - Für Arbeitsverhältnisse, die **vor dem 1. 1. 2003** begonnen haben und nicht auf die „Abfertigung NEU" übertragen worden sind, steht die **„Abfertigung ALT"** zu. Voraussetzung für den Anspruch ist, dass das Arbeitsverhältnis mindestens **drei Jahre** gedauert hat und **keine Selbstkündigung oder Entlassung** vorliegt.

  - Für Arbeitsverhältnisse **ab 1. 1. 2003** oder von „Abfertigung ALT" auf **„Abfertigung NEU"** übertragene ältere Arbeitsverhältnisse gilt folgende Regelung:
    - Die Abfertigung wird in MV-Kassen ausgelagert.
    - Ein Anspruch auf Auszahlung der Abfertigung besteht nach drei Einzahlungsjahren (Zeiten bei verschiedenen Arbeitgebern werden zusammengezählt!).
    - Bei Selbstkündigung und bei Entlassung besteht zwar kein Anspruch auf Auszahlung, jedoch werden die bis zu diesem Zeitpunkt erworbenen Abfertigungsansprüche zum nächsten Arbeitgeber mitgenommen. Man spricht in diesem Zusammenhang vom sogenannten „Rucksackprinzip".
    - In allen anderen Fällen kann der Arbeitnehmer zwischen Auszahlung oder „Rucksackprinzip" entscheiden.

- **Recht auf Postensuchtage**
Bei Kündigung durch den Arbeitgeber ist dem Arbeitnehmer wöchentlich bezahlte Freizeit im Ausmaß von einem Fünftel der regelmäßigen wöchentlichen Arbeitszeit zu gewähren, um sich eine neue Arbeitsstelle suchen zu können. (Achtung: abweichende Regelungen siehe Kollektivvertrag!)

⚠ Existiert keine kollektivvertragliche Regelung, hat der Arbeitnehmer bei Selbstkündigung niemals Anspruch auf bezahlte Freizeit zur Postensuche!

- **Dienstzeugnis**
Der Arbeitgeber muss dem Arbeitnehmer auf sein Verlangen ein schriftliches Zeugnis ausstellen. Darin müssen jedenfalls die Dauer und die Art der Arbeitsleistung angegeben sein.

Die **Mitarbeitervorsorgekassen (MVK)** sind rechtlich selbstständige Institutionen, die berechtigt sind, Abfertigungsbeträge hereinzunehmen, zu verwalten und zu veranlagen. Für jeden Arbeitnehmer werden vom Arbeitgeber 1,53 % des Bruttoentgelts in die MVK einbezahlt.

Erstellen Sie eine strukturierte Übersicht, die die verschiedenen Abfertigungsansprüche darstellt.

Zusätzlich erhält der Arbeitnehmer folgende Unterlagen:
- Arbeits- und Entgeltbestätigung
- Arbeitsbescheinigung für die Beantragung des Arbeitslosengeldes
- Abmeldung von der Gebietskrankenkasse

III Unternehmer/in und Arbeitnehmer/in in Recht und Wirtschaft

💡 Ein uneingeschränkt positives Zeugnis spart nicht mit Superlativen: Mitarbeiter/innen, die laut Dienstzeugnis „zur vollsten Zufriedenheit" gearbeitet haben, sind vom ehemaligen Arbeitgeber mit der Note 1 bedacht worden.

Aha!
Anmerkungen, die dem Arbeitnehmer die Erlangung einer neuen Stelle erschweren würden, wie negative Bemerkungen über die Arbeitsleistung etc., sind beim Dienstzeugnis unzulässig. Es sind nicht nur klar negative Bemerkungen unzulässig, sondern auch neutrale oder auf den ersten Blick positive Bemerkungen, die sich aufgrund der in der Praxis entwickelten „Codes" als nachteilig für den Dienstnehmer herausstellen. Beispielsweise würden die Formulierungen „war stets bemüht" oder „erledigte seine Aufgaben zu unserer Zufriedenheit" (statt „zur vollsten Zufriedenheit") als negatives Werturteil verstanden werden und dürfen daher so nicht im Dienstzeugnis verwendet werden.

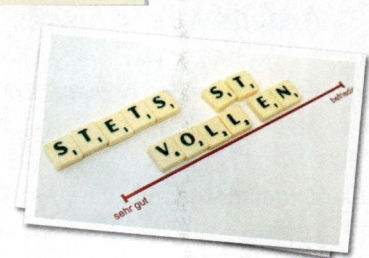

Aufgabenstellungen – „Pflichten des AN"

1. Stellen Sie die Pflichten der Arbeitgeber und Arbeitnehmer/innen gegenüber.

Pflichten Arbeitgeber/innen	Pflichten Arbeitnehmer/innen

2. Ermitteln Sie den letzten Tag, an dem die Kündigung für Angestellte spätestens ausgesprochen werden muss, wenn diese durch den Arbeitgeber erfolgt:

Geplanter Kündigungstermin (Quartalsende)	Kündigungsfrist				
	6 Wochen	2 Monate	3 Monate	4 Monate	5 Monate
31. März					
30. Juni					
30. September					

Grundlagen des Arbeitsrechts

3 Arbeitnehmerschutz

Arbeitnehmer/innenschutzgesetz 1995 (ASchG)

Philipp steht in seinem Ferialjob oft am Kopierer. Als er wieder einmal einen halben Tag in dem kleinen Kopierraum verbracht hat, beginnen seine Augen zu brennen und er muss ständig husten. Nachdem er sich auch nach einiger Zeit nicht erholt hat, schickt ihn sein Chef zum Betriebsarzt. Dieser stellt nach einigem Nachfragen fest, dass Philipp's Beschwerden höchstwahrscheinlich auf die Ozonbelastung durch den Kopierer zurückzuführen sind. Der Firmenchef meint dazu nur, dass Philipp die Tür des Kopierraums offen lassen soll.

Diskutieren Sie über die Reaktion des Chefs. Wurde in diesem Fall der Arbeitnehmerschutz vernachlässigt?

Ziel des Arbeitnehmerschutzes ist eine menschengerechte Gestaltung der Arbeit. Arbeit ist menschengerecht, wenn sie die Gesundheit des Menschen nicht gefährdet und ein Höchstausmaß an Arbeitszufriedenheit und Wohlbefinden erreicht wird.

Die Arbeitsschutzbestimmungen regeln u. a.:
- Den Einsatz gefährlicher Maschinen und Werkzeuge
- Den Umgang mit gefährlichen Arbeitsstoffen, wie z. B. giftigen oder entzündlichen Chemikalien
- Belastungen durch Arbeitsvorgänge und andere Einwirkungen, wie z. B. Lärm, Hitze, Kälte, Staub, Rauch oder Dämpfe
- Einrichtungen zur Gefahrenverhütung
- Unterweisungen und Untersuchungen der Arbeitnehmer/innen
- Arbeitsbedingungen werdender und stillender Mütter
- Beschäftigung schutzbedürftiger Arbeitnehmer/innen (Menschen mit Behinderung)
- Arbeitszeit und Arbeitsruhe
- Beschäftigung von Kindern und Jugendlichen

Die Anzahl der Arbeitsunfälle pro Jahr liegt bei ca. 130 000 (doppelt so viele bei Männern als bei Frauen)!
Die unfallgefährdetste Branche ist das Handwerk.

Verantwortlich für die Umsetzung der Schutzbestimmungen ist in erster Linie der Arbeitgeber. Er hat durch geeignete organisatorische oder sonstige Maßnahmen eine umfassende Gefahrenverhütung zu betreiben. Die Nichteinhaltung von Arbeitnehmerschutzbestimmungen kann zu (verwaltungs-)strafrechtlichen und zivilrechtlichen Sanktionen führen und auch arbeitsvertragsrechtliche Folgen haben.

3.1 Grundlegende Pflichten der Arbeitgeber

- Der Arbeitgeber legt die betriebliche Sicherheits- und Gesundheitspolitik und die Leitlinien dafür fest, erfasst und beurteilt die Gefahren,
- setzt die notwendigen Maßnahmen und überprüft deren Wirksamkeit.
- Der Arbeitgeber ist weiters verantwortlich für die Auswahl und Bestellung von **Präventivfachkräften** (Sicherheitsfachkräfte, Arbeitsmediziner) sowie für die Koordination und Überwachung ihrer Tätigkeit;
- die Bestellung jener Personen, die für den Brandschutz und die Evakuierung zuständig sind und die Koordinierung ihrer Arbeit;
- die Bestellung der **Sicherheitsvertrauenspersonen** (SVP) und die Koordination ihrer Arbeit;

Der AG muss die entsprechende Arbeitskleidung zur Verfügung stellen und der AN muss diese auch verwenden.

⚠️ Es haben jedoch nicht nur die Arbeitgeber Pflichten, sondern auch die Arbeitnehmer/innen müssen zur Einhaltung der Arbeitsschutzbestimmungen beitragen.

✏️ Erkundigen Sie sich bei Ihren Eltern, ob diese wissen, wer ihre Sicherheitsvertrauensperson am Arbeitsplatz ist und welche Aufgaben diese Person nach Ansicht ihrer Eltern hat.

§ Gesetzlich geregelt sind die Angelegenheiten der Arbeitsinspektorate im **Arbeitsinspektionsgesetz**.

- die Einholung von Informationen über den neuesten Stand der Technik und der Erkenntnisse auf dem Gebiet der Arbeitsgestaltung; die Veranlassung der Gefahrenermittlung, Beurteilung, Maßnahmenfestlegung und deren Dokumentation (Evaluierung) samt Koordination der damit in Zusammenhang stehenden Tätigkeiten.

Zur Wahrung des Arbeitsschutzes wurden folgende Organe geschaffen:
- **Sicherheitsvertrauensperson** (ein AN wird dazu bestellt; in Betrieben mit mehr als zehn Mitarbeitern vorgeschrieben)
- **Sicherheitsfachkräfte** (kann auch eine externe Fachkraft sein)
- **Betriebsarzt/-ärztin** (arbeitsmedizinische Betreuung)

3.2 Arbeitsinspektion

Die Arbeitsinspektion ist eine **staatliche Einrichtung.** Sie ist unmittelbar dem Bundesministerium für Arbeit, Soziales und Konsumentenschutz unterstellt. Durch Beratung und Kontrollen vor Ort in den Betrieben oder auf den Baustellen trägt die Arbeitsinspektion dazu bei, dass die Vorschriften des ArbeitnehmerInnenschutzes eingehalten werden.

Werden Mängel festgestellt, werden die Arbeitgeber schriftlich aufgefordert, diese innerhalb vereinbarter Fristen zu beheben. Werden die Mängel nicht behoben oder handelt es sich um schwerwiegende Übertretungen, hat das Arbeitsinspektorat Anzeige an die zuständige Verwaltungsstrafbehörde zu erstatten.

3.3 Schutzvorschriften

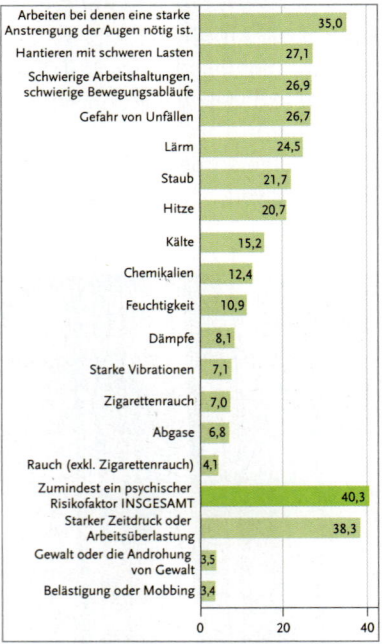

Körperliche und psychische Risikofaktoren am Arbeitsplatz

Risikofaktor	%
Arbeiten bei denen eine starke Anstrengung der Augen nötig ist.	35,0
Hantieren mit schweren Lasten	27,1
Schwierige Arbeitshaltungen, schwierige Bewegungsabläufe	26,9
Gefahr von Unfällen	26,7
Lärm	24,5
Staub	21,7
Hitze	20,7
Kälte	15,2
Chemikalien	12,4
Feuchtigkeit	10,9
Dämpfe	8,1
Starke Vibrationen	7,1
Zigarettenrauch	7,0
Abgase	6,8
Rauch (exkl. Zigarettenrauch)	4,1
Zumindest ein psychischer Risikofaktor INSGESAMT	40,3
Starker Zeitdruck oder Arbeitsüberlastung	38,3
Gewalt oder die Androhung von Gewalt	3,5
Belästigung oder Mobbing	3,4

Quelle: Statistik Austria 2015

Man unterscheidet

Technische bzw. arbeitshygienische Schutzvorschriften	Verwendungsschutzvorschriften
Regelt den Schutz der AN bei Durchführung der Arbeit, z. B. durch Vorschriften über die Gestaltung der Arbeitsverfahren, Arbeitsplätze, Arbeitsräume und Verkehrswege, über Anforderungen an Arbeitsmittel, Arbeitsstoffe	Sollen vor allem besonders schutzwürdige Personengruppen wie Kinder und Jugendliche, Frauen, Schwangere durch Beschäftigungsverbote und -beschränkungen vor körperlicher und psychischer Überforderung schützen. ■ Arbeitszeit und Arbeitsruhegesetz ■ Mutterschutzgesetz ■ Beschäftigung von Kindern

3.3.1 Arbeitszeit- und Arbeitsruhegesetz

Zweck des Arbeitszeitgesetzes (AZG) ist die Verhinderung der übermäßigen Beanspruchung der Arbeitnehmer durch zu lange, ununterbrochene Arbeitszeiten. Das AZG sieht daher Höchstgrenzen der Tages- und Wochenarbeitszeit vor, beschränkt die Leistung von Überstunden, regelt die Einhaltung von Ruhepausen (innerhalb einer Tagesarbeitszeit) und Ruhezeiten (zwischen zwei Tagesarbeitszeiten). Weiters enthält das AZG Regelungen über gleitende Arbeitszeit, Nachtarbeit, Teilzeitarbeit und Sonderbestimmungen für das Lenken von Kraftfahrzeugen.

Pausen sind gesetzlich geregelt.

Arbeitszeit

Unter Arbeitszeit wird die Zeit vom Beginn bis zum Ende der Arbeit ohne Ruhepausen verstanden. Grundsätzlich ist jede Zeit, in welcher der Arbeitgeber den Arbeitnehmer für seine Zwecke in Anspruch nimmt, Arbeitszeit. Auch die Zeiten einer **Dienstreise** gelten prinzipiell als Arbeitszeit. Ebenso die **Wegzeiten** vom Betrieb zu einer außerhalb gelegenen Arbeitsstätte und zurück. Im Rahmen des Arbeitszeitschutzes ist auf eine genaue Einhaltung der jeweils geltenden Bestimmungen betreffend die Arbeits- und Ruhezeiten zu achten.

Bei Verletzungen der Schutzbestimmungen kann die Bezirksverwaltungsbehörde mit Geldstrafen einschreiten.

- Die **tägliche Normalarbeitszeit** (NAZ) darf acht Stunden, außer der Kollektivvertrag sieht zehn Stunden vor, nicht überschreiten.
- Die **wöchentliche Normalarbeitszeit** (NAZ) darf 40 Stunden nicht überschreiten. (Der Kollektivvertrag kann eine abweichende Regelung ermöglichen.)

Die Verteilung der Arbeitszeit ist zwischen AN und AG zu vereinbaren.

> **Beispiel**
> Eine 40-Stunden-Woche kann folgendermaßen eingeteilt werden:
> Montag bis Freitag von 08:00 bis 16:30 Uhr oder
> Montag bis Donnerstag von 08:00 bis 17:30 Uhr und
> Freitag von 08:00 bis 12:00 Uhr

Begriffe zur Arbeitszeit	Erklärung
Durchrechnungszeitraum	Die Normalarbeitszeit kann in diesem Zeitraum schwankend gestaltet werden. In bestimmten Zeiten wird länger gearbeitet und zum Ausgleich dazu wird in anderen Zeiträumen kürzer gearbeitet. Der Durchrechnungszeitraum liegt im AG-Interesse, um schwankenden Arbeitsbedarf unter Vermeidung von Überstundenbezahlung abzudecken. Der Durchrechnungszeitraum wird entweder durch den Kollektivvertrag oder durch Betriebsvereinbarungen geregelt.
Gleitende Arbeitszeit (Gleitzeit)	Bei der Gleitzeitregelung besteht zu genau festgelegten **Kernzeiten** Anwesenheitspflicht aller Mitarbeiter/innen. Beginn und Ende des Arbeitstages können flexibel geregelt werden. Die Mitarbeiter/innen können daher früher oder später mit der Arbeit beginnen.
Mehrarbeit	Mehrarbeit ist Arbeitsleistung, die über das vereinbarte Ausmaß der wöchentlichen Normalarbeitszeit hinausgeht, aber noch nicht Überstundenarbeit ist (z. B. bei Teilzeitbeschäftigung).

💡 **Vier-Tage-Woche**
Soll nur vier Tage pro Woche gearbeitet werden, darf die tägliche Normalarbeitszeit an den Arbeitstagen bis zu zehn Stunden betragen. An den übrigen drei Tagen darf nicht gearbeitet werden. Diese Arbeitszeitverteilung muss durch Betriebsvereinbarung festgelegt werden. In Betrieben ohne Betriebsrat ist eine schriftliche Vereinbarung mit den einzelnen Arbeitnehmerinnen/Arbeitnehmern notwendig.

💡 Details zum Arbeitszeitschutz können Sie der Website der Arbeiterkammer – www.arbeiterkammer.at – Rubrik Arbeit und Recht entnehmen.

Aha!
Für **Mehrarbeit** gibt es entweder Zeitausgleich oder Geld. Das ist Vereinbarungssache.

Überstunden	Überstunden liegen vor, wenn die wöchentliche Arbeitszeit von 40 Stunden überschritten wird. Für die Überstunden muss der AG den Überstundengrundlohn und einen Überstundenzuschlag bezahlen. Die Überstunden können auch in Form von Zeitausgleich unter Berücksichtigung des Überstundenzuschlages gewährt werden.
Überstundenzuschläge	■ **100 Prozent** für Überstunden, die an Sonn- und Feiertagen und in der Nacht geleistet werden. ■ **50 Prozent** für alle anderen Überstunden
Höchstgrenzen der Arbeitszeit	Die Tagesarbeitszeit darf 12 Stunden und die Wochenarbeitszeit 60 Stunden nicht überschreiten. Weiters darf die durchschnittliche Wochenarbeitszeit in einem Durchrechnungszeitraum von 17 Wochen 48 Stunden nicht überschreiten.

Ruhezeit

Ruhepausen sind gesetzlich vorgeschrieben und sollen der Erholung der Mitarbeiter/innen dienen.

- Nach **sechs Stunden Arbeitszeit** muss eine halbe Stunde Ruhezeit gewährt werden. Anstelle dieser halbstündigen Ruhepause können auch zwei viertelstündige oder drei zehnminütige Ruhepausen gewährt werden.
- Nach der Beendigung der **Tagesarbeitszeit** hat der AN Anspruch auf eine **ununterbrochene Ruhezeit** von mindestens **elf Stunden.** Durch den Kollektivvertrag kann diese Ruhezeit auf bis zu acht Stunden verkürzt werden.
- Dem AN gebührt wöchentlich eine ununterbrochene **Wochenruhezeit** von mindestens **36 Stunden.** Eine Abweichung ist nur bei Schichtarbeit möglich.

Spitalsärzten und -ärztinnen mit Nachtdiensten stehen zusätzliche Ruhezeiten zu.

 Pausen sind keine Arbeitszeit und werden daher auch nicht bezahlt.

3.3.2 Personenschutz

Nachtarbeiterschutz

Als **Nachtarbeiter** gilt, wer regelmäßig oder in mindestens 48 Nächten pro Kalenderjahr mindestens 3 Stunden zwischen 22:00 und 05:00 Uhr arbeitet. Nachtarbeiter genießen zusätzliche Ruhezeiten, Zusatzurlaub, Sonderruhegeld und sind regelmäßig gesundheitlich zu untersuchen.

⚠ Anstelle des Karenzurlaubs kann mit dem Arbeitgeber **Teilzeitarbeit** vereinbart werden (Anspruch unter gewissen Voraussetzungen).

Mutterschutz

Schutzfristen	Insgesamt soll der Gebärenden mindestens 16 Wochen Schutz gewährt werden. Diese Frist verlängert sich bei Mehrlings- oder Problemgeburten.
Besondere Beschäftigungsverbote	Schwangere dürfen nicht mit schweren körperlichen oder für Mutter oder Kind schädlichen Arbeiten beschäftigt werden. Im Zweifelsfall muss das Arbeitsinspektorat feststellen, ob eine Arbeit unter dieses Verbot fällt.

Grundlagen des Arbeitsrechts

Arbeitszeit-beschränkungen	Für Schwangere und Stillende gilt ein verschärftes Nachtarbeitverbot. Mit nur geringfügigen Ausnahmen dürfen sie zwischen 20:00 Uhr und 06:00 Uhr nicht beschäftigt werden. Außerdem gilt ein striktes Verbot der Sonn- und Feiertagsarbeit. Es darf auch keine Mehrarbeit über die gesetzliche oder kollektivvertraglich festgelegte tägliche Arbeitszeit geleistet werden. Auf keinen Fall darf die wöchentliche Arbeitszeit 40 Stunden überschreiten. Stillenden Müttern ist auf Verlangen die zum Stillen der Kinder erforderliche Zeit freizugeben.
Besonderer Kündigungs- und Entlassungsschutz	Gilt ab dem Zeitpunkt, ab dem der Arbeitgeber von der Schwangerschaft erfährt, bis vier Monate nach der Entbindung bzw. bis zum Ablauf von vier Wochen nach Beendigung des Karenzurlaubes.

In Schweden gehen über 20 Prozent der Väter in Karenz, in Island fast ein Drittel. Ermitteln Sie den aktuellen Wert für Österreich.

3.3.2.1 Schutz von Vätern – Elternkarenzurlaub

Dem Vater steht ein Karenzurlaub zu, wenn die Mutter einen Karenzurlaubsanspruch hat und verzichtet oder sie wegen Erwerbstätigkeit verhindert ist. Er muss mit dem Kind im gemeinsamen Haushalt leben und es überwiegend selbst betreuen. Arbeitsrechtlicher Karenzurlaub kann entweder von einem Elternteil ausschließlich oder von Mutter und Vater abwechselnd (Elternkarenzurlaub) beansprucht werden.

3.3.2.2 Kinder- und Jugendschutz

Unter 15-Jährige

Sie dürfen grundsätzlich nicht zur Arbeit herangezogen werden. Nach Vollendung des zwölften Lebensjahres ist in Ausnahmefällen eine Beschäftigung mit leichten und gelegentlichen Arbeiten erlaubt.

Aha!
Der Landeshauptmann kann die Verwendung von Kindern bei Musikaufführungen, Theatervorstellungen und sonstigen Aufführungen im Interesse der Kunst, der Wissenschaft oder des Unterrichts bewilligen.

15- bis 18-Jährige

In jedem Betrieb, in dem Jugendliche beschäftigt werden, ist ein Verzeichnis der Jugendlichen zu führen. Für Jugendliche darf die tägliche Arbeitszeit nicht mehr als acht Stunden, die wöchentliche nicht mehr als 40 Stunden betragen. Unter bestimmten Umständen kann die Wochenarbeitszeit anders verteilt werden. Die tägliche Arbeitszeit darf bei Jugendlichen unter 16 Jahren auf keinen Fall 9 Stunden, bei Jugendlichen über 16 Jahren 9,5 Stunden überschreiten.

3.3.2.3 Andere Gruppen

Behinderte

Alle Dienstgeber, die im Bundesgebiet 25 oder mehr Dienstnehmer/innen beschäftigen, sind verpflichtet, auf je 25 Dienstnehmer/innen mindestens einen begünstigten Behinderten (mindestens 50 Prozent Minderung der Erwerbsfähigkeit) einzustellen. Wird dieser Beschäftigungspflicht nicht nachgekommen, so ist eine **Ausgleichstaxe** je Person, die zu beschäftigen wäre, zu bezahlen. Die Kündigung eines Behinderten darf erst dann ausgesprochen werden, wenn der Behindertenausschuss des Bundessozialamtes ihr zugestimmt hat.

Ausgleichstaxe: monatlich zwischen 262 EUR und 391 EUR (Stand: 2019), je nach Anzahl der Beschäftigten.

III Unternehmer/in und Arbeitnehmer/in in Recht und Wirtschaft

Aufgabenstellungen – „Arbeitnehmerschutz"

1. Nennen Sie die Fachausdrücke der abgebildeten „Persönlichen Schutzausrüstungen" (PSA).
2. Geben Sie an, vor welchen Gefahren diese Ausrüstungen schützen.
3. Erläutern Sie, warum die Vorschriften und Verordnungen laufend zu aktualisieren sind.

1 
2 
3
4 
5 
6
7
8
9

4 Kollektives Arbeitsrecht

Patrick hat heute seinen Dienstzettel von seinem Arbeitgeber erhalten, in dem auch sein Anfangsgehalt steht. Seine Freundin Sarah will von ihm wissen, ob er „laut Kollektivvertrag" bezahlt wird oder mehr bekommt. Patrick weiß nur, dass für ihn der Kollektivvertrag für den Handel gilt. Wo kann er sich, außer bei seinem Arbeitgeber, noch informieren?

Das kollektive Arbeitsrecht (Arbeitsverfassungsrecht) regelt die **Organisation der Arbeitnehmer/innen in Verbänden.** Anstelle der einzelnen Arbeitnehmer/innen oder Arbeitgeber/innen verhandeln mächtige Verbände über die Arbeitsbedingungen.

166

Grundlagen des Arbeitsrechts

Man unterscheidet

Berufsverfassungsrecht	Betriebsverfassungsrecht
Das Berufsverfassungsrecht hebt den überbetrieblichen Aspekt der Arbeitsverfassung hervor. Im Rahmen des Berufsverfassungsrechts wurden in Österreich die **Arbeiterkammern** als gesetzliche Interessenvertretung der Arbeitnehmer/innen gebildet. ■ Berufsverbandsrecht ■ Kollektive Rechtsgestaltung ■ Arbeitskampfrecht	Das Betriebsverfassungsgesetz hat den betrieblichen Aspekt der Arbeitsverfassung zum Gegenstand. Durch eine Betriebsverfassung soll das Recht der Belegschaft auf Mitbestimmung verankert werden.

💡 Werfen Sie einen Blick auf die Inhalte der AK-Website: www.arbeiterkammer.at

4.1 Berufsverfassungsrecht

4.1.1 Berufsverbandsrecht

Eine Besonderheit in der österreichischen Arbeitsverfassung ist eine **freiwillige** und eine **gesetzliche Interessenvertretung** für Arbeitgeber/innen und Arbeitnehmer/innen. Das Berufsverbandsrecht regelt die Organisation dieser Vertretungen.

Freiwillige Interessenvertretungen

Wesentliche Merkmale einer solchen Koalition sind
- die **Freiwilligkeit** des Zusammenschlusses,
- die Förderung und Wahrung der beruflichen Interessen ihrer Mitglieder und
- die **Gegnerfreiheit** bzw. **Gegnerunabhängigkeit.**

Beispiele

Arbeitgeber/innenseite	Arbeitnehmer/innenseite
■ Industriellenvereinigung (IV), ■ Verband der Banken und Bankiers	Österreichischer Gewerkschaftsbund (ÖGB)

Gegnerfreiheit bzw. Gegnerunabhängigkeit = AN können nicht Mitglied in einer Interessenvertretung des AG sein und umgekehrt.

⚠️ Die Kammern wirken im Bereich der Gesetzgebung, z. B. durch Gutachten zu Gesetzesentwürfen, und der Vollziehung mit. Weiters sind sie im Rahmen der Sozialpartnerschaft für arbeitsrechtliche Fragen zuständig.

Gesetzliche Interessenvertretungen

Der Gesetzgeber sieht vor, dass AG und AN sich zur Vertretung ihrer Interessen in Kammern zusammenschließen müssen. Es besteht für beide Seiten **Pflichtmitgliedschaft.**

Beispiele

Arbeitgeber/innenseite	Arbeitnehmer/innenseite
■ Wirtschaftskammern ■ Landwirtschaftskammern ■ Kammern der freien Berufe (Ärztekammern, Rechtsanwaltskammern usw.)	■ Kammern für Arbeiter und Angestellte ■ Landarbeiterkammern

💡 Informieren Sie sich unter www.wko.at über das interessante Informationsangebot der Wirtschaftskammer.

Die Kammern wirken im Bereich der Gesetzgebung, z. B. durch Gutachten zu Gesetzesentwürfen, und der Vollziehung mit. Des Weiteren sind sie im Rahmen der Sozialpartnerschaft für arbeitsrechtliche Fragen zuständig.

4.1.2 Kollektive Rechtsgestaltung

Zur Regelung von Fragen des Arbeitslebens sieht das Gesetz besondere Instrumente vor:
- den **Kollektivvertrag** und
- die **Satzung,**
- die **behördliche Festsetzung von Arbeitsbedingungen** (Mindestlohntarif) und
- die **Betriebsvereinbarung.**

Die Regeln des Arbeitsverfassungsgesetzes über die kollektive Rechtsgestaltung gelten für Arbeitsverhältnisse aller Art (mit einigen Ausnahmen), die auf einem privatrechtlichen Vertrag beruhen.

Kollektivverträge

Kollektivverträge sind Verträge, die zur Regelung von **Entlohnungs- und Arbeitsbedingungen** für eine größere Gruppe von Arbeitnehmern abgeschlossen werden.

⚠ Die österreichischen Gewerkschaften schließen jährlich über 450 Kollektivverträge ab.

Kollektivvertragsfähig sind	
Auf Arbeitgeber-Seite	**Auf Arbeitnehmer/innen-Seite**
■ Wirtschaftskammer ■ Industriellenvereinigung ■ u. a. m.	■ Arbeiterkammer ■ ÖGB ■ u. a. m.

Was regeln die Kollektivverträge?
- Rechte und Pflichten aus dem Arbeitsverhältnis
- Gehalt und Lohn
- Sonderzahlungen wie Urlaubsgeld und Weihnachtsremuneration
- Urlaub
- Normalarbeitszeit
- Zulagen
- Überstunden und Zuschläge (Nacht, Sonn- und Feiertage)
- Abfertigung
- u. v. m.

⚠ Voraussetzungen für die **Geltung** des Kollektivvertrages sind die Hinterlegung beim Bundesministerium für Arbeit, Soziales und Konsumentenschutz und die Veröffentlichung in der Wiener Zeitung. Er tritt außer Kraft durch Zeitablauf (wenn er befristet war) oder durch Kündigung.

Was bringt der Kollektivvertrag?
Auf der Seite der Arbeitnehmer/innen erfüllen die Kollektivverträge vor allem eine soziale Schutzfunktion. Es werden gleiche **Mindeststandards** bei der Entlohnung und bei den Arbeitsbedingungen für alle Arbeitnehmer/innen einer Branche geschaffen. Diese sollen
- ein größeres Machtgleichgewicht zwischen AN und AG schaffen,
- für gleiche Wettbewerbsbedingungen zwischen Unternehmen sorgen und
- verhindern, dass die AN gegeneinander ausgespielt werden.

Außerdem haben Kollektivverträge eine wichtige **Friedensfunktion,** weil erstens Arbeitskämpfe zwischen den beiden vertragsschließenden Arbeitgeber- und Arbeitnehmerinstitutionen rechtlich ausgeschlossen sind und zweitens viele Auseinandersetzungen auf Betriebsebene vermieden werden können.

Grundlagen des Arbeitsrechts

Mindestlohntarife

Arbeitnehmern, deren Lohnbedingungen wegen des Fehlens einer kollektivvertragsfähigen Körperschaft auf der Arbeitgeberseite nicht geregelt sind, soll durch **behördliche Festsetzung des Entgelts** der notwendige Schutz gewährt werden.

Betriebsvereinbarungen

In Betrieben, in denen ein Betriebsrat existiert, kann dieser mit dem Betriebsinhaber Betriebsvereinbarungen, die von beiden Vertragsparteien unterzeichnet werden, abschließen. Inhaltlich handelt es sich um Regelungen, die durch Gesetz oder Kollektivvertrag der Betriebsvereinbarung vorbehalten sind.

> **Aha!**
> Die Vereinbarungen im KV gelten für alle Arbeitnehmer/innen in einer bestimmten Branche (z. B. Metallarbeiter/innen oder Handelsangestellte). Sie können weder durch den Arbeitsvertrag noch durch eine Betriebsvereinbarung aufgehoben oder beschränkt werden. Verschlechterungen für den AN sind ausgeschlossen, Verbesserungen jedoch zulässig.

4.1.3 Arbeitskampfrecht

Als Arbeitskampf bezeichnet man die Auseinandersetzung zwischen Arbeitgebern und Arbeitnehmern/Arbeitnehmerinnen zur **Überwindung von Interessengegensätzen** bei der Verhandlung von Löhnen und Arbeitsbedingungen. In aller Regel findet ein Arbeitskampf nur dann statt, wenn vorangegangene Verhandlungen zwischen den Sozialpartnern gescheitert sind.

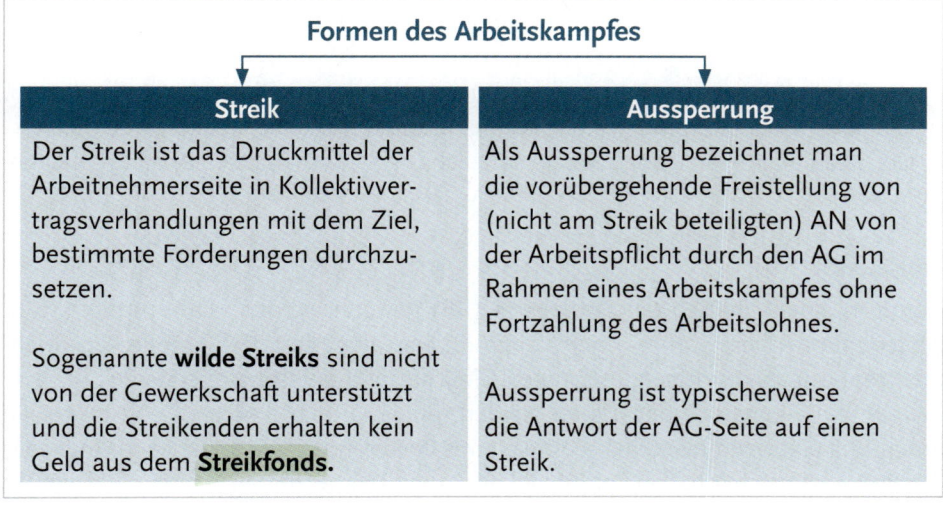

⚠️ Für Betriebsvereinbarungen muss die Zustimmung des Betriebsrates eingeholt werden. Kommt es zu keiner Einigung, so kann der Betriebsinhaber die Schlichtungsstelle anrufen, die die vom Betriebsrat nicht erteilte Zustimmung erteilen kann.

Die Gewerkschaften haben **Streikfonds**, aus denen ihre Mitglieder Unterstützung während des Streiks erhalten.

4.2 Betriebsverfassungsrecht – betriebliche Mitbestimmung

Zwischen dem Arbeitgeber und den Arbeitnehmern/Arbeitnehmerinnen eines Betriebes besteht ein Interessengegensatz. Die AN sind bestrebt, ihre Arbeitsbedingungen und ihr Arbeitsentgelt zu verbessern bzw. zu erhöhen, und der AG ist an seiner Gewinnmaximierung interessiert.

Um diesen Interessenkonflikt zu vermindern, wurde 1974 das **Arbeitsverfassungsgesetz** (ArbVG) beschlossen, in dem die Belegschaft eines Betriebes die Befugnisse erhält, entsprechende **Organe** in einem Betrieb zu bilden.

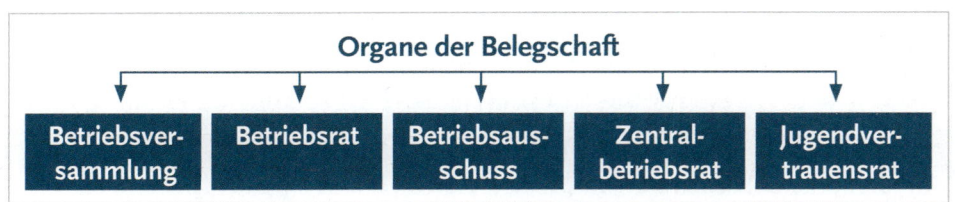

Die Betriebsratsvertretungstätigkeit ist kein Beruf, sondern ein Ehrenamt (eine Berufung)!

III Unternehmer/in und Arbeitnehmer/in in Recht und Wirtschaft

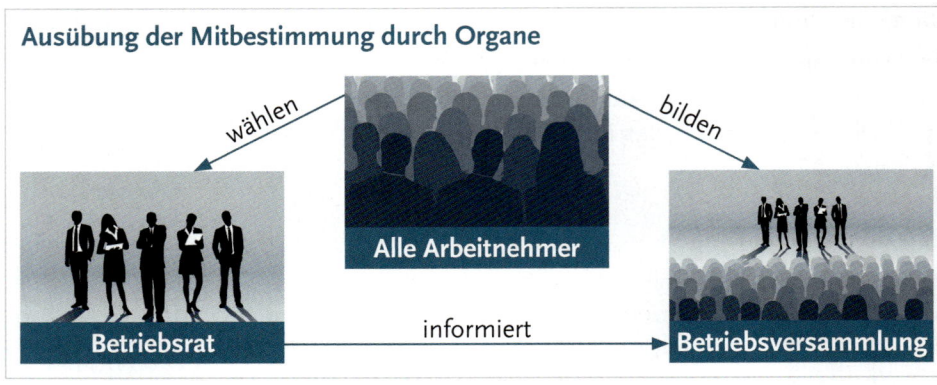

Größe des Betriebsrates	
Anzahl der AN	Mitglieder des Betriebsrates
5–9	1
10–19	2
20–50	3
51–100	4
101–200	5
201–300	6
Für je 100 weitere AN: 1 weiteres Mitglied	
In Betrieben über 1 000 AN: 1 weiteres Mitglied für je 400 AN	

Betriebsversammlung

Die Betriebsversammlung besteht aus der Gesamtheit aller Arbeitnehmer/innen über 18 Jahre eines Betriebes. Diese Versammlung findet mindestens einmal im Jahr statt.

Was sind die Rechte bzw. Aufgaben einer Betriebsversammlung?
- Die Wahl des Wahlvorstandes für die Betriebsratswahl und der Rechnungsprüfer/innen.
- Die Beschlussfassung über die Enthebung des Wahlvorstandes, des Betriebsrates und der Rechnungsprüfer/innen (nur mit Zweidrittelmehrheit möglich).
- Die Behandlung von Berichten des Betriebsrates und der Rechnungsprüfer/innen. Die Betriebsversammlung kann dem Betriebsrat aber keine Weisungen erteilen.
- Die Stellungnahme zu sozialen, personellen und wirtschaftlichen Angelegenheiten.

Betriebsrat

Damit in einem Betrieb ein Betriebsrat (BR) gewählt werden kann, müssen mindestens fünf Arbeitnehmer/innen dauernd beschäftigt sein. Erfüllt jede Arbeitnehmergruppe (Arbeiter/innen und Angestellte) diese Voraussetzungen, so ist für jede Gruppe ein eigener Betriebsrat zu wählen. Beide Gruppen können aber auch die Errichtung eines gemeinsamen Betriebsrates beschließen. Die Anzahl der Mitglieder des Betriebsrates hängt von der Anzahl der Arbeitnehmer/innen in einem Betrieb ab.

Der BR wird als **Vertretungsorgan der Belegschaft** gewählt. Die Wahl des Betriebsrates findet alle vier Jahre statt und ist in einer eigenen **Betriebsratswahlordnung** geregelt.

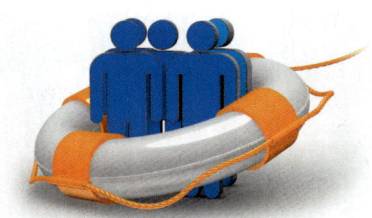

Für den Betriebsrat ist die Interessenvertretung der Arbeitnehmer eine Pflichtaufgabe. Er ist – vereinfacht gesagt – das Bindeglied zwischen der Belegschaft und der Betriebsführung.

Rechte und Pflichten des Betriebsrates

Rechte	Pflichten
■ **Anspruch auf die Freizeit,** die zur Ausführung der Tätigkeit benötigt wird ■ **Anspruch auf Freistellung** zur Teilnahme an **Schulungs- und Bildungsveranstaltungen** bis zum Höchstausmaß von drei Wochen ■ **Kündigungs- und Entlassungsschutz** (Ein Betriebsratsmitglied darf nur nach Zustimmung des Arbeits- und Sozialgerichts gekündigt oder entlassen werden.)	■ Verschwiegenheitspflicht ■ Kooperationspflicht ■ Probleme im Betrieb erkennen

⚠ Zur Finanzierung der Betriebsratstätigkeit und von Wohlfahrtseinrichtungen wurde der **Betriebsratsfonds** eingerichtet.

Damit der Betriebsrat die Interessen der Arbeitnehmer/innen im Betrieb wahrnehmen kann, hat er folgende **Mitwirkungsrechte:**

Allgemeine Rechte	Mitwirkung in sozialen Angelegenheiten	Mitwirkung in personellen Angelegenheiten	Mitwirkung in wirtschaftlichen Angelegenheiten
Recht auf Information	Einführung von Kontrollmaßnahmen (z. B. automatische Erfassung von Telefongesprächen)	BR ist von Kündigungen und Entlassungen zu informieren.	BR ist über Investitionen und Maßnahmen zur Rationalisierung zu informieren.
Überwachungsrecht (z. B. Einhaltung von Schutzbestimmungen)	Einführung einer betrieblichen **Disziplinarordnung**	Anfechtungsmöglichkeit von rechtswidrigen Kündigungen	Mitwirkungsrechte bei Betriebsänderungen wie Stilllegung oder Verlegung des Betriebes
Beratungsrecht (mit den Unternehmervertretern/vertreterinnen mindestens einmal im Vierteljahr)	Einführung von Personalfragebögen	Jede Versetzung und Beförderung ist dem Betriebsrat mitzuteilen.	Mitwirkung im Aufsichtsrat von Aktiengesellschaften und GmbHs

Disziplinarordnung: Bei Nichteinhaltung von betrieblichen Vereinbarungen droht die Kündigung oder schlimmstenfalls die Entlassung.
Beispiele: Surfen im Internet oder Schreiben privater E-Mails während der Arbeitszeit, Nichttragen eines Gehörschutzes ...

Betriebsausschuss
Bestehen in einem Betrieb getrennte Betriebsräte für Arbeiter/innen und Angestellte, so ist ein Betriebsausschuss aus allen Betriebsratsmitgliedern zu bilden.

Zentralbetriebsrat
In Unternehmungen mit mehreren großen Betriebsstätten ist ein übergeordneter Zentralbetriebsrat einzurichten. Er wird von allen Betriebsratsmitgliedern gewählt.

Jugendvertrauensrat
Seine Aufgabe ist die Vertretung der Interessen der jugendlichen Arbeitnehmer/innen des Betriebes im Zusammenwirken mit dem Betriebsrat.

⚠ **Europäischer Betriebsrat**
In allen gemeinschaftsweit operierenden Unternehmen und Unternehmensgruppen muss auf Antrag ein Europäischer Betriebsrat eingesetzt oder ein Verfahren zur Unterrichtung und Anhörung der Arbeitnehmer geschaffen werden.

Aufgabenstellung – „Kollektives Arbeitsrecht"

- Lesen Sie den umseitigen Zeitungsartikel.
  a) Warum bemühen sich die Sozialpartner, zu einvernehmlichen Lösungen zu gelangen?
  b) Suchen Sie Argumente für und gegen einen (erhöhten) Mindestlohn und für und gegen eine Flexibilisierung der Arbeitszeit. Recherchieren Sie dazu auch im Internet und berücksichtigen Sie bei den Rechercheergebnissen, wer den jeweiligen Artikel in das Internet gestellt hat.

Mindestlohn von 1 500 Euro für alle beschlossen, Flexibilisierung nicht

Die Sozialpartner haben sich auf einen Mindestlohn von 1 500 Euro brutto für alle geeinigt, der bis zum Jahr 2020 umgesetzt werden soll. Bei der Arbeitszeitflexibilisierung gab es keine Einigung. Trotzdem wurden die Sozialpartner am Freitag nicht müde zu betonen, wie gut diese Partnerschaft funktioniere.

Der Mindestlohn soll nun auf Kollektivvertragsebene fixiert werden, über die Arbeitszeit soll weiterverhandelt werden. Zeitplan und Fristen dafür wurden nicht vereinbart. Damit sei die Forderung der Regierung nach einer Einigung beim Mindestlohn bis zum 30. Juni erfüllt worden, was die Regierung nun bei der Arbeitszeitflexibilisierung mache, müsse man schauen, erklärten die Sozialpartner am Freitagvormittag bei einer gemeinsamen Pressekonferenz.

Wirtschaftskammer-Präsident Christoph Leitl sprach beim Mindestlohn von einer „pragmatischen Lösung" durch die Evaluierung bis zum Jahr 2020. Bei der Vereinbarung handle es sich um eine „freiwillige Verpflichtung". Damit werde gewährleistet, dass einzelne Branchen nicht überfordert werden. Außerdem sei sichergestellt, dass nicht der Gesetzgeber in den Mindestlohn eingreift, es liege ja ein Antrag auf 1.750 Euro Mindestlohn bereits im Parlament vor. Arbeiterkammer-Präsident Rudolf Kaske betont, dass die Lohnpolitik ein Thema der Sozialpartner bleiben soll, dabei „dürfen wir 1.700 Euro nicht aus den Augen verlieren".

ÖGB-Chef Erich Foglar gab sich wie auch der AK-Präsident mit dem Mindestlohn sehr zufrieden: „1 500 Euro sind eine beachtliche Leistung", sagte Foglar. Weniger Freude hatte Landwirtschaftskammer-Präsident Hermann Schultes, der sich wünscht, dass im Gegenzug die gesetzliche Regelung zur Nacht- und Schwerarbeit auf die Kollektivpartner übertragen wird und mehrere Landwirte einen Arbeitnehmer beschäftigen können. Der Mindestlohn würde die Landwirtschaft vor große Herausforderungen stellen.

www.derstandard.at, 30. Juni 2017

Wissensfragen – „Grundlagen des Arbeitsrechts"

1. Unterscheiden Sie zwischen Individualarbeitsrecht und kollektivem Arbeitsrecht.
2. Nennen Sie die wesentlichen Merkmale eines Arbeitsverhältnisses.
3. Legen Sie dar, in welcher Form der Arbeitsvertrag abgeschlossen werden kann.
4. Erklären Sie den Begriff „Arbeitsverhältnis" und führen Sie einige wesentliche Merkmale von Arbeitsverhältnissen an.
5. Definieren Sie den Begriff „Entgelt".
6. Erläutern Sie, in welchen Fällen Sie Anspruch auf Entgeltfortzahlung haben.
7. Sie möchten Ihre kranke Mutter pflegen. Wie lange können Sie Pflegefreistellung in Anspruch nehmen?
8. Was versteht man unter Treuepflicht? Geben Sie dazu zwei Beispiele.
9. Geben Sie an, was bei einer Kündigung alles zu beachten ist.
10. Stellen Sie die Vorteile einer einvernehmlichen Lösung des Arbeitsverhältnisses dar.
11. Nennen Sie drei Gründe, die zu einem vorzeitigen Austritt berechtigen.
12. Nennen Sie drei Gründe, die eine Entlassung des AN rechtfertigen.
13. Zählen Sie die wichtigsten Ansprüche von AN bei Beendigung eines Arbeitsverhältnisses auf.
14. Nennen Sie die derzeit bestehenden Berufskammern.
15. Erklären Sie, was ein Kollektivvertrag ist.
16. Erklären Sie folgende Begriffe: Normalarbeitszeit, Gleitzeit, Ruhezeit, Arbeitszeit.
17. Was versteht man unter Arbeitskampfrecht?
18. Welche Mitwirkungsrechte hat der Betriebsrat?

Ziele erreicht? – „Grundlagen des Arbeitsrechts"

1. Entscheiden und begründen Sie, welche Beschäftigungsform in folgenden Fällen vorliegt.

Fall	Arbeitsvertrag/Werkvertrag/Freier Dienstvertrag	Begründung
a) Laura Bell lässt sich beim Schneidermeister „Tapferes Schneiderlein" ein Ballkleid nähen.		
b) Tatsächlich näht ein Mitarbeiter des Schneiders das Ballkleid.		
c) Manfred Huber verpflichtet sich zu laufenden Vertriebsarbeiten für das „Tapfere Schneiderlein". In freier Zeiteinteilung besucht er Betriebe, um die Dienste des Schneiders anzupreisen und Aufträge an Land zu ziehen. Er kann sich durch geeignete Personen seiner freien Wahl vertreten lassen.		

2. Patrick hat einen Job bei der TCOM Telekommunikationsberatungs KG bekommen.
   a) Sein Chef hat ihm bereits beim Bewerbungsgespräch mitgeteilt, dass es sich im ersten Monat um ein Probearbeitsverhältnis handeln wird. Stellen Sie die arbeitsrechtlichen Besonderheiten des Probearbeitsverhältnisses dar.
   b) Nach fünf Wochen erkrankt Patrick. Sein Arzt schreibt ihn eine ganze Woche krank. Erläutern Sie, ob er nun eine Woche Entgeltentfall befürchten muss oder die ganze Arbeitswoche trotzdem bezahlt bekommt.
   c) Patrick hat sich gut im Unternehmen eingelebt. Seine Vorgesetzte ist hoch zufrieden mit seiner Arbeitseinstellung und -leistung sowie seinem guten Benehmen gegenüber Kolleginnen/Kollegen und Kundinnen/Kunden. Nach sechs Monaten tritt Patrick seinen wohlverdienten Urlaub an – drei Wochen Griechenland mit seiner Freundin. Leider erkrankt er bereits am vierten Tag und muss fünf Tage lang das Bett hüten. Erörtern Sie, wie Patrick nun vorgehen sollte, und stellen Sie die Konsequenzen dar, wenn er keinen Arzt aufsucht und einfach nur das Bett hütet.

3. Herr Maier nimmt eine Stelle als Hausbesorger an. Am Mittwoch der dritten Woche macht er eine Bergwanderung. An seiner Stelle übernimmt seine Ehefrau seine Aufgabe. Geht das? Begründen Sie Ihre Antwort.

4. Peter Winter ist seit vier Jahren als Facharbeiter bei der Firma Kudlich GmbH beschäftigt. Nach einem Arbeitsunfall hat er bereits sechs Wochen Grundanspruch ausgeschöpft. Wie lange hat Herr Winter noch Anspruch auf Entgeltfortzahlung?

5. Anna wurde während ihres Krankenstandes von ihrem Arbeitgeber gekündigt. Wie lange hat sie Anspruch auf Entgeltfortzahlung?

6. Frau Weiss, die 24 Jahre als technische Zeichnerin in einem großen Architekturbüro gearbeitet hat, wird gekündigt, als ein neuer Vorgesetzter ihre Abteilung übernimmt.
   a) Muss Frau Weiss die Kündigung widerspruchslos hinnehmen? Welche Möglichkeiten hat Frau Weiss, um gegen die Kündigung vorzugehen?
   b) Unter welchen Umständen wäre die Kündigung rechtens?

7. Treffen Sie für nachfolgende Sachverhalte die Entscheidung, wie das Arbeitsverhältnis beendet werden soll. Begründen Sie Ihre Antwort.

   a) Gregor B. arbeitet als Verkäufer bei einem Autohändler und hat von der Konkurrenz eine Stelle als Verkaufsleiter angeboten bekommen. Er verspricht sich davon eine interessante Aufgabe und ein höheres Einkommen.

   b) Friedrich W. kommt wiederholt pro Woche zu spät zur Arbeit. Sein Arbeitgeber hat ihn schon wiederholt darauf hingewiesen, dass Pünktlichkeit eine Pflicht des Arbeitnehmers ist.

   c) Sonja K. arbeitet als Buchhalterin und wird täglich von ihren Kollegen mit frauenfeindlichen Witzen belästigt. Sie hat dies bereits ihrem Vorgesetzten mitgeteilt, der bis jetzt aber noch nicht darauf reagiert hat.

   d) Simone G. arbeitet als Verkäuferin in einem Textilgeschäft. Aufgrund der Wirtschaftskrise kam es zu erheblichen Umsatzeinbrüchen und dadurch zu Überkapazitäten beim Personal.

8. Max stellt am dritten Tag des Probearbeitsverhältnisses fest, dass ihm der Job überhaupt nicht zusagt. Als er seiner Chefin mitteilt, dass er das Arbeitsverhältnis mit sofortiger Wirkung beendet und nach der Mittagspause nicht mehr wiederkehren wird, antwortet die Chefin: „So läuft das nicht. Die Arbeiten, die Sie heute begonnen haben, müssen Sie am Nachmittag noch abschließen." Legen Sie dar, wer von beiden die richtige Rechtsansicht vertritt.

9. Peter hat ein Unternehmen mit 48 Mitarbeiterinnen und Mitarbeitern aufgebaut. Seit zwei Jahren beschäftigt er auch eine begünstigt behinderte Mitarbeiterin. Da deren gesundheitliche Probleme im letzten Jahr immer mehr zugenommen haben, ist sie nicht mehr in der Lage, ihre Arbeiten zu erledigen. Max sieht auch sonst keine Möglichkeit, wie er die Mitarbeiterin sonst im Unternehmen einsetzen könnte. Erklären Sie, wie er vorzugehen hat, wenn er die Mitarbeiterin kündigen will und stellen Sie die Folgen der Kündigung für ihn als Dienstgeber dar.

IV Rechtsdurchsetzung

Die öffentliche Verwaltung (Exekutive) stellt neben der Gesetzgebung (Legislative) und der Gerichtsbarkeit (Judikative) die dritte Staatsfunktion dar. Verwaltung ist damit also die Vollziehung von Verwaltungsgesetzen, die vom Gesetzgeber beschlossen wurden und von der Verwaltung vollzogen – exekutiert – werden. Die Vollziehung erfolgt im Rahmen der Hoheits- und Privatwirtschaftsverwaltung und wird von Verwaltungsorganen durchgeführt.

- **Verwaltung und Verwaltungsverfahren** .... **Seite 176**
- **Arbeits- und sozialgerichtliches Verfahren** .... **Seite 194**
- **Insolvenzrecht** .... **Seite 198**

Verwaltung und Verwaltungsverfahren

💡 Unter Verwaltung wird das Handeln durch weisungsgebundene Organe (Mitarbeiter/innen von Behörden) verstanden, das dem Vollzug von Vorschriften dient.

Womit beschäftigt sich das Verwaltungsrecht?
- Anträge
- Gesuche
- Genehmigungen
- Beschwerden
- Anzeigen
- Strafmandate
- Bescheide
- Berufungen
- u. v. m.

Jeder Mensch hat laufend mit Verwaltungsorganen zu tun. Der eine braucht eine Baubewilligung, die andere möchte ihren Arbeitnehmer/innen-Veranlagung durchführen, den Dritten stört, dass sein Nachbar Lärm verursacht.

Der Staat soll durch seine Verwaltungsorgane alle Wünsche erfüllen, um ein geordnetes Zusammenleben zu ermöglichen. Aber auch die Bewohner/innen eines Staates sind eigenverantwortlich und müssen die Gesetze beachten und danach handeln. Wer gegen Gesetze oder gegen Entscheidungen von Verwaltungsbehörden verstößt, ist für sein Handeln verantwortlich und kann bestraft werden.

 Meine Ziele

Nach Bearbeitung dieses Kapitels kann ich
- den Behördenaufbau und die Zuständigkeiten der Behörden beschreiben;
- den Ablauf eines Verwaltungsverfahrens in erster Instanz beschreiben;
- einen Bescheid anhand seiner Elemente erkennen und bezeichnen;
- meine Rechte als Partei/Beteiligte/r erklären;
- die verschiedenen Beweismittel unterscheiden;
- mich im Alltag über konkrete Verwaltungsfragen im Internet informieren, deren Inhalt analysieren und auf meine Lebensbereiche anwenden;
- bei Rechtsproblemen gezielt fundierte Rechtsauskünfte einholen und mich über meine Rechte und Pflichten informieren sowie die elektronischen Plattformen nutzen.

1 Verwaltungsorganisation

Katharina hat im Sommer vier Wochen gejobbt, um sich einen Trip nach Griechenland finanzieren zu können. Ihre Freundin Anna rät ihr, im darauffolgenden Jahr eine Arbeitnehmerveranlagung zu machen. Katharina hat keine Ahnung, wie so etwas funktioniert und macht sich im Internet schlau.

Wissen Sie, wie und wo man einen Antrag auf Lohnsteuerausgleich stellt?

Verwaltungsbehörden haben **staatliche Aufgaben** zu erfüllen. Ihre Tätigkeiten erstrecken sich auf Angelegenheiten der **Hoheitsverwaltung**. Der moderne Verwaltungsstaat ist jedoch längst kein reiner Hoheitsstaat mehr. Die österreichische Verwaltung ist vielmehr eine (Dienst-)Leistungsverwaltung mit ausgeprägten Tätigkeitsfeldern etwa im Sozial-, Gesundheits-, Bildungs- und Kulturbereich.

Die Verwaltungsbehörden sind grundsätzlich hierarchisch gegliedert, d. h., die Behörden stehen in einem Verhältnis der Über- und Unterordnung zueinander. Ein charakteristisches Merkmal dafür ist die **Weisungsgebundenheit** der untergeordneten Verwaltungsorgane.

Hoheitsverwaltung = Tätigkeitsbereich der Verwaltung, in dem die Verwaltungsorgane berechtigt sind, Rechtsakte ohne Zustimmung der Betroffenen zu setzen, z. B. einen Bescheid zu erlassen. In diesem Bereich haben die Verwaltungsorgane Befehlsgewalt. Das Gegenteil ist die **Privatwirtschaftsverwaltung**, wo der Staat als „Privatperson" auftritt (z. B. als Käufer eines Dienstwagens oder eines Gebäudes).

Organisation der staatlichen Verwaltung

Bundesverwaltung

Man unterscheidet

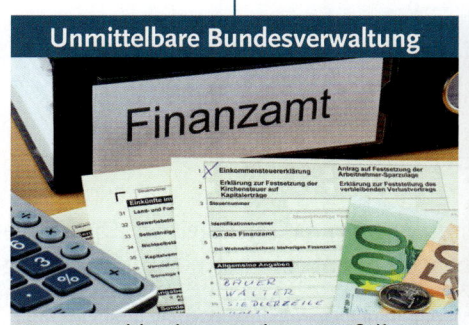

Unmittelbare Bundesverwaltung

Der Bund bedient sich zur Erfüllung seiner Aufgaben der eigenen Bundesbehörden, z. B. Bundespolizeibehörde, Finanzamt, Zollamt.

Mittelbare Bundesverwaltung

Der Bund bedient sich zur Erfüllung seiner Aufgaben des Landeshauptmannes/der Landeshauptfrau und der ihm/ihr unterstellten Landesbehörden.

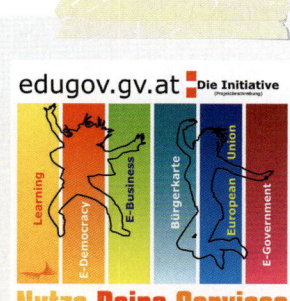

Diese Homepage soll die Jugend über elektronische Amtswege informieren. Dem Motto „Nutze deine Services" folgend, lernen die Schüler/innen zahlreiche Anwendungen und praktische Beispiele wie z. B. das Informationsportal www.help.gv.at, die Bürgerkarte, die elektronische Signatur, die Online-Arbeitnehmerveranlagung und vieles mehr, kennen.
Österreich belegt im Bereich des E-Governments im internationalen Vergleich seit Jahren den ersten Platz.

Landesverwaltung
Landesorgane: Landesregierung, Bezirkshauptmannschaften …

Selbstverwaltung in den Gemeinden
Gemeindeorgane: Gemeinderat, Gemeindevorstand, Bürgermeister/in …

> **Aha!**
> Oberstes Verwaltungsorgan ist der (weisungsfreie) jeweilige Minister bzw. die jeweilige Ministerin für Inneres.

Grundsätzlich gibt es zwei Organisationsprinzipien	
Monokratische Behörden	**Kollegiale Behörden**
Eine Person trifft als Organ allein Entscheidungen (z. B. Landeshauptmann/-frau, Bezirkshauptmann/-frau.	Mehrere Personen treffen als Organ gemeinsam Entscheidungen (z. B. Bundesregierung, Landesregierung).

Welche Verwaltungsakte gibt es?

- Das Erlassen von **Verordnungen** (sind generelle Rechtsnormen – gelten gegenüber der Allgemeinheit, z. B. Raumordnungsprogramm),
- das Erlassen von **Bescheiden** (Verwaltungsakt betreffend eine Einzelperson, z. B. Baubescheid),
- das Ausüben unmittelbarer **behördlicher Befehls- und Zwangsgewalt** (z. B. Festnahme, Beschlagnahme, Vorführung),
- das Erlassen von **Weisungen** (Rechtsvorschrift eines übergeordneten an ein untergeordnetes Verwaltungsorgan).

Behörden haben das **Allgemeine Verwaltungsverfahrensgesetz (AVG)** anzuwenden, wenn in den besonderen Verwaltungsgesetzen nichts anderes bestimmt ist. Dies trifft v. a. auf folgende Behörden zu: Bundesministerien, Landesregierungen, Bezirksverwaltungsbehörden, Gemeindebehörden, Bundespolizei.

§ Verwaltungsrecht
- Allgemeines Verwaltungsverfahrensgesetz (AVG)
- Besondere Verwaltungsverfahrensgesetze, z. B. Kraftfahrgesetz (KFG)

2 Verwaltungsverfahren

Es ist ein **formelles Verfahren** durchzuführen, das im **AVG** geregelt ist. Die Durchführung eines streng formellen Verwaltungsverfahrens ist aber nicht immer möglich, z. B. wenn sofort gehandelt werden muss. Man spricht dann von einem **Akt unmittelbarer Befehls- und Zwangsgewalt.**

Formelles Verfahren: Die Tätigkeit der Verwaltungsorgane ist durch das Verwaltungsrecht genau geregelt. Dadurch soll behördliche Willkür verhindert werden.

Beispiel
Herr Kammler wird von einem Polizisten verhaftet, weil er zu schnell und noch dazu alkoholisiert mit dem Auto gefahren ist. Bei der Verkehrskontrolle war seine Identität nicht feststellbar, weil er keinen Führerschein und sonstigen Ausweis bei sich hatte. Demzufolge wird er ohne vorhergehendes Verfahren verhaftet.

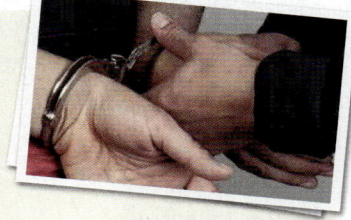

Rechtsanspruch ist der Anspruch auf eine behördliche Tätigkeit. Eine Person mit rechtlichem Interesse ist im Verfahren anzuhören.

Begriffe im Verwaltungsrecht	
Parteien	Natürliche oder juristische Personen, die einen Rechtsanspruch oder ein rechtliches Interesse am Verfahren haben.
Beteiligte	Natürliche oder juristische Personen, die nur indirekt von einem Verwaltungsverfahren betroffen sind.
Behörden	Gesetzlich geregelte Einrichtungen, die zur Durchführung öffentlicher Aufgaben ermächtigt sind, z. B. Polizei, Gemeindeamt, Landesregierung, Ministerien.

Akteneinsicht	Nur Parteien haben das Recht in Akten einzusehen, die ihre Angelegenheiten betreffen. **Ausnahme:** Aktenvermerk der Behörde.
Ladung	Behörden sind berechtigt, Personen, die in ihrem Amtsbereich ihren Wohnsitz/Aufenthalt haben, vorzuladen. Ort, Zeit und Gegenstand der Amtshandlung sind in der Ladung mitzuteilen.
Beweismittel	Beweise dienen zur Feststellung des Sachverhaltes (z. B. Urkunden, Fotos, Zeugen, Aussagen der Parteien/Beteiligten, Augenschein, Gutachten von Sachverständigen).
Niederschrift	Die Behörde kann mündliche Äußerungen aller beteiligten Personen schriftlich in einem Protokoll oder einer Niederschrift festhalten.
Bescheid	Schriftliche Entscheidung einer Behörde, die an eine Einzelperson gerichtet ist und mit der ein Verwaltungsverfahren beendet wird (z. B. Baubescheid, Bescheid über die Verleihung einer Staatsbürgerschaft).
Fristen	Unter Fristen versteht man Zeiträume, innerhalb deren bestimmte Handlungen gesetzt werden können, um Rechtswirkungen zu veranlassen.

💡 Im Verwaltungsverfahren **gelten** die **Grundsätze der Öffentlichkeit** und der **Mündlichkeit** des Verfahrens in der Regel **nicht**. (Es gibt Ausnahmen: Die Oö. Bauordnung z. B. verlangt zwingend eine mündliche Verhandlung.)

2.1 Zuständigkeit

Die Zuständigkeit legt fest, welche Behörde im Einzelfall ermächtigt ist, konkrete Verwaltungsakte durchzuführen. **Feste Zuständigkeitsverteilung** bedeutet, dass die Zuständigkeit einer Behörde durch Gesetz bestimmt ist. Die Parteien können sich nicht aussuchen, welche Behörde in welchem Verfahren zuständig sein soll.

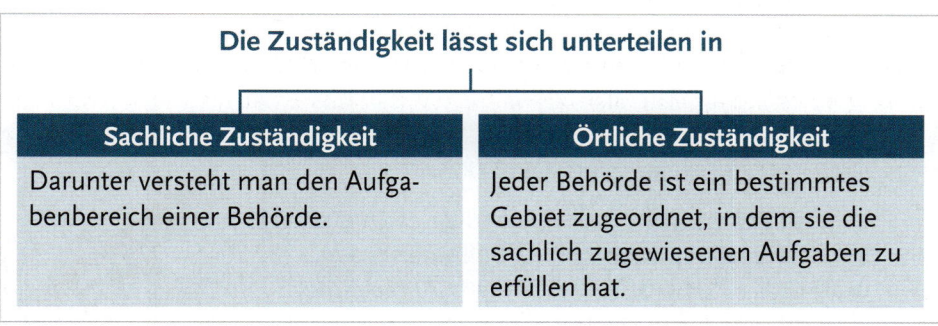

Die Zuständigkeit lässt sich unterteilen in

Sachliche Zuständigkeit	Örtliche Zuständigkeit
Darunter versteht man den Aufgabenbereich einer Behörde.	Jeder Behörde ist ein bestimmtes Gebiet zugeordnet, in dem sie die sachlich zugewiesenen Aufgaben zu erfüllen hat.

Beispiel

Familie Kaindl möchte ein Haus in Reichenau bauen. In der Bauordnung ist geregelt, dass das Baurecht eine Angelegenheit des eigenen Wirkungsbereiches der Gemeinde ist. Das heißt, dass die sachlich zuständige Behörde die Gemeindebehörde Reichenau ist. Da das Grundstück, auf dem Familie Kaindl bauen möchte, im Gemeindegebiet von Reichenau liegt, ist die Baubehörde der Gemeinde Reichenau auch örtlich zuständig.

Jede Partei hat Anspruch darauf, dass ihre Sache von einer zuständigen Behörde behandelt wird. Daher kann eine höhere Behörde in der Regel die Sache der untergeordneten nicht abnehmen oder die Angelegenheit an sich ziehen. Die Zuständigkeit ist **von Amts wegen** wahrzunehmen.

Von Amts wegen = Die Behörde hat die Pflicht, von sich aus tätig zu werden.

IV Rechtsdurchsetzung

⚠️ **Rechtsbelehrung**
Behörden haben Parteien und Beteiligten die zur Vornahme ihrer Verfahrenshandlungen nötigen Anleitungen zu geben und sie über die Rechtsfolgen zu belehren **(Manduktionspflicht)**.

🔗 **Rechts- und Handlungsfähigkeit:** Siehe Kapitel „Privatrecht, 1 Personenrecht".

2.2 Parteien und Beteiligte

Parteien sind Personen, die aufgrund eines Rechtsanspruches oder eines rechtlichen Interesses am Verwaltungsverfahren beteiligt sind. **Beteiligte** haben keine Rechtsansprüche oder rechtliche Interessen am Verfahren. Nur wer Partei ist, hat eine starke rechtliche Stellung im Verfahren. Voraussetzungen sind **Rechtsfähigkeit** und **Handlungsfähigkeit** der Parteien und Beteiligten. Diese sind von den Behörden nach den Bestimmungen des ABGB zu beurteilen.

Rechte der Parteien

- Akteneinsicht
- Parteiengehör
- Ablehnung eines/einer nichtamtlichen Sachverständigen
- Ordentliche/Außerordentliche Rechtsmittel

Rechte der Beteiligten

- Anhörung
- Teilnahme an mündlichen Verhandlungen
- Mitwirkung bei der Sachverhaltsfeststellung

2.3 Kosten eines Verfahrens

Jedes Verwaltungsverfahren verursacht Aufwendungen. Als Grundsatz gilt, dass sowohl die Parteien als auch die Behörden die bei ihnen entstandenen Kosten selbst zu tragen haben.

Verfahrenskosten
- Barauslagen (z. B. für Sachverständige, Dolmetscher)
- Bundesverwaltungsabgaben (z. B. für Reisepass, Waffenpass, Gewerbekonzession, Kfz-Anmeldung)
- Stempel- und Rechtsgebühren (z. B. für Zeugnisse, Mietverträge)
- Kommissionsgebühren

2.4 Üblicher Ablauf eines Verwaltungsverfahrens in erster Instanz

1. Einleitungsverfahren
Ein Verwaltungsverfahren wird
- durch den **Antrag** einer Partei (z. B. Anzeige, Beschwerde, Gesuch) oder
- durch die Behörde, also **von Amts wegen** (Offizialmaxime), eingeleitet.

2. Ermittlungsverfahren

Die Behörde hat den **tatsächlichen Sachverhalt zu prüfen** (Untersuchungsgrundsatz) und die **Parteien zu hören.** Die Parteien haben eine **Mitwirkungspflicht.**

Das Ermittlungsverfahren ist möglichst zweckmäßig, rasch, einfach und kostensparend durchzuführen. In besonderen Fällen, wie bei einer Ladung oder bei klarem Sachverhalt, kann das Ermittlungsverfahren auch entfallen.

3. Beweisverfahren

Die Behörde hat die objektive Wahrheit zu erforschen und ist dabei an keine Beweisregeln gebunden **(freie Beweiswürdigung).**

Das Beweisverfahren soll der Behörde ein Urteil darüber ermöglichen, ob bereits ein entscheidungsrelevanter Sachverhalt vorliegt. Das Gesetz verlangt nicht immer „vollen Beweis", die „Glaubhaftmachung" genügt manchmal. Als Beweismittel dient alles, was zur Feststellung des maßgeblichen Sachverhaltes geeignet und zweckdienlich ist **(Unbeschränktheit der Beweismittel).**

4. Erledigungsverfahren

Durch die **Erledigung** (Einstellung oder Bescheid) wird das Verwaltungsverfahren beendet. Die Erledigung kann durch die Behörde schriftlich oder mündlich erfolgen.

> 💡 Nach dem AVG besteht für einen Antrag grundsätzlich **Formfreiheit.** Ein Antrag kann
> - schriftlich,
> - mündlich,
> - telefonisch oder
> - elektronisch
>
> bei der Behörde eingebracht werden.
> Es kann auch einem Antrag stattgegeben werden, ohne dass ein Bescheid erlassen werden muss, z.B. Antrag auf Ausstellung eines Reisepasses oder Antrag auf Ausstellung eines Staatsbürgerschaftsnachweises.

> **Beweismittel**
> - Urkunden
> - Zeugen/Zeuginnen
> - Fotos, Videos
> - Tonbandaufnahmen
> - Augenschein
> - Aussagen von Parteien und Beteiligten
> - Sachverständigengutachten
> - etc.
>
> Öffentliche Urkunden haben volle Beweiskraft.

Beispiel

Familie Kaindls Hausbaupläne werden konkret:
- Herr Kaindl (Partei) beantragt beim zuständigen Gemeinde-/Stadtamt (Verwaltungsbehörde) – also dem Gemeindeamt Reichenau als Baubehörde eine Baubewilligung = **Einleitungsverfahren.**
- Die Baubehörde leitet das **Ermittlungsverfahren** ein. Dies kann in Form einer mündlichen Verhandlung vor Ort oder der Anhörung der Nachbarn erfolgen.
- Wenn kein Grund für die Abweisung des Bauantrages besteht, erteilt die Baubehörde Herrn Kaindl die Baubewilligung = **Erledigungsverfahren.**

Ein Antrag einer Partei ist von der Behörde innerhalb von **sechs Monaten (Entscheidungspflicht)** zu behandeln, ansonsten ist die Behörde säumig und es kann ein neuerlicher Antrag an die nächste Instanz gestellt werden **(Devolutionsantrag).**

2.5 Allgemeine Regeln über den Verkehr zwischen Behörden und Parteien/Beteiligten

2.5.1 Akteneinsicht

Häufig befindet sich die Behörde im Besitz wesentlicher Informationen. Parteien haben das **Recht der Einsicht** in die ihre Angelegenheit betreffenden Akten, auch nach Abschluss eines Verfahrens. Die Verweigerung der Akteneinsicht ist ein Verfahrensmangel und kann bei einer Anfechtung der Entscheidung geltend gemacht werden.

Wer nicht Partei ist, hat kein Recht auf Akteneinsicht. Er kann nur unter **Wahrung des Amtsgeheimnisses** Einsicht erhalten, wie z. B. die Organe anderer Gebietskörperschaften des öffentlichen Rechts. Sie sind zur **Verschwiegenheit** über alle ihnen aus der amtlichen Tätigkeit bekannt gewordenen Tatsachen verpflichtet.

⚠️ Gegen eine Ladung ist kein Rechtsmittel zulässig.

2.5.2 Ladung

Will die Behörde eine Person kontaktieren, kann sie dies durch Zustellung einer schriftlichen oder durch eine mündliche Ladung tun.

Das Gesetz kennt zwei Arten der Ladung:

Einfache Ladung	Ladungsbescheid
Die Befolgung **kann** von der Behörde **nicht erzwungen werden.** Es wird angenommen, dass der Empfänger/die Empfängerin der Ladung Folge leistet.	Ein Ladungsbescheid **kann durchgesetzt werden.** Der Empfänger/die Empfängerin muss bei Nichtbefolgung mit Zwangsstrafe oder einer Vorführung rechnen.

2.5.3 Niederschrift

Die Behörde kann mündliche Äußerungen der Parteien und Beteiligten schriftlich in einem **Protokoll** festhalten und den Inhalt durch die Parteien und Beteiligten unterschreiben lassen. Damit ist die Verfahrenshandlung beurkundet. Niederschriften müssen **Formvorschriften** erfüllen.

Inhalt von Niederschriften

- Ort, Zeit und Gegenstand der Verhandlung
- Benennung der Behörde und des Leiters/der Leiterin der Amtshandlung
- Benennung der sonstigen mitwirkenden Organe, anwesenden Beteiligten und deren Vertreter/innen, Zeugen/Zeuginnen und Sachverständigen

Gesetzliche Fristen müssen eingehalten werden.

2.5.4 Fristen

Unter Fristen versteht man Zeiträume, innerhalb deren bestimmte Handlungen gesetzt werden können, um Rechtswirkungen zu veranlassen.

- **Gesetzliche Fristen:** Sie können in der Regel nicht geändert werden. Sie enden mit dem Ablauf des letzten Tages der Frist um 24 Uhr. Fällt das Ende einer Frist auf einen Sonn- oder Feiertag, so gilt der nächste Werktag als letzter Tag der Frist;
- **Behördliche Fristen:** Sie können von der Behörde bestimmt werden.
- **Hemmung:** Innerhalb bestimmter Zeiträumen läuft die Frist nicht weiter.
- **Unterbrechung:** Eine Frist kann unterbrochen werden, sie beginnt nach Wegfallen der Unterbrechung wieder von Neuem zu laufen.

Öffentliche Urkunden
Öffentliche Urkunden genießen den vollen Beweis dessen, was die Behörde darin amtlich erklärt hat.

Beispiele
Geburts-, Heirats- und Sterbeurkunde, Führerschein, Reisepass, Schul- und Studienzeugnisse, Kfz-Kennzeichen, Prüfplakette …

Private Urkunden
Verträge aller Art, einseitige Rechtsgeschäfte wie Testamente oder Erklärungen, Protokolle …

2.5.5 Beweismittel

Als Beweismittel dient alles, was zur Feststellung des Sachverhaltes geeignet und für den konkreten Fall zweckdienlich ist.

Die wichtigsten Beweismittel sind im AVG näher geregelt:	
Urkunden	Urkunden sind schriftliche Dokumente über rechtlich erhebliche Sachverhalte. **Öffentliche Urkunden** sind Urkunden, die von einer Behörde oder von einer mit öffentlichem Glauben versehenen Person (z. B. Notar/in, Ziviltechniker/in) errichtet worden sind. **Privaturkunden** werden von Privatpersonen errichtet. Sie unterliegen der freien Beweiswürdigung.

Zeugen	Zeugen sind Personen, die über eigene Wahrnehmungen mündliche Aussagen machen. Sie sind vom Verhandlungsleiter zu ermahnen, nur die Wahrheit zu sagen und darauf hinzuweisen, dass sie auch die Aussage verweigern können. **Nicht als Zeugen vernommen werden dürfen** Personen mit geistiger Behinderung, Personen, die zur Zeit, auf die sich die Aussage beziehen soll, zur Wahrnehmung unfähig waren (z. B. wegen Trunkenheit), sowie staatliche Organe, wenn sie durch die Aussage das Amtsgeheimnis verletzen würden. Die **Zeugenaussage kann verweigert werden,** wenn dem Zeugen dadurch ein unmittelbarer Vermögensnachteil oder die Gefahr strafrechtlicher Verfolgung droht oder wenn die Verschwiegenheitspflicht verletzt wird.
Aussagen von Beteiligten	Zur Beweisführung ist auch die Vernehmung Beteiligter zulässig. Sie können wie Zeugen auch die Aussage verweigern.
Sachverständige	Sachverständige (SV) sind Personen, die in einem Verfahren von der Behörde herangezogen werden, wenn zur Feststellung eines Sachverhaltes besondere Fachkenntnisse erforderlich sind. Man unterscheidet **Amtssachverständige**, die in einem Dienstverhältnis zur Behörde stehen, und **gerichtlich beeidete Sachverständige.**
Augenschein	Die Behörde kann sich selbst durch unmittelbare Wahrnehmung Informationen verschaffen. Oft findet ein **Lokalaugenschein** im Rahmen einer mündlichen Verhandlung an Ort und Stelle statt.

> **Lokalaugenschein**
>
> **Beispiele**
> - Begutachtung der sanitären Verhältnisse in einem Lokal
> - Messungen des Geräuschpegels, der Luft- oder Wasserverschmutzung

2.5.6 Erledigung

Durch die Erledigung wird das Verwaltungsverfahren beendet. Die Behörden haben so viele Anbringen als möglich mündlich oder telefonisch zu erledigen und den wesentlichen Inhalt der Amtshandlung in einer **Niederschrift** oder einem **Aktenvermerk** festzuhalten. Bei schriftlicher Erledigung ist die Unterschrift des Genehmigenden grundsätzlich nötig (Ausnahme: Computerbescheide).

Ein Verwaltungsverfahren kann auch durch die Einstellung des Verfahrens beendet werden. Die Einstellung ist durch Aktenvermerk kenntlich zu machen.
Einstellungsgründe: Die Partei zieht ihren Antrag zurück oder verstirbt.

Aktenvermerk = Wahrnehmungen, die nur zur Dokumentation der Behörde intern aufgezeichnet werden. Für Aktenvermerke gibt es kein Einsichtsrecht.

2.6 Bescheid

Ein Bescheid ist ein individueller Rechtsakt und die abschließende **Erledigung eines Verwaltungsverfahrens.**

Elemente des Bescheides
- Bezeichnung „**Bescheid**"
- **Bezeichnung der Behörde**
- **Unterschrift** des zuständigen Organs
- Der **Spruch** ist der wichtigste Teil eines Bescheides. Er enthält die behördliche Entscheidung über den Gegenstand des Verfahrens und hat die Gesetze zu nennen, auf die sich die Entscheidung der Behörde stützt. Nur dem Spruch kommt Rechtskraft zu und nur die im Spruch enthaltene Rechtsfolge ist vollstreckbar.

💡 Erfüllung eines Antrages ohne Erlassung eines Bescheids ist z. B. die Ausstellung eines Reisepasses oder Staatsbürgerschaftsnachweises.

- Die **Begründung** muss transparent und übersichtlich darstellen, weshalb die Behörde zu ihrer Entscheidung gekommen ist.
- Die **Rechtsmittelbelehrung** informiert die Partei, ob ein Rechtsmittel eingebracht werden kann, nennt die Frist für die Einbringung, bezeichnet die Behörde, bei der das Rechtsmittel zu erheben ist, und weist auf das Erfordernis eines begründeten Rechtsmittelantrages hin.
- **Datum.**

Eine Betriebsanlage muss per Feststellungsbescheid genehmigt werden.

Es gibt drei Bescheidarten

Leistungsbescheid	Rechtsgestaltungsbescheid	Feststellungsbescheid
- Der Adressat/die Adressatin muss eine bestimmte Leistung erbringen oder einen bestimmten Zustand herstellen. - Der Bescheid ist **vollstreckbar.**	- Ein Rechtsverhältnis wird begründet, geändert oder aufgehoben. - Der Bescheid ist **vollstreckbar.**	- Es wird das Bestehen oder das Nichtbestehen eines Rechtsverhältnisses festgestellt. - Der Bescheid ist verbindlich, aber **nicht vollstreckbar.**
Beispiel: Ein Baumangel ist zu beseitigen.	**Beispiele:** Verleihung der österreichischen Staatsbürgerschaft, Erteilung einer Baubewilligung	**Beispiel:** Feststellung der Genehmigungspflicht einer Betriebsanlage

⚠ Ein rechtskräftiger Bescheid ist
- unanfechtbar,
- unwiderrufbar,
- unwiederholbar,
- verbindlich,
- vollstreckbar.

Zustellung und Verkündigung des Bescheides

Ein Bescheid kann schriftlich oder mündlich erlassen werden. Manche Gesetze schreiben eine schriftliche Erlassung vor.
- Ein **schriftlicher Bescheid** ist durch rechtswirksam erfolgte **Zustellung** bzw. **Aushändigung** an den Adressaten erlassen.
- **Mündlich** wird ein Bescheid durch **Verkündigung** erlassen. Der mündliche Bescheid wird z. B. am Ende einer mündlichen Verhandlung verkündet.

Rechtswirkung des Bescheides

- Die **Rechtskraft des Bescheides** erstreckt sich auf bestimmte Teile eines Bescheides oder auf den ganzen Bescheid.
- Rechtskräftige Bescheide können durch ordentliche Rechtsmittel nicht mehr bekämpft werden. Sie sind **unanfechtbar** (= formelle Rechtskraft).
- Bescheide sind **unwiderrufbar,** d. h., sie können von der Behörde nicht mehr aufgehoben, verändert oder für nichtig erklärt werden (= materielle Rechtskraft).
- Bescheide sind **unwiederholbar,** d. h., ist ein Bescheid rechtskräftig und unwiderrufbar, so kann diese Verwaltungssache nicht noch einmal von der Behörde entschieden werden.
- Bescheide sind **verbindlich.** Sowohl die Partei als auch die Behörde sind an den Inhalt des Bescheides gebunden.
- Leistungsbescheide sind **vollstreckbar.** Sie können im Exekutionsweg auch durchgesetzt werden.
- Der Bescheid hat **Tatbestandswirkung,** d. h., der Bescheid hat einen bestimmten Inhalt, aufgrund dessen auch Rechtsfolgen anderer Art als die im Spruch angeführten, eintreten können.

💡 Elektronische Zustellung
Die elektronische Zustellung (per E-Mail) eines Bescheides ist nur möglich, wenn der Adressat/die Adressatin einen Vertrag mit einem „Elektronischen Zustelldienst" abgeschlossen hat. Zur Anmeldung bei der elektronischen Zustellung wird eine **Bürgerkarte** benötigt.

BEZIRKSHAUPTMANNSCHAFT PERG

4320 Perg

Aktenzeichen: Ma11 –105 –9 – 2016
Dirnbergerstraße 11
Bearbeiter: Helmut Müller
Telefon: 07262/551 – 32
Fax: 07262/551-398
E-mail: bh-pe.post@ooe.gv.at

Anton und Maria Muster
wh. 4222 Langenstein, Gemeindestraße 25
Zubau bei einem bestehenden Wohnobjekt im
Hochwasserabflussbereich der Donau und
der Gusen in der Gemeinde Langenstein

14. August 2016

wasserrechtliche Bewilligung

BESCHEID

Aufgrund des Antrages vom 24. Mai 2016 ergeht von der Bezirkshauptmannschaft Perg als Organ der mittelbaren Bundesverwaltung in erster Instanz folgender

Spruch

I. Wasserrechtliche Bewilligung

Herr Anton und Frau Maria Muster, wh. 4222 Langenstein, Gemeindestraße 25, wird die wasserrechtliche Bewilligung für die Errichtung eines Zubaues beim bestehenden Objekt Gemeindestraße 75, einer Garage, einer Stützmauer und Anschüttungen im Hochwasserabflussbereich der Donau und der Gusen auf den Grundstücken Nr. 325 und 236, KG und Gemeinde Langenstein, erteilt.

Rechtsgrundlage

§ 38 Abs. 1 in Verbindung mit den §§ 12, 50, 98, 105, 111 und 112 des Wasserrechtsgesetzes 1959 (WRG), BGBl. Nr. 215, zuletzt geändert durch BGBl, Nr. 82/2003.

Begründung

Gemäß § 38 Abs. 1 WRG 1959 ist zur Errichtung und Abänderung von Anlagen innerhalb der Grenzen des Hochwasserabflusses fließendes Gewässer eine Bewilligung der Wasserrechtsbehörde erforderlich.

Durch die nunmehr erteilte Bewilligung werden bei Einhaltung der Auflagen weder öffentliche Interessen gem. § 105 WRG 1959 beeinträchtigt noch bestehende Rechte gemäß § 12 Abs. 2 WRG 1959 verletzt.

Rechtsmittelbelehrung

Gegen diesen Bescheid können Sie binnen vier Wochen ab Zustellung Beschwerde an das OÖ Landesverwaltungsgericht erheben. Die Beschwerde ist bei der Bezirkshauptmannschaft Perg schriftlich – in jeder technisch möglichen Form – einzubringen. Die Beschwerde hat den angefochtenen Bescheid sowie die belangte Behörde zu bezeichnen und Angaben zur rechtzeitigen Einbringung sowie einen begründeten Beschwerdeantrag zu enthalten.

Mit freundlichen Grüßen

Für den Bezirkshauptmann:
Helmut Müller

IV Rechtsdurchsetzung

Aufgabenstellungen – „Verwaltungsverfahren"

1. Definieren Sie die folgenden Begriffe:

   Verwaltung: _____

   Verwaltungsverfahren: _____

   Hoheitsverwaltung: _____

2. Nennen Sie drei Verwaltungsakte und führen Sie je ein Beispiel an.

Verwaltungsakt	Beispiel

3. Erklären Sie, was man unter unmittelbarer Befehlsgewalt versteht.

4. Nennen Sie die drei Bescheidarten und führen Sie je zwei Beispiele an.

Bescheidart	Beispiel

FINANZONLINE.AT

Recherchieren Sie, wie die Beschwerde über FinanzOnline eingebracht werden kann.

💡 Die Beschwerde ist das **ordentliche Rechtsmittel** gegen einen Bescheid.
Bei Einbringung einer Beschwerde ist eine Gebühr von 30,00 EUR, für eine Revision an den Verwaltungsgerichtshof eine solche von 240,00 EUR zu entrichten.

3 Rechtsmittel im Verwaltungsverfahren

Katharina hat den Bescheid über ihren Lohnsteuerausgleich erhalten. Sie ist enttäuscht über den geringen Betrag. Nach genauer Durchsicht fällt ihr auf, dass ihre Sonderausgaben nicht berücksichtigt worden sind. Katharina beschließt, Beschwerde gegen den Bescheid einzulegen.

3.1 Rechtsmittelverfahren – Beschwerde

Wenn man mit einem behördlichen Bescheid nicht einverstanden ist, hat man das Recht eine **Beschwerde** zu ergreifen. Unter Beschwerde versteht man den **schriftlichen Antrag** einer Partei, um die Überprüfung eines Aktes einer Behörde zu begehren. Einzubringen ist die Beschwerde bei jener Behörde, die den erstinstanzlichen Bescheid erlassen hat.

Eine Beschwerde muss folgende Inhalte haben:
- Die Bezeichnung des Bescheides, gegen den sie sich richtet
- Eine Erklärung, in welchen Punkten der Bescheid angefochten wird

- Eine Erklärung, welche Änderungen beantragt werden (z. B. Antrag auf Aufhebung oder Antrag auf Abänderung eines Bescheides)
- Eine Begründung (z. B. unrichtige Beweiswürdigung)
- Die Unterschrift der Partei (= Beschwerdeführer/in)

💡 Ein wesentlicher Vorteil des Beschwerdeverfahrens ist, dass auch neue Tatsachen und Beweise geltend gemacht werden können (kein Neuerungsverbot) sowie neue Anträge gestellt werden können. So hat man die Möglichkeit, Fehler, die auf das eigene Verschulden zurückzuführen sind, korrigieren zu lassen (z. B. Nachholung vergessener Steuerabsetzposten). Aber: Ein neuer Bescheid kann so auch zum eigenen Nachteil erlassen werden.

Frist

Zur Einbringung einer Beschwerde stehen vier Wochen, gerechnet ab Zustellung des Bescheides zur Verfügung. Als noch rechtzeitig eingebracht gilt die Beschwerde dann, wenn diese spätestens am letzten Tag der Frist der Post übergeben wird (Datum des Poststempels ist ausschlaggebend!).

Beispiel
Die Zustellung eines Bescheides erfolgt am 26. Jänner 20.. Mit diesem Tag beginnt die Beschwerdefrist zu laufen. Sie endet am 23. Februar 20..
Fällt das Ende der Frist auf einen Samstag, Sonntag oder Feiertag, ist der nächste Tag, also der 27. März, als letzter Tag der Frist anzunehmen.

Wirkung der Beschwerde

Durch die Einbringung einer Beschwerde wird die Wirksamkeit des angefochtenen Bescheides nicht aufgehalten, sondern nur aufgeschoben. Das heißt, dass z. B. der geschuldete Abgabenbetrag zunächst bezahlt werden muss.

Rechtsmittel (RM)
Ordentliche RM
- Beschwerde

Außerordentliche RM
- Wiederaufnahme
- Wiedereinsetzung

Verwaltungsgerichte – VwG können über Beschwerden
- selber entscheiden
- oder den angefochtenen Bescheid aufheben und an die Behörde 1. Instanz zur Erlassung eines neuen Bescheides zurückverweisen.

3.2 Berufungsbehörden im Verwaltungsverfahren

Bundesebene: Bundesverwaltungsgericht und Bundesfinanzgericht in Wien
Landesebene: Landesverwaltungsgerichte in den Landeshauptstädten

Die **Verwaltungsgerichte – VwG** entscheiden grundsätzlich durch Einzelrichter/innen. Für manche Bereiche ist eine Senatszuständigkeit vorgesehen, dann entscheidet ein Dreier-Senat. Die Verhandlungen vor den VwG sind grundsätzlich öffentlich.

Die VwG entscheiden über
- Beschwerden gegen Bescheide von Verwaltungsbehörden (Bescheidbeschwerde),
- Akte unmittelbarer verwaltungsbehördlicher Befehls- und Zwangsgewalt,
- bestimmte Weisungen im Schulbereich und
- Verletzung der Entscheidungspflicht einer Behörde (Säumnisbeschwerde).

Die Entscheidungen der Verwaltungsgerichte können vor den Höchstgerichten angefochten werden. In höchster Instanz wird die Verwaltungskontrolle
- einerseits durch den **Verwaltungsgerichtshof** und
- für den Fall, dass Grundrechte der Parteien betroffen sind, durch den **Verfassungsgerichtshof** ausgeübt.

§ Das **Verwaltungsgerichtsverfahrensgesetz** (VwGVG) regelt die Verfahren vor den Verwaltungsgerichten.

Beschwerdeverfahren vor den Verwaltungsgerichten

- Es besteht **keine Anwaltspflicht.**
- Beschwerden können jederzeit zurückgezogen werden.
- Parteien können auch auf eine Beschwerde verzichten.

IV Rechtsdurchsetzung

💡 Entscheidungen der Verwaltungsgerichte können mit Revision beim Verwaltungsgerichtshof oder Beschwerde beim Verfassungsgerichtshof bekämpft werden.

Rechtsmittelverfahren

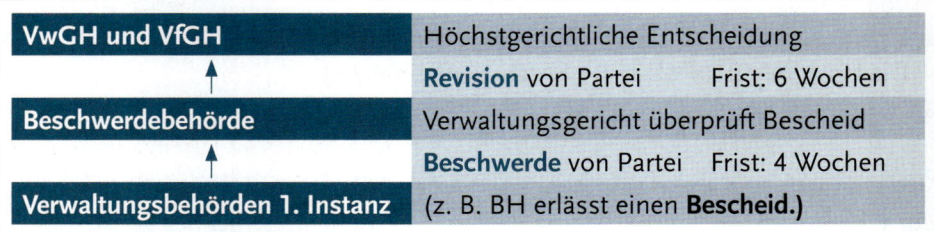

Schematischer Ablauf eines Beschwerdeverfahrens

Beispiel: Eine Partei erhebt gegen einen Steuerbescheid Beschwerde.

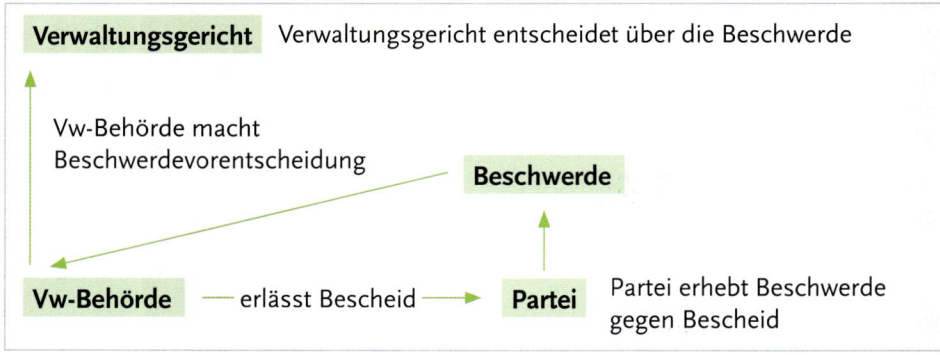

Verwaltungsbehörden 1. Instanz
- Gemeindeamt
- BH
- Magistrat
- u. a.

3.3 Weitere Rechtsschutzeinrichtungen

Wiederaufnahme	Ein bereits abgeschlossenes Verfahren ist neuerlich auf Verfügung der Behörde durchzuführen. Die Richtigkeit der vorher getroffenen Sachentscheidung wird aus bestimmten Gründen angezweifelt.
Wiedereinsetzung	Damit soll es der Partei ermöglicht werden, die Folgen einer unverschuldeten Versäumnis oder eines Versehens minderen Grades zu beseitigen.
Entscheidungspflicht	Behörden sind verpflichtet, Anträge oder Berufungen der Partei „ohne unnötigen Aufschub, spätestens aber sechs Monate nach deren Einlangen" gegebenenfalls durch Bescheid zu erledigen. Ist eine Behörde säumig kann sich die Partei an die Oberbehörde wenden (Devolution).

Grundsätze im Vollstreckungsverfahren
- **Offizialprinzip**
  Einleitung und Durchführung von Amts wegen
- **Grundsatz der Verhältnismäßigkeit**
- **Schonungsprinzip**
  Es ist das gelindeste zum Ziel führende Zwangsmittel anzuwenden.

4 Vollstreckung

Parteien erfüllen manchmal die Entscheidungen der Behörden nicht oder nicht fristgerecht. Durch die Vollstreckung können die im Bescheid auferlegten Pflichten zwangsweise durchgesetzt werden.
- Voraussetzung ist ein **Vollstreckungstitel,** in der Regel ein verwaltungsbehördlicher Leistungsbescheid, der rechtskräftig ist.
- **Vollstreckungsbehörden** sind die Bezirksverwaltungsbehörden und die Bundespolizeibehörden (in ihrem Bereich). Sie vollstrecken auch Bescheide übergeord-

neter Behörden. Gegen die Vollstreckung kann auch beim Landeshauptmann/der Landeshauptfrau (in Angelegenheiten der mittelbaren Bundesverwaltung) bzw. bei der Landesregierung Berufung eingelegt werden.
Die Berufung hat in diesem Fall keine aufschiebende Wirkung.
- **Vollstreckungsmittel**
Die Vollstreckungsbehörde veranlasst die Eintreibung von Geldleistungen üblicherweise im Exekutionsweg durch das Gericht. Die Behörde kann nach dem Verwaltungsvollstreckungsgesetz aber auch selbst einschreiten.

Aufgabenstellungen – „Verwaltungsverfahren"

1. Vervollständigen Sie den Lückentext:

   Ein Verwaltungsverfahren wird durch den _____ einer Partei oder von _____ eingeleitet. Für einen Antrag besteht grundsätzlich _____. Die Behörde hat im _____ den maßgeblichen _____ zu prüfen und die _____ zu hören. Im _____ hat die Behörde die objektive Wahrheit zu erforschen und ist dabei an keine _____ gebunden. Durch die _____ wird das Verwaltungsverfahren beendet.

   Ein Antrag ist von der Behörde innerhalb von _____ zu behandeln.

   Der _____ ist die abschließende Erledigung eines Verwaltungsverfahrens. Man unterscheidet den _____, den Rechtsgestaltungsbescheid und den _____.

   Jeder Bescheid muss die folgenden sieben Inhalte aufweisen: _____
   _____.

   Ein rechtskräftiger Bescheid ist _____, unwiderrufbar, unwiederholbar, verbindlich und _____.

   Die _____ ist das ordentliche Rechtsmittel gegen einen Bescheid. Gesetzliche Bestandteile der Beschwerde sind: _____.

   Wenn die Parteien die Entscheidungen der Behörden nicht oder nicht fristgerecht erfüllen, können durch die _____ die im Bescheid auferlegten Pflichten zwangsweise durchgesetzt werden.

2. Skizzieren Sie den schematischen Ablauf eines Beschwerdeverfahrens.

3. Sie erinnern sich: Katharina hat am 7. April 20.. schriftlich den mit 4. April 20. . datierten Bescheid über ihre Arbeitnehmer/innen-Veranlagung vom Finanzamt Kirchdorf-Perg-Steyr zugestellt erhalten. Sie möchte dagegen Beschwerde einlegen, da sie vergessen hat, ihre Sonderausgaben geltend zu machen.
   a) Verfassen Sie den Beschwerdebrief.
   b) An welche Behörde muss Katharina die Beschwerde schicken.
   c) Bis wann muss Katharina spätestens die Beschwerde einreichen?

4. Ermitteln Sie, bei welcher Behörde Sie um eine Genehmigung Ihres Abschlussballs in einem bestimmten Lokal ansuchen müssen.

5 Verwaltungsstrafrecht

David ist mit dem Auto in der Stadt unterwegs, um einige Besorgungen zu machen. Er will nur schnell in einem Geschäft etwas abholen und stellt das Auto im Halteverbot ab. Als er nach ein paar Minuten zurückkommt, steckt ein Strafzettel hinter der Windschutzscheibe. David ärgert sich maßlos und zerknüllt ihn. Mit welchen Folgen hat er zu rechnen, wenn er das Strafmandat ignoriert?

? Haben Sie schon einmal ein Strafmandat bekommen? Wenn ja, wofür? Welche Folgen sind Ihnen noch in Erinnerung?

Das Verwaltungsstrafrecht ist das Strafrecht, das von den Verwaltungsbehörden zu vollziehen ist. Das Verfahren ist im **Verwaltungsstrafgesetz** (VStG) geregelt. Einzelne Straftatbestände sind in den verschiedenen Verwaltungsgesetzen enthalten, z. B. Gewerbeordnung, Straßenverkehrsordnung …

5.1 Materielles Verwaltungsstrafrecht

Das materielle Verwaltungsstrafrecht regelt die sogenannten **Verwaltungsvorschriften**.

Beispiel
- Die Straßenverkehrsordnung bestimmt, wie schnell ein Fahrzeug im Ortsgebiet, auf der Freilandstraße oder auf der Autobahn unterwegs sein darf.
- Das Staatsbürgerschaftsrecht regelt, wann die Staatsbürgerschaft verliehen oder wann sie entzogen werden kann.

Strafarten

- Die **Geldstrafe** ist die wichtigste Strafart des Verwaltungsstrafrechts. Ihre Höhe richtet sich nach den konkreten Verwaltungsvorschriften. Die Untergrenze beträgt 7 €. Für jede Geldstrafe ist für den Fall der Nichtbezahlung eine **Ersatzfreiheitsstrafe** festzusetzen, die zwei Wochen Dauer nicht übersteigen darf.
- Eine **Freiheitsstrafe** darf nur verhängt werden, wenn sie unbedingt notwendig ist, um den Täter/die Täterin von weiteren Verwaltungsübertretungen abzuhalten. Die Mindestdauer der Freiheitsstrafe beträgt **zwölf Stunden.** Eine Freiheitsstrafe über zwei Wochen Dauer darf nur bei Vorliegen besonderer Erschwerungsgründe verhängt werden, die absolute Obergrenze beträgt sechs Wochen.

Verjährung

Die Strafbarkeit von Verwaltungsdelikten verjährt, von Ausnahmen abgesehen, nach **einem Jahr,** wenn die Behörde keine Verfolgungshandlung gegen eine bestimmte Person gesetzt hat, sonst grundsätzlich erst nach **drei Jahren.**

5.2 Formelles Recht: Das Verwaltungsstrafverfahrensrecht

5.2.1 Zuständigkeiten

1. Instanz
In erster Instanz sind Bezirksverwaltungsbehörden (BH) oder innerhalb ihres Wirkungsbereiches Bundespolizeibehörden verantwortlich. Die örtliche Zuständigkeit richtet sich nach dem Tatort, oft wird die Sache aber an die Behörde des Aufenthaltes des/der Beschuldigten abgetreten.

Zweite Instanz – Verwaltungsgerichte (VwG)
Das Verfahren bei den VwG orientiert sich vom Ablauf her an einer Gerichtsverhandlung.

5.2.2 Erledigungsformen erster Instanz

Verfahrenseinstellung	**Die Behörde hat das Verfahren einzustellen,** ■ wenn die Schuld des/der Verdächtigen nicht zweifelsfrei erwiesen oder der Sachverhalt nicht strafbar ist, ■ wenn die Schuld des/der Beschuldigten gering ist und die Folgen der Verwaltungsübertretung unbedeutend sind.
Ermahnung	Wenn das **Verschulden gering** und die **Folgen der Tat unbedeutend** sind, ist der/die Beschuldigte (wenn erforderlich) bescheidmäßig zu ermahnen, um ihn/sie von weiteren strafbaren Handlungen gleicher Art abzuhalten.

Abgekürztes Verwaltungsverfahren

Organstrafverfügung (Organmandat)	■ Bei bestimmten Verwaltungsübertretungen können durch Organe der öffentlichen Aufsicht Geldstrafen eingehoben werden (Obergrenze derzeit **90 €**), z. B. wegen Falschparkens oder Telefonierens während der Fahrt mit einem Handy ohne Freisprecheinrichtung. ■ Gegen eine Organstrafverfügung kann **kein Rechtsmittel** eingelegt werden. ■ Bei Nichtbezahlung tritt das Organmandat außer Kraft und das ordentliche Verwaltungsverfahren wird eingeleitet.
Anonymverfügung	■ Wird bei bestimmten Verwaltungsübertretungen (z. B. bei geringen Geschwindigkeitsüberschreitungen) eingesetzt. ■ Sie richtet sich an keine bestimmte Person, sondern wird jener Person zugestellt, von der angenommen wird, dass sie die Täterin/den Täter kennt oder leicht feststellen kann. Bei Verwaltungsübertretungen im Straßenverkehr wird die Anonymverfügung daher in der Regel an die Zulassungsbesitzerin/den Zulassungsbesitzer versandt. ■ Die konkrete Strafe darf **365 €** nicht übersteigen. ■ Gegen eine Anonymverfügung kann **kein Rechtsmittel** eingelegt werden. ■ Bei Nichtbezahlen wird das ordentliche Verwaltungsverfahren eingeleitet.
Strafverfügung	In folgenden Fällen kann die Behörde durch eine Strafverfügung eine Geldstrafe in der Höhe von bis zu **600 €** festsetzen: ■ Wenn von einem Gericht, einer Verwaltungsbehörde, einem Organ der öffentlichen Aufsicht (z. B. Organe der Bundespolizei oder Organe der Straßenaufsicht) eine Verwaltungsübertretung angezeigt wird. ■ Wenn das strafbare Verhalten aufgrund automatischer Überwachung (z. B. Radarüberwachung, Section Control) festgestellt wird. ■ Gegen die Strafverfügung kann **innerhalb von 14 Tagen** nach deren Zustellung schriftlich oder mündlich **Einspruch** erhoben werden.

§ Gesetze im Verwaltungsverfahren
AVG (Allgemeines Verwaltungsverfahrensgesetz)
EGVG (Einführungsgesetze zu den Verwaltungsverfahrensgesetzen)
VStG (Verwaltungsstrafgesetz)
VVG (Verwaltungsvollstreckungsgesetz)

Manche Geschwindigkeitsüberschreitungen können mit einer Anonymverfügung geahndet werden.

Das Telefonieren während der Fahrt ohne Freisprecheinrichtung wird mit einem Organmandat geahndet.

Straferkenntnis	■ Das Straferkenntnis stellt die bescheidmäßige Erledigung einer Verwaltungsstrafsache dar. Wie jeder Bescheid hat die Straferkenntnis aus Spruch, Begründung und Rechtsmittelbelehrung zu bestehen. ■ Gegen den Bescheid kann **innerhalb von** vier Wochen Beschwerde an das Landesverwaltungsgericht erhoben werden.

Ordentliches Verwaltungsstrafverfahren

Im ordentlichen Verwaltungsverfahren wird ein **Ermittlungsverfahren** durchgeführt. Die/Der Beschuldigte hat in diesem Verfahren die Gelegenheit hat, sich zu rechtfertigen.

- Die Verwaltungsstrafbehörde (Bezirksverwaltungsbehörde oder Landespolizeidirektion) kann die/den Beschuldigte/n zu diesem Zweck zu einer **Vernehmung** laden oder auffordern, sich bis zu diesem Zeitpunkt **schriftlich** zu rechtfertigen. Die/Der Beschuldigte kann alle zu ihrer/seiner Verteidigung dienlichen Beweise vorlegen (z. B. Zeuginnen/Zeugen nennen, Fotos bringen etc.).
- Für den Fall, dass der/die Beschuldigte zur Vernehmung vor die Verwaltungsstrafbehörde geladen oder vorgeführt wird, ist das Strafverfahren in einer **mündlichen Verhandlung** durchzuführen. Nach der Aufnahme der erforderlichen Beweise kann der **Bescheid** sofort verkündet werden.

Beendet wird das ordentliche Strafverfahren durch
- Erlassung eines **Strafbescheides** (= **Straferkenntnis**, mit dem eine Ermahnung ausgesprochen wird, oder
- mit der **Einstellung des Verfahrens.**

Ermittlungsverfahren

Vernehmung → Schriftliche Rechtfertigung

↓

Mündliche Verhandlung

↓

Strafbescheid oder Einstellung des Verfahrens

Aufgabenstellung – „Verwaltungsstrafrecht"

■ Karin hat am Wochenende ihrem Freund kurz das Auto geliehen, damit dieser seinen jüngeren Bruder nach Hause fahren konnte. Zwei Wochen später erhält Karin eine Anonymverfügung wegen zu schnellen Fahrens im Ortsgebiet. Zeigen Sie auf, welche Möglichkeiten der Reaktion Karin hat.

Wissensfragen – „Verwaltung und Verwaltungsverfahren"

1. Beschreiben Sie den Behördenaufbau im Verwaltungsverfahren.
2. Nennen Sie die fünf wichtigsten Beweismittel.
3. Welche Wirkung hat ein rechtskräftiger Bescheid?
4. Schildern Sie den üblichen Ablauf eines Rechtsmittelverfahrens in zweiter Instanz.
5. Welche Verwaltungsakte kennen Sie? Zählen sie einige auf.
6. Nach welchen Kriterien wird die örtliche Zuständigkeit einer Behörde bestimmt?
7. Nennen und erklären Sie drei Möglichkeiten des Einleitungsverfahrens nach dem AVG.

Ziele erreicht? – „Verwaltung und Verwaltungsverfahren"

1. Unterscheiden Sie monokratische Behörden von kollegialen Behörden und nennen Sie jeweils zwei Beispiele.

	Monokratische Behörden	Kollegiale Behörden
Wer entscheidet?		
Person/Organ		

2. Unterscheiden Sie die Rechte von Parteien und Beteiligten:

	Recht auf Akteneinsicht	Keine Rechtsansprüche	Recht auf Bescheid	Rechtsansprüche	Ist nur untergeordnet beteiligt	Recht auf Parteiengehör	Recht auf Berufung
Parteien							
Beteiligte							

3. Zählen Sie die verschiedenen Verfahrensabschnitte in einem Verwaltungsverfahren auf und erklären Sie sie kurz.

1.
2.
3.
4.

4. Verfassen Sie gemeinsam mit Ihrem Sitznachbarn/Ihrer Sitznachbarin eine Beschwerde gegen einen negativen Bescheid.

5. Ein Industriebetrieb hat die Erweiterung und den Ausbau seines Standortes bei der Baubehörde beantragt. Es sollen 60 neue Arbeitsplätze geschaffen werden. Eine Gruppe von Anrainern befürchtet massive Einschränkungen ihrer Lebens- und Wohnqualität. Analysieren Sie die rechtlichen Möglichkeiten der Anrainer in diesem Verwaltungsverfahren.

Arbeits- und sozialgerichtliches Verfahren

💡 Am Arbeits- und Sozialgericht Wien werden jährlich ca. 16 000 Verfahren geführt.

Wenn ein Arbeitnehmer unrechtmäßig entlassen wurde, kann er vor dem Arbeits- und Sozialgericht rechtlich dagegen vorgehen. In Österreich werden jährlich Tausende arbeits- und sozialgerichtliche Verfahren geführt.

Die Arbeits- und Sozialgerichtsbarkeit in Österreich ist eine besondere Handlungsform der ordentlichen Gerichtsbarkeit, die im Arbeits- und Sozialgerichtsgesetz geregelt ist.

 Meine Ziele

Nach Bearbeitung dieses Kapitels kann ich
- die zuständigen Arbeits- und Sozialgerichte nennen;
- den Verfahrensgang beschreiben;
- Informationen zu Arbeits- und Sozialgerichtssachen einholen.

1 Zuständigkeit

Lena ist bei einer großen Handelskette im Verkauf beschäftigt. Mit dem neuen Geschäftsführer ihrer Filiale kommt es laufend zu Reibereien. Lena, die bisher immer zur vollsten Zufriedenheit ihrer Vorgesetzten gearbeitet hat, wird nun unter der Angabe fadenscheiniger Argumente entlassen. Sie wendet sich daraufhin hilfesuchend an die Arbeiterkammer. Diese ist bereit, sie vor dem Arbeits- und Sozialgericht bei der Anfechtung der Entlassung zu vertreten.

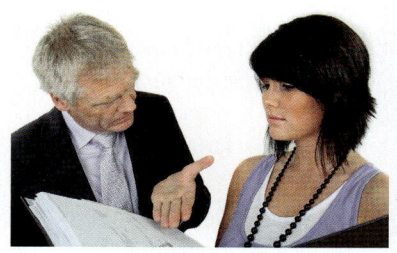

⚠️ Arbeitnehmer/innen können eine Kündigung, Entlassung oder die Auflösung des Probearbeitsverhältnisses innerhalb von 14 Tagen beim Arbeits- und Sozialgericht anfechten.

Die Arbeits- und Sozialgerichte sind zuständig für

Arbeitsrechtssachen	Sozialrechtssachen
■ Rechtsstreitigkeiten zwischen AG und AN, die mit dem Arbeitsverhältnis im Zusammenhang stehen (z. B. Anfechtungen von Kündigungen und Entlassungen) ■ Auseinandersetzungen zwischen Betriebsrat und AG über Mitbestimmungsangelegenheiten	Rechtsstreitigkeiten, die im Zusammenhang mit Versicherungsleistungen (z. B. Entscheidung über Alters- oder Erwerbsunfähigkeitspensionen) stehen

Als Arbeits- und Sozialgerichte wirken:
- die **Landesgerichte** (in erster Instanz),
- die **Oberlandesgerichte** (in zweiter Instanz) und
- der **Oberste Gerichtshof** in Wien in dritter Instanz.

Ausnahme: Nur in **Wien** besteht ein eigenes Arbeits- und Sozialgericht.

Aha!
Das Arbeits- und Sozialgericht erkennt durch **Senate**, die sich aus Richterinnen/Richtern und fachkundigen Laienrichterinnen und -richtern zusammensetzen, wobei eine Berufsrichterin/ein Berufsrichter den Vorsitz zu führen hat.

Besonderheiten
- Neben den Berufsrichterinnen und -richtern wirken **fachmännische Laienrichter/innen** aus dem Kreis der Arbeitnehmer/innen und Arbeitgebervertreter an der Rechtsprechung mit.
- Die Parteien können sich nicht nur durch Rechtsanwältinnen und Rechtsanwälte, sondern durch Angestellte von kollektivvertragsfähigen Körperschaften, wie der Arbeiterkammer, dem ÖGB oder der Wirtschaftskammer, vertreten lassen.

Aha!
Die Wahl der Laienrichter/innen (AN) erfolgt durch die Mitglieder der AK-Vollversammlung. Zur Vorbereitung auf ihre Tätigkeit werden sie von Berufsrichtern/-richterinnen und Mitarbeitern/Mitarbeiterinnen der Arbeiterkammer geschult.

Voraussetzungen und Fristen
- Voraussetzung für das Einbringen einer Klage in Sozialrechtssachen ist ein **Bescheid.**
- Wenn die/der Versicherte mit der Entscheidung des Sozialversicherungsträgers nicht einverstanden ist, besteht die Möglichkeit, den Bescheid anzufechten.

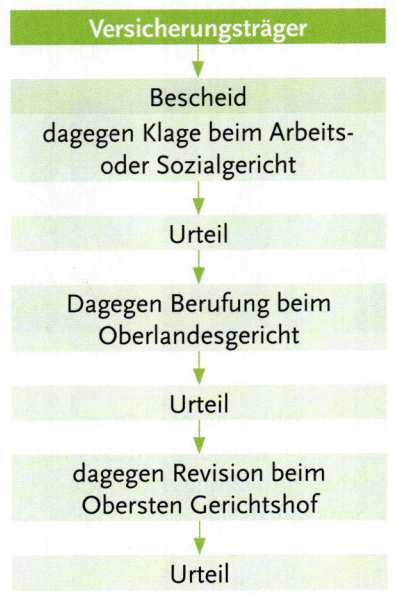

- Die **Klage** muss innerhalb von **drei Monaten** ab Zustellung des Bescheides eingebracht werden.
- Mit dem rechtzeitigen Einbringen der Klage tritt der Bescheid außer Kraft.

2 Verfahrensablauf in Sozialrechtssachen

Die Klage muss folgende Inhalte aufweisen:
- Darstellung des Streitfalles
- Erbrachte Beweismittel (z. B. ärztliche Gutachten)
- Begehren („Ich beantrage ...")
- Als Anlage den angefochtenen Bescheid

Leistungen, die der Versicherungsträger im bekämpften Bescheid schon zuerkannt hat, müssen vom Versicherungsträger/von der Versicherungsträgerin bis zur rechtskräftigen Beendigung des Verfahrens vorläufig weiter erbracht werden.

> **Beispiel**
> Frau Wall hat Pflegestufe 2. Sie hat einen Antrag auf Pflegestufe 3 gestellt. Mit Bescheid wurde die Pflegestufe laut Gutachten des Amtsarztes auf 1 rückgestuft. Frau Wall ficht den Bescheid an. Bis zur Beendigung des Verfahrens erhält sie noch die Pflegestufe 2.

- In diesem **Gerichtsverfahren erster Instanz** besteht **kein Vertretungszwang**, d. h., die jeweiligen Personen können sich selbst vertreten.
- Gegen ein Urteil kann **Berufung beim Oberlandesgericht** eingebracht werden. Die jeweiligen Personen müssen sich im Verfahren von qualifizierten Personen vertreten lassen.
- Gegen ein Urteil des Oberlandesgerichts kann **Revision beim Obersten Gerichtshof** eingebracht werden. Gegen dessen Entscheidung ist kein Rechtsmittel mehr vorgesehen.

Im Gegensatz zu anderen gerichtlichen Verfahren tragen die Versicherten als Kläger/innen in sozialrechtlichen Verfahren **kein Prozesskostenrisiko.** Die Kosten werden von den Sozialversicherungsträgern übernommen.

Qualifizierte Personen = z. B. Rechtsanwältinnen/-anwälte, Funktionärinnen/Funktionäre sowie Arbeitnehmer/innen eines Behindertenverbandes, einer gesetzlichen Interessenvertretung (z. B. AK) oder einer freiwilligen kollektivvertragsfähigen Berufsvereinigung (z. B. Gewerkschaft).

⚠ Das Verfahren kann jederzeit durch einen gerichtlichen Vergleich beigelegt werden.

3 Weitere Behörden

Bundeseinigungsamt

Das Bundeseinigungsamt ist eine Verwaltungsbehörde, die beim BM für Arbeit, Soziales und Konsumentenschutz eingerichtet ist. Es ist für das gesamte Bundesgebiet zuständig und besteht aus einem Vorsitzenden sowie den erforderlichen Stellvertretern und Mitgliedern, die aus den Gruppen der AN und AG zu bestellen sind.

Arbeits- und sozialgerichtliches Verfahren

Es ist zuständig für
- die Zuerkennung oder Aberkennung der Kollektivvertragsfähigkeit,
- die Erstellung von Gutachten über die Auslegung eines Kollektivvertrages,
- die Satzungserklärung von Kollektivverträgen oder Erlassung von Mindestlohntarifen und Lehrlingsentschädigungen,
- die Hinterlegung der Kollektivverträge durch die Kollektivvertragsparteien.

⚠️ Gegen einen Bescheid des Bundeseinigungsamtes kann Beschwerde beim Bundesverwaltungsgericht erhoben werden.

Schlichtungsstellen

Sie sind zuständig zur Entscheidung betreffend Streitigkeiten über den Abschluss, die Aufhebung und die Abänderung von Betriebsvereinbarungen. Die Entscheidung der Schlichtungsstelle gilt als Betriebsvereinbarung.

Zuständig für die Einrichtung einer Schlichtungsstelle ist der Präsident/die Präsidentin des örtlich zuständigen Arbeits- und Sozialgerichtes. Der Präsident bestellt für den konkreten Schlichtungsfall die zuständige Schlichtungsstelle.

⚠️ Die Schlichtungsstellen sind nicht ständig eingerichtete Behörden, sondern werden von Fall zu Fall gebildet.

Ziele erreicht? – „Arbeits- und sozialgerichtliches Verfahren"

1. Frau Pointl hat für ihre pflegebedürftige Mutter um eine Erhöhung der Pflegestufe von bisher zwei auf drei angesucht. Das Ansuchen wurde abgelehnt. Frau Pointl ist damit nicht einverstanden.
   a) Beschreiben Sie, wie Frau Pointl nun vorgehen muss.

   b) Verfassen Sie ein Klagsschreiben von Frau Pointl an das Arbeits- und Sozialgericht.

2. Herr Hildner aus St. Pölten ist wegen eines Bandscheibenleidens im Krankenstand. An einem schönen Tag fährt er mit seiner Frau nach Wien und besucht dort das Kunsthistorische Museum. Dort trifft er auf eine Kollegin, die dieses Treffen ihrem Vorgesetzten mitteilt. Herr Hildner wird daraufhin fristlos entlassen.

   a) Herr Hildner empfindet die fristlose Entlassung als ungerechtfertigt. An wen kann sich Herr Hildner um Unterstützung wenden?

   b) An welchem Gericht wird das Verfahren in erster Instanz geführt?

   c) Beschreiben Sie das Verfahren, wenn Herr Hildner alle Rechtsmittel ausschöpft.

Insolvenzrecht

§ Gesetzliche Grundlagen
Insolvenzordnung (IO), Insolvenzrechtsänderungsgesetz (IRÄG 2010)

Jedes Jahr gehen viele Unternehmen pleite. Auch immer mehr Privatpersonen befinden sich in der Schuldenspirale. Diese Situation hätte in vielen Fällen verhindert werden können, wenn rechtzeitig eine Sanierung oder Schuldenregulierung in Angriff genommen worden wäre. Stattdessen versuchen es viele, die finanzielle Probleme haben, mit der Vogel-Strauß-Methode: Kopf in den Sand stecken und so tun, als würde man die eigenen Probleme nicht sehen. Dadurch wird die Situation nur noch schlimmer und mit der Zeit immer auswegloser.

 Meine Ziele

Nach Bearbeitung dieses Kapitels kann ich
- zwischen Insolvenzverfahren, Sanierungsverfahren und Konkurs unterscheiden;
- die Voraussetzungen für ein Insolvenzverfahren anführen;
- den Ablauf eines Insolvenzverfahrens und eines Sanierungsverfahrens erläutern;
- Gründe erörtern, warum es wichtig ist, dass sich Privatpersonen entschulden können.

1 Insolvenzverfahren

> Tobias ist bei der Toprein GmbH als Bürokaufmann angestellt. Das Unternehmen kämpft schon länger mit finanziellen Problemen. Das ist auch der Belegschaft bekannt. Es wurden schon einige Mitarbeiter/innen gekündigt. Als Tobias das Urlaubsgeld nicht ausbezahlt bekommt, weiß er nicht, wie er damit umgehen soll. Er macht sich große Sorgen, dass das Unternehmen in die Insolvenz schlittert.

Sind Tobias Sorgen berechtigt? Wenn das Unternehmen mit der Auszahlung des Urlaubsgeldes in Verzug ist, ist es dann schon zahlungsunfähig?

Kann der Schuldner einzelne Geldforderungen nicht bezahlen, wird üblicherweise Einzelexekution geführt. Ist der Schuldner jedoch für alle Verbindlichkeiten zahlungsunfähig (insolvent), ist er gesetzlich verpflichtet, ein gerichtliches **Insolvenzverfahren (Sanierungs- oder Konkursverfahren)** zu beantragen.

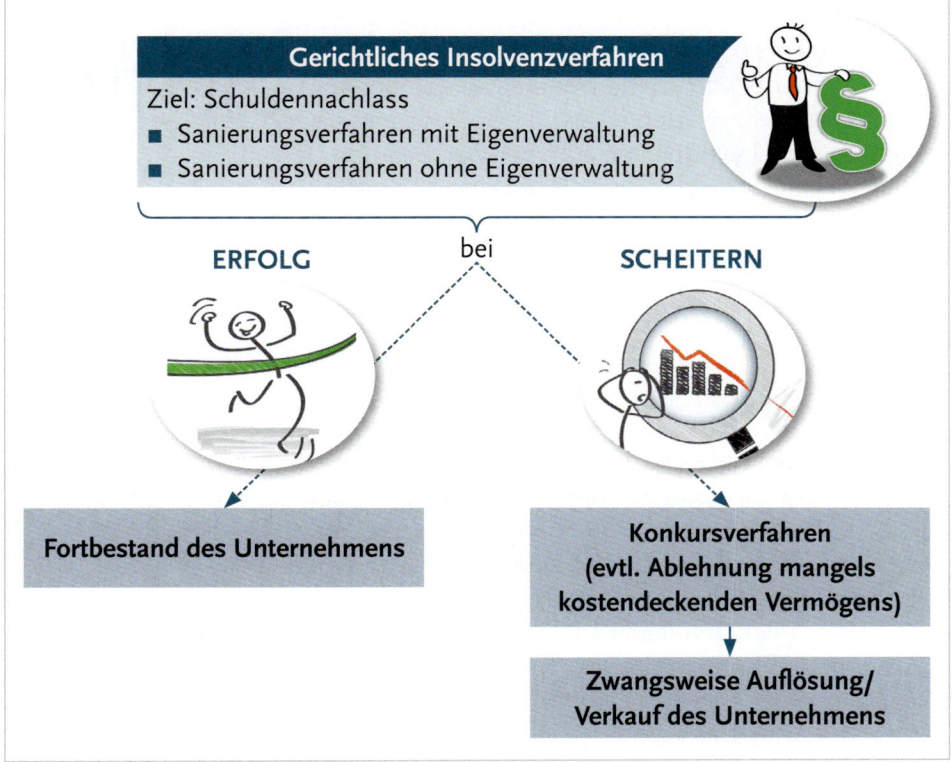

1.1 Gerichtliches Insolvenzverfahren

Voraussetzungen für die Eröffnung eines Insolvenzverfahrens

- **Zahlungsunfähigkeit:** Ist dann gegeben, wenn der Schuldner fällige Schulden nicht in angemessener Zeit befriedigen kann. Auch wenn der Schuldner die Forderungen einzelner Gläubiger befriedigen kann, kann Zahlungsunfähigkeit vorliegen. Zahlungunfähigkeit setzt nicht voraus, dass Gläubiger/innen andrängen.
- **Überschuldung:** Bei eingetragenen Personengesellschaften, bei denen kein persönlich haftender Gesellschafter eine natürliche Person ist, sowie bei juristischen Personen gilt diese Pflicht auch bei Überschuldung.
- Es muss genügend Vermögen vorhanden sein, um die **Kosten des Insolvenzverfahrens** abzudecken, sonst wird die Insolvenzeröffnung **mangels Masse** abgelehnt. In diesem Fall erfolgt die Entziehung der Gewerbeberechtigung. Das notwendige Vermögen kann auch durch einen **Kostenvorschuss** eines Gläubigers oder eines Dritten aufgebracht werden.

Überschuldung = gerechnet nach Verkehrswerten sind die Schulden größer als das Vermögen und die Fortbestandsprognose ist negativ.

IV Rechtsdurchsetzung

💡 Beim Insolvenzverfahren ist jenes **Landesgericht** zuständig, in dessen Gerichtssprengel das Unternehmen seinen Sitz hat bzw. bei dem es im Firmenbuch eingetragen ist.

Eröffnung eines Insolvenzverfahrens

- Die Antragstellung erfolgt i. d. R. durch den Schuldner. Es genügt eine formlose Mitteilung über die Zahlungseinstellung wegen Zahlungsunfähigkeit bzw. Überschuldung an das zuständige Landesgericht.
- Der Antrag ist aber auch jedem Gläubiger möglich, wenn er glaubhaft machen kann, dass er eine Forderung hat (auch wenn sie nicht fällig ist) und dass der Schuldner zahlungsunfähig ist.
- Der Antrag muss **binnen 60 Tagen** ab Eintritt der Zahlungsunfähigkeit (bei juristischen Personen auch bei Überschuldung) gestellt werden.
- Zuständig ist das **Landesgericht** (in Wien das Handelsgericht).
- Die Verfügungsgewalt über die **Insolvenzmasse** (Unternehmen, Vermögen) geht vom Schuldner auf den vom Gericht bestellten **Insolvenzverwalter** über.
- Die Eröffnung eines Insolvenzverfahrens wird in der **Insolvenzdatei (Ediktsdatei)** (www.edikte.justiz.gv.at) rechtsverbindlich bekannt gemacht.

Aha!

Jede/r kann sich kostenlos in der **Ediktsdatei** über die Eröffnung (oder auch Ablehnung der Eröffnung) eines Insolvenzverfahrens und dessen Fortgang informieren. Insbesondere auch darüber, wann eine offene Forderung eines Gläubigers vor Gericht angemeldet werden muss, damit sie allenfalls im Zuge des Insolvenzverfahrens (teilweise) befriedigt wird.

1.1.1 Sanierungsverfahren

Beim **Sanierungsverfahren** wird dem Schuldner mithilfe eines gesetzlich geregelten Verfahrens ein Teil seiner Schulden nachgelassen.

Ziele eines Sanierungsverfahrens sind:
- Sanierung des Unternehmens
- Bewahrung des Unternehmens vor der Liquidation
- Sicherung von Arbeitsplätzen

Beispiel: Eine Quote von 20 % bedeutet, dass 20 % der Schulden bezahlt werden müssen und 80 % der Schulden erlassen werden.

Quote = Anteil.

Die Insolvenzordnung sieht in Bezug auf den Sanierungsplan zwei Varianten vor:

Sanierungsverfahren MIT Eigenverwaltung	Sanierungsverfahren OHNE Eigenverwaltung
Sanierungsplan	**Sanierungsplan**
Quote mindestens 30 % innerhalb von 2 Jahren	Quote mindestens 20 % innerhalb von 2 Jahren
Zustimmung durch Gläubigermehrheit	
Unternehmer behält Eigenverwaltung Überwachung durch Sanierungsverwalter	Insolvenzverwalter führt die Geschäfte

Bei ERFOLG	Bei SCHEITERN
■ Weiterbestand des Unternehmens ■ Löschung in Insolvenzdatei ■ Restschuld wird erlassen	Eröffnung des Konkursverfahrens

Sanierungsverfahren mit Eigenverwaltung

Voraussetzungen

- Vorlage eines detaillierten **Sanierungsplans** und weiterer **Unterlagen,** wie genaues Vermögensverzeichnis und aktuelle und vollständige Übersicht über den Vermögens- und Schuldenstand.
- Im Sanierungsplan muss den Gläubigern eine Quote von mindestens **30 Prozent** zahlbar innerhalb von zwei Jahren angeboten werden, wobei diese Quote ganz oder teilweise auch durch Dritte aufgebracht werden kann.
- Die Mehrheit der Gläubiger muss dem Sanierungsplan innerhalb von 90 Tagen nach der Eröffnung des Verfahrens zustimmen.
- Der Sanierungsplan muss durch das Insolvenzgericht bestätigt werden.

Sind die Voraussetzungen erfüllt, ist der Schuldner befugt, sein Unternehmen unter **Aufsicht** eines vom Gericht bestellten Sanierungsverwalters **selbst weiterzuführen.**

Sanierungsverfahren ohne Eigenverwaltung

Voraussetzungen

- Den Gläubigern muss eine Quote von 20 Prozent zahlbar innerhalb von zwei Jahren angeboten werden.
- Wie beim Sanierungsverfahren mit Eigenverwaltung muss die Mehrheit der Gläubiger dem Sanierungsplan zustimmen und dieser muss vom Insolvenzgericht bestätigt werden.

Der vom Gericht bestellte **Insolvenzverwalter** führt die Geschäfte, bis der Sanierungsplan erfüllt ist.

> **⚠ Außergerichtlicher (stiller) Ausgleich**
> Dieser ist jederzeit möglich, erfordert aber die Zustimmung jedes einzelnen Gläubigers.

> 💡 Bei Verzug mit einer Quote kommt es nach qualifizierter Mahnung zu einem teilweisen Wiederaufleben der Forderung.
> Die Bürgen und sonstigen Mitschuldner haften den Gläubigern weiterhin in voller Höhe. Sie haben ein **Rückgriffsrecht** gegenüber dem Schuldner nur im Ausmaß der Quote.

> **Aha!**
> Nach Erfüllung des Sanierungsplanes ist eine **Löschung des Insolvenzeintrages** aus der Insolvenzdatei und dem Firmenbuch möglich, um nicht im Geschäftsverkehr durch Bekanntmachung eines früheren Insolvenzverfahrens beeinträchtigt zu sein.

1.1.2 Konkursverfahren

Eine Insolvenz wird dann als Konkursverfahren abgewickelt, wenn
- vor der Eröffnung **kein Sanierungsplan** vorgelegt wird
- oder die **Sanierung scheitert,** z. B. weil der Sanierungsplan von den Gläubigern oder dem Gericht nicht angenommen wurde.

Im Konkursverfahren wird vom Gericht ein **Masseverwalter** bestellt. Dieser verwaltet und verwertet das zur Konkursmasse gehörende Vermögen. Er entscheidet auch, ob das Unternehmen fortgeführt wird oder nicht.

> 💡 Im Konkursverfahren wird das Vermögen des Unternehmens verwertet und unter den Gläubigern aufgeteilt.

> **Aha!**
> Im Sanierungsverfahren heißt der Insolvenzverwalter (Rechtsanwälte/-anwältinnen) **Sanierungsverwalter** und im Konkursverfahren **Masseverwalter.** Er wird vom Konkursgericht aus einer vom Oberlandesgericht Linz geführten Datenbank) bestellt.

> ⚠ Die Gläubiger haben ihre Forderungen beim Konkursgericht innerhalb einer bestimmten Frist anzumelden. Meldet ein Gläubiger die Forderung zu spät an, kann sie nicht mehr berücksichtigt werden.

Ablauf des Konkursverfahrens

1. Prüfung durch Masseverwalter, ob eine Fortführung des Unternehmens sinnvoll ist

2. Schuldner kann binnen 14 Tagen einen **Sanierungsplan** vorlegen, die Mindestquote beträgt 20 Prozent, zahlbar binnen eines Jahres.

3. Sanierungsplan wird angenommen

Ja ✓	Nein ✗
Sanierungsplan wird unter Leitung des Insolvenzverwalters durchgeführt	Der Insolvenzverwalter versucht das Unternehmen möglichst als Ganzes oder zumindest teilweise zu verkaufen. Findet sich kein Käufer, ist das Unternehmen zu liquidieren.

- Die Erlöse werden unter den Gläubigern aufgeteilt. Die Konkursquote ist i.d.R. sehr niedrig, zumeist liegt sie bei 5 Prozent.
- Die Restschuld bleibt bestehen.
- Der Schuldner haftet 30 Jahre für die Restschuld.
- Kann man dem Schuldner bei Gericht Krida nachweisen, so muss er mit strafrechtlichen Folgen rechnen.

Krida (lat.) = betrügerische oder grob fahrlässige Handlungen, die zur Zahlungsunfähigkeit bzw. zur Beeinträchtigung von Gläubigerinteressen führen.

💡 Die **IEF-Service GmbH** (www.insolvenzentgelt.at) ist die zuständige staatliche Sicherung der Existenz bei Insolvenz des Arbeitgebers. Sie bietet Beratung und Information zu den Ansprüchen und zum Verfahren und bearbeitet Anträge auf Insolvenz Entgelt.

Die rechtliche Position von Arbeitnehmern in der Insolvenz des Arbeitgebers

- Offene Forderungen aus dem Arbeitsverhältnis sind bei Arbeitgeberinsolvenz durch den Insolvenz-Entgelt-Fonds (IEF) gesichert. Die Arbeitnehmer/innen können ihre Ansprüche im Insolvenzverfahren anmelden und bei der IEF-Service GmbH Insolvenzentgelt beantragen.
- Durch die Insolvenzeröffnung werden Arbeitsverhältnisse nicht beendet. Nach der Insolvenzeröffnung bestehen aber, neben den arbeitsrechtlichen Auflösungsmöglichkeiten, besondere insolvenzspezifische Beendigungsarten für den Fall der Unternehmensschließung.

Aufgabenstellung – „Insolvenzverfahren"

- Herr Huber hat sich vor vier Jahren selbstständig gemacht. Anfangs lief sein Unternehmen, das sich auf die Herstellung von Schwebekörper-Durchflussmessgeräten spezialisiert hat, sehr gut. Im dritten Jahr blieben die Aufträge aus. Nun erklärte ihm seine Steuerberaterin, dass seine Firma insolvent sei.

    a) Erklären Sie den Begriff „insolvent".

    b) Beschreiben Sie kurz, was Herrn Huber erwartet, wenn er einen Insolvenzantrag stellt und es zu einem Sanierungsverfahren oder einem Konkursverfahren kommt.

    c) Erläutern Sie, was passiert, wenn ein Gläubiger von Herrn Huber im Konkursverfahren seine Forderungen zu spät anmeldet.

    d) Legen Sie dar, wann ein Insolvenzverfahren als abgeschlossen gilt.

2 Schuldenregulierungsverfahren (Privatkonkurs)

Der 25-jährige Michael kauft gerne ein, mit seiner Visa-Karte, der Bankomatkarte oder einfach auf Raten. Als ihn seine Bank benachrichtigt, dass sein Kreditrahmen erschöpft ist und der Reihe nach Mahnungen ins Haus flattern, wird es eng. Gemeinsam mit einem Schuldnerberater verschafft er sich einen Überblick über seine finanzielle Lage. Seine Verbindlichkeiten betragen 18.000,00 EUR. Michael verliert nun auch noch seinen gut bezahlten Arbeitsplatz und sieht in einem Privatkonkurs die einzige Möglichkeit, wieder „Fuß zu fassen".

💬 Diskutieren Sie, ob Michael die Voraussetzungen für einen Privatkonkurs erfüllt.

750 000 Österreicher sind völlig überschuldet

Renate Müller (Name geändert) war Sozialarbeiterin, sie unterstützte also andere Menschen dabei, ihr Leben in den Griff zu bekommen. Als sie bei der Bank mit 60.000 Euro in der Kreide stand, konnte sie ihr eigenes Leben nicht mehr bewältigen.

Die 70-Jährige ging in den Privatkonkurs. Sie verpflichtete sich, binnen vier Jahren 50 Prozent ihrer Schulden zurückzuzahlen, damit ihr der Rest erlassen wird. Fortan wurden ihr im Monat 700 Euro abgezogen, 1.100 Euro blieben für den Unterhalt.

Immer mehr Menschen gehen in den Privatkonkurs, 2015 waren es schon 8 851 (vor zehn Jahren waren es 5 351). Dabei müssten es doppelt so viele sein, glaubt der Schuldnerberater Alexander Maly: „Viele lassen sich von den Bedingungen abschrecken und tauchen in der Schattenwirtschaft unter."

www.kurier.at, 11. Juli 2016 (Auszug)

Um Privatpersonen wie Frau Müller und gescheiterten Selbstständigen, die wenig oder nichts mehr besitzen, einen wirtschaftlichen Neustart unter menschenwürdigen Bedingungen zu ermöglichen, wurde mit Juni 2017 eine Novellierung des Privatkonkurses im Nationalrat beschlossen.

💡 Nicht nur die betroffenen Menschen und ihre Angehörigen, sondern auch Arbeitgeber, Gläubiger und die Volkswirtschaft profitieren, wenn verschuldete Menschen möglichst rasch neu durchstarten können, ihr Lohn nicht mehr gepfändet wird und sie als Konsumentinnen und Konsumenten wieder aktiv am Leben teilnehmen können.

Was sind die Voraussetzungen für einen Privatkonkurs?

Rechtliche Voraussetzungen, um das Schuldenregulierungsverfahren beim zuständigen **Bezirksgericht** beantragen zu können:

Der Schuldner/Die Schuldnerin muss
- zahlungsunfähig sein;
- ohne schuldhaftes Zögern spätestens 60 Tage nach Eintritt der Zahlungsunfähigkeit das Schuldenregulierungsverfahren beantragen;
- seine/ihre Vermögensverhältnisse offenlegen;
- nachweisen, dass die Kosten des Verfahrens innerhalb von drei Jahren gezahlt werden können;
- eine stabile Lebenssituation (Wohnung und regelmäßiges Einkommen) haben und für die Dauer des Schuldenregulierungsverfahrens vom **Existenzminimum** leben können;
- ein Zahlungsangebot anbieten, das seiner/ihrer wirtschaftlichen Lage entspricht.

Außerdem darf der Schuldner/die Schuldnerin während der Dauer des Verfahrens keine neuen Schulden machen.

Existenzminimum = jener Betrag, der dem Arbeitnehmer/der Arbeitnehmerin trotz Pfändung als unpfändbarer Bezug verbleibt. Zur Berechnung des Existenzminimums gibt es Lohnpfändungstabellen.

IV Rechtsdurchsetzung

Ursachen für hohe Schulden sind vielfältig: geringes Einkommen, Arbeitslosigkeit, Kaufsucht etc.

Zinsenstopp = Ab dem Zeitpunkt der Konkurseröffnung dürfen von Gläubigern keine zusätzlichen Zinsen mehr gefordert werden. Scheitert der Privatkonkurs, leben diese Zinsen rückwirkend wieder auf.

Angebot zum Zahlungsplan ist nicht notwendig, wenn das Einkommen unter oder nur geringfügig über dem Existenzminimum liegt.

Vermögensverwertung: Sämtliches Vermögen wird aufgelöst und zur Abdeckung der Schulden verwendet (Sparbuch, Bausparvertrag, Wertgegenstände, Auto, Grundbesitz, Haus usw.).

 Hilfreiche Links:
www.help.gv.at
www.konsument.at
www.arbeiterkammer.at
www.schuldenberatung.at
www.privatkonkurs.at
www.schuldnerhilfe.at
www.konsumentenfragen.at
www.ksv.at
www.klartext.at

Außergerichtlicher Ausgleich

Hier kann versucht werden, durch **Vereinbarungen** mit allen Gläubigern eine Entschuldung herbeizuführen. Gelingt der außergerichtliche Ausgleich, verzichten die Gläubiger auf einen Teil der offenen Forderungen. Werden die sogenannten Abschlagszahlungen dann pünktlich bezahlt, **erlöschen die Restschulden.**

Vorteile des außergerichtlichen Ausgleichs
- Es fallen (noch) keine Verfahrenskosten an, da in diesem Schritt noch kein Gericht beigezogen wird.
- Die Gläubiger erhalten die vereinbarten Zahlungen zur Gänze und je nach Vereinbarung unter Umständen auch viel schneller, als dies bei einem gerichtlichen Verfahren der Fall wäre.

Bei einer großen Zahl von Gläubigern oder hohen Schulden bei Schuldnern mit geringem Einkommen gelingt der außergerichtliche Ausgleich meistens nicht.

Ablauf des Privatkonkursverfahrens/Schuldenregulierungsverfahrens

Insolvenzeröffnung
- Beim Bezirksgericht (auf Antrag des Schuldners/der Schuldnerin)
- Veröffentlichung (Insolvenzdatei im Internet)
- Arbeitgeber, die Gläubiger und die kontoführende Bank werden direkt vom Gericht von der Konkurseröffnung verständigt
- **Zinsenstopp,** Stopp bisheriger Exekutionen

Zahlungsplan
- Mindestangebot an die Gläubiger (meistens pfändbarer Teil des Einkommens für die nächsten 5 Jahre)
- Zahlungsfrist bis zu 7 Jahren
- Der Schuldner leistet die Zahlungen selbstständig an die Gläubiger

Gläubigermehrheit lehnt ab

Abschöpfungsverfahren (auf Antrag des Schuldners)
- Vermögensverwertung
- Pfändung auf das Existenzminimum für die nächsten 5 Jahre
- Keine Mindestquote

Gläubigermehrheit stimmt zu

Nach spätestens 7 Jahren erfolgt eine ...

RESTSCHULDBEFREIUNG

Aha!

Staatlich anerkannte **Schuldnerberatungsstellen** unterstützen professionell, vertraulich und kostenlos die Schuldner bei ihren außergerichtlichen und gerichtlichen Bemühungen und vertreten die Betroffenen im Schuldenregulierungsverfahren beim **Bezirksgericht.**

Insolvenzrecht

Aufgabenstellung – „Privatkonkurs"

- Lesen Sie den Zeitungstext:
  a) Was kritisiert Hans-Georg Kantner?
  b) Führen Sie die Gründe an, warum Kantner eine bevorzugte Schuldenregulierung für Unternehmen befürworten würde.
  c) Teilen Sie die Klasse in Befürworter und Gegner des neuen Insolvenzrechts. Diskutieren Sie, ob Privatpersonen zu leicht entschuldet werden können.

KSV-Experte Kantner kritisiert die Regierungspläne: Die Abschaffung der Quote verursache volkswirtschaftlichen Schaden.

Am Donnerstag trifft sich erstmals die Insolvenzrechtsreformkommission. Da dürften gleich die Fetzen fliegen. Denn die Pläne der Regierung, im Privatkonkursverfahren die bisherige Quote von zehn Prozent abzuschaffen und die Frist im Abschöpfungsverfahren von sieben auf drei Jahre zu verkürzen, stoßen nicht nur auf Gegenliebe.

Hans-Georg Kantner, Insolvenzexperte des Kreditschutzverbandes von 1870 (KSV), übt scharfe Kritik. Die Änderung würde nicht einen Menschen mehr dazu bringen, Privatkonkurs anzumelden, sagte er am Dienstag im Klub der Wirtschaftspublizisten. Derzeit fließen den Banken jährlich 750 bis 780 Mio. Euro zurück. Ohne Mindestquote würde es kaum Zahlungspläne, kaum Quoten und damit auch kaum Rückflüsse mehr geben. „Damit wäre der volkswirtschaftliche Schaden noch größer und Kredite würden sich um etwa einen Viertel Prozentpunkt verteuern."

Kantner verweist auf Deutschland: Während hierzulande 73 Prozent der Schuldner den Zahlungsplan mit einer Quote von zwölf bis 15 Prozent erreichen, sind es in Deutschland nur zwei Prozent. Gezahlt wird so gut wie nichts. „Die Quote ist der Schlüssel zum Erfolg, sie animiert Schuldner, sich anzustrengen."

Gut findet Kantner, dass die Regierung das Scheitern „entstigmatisieren" will, sodass ein Unternehmer eine zweite Chance bekomme. Dafür jedoch das gesamte Privatkonkursrecht zu kippen, sei aus genannten Gründen falsch. Zumal der Wegfall der Mindestquote an der Zahl der 150 000 Österreicher, die überschuldet und zahlungsunfähig sind, nichts ändern würde. „Ein Privatkonkursverfahren setzt regelmäßiges Einkommen voraus, das haben die meist nicht."

Sinn würde eine bevorzugte Schuldenregulierung jedoch für gescheiterte Unternehmer machen, sagte Kantner. Das sind nicht so wenige: Ein Drittel der rund 8 000 Privatkonkurse (2016) entfällt auf ehemalige Unternehmer und die Hälfte der Unternehmensinsolvenzen, rund 2 600, betrafen Einzelunternehmer.

„Gründern muss man allen Mut machen, um es wieder zu probieren", betonte Kantner. Je mehr Gründungen, desto mehr Erfolge, aber auch Misserfolge werde es geben. Je weniger es Angst vor dem Scheitern gebe, desto früher werde ein Unternehmer zum Konkursrichter gehen und desto höher werde die Quote ausfallen. Zumal die Erfahrungen zeigten, dass Gründer beim zweiten Mal erfolgreicher seien, die Firma schneller wachsen und mehr Arbeitsplätze geschaffen würden.

www.diepresse.com, 21. Februar 2017

Wissensfragen – „Insolvenzrecht"

1. Unter welchen Voraussetzungen kann bzw. muss ein gerichtliches Insolvenzverfahren beantragt werden?
2. Bei welchem Gericht wird das Insolvenzverfahren beantragt?
3. Erklären Sie, was die Ediktsdatei ist.
4. Zeigen Sie die wesentlichen Unterschiede zwischen Sanierungsverfahren mit oder ohne Eigenverwaltung auf.
5. Geben Sie einen Überblick über den Ablauf eines Konkursverfahrens.
6. Geben Sie einen Überblick über den Ablauf eines Schuldenregulierungsverfahrens.
7. Erklären Sie kurz folgende Begriffe: Insolvenz, Sanierungsplan, Zahlungsplan, Abschöpfungsverfahren.
8. Erklären Sie die rechtliche Position von Arbeitnehmer/innen und Arbeitnehmern bei Insolvenz ihres Arbeitgebers.

IV Rechtsdurchsetzung

Ziele erreicht? – „Insolvenzrecht"

1. Herr Brandstätter stellt beim Bezirksgericht einen Antrag zur Eröffnung des Schuldenregulierungsverfahrens. Welche Voraussetzungen hat er dabei zu erfüllen? Kreuzen Sie an.

Folgende rechtliche Voraussetzungen sind beim Schuldenregulierungsverfahren zu erfüllen: Der Schuldner muss	Richtig	Falsch
zahlungsunfähig sein;		
versucht haben, seine Schulden durch ein gerichtliches Verfahren zu regulieren;		
ohne schuldhaftes Zögern spätestens 5 Tage nach Eintritt der Zahlungsunfähigkeit das Schuldenregulierungsverfahren beantragen;		
ein Vermögensverzeichnis vorlegen;		
nachweisen, dass die Kosten des Verfahrens innerhalb von drei Jahren gezahlt werden können;		
eine stabile Lebenssituation (Wohnung und regelmäßiges Einkommen) haben und für die Dauer des Schuldenregulierungsverfahrens vom Existenzminimum leben können;		
ein Zahlungsangebot vorlegen, das weiterhin ein luxuriöses Leben ermöglicht.		
Sobald das Verfahren angelaufen ist, darf der Schuldner neue Schulden machen.		

2. Der Sanierungsvorschlag lautet: 15 % der Forderungen werden binnen sechs Monaten beglichen. Hat dieser Vorschlag Chancen, angenommen zu werden? Wenn nein, was würden Sie dem Schuldner raten?

3. Der Schuldner im Sanierungsverfahren hat drei Gläubiger mit folgenden Forderungen:
   A: 10.000,00 EUR   B: 30.000 EUR   C: 5.000 EUR
   A und C stimmen für den Sanierungsplan, B dagegen. Ist der Sanierungsplan damit angenommen? Begründen Sie Ihr Ergebnis.

4. Vervollständigen Sie die Tabelle:

	Mindestquote	Kann beantragt werden von ...	Zuständiges Gericht	Restschuld bleibt: ja/nein
Konkurs				
Sanierungsverfahren mit Eigenverwaltung				
Sanierungsverfahren ohne Eigenverwaltung				
Zahlungsplanverfahren				
Abschöpfungsverfahren				

5. Ihre Freundin Sarah hat völlig den Überblick über ihre Schulden verloren und will das nicht wahrhaben.
   a) Legen Sie dar, was Sarah ihren Gläubigern anbieten könnte, wenn sie sich nur für kurze Zeit in einer finanziell angespannten Lage befindet.
   b) Erklären Sie, wie sie sich absichern kann, um eine seriöse und professionelle Schuldenberatung zu bekommen.
   c) Beschreiben Sie den Ablauf eines möglichen Privatkonkurses. Zeigen Sie auf, welche Rechtswirkungen die Eröffnung des Schuldenregulierungsverfahrens nach sich zieht.
   d) Stellen Sie einander gegenüber, worin sich Sanierungsplan und Zahlungsplan beim Privatkonkurs unterscheiden.
   e) Analysieren Sie, unter welchen Voraussetzungen es beim Abschöpfungsverfahren zur Restschuldbefreiung kommt.

V Bearbeitung und Lösung alltäglicher Rechtsprobleme

Das Privatrecht – auch Zivilrecht oder Bürgerliches Recht genannt – regelt durch Gesetze die rechtlichen Beziehungen einzelner Bürgerinnen und Bürger zueinander. Es ist jener Teil des Rechts, der es uns erlaubt, selbst zu entscheiden, ob wir mit anderen in rechtliche Beziehung treten oder nicht. Jede/r von uns kann z. B. selbst entscheiden, ob er/sie heiraten will. Es steht uns frei, mit anderen Personen Geschäfte abzuschließen oder nicht.

Im Gegensatz zum öffentlichen Recht stehen einander die Beteiligten gleichberechtigt gegenüber. Das Privatrecht ist weitgehend im **Allgemeinen Bürgerlichen Gesetzbuch** (ABGB) geregelt.

- **Personenrecht** .... Seite 208
- **Familienrecht** .... Seite 216
- **Erbrecht** .... Seite 231
- **Sachenrecht** .... Seite 243
- **Schuldrecht** .... Seite 257
- **Konsumentenschutzrecht** .... Seite 275
- **Wohn- und Mietrecht** .... Seite 285
- **Recht im Internet** .... Seite 293

Personenrecht

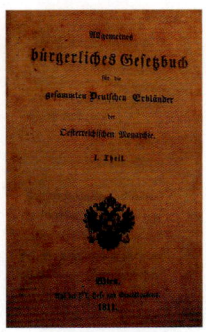

„Allgemeines bürgerliches Gesetzbuch für die gesammten Deutschen Erbländer der Oesterreichischen Monarchie, Anlage zum kaiserlichen Patent vom 1ten Junius 1811"

Das **ABGB** ist die 1812 in Kraft getretene und auch heute noch geltende wichtigste Rechtsquelle des Privatrechts in Österreich und ist auch das älteste gültige Gesetzbuch des deutschsprachigen Rechtsraumes.

Wer darf am Rechtsleben teilnehmen? Wie kann man am Rechtsleben teilnehmen? Wie erhält man Rechte, wie erwirbt man Pflichten gegenüber anderen? Mit solchen Fragestellungen beschäftigt sich das Personenrecht.

 Meine Ziele

Nach Bearbeitung dieses Kapitels kann ich
- den Unterschied zwischen natürlicher und juristischer Person erklären;
- Rechts- und Handlungsfähigkeit nach Altersstufen anhand konkreter Beispiele unterscheiden;
- die gesetzliche Vertretung von Kindern durch ihre Eltern darstellen.

Personenrecht

1 Unterscheidung natürliche Person – juristische Person

Im Personenrecht wird zuerst geklärt, wer vom Gesetz her eigentlich eine Person ist. Das Personenrecht regelt weiters, ab wann und unter welchen Voraussetzungen eine Person rechtsfähig und handlungsfähig ist.

Man unterscheidet

Natürliche Personen	Juristische Personen

Jede natürliche Person (Mensch) ist ein **Rechtssubjekt** und Träger von Rechten und Pflichten.	**Juristische Personen** sind vom Recht geschaffene, künstliche Gebilde. Sie sind mit Einschränkungen genauso rechtsfähig wie natürliche Personen.

💡 **Sachen** werden als **Rechtsobjekte** bezeichnet, weil sie keine Träger von Rechten und Pflichten sein können.

Beispiele für juristische Personen: GmbH, AG, Fußballverein

2 Natürliche Person

> Der 15-jährige Lehrling Peter hat seinen Moped-Führerschein gemacht. Stolz holt er ihn ab und schaut gleich beim nahen Händler vorbei, wo er schon einen tollen Motorroller für sich ausgemacht hat. Er schließt einen Kaufvertrag über das Moped, das 1.900,00 EUR kostet, ab. Zuhause erzählt er stolz seiner Mutter davon. Diese ist entsetzt, weil Peter mit seiner Lehrlingsentschädigung von 480,00 EUR monatlich gar nicht in der Lage ist, den hohen Preis zu bezahlen. Sie fordert ihn auf, den Kauf rückgängig zu machen.

💬 Kann Peter den Kauf des Mopeds rückgängig machen? Diskutieren Sie in der Klasse darüber.

Natürliche Personen wurden von der Rechtsordnung mit verschiedenen Fähigkeiten ausgestattet.

Man unterscheidet

Rechtsfähigkeit	Handlungsfähigkeit
■ Ist die Fähigkeit, **als Person** Rechte haben zu können. ■ Ist unabhängig vom Alter und vom Geisteszustand.	■ Ist die Fähigkeit, **durch eigenes Handeln** Rechte und Pflichten zu erwerben. Man unterscheidet ▶ **Geschäftsfähigkeit** und ▶ **Deliktsfähigkeit.** ■ Ist abhängig vom Alter und vom Geisteszustand.

💡 Die **Deliktsfähigkeit** im **Zivilrecht** regelt nur die Pflicht zum Schadenersatz. Ab dem vollendeten 14. Lebensjahr ist man schadenersatzpflichtig. Unter 14-Jährige können zu Schadenersatz verurteilt werden, wenn sie reif genug sind. Auch wenn dies nicht der Fall ist, dann das Gericht aus Billigkeitsgründen (d. h. aus Gründen der Gerechtigkeit) unter 14-Jährige zu Schadenersatz verurteilen.

2.1 Rechtsfähigkeit

2.1.1 Beginn der Rechtsfähigkeit

- **Eingeschränkte Rechtsfähigkeit** hat bereits das **ungeborene Kind** im Mutterleib. Kommt es lebend auf die Welt, kann es erben oder auch Schadenersatzansprüche geltend machen.

> **Beispiel**
> Der Kindesvater stirbt während der Schwangerschaft seiner Frau. Nach der Geburt beerbt dieses Kind seinen Vater, den es nie kennengelernt hat.

- Die **uneingeschränkte Rechtsfähigkeit** beginnt mit der **Lebendgeburt.**

> **Beispiel**
> In den 1950er- und 1960er-Jahren verursachte ein Schlaf- und Beruhigungsmittel, das schwangeren Frauen verschrieben wurde, Missbildungen und Organschäden bei ihren ungeborenen Kindern. Die geschädigten Kinder erwarben noch vor ihrer Geburt das Recht auf Schadenersatz.

Das Standesamt muss jede Geburt registrieren und eine **Geburtsurkunde** ausstellen.

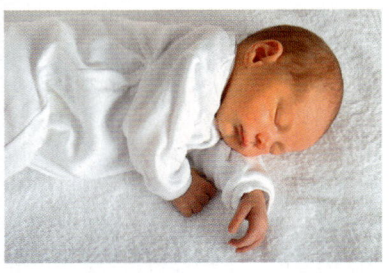

Schon das Neugeborene hat Rechte, kann z. B. Erbe sein.
Vor der Geburt spricht man vom **„Nasciturus"** (lat.: der geboren werden wird): Das werdende Leben kann eben Erb- und Schadenersatzansprüche bereits im Mutterleib erwerben. Durchsetzbar sind diese Ansprüche aber nur nach erfolgter Lebendgeburt.

2.1.2 Ende der Rechtsfähigkeit

- Die Rechtsfähigkeit des Menschen endet mit dem **Tod.**
- Der Tod wird im **Sterbebuch** des Standesamtes eingetragen,
- den Hinterbliebenen wird eine **Sterbeurkunde** ausgestellt.

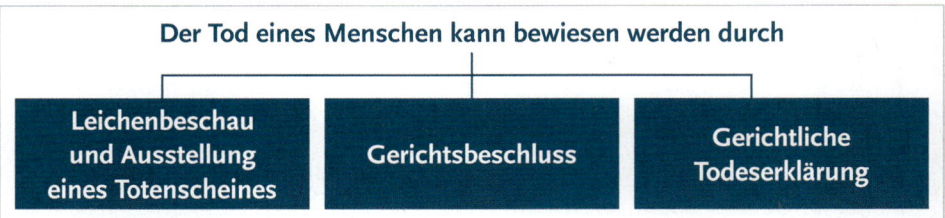

Der Tod eines Menschen kann bewiesen werden durch: Leichenbeschau und Ausstellung eines Totenscheines | Gerichtsbeschluss | Gerichtliche Todeserklärung

💬 Wie wirkt sich der Tod eines Menschen auf Rechte und Pflichten anderer Menschen aus? Warum ist es wichtig, den Tod festzustellen?

Gerichtsbeschluss

Die Todeserklärung durch Gerichtsbeschluss erfolgt dann, wenn das Gericht vom Tod eines Menschen überzeugt ist, ohne dass eine Totenbeschau möglich ist.

> **Beispiel**
> Walter Mayer fällt 1 000 Seemeilen vor der Küste vom Kreuzfahrtschiff und geht nach einstündigem Ringen vor den Augen der Mitreisenden unter. Nach Einvernahme der Mitreisenden als Zeugen ist das Gericht vom Tod Walter Mayers überzeugt.

Nicht immer können Verstorbene auf dem Friedhof ihre letzte Ruhestätte finden.

Gerichtliche Todeserklärung

Bei den meisten Todesfällen werden sich die Tatsache des Todes und der Zeitpunkt relativ leicht feststellen lassen. Was passiert aber in anderen Fällen, wie bei einem Flugzeugabsturz oder im Krieg? Da aus vielerlei Gründen (Witwer-/Witwenrente, Erbrecht, Lebensversicherung) auch bei solchen Ereignissen ein Bedürfnis für die Feststellung eines Todesfalls und einer Todeszeit besteht, kann die gerichtliche Todeserklärung beantragt werden. Hauptvoraussetzung dafür ist die **Verschollenheit einer Person.**

⚠️ Kann nicht bewiesen werden, dass von mehreren Personen oder für tot Erklärten der eine den anderen überlebt hat, so wird vermutet, dass sie gleichzeitig gestorben sind. Das hat insbesondere erbrechtliche Auswirkungen im Familienkreis.

Personenrecht

Von Verschollenheit spricht man, wenn
- der Aufenthaltsort einer Person längere Zeit unbekannt ist,
- es keine Nachricht darüber gibt, ob die Person noch lebt,
- berechtigte Zweifel am Überleben der Person bestehen und außerdem
- bestimmte Fristen vergangen sind.

Fristen für allgemeine Verschollenheit
- Zehn Jahre nach dem letzten Lebenszeichen
- Bei über 80-Jährigen schon nach fünf Jahren
- Unter 25-Jährige können wegen allgemeiner Verschollenheit nicht für tot erklärt werden.

Nach einer Naturkatastrophe, wie z. B. einem Tsunami, bestehen berechtigte Zweifel am Überleben einer Person.

Aha!
Neben der **allgemeinen Verschollenheit** gibt es noch die **Kriegs-, die See-** und die **Luftverschollenheit** sowie die **besondere Gefahrenverschollenheit.** Für sie gelten andere Fristen. Nach einem Flugzeugunglück z. B. kann man nach drei Monaten für tot erklärt werden.

Das **Bezirksgericht** führt das **Todeserklärungsverfahren** durch. Es beginnt immer mit einer Aufforderung an den Verschollenen bzw. die Verschollene im Internet, sich zu melden (www.edikte.justiz.gv.at).

2.2 Handlungsfähigkeit

- Als Handlungsfähigkeit bezeichnet man die Fähigkeit, durch **eigenes Verhalten Rechte und Pflichten zu begründen.**
- Die Handlungsfähigkeit hängt vom **Alter** und vom **Geisteszustand** ab.

💡 Je älter und reifer man wird, desto eher ist man in der Lage, die juristischen und wirtschaftlichen Gefahren seiner Handlungen zu verstehen.

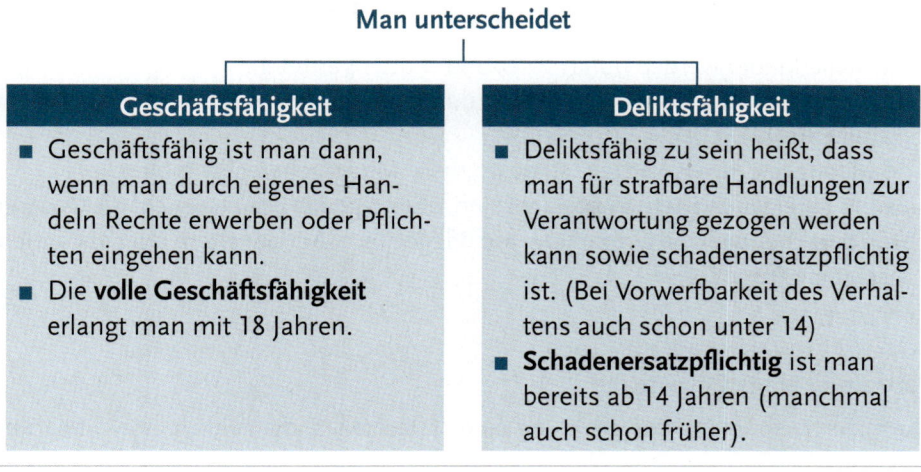

Man unterscheidet

Geschäftsfähigkeit
- Geschäftsfähig ist man dann, wenn man durch eigenes Handeln Rechte erwerben oder Pflichten eingehen kann.
- Die **volle Geschäftsfähigkeit** erlangt man mit 18 Jahren.

Deliktsfähigkeit
- Deliktsfähig zu sein heißt, dass man für strafbare Handlungen zur Verantwortung gezogen werden kann sowie schadenersatzpflichtig ist. (Bei Vorwerfbarkeit des Verhaltens auch schon unter 14)
- **Schadenersatzpflichtig** ist man bereits ab 14 Jahren (manchmal auch schon früher).

Beispiel
Der geistig altersgemäß entwickelte Dreizehneinhalbjährige schlägt vorsätzlich eine Auslagenscheibe ein: Er ist schadenersatzpflichtig.

2.2.1 Geschäftsfähigkeit

Die Handlungsfähigkeit verändert sich mit dem Alter des Menschen. Sinn dieser Regelung ist der Schutz von Jugendlichen, die noch unerfahren sind oder die Folgen einer rechtlich relevanten Erklärung nicht absehen können.

V Bearbeitung und Lösung alltäglicher Rechtsprobleme

Altersstufen und ihre Auswirkungen auf die Handlungsfähigkeit		Beispiele
Unmündige Minderjährige 0.–7. vollendetes Lebensjahr	Sie sind **nicht geschäftsfähig.** Sie dürfen nur altersübliche kleine Geschäfte abschließen, wenn die Bezahlung bar erfolgt (sog. Taschengeldgeschäfte). Darüber hinausgehende Geschäfte sind **unwirksam** (nichtig) und können auch durch die nachträgliche Zustimmung der gesetzlichen Vertreter keine Gültigkeit erlangen.	**Möglich** ■ Eine Fünfjährige kauft sich eine Wurstsemmel. **Unmöglich** ■ Ein Sechsjähriger unterzeichnet den Kaufvertrag für ein Handy.
Unmündig Minderjährige 7.–14. vollendetes Lebensjahr	Sie sind **beschränkt geschäftsfähig.** Sie dürfen Taschengeldgeschäfte abschließen und Schenkungen selbst annehmen, wenn diese nicht mit Belastungen oder Verpflichtungen verbunden sind. Alle anderen Geschäfte sind **schwebend unwirksam**, d. h. vorerst ist jeder Partner an den Vertrag gebunden. Verweigert der gesetzliche Vertreter/die gesetzliche Vertreterin des/der Unmündigen jedoch dieses Geschäft, bleibt der Vertrag endgültig unwirksam.	**Möglich** ■ Ein Zehnjähriger erhält zum Geburtstag 200,00 EUR. ■ Ein Dreizehnjähriger kauft sich von seinem Taschengeld eine CD. **Unmöglich** ■ Einem Zwölfjährigen wird ein Haus geschenkt. Da diese Schenkung mit Belastungen verbunden ist, ist die Schenkung schwebend unwirksam.
Mündig Minderjährige 14.–18. vollendetes Lebensjahr	Sie sind **beschränkt geschäftsfähig.** Sie dürfen grundsätzlich Verträge abschließen und über ihr Einkommen frei verfügen, soweit sie nicht die Befriedigung ihrer Lebensbedürfnisse gefährden. Sie dürfen auch Arbeitsverträge abschließen, ausgenommen sind Lehr- oder Ausbildungsverträge.	**Möglich** ■ Ein sechzehnjähriger Lehrling kauft sich von der Lehrlingsentschädigung ein Fahrrad. **Unmöglich** ■ Ein siebzehnjähriger Lehrling kann keinen Mietvertrag abschließen, da die Miete die Befriedigung der Lebensbedürfnisse gefährdet.
Volljährige 18. Lebensjahr vollendet	Sie sind **voll geschäftsfähig.**	

2.2.2 Gesetzliche Vertretung – wer vertritt Nichtvolljährige?

- **Eheliche** Kinder werden durch Vater und Mutter vertreten.
- Das **uneheliche** Kind wird meistens durch die Mutter vertreten (Details siehe Familienrecht).
- Je wichtiger z. B. ein Vertrag ist, desto mehr Mitspracherechte gibt es.
- Wenn die eigenen **Eltern ungeeignet** sind, überträgt das Bezirksgericht die **Obsorge** von den Eltern auf die Großeltern, auf Pflegeeltern, Adoptiveltern oder auf andere geeignete Personen.

Vertretung eines Elternteiles

Normalerweise reicht die Vertretung eines Elternteiles, die zeitlich erste Erklärung gilt.

Beispiel
Die 13-Jährige Kim kauft sich ein CD-Doppelalbum. Die Mutter genehmigt nachmittags diesen Kaufvertrag, der Vater widerspricht abends heftig. Der Kaufvertrag ist gültig.

Für das Shoppen einer CD reicht die Genehmigung eines Elternteils.

Einigkeit beider Elternteile

ist notwendig bei
- der Änderung von Namen, Religion oder Staatsbürgerschaft,
- der vorzeitigen Auflösung eines Lehr- oder Arbeitsvertrages sowie bei der
- Anerkennung der Vaterschaft eines unehelichen Kindes von unter 18-Jährigen.

Einigkeit beider Eltern + Zustimmung des Pflegschaftsgerichtes

ist notwendig bei allen **Geldangelegenheiten**, die **außergewöhnlich** sind.

Beispiel
Der 17-Jährige David wird bei einem Unfall verletzt und will Schmerzengeld einklagen. Die Zustimmung beider Eltern reicht nicht aus. Bevor die Klage zum Prozessgericht kommt, muss das Pflegschaftsgericht prüfen, ob der Prozess den Minderjährigen gefährden kann (Gerichtskosten, Anwaltskosten, Sachverständigenkosten).

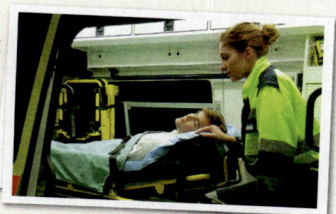

2.2.3 Erwachsenenschutzgesetz

Menschen mit einer geistigen Behinderung oder einer psychischen Krankheit können keine Verträge abschließen. Sie bekommen vom Gericht eine Vertretung zur Seite gestellt.

Die bisherige Sachwalterschaft wurde nun reformiert. Mit 1. Juli 2018 ist das **Erwachsenenschutzgesetz** in Kraft getreten. Dabei sollen die Selbstbestimmung und Autonomie der Betroffenen wesentlich länger aufrechterhalten werden. Das neue Erwachsenenschutzgesetz basiert auf vier Säulen:
- **Vorsorgevollmacht.** Bereits im Vorfeld kann eine Vorsorgevollmacht errichtet und für den Fall der Handlungsunfähigkeit ein Bevollmächtigter beauftragt werden.
- **Gewählte Erwachsenenvertretung.** Soweit der/die Betroffene noch fähig ist, die Bedeutung und Folgen einer Bevollmächtigung in den Grundzügen zu verstehen, kann er eine oder mehrere nahestehende Personen zur Besorgung der Angelegenheiten auswählen.
- **Gesetzliche Erwachsenenvertretung.** Sofern ein/e Betroffene/r selbst keinen Vertreter mehr wählen kann, kann er von einem oder mehreren nächsten Angehörigen (Eltern, Großeltern, volljährige Kinder und Enkelkinder, Geschwister, Nichten und Neffen, Ehegatte oder eingetragener Partner, Lebensgefährte, sofern dieser seit mindestens drei Jahren im gemeinsamen Haushalt lebt) vertreten werden. Die Vertretung soll nach drei Jahren enden. Dem Gericht ist jährlich Bericht zu erstatten.
- **Gerichtlicher Erwachsenenvertreter.** Erst als ultima ratio soll durch das Gericht ein Vertreter bestimmt werden. Dabei ist auf die Wünsche und Bedürfnisse des/der Betroffenen Bedacht zu nehmen. Die Bestellung soll auf drei Jahre befristet werden und nur für die konkret zu erledigende Aufgabe möglich sein.

⚠️ Die Vorsorgevollmacht, die gewählte sowie die gesetzliche Erwachsenenvertretung können vor einem Rechtsanwalt, Notar oder einem Erwachsenenschutzverein errichtet werden. Die Vertretung wird im österreichischen zentralen Vertretungsverzeichnis **(ÖZVV)** eingetragen.

⚠️ Manchmal ist jemand auch nur vorübergehend nicht in der Lage, Verträge abzuschließen (z. B. durch starke Alkoholisierung, höchstgradige Erregung ...).

⚠️ Die Erwachsenenvertretung **beschränkt die Geschäftsfähigkeit** der betroffenen Person.

Menschen mit einer geistigen Behinderung bekommen vom Gericht eine gesetzliche Vertretung zur Seite gestellt.

V Bearbeitung und Lösung alltäglicher Rechtsprobleme

4 SÄULEN DES ERWACHSENENSCHUTZGESETZES

VORSORGEVOLLMACHT (bestehende Alternative)
- kann für **einzelne Angelegenheiten** oder **Kreise von Angelegenheiten** erteilt werden
- schriftlich vor **Notar, Rechtsanwalt** oder **Erwachsenenschutzverein**
- **keine laufende Kontrolle** aber gerichtliche Genehmigung bei gewissen Angelegenheiten

GEWÄHLTE ERWACHSENENVERTRETUNG (neu)
- kann **einzelne Angelegenheiten** oder **Kreise von Angelegenheiten** in **bestimmten Bereichen** betreffen
- kann vom **Einvernehmen mit der vertretenen Person** abhängig gemacht werden, auf **Einsichts- und Auskunftsrechte** beschränkbar
- **Vertretung vor Gericht** mitumfasst (soweit nicht anders vereinbart)
- schriftlich vor **Notar, Rechtsanwalt** oder **Erwachsenenschutzverein**
- jährlich **Lebenssituationsbericht** und Darstellung des Vermögensstandes

GESETZLICHE ERWACHSENENVERTRETUNG (ausgebaut)
- kann **einzelne Angelegenheiten** oder **Kreise von Angelegenheiten** in **bestimmten Bereichen** betreffen
- **Vertretung vor Gericht** immer mitumfasst
- Eintragung ins ÖZVV durch **Notar, Rechtsanwalt** oder **Erwachsenenschutzverein**
- jährlich **Lebenssituationsbericht** und Darstellung des Vermögensstandes

GERICHTLICHE ERWACHSENENVERTRETUNG (bisherige Sachwalterschaft)
- darf nur für **einzelne oder mehrere gegenwärtig zu besorgende** und **bestimmt zu bezeichnende Angelegenheiten** bestellt werden
- **gerichtliche Bestellung**
- jährlich **Lebenssituationsbericht** und **Rechnungslegung**

Quelle: www.diakonie.at

Eine juristische Person braucht Menschen, die für sie handeln.

Vertretungsbefugte Organe
- Geschäftsführer/in (GmbH)
- Vorstand (AG)
- Vorstand (Genossenschaft)
- Vorstand (Verein)

3 Juristische Person

Rechtsfähigkeit

- Eine **juristische Person** ist genauso wie ein Mensch (natürliche Person) **rechtsfähig.** Es gibt aber Einschränkungen: Eine GmbH oder ein Verein können z. B. nicht heiraten.
- Schädigt eine juristische Person einen anderen, muss sie Schadenersatz zahlen.
- Ab wann eine juristische Person rechtsfähig ist, ist unterschiedlich geregelt. Eine GmbH ist z. B. mit der Eintragung im Firmenbuch rechtsfähig.

Handlungsfähigkeit

Eine juristische Person braucht natürliche Personen, Menschen, die für sie handeln. Diese Menschen heißen dann **vertretungsbefugte Organe.**

 Wissensfragen – „Personenrecht"

1. Erklären Sie den Unterschied zwischen natürlicher und juristischer Person.
2. Definieren Sie die Begriffe „Rechtsfähigkeit", „Handlungsfähigkeit" und „Deliktsfähigkeit".
3. Wann beginnt die Rechtsfähigkeit eines Menschen und wann endet sie?
4. Nennen Sie die drei Möglichkeiten, wie der Tod eines Menschen bewiesen werden kann.
5. Wer vertritt Nichtvolljährige?
6. Beschreiben Sie das Erwachsenenschutzgesetz. Auf welchen Säulen beruht es?

Ziele erreicht? – „Personenrecht"

1. Welche Aussagen über die eine normal begabte jugendliche Person von 15 Jahren sind richtig?
   - [ ] Sie ist nicht rechtsfähig.
   - [ ] Sie ist handlungsfähig.
   - [ ] Sie ist beschränkt handlungsfähig.
   - [ ] Sie ist rechtsfähig.
   - [ ] Sie ist nicht handlungsfähig.

2. Ein zweijähriges Kleinkind erbt von einem Onkel in Amerika ein Millionenvermögen. Ist das Kind erbfähig aufgrund
   - [ ] der Rechts- oder
   - [ ] der Handlungsfähigkeit?

3. Kreuzen Sie die richtige Lösung an und begründen Sie Ihre Antwort.

Kann Träger von Rechten sein	Ja	Nein	Begründung
Eine Anwältin			
Das ungeborene Kind			
Der demente Großvater			
Die ÖBB			
Meine Katze			
Das Tierheim			
Der Freizeitsportverein „Zur ruhigen Kugel"			
Die Gartengeräteimport GmbH			

4. Kreuzen Sie die richtige Lösung an und begründen Sie Ihre Antwort.

	Gültiger Vertrag	Schwebend unwirksamer Vertrag	Begründung
Der 17-jährige Lehrling kauft sich um 75,00 EUR einen MP3-Player.			
Die 17-jährige Schülerin kauft sich eine Jeans um 100,00 EUR.			
Der 17-jährige Lehrling kauft sich nach bestandener Führerscheinprüfung einen Gebrauchtwagen um 3.500,00 EUR.			
Die 6-jährige Schülerin kauft sich eine Pizza.			
Der 15-Jährige schließt einen Lehrvertrag ab.			

5. Eine 17 Jahre und 10 Monate alte schwangere Schülerin besucht ein Eishockeyspiel. Der Spielplatz des Vereins weist keinerlei Schutzvorrichtungen auf und so kommt es, dass die Schülerin vom Puck getroffen wird. Die Schwangere und das Ungeborene werden verletzt. Will die Schülerin klagen, benötigt sie
   - [ ] die Vertretung durch einen Elternteil,
   - [ ] die Vertretung durch einen Elternteil und die Zustimmung des anderen,
   - [ ] die Vertretung durch einen Elternteil und die Zustimmung des anderen und die gerichtliche Genehmigung der Klage?

Familienrecht

Intakte Familienbeziehungen sind für die Gesellschaft und für den Staat sehr wichtig. Denn was ein Mensch in der Familie erlebt, hat großen Einfluss auf sein späteres Leben, auf seine Fähigkeiten, in der Gesellschaft zurechtzukommen.

Vor allem die Ablösung der „klassischen Familie" durch Patchworkfamilien oder Alleinerziehende macht es notwendig, dass vor allem Kinder und Jugendliche durch das Gesetz entsprechend geschützt sind.

Wer lebt mit wem zusammen? Wer stammt von wem ab? Welche Auswirkungen hat dies für den Einzelnen? Mit solchen Fragestellungen beschäftigt sich das Familienrecht.

Heute existieren verschiedenste Familienmodelle mit Kindern:
- Klassische Familie
- Lebensgemeinschaft
- Alleinerzieher/in
- Patchworkfamilie
- Regenbogenfamilie

Meine Ziele

Nach Bearbeitung dieses Kapitels kann ich
- die wesentlichen Rechte und Pflichten, die in Ehe und Familie entstehen, unterscheiden;
- die verschiedenen Arten der Beendigung der Ehe anführen und die Folgen analysieren;
- die rechtliche Eltern-Kind-Beziehung darstellen;
- die rechtlichen Unterschiede zwischen einer Ehe bzw. Eingetragenen Partnerschaft und einer Lebensgemeinschaft wiedergeben.

1 Wer ist mit wem verwandt?

Man unterscheidet

Familie	Verwandtschaft	Schwägerschaft

Im weitesten Sinn sind das die Stammeltern mit all ihren Nachkommen. Heute versteht man darunter zumeist nur ein Ehepaar mit seinen Kindern.	Ist grundsätzlich Blutsverwandtschaft: Verwandt sind alle Personen, die durch Abstammung miteinander verbunden sind.	Ist die Beziehung des einen Ehegatten zu den Blutsverwandten des anderen. Ist heute familienrechtlich bedeutungslos.

💡 Der **Grad der Verwandtschaft** richtet sich nach der Zahl der sie vermittelnden Geburten.

Der **Grad der Schwägerschaft** ist gleich mit dem Grad der Verwandtschaft des Ehegatten.

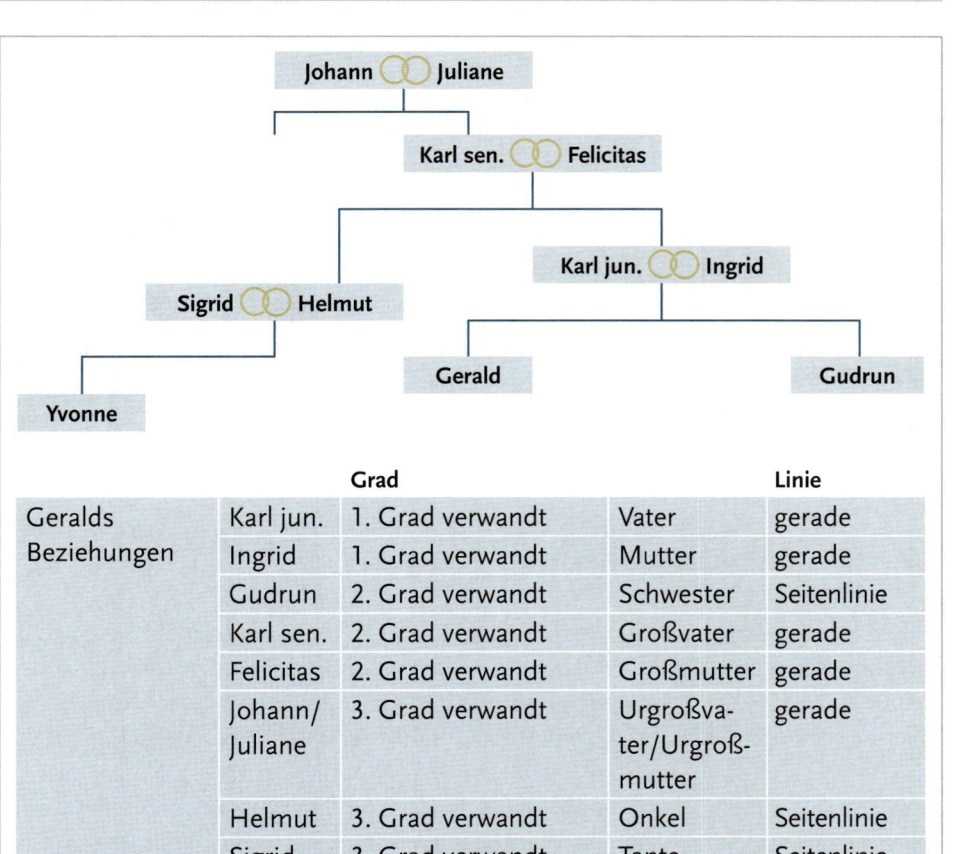

		Grad		Linie
Geralds Beziehungen	Karl jun.	1. Grad verwandt	Vater	gerade
	Ingrid	1. Grad verwandt	Mutter	gerade
	Gudrun	2. Grad verwandt	Schwester	Seitenlinie
	Karl sen.	2. Grad verwandt	Großvater	gerade
	Felicitas	2. Grad verwandt	Großmutter	gerade
	Johann/Juliane	3. Grad verwandt	Urgroßvater/Urgroßmutter	gerade
	Helmut	3. Grad verwandt	Onkel	Seitenlinie
	Sigrid	3. Grad verwandt	Tante	Seitenlinie
	Yvonne	4. Grad verwandt	Cousine (Base)	Seitenlinie
Beziehungen von Karl jun. (auszugsweise)	Helmut	2. Grad verwandt	Bruder	Seitenlinie
	Sigrid	2. Grad verschwägert		Seitenlinie
Ingrids Beziehungen (auszugsweise)	Sigrid	weder verwandt noch verschwägert („Schwippschwägerin")		
	Helmut	2. Grad verschwägert		Seitenlinie
	Felicitas	1. Grad verschwägert	Schwiegermutter	gerade

✏️ Überlegen Sie, welche rechtlichen Beziehungen zwischen folgenden Personen bestehen:

Johann und Gudrun

Karl sen. und Gerald

Yvonne und Gudrun

Juliane und Helmut

Sigrid und Helmut

Gerald und Juliane

2 Eherecht

Der Traum von der Hochzeit in Weiß ist ungebrochen, möglichst einzigartig und spektakulär soll der Tag aller Tage sein.

Raffael und Karina wollen im kommenden Mai heiraten. Schon seit einigen Monaten sind sie mit der Planung beschäftigt. Wer heiratet, denkt meist sehr viel über die Gestaltung des Festes nach und nicht über die gravierenden Rechtsfolgen, die mit einer Ehe verbunden sind. Je eher sich die beiden auch damit auseinandersetzen, umso einfacher wird die Gestaltung der Zukunft.

Was denken Sie über Ehe, Hochzeit und Co? Ist es noch zeitgemäß zu heiraten, oder wird der Bund des Lebens in erster Linie noch wegen finanzieller Vorteile geschlossen? Was wären für Sie persönlich Gründe, (nicht) zu heiraten?

Am Anfang steht ein kleines Wort: Ja. Vor der Standesbeamtin/dem Standesbeamten gesprochen, wird mit diesem Ja eine Fülle rechtlicher Beziehungen eingegangen. Die rechtlichen Konsequenzen der Heirat sind durch das Eherecht (Allgemeines Bürgerliches Gesetzbuch §§ 44) normiert. Das Eherecht legt fest, welche **Rechte** und **Pflichten** (Unterhalt, Treue etc.) Ehegatten haben.

2.1 Verlobung

Die Verlobung ist das Versprechen zweier Personen, seit 2019 verschiedenen oder gleichen Geschlechts, einander zu heiraten. Wenn das Verlöbnis grundlos gebrochen wird, ist der/die Schuldige **schadenersatzpflichtig.**

Beispiel
Martin erklärt zwei Tage vor der Hochzeit seiner Verlobten Franziska, dass er sich in eine andere Frau verliebt hat und sie deshalb nicht heiraten kann. Martin muss daher das Brautkleid und die Kosten für die abgesagte Hochzeitsfeier bezahlen.

Eheschließungen	
2005	39 153
2006	36 923
2007	35 996
2008	35 223
2009	35 469
2010	37 545
2011	36 426
2012	38 592
2013	36 140
2014	37 458
2015	44 502
2016	44 819
2017	43 942

2.2 Ehe und Eheschließung

Die Ehe ist ein **Vertrag,** in dem zwei Personen, bis 2018 verschiedenen Geschlechts, gesetzmäßig ihren Willen erklären, in unzertrennlicher Gemeinschaft zu leben, Kinder zu zeugen, sie zu erziehen und sich gegenseitig Beistand zu leisten. Die Verpflichtung zur Kinderzeugung bleibt trotz Öffnung der Ehe für Gleichgeschlechtliche.

Eine Ehe hat viele Auswirkungen, wie z. B. die Verpflichtung zum Unterhalt oder erbrechtliche Folgen. Daher ist die Eheschließung an strenge Voraussetzungen gebunden.

⚠️ Unterscheiden Sie die Eheschließung am Standesamt und in der Kirche. Die Eheschließung in staatlich anerkannten Religionsgemeinschaften hat auf die zivilrechtliche Ehe keine Auswirkung.

Voraussetzungen für das Zustandekommen einer Ehe
- Die Ehe muss vor einem **Standesbeamten/**einer **Standesbeamtin** geschlossen werden.
- Beide Verlobte müssen **gleichzeitig anwesend** sein.
- Mindestens ein Ehegatte muss **über 18 Jahre** sein, dann kann der andere ab 16 Jahren heiraten, wenn die Eltern und das Gericht zustimmen.
- Es dürfen **keine Eheverbote** vorhanden sein (z. B. Blutsverwandtschaft oder eine noch aufrechte Ehe).

Die geschlossene Ehe wird im **Familienbuch,** das die Gemeinden führen, eingetragen.

2.3 Eingetragene Partnerschaft und „Ehe für alle"

Seit 2010 wird durch das **Eingetragene Partnerschafts-Gesetz (EPG) für gleichgeschlechtliche Paare,** seit 2019 für alle Paare eine eheähnliche Partnerschaft ermöglicht. Das EPG regelt deren Rechte und Pflichten, die Eintragung dieser Partnerschaft und eine allfällige Auflösung.

Unterschiede des EPG zum Eherecht
- Es sind **keine Trauzeugen** gefordert.
- **Eintragung:** Bei einer Bezirksverwaltungsbehörde (BH oder Magistrat)
- **Regenbogenkinder:** Homosexuelle Paare dürfen gemeinsam ein Kind adoptieren (Fremd- und Stiefkindadoption), bei lesbischen Paaren ist auch die künstliche Befruchtung zulässig.

„Ehe für alle"
Ab 1. Jänner 2019 steht laut einem Erkenntnis des Verfassungsgerichtshofes auch verschiedengeschlechtlichen Paaren die Ehe offen.

> **Der VfGH hebt die unterschiedlichen Regelungen für verschieden- und gleichgeschlechtliche Paare auf**
> Der VfGH hat mit Erkenntnis vom 4. Dezember 2017 jene gesetzlichen Regelungen aufgehoben, die diesen Paaren den Zugang zur Ehe bisher verwehren. Der Gerichtshof begründete diesen Schritt mit dem Diskriminierungsverbot des Gleichheitsgrundsatzes. Die Aufhebung tritt mit Ablauf des 31. Dezember 2018 in Kraft. Gleichzeitig steht dann die EP auch verschiedengeschlechtlichen Paaren offen.

Das EPG regelt folgende Rechtsbereiche analog zum Eherecht:
- Wechselseitige Rechte und Pflichten des Paares zueinander
- Unterhaltspflicht
- Scheidungsrecht
- Erbrecht
- Wohn- und Mietrecht
- Steuer- und Abgabenrecht
- Sozialversicherungsrecht und Pensionsrecht
- u. a. m.

Gesetzliche Grundlagen
- Ehe: ABGB, EheG
- Eingetragene Partnerschaft: EPG

2.4 Ehewirkungen – Pflichten und Rechte während der Ehe

2.4.1 Persönliche Ehewirkungen

Partnerschaftsprinzip	Zwischen Ehegatten gilt das Partnerschaftsprinzip. Das heißt, der Ehemann und die Ehefrau haben die gleichen Rechte und Pflichten. Dazu gehören: - umfassende Lebensgemeinschaft, - gemeinsames Wohnen, - Treue und anständige Begegnung sowie - gegenseitiger Beistand.
Unterhalt, Mitwirkung am Erwerb	Prinzipiell müssen beide Ehegatten arbeiten gehen, man kann aber etwas anderes vereinbaren. Der nicht berufstätige Ehegatte hat dann einen Unterhaltsanspruch. Dazu gehören Wohnung, Essen, Kleidung, aber auch Geld. Leben die Ehegatten nicht mehr zusammen, bekommt der nichtberufstätige einen reinen Geldunterhalt. Soweit es üblich ist, muss ein Ehegatte im Betrieb des anderen mitarbeiten (z. B. auf einem Bauernhof).
Haushaltsführung	Beide Ehegatten müssen den Haushalt gemeinsam führen, auch wenn einer nicht arbeitet.

Diskutieren Sie in der Klasse, ob all diese Rechte und Pflichten noch zeitgemäß sind. Wo würden Sie Änderungen für notwendig halten?

Die partnerschaftliche Teilung der Hausarbeit gehört zu den Pflichten einer Ehe.

Patchworkfamilien entstehen z. B. nach einer Scheidung durch neue Partnerschaften. Sie sind eine bunte Mischung aus „echten" Eltern-Kind-Beziehungen einerseits und Stiefeltern-Kind-Beziehungen andererseits sowie „echten" Geschwistern und Stiefgeschwistern.

 Inventarliste
Es empfiehlt sich, noch vor der Eheschließung eine Liste des Besitzes aufzunehmen, den man in die Ehe einbringt, und diese in den Ehevertrag aufzunehmen. Da im Lauf einer Ehe viele Investitionen dazukommen, lohnt es sich, die Liste immer wieder zu aktualisieren. Ein Aufteilungsverfahren nach einer Scheidung kann sehr teuer werden.

Ehevertrag (Ehepakt)
Ein Ehepakt ist ein Vertrag, mit dem die Gatten bei oder nach der Eheschließung eine umfassende Regelung der wirtschaftlichen Seite der Ehe bezwecken (z. B Versorgungsfragen oder Vereinbarungen, was zu gelten hat, wenn es zur Auflösung der Ehe kommt). Streitigkeiten können so zumindest gemildert werden. Auch erbvertragliche Bestimmungen können aufgenommen werden.

⚠ Weit reichende Auswirkungen hat der Abschluss eines Ehevertrages auch im Scheidungsfall, da der/die Schuldlose das Recht hat, die Teilung des gütergemeinschaftlichen Gutes wie im Falle des Todes des/der Schuldigen zu fordern.

Wohnen	Verlangt ein Ehegatte aus einem guten Grund eine Übersiedlung, muss der andere mitziehen (Folgepflicht). Er muss dies nur dann nicht, wenn er gleich gute Gründe dagegen hat.
Familienname	Hier gibt es drei Möglichkeiten: ■ Gemeinsamer Familienname ■ Doppelname ■ Jeder behält seinen Namen
Patchworkfamilien	Jeder Ehegatte hat den anderen bei der Betreuung von dessen Kindern aus einer anderen Beziehung zu unterstützen.

2.4.2 Ehegüterrecht – was mein ist, ist auch dein?

Das Ehegüterrecht regelt, was mit dem Vermögen der Ehegatten bei bzw. nach der Eheschließung geschieht und wie dieses anlässlich der Eheauflösung wieder aufgeteilt wird.

Gütertrennung

Der **gesetzliche Güterstand** in Österreich ist die Gütertrennung. Das heißt:
- Jeder Ehegatte bleibt Alleineigentümer des Vermögens, das er bereits vor der Ehe erworben hat und wird auch in der Ehe Alleineigentümer des von ihm alleine, egal aus welchen Mitteln erworbenen und ererbten Vermögens.
- Jeder Ehegatte verwaltet sein Eigentum selbst und bleibt alleiniger Gläubiger seiner Schuldner.
- Beide Ehepartner haften, wenn sie gemeinsam einen Kredit aufnehmen oder der eine für den Kredit des anderen bürgt.
- Das in der Ehe erworbene Vermögen gehört beiden Ehepartnern gemeinsam. Dieser sogenannte **Zugewinn** wird im Falle einer Scheidung geteilt (Zugewinngemeinschaft).

Gütergemeinschaft

Die Ehegatten haben die Möglichkeit, die **Gütergemeinschaft** in Form eines Notariatsaktes zu vereinbaren. Damit wird der gesetzliche Stand der Gütertrennung ausgeschlossen. Die Gütergemeinschaft ist die heute noch am ehesten genutzte Form eines **Ehepaktes** (Ehevertrages).

Die Ehegatten werden jeweils Miteigentümer am **Gesamtgut.** Was nicht zum Gesamtgut gehört, ist Eigengut des einen oder anderen Ehegatten. Kein Ehegatte darf alleine über seinen Miteigentumsanteil verfügen.

Haftung für Schulden

- Haben sich die Ehegatten gemeinsam verpflichtet, so haftet sowohl das Gesamtgut als auch das Eigengut jedes Ehepartners.
- Für Schulden, die ein Ehegatte alleine eingegangen ist, haftet bei allgemeiner Gütergemeinschaft das Gesamtgut für alle Sonderschulden, auch für die vorehelichen und für die persönlichen Schulden (etwa Unterhalts- oder Schadenersatzverpflichtungen).

Gütergemeinschaft auf den Todesfall

Hier besteht bei den Ehegatten zu Lebzeiten Gütertrennung, stirbt aber ein Ehegatte, so wird das Vermögen zunächst vereint, wobei eine Hälfte dem Überlebenden, die andere Hälfte an die Erben fällt.

2.5 Beendigung der Ehe

Es gibt auch heute noch genug Beispiele, wo Ehen erst durch den Tod eines Ehepartners enden. Leider scheitern aber auch viele Ehen zu Lebzeiten der Partner.

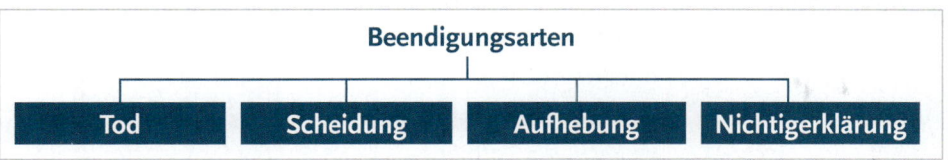

Beendigungsarten: Tod | Scheidung | Aufhebung | Nichtigerklärung

Wenn eine Ehe beendet wird, gibt es vieles zu regeln.

2.5.1 Scheidung

Einvernehmliche Scheidung

Dies ist heute die häufigste und kostengünstigste Scheidungsmöglichkeit.

⚠️ Die Vertretung durch einen Rechtsanwalt/eine Rechtsanwältin ist nicht gesetzlich vorgeschrieben.

Voraussetzungen
- Die Ehegatten leben seit mehr als sechs Monaten nicht mehr als Mann und Frau (d. h. nicht, dass sie getrennt wohnen müssen) und
- haben sich über alle **Scheidungsfolgen** geeinigt (Aufteilung des Vermögens, Unterhalt, Obsorge, wenn Kinder da sind). Spätestens bei der Gerichtsverhandlung wird dann ein **Scheidungsfolgenvergleich** abgeschlossen und die Scheidung mit **Beschluss** ausgesprochen.

Verschuldensscheidung

Eine Ehe kann über Klage des schuldlosen/weniger schuldigen Ehegatten durch Urteil geschieden werden, wenn der andere Ehegatte einen Scheidungsgrund gesetzt hat.

> **Beispiele für Scheidungsgründe**
> - Grundlose Beschuldigung ehewidriger Beziehungen, Eifersucht
> - Beharrliche und grundlose Verweigerung des Geschlechtsverkehrs
> - Gesprächsverweigerung über längere Zeit
> - Verbringen der spärlichen Freizeit ohne den Ehepartner
> - Dauernde Haushaltsvernachlässigung
> - Quälen der Katze der Ehefrau
> - Ehebrecherische oder ehewidrige Beziehungen zum anderen Geschlecht
> - Verweigerung der Fortpflanzung ohne triftigen Grund

Wenn der Ehegatte seine gesamte Freizeit auf dem Golfplatz verbringt, ist das ein Scheidungsgrund.

Scheidung wegen Aufhebung der häuslichen Gemeinschaft

Voraussetzungen: Die häusliche Gemeinschaft der Ehegatten muss seit mindestens drei Jahren aufgehoben sein und die ehelichen Verhältnisse müssen unheilbar zerrüttet sein.

⚠️ Scheidungsgründe können auch verziehen werden. Dann ist eine Scheidung nicht mehr möglich.

Scheidung aus anderen Gründen

Dazu zählen z. B. schwere gesundheitliche Gründe (Geisteskrankheit, ansteckende oder ekelerregende Krankheit des Ehegatten).

💡 Kinder behalten nach der Scheidung der Ehe der Eltern den bei der Eheschließung festgelegten Namen.

Wenn eine Mutter wegen der Kinderbetreuung nicht arbeiten kann, bekommt sie auch als schuldig Geschiedene Unterhalt für sich selbst.

⚠️ Die **Ehewohnung** nimmt bei der Aufteilung insofern eine **Sonderstellung** ein, als immer zu berücksichtigen ist, ob ein Ehegatte einen existenziellen Bedarf (wenn bei Verlust z. B. Obdachlosigkeit droht) oder gemeinsame Kinder ein Interesse an der Weiternutzung der Wohnung haben.

💡 **Von der Aufteilung ausgenommen sind:**
- das Vermögen, das jeder Ehepartner schon vor der Heirat besessen hat;
- Vermögenswerte, die ein Ehepartner vor oder während der Ehe geerbt hat, oder die ihm von dritter Seite geschenkt wurden;
- Sachen, die dem persönlichen Gebrauch oder der Berufsausübung eines Partners dienen;
- Vermögenswerte, die zu einem Unternehmen gehören sowie Unternehmensanteile, sofern sie nicht bloße Wertanlagen sind. Auch das Unternehmen selbst ist von der Aufteilung ausgenommen.

Scheidungsfolgenrecht

Das Scheidungsfolgenrecht regelt folgende Bereiche:	
Namensrecht	■ Der geschiedene Ehegatte kann seinen Ehenamen behalten. ■ Er kann auch seinen ursprünglichen Namen wieder annehmen ■ oder den Namen aus einer Ehe, aus der ein Kind stammt.
Verschuldensabhängiger Unterhalt	■ Wenn der unschuldige oder weniger schuldige Ehegatte viel weniger verdient als der schuldige, muss der schuldige Unterhalt zahlen. ■ Sind beide Ehegatten gleich schuld an der Scheidung, bekommt einer vom anderen nur im Fall der Not Unterhalt.
Verschuldensunabhängiger Unterhalt	■ Manchmal bekommt auch der allein oder überwiegend schuldig geschiedene Ehegatte Unterhalt: ▶ Mütter (Väter) kleinerer Kinder, die wegen der Kinderbetreuung nach der Scheidung keinen bzw. nur beschränkt einen Beruf ausüben können, und ▶ ältere Geschiedene, die bisher nur den Haushalt geführt haben, Angehörige gepflegt haben etc., und jetzt deshalb am Arbeitsmarkt nicht vermittelt werden können. Sie bekommen eine gewisse Zeit Unterhalt. ■ Heiratet ein geschiedener Ehegatte wieder, bekommt er vom Ex-Ehegatten keinen Unterhalt mehr. ■ Geht ein geschiedener Ehegatte eine **Lebensgemeinschaft** ein, bekommt er so lange keinen Unterhalt, wie die Lebensgemeinschaft aufrecht ist.
Aufteilung des ehelichen Gebrauchsvermögens und der ehelichen Ersparnisse	Nach der Scheidung wird das in der Ehe geschaffene Vermögen in einem gerichtlichen Verfahren aufgeteilt, wenn sich die ehemaligen Ehegatten nicht einigen. Auch die ehelichen Schulden müssen einem der beiden Ex-Ehegatten zugewiesen werden.

2.5.2 Aufhebung und Nichtigerklärung der Ehe

Die Aufhebung der Ehe ist möglich bei:
- Minderjährigen, wenn der gesetzliche Vertreter/die gesetzliche Vertreterin nicht eingewilligt hat;
- Irrtum über
  ▶ den Charakter der Eheschließung als Rechtsgeschäft,
  ▶ die Tatsache, dass eine Erklärung zur Eheschließung abgegeben wurde,
  ▶ die Identität des Ehegatten,
  ▶ Umstände, die bei Kenntnis davon abgehalten hätten, die Ehe einzugehen (z. B. schwere Vorstrafen, homosexuelle Neigungen bei Ehe unter Heterosexuellen);
- arglistiger Täuschung und Drohung.

Wenn beim Zustandekommen der Ehe besonders **schwerwiegende Fehler** passiert sind, ist die Ehe **nichtig.**

Schwerwiegende Fehler	Beispiele
Verstoß gegen bestimmte Eheverbote	Blutsverwandtschaft oder eine aufrechte Ehe.
Schwere Formfehler	Heirat durch einen Stellvertreter/eine Stellvertreterin. Kommt eigentlich nie vor.

Mangelnde Geschäftsfähigkeit	Personen, die den „Gebrauch der Vernunft" nicht haben (z. B. Menschen mit geistiger Behinderung).
Namens- und Staatsangehörigkeitsehe	Wenn der Zweck der Ehe die Namens- oder Staatsbürgerschaftsverschaffung oder die Erleichterung des Aufenthaltes für Ausländer/innen in Österreich ist. Hier kann aber nur der Staatsanwalt klagen.

 Umstände, die bereits bei der Eheschließung vorhanden waren, begründen einen **Eheaufhebungsgrund**, Verhaltensweisen, die erst in der Ehe gesetzt werden, dagegen einen **Scheidungsgrund**.

Aufgabenstellungen – „Eherecht"

1. Konstruieren Sie zwei Fallbeispiele, die dem Partnerschaftsprinzip widersprechen würden.
2. Der 18-jährige Julian möchte die 16-jährige Klara heiraten. Ist dies möglich?
3. Ein Ehemann erklärt seiner Ehefrau, Hausarbeit sei „schon immer" Frauensache gewesen, er werde „keinen Finger" rühren. Hat er recht? Was kann seine Ehefrau rechtlich tun?
4. Der Ehemann verbringt gegen den Willen seiner Ehefrau seine Freizeit immer ausgiebig und feuchtfröhlich in Wirtshäusern. Welche eherechtlichen Folgen kann sein Verhalten haben?
5. Wollen Sie später einmal heiraten? Sammeln Sie Argumente für Ihren Standpunkt. Diskutieren Sie dann mit Ihren Klassenkolleginnen und -kollegen die rechtlichen Vor- und Nachteile einer Ehe.
6. Wer bekommt von wem nach einer Scheidung Unterhalt?

	Ja	Nein
Immer der Mann von der Frau.		
Immer die Frau vom Mann.		
Das hängt davon ab, wer schuld an der Scheidung ist (Scheidungsgründe gesetzt hat).		
Väter oder Mütter, die kleine Kinder betreuen.		
Geschiedene, die lange Zeit nicht gearbeitet haben.		

Mediation – ein Weg zur Konfliktlösung bei Trennung und Scheidung
Die Mediation kann zur fairen Konfliktlösung beitragen. Die Beteiligten bemühen sich unter Mitwirkung des Mediators/der Mediatorin (sind Juristen/innen und Psychologen/innen bzw. Psychotherapeut/innen oder Sozialarbeiter/innen mit Zusatzausbildung), selbst zur tragfähigen Lösung zur Gestaltung ihrer künftigen Lebensweise zu gelangen. Haben die Beteiligten eine Lösung aus gemeinsamer Überzeugung gefunden, ist in der Regel noch der gerichtliche Vergleich mithilfe des Rechtsanwaltes/der Rechtsanwältin notwendig. Ziel der Mediation ist also eine schriftliche Vereinbarung, die freiwillig zustande gekommen ist und dem Gericht als rechtsverbindliche Grundlage für die richterliche Entscheidung vorgelegt werden kann.

3 Eltern-Kind-Beziehung

Die 13-jährige Claudia kommt um 23.00 Uhr nach Hause. Sie war mit ihrer besten Freundin Klara unterwegs und hat sich wieder einmal verspätet. Ihre Mutter kommt ihr schon im Flur entgegen. Sie macht Claudia klar, dass sie sich große Sorgen gemacht hat, da diese auch auf ihren Handyanruf nicht reagiert hat. Am nächsten Tag diskutiert sie mit Claudia über deren Unpünktlichkeit und stellt gemeinsam mit ihr Regeln über Ausgehzeiten auf.

Kommt Ihnen das bekannt vor? Diskutieren Sie in der Klasse, welche Maßnahmen von Seiten der Eltern Sie als gerechtfertigt ansehen.

Nicht immer reagieren Eltern so wie Claudias Mutter. Das Verhältnis zwischen Eltern und Kindern hat sich aber in den letzten Jahrzehnten deutlich verändert. Allerdings dürften sich in der modernen Eltern-Kind-Beziehung neue Formen der Gewalt

💬 Warum hat in früheren Zeiten die Unterscheidung zwischen ehelichen und unehelichen Kindern eine große Rolle gespielt?

entwickelt haben. So üben Eltern verstärkt psychischen Druck auf ihre Kinder aus, drohen mit Liebesentzug oder versuchen ihre Kinder zu bestechen. Auch die Kommunikationsverweigerung ist eine dieser neuen Strafformen. Aber nicht nur die traditionellen Strafen werden immer weniger, auch die Respektierung der Interessen und Wünsche des Kindes ist in der modernen Familie zum Grundpfeiler geworden.

Die **Unehelichkeit** der Abstammung hat bis vor wenigen Jahrzehnten nicht nur zu einer sozialen, sondern auch zur rechtlichen **Deklassierung** eines Menschen geführt. Allein schon die Überlegung, dass das Kind für „Verfehlungen" der Eltern büßen sollte, widerspricht aus heutiger Sicht den elementarsten Regeln der Gerechtigkeit. Die Unterscheidung wurde daher mit 1. Februar 2013 aufgehoben.

⚠️ Wenn die Eltern gegen das Wohl ihres Kindes verstoßen, kann das Gericht ihnen die Pflege und Erziehung oder die Verwaltung des Vermögens des Kindes ganz oder teilweise entziehen.

3.1 Kindeswohl

Grundlegender Begriff des Eltern-Kind-Verhältnisses ist das **Kindeswohl.**

Zum Kindeswohl zählen:
- Angemessene Versorgung (insbesondere mit Nahrung, medizinische Betreuung, Wohnraum)
- Sorgfältige Erziehung (Fürsorge, Geborgenheit und Schutz der körperlichen und seelischen Integrität [Unverletzlichkeit] des Kindes)
- Wertschätzung und Akzeptanz des Kindes durch die Eltern
- Förderung der Anlagen, Fähigkeiten, Neigungen und Entwicklungsmöglichkeiten des Kindes
- Berücksichtigung der Meinung des Kindes in Abhängigkeit von dessen Verständnis und der Fähigkeit zur Meinungsbildung
- Vermeidung der Beeinträchtigung, die das Kind durch die Um- und Durchsetzung einer Maßnahme gegen seinen Willen erleiden könnte
- Vermeidung einer Gefahr für das Kind, Übergriffe oder Gewalt selbst zu erleiden oder an wichtigen Bezugspersonen mitzuerleben
- Verlässliche Kontakte der Kinder zu beiden Elternteilen und sonstigen wichtigen Bezugspersonen
- Vermeidung von Loyalitätskonflikten und Schuldgefühlen

💡 **Anerkennung der Vaterschaft**
Der Vater kann die Vaterschaft durch die persönliche Erklärung in einer beglaubigten Urkunde anerkennen, die dem Standesamt zu übermitteln ist. Mutter und Kind können dagegen Widerspruch erheben.

3.2 Abstammung des Kindes

- **Mutter** ist die Frau, die das Kind geboren hat.
- Als **Vater** gilt der Mann, der
  - mit der Mutter zum Zeitpunkt der Geburt des Kindes verheiratet ist oder
  - als Ehemann der Mutter nicht früher als 300 Tage vor der Geburt des Kindes verstorben ist oder
  - die Vaterschaft anerkannt hat oder dessen Vaterschaft gerichtlich festgestellt wurde.

⚠️ Der gesetzliche Vertreter hat dafür zu sorgen, dass die Vaterschaft festgestellt wird, es sei denn, die Feststellung der Vaterschaft ist für das Wohl des Kindes nachteilig oder die Mutter macht von ihrem Recht Gebrauch, den Namen des Vaters nicht bekannt zu geben.

Als Vater kann der Mann festgestellt werden, welcher mit der Mutter innerhalb von nicht mehr als 300 Tagen und nicht weniger als 180 Tagen vor der Geburt verkehrt hat. Diese Vermutung kann durch den Beweis der Unwahrscheinlichkeit der Vaterschaft ebenso entkräftet werden wie durch den Nachweis, dass die Vaterschaft eines anderen Mannes, der in der kritischen Zeit mit der Mutter verkehrt hat, wahrscheinlicher ist.

3.3 Name

Es gibt folgende Möglichkeiten:
- Das Kind erhält den **gemeinsamen Familiennamen** der Eltern.
- Führen die Eltern keinen gemeinsamen Familiennamen, so kann der Familienname eines Elternteils zum Familiennamen des Kindes bestimmt werden. Ist der Familienname seinerseits ein aus mehreren Herkunftsnamen zusammengesetzter, darf der Familienname des Kindes aus höchstens zwei Teilen dieser Namen zusammengesetzt werden.
- Einigen sich die Eltern bei Fehlen eines gemeinsamen Familiennamens nicht auf einen Kindesnamen, ist der **Familienname der Mutter** der Kindesname.
- Ab Vollendung des 14. Lebensjahres sind einsichts- und urteilsfähige Minderjährige in Namenrechtsangelegenheiten alleine entscheidungsbefugt.

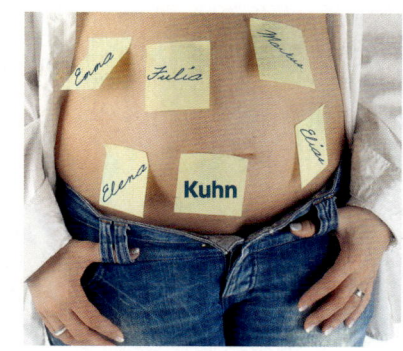

3.4 Obsorge

Die Obsorge eines minderjährigen Kindes umfasst die Pflege, Erziehung, Bestimmung des Aufenthaltes sowie die Vermögensverwaltung.

Gemeinsame Obsorge Verheirateter	Beide Elternteile sind mit der Obsorge betraut, wenn sie zum Zeitpunkt der Geburt des Kindes miteinander verheiratet sind oder nachträglich heiraten.
Gemeinsame Obsorge Nichtverheirateter	- Sind die Eltern zum Zeitpunkt der Geburt nicht miteinander verheiratet, ist primär die Mutter mit der Obsorge betraut. - Die Eltern können bestimmen, dass ihnen gemeinsam die Obsorge zukommt. - Der Vater kann aber auch die alleinige oder die gemeinsame Obsorge beantragen. Die Gewährung durch das Gericht richtet sich nach dem Kindeswohl.
Obsorge bei Verhinderung eines Elternteils	Bei Tod oder unbekanntem Aufenthalt eines Elternteils oder bei Entzug wegen Beeinträchtigung des Kindeswohles kann das Gericht die Obsorge - allein dem anderen Elternteil oder - gegebenenfalls einem Großelternpaar oder Pflegeelternpaar übertragen.
Obsorge bei Auflösung der Ehe und der häuslichen Gemeinschaft	- Wird die Ehe oder häusliche Gemeinschaft der Eltern aufgelöst, so bleibt die Obsorge beider Eltern prinzipiell aufrecht. Die Eltern können aber unter Berücksichtigung des Kindeswohles etwas Abweichendes vereinbaren. - Können sich die Eltern nicht einigen, kann das Bezirksgericht unter Berücksichtigung des Kindeswohls eine vorläufige Regelung (Phase der vorläufigen elterlichen Verantwortung) für die Dauer von sechs Monaten zur Erprobung festlegen und danach endgültig entscheiden, ob bzw. wem (allenfalls gemeinsam) in welchem Umfang die Obsorge zukommt.

Mit der Scheidung endet die Partnerschaft, aber nicht die Elternschaft!

⚠️ Der Wille des Kindes ist umso wichtiger, je mehr es den Grund und die Bedeutung einer Maßnahme einsehen kann. Dies betrifft etwa Fragen der Freizeitgestaltung, des Schultyps etc.

Pflege und Erziehung

Das Ausmaß der Pflege und Erziehung richtet sich nach den Lebensverhältnissen der Eltern. Umfasst sind
- die Wahrung der Gesundheit,
- die unmittelbare Aufsicht,
- die Förderung der körperlichen, geistigen, seelischen und sittlichen Kräfte,
- die Förderung der Anlagen, Fähigkeiten, Neigungen und Entwicklungsmöglichkeiten des Kindes sowie
- die schulische und berufliche Ausbildung.

Das minderjährige Kind hat die Anordnungen der Eltern zu befolgen.
- Bei der Durchsetzung dieser Anordnungen sind Alter, Entwicklung, Persönlichkeit des Kindes zu berücksichtigen.
- Die Anwendung von Gewalt und die Zufügung körperlichen oder seelischen Leides sind unzulässig.
- Die Eltern haben in Angelegenheiten der Pflege und Erziehung auch auf den **Willen des Kindes** Bedacht zu nehmen.
- Mündige Minderjährige können das Gericht anrufen, wenn sie und die Eltern abweichende Meinungen über ihre Ausbildung haben.
- Der mündige Minderjährige ist generell im Verfahren über Pflege und Erziehung und das Recht auf den persönlichen Kontakt (Kontaktrecht) selbst familienrechtlich verfahrensfähig (er kann selbst bei Gericht Anträge stellen).
- Die Eltern bestimmen gemeinsam das **Religionsbekenntnis.** Im Streitfall entscheidet das Pflegschaftsgericht.

Bei **Religionsänderung** müssen Kinder über zehn Jahre angehört werden, ab dem zwölften Jahr ist eine Änderung gegen ihren Willen nicht mehr möglich. Mit 14 Jahren tritt die Religionsmündigkeit ein und das Kind ist in der Wahl seiner Religion frei.

Vermögensverwaltung

Die Eltern haben das Vermögen eines minderjährigen Kindes mit der Sorgfalt ordentlicher Eltern zu verwalten. Geld ist sicher und möglichst fruchtbringend anzulegen. Die Eltern haben dem Gericht Rechnung zu legen, außer es bestehen keine Bedenken; dies wird vermutet, wenn die Eltern das Vermögen dem Kind selbst zugewendet haben.

3.5 Persönliche Kontakte, Informations-, Äußerungs- und Vertretungsrecht

Seit dem Kindschafts- und Namenrechtsänderungsgesetz 2013 hat jeder Elternteil eines minderjährigen Kindes mit dem Kind eine persönliche Beziehung einschließlich der persönlichen Kontakte zu pflegen. Ist ein Elternteil nicht mit der Obsorge betraut, hat er neben dem
- Recht auf persönlichen Kontakt **(Kontaktrecht;** früher Besuchsrecht)
- das Recht, von **wichtigen Angelegenheiten** rechtzeitig verständigt zu werden und sich dazu in angemessener Frist zu äußern. Die Äußerung ist jedenfalls zu berücksichtigen, wenn der darin ausgedrückte Wunsch dem Wohl des Kindes besser entspricht.

Zu diesen **wichtigen Angelegenheiten** zählen z. B. lebensbedrohliche oder chronische Erkrankungen, Drogen- und Alkoholmissbrauch, Straffälligkeit, Schulversagen, aber auch positive Ereignisse wie Schulabschluss oder Sprachferien im Ausland.

3.6 Kindesunterhalt

Beide Elternteile haben zur Deckung der ihren Lebensverhältnissen angemessenen Bedürfnisse des Kindes nach ihren Kräften anteilig beizutragen. Der Elternteil, der den Haushalt führt, leistet in der Regel dadurch seinen Beitrag.

Die Unterhaltspflicht der Eltern endet mit der **Selbsterhaltungsfähigkeit** des Kindes. Diese ist nicht vom Alter abhängig, sondern tritt dann ein, wenn das Kind sich aus eigenem Vermögen einen eigenen Haushalt und einen angemessenen Lebensunterhalt ermöglichen kann oder seinen Lebensunterhalt selbst erwirbt oder durch zumutbare Beschäftigung zu erwerben imstande ist.

Ausstattungsanspruch

Unterhaltspflichtige Eltern schulden ihrem Kind bei dessen erster Eheschließung die Ausstattung als Hilfe zur Gründung des ersten eigenen Hausstandes. Die Höhe kann bis zu **30 Prozent des durchschnittlichen Jahreseinkommens** der Eltern oder deren Vermögens betragen. Können die Eltern nicht dafür aufkommen, sind die Großeltern zur Leistung der Ausstattung verpflichtet. Allerdings muss ein Kind bzw. Enkelkind auch seinen Eltern bzw. Großeltern Unterhalt leisten, wenn diese nicht in der Lage sind, sich selbst zu erhalten.

Beispiele zur Selbsterhaltungsfähigkeit
- Der 12-Jährige, der 2 Millionen Euro geerbt hat, ist selbsterhaltungsfähig.
- Der 21-jährige Medizinstudent, der fleißig studiert, ist nicht selbsterhaltungsfähig.
- Der 19-jährige HTL-Absolvent, der nicht weiterstudiert und sich um keinen Arbeitsplatz kümmert, ist selbsterhaltungsfähig.

3.7 Adoption – Pflegekindschaft

Adoption

Durch die **Adoption** – Annahme an Kindes statt – wird rechtlich ein Eltern-Kind-Verhältnis nachgebildet. Der Adoptionsvertrag muss gerichtlich genehmigt werden.

Voraussetzung für die Genehmigung ist, dass zwischen Adoptivkind und Adoptiveltern bereits eine Eltern-Kind-Beziehung besteht oder hergestellt werden soll. Die Adoptiveltern müssen mindestens 25 Jahre alt und verheiratet bzw. verpartnert (Eingetragene Partnerschaft) sein. In sonstigen Lebensgemeinschaften kann nur ein Elternteil ein Kind adoptieren. Geprüft werden die persönlichen, sozialen, gesundheitlichen und wirtschaftlichen Rahmenbedingungen der künftigen Adoptiveltern.

Unterhaltsvorschussgesetz
Wenn ein Elternteil seinen Unterhaltsverpflichtungen nicht nachkommt, gewährt der Staat einen Unterhaltsvorschuss. Dieser muss vom gesetzlichen Vertreter/der gesetzlichen Vertreterin des bzw. der Minderjährigen beim Bezirksgericht beantragt werden.

Pflegekindschaft

Der/die Erziehungsberechtigte oder der Jugendwohlfahrtsträger (Bezirkshauptmannschaft, Magistrat) kann ein Kind in **fremde Pflege** geben. In allen Gerichtsverfahren steht den Pflegeeltern dann selbst auch ein Antragsrecht zu. Pflegeeltern können auch mit der Obsorge betraut werden.

> ### Aufgabenstellungen – „Eltern-Kind-Beziehung"
>
> 1. Martina Gassner-Schauer und Peter Wirth bekommen zusammen ein Kind: Daniel. Welchen Nachnamen kann das Kind erhalten:
>   a) wenn die Eltern miteinander verheiratet sind,
>   b) wenn die Eltern nicht miteinander verheiratet sind,
>   c) wenn sich die Eltern nicht einigen können.
>
> 2. Frau und Herr Huber lassen sich scheiden. Sie haben eine 15-jährige Tochter Julia.
>   a) Wer hat nach der Scheidung prinzipiell die Obsorge über Julia?
>   b) Frau und Herr Huber können sich nicht über die Obsorge einigen. Was passiert nun?

4 Lebensgemeinschaft

Viele Paare leben heute ohne Eheschließung oder Eingetragene Partnerschaft zusammen. Für die Absicherung von Lebensgemeinschaften (Wohn-, Wirtschafts- und Geschlechtsgemeinschaft) gibt es einige Sonderregelungen.

Eine **nichteheliche Lebensgemeinschaft** ist eine auf längere Dauer ausgerichtete Verbindung zweier Personen (früher verschiedenen Geschlechts) ohne die gesetzlichen Rahmenbedingungen der Ehe oder Eingetragenen Partnerschaft. Die Lebensgemeinschaft begründet keine wechselseitigen Unterhalts-, Erb- oder Witwen-/Witwerpensionsansprüche.

Unterschiede zwischen Ehe und eheähnlicher Lebensgemeinschaft

Ehe bzw. Eingetragene Partnerschaft	Rechtlicher Sachverhalt	Eheähnliche Lebensgemeinschaft
§ 44 ABGB, § 2 EPG	Definition im Gesetz	Fehlt
Ja	Eintrittsrecht in den Mietvertrag nach dem Tod des Partners/der Partnerin	Ja, auch gleichgeschlechtliche Lebensgemeinschaft
Ja	Ausweisung eines gewalttätigen Partners aus der gemeinsamen Wohnung	Ja
Mitversichert (teilweise)	Gesetzliche Krankenversicherung	Mitversichert (teilweise)
Anspruch, wenn der arbeitslose Ehegatte zum Unterhalt wesentlich beiträgt	Familienzuschlag nach dem Arbeitslosenversicherungsgesetz	Anspruch, wenn der arbeitslose Partner/die arbeitslose Partnerin dem Lebensgefährten/der Lebensgefährtin Unterhalt leistet
Einkommenssteuerrechtliche Gleichstellung der Ehegatten	Familienbesteuerungsgesetz 1992	Einkommenssteuerrechtliche Gleichstellung unter bestimmten Voraussetzungen
Ja	Straf- und Strafprozessrecht: Entschlagungsrecht und Privilegien bei Delikten im Familienkreis	Ja, auch gleichgeschlechtliche Lebensgemeinschaft
Für die Beurteilung der Notlage wird das Einkommen des Ehegatten berücksichtigt	Notstandshilfe	Für die Beurteilung der Notlage wird auch das Einkommen des Lebensgefährten/der Lebensgefährtin herangezogen
Ja	Gemeinsames Wohnungseigentum nach dem WEG	Ja
Ja	Erbvertrag	Nein
Ja	Gesetzliches Erbrecht	Nein
Ja	Gesetzlicher Unterhaltsanspruch	Nein
Ja	Schadenersatzanspruch gegen den Schuldigen bei Tötung des Partners	Nein
Ja Witwer-/Witwenpension	Pensionsrechtliche Ansprüche	Nein, keine Ansprüche
Spezifische gesetzliche Regelung vorhanden	Vermögensteilung bei Auflösung der Partnerschaft	Keine gesetzliche Regelung

Familienrecht

Wissensfragen – „Familienrecht"

1. Definieren Sie die Begriffe „Familie", „Verwandtschaft" und „Schwägerschaft".
2. Nennen Sie die persönlichen Ehewirkungen.
3. Erklären Sie, was man unter dem Partnerschaftsprinzip versteht.
4. Nennen Sie die drei Möglichkeiten des ehelichen Güterstandes.
5. Was versteht man unter einer „Patchworkfamilie".
6. Wie kann eine Ehe beendet werden?
7. Nennen Sie die verschiedenen Arten der Obsorge.
8. Zählen Sie die für Sie wichtigsten Punkte der Pflege und Erziehung auf.
9. Nennen Sie die Bereiche, die das Scheidungsfolgenrecht regelt.
10. Was ist der Unterhaltsvorschuss?
11. Welche Personen können vom Gericht die Obsorge für Kinder übertragen bekommen?

Ziele erreicht? – „Familienrecht"

KOMPETENZERWERB

1. Kreuzen Sie die richtige Lösung an.

Ansprüche	Ehe	Lebensgemeinschaft	Eingetragene Partnerschaft
Erbrecht			
Unterhalt			
Pensionsanspruch			
Wohn- und Mietrecht			

2. Tragen Sie in der Tabelle die Rechtsposition ein.

	Erhalten den Namen von	Wer hat die Obsorge?
Uneheliche Kinder		
Eheliche Kinder		

3. Die 17-jährige Laura wird vom Scheidungsrichter gefragt, ob sie nach der Scheidung ihrer Eltern lieber bei der Mutter oder lieber beim Vater wohnen und leben möchte. Analysieren Sie diese schwierige Frage und nennen Sie Ihre persönlichen Argumente zu diesem Themenbereich.

4. Die 21-jährige Kathi möchte ihren Freund Florian heiraten. Ihre Eltern sind dagegen und möchten daher auch keinen finanziellen Beitrag leisten. Kathi will vor Gericht ihren Ausstattungsanspruch durchsetzen.

   a) Erklären Sie, was man unter Ausstattungsanspruch versteht?

   b) Kathis Eltern haben ein durchschnittliches Jahreseinkommen von 70.000 EUR und kein Vermögen. Welcher Betrag steht ihr laut Gesetz höchstens zu?

5. Sammeln Sie Argumente für die aus Ihrer Sicht „beste Rechtsform" des partnerschaftlichen Zusammenlebens.

6. Raffael Wall und Karina Reitinger beschließen, sich vor der Eheschließung juristisch beraten zu lassen. Sie vereinbaren bei Lenz & Partner einen Termin. Schlüpfen Sie in die Rolle von Rechtsanwalt Lenz und beantworten Sie die folgenden Fragen von Raffael und Karina:

   a) Raffael ist im Besitz einer Eigentumswohnung, für die er einen Kredit aufgenommen hat. Was passiert damit nach der Hochzeit. Gehört sie dann zur Hälfte Karina? Haftet Karina für den Kredit? Klären Sie die beiden über das Ehegüterrecht in Österreich auf.

   b) Karina hat von ihren Eltern eine beträchtliche Mitgift zu erwarten. Diese möchten, dass ihre Tochter im Fall einer Scheidung abgesichert ist. Wie wäre das am besten möglich?

   c) Welche/n Namen können die beiden nach der Eheschließung führen?

7. Barbara und Klaus sind seit 15 Jahren verheiratet. Sie haben einen 13-jährigen Sohn Tim und eine 9-jährige Tochter Lilly. Nachdem es schon seit Jahren in ihrer Beziehung kriselt, beschließen sie, sich scheiden zu lassen.

   a) Die beiden haben keinen Ehevertrag. Welcher Güterstand gilt?

   b) Barbara hat ein Wochenendhäuschen in die Ehe eingebracht, Klaus hat von einem Onkel vor einigen Jahren 100.000 EUR geerbt. Gemeinsam haben sie ein Haus gebaut. Wie erfolgt die Aufteilung?

   c) Welche Möglichkeiten der Obsorgeregelung gibt es für die beiden Kinder?

   d) Klaus hat vor zwei Jahren einen Kredit für sein neues Auto aufgenommen. Wer muss den Kredit zurückzahlen?

8. Analysieren Sie die folgenden Grafiken:

   a) Vergleichen Sie die Zahl der Eheschließungen mit der Zahl der Scheidungen. Welche Schlüsse ziehen Sie daraus?

   b) Erläutern Sie die Voraussetzungen für das Zustandekommen einer Ehe.

   c) Erklären Sie den Begriff „Eingetragene Partnerschaft" und nennen Sie die wesentlichen Unterschiede des EPG zum Eherecht.

   d) Warum ist die Zahl der EGP 2010 so hoch und dann stark gefallen?

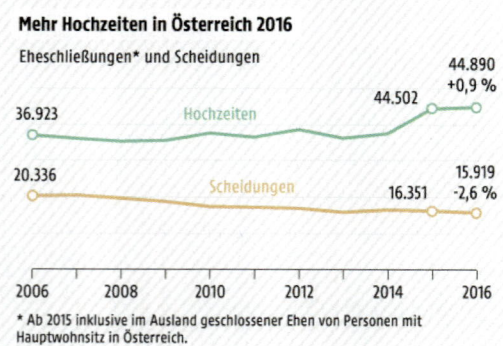

Erbrecht

Milliarden-Vermögen stehen in den nächsten Jahren zur Vererbung an

Doch fast die Hälfte der Österreicher, die Immobilien oder Geld besitzen, machen sich keinerlei Gedanken über die Weitergabe

In den nächsten Jahren steht ein Erbschafts-Boom bevor. Zehn Milliarden an Immobilienvermögen und zig Milliarden an Erspartem werden jährlich an Erben weitergegeben. Doch fast die Hälfte der Österreicher, die Immobilien oder Geld besitzen, machen sich keinerlei Gedanken über die Weitergabe. Doch ohne Nachfolgeplanung kommt es nach Todesfällen meist zu argen Komplikationen.

www.kurier.at

💡 Jeder kennt sie: Die Filme, in denen ein Verwandter stirbt und den Hinterbliebenen Millionen hinterlässt. Doch das Leben verläuft leider nicht immer wie im Film. Manchmal hinterlassen Verwandte oder Freunde auch nichts als Schulden. Aus diesem Grund ist es enorm wichtig, dass sich Erben vor dem Erbantritt über die finanzielle Situation des Verstorbenen informieren.

Unter Erbrecht werden alle Vorschriften verstanden, die die **Rechtsnachfolge das Vermögen betreffend** einer Verstorbenen/eines Verstorbenen regeln.

 Meine Ziele

Nach Bearbeitung dieses Kapitels kann ich
- die Testamentsformen sowie ihre Inhalte erläutern;
- die Begriffe Testierfähigkeit, Testierfreiheit, Erbvertrag definieren;
- das Liniensystem und das Pflichtteilsrecht anhand von Beispielen erklären;
- den Gang eines Verlassenschaftsverfahren beschreiben.

V Bearbeitung und Lösung alltäglicher Rechtsprobleme

1 Allgemeines zum Erbrecht

💬 Diskutieren Sie in der Klasse, in welchen Fällen Sie es als besonders wichtig erachten, ein Testament zu errichten.

> *„Sonntagabend kam es auf der B3 zu einem folgenschweren Unfall. Der 28-jährige Manuel K. überholte an einer unübersichtlichen Stelle bei Luftenberg einen Lkw und übersah dabei den entgegenkommenden Pkw der 54-jährigen Martina P. Beim darauffolgenden Crash wurde Martina P. so schwer verletzt, dass sie noch an der Unfallstelle verstarb.*

Jeden Tag erreichen uns Meldungen wie diese über schwere Unfälle, Verbrechen oder Todesnachrichten. Was bleibt, wenn wir uns von dieser Erde verabschieden müssen? Wer erbt? Kann ich vorsorgen – und wenn ja, wie? Wir sind ein unverheiratetes Paar, erbe ich auch etwas, falls mein Partner stirbt? All diese Fragen – und noch einige mehr – ergeben sich mit einem Todesfall.

Der Tod eines Menschen verursacht tiefe Trauer und wirft viele Fragen auf.

Begriffe zum Erbrecht

Verstorbene/r	Die verstorbene Person (früher: Erblasser/in)
Erbschaft/Nachlass/Verlassenschaft	Die Gesamtheit aller Vermögensrechte einer verstorbenen Person (auch Schulden und Verbindlichkeiten)
Erbe/Erbin	Diejenige Person, der das Erbrecht gebührt. Als Erbe kommen neben natürlichen auch juristische Personen Betracht (z.B. ein Verein, eine Kirche, eine Gemeinde, eine Gesellschaft)
Testament	Erklärung des/der Verstorbenen, in der diese/r noch zu seinen Lebzeiten verfügt, wer nach seinem/ihren Tod das Vermögen erhalten soll.
Vermächtnis	Darunter versteht man das Festlegen des Anspruchs auf einzelne Vermögensteile, wie z. B. „Ich vermache meinem Bruder Peter meine goldene Uhr".
Pflichtteil	Ist ein Geldanspruch von nahen Verwandten gegen den Erben/die Erbin.

Was kann vererbt werden?

Alle Vermögenswerte und auch Schulden des/der Verstorbenen sind vererblich. Zum Beispiel Liegenschaften, Sparguthaben, Schmuck, Fahrzeuge, offene Forderungen gegen andere Personen, aber auch laufende Kredite.

⚠️ Für Erben und Erbinnen gibt es nicht nur „angenehme Seiten", denn sie haften auch für Schulden. Daher ist bei der Annahme einer Erbschaft Vorsicht geboten.

Wann ist man erbunwürdig?

Erbunfähig, d. h., man kann nicht erben, ist man beispielsweise in folgenden Fällen:
- **Schwere strafbare Handlungen** gegen die/den Verstorbene/n (vorsätzliche Straftat, Strafdrohung mehr als ein Jahr Freiheitsstrafe)
- **Verbrechen in Bezug auf den letzten Willen** (z. B. Testamentsfälschung, Unterdrückung eines letzten Willens)
- **Verletzung von Eltern- oder Kindespflichten** (z. B. jemanden in einer Notlage im Stich lassen)
- **Erbverzicht:** Wer über sein Erbrecht gültig verfügen kann, hat auch die Möglichkeit, durch einen Vertrag mit dem Erblasser/der Erblasserin im Voraus darauf zu verzichten. Der Vertrag ist aber nur gültig, wenn er als Notariatsakt errichtet wurde oder ein gerichtliches Protokoll darüber aufliegt.

Die von der Tante geerbte Villa kann unter Umständen teuer zu stehen kommen.

2 Materielles Erbrecht

Frau Wurm hat eine Eigentumswohnung in Wien und ein Ferienhaus in Kroatien. Da sie nicht mehr die jüngste ist, möchte sie ihr Erbe regeln. Sie beschließt, ihr gesamtes Vermögen ihrer Tochter Anna zu vermachen. Ihr Sohn Sven ist bereits vor vielen Jahren nach Australien ausgewandert. Sie haben sich im Streit getrennt und sie denkt nicht daran, ihm etwas zu hinterlassen.

💬 Kann Frau Wurm ihren Sohn einfach so enterben? Hat er trotzdem Ansprüche?

Die drei Möglichkeiten, Erbe bzw. Erbin zu werden

Testament	Erbvertrag	Gesetzliche Erbfolge

💡 Mit **materiellem Recht** bezeichnet man das Recht, das die Regeln über Inhalt und Voraussetzungen von Ansprüchen enthält. Im Gegensatz dazu steht das **formelle Recht** (Verfahrensrecht), das die Regeln über die Durchsetzung der Ansprüche enthält.

2.1 Testament

Das Testament ist ein **einseitiges Rechtsgeschäft,** das jederzeit widerrufen werden kann. Das ABGB kennt verschiedene **Testamentsformen.**

Ordentliche Testamente		Außerordentliches Testament
Privattestament	**Öffentliches Testament**	**Nottestament**
Schriftlich	**Schriftlich** oder **mündlich**	**Mündlich**
■ **Eigenhändig** (handschriftlich) ▸ Das Testament muss vom Testator eigenhändig geschrieben und unterschrieben werden. ▸ **Keine Zeugen** sind notwendig. ■ **Fremdhändig** (PC oder handschriftlich von einer dritten Person) Der/Die Verstorbene hat durch einen eigenhändig geschriebenen Zusatz die Urkunde als letzten Willen zu bekräftigen (z. B. „Mein letzter Wille"). **Drei gleichzeitig anwesende Zeugen** sind notwendig. Diese müssen den Inhalt des Testaments nicht kennen. Die **Identität** der Zeugen (Vor- und Familienname, Geburtsdatum oder Adresse) muss im Testament enthalten sein und der sogenannte **„Zeugenzusatz"** (z. B. „Alfons Berger als Testamentszeuge") eigenhändig geschrieben sein.	Wird vor einem Notar oder bei Gericht errichtet. **Drei Zeugen** sind notwendig. Personen zwischen 14 und 18 Jahren dürfen nur in öffentlicher Form ein Testament errichten. 💡 Das notarielle Testament hat den Vorteil, dass Sie sich bei Bedarf eingehend vom Notar beraten lassen können. Gleichzeitig wird durch die besondere amtliche Verwahrung des öffentlichen Testaments gewährleistet, dass es nicht verloren geht oder unterdrückt wird.	Voraussetzung ist eine Notsituation (z. B. Seenot, Bergnot, Notoperation) Nur **zwei Zeugen** sind notwendig. (Mindestalter 14 Jahre). **Gültigkeit:** bis maximal drei Monate nach Ende der Gefahr

💡 Damit ein Testament des/der Verstorbenen auch sicher aufgefunden wird, kann es bei Gericht, einer Rechtsanwaltskanzlei oder einem Notariat hinterlegt werden. Dort erfolgt die Registrierung beim **Zentralen Testamentsregister** (ZTR).

✏️ Ordnen Sie im Testament die folgenden Bezeichnungen richtig zu:

1 **Legate** (Legat = Vermächtnis; Zuwendung einzelner Vermögensgegenstände durch letztwillige Verfügung).
2 Erbseinsetzung
3 Widerruf
4 Anordnung
5 Erlaubte Bedingung
6 Beschränkung auf den Pflichtteil

> ⚠️ **Voraussetzungen für Testamentszeugen/-zeuginnen**
> Sie müssen
> - die Sprache verstehen,
> - geistig in der Lage sein,
> - über 18 Jahre alt sein und
> - dürfen keine Begünstigten im Testament oder
> - nahe Verwandte sein.

Automatische Aufhebung von Testamenten durch Scheidung

Testamente zugunsten der früheren Ehegatten, der eingetragenen Partner oder der Lebensgefährten, werden aufgelöst. Gleiches gilt bei Aufhebung der Abstammung oder Adoption. Möchte der Erblasser/die Erblasserin, dass das Testament gültig bleibt, so kann er/sie letztwillig ausdrücklich das Gegenteil vorsehen.

Beispiel: Fremdhändiges Privattestament

Mein letzter Wille

Für den Fall meines Ablebens verfüge ich wie folgt:

☐ Zu meiner Universalerbin setze ich meine Freundin Grete Bauer, geb. 23. 6. 1960, wohnhaft in 1120 Wien, Billrothstraße 10, ein.

☐ Die Kinder sowie meine Ehegattin beschränke ich auf den gesetzlichen Pflichtteil.

☐ Meinem langjährigen Tennispartner, Herrn Franz Meier, vermache ich 10.000,00 EUR, damit er sich endlich einen Trainer leisten kann. Meinen Liegenschaftsbesitz in der Karibik, St. Lucia, vermache ich meiner Schwester Johanna Matz, wohnhaft in 5020 Salzburg, Rainerstraße 4.

☐ Als Testamentsvollstrecker setze ich Herrn RA Dr. Müller, 8010 Graz, ein.

☐ Ich widerrufe hiermit alle vorherigen Testamente.

☐ Meine Erbin hat für ein großes Begräbnis zu sorgen.

Graz, 20. Jänner 20 ..

Als Testamentserrichter:
Mein letzter Wille
Max Handler

Alfons Berger
Graben 5
1010 WIEN
Geb.: 24.5.1964
Testamentszeuge

Eva Müller
Weg 7
4020 LINZ
Geb.: 5.4.1978
Testamentszeuge

Bertl Erger
Kulm 20
4020 LINZ
Geb.: 13.7.1955
Testamentszeuge

Erbrecht

Beispiel: Eigenhändiges Testament

> Testament
>
> Für den Todesfall verfüge ich über mein Vermögen wie folgt:
> Meine Mutter Eva Hölzl, geb. 20. 5. 1952, Hausfrau, und
> meinen Freund Adam Auer, geb. 15. 12. 1971, setze ich als
> Erben ein.
> Meiner treuen Sekretärin Frau Gudrun Gärtner vermache ich
> 5.000,00 EUR. Ich wünsche mir ein einfaches Begräbnis.
>
> Wien, 20. Jänner 20..   Als Testamentserrichter:
>   Bernd Eisenstein

⚠️ Das eigenhändige Testament muss vom Testamentserrichter eigenhändig geschrieben und und unterschrieben werden. Es sind keine Zeugen notwendig.

Testierfähigkeit

Unter Testierfähigkeit versteht man die Fähigkeit, ein Testament errichten zu können.

Ein Testament errichten können	Kein Testament errichten können
■ grundsätzlich alle Personen, die das 18. Lebensjahr vollendet haben; ■ 14- bis 18-Jährige nur unter Mitwirkung des Gerichtes oder eines Notars/einer Notarin; ■ Personen, die eine Erwachsenenvertretung haben und die geistig dazu in der Lage sind, unter Mitwirkung des Gerichtes oder eines Notars/einer Notarin, es sei denn, das Gericht hat die allgemeine Testierfähigkeit ausgeschlossen.	■ Personen unter 14 Jahren; ■ Personen, die geistig nicht dazu in der Lage sind (z. B. Menschen mit geistiger Behinderung, Volltrunkene, Personen in geistiger Verwirrung).

Inhalt von Testamenten

■ **Erbeinsetzung**
Das Testament muss einen oder mehrere Erben/Erbinnen nennen. Die Benennung des Erben/der Erbin darf keiner dritten Person überlassen werden.

■ **Befristung**

> **Beispiel**
> „Tina erhält den Familienschmuck an ihrem 20. Geburtstag."

■ **Erlaubte Bedingung**
Ist in einem Testament eine erlaubte Bedingung enthalten, so erhält der/die Bedachte das Erbe erst mit deren Erfüllung.

> **Beispiel**
> „Mein Sohn Julian soll das Erbe erhalten, wenn er das Studium abgeschlossen hat."

■ **Unerlaubte Bedingung**
Eine unerlaubte Bedingung macht die letztwillige Anordnung zur Gänze unwirksam.

> **Beispiel**
> „Mein Sohn Julian soll nur erben, wenn er seine Freundin Susi heiratet."

✏️ Nennen Sie je ein Beispiel für eine erlaubte und eine unerlaubte Bedingung.

⚠️ Ein Testament kann jederzeit widerrufen werden.

Testierfreiheit – Testamentswiderruf

- Der Grundsatz der Testierfreiheit besagt, dass ein/e Verstorbene/r grundsätzlich frei über sein/ihr Vermögen verfügen kann.
- Im Testament kann jede beliebige Person bedacht werden.
- Gewisse **gesetzliche Erben** bzw. **Erbinnen** haben aber das Recht auf ihren **Pflichtteil.**
- Ein Testament kann jederzeit **widerrufen** werden.
- Generell gilt das zeitlich letzte Testament, wenn kein ausdrücklicher Widerruf erfolgt. Es ist daher ratsam, jedes Testament zu datieren, um spätere Streitigkeiten zu vermeiden.

2.2 Erbvertrag

⚠️ Der Erbvertrag bietet für den Verstorbenen die verbindlichste Möglichkeit zu regeln, was nach seinem Tod mit seinem Vermögen zu geschehen hat und ist eine Alternative zum Testament.

- Der Erbvertrag ist ein **zweiseitiges Rechtsgeschäft,** das nur zwischen **Ehegatten** und **eingetragenen Partnerinnen/Partnern** abgeschlossen werden kann. Im Gegensatz zum Testament kann ein Erbvertrag daher nicht einseitig abgeändert oder aufgehoben werden.
- Im Erbvertrag setzt entweder ein Gatte den anderen oder beide einander zu Erben ein.
- Damit der Erbvertrag gültig ist, muss er bei einem **Notar/**einer **Notarin** abgeschlossen werden.
- Mindestens **ein Viertel** des Nachlasses muss noch zur freien Verfügung bleiben. Dieses Viertel muss außerdem von Belastungen durch Schulden und Pflichtteile frei sein.
- Der Erbvertrag ist ein **Ehepakt** und erlischt mit der Scheidung, Aufhebung oder Nichtigerklärung der Ehe. Der Ehepartner, der schuldlos geschieden wurde, kann jedoch trotzdem jenen Erbteil erhalten, der im Erbvertrag vorgesehen wurde, wenn es keine andere Vereinbarung getroffen wurde (z.B. Bedingung im Erbvertrag, dass dieser nur bei Bestand der Ehe gilt).

Liniensystem = wird auch Parentelsystem genannt.

2.3 Gesetzliche Erbfolge

Die gesetzliche Erbfolge tritt nur dann ein, wenn weder ein Testament noch ein Erbvertrag vorhanden sind. Der Sinn liegt darin, die nächsten Angehörigen zu versorgen. „Das Gut rinnt nach dem Blut".

Linienprinzip
Sobald Erbberechtigte einer Linie vorhanden sind, sind alle weiter entfernten Linien vom Erbe ausgeschlossen.

Repräsentationsrecht
Stirbt der/die Erbberechtigte einer Linie vor dem/der Verstorbenen, so treten seine/ihre Nachkommen ihren Platz in der Rangordnung an.

Es gelten folgende Grundsätze
- Gleichnahe Verwandte erben zu gleichen Teilen.
- Die nähere Linie schließt die entferntere aus.

Die Erbfolge richtet sich nach dem sogenannten Liniensystem

1. Linie	=	Kinder und Kindeskinder (Enkel …)
2. Linie	=	Eltern des/der Verstorbenen und seine/ihre Nachkommen (Geschwister, Nichten und Neffen)
3. Linie	=	Zwei Großelternpaare und ihre Nachkommen (Onkel, Tanten, Cousins und Cousinen)
4. Linie	=	Vier Urgroßelternpaare = Erbrechtsgrenze

Beispiel
Herr Binder stirbt bei einem Verkehrsunfall. Es sind kein Testament und kein Erbvertrag vorhanden. Er hinterlässt zwei eheliche Kinder und eine Ehefrau. Die Kinder erben zusammen zwei Drittel, die Ehefrau ein Drittel.

Erbrecht

2.3.1 Gesetzliches Erbrecht des unehelichen Kindes und bei Adoption

Uneheliche Kinder, eheliche Kinder und Adoptivkinder erben gleich, da durch die Adoption ein Verhältnis wie bei der Abstammung entsteht. Adoptivkinder sind auch beim Tod ihrer leiblichen Eltern erbberechtigt.

Beispiel
Die Ehefrau von Herrn Wagner stirbt. Es sind kein Testament und kein Erbvertrag vorhanden. Es gibt weder eheliche noch uneheliche Kinder, nur eine Nichte von Frau Wagner. Herr Wagner erbt alles.

2.3.2 Ehegattenerbrecht – gleichgeschlechtliche Partnerschaften

Lebt der Ehegatte bzw. der eingetragene Partner/die eingetragene Partnerin zum Zeitpunkt des Todes des/der Verstorbenen, so hat er/sie ein gesetzliches Erbrecht.

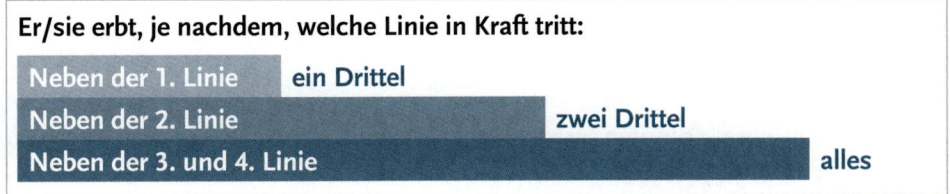

Er/sie erbt, je nachdem, welche Linie in Kraft tritt:	
Neben der 1. Linie	ein Drittel
Neben der 2. Linie	zwei Drittel
Neben der 3. und 4. Linie	alles

Gesetzlicher Voraus

Eine weitere wesentliche Bestimmung des Erbrechtes ist der gesetzliche Voraus des überlebenden Ehegatten bzw. des eingetragenen Partners/der eingetragenen Partnerin. Das bedeutet, dass diese Person ein **gesichertes Wohnrecht** hat, auch wenn der/die Verstorbene Eigentümer/in der Ehewohnung war. Voraussetzung jedoch ist, dass es sich um die gemeinsame Wohnung handelt.

Darüber hinaus stehen dem Ehegatten bzw. dem eingetragenen Partner/der eingetragenen Partnerin alle **beweglichen Sachen des Haushaltes** zu, um den bisherigen Lebensstandard weiterführen zu können. Für Lebensgefährten/-gefährtinnen gilt diese Bestimmung für die Dauer eines Jahres.

Der Pflichtteil ist ein reiner Geldanspruch!

2.2.3 Außerordentliches Erbrecht von Lebensgefährten

Vor dem Erbrecht von Vermächtnisnehmerinnen und -nehmern und der Aneignung durch den Staat erbt die Lebensgefährtin/der Lebensgefährte, wenn sie/er in den letzten drei Jahren im gemeinsamen Haushalt mit der/dem Verstorbenen gelebt hat.

⚠ Die Eltern erhalten nur dann ihren Pflichtteil, wenn vom Verstorbenen bzw. von der Verstorbenen keine Kinder vorhanden sind.

2.3.4 Pflichtteilsrecht

Das Pflichtteilsrecht stellt sicher, dass die gesetzlichen Erben/Erbinnen einen bestimmten Betrag aus der Verlassenschaft (Pflichtteil) erhalten, auch wenn sie im Testament nicht bedacht wurden. Man nennt diese Personen **Pflichtteilsberechtigte** oder **Noterben/-erbinnen**. Der Pflichtteil ist eine **Forderung auf Geld**.

Pflichtteilsberechtigte Personen		Quote vom gesetzlichen Erbteil
Kinder, Enkel (nur wenn Kinder vorverstorben sind) ...	=	die Hälfte
Ehegatten, eingetragene Partner/innen	=	die Hälfte

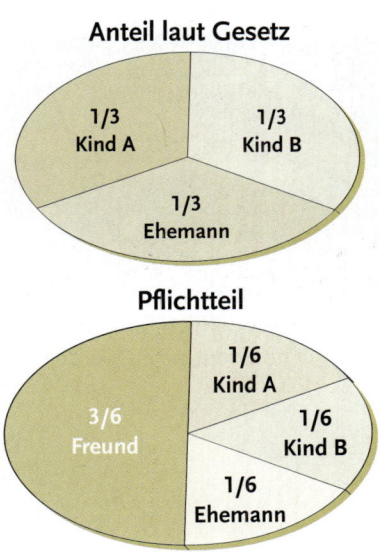

Beispiel
Frau Wurm ist verheiratet, hat zwei Kinder und einen Freund. Kurz vor ihrem Tod setzt sie ihren Freund im Testament als Universalerben ein. Der Ehemann und die zwei Kinder erhalten den Pflichtteil, das ist die Hälfte des gesetzlichen Anspruches.

V Bearbeitung und Lösung alltäglicher Rechtsprobleme

Vorempfang: Die Ausstattung einer Wohnung bzw. bezahlte Einrichtungsgegenstände können auf den Pflichtteil angerechnet werden.

Die Anrechnung auf den Pflichtteil

Häufig erhält einer von mehreren Pflichtteilsberechtigten schon zu Lebzeiten des Verstorbenen finanzielle Zuwendungen, sogenannte **Vorempfänge.** Damit die anderen Pflichtteilsberechtigten letztlich nicht benachteiligt werden, werden bestimmte Zuwendungen auf den Pflichtteil angerechnet.

Halbierung des Pflichtteils

Der Pflichtteil kann auf die Hälfte gemindert werden, wenn zwischen dem/der Verstorbenen und der pflichtteilsberechtigten Person zu keiner Zeit bzw. für einen längeren Zeitraum (mindestens zwei Jahrzehnte vor dem Tod des/der Verfügenden kein Naheverhältnis, wie zwischen Familienangehörigen üblich, besteht.

Die Pflichtteilsminderung muss im Testament ausdrücklich angeordnet werden. Sie kann nicht vorgenommen werden, wenn der/die Verstorbene den Kontakt zu seinem/ihrem Kind gemieden hat oder einen Anlass für den fehlenden Kontakt gegeben hat.

Beispiel für Halbierung des Pflichtteils
Besteht die Mutter darauf, dass ihr Kind beim Schwiegervater aufwächst und zu seinem leiblichen Vater keinen Kontakt hat, kann der leibliche Vater den Pflichtteilsanspruch des Kindes halbieren.

Stundung des Pflichtteils

Der Pflichtteil kann auf Wunsch der/des Verstorbenen oder auf Verlangen der belasteten Erben durch das Gericht auf fünf, maximal zehn Jahre (in besonderen Fällen) gestundet werden. (Verzinsung mit 4 Prozent)

2.3.5 Enterbung

Enterbungsgründe §§ 770 ABGB
- Gerichtlich strafbare vorsätzliche Handlung gegen die/den Verstorbene/n, die mit mehr als einjähriger Freiheitsstrafe bedroht ist
- Straftaten gegen nahe Angehörige der/des Verstorbenen, die mit mehr als einjähriger Freiheitsstrafe bedroht sind
- Testamentsfälschung, Unterdrückung des letzten Willens
- Wenn dem Verstorbenen in verwerflicher Weise schweres, seelisches Leid zugefügt wurde
- Wenn familienrechtliche Pflichten gegenüber dem Verstorbenen gröblich vernachlässigt wurden
- Verurteilung zu einer lebenslangen oder 20-jährigen Freiheitsstrafe

Enterbung in guter Absicht § 771 ABGB
Wenn aufgrund der Verschuldung oder des verschwenderischen Lebensstils einer/eines Pflichtteilsberechtigten die Gefahr besteht, dass der Ihr/ihm gebührende Pflichtteil ganz oder größtenteils ihren/seinen Kindern entgehen wird, kann ihr/ihm der Pflichtteil entzogen werden.

Dem spielsüchtigen Sohn kann der Pflichtteil entzogen werden.

Beispiel
Der Verstorbene hinterlässt einen Sohn und eine Enkeltochter. Der Sohn ist spielsüchtig und hat dadurch hohe Schulden angehäuft. Der Verstorbene kann seinen Sohn enterben und sein Vermögen direkt an seine Enkeltochter übergeben.

2.3.6 Pflegevermächtnis

Pflegeleistungen durch nahe Angehörige werden seit 1. Jänner 2017 mit Inkrafttreten des Erbrechtsänderungsgesetzes im Gesetz berücksichtigt.

- Der pflegenden Person gebührt ein gesetzliches Vermächtnis in Form einer **Geldleistung** aus dem Nachlass, wenn unentgeltlich Pflegeleistungen am bzw. an der Verstorbenen in den letzten drei Jahren vor dessen/deren Tod mindestens sechs Monate in nicht bloß geringfügigem Ausmaß erbracht wurden.
- Dieser Anspruch besteht gesetzlich, eine entsprechende Anordnung des/der Verstorbenen ist nicht notwendig.

⚠️ Das Pflegevermächtnis gebührt zusätzlich zum Pflichtteil. Die Höhe der Geldleistung ist im Gesetz nicht geregelt. Bisher hat sich die Judikatur meist an den Kosten einer professionellen Pflegekraft orientiert.

Beispiel
Eine Witwe verstirbt ohne Testament und hinterlässt drei Kinder, wovon eines (die Tochter) sie die letzten zwei Jahre vor dem Tod zu Hause liebevoll gepflegt hat. Der Pflegeaufwand lag bei etwa 15 Stunden pro Woche.
Die Witwe hinterlässt ein Einfamilienhaus und ein Sparbuch mit 90.000 EUR. Jedem Kind steht grundsätzlich ein Drittel des Nachlasses zu. Die Tochter kann als „Pflegevermächtnis" ihren Aufwand geltend machen (2 Jahre zu 52 Wochen a 15 Stunden zu z. B. 20 Euro, das sind 31.200 EUR). Sie muss sich diesen Betrag nicht auf ihren Erbteil anrechnen lassen.

⚠️ Das Erbrecht des Wohnsitzortes gilt für das gesamte Vermögen.

2.3.7 Europäische Erbrechtsverordnung

Die Europäische Erbrechtsverordnung regelt grenzüberschreitende Erbfälle. Mit Ausnahme von Großbritannien, Irland und Dänemark ist diese Verordnung in allen Mitgliedsstaaten der EU anwendbar. Für Erbfälle soll künftig das Gericht desjenigen Landes zuständig sowie das Recht des Staates anwendbar sein, in dem der Erblasser/die Erblasserin zum Zeitpunkt seines/ihres Todes den „gewöhnlichen Aufenthalt" hat.

Die EU-Erbrechtsverordnung gibt allerdings die Möglichkeit, mit einer Rechtswahl die Erbfolge dem Recht des Staates zu unterstellen, dem man zum Zeitpunkt der Ausübung der Rechtswahl angehört hat.

Beispiel
Herr Huber aus Bludenz will seinen Lebensabend in einer Seniorenresidenz in Spanien verbringen. Vor der Abreise, legt er in seinem Testament fest, dass auf den Erbfall österreichisches Erbrecht anwendbar sein soll.

2.3.8 Erblose Verlassenschaft (Heimfallsrecht des Staates)

Wenn niemand die Erbschaft antritt oder kein Berechtigter/keine Berechtigte vorhanden ist, fällt die Verlassenschaft dem Staat zu.

Aufgabenstellung – „Materielles Erbrecht"

- Berichtigen Sie die folgenden Aussagen.

Beispiel	Richtigstellung
Bei der Erstellung eines Privattestaments sind zwei gleichzeitig anwesende Zeugen notwendig.	
Ein Nottestament ist bis maximal zwei Monate nach Ende der Gefahr gültig.	
Testamentszeuginnen/-zeugen müssen über 16 Jahre alt sein.	
Kein Testament errichten können Personen unter 16 Jahren.	
Der Erbvertrag kann nur zwischen Ehegatten abgeschlossen werden.	
In 2. Linie erben Eltern und Enkel des/der Verstorbenen.	

3 Formelles Erbrecht

Wie kommt man an sein Erbe?

Die Erbschaft darf nicht eigenmächtig durch den Erben/die Erbin in Besitz genommen werden. Es ist dazu ein besonderes Verfahren, das **Verlassenschaftsverfahren**, notwendig. Die Abhandlung erfolgt beim zuständigen **Bezirksgericht.**

3.1 Gang des Verlassenschaftsverfahrens

- Das zuständige **Bezirksgericht** nimmt unter Beiziehung eines Notars/einer Notarin den Todesfall auf.
- Die persönlichen und finanziellen Belange der/des Verstorbenen werden gesichtet, die Erbberechtigten ermittelt, Testamente ausfindig gemacht usw.

Die Abhandlung kann unterbleiben (armutshalber abgetan werden), wenn die Aktiva 5.000,00 EUR nicht übersteigen und keine Liegenschaften vorhanden sind.

Erhebt der Erbe/die Erbin Anspruch auf den Nachlass, muss er/sie eine **Erbantrittserklärung** abgeben.

Todesfall
↓
Todfallsaufnahme durch den Notar/die Notarin (über Antrag des Bezirksgerichts)
↓
Hauptverfahren oder Verlassenschaftsverfahren im engeren Sinn
↓
Erbantrittserklärung

Bedingte Erbantrittserklärung	Unbedingte Erbantrittserklärung
Die Erbschaft wird mit der Haftungsbeschränkung auf die Höhe der Verlassenschaftsaktiva akzeptiert, z. B. Nachlass 10.000,00 EUR, Schulden 50.000,00 EUR, Haftung bis 10.000,00 EUR.	Die Erbschaft wird ohne Haftungsbeschränkung akzeptiert. Der Erbe/die Erbin haftet im Ergebnis auch mit seinem/ihrem Privatvermögen. **Vorteil:** rasche Abwicklung, keine Kosten für Inventarisierung, die Vermögenserklärung genügt. **Nachteil:** auch Haftung für unbekannte Schulden.

💡 Der Unterschied zwischen den beiden Arten der Erbantrittserklärung besteht darin, dass bei der bedingten Erbantrittserklärung ein **Inventar,** das ist eine sorgfältige Auflistung aller Vermögenswerte, errichtet werden muss. Zusätzlich muss auch eine Gläubigereinberufung erfolgen.

Darunter versteht man die Übergabe des Nachlasses durch Gerichtsbeschluss in Besitz und Eigentum des Erben/der Erbin, er/sie erlangt dadurch die volle Herrschaft über den Nachlass. Vorher muss das Testament erfüllt sein.

↓
Endbeschluss (Einantwortungsbeschluss)

3.2 Haftung für Schulden

Die Erben/Erbinnen haften für
- **Schulden der/des Verstorbenen**: Das sind Verpflichtungen der/des Verstorbenen, falls sie nicht durch ihren/seinen Tod erlöschen (wie persönliche Schulden, z. B. Geldstrafen).
- **Erbfallsschulden**: Diese entstehen erst bei Erbanfall (z. B. Begräbniskosten, Kosten für das Inventar, Pflichtteilsschulden), wenn keine Begrenzung durch die Abgabe einer bedingten Erbantrittserklärung erfolgte.

Auch Schulden werden vererbt!

3.3 Erbschafts- und Aneignungsklage

In der **Erbschaftsklage** behauptet der Kläger/die Klägerin, tatsächlicher Erbe/Erbin zu sein (ein gesetzlicher Erbe kann z. B. im Nachhinein nachweisen, dass das Testament gefälscht ist). Die Erbschaftsklage kann erst nach der rechtskräftigen Einantwortung eingebracht werden.

In der **Aneignungsklage** kann der Bund gegen den eingeantworteten Erben das Recht, sich die Verlassenschaft anzueignen, geltend machen.

 Wissensfragen – „Erbrecht"

1. Nennen Sie die Voraussetzungen, die notwendig sind, um ein gültiges schriftliches Testament zu errichten.
2. Nennen Sie die Gründe für eine Erbunfähigkeit.
3. Welche Arten von Testamenten gibt es?
4. Welche Voraussetzungen muss ein gültiges fremdhändiges Testament erfüllen?
5. Erklären Sie, was man unter Testierfähigkeit versteht.
6. Wer kann einen Erbvertrag unterschreiben?
7. Kann ein Testament widerrufen werden, und wenn ja, wie?
8. Erklären Sie die folgenden Begriffe: Pflichtteil, Liniensystem, Gesetzlicher Voraus, Vorempfang.
9. Erklären Sie den Unterschied zwischen bedingter und unbedingter Erbantrittserklärung.
10. Beschreiben Sie den Gang eines Verlassenschaftsverfahrens.

 Ziele erreicht? – „Erbrecht"

1. Herr Reiter stirbt, er hinterlässt kein Testament, keinen Erbvertrag, aber zwei Kinder, eine Ehefrau und eine Freundin. Wer erbt wie viel?

Kind 1	Kind 2	Ehefrau	Freundin

2. Anna Schwarzl wurde im Kindesalter adoptiert. Ihr leiblicher Vater stirbt. Erbt sie? Und wenn ja, wie viel?
3. Herr Kramer hat vier eheliche Töchter und einen unehelichen Sohn. Herr Kramer stirbt. Erbt sein unehelicher Sohn? Und wenn ja, wie viel?

4. Frau Wegerer enterbt ihre Tochter Susanne, weil diese einen ihr unsympathischen Mann geheiratet hat. Ist dies möglich?

5. Begründen bzw. widerlegen Sie die folgenden Aussagen. (R = Richtig; F = Falsch)

	R/F	Begründung/Richtigstellung
Es reicht, wenn ich mein Testament auf dem PC schreibe.		
Wenn sich meine Kinder nicht um mich kümmern, kann ich sie enterben.		
Ich brauche kein Testament, denn mein Ehepartner bekommt das Haus sowieso (und nicht die Kinder).		
Schulden und Kredite kann man nicht erben.		
Uneheliche Kinder erben weniger als Adoptivkinder.		
Wer enterbt wurde, ist auch vom Pflichtteilsrecht ausgeschlossen.		
Die Abhandlung des Verlassenschaftsverfahrens erfolgt beim zuständigen Landesgericht.		

6. Großvater Hans hat keine letztwillige Verfügung errichtet. Er hat seine Tochter Maria zur Alleinerbin gemacht. Maria hat eine Tochter Carmen. Hans stirbt.

    a) Wer erbt nun und warum?

    b) Wie bezeichnet man dieses Recht?

7. Herr Knoll hat vor Jahren seine Tochter verstoßen, weil er ihren Freund nicht als Schwiegersohn akzeptieren wollte und von ihr auch nichts mehr gehört hat. Im Testament kürzt er den Pflichtanteil. Ist dies möglich?

8. Herr Hintner lebt mit seiner Lebensgefährtin Susi seit zehn Jahren in seinem Haus in Bregenz glücklich und zufrieden. Susi hat das Häuschen zu dem gemacht, was es jetzt ist, sie hat es nämlich behaglich und geschmackvoll eingerichtet. Einen großen Teil ihres Einkommens hat sie investiert. Auf einer gemeinsamen Südseereise erkrankt Herr Hintner ernstlich. Auf dem Weg nach Hause stirbt er. Testament ist keines vorhanden.

    Vermögen: Haus in Bregenz, Wert ca. 200.000 €, Sparbuch 50.000 €, Anleihen 10.000 €.

    Verwandte: Mutter des Verstorbenen sowie eine Schwester. Aus erster Ehe hat Herr Hintner zwei Kinder im Alter von 20 und 18 Jahren.

    a) Wie könnte man Ihrer Meinung nach die Verlassenschaft verteilen?

    b) Nehmen Sie an, es wäre ein Testament vorhanden, in dem die Lebensgefährtin Universalerbin wäre. Welche Änderungen würden sich daraus ergeben?

9. Die verwitwete Frau Hofer aus Steyr hat eine erwachsene Tochter Maria sowie ein zehnjähriges Enkelkind Tim, der Sohn Marias. Frau Hofer hat eine Eigentumswohnung im Wert von 320.000 EUR, die sie bewohnt, sowie ein Barvermögen von 120.000 EUR. Im Urlaub erleidet Frau Hofer unerwartet einen Herzinfarkt und verstirbt:

    a) Wie viel steht ihrer Tochter zu, wenn Frau Hofer kein Testament gemacht hat? Wie viel ihrem Enkelkind?

    b) Was steht Maria zu, wenn Frau Hofer ihren Enkel Tim in ihrem Testament zum Alleinerben gemacht hat?

    c) Nehmen wir an: Maria hat den Kontakt zu ihrer Mutter vor fünf Jahren grundlos abgebrochen. Frau Hofer hat aus diesem Grund die Halbierung des Pflichtteils in ihrem Testament angeordnet. Nennen Sie die Voraussetzungen für diese Minderung. Unter welchen Umständen wäre eine Minderung nicht rechtens?

    d) Wo wird das Verlassenschaftsverfahren abgewickelt? Beschreiben Sie kurz den Ablauf des Verfahrens, wenn Maria die Erbschaft ohne Haftungsbeschränkung akzeptiert.

Sachenrecht

Schon kleine Kinder streiten darüber, ob irgendeine Sache ihnen gehört oder nicht. Was bedeutet nun: „Das ist meines?" Was ist überhaupt eine Sache? Wie kann ich mich zur Wehr setzen, wenn jemand meine Sachen wegnimmt, beschädigt, mich an der Nutzung meiner Sachen hindert?

Diesen und weiteren Fragen wird im folgenden Kapitel auf den Grund gegangen.

 Meine Ziele

Nach Bearbeitung dieses Kapitels kann ich
- erklären, was eine „Sache" ist;
- die verschiedenen Typen im Sachenrecht anführen;
- zwischen Innehabung, Besitz und Eigentum unterscheiden;
- Beispiele für Eigentumsbeschränkungen anführen;
- die Bedeutung des Grundbuchs erläutern.

V Bearbeitung und Lösung alltäglicher Rechtsprobleme

1 Allgemeines

Die 19-jährige Anna fährt seit Kurzem mit einem schicken, nagelneuen Cabrio durch die Gegend. „Das Auto ist geleast, das gehört jetzt mir!" – so oder ähnlich stellt sie ihren Freundinnen ihr neues Cabrio vor. Stimmt das, gehört das Auto wirklich ihr?

💬 Ist Anna die Eigentümerin, Besitzerin des geleasten neuen Autos oder hat sie es nur inne?

Der „Normalverbraucher" nimmt es mit den Begriffen wie **Besitz, Eigentum** oder gar **Innehabung** nicht sehr genau. Kennt er doch den Unterschied nicht. Das Eigentum ist in unserer Gesellschaft von großer Bedeutung. Je liberaler damit umgegangen wird, desto mehr Bedeutung haben Recht und Rechtsdurchsetzung in einem Staat. Je leichter es ist, zu enteignen oder Eigentum zu beschränken, desto weniger Freiheit herrscht in diesem Staat. Es ist daher ein Gradmesser der Demokratie und von großer gesellschaftspolitischer Bedeutung.

⚠️ **Tiere sind keine Sachen.**
Sie werden durch eigene Gesetze geschützt und ansonsten wie Sachen behandelt. So können Sie z. B. ihren Hund verkaufen oder verschenken.

Welche Funktion hat das Sachenrecht?

- Das Sachenrecht regelt die Zuordnung von Sachen bzw. Dingen zu Personen und wird als **dingliches Recht** bezeichnet.
- Es ist ein **absolutes Recht,** weil es von allen zu respektieren ist und gegen jedermann durchgesetzt werden kann (durch Eigentums- oder Besitzstörungsklage).
- Im Sachenrecht herrscht **Typenzwang,** d. h., die Anzahl und die Arten der Sachenrechte sind auf bestimmte Typen beschränkt, die zwingend vorgegeben sind. Das Gegenteil ist die **Gestaltungsfreiheit,** wie sie beim Schuldrecht besteht.

Gestaltungsfreiheit: Während im Schuldrecht im Prinzip jeder beliebige Vertrag vereinbart werden darf und die Vertragsparteien nicht etwa aus vorgegebenen Vertragstypen zu wählen brauchen, sondern neue schaffen können, ist das im Sachenrecht nicht möglich.

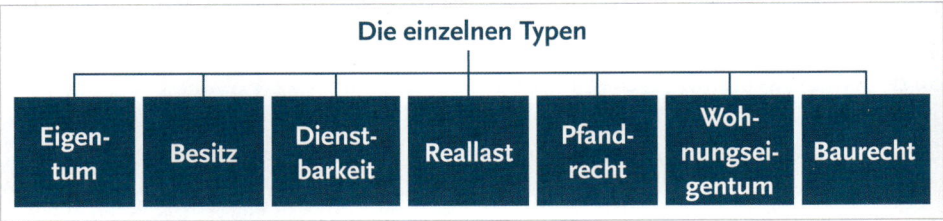

Die einzelnen Typen: Eigentum, Besitz, Dienstbarkeit, Reallast, Pfandrecht, Wohnungseigentum, Baurecht

Der **Schutz des Sachenrechts** (absolutes Recht) erfolgt durch
- Eigentumsklagen,
- Besitzstörungsklagen und schließlich durch
- das Strafrecht, z. B. bei Diebstahl oder Sachbeschädigung.

Sachbeschädigung wird auch strafrechtlich verfolgt!

Einteilung der Sachen

Sachen können nach verschiedensten Gesichtspunkten eingeteilt werden:

Körperliche Sachen	Unkörperliche Sachen
Sind sinnlich wahrnehmbar, z. B. Auto, Buch	z. B. Geldforderungen, Patentrechte

Bewegliche Sachen	Unbewegliche Sachen
Können ohne Beeinträchtigung von einer Stelle zur anderen gebracht werden, z. B. Notebook	z. B. Grundstücke

244

Sachenrecht

Teilbare Sachen	Unteilbare Sachen
z. B. Stoffballen	Sind entweder gar nicht oder nicht ohne beträchtliche Minderung ihres Wertes teilbar, z. B. Gemälde, Tisch

Verbrauchbare Sachen	Unverbrauchbare Sachen
Der Verbrauch steht im Vordergrund, z. B. Brot, Benzin	Die Substanz wird durch den Gebrauch nicht vermindert, z. B. Möbel, Gläser

Vertretbare Sachen	Unvertretbare Sachen
Können jederzeit durch gleichartige ersetzt werden, z. B. Geld, Geschirr	Können nicht ersetzt werden, z. B. Maßanzug

Ordnen Sie folgende Sachen ein und ergänzen Sie die Liste.

Seidentuch
_____

Videofilm
_____

Strom
_____

Antike Vase
_____

_____

_____

_____

2 Innehabung – Besitz – Eigentum

> *Mario lieh sich in der Stadtbücherei ein Buch über Mietrecht aus. Da sich das Buch als sehr hilfreich herausstellte, gab er es am nächsten Tag zurück, um es anschließend unbemerkt, nachdem der Bibliothekar es ins Regal gestellt hatte, unter seinem Mantel verschwinden zu lassen. Beim Verlassen der Bibliothek trifft er auf Kathrin. Sie schleppt eine Menge Bücher für ihr Referat nach Hause. Mario bietet sich an, ihr beim Tragen zu helfen.*

Überlegen Sie: Ist Mario in dieser Geschichte irgendwann Inhaber, Besitzer, Eigentümer des Buches/der Bücher (von Kathrin) geworden? Begründen Sie Ihre Vermutungen.

Innehabung – Besitz – Eigentum

Inhaber/in	Besitzer/in	Eigentümer/in
Ist eine Person, die eine Sache hat, sie aber nicht für sich behalten will. Sie hat **keinen Besitzwillen**. Der Inhaber/die Inhaberin ist bereit, die Sache jederzeit herauszugeben.	Ist eine Person, die eine Sache hat und sie (für eine bestimmte Zeit oder für immer) behalten will. Sie hat den **Besitzwillen.**	Ist eine Person, die das **absolute Recht** an einer Sache hat und beliebig mit ihr verfahren kann.
Beispiele ■ Die Garderobiere nimmt den Mantel in ihre Obhut. ■ Der Sohn leiht sich das Auto seiner Mutter. ■ _____	**Beispiele** ■ Der Dieb will die gestohlene Brieftasche für sich behalten. ■ Der Mieter einer Wohnung. ■ _____	**Beispiel** ■ Der Eigentümer darf seinen PC beliebig gebrauchen, verschenken oder auch zerstören. ■ _____

Der Eigentümer kann über seinen Laptop beliebig verfügen.

Vervollständigen Sie die Tabelle mit je einem Beispiel.

V Bearbeitung und Lösung alltäglicher Rechtsprobleme

2.1 Besitz

2.1.1 Besitzerwerb

Besitz kann auf verschiedene Arten erworben werden:
- **Körperliche Übergabe:** Darunter versteht man die Übergabe von Hand zu Hand, z. B. der Trafikant übergibt eine Zeitung, das Bezahlen im Restaurant.
- **Übergabe durch Zeichen:** Aufgrund der Beschaffenheit der Sache ist es nicht möglich, sie von Hand zu Hand zu übergeben, z. B. eine Wohnungsübergabe erfolgt durch Übergabe des Schlüssels an den Mieter/die Mieterin.
- **Übergabe durch Erklärung:** Es erfolgt hier keine tatsächliche Übergabe, da der zukünftige Besitzer bzw. die zukünftige Besitzerin die Sache bereits innehat, z. B. Leasingauto.

Übergabe der Schlüssel für die neue Mietwohnung = Übergabe durch Zeichen

Arten des Besitzes
Sachbesitz – Rechtsbesitz
Teilbesitz – Mitbesitz
Rechtmäßiger Besitz – Unrechtmäßiger Besitz
Redlicher Besitz – Unredlicher Besitz
Echter Besitz – Unechter Besitz

Erklären Sie die Arten des Besitzes anhand von Beispielen.

2.1.2 Besitzverlust

Besitzverlust liegt vor, wenn
- die Sache untergeht, z. B. ein Haus stürzt ein,
- die Sache freiwillig aufgegeben wird, z. B. verschenkt wird, oder
- die Sache durch einen anderen erworben, z. B. verkauft, wird.

2.1.3 Besitzstörung

Wann liegt eine Besitzstörung vor?
Eine Besitzstörung liegt vor, wenn fremde Besitzrechte eigenmächtig beeinträchtigt oder verletzt werden.

> **Beispiele**
> - Abstellen des Pkw auf einem Privatparkplatz (z. B. Kundenparkplatz, Firmenparkplatz)
> - Unbefugtes Betreten der Mietwohnung durch den Vermieter
> - Zuparken einer Aus- und Einfahrt
> - Der Ehegatte tauscht die Schlösser der Ehewohnung und hindert dadurch den anderen Ehepartner am Zutritt zur gemeinsamen Ehewohnung.

Ein Auto, das eine private Einfahrt verstellt, darf man nicht so ohne Weiteres abschleppen lassen.

⚠️ Wie lange die Besitzstörung erfolgte und zu welcher Tageszeit, ist unerheblich. Die Dauer spielt also keine Rolle – auch sehr kurzes Parken reicht schon für eine Besitzstörungsklage.

Wie kann man gegen eine Besitzstörung vorgehen?
Um sich gegen eine Besitzstörung wehren zu können, ist es nicht notwendig, dass man auch Eigentümer/in der Sache oder der Liegenschaft ist. Ausreichend ist bereits der Besitz. Daher können auch Mieter und Pächter gegen Störer vorgehen.

Wann darf Selbsthilfe in Anspruch genommen werden?
Sie darf nur dann in Anspruch genommen werden, wenn behördliche Hilfe zur Schadensabwendung zu spät kommen würde. Sie muss aber in einer **„verhältnismäßigen Weise"** zur Besitzstörung erfolgen.

> **Beispiel für Selbsthilfe**
> - Bei Peters Frau setzen die Wehen ein. Das nächste Krankenhaus ist in gut 30 Minuten mit dem Auto zu erreichen. Der Nachbar hat wieder einmal seinen Klein-Lkw vor Peters Ausfahrt geparkt. Der Nachbar reagiert weder auf das Klingeln an der Haustür noch auf einen Telefonanruf. Die nächste Polizeidienststelle ist im nächsten Ort. Peter ruft schließlich den Abschleppdienst und lässt den Lkw des Nachbarn abschleppen.

Ein Recht zur Selbsthilfe ist auch nur dann gegeben, wenn ein **unwiederbringlicher Schaden** droht. So zum Beispiel, wenn bei einem Geschäftsbetrieb infolge der belegten Parkplätze der Verlust von Kunden zu befürchten ist, nicht aber bei einem Einkaufszentrum, das über zahlreiche Parkplätze verfügt.

Besitzstörungsklage

Unter welchen Umständen ist eine Besitzstörungsklage zulässig und welche Wirkungen hat sie?

Mit einer Besitzstörungsklage wird auf Feststellung der Besitzstörung geklagt, auf die zukünftige Unterlassung von Störungen sowie die Wiederherstellung des früheren Besitzstandes.

Bei der Besitzstörungsklage geht es nicht um die Feststellung, der Art des Besitzes (wie rechtmäßig, redlich oder echt), sondern ausschließlich um die **Echtheit des Besitzes.**

> **Beispiel**
> Anton stiehlt Laura ihr neues Smartphone. Laura kann gegen Anton mit einer Besitzstörungsklage vorgehen, da Anton unechter Besitzer des Smartphones ist. Wenn Anton das Smartphone an seinen Freund Leo verkauft, kann Laura nicht mit einer Besitzstörungsklage gegen Leo vorgehen, da Leo echten Besitz hat. Laura kann hier nur mit einer Eigentumsklage vorgehen.

Die Besitzstörungsklage muss binnen **30 Tagen ab Kenntnis der Störung und Identität des Störers** bei Gericht eingebracht werden.

⚠️ Ist es im Zuge der Besitzstörung zu Schäden gekommen, kann in einem gesonderten Verfahren auch Schadenersatz gefordert werden, wenn ein Verschulden des Störers vorliegt. Die Geltendmachung von Schadenersatz ist im Rahmen des Besitzstörungsverfahrens nicht möglich.

2.2 Eigentum

Eigentum ist das absolute Recht an einer Sache. Der Eigentümer/Die Eigentümerin kann die Sache **beliebig benützen, über sie verfügen** oder **sie zerstören.** Gegenstand des Eigentums können alle körperlichen und unkörperlichen Sachen sein.

2.2.1 Arten des Eigentums

Man kann unterscheiden zwischen
- **Alleineigentum:** Nur eine Person ist verfügungsberechtigt.
- **Miteigentum:** Mehrere Personen sind Eigentümer/innen derselben Sache. Jeder Miteigentümer/jede Miteigentümerin hat einen bestimmten Anteil (z. B. ein Drittel oder 20 Prozent) und kann darüber frei verfügen.
- **Wohnungseigentum:** Ist das Recht eines Miteigentümers/einer Miteigentümerin, eine bestimmte Wohnung oder andere Räumlichkeiten ausschließlich nutzen zu dürfen.
- **Gesamteigentum:** Das Eigentum gehört mehreren Personen gemeinsam. Die Eigentümer können nur gemeinsam darüber verfügen (kaufen, verkaufen, belasten).

Wer eine Wohnung in einem Mehrparteienhaus kauft, ist Wohnungseigentümer bzw. -eigentümerin.

2.2.2 Eigentumserwerb

Voraussetzungen für den Eigentumserwerb

Titel: Ist die rechtliche Form, um Eigentum zu erwerben, z. B. Kaufvertrag.
Erwerbungsart: Ist der Vorgang, der das Eigentum konkret überträgt.
- **Durch Übergabe** bei beweglichen Sachen und
- **Eintragung in das Grundbuch** bei unbeweglichen Sachen, z. B. einem Grundstück.

Durch den Abschluss des Kaufvertrags und die Übergabe des Autos an die Käufer erfolgt der Eigentumserwerb.

Eigentum kann auf zwei Arten erworben werden

- **Ursprünglicher Eigentumserwerb**
  Ist vom Recht eines Vormannes (= Rechtsvorgänger) unabhängig. Das Recht entsteht beim Erwerber/der Erwerberin völlig neu.
- **Abgeleiteter Eigentumserwerb**
  Ist der Eigentumserwerb von einem Vormann (Rechtsvorgänger), d. h., man kann nur so viele Rechte erwerben, wie sie auch der Vormann hatte.

Beispiele
- Wenn Sie ein Grundstück kaufen, an dem die Nachbarn ein Gehrecht haben, müssen Sie die Nachbarn auch über Ihr Grundstück gehen lassen.
- Wenn Sie eine Eigentumswohnung mit einem Wohnrecht kaufen, hat jemand anderer das Recht, in dieser Wohnung zu wohnen.

Verschiedene Arten des ursprünglichen Eigentumserwerbs

Zueignung	Darunter versteht man den Erwerb herrenloser Sachen.
Fund	Der Finder hat eine Sache, die mehr als 10 Euro wert oder offensichtlich wichtig für den Eigentümer/die Eigentümerin ist (z. B. Kreditkarte, Schlüssel), dem Verlustträger/der Verlustträgerin zurück zu geben bzw. bei der zuständigen Behörde abzugeben. Nach Ablauf eines Jahres erlangt der Finder/die Finderin Eigentum an der Sache. Meldet sich der Eigentümer/die Eigentümerin, besteht Anspruch auf Auslagenersatz sowie auf Finderlohn. (Bis zu 2.000 Euro 10 %, darüber hinaus 5 % vom Mehrbetrag.) Bei vergessenen Sachen beträgt der Finderlohn generell 5 %.
Schatzfund	Der Schatz ist eine wertvolle Sache, deren Eigentümer/in aufgrund der verstrichenen Zeit nicht mehr ermittelt werden kann. Die Hälfte des Schatzes gehört dem Finder/der Finderin, die andere demjenigen, auf dessen Grund und Boden sie gefunden wurde.
Ersitzung	Ist Rechtserwerb durch Zeitablauf. Unter gewissen Voraussetzungen gehen Sachen in fremdes Eigentum über. Dazu gibt es bestimmte **Fristen:** - 3 Jahre bei beweglichen Gütern (eigentliche Ersitzung) - 30 Jahre bei beweglichen und unbeweglichen Sachen (uneigentliche Ersitzung) - 6 bzw. 40 Jahre bei Ersitzung gegen juristische Personen des öffentlichen Rechts, z. B. Ersitzung von Eigentum des Staates.

Ersitzung: Siehe dazu auch Kapitel „5 Dienstbarkeiten", S. 254.

Beispiel für Ersitzung

Wird ein Weg von unterschiedlichen Personen, z. B. Touristen, Gemeindebürgern etc. mehr als 30 Jahre genutzt, so kann dadurch eine Dienstbarkeit an einem (Wander-)Weg von einer Gemeinde oder z. B. auch von einem alpinen Verein ersessen werden.

Eine Ersitzung kann aber nur dann stattfinden, wenn der Benutzer des Weges auch redlich ist, d. h. er aus nachvollziehbaren Gründen davon ausgehen darf, dass er dieses Wegerecht benutzen darf. Wird vom Grundeigentümer vor Ablauf der Ersitzungszeit eine gut sichtbare Hinweistafel „Privatbesitz – Durchgang bis auf Widerruf gestattet" aufgestellt, so sind die Benützer des Weges nicht mehr gutgläubig.

2.2.3 Eigentumsbeschränkungen

Eigentum kann auch beschränkt werden, wenn durch die Ausnutzung der Eigentumsrechte andere gestört oder gefährdet werden oder wenn öffentliche Interessen bestehen.

Die Ausübung des Eigentumsrechtes kann auch beschränkt werden durch:
- Naturschutzgesetze
- Forstgesetz
- Denkmalschutz
- Baurecht
- Enteignung
- Verpflichtung durch Duldung gewisser Immissionen
- Servituten

Enteignung

Sie stellt den **massivsten Eingriff in das Eigentumsrecht** dar. Je leichter sie möglich ist, desto mehr Gefahr besteht für die Demokratie in diesem Staat. Unter gewissen Umständen ist es jedoch notwendig, Enteignungen vorzunehmen, um öffentliche Interessen und somit das Gemeinwohl durchzusetzen.
Der/die Enteignete hat Anspruch auf eine angemessene **Entschädigung.**

Immissionen

Immissionen sind **Einwirkungen von einem Grundstück auf ein anderes.** Die Eigentumsrechte enden dort, wo sie in die Eigentumsrechte eines anderen eingreifen. Sinn ist es, das friedliche Zusammenleben zu ermöglichen. Deshalb sind Immissionen nur sehr beschränkt zulässig.

Einwirkungen, die das **ortsübliche Maß nicht übersteigen** und die Benutzung des Grundstücks nicht wesentlich beeinträchtigen, sind jedoch hinzunehmen, z. B. Lärm durch freilebende Tiere wie Vögel, Frösche.

Der Straßenausbau erfordert manchmal Grundstücksenteignungen.

Arten von Immissionen

Direkte Immissionen	Indirekte Immissionen
Sind z. B. Einwirkungen von Wasser und Abwässern, Wärme, Erschütterungen etc. Solche Immissionen sind unter allen Umständen unzulässig.	Sind z. B. Gerüche, der Entzug von Licht ...

Beispiel
Felix liebt es, im Sommer auf seiner Terrasse zu grillen. Die Nachbarn fühlen sich durch den fast täglichen Grillgeruch gestört.
Im Nachbarschaftsrecht sieht das ABGB dazu vor, dass Eigentümer eines Grundstücks dem Nachbarn Einwirkungen durch Abwässer, Rauch, Gase, Geräusche usw. dann verbieten können, wenn sie das nach den örtlichen Verhältnissen gewöhnliche Maß überschreiten und die ortsübliche Benutzung des Grundstückes wesentlich beeinträchtigen.

Ein alter Baumbestand mag schön sein, solange die Nachbarn noch genügend Tageslicht in ihrem Haus haben.

2.2.4 Eigentumsschutz

Da das Eigentumsrecht ein absolutes Recht ist, kann es gegenüber jedermann mit der **Eigentumsklage** durchgesetzt werden. Der Eigentümer hat Anspruch auf Beseitigung, Unterlassung und Schadenersatz.

V Bearbeitung und Lösung alltäglicher Rechtsprobleme

Aufgabenstellungen – „Innehabung – Besitz – Eigentum"

1. Entscheiden Sie, ob in folgenden Fällen Max Inhaber, Besitzer oder Eigentümer ist:

Fall	Inhaber	Besitzer	Eigentümer
Max leiht sich von Egon eine DVD für den Fernsehabend.			
Max mietet eine Wohnung für drei Jahre und zieht ein.			
Max kauft bei einem Möbelhaus einen neuen Schreibtisch und stellt ihn zu Hause auf.			
Max ist vor zwei Monaten in seine neue Eigentumswohnung eingezogen. Der Notar verspricht, dass er bald im Grundbuch stehen werde.			
Max kauft einen neuen PC und nimmt ihn gleich mit nach Hause.			

2. Petra kauft sich ein neues Auto. Ist sie bereits mit der Unterzeichnung des Kaufvertrages Eigentümerin geworden? Begründen Sie Ihre Antwort.

3. Herr Huber kauft sich eine Eigentumswohnung. Der Verkäufer übergibt ihm die Schlüssel. Welche Art der Übergabe liegt hier vor?

4. Frau Wagner soll enteignet werden, damit eine Umfahrungsstraße gebaut werden kann. Ist dies so einfach möglich? Welche Voraussetzungen müssen für eine Enteignung vorliegen?

5. Patrick leiht sich das Auto von seiner Mutter aus, um zur Universität zu fahren. Er benützt es jeden Tag. Was ist Patrick rechtlich gesehen?

3 Grundbuch

Vor dem Kauf eines Grundstücks ist es wichtig, sich zu informieren, ob die Liegenschaft z. B. lastenfrei ist.

Daniel möchte mit seiner Freundin ein altes Haus kaufen und selbst renovieren. Sein Freund Michael rät ihm, vor dem Kauf „in das Grundbuch zu schauen". Was steht alles im Grundbuch, wissen Sie darüber Bescheid?

Was ist das Grundbuch?

- Das Grundbuch ist ein **öffentliches Buch**, in das Grundstücke und die an ihnen bestehenden dinglichen Rechte eingetragen werden.
- Es wird von den **Bezirksgerichten** geführt.
- Es besteht aus dem **Hauptbuch** und der **Urkundensammlung.**
- Weiters gibt es **Hilfseinrichtungen** (Grundbuchsmappe, Personen-, Grundstücks-, Straßenverzeichnis).

Die **Bedeutung des Grundbuchs** liegt darin, dass die dinglichen Rechte durch die Eintragung in das Grundbuch erworben werden können und dass jeder auf die Richtigkeit und Vollständigkeit des Grundbuchs vertrauen kann. Die Einsicht in das Grundbuch ist für jeden möglich.

Ein **Grundbuchsauszug** kann jederzeit gegen Gebühr
- vom Gericht,
- einem Rechtsanwalt/einer Rechtsanwältin,
- einem Notar/einer Notarin
ausgestellt werden.
Diesen Dienst bieten online auch Unternehmen an.

Eintragungsarten

- **Einverleibung:** Darunter versteht man die Eintragung und Löschung von Eigentumsrechten, Dienstbarkeiten, Hypotheken nach Antrag und gerichtlicher Bewilligung in die Grundstücksdatenbank.

Sachenrecht

- **Vormerkung:** Sie dient zur Rangwahrung, z. B. dann, wenn eine erforderliche Urkunde noch nicht beglaubigt wurde und daher die Einverleibung (der Vollrechtserwerb) noch nicht vorgenommen werden konnte.
- **Anmerkung:** Hier werden rechtserhebliche Umstände ersichtlich gemacht, z. B. Konkurseröffnung, Erwachsenenvertretung, Minderjährigkeit.

Grundbuchsprinzipien

Publizitätsgrundsatz	Grundsätzlich hat jedermann das Recht, einen Grundbuchsauszug zu erlangen.
Eintragungsprinzip	Um das Eigentum an Liegenschaften zu erwerben, ist die Eintragung ins Grundbuch notwendig.
Vertrauensprinzip	Jedermann darf darauf vertrauen, dass die Eintragung im Grundbuch richtig ist.
Prioritätsprinzip	Der zeitlich Frühere ist auch der rechtlich Stärkere. Maßgeblich ist hier das Einlangen des Grundbuchsgesuches bei Gericht.
Antragsprinzip	Die Eintragungen im Grundbuch erfolgen mit Grundbuchsgesuch. Von Amts wegen werden nur wenige Umstände, wie z. B. die Konkurseröffnung, eingetragen.
Spezialitätsprinzip	Bücherliche Rechte können immer nur an bestimmten Grundbuchskörpern erlangt werden.
Legalitätsprinzip	Der Rechtspfleger hat die formalen Voraussetzungen zu überprüfen, nicht jedoch, ob z. B. der Kaufvertrag durch Irrtum zustande gekommen ist.

Beispiel: Grundbuchsauszug
```
KATASTRALGEMEINDE 43111 St. Georgen an der Gusen         EINLAGEZAHL 721
BEZIRKSGERICHT Mauthausen
******************************************** ABFRAGEDATUM 2016-04-26
Letzte TZ 2104/2004
*********************************** A1 ***********************************
GST-NR G BA (NUTZUNG) FLÄCHE GST-ADRESSE
4/2 GST-Fläche 1644
Landw. genutzt 215
Wald 1429
*********************************** A2 ***********************************
*********************************** B  ***********************************
1 ANTEIL: 1/1
Brunner Sabine
GEB: 1970-08-15 ADR: Heinrich-Keidl-Weg 40 4030
d 1772/2003 Schenkungsvertrag 2003-08-07 Eigentumsrecht
e 1624/2004 Anschrift geändert
*********************************** C  ***********************************
2 a 1544/2006 Pfandurkunde 2006-09-12
PFANDRECHT Höchstbetrag EUR 200.000,--
zugunsten
BAWAG P.S.K.
*************************** HINWEIS ***************************
Eintragungen ohne Währungsbezeichnung sind Beträge in ATS
********************* 2010-04-26 11:26,30639 1I *********** ZEILEN: 24
```

A-Blatt (Gutsbestandblatt)
Im **A1-Blatt** finden sich die Grundstücke (Grundstücksnummern), im **A2-Blatt,** sofern vorhanden, Rechte (zum Beispiel das Recht, über ein fremdes Grundstück zu gehen – Dienstbarkeit) aber auch öffentlichrechtliche Beschränkungen (zum Beispiel Sicherheitszone Flughafen Linz).

B-Blatt (Eigentumsblatt)
Hier werden die Eigentümer/-innen, Anteile, bestimmte persönliche Verhältnisse (z. B. Sachwalterbestellung, Minderjährigkeit, Konkurs) eingetragen.

C-Blatt (Lastenblatt)
Hier werden Belastungen, wie z. B. Hypotheken und Dienstbarkeiten, eingetragen.

Aufgabenstellung – „Grundbuch"

- Max und der Verkäufer haben soeben den Kaufvertrag über ein bebautes Grundstück unterschrieben. Max hat zur Finanzierung einen Kredit über 120.000,00 EUR aufgenommen. Ermitteln Sie, auf welchen Blättern des Grundbuches (A-, B- und/oder C-Blatt) es in den nächsten Wochen wahrscheinlich zu Abänderungen kommen wird und zu welchen.

4 Pfandrecht

> Ben kann wieder einmal seine Miete nicht bezahlen. Sein Vermieter ist schon ziemlich sauer auf ihn. Der Rückstand beträgt mittlerweile drei Monatsmieten. Ben bietet aus Verzweiflung dem Vermieter sein Motorrad, auf das er so stolz ist, als Pfand an. Die beiden vereinbaren, dass Ben seine Schulden innerhalb der nächsten 30 Tage zurückzahlt.

💬 Der Vermieter nimmt das Motorrad von Ben als Pfand an. Um welche Art von Pfanderwerb handelt es sich?

Das **Pfandrecht** ist eines der ältesten Mittel unserer Rechtsordnung, um eine Forderung zu besichern. Das Pfandrecht gewährt, anders als die Servituten (siehe S. 252) kein Nutzungs- und Gebrauchsrecht.

Das Pfandrecht kann begründet werden an

- beweglichen, körperlichen Sachen = **Faustpfand** (Der Pfandgläubiger muss die Sache innehaben, also in Verwahrung nehmen, um das Pfandrecht aufrechtzuerhalten.)

  Beispiel
  - Der Vermieter erhält das Motorrad von Ben als Sicherstellung.

Das Pfandrecht bezieht sich immer auf bestimmte Sachen (z. B. ein Auto, eine Münzensammlung, eine Liegenschaft). Es kann also nicht das Vermögen einer Person als solches verpfändet werden.

- an unkörperlichen Sachen = **Forderungspfand** (z. B. Wertpapiere) oder
- an unbeweglichen Sachen (z. B. Liegenschaften): Das Pfandrecht ist im Grundbuch einzutragen, womit eine **Hypothek (Grundpfand)** entsteht.

Wie kann ein Pfandrecht erworben werden?

- Erwerb durch **Rechtsgeschäft**

  Beispiel
  - Stefan erhält von seinem Freund Max ein Privatdarlehen in Höhe von 2.000 EUR. Zur Sicherheit übergibt er ihm seine Goldmünzensammlung.

💡 In der Praxis sind z. B. Autos für die Besicherung von Bankkrediten ungeeignet, da die Bank das Auto in Verwahrung nehmen müsste, wozu aber Banken in der Regel nicht bereit sind.

- Erwerb durch **Gesetz**

  Beispiel
  - Markus hat seine Miete nicht bezahlt. Der Vermieter hat das Pfandrecht an den eingebrachten Sachen von Markus (z. B. Möbel, Elektrogeräte).

- Erwerb durch **Richterspruch** (Pfändungspfand)

  Beispiel
  - Frau Ebner kann ihre Schulden bei einem Versandhaus nicht mehr bezahlen. Der Gerichtsvollzieher kennzeichnet in der Wohnung von Frau Ebner die Pfandsache, z. B. einen Fernseher, mit dem „Kukuck".

Wir erlischt das Pfandrecht?

Das Pfandrecht erlischt
- mit der **Tilgung** der Forderung,
- mit dem **Untergang** der Pfandsache,
- durch **Zeitablauf** bei befristeten Pfandrechten oder
- durch **Verjährung.**

🔗 Siehe Kap. „Exekutionsrecht", S. 343 ff.

Pfandrecht

Pfandverwertung

Voraussetzungen
- **Pfandreife**, d. h., Forderung des Gläubigers muss ganz oder zum Teil fällig sein
- Verwertung des Pfandes durch Verkauf in einer **öffentlichen Versteigerung**
- Pfandgläubiger muss den Verkauf vorher androhen
- Versteigerung darf nicht vor Ablauf eines Monats nach Androhung stattfinden

Der Erlös aus dem Pfandverkauf steht dem Pfandgläubiger in Höhe seiner Forderung zu. Ist der Erlös höher als die Forderung, erhält der Schuldner die Differenz.

Vor allem der Bankenbereich bedient sich der Möglichkeit der dinglichen Besicherung für vielfältige Geldgeschäfte und Wirtschaftstransaktionen. Aber auch der normale Bürger greift zu den vom Pfandrecht gebotenen Möglichkeiten, wenn größere Ausgaben zu tätigen sind, sei es ein Hausbau, Renovierungsarbeiten oder der Kauf teurer Konsumgüter.

> Gerichtliche Versteigerungen werden in der Ediktsdatei des Bundesministers für Justiz bekannt gemacht und sind öffentlich zugänglich.

Welchen Vorteil hat das Pfandrecht für die Gläubiger im Falle einer Insolvenz? Hat ein Gläubiger seine Forderung mit einem Pfandrecht besichert, wird seine Forderung, unabhängig von einer Quote, aus diesem Vermögensbestandteil vorrangig befriedigt.

Beispiel

Herr Poltinger hat sich den Kauf seines Hauses mittels Bankkredit finanziert und ist bei der Rückzahlung in Zahlungsverzug geraten. Trotz mehrfacher Gespräche mit der Bank und Kompromisslösungen zahlt er weiterhin nicht. Die Bank ist als Pfandgläubiger im Grundbuch eingetragen. Deshalb darf sie die Immobilie versteigern, um an die offene Kreditsumme zu kommen. Den Erlös aus dem Verkauf, der dann noch übrig bleibt, erhält Herr Poltinger, der dann jedoch ausziehen muss. Eine solche Pfändung wird beim KSV vermerkt, was der Kreditwürdigkeit schadet.

Zur Löschung der Hypothek im Grundbuch benötigt Herr Politinger seitens der Bank eine sogenannte Löschungsquittung.

KSV (Kreditschutzverband) = ein privater Gläubigerschutzverband.

Aufgabenstellung – „Pfandrecht"

- Sie erinnern sich an den Einstiegsfall: Ben kann seine Mietschulden nicht fristgerecht bezahlen.

    a) Der Vermieter stellt gleich ein Verkaufsinserat auf eine Internetplattform. Darf er das? Begründen Sie Ihre Antwort.

    b) Angenommen das Motorrad wird um 1.800 EUR versteigert. Die Mietrückstände betragen 1.570 EUR. Was sind die Folgen?

    c) Angenommen Ben weigert sich, dass sein Motorrad versteigert wird. Wie kann der Vermieter noch zu seinem Geld kommen?

5 Dienstbarkeiten (Servituten)

💬 Muss Herr Kaindl akzeptieren, dass der Nachbar über sein Grundstück fährt?

> *Herr Kaindl möchte ein Haus auf dem Land kaufen. Im Grundbuchsauszug sieht er, dass eine Dienstbarkeit eingetragen ist. Der Nachbar darf die Zufahrt mitbenutzen. Herr Kaindl ist gar nicht erfreut.*

✏️ In welchem Grundbuchsblatt werden Dienstbarkeiten eingetragen?

Wenn Sie einer anderen Person das Recht gewähren, Ihr Grundstück oder das darauf stehende Gebäude z. B. als Weg, Überfahrt, für die Verlegung von Leitungen oder zum Wohnen zu nutzen, können Sie diese Rechte und Pflichten in Form einer Dienstbarkeit im Grundbuch eintragen lassen. Dies gilt ebenso, wenn Sie sich verpflichten, bestimmte Nutzungen Ihres Grundstücks nicht vorzunehmen, z. B. den Betrieb einer Tankstelle.

Arten von Servituten

Grunddienstbarkeiten	Persönliche Dienstbarkeiten
Berechtigt ist hier der Eigentümer/die Eigentümerin des Grundstücks. **Beispiele:** Wegerecht und Wasserleitungsrecht. Eine Gebäudedienstbarkeit ist z. B. das Recht der Dachtraufe (Ableitung des Regenwassers auf fremdem Grund). ⚠️ **Grunddienstbarkeiten gehen bei Veräußerung der berechtigten und belasteten Liegenschaft auf den Erwerber über.**	Berechtigt ist hier eine bestimmte Person. ■ **Fruchtgenuss** Der Zweck des Fruchtgenusses ist meist die persönliche Versorgung, z. B. auf Lebenszeit, einer Person. Gegenstand des Fruchtgenusses sind natürliche Früchte (z. B. Milchbezug, Holzbezug) oder Zivilfrüchte (z. B. Zinsen, Mieteinnahmen). Der Fruchtnießer kann auch eine juristische Person, z. B. eine Gemeinde, sein. ■ **Recht des Gebrauchs:** Der Nutznießer/die Nutznießerin darf damit nur seine/ihre persönlichen Bedürfnisse befriedigen (inhaltlich beschränkter als der Fruchtgenuss), z. B. eine Garagenbenutzung. ■ **Wohnrecht:** Recht zum Gebrauch einer Wohnung (z. B. die Einräumung eines lebenslangen Wohnrechts für die Mutter nach dem Tod des Vaters, bei gleichzeitigem Erbschaftserwerb der Liegenschaft durch die Kinder). Persönliche Dienstbarkeiten sind nicht übertragbar. Sie erlöschen mit dem Tod des/der Berechtigten.

💡 Die praktische Bedeutung von Servituten ist sehr groß, obwohl sie häufig Anlass für Streit sind.

⚠️ Titel und Erwerbungsart sind Voraussetzungen für die Servitutsbegründung. Dienstbarkeiten können auch durch **Ersitzung** erlangt werden.

Dienstbarkeitsschutz und Erlöschen von Dienstbarkeiten

Der Dienstbarkeitsberechtigte kann sein Recht mit der **Dienstbarkeitsklage** geltend machen. Sie wirkt gegenüber dem Eigentümer und auch gegenüber jedem Dritten, der die Servitutsausübung verhindert.

Servituten erlöschen durch
- Untergang der dienenden Sache,
- Verzicht,
- Enteignung,
- Verjährung, z. B. bei Nichtausnützung (30 Jahre)
- und durch Widersetzung des Eigentümers (3 Jahre).

6 Reallasten

Die Reallast verpflichtet den Eigentümer des belasteten Grundstücks, eine **Leistung in Form von „positivem Tun"** zu erbringen, z. B. Arbeiten, das Erbringen von Naturalien oder Geld. Darin liegt der Unterschied zu den Servituten, die keine (positive) Leistungsverpflichtung, sondern nur ein negatives Dulden/Unterlassen beinhalten können. Reallasten können auf Dauer oder zeitlich begrenzt vereinbart werden.

Holzbezugsrecht ist eine persönliche Dienstbarkeit

> **Beispiele**
> Das bäuerliche Ausgedinge, Holz- oder Wasserbezugsrechte oder Arbeitsleistungen wie die Erhaltung von Gebäuden oder Wegen.

7 Baurecht

Das Baurecht ist das dingliche, veräußerliche und vererbliche Recht, auf oder unter (z. B. Tiefgarage) der Bodenfläche eines fremden Grundstücks ein Bauwerk zu haben. Es wird in der Regel gegen Bezahlung eines **Baurechtszinses** vergeben. Es wird im C-Blatt des Grundbuchs eingetragen und eine eigene Baurechtseinlage eröffnet.

Zweck

- Der Eigentümer kann die Liegenschaft verwerten, ohne sein Eigentum aufgeben zu müssen.
- Rares Bauland kann günstig vergeben und genutzt werden.
- Der Bauberechtigte spart sich Kaufpreis, er zahlt nur den Baurechtszins.
- Die Baurechtseinlage kann belastet (verpfändet) werden.

> **Beispiel**
> Eine Gemeinde will einen Gewerbebetrieb ansiedeln. Sie kann dem Betrieb ein Baurecht auf einem gemeindeeigenen Grundstück einräumen.
> Vorteile: Sie ermöglicht dem Betrieb die kostengünstige Ansiedlung; bei einem Konkurs ist die Liegenschaft nicht verloren.

Dauer und Erlöschen

Es kann nicht auf weniger als 10 und nicht auf mehr als 100 Jahre bestellt werden. Bei Erlöschen fällt das Bauwerk dem Grundeigentümer, in der Regel gegen Entschädigung, zu.

 Wissensfragen – „Sachenrecht"

1. Was versteht man unter Typenzwang? Nennen Sie einige Typen.
2. Erklären Sie die folgenden Begriffe: Innehabung, Besitz, Eigentum.
3. Beschreiben Sie mit je einem Beispiel, welche Rechte Sie an Sachen haben können.
4. Wie erfolgt die Einteilung von Sachen?
5. Nennen Sie die Arten des Besitzes.
6. Erklären Sie, was man unter Besitzstörung versteht und wie man dagegen vorgehen kann.
7. Was sind die Voraussetzungen für den Eigentumserwerb?
8. Nennen Sie die Arten des ursprünglichen Eigentumserwerbs.
9. Was versteht man unter Immissionen?
10. Beschreiben Sie, was das Grundbuch ist.
11. Welche Arten von Servituten kennen Sie? Nennen Sie je zwei Beispiele dazu.

V Bearbeitung und Lösung alltäglicher Rechtsprobleme

Ziele erreicht? – „Sachenrecht"

1. Konstruieren Sie mithilfe der Schlagwörter „Paul" „PC" je ein Fallbeispiel für Innehabung, Besitz und Eigentum:

Innehabung	
Besitz	
Eigentum	

2. Katharina kauft sich gemeinsam mit ihrem Freund Tom eine Eigentumswohnung.
   a) Welche Art von Eigentum ist hier vorhanden?
   b) Beschreiben Sie, welche Rechte mit dem Eigentum an einer Sache verbunden sind.
   c) Was sind die Voraussetzungen für den Eigentumserwerb an der Wohnung?
   d) Die Wohnung wird mit einem Hypothekarkredit in Höhe von 100.000 EURO mitfinanziert. Welche Eintragungen und in welchen Blättern müssen vorgenommen werden?

3. Herr Knoll ärgert sich schon lange über die hohen Bäume auf dem Nachbargrundstück, die ihm viel Schatten in seinem Wohnzimmer bescheren.
   a) Welche Art von Eigentumsbeschränkung liegt hier vor. Ist diese zulässig?
   b) Was kann Herr Knoll tun, damit er wieder die Sonne in seinem Heim genießen kann? Worauf hat Herr Knoll Anspruch?

4. Klaus hat sich von seinem Freund Peter 2.000 EUR geliehen. Da Peter die schlechte Zahlungsmoral von Klaus kennt, verlangt er von ihm ein Pfand. Klaus gibt ihm daraufhin seine Fotoausrüstung.
   a) Welche Art von Pfandrecht liegt hier vor?
   b) Klaus kann das Darlehen in der vereinbarten Zeit nicht zurückzahlen. Was kann Klaus nun tun?

5. Die 30-jährige Kathrin plant, in den nächsten Jahren ein Haus zu bauen. Als ersten Schritt hat sie ein Grundstück gekauft:
   a) Was ist sie rechtlich gesehen nun? Besitzerin, Inhaberin oder Eigentümerin des Grundstücks?
   b) Um welche Art von Sache handelt es sich bei dem Grundstück?
   c) Um welche Art von Eigentum handelt es sich?
   d) Wie erfolgt der Eigentumserwerb?
   c) In welchem Blatt des Grundbuches wird Kathrin eingetragen?
   d) Das angrenzende Grundstück wird bebaut. Dabei werden immer wieder Baumaterial auf Kathrins Grundstück abgeladen und Baufahrzeuge abgestellt. Kathrin ist das gar nicht recht. Welche Möglichkeiten hat sie, dagegen vorzugehen?

Schuldrecht

Wir schließen jeden Tag Verträge: Kaufverträge beim Einkaufen, Beförderungsverträge beim Benutzen öffentlicher Verkehrsmittel, Schenkungsverträge, Leihverträge, Mietverträge usw.

Trotzdem wissen viele Menschen nur wenig über die rechtlichen Grundlagen. In diesem Kapitel lernen Sie über Ihre Rechte und Pflichten als Schuldner/in oder Gläubiger/in.

 Meine Ziele

Nach Bearbeitung dieses Kapitels kann ich
- die Voraussetzungen für Abschluss und Erfüllung eines Vertrages nennen;
- praktische Fälle zum Thema „Schuldrecht" lösen;
- Gewährleistungs-, Garantie- und Schadenersatzansprüche geltend machen.

V Bearbeitung und Lösung alltäglicher Rechtsprobleme

1 Allgemeines

> Juhu, endlich Pause! Sie laufen zum Schulbuffet und kaufen sich eine Käsesemmel und beim Kaffeeautomaten noch schnell einen Kaffee um 50 Cent. Sind das jetzt tatsächlich zwei gültige Verträge? Sie haben gelesen, dass nur Schriftliches gilt. Stimmt das überhaupt?
> Ihr neuer Wollpullover zieht Fäden, Sie „tauschen" ihn einfach um – Garantie oder so ähnlich nennt man das. Falsch, hier handelt es sich um Gewährleistung, und Sie haben einen gesetzlichen Anspruch darauf.
> In diesem Kapitel finden Sie Antworten auf all diese Fragen.

? Wenn ich eine Cola aus dem Automaten ziehe, ist das dann ein Kaufvertrag?

Das Schuldrecht ist ein **relatives Recht,** d. h., es kann – im Gegensatz zum Sachenrecht – nur gegenüber dem Vertragspartner/der Vertragspartnerin durchgesetzt werden. Die beteiligten Personen werden als **Schuldner/in** und **Gläubiger/in** bezeichnet. Zwischen ihnen besteht ein sogenanntes **Schuldverhältnis.**

💡 **Arten von Schuldverhältnissen**
- **Zielschuldverhältnis**
Das Schuldverhältnis hat eine einmalige Leistung zum Zweck, z. B. Kauf, Tausch, Schenkung.
- **Dauerschuldverhältnis**
Hier sind über längere Zeit wiederkehrende Leistungen zu erbringen, z. B. Miete, Dienstvertrag, Stromlieferungsvertrag, Arbeitsvertrag, Versicherungsvertrag.

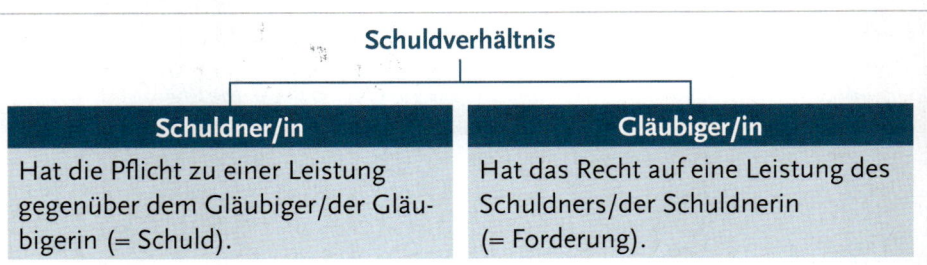

Schuldverhältnis	
Schuldner/in	**Gläubiger/in**
Hat die Pflicht zu einer Leistung gegenüber dem Gläubiger/der Gläubigerin (= Schuld).	Hat das Recht auf eine Leistung des Schuldners/der Schuldnerin (= Forderung).

2 Grundlagen des Vertragsrechts

Schuldverhältnisse können durch Rechtsgeschäfte entstehen. Wesentlicher Bestandteil ist die Willenserklärung.

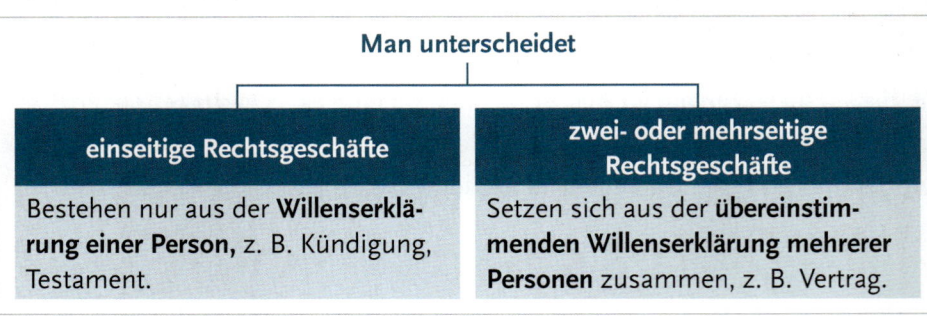

Man unterscheidet	
einseitige Rechtsgeschäfte	**zwei- oder mehrseitige Rechtsgeschäfte**
Bestehen nur aus der **Willenserklärung einer Person,** z. B. Kündigung, Testament.	Setzen sich aus der **übereinstimmenden Willenserklärung mehrerer Personen** zusammen, z. B. Vertrag.

Voraussetzungen für die Gültigkeit eines Vertrages

Geschäftsfähigkeit	Geschäftsfähig ist, wer eigenständig rechtlich handeln kann. (Siehe Kap. 1 Personenrecht, Handlungsfähigkeit.)
Übereinstimmende Willenserklärung	Übereinstimmung von Angebot und Annahme, z. B. über Preis und Menge einer Ware, muss gegeben sein. Ist sie nicht gegeben, spricht man von einer fehlerhaften Willensbildung. Diese kann entstehen durch Irrtum oder List, Drohung und Zwang.

Schuldrecht

Möglichkeit und Erlaubtheit	Unmögliche oder sinnlose Geschäfte sind ungültig, z. B. Verkauf eines Grundstücks auf dem Mars. Grenzen sind auch durch Gesetze (Verbote) und die **„guten Sitten"** gesetzt.
Einhaltung der Formvorschriften	Es gilt der **Grundsatz der Formfreiheit,** d. h., grundsätzlich können Verträge in jeder Form (mündlich, schriftlich, schlüssig) abgeschlossen werden. Für bestimmte Geschäfte verlangt das Gesetz die Schriftform und manchmal sogar die Mitwirkung von Notaren/Notarinnen oder der Gerichte (z. B. Erbvertrag, Ehevertrag).

Unter **„guten Sitten"** versteht man eine bestimmte Wertordnung der Gesellschaft, die sich jedoch laufend verändert. Was vor 20 Jahren noch den guten Sitten widersprach, kann heute bereits allgemein üblich sein.

Es gilt der Grundsatz der **Vertragsfreiheit,** d. h., man kann Verträge abschließen mit wem und worüber man will, solange nicht gegen Gesetze oder gegen die guten Sitten verstoßen wird.

Weiters gibt es die **Abschlussfreiheit,** d. h., man hat das Recht zu entscheiden, ob man einen Vertrag abschließen will oder nicht.

Eine Ausnahme ist der **Kontrahierungszwang:** Gewisse Personen oder Unternehmen haben die Pflicht, zu den üblichen Bedingungen mit jedermann einen Vertrag einzugehen. Sinn und Zweck dieser Vorschrift ist die Versorgung und Existenzsicherung von Personen und Willkürschutz vor Monopolisten.

Kontrahierungszwang besteht vor allem für Post, Bahn und Energieversorgungsunternehmen, aber auch für den einzigen Greißler in einem Bergdorf.

Wie kommt ein Vertrag zustande?

Ein Vertrag kommt durch **übereinstimmende Willenserklärung** zustande. Man spricht von **Angebot** und **Annahme.**

Die Willenserklärung kann erfolgen	
ausdrücklich	**schlüssig**
■ Schriftlich ■ Mündlich ■ Durch Gebärden oder Gesten, z. B. Kopfnicken	Aus der Handlung selbst ist ersichtlich, dass der Wille zum Vertragsabschluss vorliegt, z. B. Einwurf von 50 Cent in den Kaffeeautomaten.

Stillschweigen

Grundsätzlich kommt kein Vertrag stillschweigend zustande.

Beispiel
Johanna erhält unaufgefordert vom Verlag Auer & Co ein Buch mit dem Titel „Die Schönheit der Alpen" zugesandt. Sie öffnet das Paket und verwahrt es im Schrank. Nach 14 Tagen erhält sie die erste Mahnung vom Verlag. Wie soll Johanna sich verhalten? Gemäß ABGB ist kein Vertrag zustande gekommen. Johanna kann das Buch zurücksenden, sie kann es auch entsorgen.

Waren, die ohne Bestellung geliefert werden, brauchen nicht bezahlt und auch nicht retourniert werden.

Bedingung, Befristung, Auflage

Oft werden in einem Vertrag auch sogenannte **Nebenbestimmungen** aufgenommen.

> 💡 Nebenbestimmungen müssen erlaubt sein. Verboten wäre es, bei einer Wohnung in einem Mietwohnblock eine Befristung des Mietvertrages auf ein Jahr vorzunehmen (gesetzliche Mindestfrist: 3 Jahre). Erlaubt wäre die Befristung auf ein Jahr bei der Vermietung eines Einfamilienhauses. Verboten ist es, wenn ein Unternehmer von seinem Lieferanten den Kaufpreis mit der Begründung zurückfordern könnte, dass sein Kunde seinerseits nichts zahlt (Verbot der Überwälzung des Eintreibungsrisikos).

Nebenbestimmungen in Verträgen

Bedingung	Befristung	Auflage
Hier wird ein Recht von einem ungewissen Ereignis abhängig gemacht.	Das Ereignis wird sicher eintreten. Mit dessen Eintritt beginnt oder endet ein Recht.	Der Begünstigte wird aus einem Testament oder einer Schenkung zu einem bestimmten Verhalten verpflichtet.
Beispiel Bedingung aus einem Arbeitsvertrag mit einem Fußballprofi: „Dieser Arbeitsvertrag endet, wenn der Verein in die zweite Liga absteigt".	**Beispiel** Aus einem Mietvertrag: „Dieser Mietvertrag endet nach Ablauf eines Jahres vom Zeitpunkt der Vertragsunterzeichnung an berechnet."	**Beispiel** Aus einem Testament: „Mein Freund Rudi erbt das Haus nur, wenn er mir täglich eine Rose aufs Grab legt."

> ⚠️ Ein Testament ist natürlich kein Vertrag, Auflagen kommen hauptsächlich bei Testamenten vor.

3 Vertragserfüllung

Die Erfüllung des Vertrages kann in einem **Tun** (z. B. A liefert eine Ware) oder **Unterlassen** (z. B. B benützt die Privatstraße des Nachbarn nicht mehr) bestehen.

Elemente der Vertragserfüllung

- **Erfüllungsort:** Dies ist der Ort, an dem die Leistung erbracht werden soll.
- **Erfüllungszeit:** Die Fälligkeit kann von den Vertragspartnern/partnerinnen festgelegt werden. Ist nichts vereinbart, so kann jederzeit Erfüllung verlangt werden. Natur und Zweck der Leistung sind jedoch zu berücksichtigen.
- **Erfüllungsweise:** Ist vertraglich nichts anderes vereinbart, so hat die Leistung Zug um Zug zu erfolgen (d. h. Geld gegen Ware).

> ⚠️ Bei bestimmten Rechtsgeschäften sind Bedingungen oder Befristungen unzulässig, und zwar dann, wenn dadurch **öffentliche Interessen geschädigt werden**, oder aus **Gründen der Sittlichkeit**, z. B. beim Abschluss einer Ehe und bei Annahme an Kindes statt.

4 Vertragsabsicherung

Um die rechtzeitige Erfüllung des Vertrages abzusichern, gibt es mehrere Möglichkeiten – hier die wichtigsten:

Vertragsstrafe (= Pönale, Konventionalstrafe)	Die Pönale ist ein **pauschalierter Schadenersatz.** Ein Pönale ist dann zu leisten, wenn • der Vertrag nicht erfüllt wurde, • bei Verzug oder • bei Schlechterfüllung. Die **Pönale** wird vertraglich vereinbart. Der Vertrag muss jedoch trotzdem erfüllt werden.

Schuldrecht

Eigentumsvorbehalt	Es wird vertraglich vereinbart, dass die erworbene Sache bis zur vollständigen Bezahlung trotz Übergabe im Eigentum des Verkäufers/der Verkäuferin bleibt.
Pfandrecht	Es dient zur Besicherung von Rechtsgeschäften durch **Übergabe von Wertsachen** an den Gläubiger/die Gläubigerin.
Bürgschaft	Hier verpflichtet sich **ein Dritter/eine Dritte,** den Vertrag zu erfüllen, wenn der Schuldner/die Schuldnerin seine/ihre Leistung nicht erfüllen kann. Die Bürgschaft soll die Einbringlichkeit sichern.
Garantie	Garantie ist die **Haftung** eines Vertragspartners/einer Vertragspartnerin **für Mängel,** die innerhalb des vereinbarten Garantiezeitraumes auftreten.

❓ Das neu gekaufte Handy hat eine Garantiezeit von zwei Jahren. Was beinhaltet diese Garantie? Lesen Sie in Ihrem Handyvertrag nach.

5 Leistungsstörungen

Nico kauft sich einen teuren Kaffeevollautomaten um 1.300,00 EUR. Auf der Verpackung ist zu lesen: „Mit patentiertem Cappuccino-System: Auf Knopfdruck werden Milch und Espresso im gewünschten Verhältnis direkt in die Tasse gegeben." Als er am Abend seiner Freundin Uschi voller Stolz einen Cappuccino machen will, gelangen Milch und Espresso nicht wie versprochen im gewünschten Verhältnis in die Tasse. Auch beim zweiten und dritten Versuch will das nicht gelingen.

✏️ Muss Nico sich jetzt einen neuen Kaffeevollautomaten kaufen, kann er ihn umtauschen? Schreiben Sie in Stichworten auf, was Sie an seiner Stelle tun würden.

Arten der Leistungsstörungen

- Mangelhafte Erfüllung mit Rechtsfolge Gewährleistung
- Verkürzung über die Hälfte des wahren Wertes
- Unmöglichkeit der Leistung
- Verzug

5.1 Gewährleistung

Gewährleistung bedeutet, dass eine Sache, die einem anderen verkauft wird, zum Zeitpunkt der Übergabe keine Mängel haben darf. Hat sie einen **Mangel,** haftet der Verkäufer dafür.

Beispiel
Oma Schulz kauft sich zum 84. Geburtstag einen Computer. Der Verkäufer sagt ihr im Vertrag zu, dass alle Microsoft Office-Programme als Vollversion vorinstalliert sind. Als eine Woche später ihre Enkelin zu Besuch kommt, stellt sie fest, dass es sich nur um befristete Demo-Versionen handelt. Vertraglich war etwas anderes vereinbart, es handelt sich daher um einen Mangel.

💡 **Eine Sache ist mangelfrei, wenn sie:**
- den vertraglichen Vereinbarungen entspricht,
- alle Eigenschaften hat, die man bei der Kaufsache üblicherweise voraussetzen darf,
- auch die Eigenschaften besitzt, die in der Werbung oder in beigelegten Beschreibungen angeführt werden.

V Bearbeitung und Lösung alltäglicher Rechtsprobleme

💬 Versuchen Sie, sich und Ihrer Nachbarin/Ihrem Nachbarn durch ein lebensnahes Beispiel den Unterschied zwischen Sach- und Rechtsmangel zu verdeutlichen.

Arten von Mängeln

Sachmängel	Rechtsmängel
Die Sache hat einen körperlichen Mangel.	Der Verkäufer kann dem Käufer nicht die versprochene rechtliche Position verschaffen. Jeder kann nur die Rechte an einer Sache weitergeben, die er selbst hat.
Beispiel Wie im Beispiel mit dem Kaffeeautomaten lässt sich das Verhältnis Milch/Espresso nicht steuern, oder bei einem Neuwagen sind die Bremsen defekt.	**Beispiel** Ein Dieb kann dem Käufer kein Eigentum an einer Sache verschaffen.

❓ Was antworten Sie auf folgendes Argument eines Händlers (= Verkäufers): „Also, ich habe das Gerät ja nicht erzeugt, und deshalb bin ich für diesen Mangel auch nicht verantwortlich."

Welche Rechte hat der Käufer durch die Gewährleistung?

Die folgende Übersicht zeigt jene Rechte, die der Käufer dank der Gewährleistung hat.

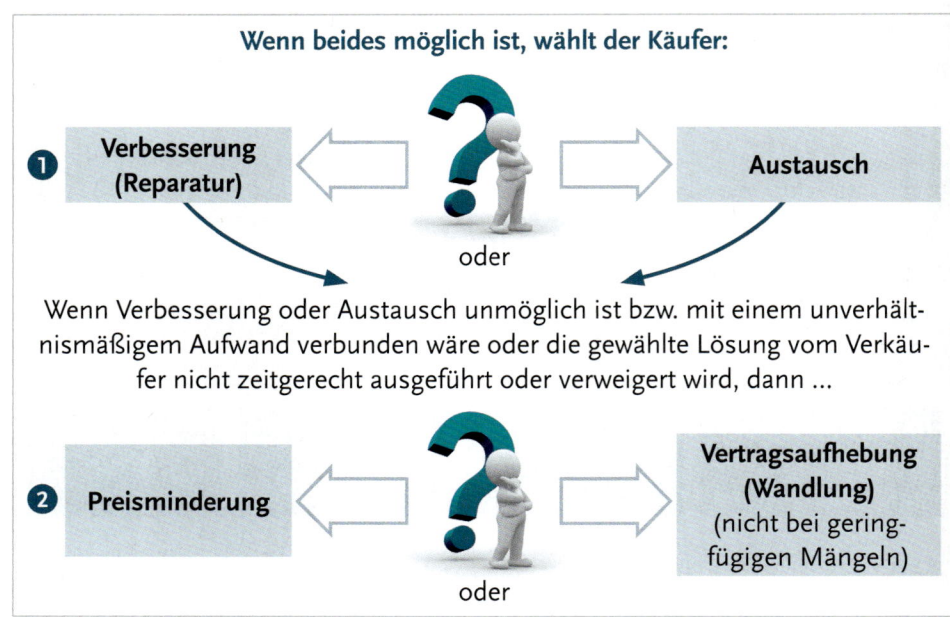

⚠️ Grundsätzlich müssen Reparatur bzw. Austausch dort erfolgen, wo der Erfüllungsort der Lieferung lag:
- Wurde die Ware seinerzeit beim Verkäufer abgeholt, muss man sie ihm bringen (!), wenn sie mangelhaft ist.
- Wurde die Ware seinerzeit zugestellt, so muss der Verkäufer sie abholen oder Kosten und Gefahr der Übersendung tragen.

❶ Verbesserung oder Austausch

Grundsätzlich hat der Käufer die Wahl zwischen **Reparatur (= Verbesserung) oder Austausch (= Umtausch)** der mangelhaften Ware.

Allerdings besteht das Wahlrecht zwischen Reparatur und Austausch nicht, wenn eine Reparatur oder ein Austausch gar nicht möglich ist oder für den Verkäufer mit einem unverhältnismäßig hohen Aufwand verbunden wäre.

Beispiel
Thomas' MP3-Player ist bereits nach vier Wochen defekt. Eine Reparatur würde 120,00 EUR kosten. Thomas kann nicht auf die Reparatur des MP3-Players bestehen, da die Durchführung so einer teuren Reparatur für den Verkäufer unzumutbar wäre. Der Verkäufer kann das Gerät austauschen.

Für den Käufer ist die Behebung des Mangels **kostenlos**. Entstehen bei der Behebung des Mangels durch den Verkäufer Transport-, Material- oder Arbeitskosten, so sind sie zur Gänze vom Verkäufer zu tragen.

❷ Preisminderung oder Vertragsaufhebung

Der Käufer kann zwischen Preisminderung und Vertragsaufhebung nur wählen, wenn
- die mangelhafte Ware weder repariert noch ausgetauscht werden kann,
- der Verkäufer eine Reparatur oder einen Austausch verweigert,
- die Reparatur oder der Austausch in angemessener Zeit nicht möglich ist,
- nur mit unverhältnismäßig hohem Aufwand durch den Verkäufer durchzuführen wäre.

Bei der **Preisminderung** behält der Käufer die nach wie vor mangelhafte Ware, dafür reduziert sich aber der Rechnungsbetrag angemessen.

> ⚠ Das Wahlrecht zwischen einer Preisminderung und einer Vertragsaufhebung besteht nicht, wenn ein geringfügiger Mangel (z. B. Kratzer am Handy) vorliegt. Der Käufer kann nur Preisminderung verlangen.

💡 Der Käufer muss in der Regel nicht mehr als **zwei Verbesserungsversuche** zur Mängelbehebung zulassen, bevor er vom Vertrag zurücktreten kann. Der Rücktritt sollte nach dem ersten oder zweiten Verbesserungsversuch schriftlich angedroht werden. Man kann dem Verkäufer aber auch gleich eine Preisminderung anbieten. Willigt der Verkäufer ein, dann gilt das auch.

Welche Gewährleistungsfristen gelten?

Der Käufer muss zeitgerecht reklamieren, ansonsten erlöschen die Rechte aus der Gewährleistung nach gewissen Fristen.

Gewährleistungsfristen	
Neue bewegliche Sachen	2 Jahre
Gebrauchte bewegliche Sachen	2 Jahre, aber beide Vertragspartner können nach Absprache die Frist auf 1 Jahr verkürzen.
Unbewegliche Sachen (= Grundstücke, Häuser und alles darin Eingebaute, z. B. Fenster oder Böden)	3 Jahre
Arglistig verschwiegene Mängel	30 Jahre

Diese Fristen können grundsätzlich vertraglich **verkürzt** oder verlängert werden, **außer bei Verbrauchergeschäften.** Hier ist die Verkürzung ausgeschlossen.

⚠ Bewahren Sie Rechnungen zwei bzw. drei Jahre lang auf, um eventuelle Gewährleistungsansprüche geltend machen zu können.

> Bei **Verbrauchergeschäften** ist eine **Verkürzung** der Gewährleistungsfristen **bei Neuwaren ausgeschlossen,** da sie den Käufer (Konsumenten, Verbraucher) benachteiligen würde. Bei Gebrauchtwaren kann die Frist auf 1 Jahr verkürzt werden.

Fristenlauf und Beweislast

Die Fristen beginnen grundsätzlich **ab Übergabe der Ware** zu laufen. Je nach Zeitpunkt innerhalb der Frist liegt die Beweislast beim Käufer oder Verkäufer:

V Bearbeitung und Lösung alltäglicher Rechtsprobleme

💡 Wird z. B. bei einer Autoreparatur die kaputte Lichtmaschine bei einem gebrauchten Auto durch eine neue ersetzt, so hat dieses neue Teil seine eigene Gewährleistungsfrist, nämlich wieder 2 Jahre.

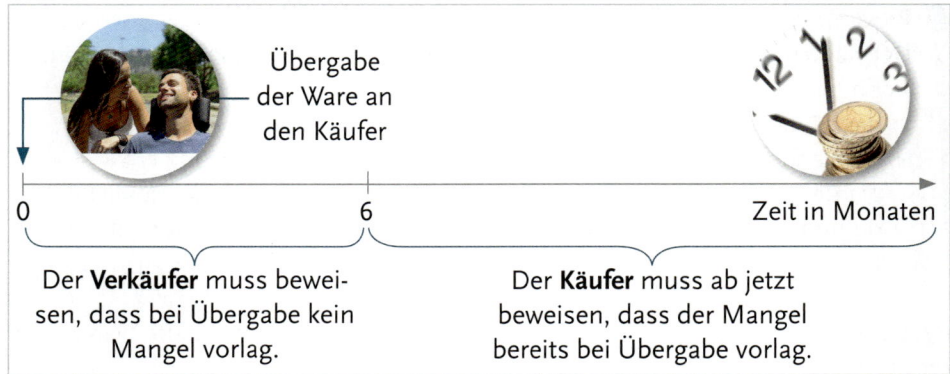

Der **Verkäufer** muss beweisen, dass bei Übergabe kein Mangel vorlag.

Der **Käufer** muss ab jetzt beweisen, dass der Mangel bereits bei Übergabe vorlag.

Garantie

Gewährleistung und Garantie sind nicht dasselbe! Eine Garantie kann zusätzlich zur gesetzlich verankerten Gewährleistung gewährt werden.

✏️ Bringen Sie von zu Hause Garantieerklärungen, beispielsweise für den Kühlschrank, das Auto, den Rasenmäher etc., mit und analysieren Sie:

a) Was genau umfasst die Garantie?

b) Wie lange gilt sie?

c) Ist sie an Bedingungen geknüpft?

d) Für welche Fälle ist die Garantie ausgeschlossen?

Unterschied zwischen Gewährleistung und Garantie	
Gewährleistung	**Garantie**
Ist gesetzlich geregelt (§§ 922 ff ABGB). Ansprüche bestehen nur bei Mängeln, die zum Zeitpunkt der Übergabe bestanden haben.	Ist eine vertragliche Vereinbarung. Ansprüche richten sich nach der vertraglichen Vereinbarung (Garantieschein).

Eine **Garantie** ist die **freiwillige** Zusage des Herstellers oder Händlers (= Verkäufers) oder einer sonstigen Person, für Mängel einzustehen. Sie kommt auch bei Mängeln, die zum Zeitpunkt der Lieferung (= Übergabe) noch nicht bestanden, zur Anwendung. Vorausgesetzt wird immer eine sachgemäße Nutzung der gekauften Ware.

> **Beispiel**
> Wenn bei einem Kaffeevollautomaten eines Kaffeehauses nach fünf Monaten eine Dichtung kaputtgeht, ist das kein Gewährleistungsfall. Es könnte aber sein, dass ihm der Hersteller für diesen Fall mittels einer Garantie den Austausch der Dichtung zugesagt hat.

Wie lange der Hersteller bzw. Händler für Mängel einstehen mag und wofür genau er garantiert, bleibt ihm überlassen. Er kann dies frei bestimmen. So kann die Garantie manchmal an Bedingungen gebunden sein – wie beispielsweise eine Garantiekarte auszufüllen oder ein regelmäßiges Service durchführen zu lassen.

Wurde eine Garantieerklärung gegeben, so kann der Käufer wählen, ob er sich im Rahmen der Gewährleistung an den Händler wendet oder ob er die Garantieleistungen des Herstellers beansprucht.

5.2 Verkürzung über die Hälfte des wahren Wertes

Hat ein Vertragspartner eine Gegenleistung erhalten, die nicht einmal die Hälfte seiner eigenen Leistung wert ist, so hat er das Recht, den **Vertrag aufzuheben.** Die Aufhebung des Vertrages kann der Vertragspartner aber verhindern, wenn er dem anderen die Differenz zwischen eigener Leistung und Gegenleistung aufzahlt.

Sollte jemand aber die Sache aus **Liebhaberei** in vollem Bewusstsein des wahren Wertes kaufen, steht ihm das Recht der Vertragsaufhebung nicht zu.

> **Beispiel**
> Frau Moser kauft bei einem Trödler ein Kaffeeservice um 400,00 EUR. Als ihre Freundin Herma, eine leidenschaftliche Sammlerin von alten Dingen, zu Besuch kommt, macht sie sie darauf aufmerksam, dass dieses Service vielleicht 160,00 EUR wert sei, aber sicher nicht mehr. Frau Moser verlangt vom Trödler, dass er ihr die 400,00 EUR gegen Rückgabe des Services zurückgibt.

❓ Kann der Trödler das Geschäft aufrechterhalten?

5.3 Spätere Unmöglichkeit der Leistung

Ist nach Vertragsabschluss die versprochene **Sache untergegangen** und wird die Leistung dadurch unmöglich, gilt der Grundsatz, dass niemand für Zufall oder höhere Gewalt haftet.

> **Beispiel**
> Simon hat ein wertvolles Bild seines Großvaters an einen Kunstliebhaber verkauft. Dieser will es sich in zwei Wochen abholen. Max verwahrt es in seinem Keller auf dem Regal. Durch ein Jahrhunderthochwasser wird der Keller bis zur Decke überflutet. Das Bild ist zerstört. Hier kann Max kein Vorwurf gemacht werden, niemand muss mit einem Jahrhunderthochwasser rechnen.

5.4 Verzug

Verzug entsteht, wenn ein Vertrag
- nicht in der vereinbarten Zeit,
- am vereinbarten Ort und
- nicht auf die vereinbarte Weise erfüllt wird.

Um **beurteilen** zu können, **wann die Rechtsfolgen des Lieferverzuges eintreten**, muss man wissen, ob es sich um ein Fixgeschäft oder um ein gewöhnliches Termingeschäft handelt.

⚠️ Man unterscheidet
- **Schuldnerverzug** (Schuldner erfüllt den Vertrag wegen Lieferverzug oder Zahlungsverzug nicht)
- **Gläubigerverzug** (Gläubiger nimmt die korrekt angebotene Leistung nicht an)

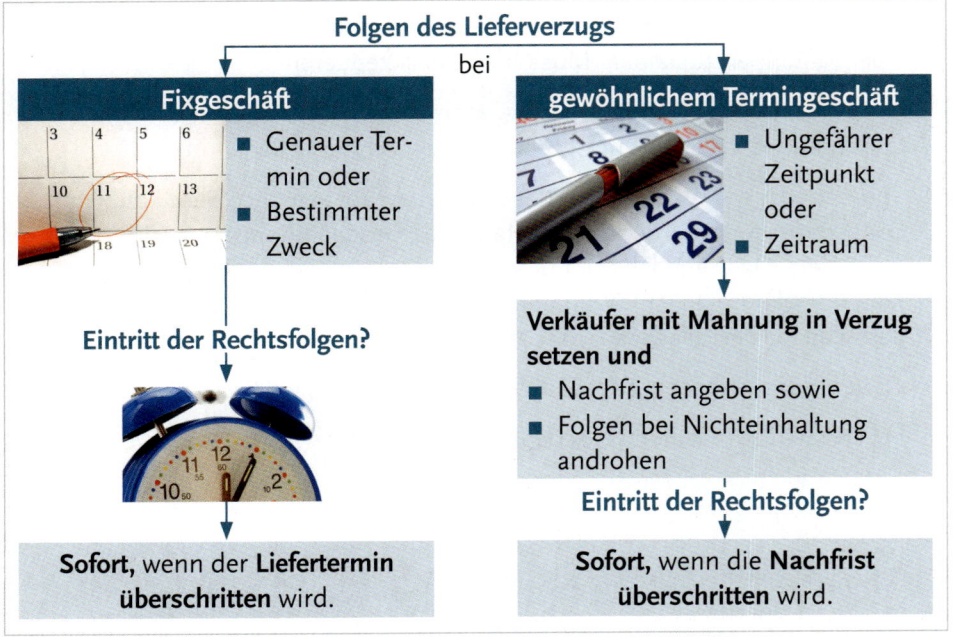

V Bearbeitung und Lösung alltäglicher Rechtsprobleme

⚠️ **Beachten Sie:** Bestehen Sie auf eine eindeutige Formulierung im (Kauf-)Vertrag. In einem Streitfall hat nämlich der Käufer (!) zu beweisen, dass ein Fixgeschäft vereinbart war.

Beispiel: Fixgeschäft
Es handelt sich um ein Fixgeschäft, wenn ein Verein für ein Feuerwehrfest 700 Paar Würstel bestellt. Auch ohne ausdrückliche Vereinbarung ist klar, dass diese Bestellung nur auf das Fest (= Zweck) bezogen ist. Werden die Würstel erst am nächsten Tag geliefert, so hat der Verein kein Interesse mehr daran und muss diese nicht mehr annehmen. Der Vertrag gilt automatisch als aufgelöst.

Rechte des Käufers bei Lieferverzug

Rücktritt vom Vertrag	
Fixgeschäft	▪ Der Vertrag gilt **automatisch** als **aufgelöst**. Eine Rücktrittserklärung ist nicht notwendig. ▪ In der Praxis ist es allerdings üblich, dem Verkäufer eine Rücktrittserklärung zukommen zu lassen.
Gewöhnliches Termingeschäft	▪ Wenn der Verkäufer durch eine Mahnung in Verzug gesetzt wurde und während der **angemessenen Frist keine Nachlieferung** erfolgte, kann der Käufer vom Vertrag zurücktreten. Das gewöhnliche Termingeschäft wird zum Fixgeschäft. ▪ Ein Rücktritt ist zweckmäßig, wenn z. B. die Lieferung zu einem späteren Zeitpunkt keinen Sinn hätte.

Angemessene Nachfrist
- Die Nachfrist ist angemessen, wenn der Verkäufer die Chance hat, doch noch zu liefern. Häufig gilt eine Frist von 14 Tagen als angemessen.
- Durch die gesetzte Nachfrist wird das gewöhnliche Termingeschäft **zum Fixgeschäft**.

Bestehen auf nachträgliche Lieferung

Der Käufer kann auch auf die Erfüllung des Vertrages und auf eine nachträgliche Lieferung bestehen. Bei einem **Fixgeschäft** muss der Käufer allerdings dies **unverzüglich** dem Verkäufer mitteilen. Der Käufer wird auf eine nachträgliche Lieferung bestehen, wenn dies wirtschaftlich sinnvoll ist, z. B. weil die bestellte Ware bei einem anderen Lieferanten in der vereinbarten Qualität nicht erhältlich ist.

Aufgabenstellungen – „Leistungsstörungen"

1. Frau Mosers neuer Haarföhn streikt schon nach sechs Wochen. Sie bringt ihn zum Händler, der feststellt, dass eine Büroklammer den Motor lahmgelegt hat. Welche Ansprüche kann Frau Moser stellen?

2. Ines Bergers neuer Sony-MP3-Player macht ihr keine Freude: Schon nach zwanzig Minuten ist der Akku leer. Der Händler schlägt vor, ihn an Sony zur Überprüfung einzusenden. Muss Ines das akzeptieren?

3. An der Kassa eines Textilgeschäftes lesen Sie: „Bei Abverkaufsware kein Umtausch und keine Gewährleistung!" Ist dies rechtlich möglich?

4. Thomas Bergers neues Handy hat schon drei Wochen nach dem Kauf Funktionsstörungen. Als Thomas das Handy ins Geschäft bringt, erklärt ihm der Verkäufer: „Das kann ich mir nur so erklären, dass das Handy mit Wasser in Kontakt gekommen ist, da sind Sie selber schuld." Thomas ist sich sicher, dass das nie der Fall war.

    a) Wer muss beweisen, dass ein Wasserschaden vorliegt?

    b) Wie soll Thomas nun vorgehen?

6 Erlöschen der Schuld

Erfüllung
Die Schuld erlischt grundsätzlich mit der **Erfüllung** durch den Vertragspartner/die Vertragspartnerin.

Verjährung
Eine Schuld kann auch verjähren. Darunter versteht man den Rechtsverlust durch Zeitablauf. Man unterscheidet zwischen
- **kurzer Verjährungsfrist = 3 Jahre** (z. B. bei Forderungen des täglichen Lebens wie Urlaubsgeld) und
- **langer Verjährungsfrist = 30 Jahre** (z. B. bei Liegenschaftskauf).

Beispiel
Herr Bauer hat eine offene Forderung in Höhe von 4.000 €. Durch Schlamperei in der Buchhaltung erfährt er davon erst drei Jahre später. Es liegt hier eine Naturalobligation vor, d. h., es sind Schulden ohne Haftung. Herr Bauer kann seinen Anspruch nicht mehr gerichtlich durchsetzen.

Eine ausführliche Darstellung des Kaufvertrages erfolgt im Gegenstand „Betriebswirtschaft".

7 Vertragstypen

Vertragstyp	Leistung	Gegenleistung	Beispiele
Kaufvertrag	Ware	Kaufpreis	Der Autohändler Leitenthal kauft 60 Sommerreifen à 40,00 EUR.
Werkvertrag	Dienstleistung („Werk")	Werklohn	Elektro Kobl repariert die defekte Waschmaschine von Frau Freiling. Die Reparatur kostet 125,00 EUR.
Dienstvertrag (Arbeitsvertrag)	Arbeit	Lohn, Gehalt	Luise Kempmann arbeitet als Verkäuferin (Arbeitnehmerin) und erhält dafür 1.050,00 EUR pro Monat von ihrem Arbeitgeber.
Mietvertrag	Überlassung einer Sache zum Gebrauch	Mietzins	Herr Meier vermietet an eine Studentin für 700,00 EUR pro Monat eine Wohnung.
Kreditvertrag	Überlassung einer bestimmten Geldsumme auf Zeit	Zinsen (und Rückzahlung der Geldsumme)	Ines Waldner nimmt bei einer Bank einen Kredit in Höhe von 20.000,00 EUR auf, um damit Werbemaßnahmen für ihr neues Sportgeschäft finanzieren zu können.
Versicherungsvertrag	Erbringung einer bestimmten Leistung im Versicherungsfall	Versicherungsprämie	Der Tennisverein TopSpin zahlt regelmäßig eine Feuerversicherungsprämie. Dafür deckt die Versicherung den Vermögensschaden ab, wenn es einmal brennen sollte.

Was ist der Unterschied zwischen einem Kaufvertrag und einem Werkvertrag?
Bei einem Werkvertrag geht es nicht um die Übergabe einer Sache, sondern um die Verwirklichung eines Erfolgs (d. h. die Erbringung eines bestimmten Werkes). Darunter fallen sowohl körperliche (z. B. Errichtung eines Gebäudes) als auch unkörperliche Werke (z. B. Organisation einer Reise, Reparatur einer Maschine).

Leasingvertrag
Eine Sonderform des Mietvertrages ist der Leasingvertrag. Leasingverträge sind aus steuerlichen und wirtschaftlichen Überlegungen entstanden. Leasing wird hauptsächlich als **Finanzierungsform** genutzt. Der Leasingnehmer bzw. die Leasingnehmerin bezahlt der Leasinggesellschaft ein **Leasingentgelt**. Wirtschaftlich gesehen ist Leasing ein mittel- bzw. langfristiger Kredit, bei dem statt Zinsen eine Miete als Gegenleistung bezahlt wird.

Etwa jedes dritte Neufahrzeug in Österreich wird geleast.

In Österreich gibt es jedoch **keine vollständige Auflistung** von Verträgen. Sie können daher auch Verträge schließen, die sich keiner Kategorie, wie sie z. B. in der Tabelle angeführt sind, zuordnen lassen. Trotzdem ist bei jeder Vertragsart zu prüfen, welcher Kategorie sie nahesteht, denn diese Regelungen sind anzuwenden.

> **Beispiel**
> So ist es nicht erlaubt, für die Vermietung einer Wohnung statt eines Mietvertrags einen Leasingvertrag abzuschließen, nur um den Mieterschutz zu umgehen.

Auch sogenannte **gemischte Verträge,** bei denen Elemente verschiedener Vertragstypen vereint werden, sind üblich.

> **Beispiel**
> Familie Berger bestellt im Möbelhaus (= Ware) ein neues Wohnzimmer. Es wird vereinbart, dass Mitarbeiter des Möbelhauses das Wohnzimmer liefern und aufstellen (= Dienstleistung). Eine Mischung aus Kaufvertrags- und Werkvertragselementen liegt vor.

8 Schadenersatzrecht

> *Der US-Zigarettenhersteller Philip Morris kommt um einen millionenschweren Schadensersatz für die Witwe eines Rauchers nicht herum. Der Oberste Gerichtshof in Washington verwarf den Einspruch des Unternehmens gegen die verhängte Summe von umgerechnet 60 Millionen Euro.*
> *In dem langwierigen Rechtsstreit geht es um den Tod des 67-jährigen Jesse Williams, der 1997 an Lungenkrebs starb. Er hatte 45 Jahre lang jeden Tag zwei Päckchen Marlboro geraucht. Seine Witwe verklagte den Marlboro-Hersteller Philip Morris und machte geltend, der Tabakkonzern habe mit seinen Werbekampagnen die Menschen jahrzehntelang Glauben gemacht, dass Zigaretten weder gefährlich seien, noch abhängig machten. (Vienna.online, 31. März 2009)*

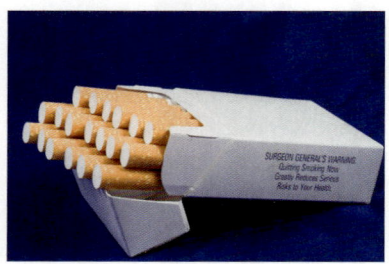

💬 Haben Sie schon einmal von ähnlich horrenden Schadenersatzansprüchen gelesen oder gehört?

⚠️ Das Schadenersatzrecht soll einerseits den Geschädigten entschädigen, andererseits ist auch der **Grundsatz der Vorbeugung** (Prävention) gegeben. Die Schadenersatzpflicht soll auch vor schädigendem Verhalten abschrecken.

In den letzten Jahren ist die Forderung nach Schadenersatz deutlich öfter in den Medien zu hören und zu lesen als früher. Der Grund ist, dass das amerikanische Schadenersatzrecht auch auf Europa übergreift. In Österreich gibt es jedoch keine so horrenden **Schadenersatzzahlungen.** Ein Grund dafür ist unsere Rechtsordnung.

8.1 Haftung für eigenes Verschulden

Wann ist man schadenersatzpflichtig?

Das Schadenersatzrecht regelt die Frage, ob und in welchem Ausmaß jemand für einen eingetretenen Schaden haftet. Man spricht daher auch von einer **Schadenstragung.** Der/die Geschädigte kann in der Regel nur dann vom Schädiger bzw. der Schädigerin Schadenersatz verlangen, wenn folgende vier Voraussetzungen gegeben sind:

Schuldrecht

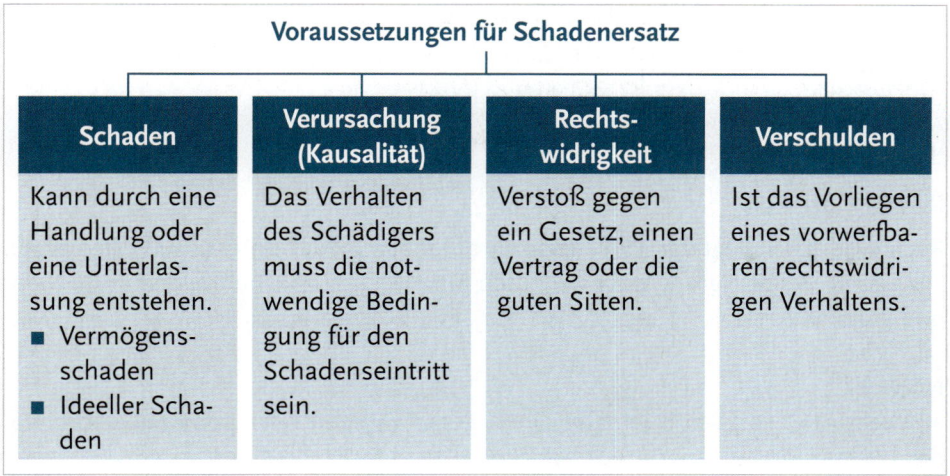

Schaden

Ein Schaden kann durch eine **Handlung** oder **Unterlassung** entstehen.

Beispiele
- Lukas fährt bei Rot über die Kreuzung und rammt das Auto von Frau Müller = **Handlung.**
- Ruth stürzt, weil Herr Gruber den Gehweg nicht vom Schnee geräumt hat = **Unterlassung.**

Kann der ursprüngliche Stand nicht mehr wiederhergestellt werden (Naturalrestitution), dann ist der Schaden **in Form von Geld** zu ersetzen.

Wer auf einem nicht geräumten Gehweg stürzt und sich verletzt, kann Schadenersatz verlangen.

Entsteht Schaden am **Vermögen,** so kann es sein:
- ein **positiver Schaden** – Schaden an vorhandenem Vermögen – oder
- **entgangener Gewinn** – Vernichtung einer Erwerbschance.

Beispiel
Lukas beschädigt einen Kleinlastwagen, der daher vorübergehend keine Frachtführertätigkeit ausüben kann.
Schaden am Lkw = **positiver Schaden.**
Entfallener Gewinn aus Frachtführertätigkeit = **entgangener Gewinn.**

Liegt eine **Körperverletzung (ideeller Schaden)** vor, so hat der/die Geschädigte Anspruch auf:
- **Schmerzengeld:** Die Höhe hängt von der Intensität der Schmerzen und ihrer Dauer ab. Die Feststellung erfolgt durch gerichtlich beeidete, medizinische Sachverständige.
- **Heilungskosten,** z. B. Kosten für einen Rehabilitationsaufenthalt
- **Verdienstentgang:** Ein Unternehmer/eine Unternehmerin verliert z. B. durch einen Verkehrsunfall einen großen Auftrag.
- **Bei bleibenden Schäden:** Rente für Verdienstentgang
- **Bei Tod:** Rente an Unterhaltsberechtigte

Bei Körperverletzung hat man verschiedene Ansprüche.

Verursachung (Kausalität)

Darunter ist der **ursächliche Zusammenhang** zwischen dem **Verhalten** einer Person und dem **Eintritt des Schadens** zu verstehen. Man stellt sich die Frage, ob der Schaden nicht eingetreten wäre, wenn die Handlung nicht gesetzt worden wäre.

V Bearbeitung und Lösung alltäglicher Rechtsprobleme

Ein durch überhöhte Geschwindigkeit verursachter Unfall kann rechtliche Folgen haben.

> **Beispiel**
> Die alte Frau Wagner wäre noch am Leben, wenn der Pkw-Fahrer im Ortsgebiet die Höchstgeschwindigkeit eingehalten hätte.

Rechtswidrigkeit

Rechtswidrigkeit liegt dann vor, wenn eine Handlung oder Unterlassung sich gegen ein Gesetz, einen Vertrag oder die guten Sitten richtet. Ausnahmen sind Notwehr und Notstand.

Notwehr

Notwehr liegt vor, wenn jemand einen gegenwärtigen oder unmittelbar drohenden rechtswidrigen Angriff auf seine oder fremde Rechtsgüter im erforderlichen Ausmaß abwehrt (§ 3 StGB).

Ist ein Pfefferspray bei Notwehr erlaubt?

> **Beispiel**
> Frau Steiner wehrt sich mit einem Stock gegen einen Handtaschenräuber.

Notstand

Hier werden Rechtsgüter einer dritten Person zum Schutz des Opfers verletzt.

> **Beispiel**
> Niklas rettet sich vor dem drohenden Unwetter in eine Almhütte, die er aufbricht.

Verschulden

Unter Verschulden versteht man das Vorliegen eines vorwerfbaren rechtswidrigen Verhaltens.

🔗 Siehe dazu Kapitel „1.1.3 Rechtswidrigkeit", S. 313 f.

Man unterscheidet zwei Grade des Verschuldens

Vorsatz	Fahrlässigkeit
Der Täter/die Täterin sieht den Schaden voraus und billigt seinen Eintritt = **böse Absicht**, z. B. Herr Schacht zerstört den Laptop seines Chefs, weil er sich über ihn geärgert hat.	Der Täter/die Täterin lässt die nötige Sorgfalt außer Acht = **Versehen**. ■ **Grobe Fahrlässigkeit** ist ein Fehler, der einem sorgfältigen Menschen nicht passiert, z. B. Paul wirft seine brennende Zigarette bei einer Tankstelle auf den Boden = auffallende Sorglosigkeit. ■ **Leichte Fahrlässigkeit** ist ein Fehler, der gelegentlich auch einem sorgfältigen Menschen passiert, z. B. Anna telefoniert beim Autofahren und verursacht einen Unfall.

⚠️ Die Unterscheidung zwischen Vorsatz und Fahrlässigkeit ist wichtig für den **Umfang** des Schadenersatzes.

Der Grad des Verschuldens entscheidet über **Art** und **Umfang** des **Schadenersatzes**.

Grad des Verschuldens	Umfang des Schadenersatzes
Vorsatz	Volle Genugtuung
Grobe Fahrlässigkeit	Positiver Schaden + entgangener Gewinn = volle Genugtuung
Leichte Fahrlässigkeit	Positiver Schaden

Volle Genugtuung: Für die Schadensberechnung sind die subjektiven Verhältnisse des/der Geschädigten maßgebend.

Positiver Schaden = der objektive Verkehrswert.

8.2 Haftung von Aufsichtsperson

Personen, die eine **Aufsichtspflicht** übernommen haben, haften dann, wenn durch **schuldhafte Vernachlässigung** ein Schaden eingetreten ist.

Dabei sind jedoch
- die konkrete Situation des/der Aufsichtspflichtigen,
- die Natur des Kindes sowie
- die äußeren Umstände

zu berücksichtigen.

> **Beispiele**
> - Frau Knoll lässt ihren fünfjährigen Sohn Tim unbeaufsichtigt auf der Bundesstraße Rad fahren; ein Dritter wird geschädigt. Frau Knoll ist schadenersatzpflichtig.
> - Der fünfjährige Benjamin spielt auf dem Spielplatz Fußball. Der Ball trifft die Glastür eines angrenzenden Hauses, die einen Sprung bekommt. Die Mutter sitzt mit ihrem zweiten Kind auf einer Bank des Spielplatzes und kann den Ball nicht stoppen. Sie hat ihre Aufsichtspflicht nicht verletzt.

Haften Eltern unter allen Umständen für ihre Kinder?

> **Sonderfall: Haftung unmündiger Minderjähriger trotz Deliktsunfähigkeit**
> Die Deliktsfähigkeit beginnt erst mit vollendetem 14. Lebensjahr. Bis dahin haften die Aufsichtspersonen (z. B. Eltern oder sonstigen Erziehungsberechtigten), wenn sie schuldhaft ihre Aufsichtspflicht verletzen.
> **Unmündige** haften selbst „für einen bestimmten Teil", wenn folgende **Merkmale** erfüllt werden:
> - Dem/der Unmündigen muss ein **Verschulden** zur Last gelegt werden können (Einsichtsfähigkeit muss geprüft werden!) oder
> - der/die Geschädigte hat aus **Schonung** des/der Unmündigen die Verteidigung unterlassen oder
> - der/die Unmündige ist leichter imstande, den Schaden zu tragen.
>
> Der/die Geschädigte muss beweisen, dass er/sie durch die Vernachlässigung der Aufsichtspflicht zu Schaden gekommen ist.

⚠️ Unter bestimmten Umständen haften auch Jugendliche unter 14 Jahren.

8.3 Haftung für eigenes schuldloses Handeln

Von der Verschuldenshaftung gibt es **Ausnahmen:**
- Hat jemand in einem **Notstand** einen Schaden angerichtet, so kann er zum Schadenersatz herangezogen werden. Es sind jedoch die Umstände zu berücksichtigen, die zur schädigenden Handlung geführt haben.

  > **Beispiel**
  > Niklas haftet unter Umständen für das Türschloss, das er beim Aufbrechen der Hütte beschädigt hat, um vor einem Unwetter Schutz zu suchen.

- **Grundsätzlich haften Unmündige und Geisteskranke nicht,** es sei denn, das Gericht beurteilt dies als unbillig („ungerecht").

Beispiel
Der durch eine Erbschaft reich gewordene geisteskranke Kurt verletzt jemanden rechtswidrig, aber schuldlos. Er muss Schadenersatz leisten, denn es wäre unbillig im Sinne von ungerecht, dass der Schädiger hier nichts zahlen müsste.

8.4 Haftung für fremdes Verschulden

Haftung für Gehilfen

Unternehmen ab einer gewissen Größe können nicht mehr vom Unternehmer allein betrieben werden. Sie stellen daher Personen ein, die für sie handeln. Der Gehilfenhaftung als Haftung des Unternehmers für fremdes Verschulden kommt große praktische Bedeutung zu.

Der Handwerker kann von seinem Arbeitgeber für angerichteten Schaden zur Verantwortung gezogen werden.

Untüchtiger Gehilfe = eine Person, die zur Ausübung der Tätigkeit überhaupt nicht geeignet ist (z. B. mangels entsprechender Ausbildung).

Wissentlich gefährlicher Gehilfe: Die „Gefährlichkeit" bezieht sich auf allgemeine Eigenschaften der Person (z. B. wenn die Person einschlägig wegen Einbruchs, Diebstahls oder Gewalttätigkeit vorbestraft ist).

Haftung für fremdes Verschulden	
Erfüllungsgehilfenhaftung	**Besorgungsgehilfenhaftung**
Erfüllungsgehilfe ist jeder, der eine von einem anderen übernommene **vertragliche Verpflichtung** für diesen erfüllt. Der Unternehmer haftet für ein Verschulden seines Gehilfen gegenüber dem Vertragspartner wie für sein eigenes.	Zwischen dem Unternehmer und dem/der Geschädigten besteht **keine vertragsähnliche Beziehung**. Der Unternehmer haftet für Schäden an Dritte nur, wenn der Gehilfe untüchtig oder wissentlich gefährlich ist.
Beispiel Bei der Lieferung eines TV-Apparates an Frau Klug durch Mitarbeiter des Unternehmers Groß & Co beschädigen diese eine Glastür in der Wohnung von Frau Klug = Erfüllungsgehilfenhaftung.	**Beispiel** Dieselben Gehilfen beschädigen bei der Anlieferung des TV-Apparates ein parkendes Auto (zwischen dem Unternehmer Groß & Co und der Passantin besteht vor der Schädigung weder eine vertragliche noch eine sonstige rechtliche Beziehung, daher keine Vertrags-, sondern nur die eingeschränkte Deliktshaftung.)

Haftung des Wohnungsinhabers/der Wohnungsinhaberin

Der Wohnungsinhaber/die Wohnungsinhaberin haftet, wenn
- eine gefährlich aufgehängte oder aufgestellte Sache herabfällt oder
- aus der Wohnung etwas herausfällt oder -gegossen wird.

8.5 Haftung für gefährliche Sachen (Gefährdungshaftung)

Haftung für Bauwerke

Der Besitzer/die Besitzerin eines Bauwerkes haftet für Schäden, die durch Einsturz oder Ablösung von Gebäudeteilen entstehen, außer er/sie kann beweisen, alle notwendigen Maßnahmen zur Verhinderung getroffen zu haben.

Für Schäden durch z. B. herabfallende Blumentöpfe haftet der Wohnungsinhaber/die -inhaberin.

Schuldrecht

Haftung für Tiere

Tierhalter sind für Schäden, die ihr Tier anrichtet, dann verantwortlich, wenn diese nicht mit der **erforderlichen Sorgfalt** beaufsichtigt oder verwahrt werden. Auch die Person, die das Tier angetrieben oder gereizt hat, ist zur Verantwortung zu ziehen.

Die erforderliche Sorgfalt bei der Beaufsichtigung hängt von der Art des Tieres, seinem Temperament und Charakter ab.

Ein Kampfhund ist anders zu verwahren als ein Dackel.

Haftung für Eisenbahnen und Kraftfahrzeuge

Im Eisenbahn- und Kraftfahrzeughaftpflichtgesetz (EKHG) wird die Haftung für Schäden durch den Betrieb von Eisenbahnen und Kraftfahrzeugen geregelt.

Haftpflichtige Personen sind
- bei der Eisenbahn der Betriebsunternehmer/die Betriebsunternehmerin
- beim Kraftfahrzeug der Halter/die Halterin.

Für den Halter/die Halterin besteht die Pflicht, eine Haftpflichtversicherung abzuschließen. Diese Halterhaftung ist verschuldensunabhängig und tritt zur verschuldensabhängigen Haftung des Lenkers/der Lenkerin hinzu.

Gastwirtehaftung

Gastwirte, die Fremde beherbergen, Unternehmer, die Stallungen und Aufbewahrungsräume halten, Besitzer von Badeanstalten haften für die von den Gästen eingebrachten Sachen. Die Haftung ergibt sich aufgrund der Gefahr des offenen Hauses, da ständig eine große Anzahl von Personen aus und ein geht. Die Haftung ist betragsmäßig auf 1.100 € begrenzt. Für Kostbarkeiten und Geld beträgt die Haftungsgrenze 550 €, es sei denn, dass der Gastwirt diese Sachen in Kenntnis ihrer Beschaffenheit zur Aufbewahrung übernommen hat oder dass der Schaden von ihm selbst oder seinen Leuten verschuldet ist.

Unternehmer haften für die von Gästen eingebrachten Sachen.

Haftung im Arbeitsrecht

Hier gibt es spezielle gesetzliche Regelungen, wie z. B. das Dienstnehmerhaftpflichtgesetz (DHG).

Weitere Informationen siehe Kapitel „Arbeitsrecht".

Wissensfragen – „Schuldrecht"

1. Was versteht man unter dem Begriff „Schuldrecht"? Grenzen Sie das Schuldrecht vom Sachenrecht ab.
2. Nennen Sie die Voraussetzungen für die Gültigkeit eines Vertrages.
3. Erklären Sie, was man unter Kontrahierungszwang versteht.
4. Erläutern Sie den Unterschied zwischen Gewährleistung und Garantie.
5. Welche Arten von Leistungsstörungen gibt es?
6. Nennen Sie die wichtigsten Möglichkeiten der Vertragsabsicherung.
7. Wie lauten die Gewährleistungsfristen für a) neue bewegliche Sachen und b) unbewegliche Sachen.
8. Was versteht man unter „Beweislastumkehr"?
9. Was sind die Voraussetzungen für Schadenersatz?
10. Nennen Sie die zwei Grade des Verschuldens und geben Sie dafür je ein Beispiel.

Ziele erreicht? – „Schuldrecht"

1. Wie kommt die übereinstimmende Willenserklärung im Kaufvertrag zustande?

Begriff	Mündlich	Schriftlich	Schlüssig
Sie gehen zum Schulbuffet und verlangen ein Pizzaweckerl.			
Herr Mayer bestellt beim Heurigenwirt eine Bauernplatte. Der Kellner bringt einen Schweinsbraten. Herr Mayer isst ihn auf.			
Fa. Manner schickt an das Süßwarengeschäft Huber, einem guten Kunden, wie jedes Jahr zwei Schachteln Schokoladenosterhasen aus der laufenden Aktion.			
Max nimmt im Supermarkt eine Dose Red Bull aus dem Regal, geht zur Kassa und bezahlt.			

2. Max bekommt ein Buch zugesandt, das er nicht bestellt hat. Als er die Empfängeradresse am Paket sieht, stellt er fest, dass das wieder einmal eine Sendung an seinen Namenskollegen ist, der am anderen Ende der Straße wohnt. Lösen Sie den Fall.

3. Kreuzen Sie jeweils die richtige Lösung an und erarbeiten Sie weitere Beispiele.

	Vorsatz	Leichte Fahrlässigkeit	Grobe Fahrlässigkeit
Martin schwindelt bei der Schularbeit.			
Carina vergisst, das Gartentor zu schließen, der Hund läuft auf die Straße und beißt jemanden.			
Rita raucht beim Tanken.			

4. Max ist bei Hans beschäftigt. Beim Liefern einer neuen Couch beschädigt er den Parkettboden des Kunden. Ermitteln Sie, wer für den verursachten Schaden haftet.

5. Eva kauft sich ein neues Surfboard. Zu Hause angekommen, stellt sie fest, dass auf der Unterseite ein 3 mm langer Kratzer ist. Sie bringt das Brett am nächsten Tag zurück in das Geschäft und verlangt ein neues. Erläutern Sie, welche Ansprüche Eva geltend machen kann.

6. Herr Märtens kauft sich ein gebrauchtes Auto. Kaufpreis 10.000,00 EUR. Im Laufe von vier Wochen treten verschiedene Mängel auf und Herr Märtens lässt nun seinen Pkw überprüfen. Dabei stellt sich heraus, dass das Auto nur 4.000,00 EUR wert ist. Folgern Sie, was er nun tun kann.

Konsumentenschutzrecht

In vielen Lebensbereichen werden wir mit verschiedenen Tarifmodellen, Aktionen und einer Werbung, die sich oft bewusst an der Grenze zur Irreführung bewegt, bombardiert.

Das Konsumentenschutzgesetz dient der Herstellung der Chancengleichheit zwischen übermächtig gewordenen Unternehmen auf der einen Seite und den Konsumentinnen und Konsumenten auf der anderen Seite, die längst nicht mehr in der Lage sind, die raffinierten und vielfach undurchsichtigen Erzeugungs- und Vertriebsmethoden zu durchschauen.

www.europakonsument.at
Das Europäische Verbraucherzentrum bietet Rat und Hilfe für Verbraucher/innen beim grenzüberschreitenden Erwerb von Waren und Dienstleistungen und ist behilflich bei Problemen mit Händlern aus einem anderen EU-Mitgliedsstaat.

 Meine Ziele

Nach Bearbeitung dieses Kapitels kann ich
- aufzählen, welche Geschäfte dem Konsumentenschutzgesetz unterliegen;
- jene Punkte aufzählen, über die der Käufer/die Käuferin bei Außergeschäftsraumverträgen informiert werden muss;
- erklären, worauf beim Einkauf im Internet geachtet werden soll;
- beurteilen, ob ein Webshop-Anbieter ein seriöses Geschäft betreibt oder in betrügerischer Absicht handelt;
- Kaufverträge im Internet rechtswirksam abschließen, deren Gefahren erkennen und entsprechende Schutzmaßnahmen ergreifen.

V Bearbeitung und Lösung alltäglicher Rechtsprobleme

1 Für wen gilt das Konsumentenschutzrecht?

Laura surft mit Freunden im Internet. Dabei stoßen sie auf eine Website, wo man einen Partnerschaftstest machen kann. Da sie wissen will, wie ihre Chancen in Liebesdingen stehen, registriert sie sich. Das Ergebnis wird ihr angeblich in Kürze zugesandt. Zwei Wochen später liegt eine Rechnung über 80,00 EUR im Briefkasten. Für den Fall der Nichtbezahlung wird sofort mit einem Rechtsanwalt gedroht.

Muss Laura die Rechnung bezahlen, was glauben Sie?

In der heutigen Konsumgesellschaft wird der Konsumentenschutz immer wichtiger. Um die meist wirtschaftlich schwächeren Verbraucher/innen zu schützen, wurde das **Konsumentenschutzrecht** beschlossen.

Das Konsumentenschutzgesetz (KSchG) gilt nur bei **Verbrauchergeschäften**. Das sind Rechtsgeschäfte zwischen Unternehmern und Konsumenten bzw. Konsumentinnen.

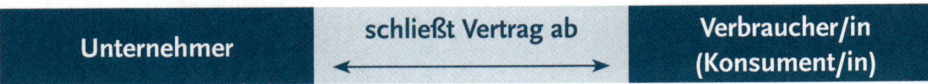

| Unternehmer | schließt Vertrag ab | Verbraucher/in (Konsument/in) |

Das KSchG git aber nicht, wenn zwei Privatpersonen Geschäfte miteinander abschließen (z. B. Privatverkauf eines Autos).

2 Die wichtigsten Bestimmungen des KSchG

2.1 Besondere Rücktrittsrechte für Konsumentinnen und Konsumenten

Sie können nicht heute einen Vertrag schließen und es sich dann einfach wieder anders überlegen und den Vertrag lösen. Auch wenn Sie die gleiche Ware oder Leistung bei einem anderen Anbieter günstiger finden, bleiben Sie an den geschlossenen **Vertrag gebunden.**

Viele Unternehmen kommen aber ihren Kunden entgegen und nehmen die Ware wieder zurück. Man nennt das **Kulanz.** Oft bekommen die Kunden dann aber den Kaufpreis nicht bar ausbezahlt, sondern nur eine Gutschrift, mit der andere Waren bei dem Unternehmen gekauft werden können.

In wenigen **Ausnahmefällen** hat der Gesetzgeber allerdings ein **Rücktrittsrecht** vorgesehen:
- Und zwar bestehen bei den sogenannten **Außergeschäftsraumverträgen** (Haustürgeschäften) und
- im **Fernabsatz** für Konsumentinnen und Konsumenten nach dem Konsumentenschutzgesetz (KSchG) und dem Fern- und Auswärtsgeschäfte-Gesetz (FAGG) besondere Rücktrittsrechte.

Ein am Markt gekauftes Souvenir kann nicht zurückgegeben werden.

276

Konsumentenschutzrecht

2.1.1 Die berühmten „Haustürgeschäfte"

Ein **außerhalb von Geschäftsräumen geschlossener Vertrag** liegt vor,
- wenn der Konsument/die Konsumentin (Verbraucher/in) seine/ihre Willenserklärung außerhalb der Geschäftsräume des Unternehmers abgibt, z. B. in der Wohnung des Konsumenten/der Konsumentin, auf der Straße oder im Autobus,
- oder vom Unternehmer in dessen Geschäftsräume gebracht wird, z. B. durch Ansprechen auf der Straße oder im Rahmen einer Werbefahrt.

⚠️ Die angeführten Regelungen entsprechen der neuen EU-Verbraucher-Richtlinie, die in den entsprechenden nationalen Gesetzen umgesetzt wird.

Aha!

Vor allem in früheren Zeiten priesen die Vertreter ihre Waren direkt an der Haustür des Konsumenten an und bewarben sie. Die überraschten Konsumenten wurden von den geschulten Vertretern gleichsam überrumpelt und kauften meist die Waren sofort. Kurz darauf bereuten sie diesen Kauf jedoch bitter.

Auch in anderen ähnlichen Verkaufssituationen besteht die **Gefahr,** dass der Konsument **überrumpelt** wird, weil er nicht hinreichend Zeit hat, sich den Kauf auch wirklich gut zu überlegen oder Preise in Ruhe zu vergleichen. Hier soll der Konsument nach dem Konsumentenschutzgesetz (KSchG) und dem Fern- und Auswärtsgeschäfte-Gesetz (FAGG) **besonders geschützt** werden.

Bei **Außergeschäftsraumverträgen** gelten ähnlich wie im Fernabsatz sehr umfassende vorvertragliche Informationspflichten:
- Bevor der Verbraucher durch einen außerhalb von Geschäftsräumen geschlossenen Vertrag oder ein entsprechendes Vertragsangebot gebunden ist, hat ihn der Unternehmer über Punkte wie z. B. Eigenschaften der Ware/Leistung, Gesamtpreis, Einzelheiten zu Lieferung und Zahlung, Rücktrittsrechte zu informieren.
- Die vorvertraglichen Informationen sind grundsätzlich unveränderbar („auf Papier") bereitzustellen, bevor der Verbraucher seine Vertragserklärung abgibt.

💬 Diskutieren Sie in der Klasse, welche Waren bei Haustürgeschäften oft angeboten werden. Aus welchem Grund gibt der Gesetzgeber den Konsumentinnen und Konsumenten gerade bei Haustürgeschäften ein Rücktrittsrecht?

Welche Fristen gelten beim Rücktritt?

Innerhalb bestimmter Fristen kann der Konsument/die Konsumentin von solchen Geschäften
- ohne Angabe von Gründen (!) und
- ohne Zahlung einer Stornogebühr zurücktreten.

Belehrung über das Widerrufsrecht: Vor Vertragsabschluss ist der Verbraucher über das Widerrufsrecht zu informieren. Es reicht aber nicht, dem Verbraucher nur mitzuteilen, dass ihm ein Widerrufsrecht zusteht, sondern er ist auch über die Bedingungen, Fristen und Verfahren für die Ausübung dieses Rechts aufzuklären und es ist ihm ein Muster-Widerrufsformular zur Verfügung zu stellen.

Rücktrittsfristen beim Außergeschäftsraumvertrag und Fernabsatz	
Ab Tag der Lieferung (bei Waren) bzw. Tag des Vertragsabschlusses (bei Dienstleistungen)	Rücktritt binnen **14 Kalendertagen**.
Bei fehlender Rücktrittsbelehrung (Belehrung über das Widerrufsrecht)	Frist für den Rücktritt verlängert sich um **12 Monate**. Wird verspätet informiert, endet die Rücktrittsfrist 14 Tage nach dem Zugang der verspäteten Information.

Wie muss der Rücktritt erfolgen?

Die Ausübung des Rücktrittsrechts ist an **keine bestimmte Form** gebunden. Für die Erklärung des Rücktritts kann ein **Muster-Widerrufsformular** verwendet werden. Es genügt, wenn die Rücktrittserklärung innerhalb der Frist abgesendet wird. Zu Beweiszwecken empfiehlt es sich, dass der Rücktritt schriftlich und eingeschrieben erfolgt.

Was passiert nach dem Rücktritt?

- Die **Kosten für die Rücksendung** der Ware **trägt der Konsument,** außer es wurde anders vereinbart. Bei Außergeschäftsraumverträgen, bei denen die Ware zur Wohnung des Verbrauchers geliefert wurde, hat der Unternehmer die Ware auf eigene Kosten abzuholen, wenn wegen deren Beschaffenheit eine Rücksendung auf dem Postweg nicht tunlich ist.
- Hat der Käufer die Ware schon **benützt oder teilweise verbraucht,** kann der Verkäufer eine **Entschädigung für Wertminderung der Ware** verlangen. Dies entfällt, wenn die Widerrufsbelehrung fehlte oder nicht korrekt erfolgte.
- Hat allerdings der **Verkäufer bereits Geld** vom Käufer **erhalten,** so muss er dies **zurückgeben.** Hier muss übrigens der Konsument keinen Gutschein akzeptieren. Er hat Anspruch auf Bargeld.

Auch wenn Sie die Pizza telefonisch bestellt haben, kann sie nicht mehr zurückgegeben werden!

Welche Ausnahmen vom Rücktrittsrecht gibt es?

Bei bestimmten Waren und Dienstleistungen ist das Rücktrittsrecht ausgeschlossen. **Kein Rücktritt** ist beispielsweise möglich bei

- der Hauszustellung von Lebensmitteln (z. B. Pizza),
- Sonderanfertigungen (z. B. bei Kleidungsstücken),
- Computersoftware, CDs und DVDs, wenn der Konsument das Siegel bereits aufgebrochen hat, sowie
- Freizeitdienstleistungen (z. B. Theaterkarten, Flugtickets).

2.1.2 Beschränkung der Risiken des Onlineshoppings

Das Internet ist kein rechtsfreier Raum. Um speziell Verbraucher vor unseriösen Verkäufern zu schützen, wurden EU-weit Richtlinien erstellt und national entsprechende gesetzliche Bestimmungen erlassen. Für Österreich finden sich diese vor allem im

Konsumentenschutzgesetz (§§ 5 a ff)	Fern- und Auswärtsgeschäfte-Gesetz (FAGG §§ 4 ff)	E-Commerce-Gesetz

Sie sehen z. B. Folgendes vor:

- **Informationspflichten**
  Wer E-Commerce-Dienste anbietet, muss den Nutzern ständig zumindest folgende Informationen zur Verfügung stellen (z. B. auf der Homepage):
  1. Name oder Firma
  2. Geografische Anschrift
  3. Telefonnummer und E-Mailadresse
  4. Sofern vorhanden Firmenbuchnummer und Firmenbuchgericht
  5. Umsatzsteuer-Identifikationsnummer (UID-Nr.)

  ⚠️ **Achtung:** Fehlen auf der Website diese Mindestangaben, sollte man jeden geschäftlichen Kontakt meiden!

Unter **Firma** versteht man den Namen eines Unternehmens, unter dem die Geschäfte getätigt werden. Damit kann man unterscheiden, ob ein Unternehmer privat oder geschäftlich verkauft.

Unternehmen müssen ab einer bestimmten Größe im **Firmenbuch** eingetragen sein. Mit der Firmenbuchnummer kann man ein Unternehmen eindeutig identifizieren.

Weiters muss der Verbraucher vor Vertragsabschluss vom Unternehmer rechtzeitig über folgende Punkte informiert werden:
1. Eigenschaften der Ware/Leistung
2. Preis inklusive Steuern
3. Einzelheiten zu Lieferung (z. B. Kosten) und Zahlung
4. Rücktrittsrechte (Bedingungen, Fristen und Verfahren für die Ausübung dieses Rechts)
5. Hinweis auf das Bestehen des gesetzlichen Gewährleistungsrechts sowie auf allfälligen Kundendienst und Garantien

Die **Allgemeinen Geschäftsbedingungen (AGB)** müssen auf der Website so platziert werden, dass klar wird, dass sie Vertragsinhalt werden sollen. Außerdem muss man sie speichern oder ausdrucken können.

- **Bestätigungspflichten**
Webshop-Betreiber müssen laut E-Commerce-Gesetz dafür sorgen, dass ihre Kunden bei Onlinebestellungen durch eine **nochmalige Abfrage der eingegebenen Daten** ihre Bestellung endgültig bestätigen können. Damit wird die Möglichkeit geschaffen, dass der Käufer eventuelle Eingabefehler korrigieren kann. Außerdem muss für den Verbraucher klar hervorgehen, dass durch Drücken des sogenannten „**Bestellbutton**" eine Zahlungsverpflichtung eingegangen wird. Nach erfolgter Bestellung muss das Unternehmen eine **Bestätigung** (z. B. per E-Mail, per Post) über den Erhalt einer elektronischen Vertragserklärung senden.

- **Lieferfrist**
Die Lieferung muss spätestens 30 Tage nach Vertragsabschluss erfolgen. Wenn die Bestellung vom Verkäufer nicht ausgeführt werden kann, muss dies dem Käufer unverzüglich mitgeteilt werden. Bereits geleistete Zahlungen muss der Verkäufer rückerstatten.

- **Rücktrittsrecht**

⚠️ Die angeführten **Regelungen gelten** für Käufe **innerhalb der EU.** Kaufen Sie etwas aus dem sonstigen Ausland, müssen Sie Angebote umso genauer prüfen!

Tipps für Verbraucher/innen zum Schutz vor Risiken

1. Informieren Sie sich möglichst genau über den Verkäufer und die angebotenen Produkte!

Finden Sie heraus, ob Sie es mit einem Unternehmen oder einem privaten Anbieter zu tun haben. Die Schutzvorschriften des Konsumentenschutzgesetzes gelten nur bei sogenannten Verbrauchergeschäften, die zwischen Verbrauchern und Unternehmern geschlossen werden.

Online-Shopping

> **Beispiel: Online Auktionen**
> Zu den bekanntesten Online-Auktionsplätzen zählt eBay mit mehr als 150 Millionen registrierten Mitgliedern weltweit. Sowohl private als auch gewerbliche Anbieter bieten ihre Produkte zur Versteigerung an. Der Unterschied besteht jedoch darin, dass bei Verträgen mit Privatpersonen grundsätzlich kein Rücktrittsrecht besteht und die Gewährleistung ausgeschlossen werden kann. Folgende Tipps sind hilfreich:
> - Vor Abgabe eines Gebots Bewertungen von anderen Käufern ansehen!
> - Persönliches Preislimit setzen (z. B. bei eBay „Maximalgebot" eintragen)

⚠️ Laut den Regeln der Auktionshäuser darf man erst ab dem 18. Lebensjahr an Online-Auktionen teilnehmen.

2. Wählen Sie einen Webshop aus der EU!

Das E-Commerce-Gesetz und das FAGG gelten nur in der EU! Bei Bestellungen außerhalb der EU ist es schwieriger, sich zu beschweren oder zu reklamieren. Außerdem können die Versandkosten oder ein Einfuhrzoll sehr hoch sein.

 Welche Anbieter das österreichische E-Commerce-Gütezeichen besitzen und mehr über die Vergabekriterien erfahren Sie auf der Website www.guetezeichen.at.

Achtung! Im Internet werden Verträge durch bloßes Anklicken geschlossen. Lesen Sie genau durch, wozu Sie Ihr Einverständnis geben!

 **Websites für Interessierte**

www.ombudsmann.at
Bietet Informationen rund um Internetgeschäfte sowie Hilfestellung bei der Vermittlung und außergerichtlichen Lösung von Streitfällen im E-Commerce.

www.e-rating.at
Onlineshops werden nach E-Commerce-Tauglichkeit und Vertrauenswürdigkeit analysiert.

www.konsument.at
www.verbraucherrecht.at
Verein für Konsumenteninformation

Innerhalb der EU kaufen Sie besonders sicher in geprüften Onlineshops ein. Sie sind mit dem **Euro-Label E-Commerce-Gütezeichen** gekennzeichnet. Alle Händler mit einem Euro-Label Gütezeichen haben ein intensives Prüfungsverfahren nach den Gütezeichen-Kriterien erfolgreich bestanden und werden jährlich neu überprüft.

3. Lesen Sie die Allgemeinen Geschäftsbedingungen!

Ein seriöser Anbieter formuliert die AGB verständlich und versteckt sie nicht auf der Website.

4. Speichern Sie wichtige Dokumente und drucken Sie diese aus:

das Bestellformular, die Bestellbestätigung, die Produktbeschreibung, die Unternehmensdaten (Impressum, Kontakt), die AGB. Damit bleibt der Vertragsinhalt nachvollziehbar und beweisbar.

5. Seien Sie misstrauisch bei unglaublichen Versprechen!

Auch im Internet hat niemand etwas zu verschenken! Stehen Sie Gratisangeboten (z. B. Herunterladen von Klingeltönen, Free SMS, Hausübungshilfen) und Gewinnspielen misstrauisch gegenüber, denn oftmals handelt es sich um Lockangebote, bei denen später laufende Kosten entstehen.

6. Vorsicht bei Vorauskassa!

Wenn Sie gegen Vorauszahlung (d. h. erst Geld, dann Ware) bestellen, haben Sie kein Druckmittel, wenn die Lieferung oder Leistung nicht in Ordnung ist. Außerdem könnte es sich um eine betrügerische Website handeln, d. h., dass z. B. das Unternehmen gar nicht existiert. Bevorzugen Sie daher Zahlungsarten, bei denen Sie erst nach Erhalt der Ware den Kaufpreis bezahlen. Dazu zählen Zahlung per Zahlungsanweisung oder Nachnahme. Vorauszahlung per Kreditkarte ist ebenfalls eine Möglichkeit, da eine Kreditkartenzahlung rückgängig gemacht werden kann.

7. Achten Sie unbedingt auf eine verschlüsselte Übertragung der Daten!

Sie erkennen eine verschlüsselte Übertragung, wenn die Adresse in der Browserleiste mit „https://" und nicht mit „http://" beginnt. Außerdem erscheint ein Schlüsselsymbol in der unteren Browserleiste. So vermeiden Sie, dass unbefugte Personen Zugriff auf Ihre Daten bekommen.

8. Beachten Sie Zusatzspesen!

Diese können z. B. für Verpackung, Versand oder Zoll anfallen. Unter Umständen erscheint das Angebot dann nicht mehr so günstig!

9. Konsumentenschutzorganisationen kontaktieren, falls Sie auf ein unseriöses Angebot hereingefallen sind!

Sollten Sie eine E-Mail erhalten, in der Zahlungen gefordert werden und Sie keinen Vertrag abgeschlossen haben, zahlen Sie nicht! Oftmals handelt es sich um nicht gerechtfertigte Drohungen von Anbietern, die Kunden zur Zahlung bewegen wollen, ohne dass ein echter Anspruch besteht. Die Konsumentenschutzorganisationen erkennen das und helfen Ihnen beim Rücktritt.

Konsumentenschutzrecht

Aufgabenstellung – „Die wichtigsten Bestimmungen des KSchG"

- Ausgangslage: Sie möchten Ihrer Mutter/Ihrem Vater/Ihrem Freund/Ihrer Freundin einen Kriminalroman zum Geburtstag kaufen. Sie rufen dazu die Website von www.thalia.at auf. Untersuchen Sie folgende Punkte:
    ▸ Wer ist der Webshop-Betreiber? Von welchem Land aus wird der Webshop betrieben?
    ▸ Gibt es eine gut druckbare Version der AGB?
    ▸ Welche Art der Zahlungsmöglichkeiten gibt es?
    ▸ Auf welche Art und Weise können Sie das gewünschte Buch finden?
    ▸ Welches Buch haben Sie gefunden?
    ▸ Welcher Preis ist angegeben? Wie hoch sind die Versandspesen? Wie hoch sind die Gesamtkosten für das Buch?
    ▸ Klicken Sie auf „In den Warenkorb legen".
    ▸ Wie viele Schritte umfasst der Bestellvorgang?
    ▸ Welches Rücktrittsrecht haben Sie? Unter welchen Bedingungen verlieren Sie Ihr Widerrufsrecht?
    ▸ Wenn Sie wieder auf „Zur Kasse gehen" klicken, müssen Sie sich anmelden. Wenn Sie sich als neuer Kunde registrieren lassen, werden Sie nach Ihrem Name, Ihrer Adresse und Ihrem Geburtsdatum gefragt. Warum?

2.2 Kostenvoranschläge

„Mein Fernseher flimmert vor sich hin" – nichts wie in die Reparaturwerkstatt. „Richten Sie ihn her, aber bitte schnell – das Fußballspiel morgen muss ich mit meinen Freunden unbedingt sehen", lautet der „Notruf" an die Reparaturwerkstatt. Spätestens bei der Rechnung erfolgt dann manchmal das böse Erwachen, wenn kein Kostenvoranschlag eingeholt wurde.

💬 Haben Sie auch schon ähnlich schlechte Erfahrungen gemacht?

Was ist ein Kostenvoranschlag?

Ein Kostenvoranschlag ist die Berechnung der voraussichtlichen Kosten (Arbeits-, Material- und sonstige Kosten).
- **Verbindlicher Kostenvoranschlag:** Muss eingehalten werden.
- **Kostenvoranschlag ohne Gewähr:** Es kann zu einer Überschreitung der Kosten kommen. Wenn er um mehr als 15 Prozent überschritten wird, muss der Auftraggeber/die Auftraggeberin verständigt werden, ansonsten hat der Unternehmer keinen Anspuch auf Bezahlung der Mehrkosten.

Grundsätzlich ist für Konsumenten die Erstellung eines Kostenvoranschlages **kostenlos,** außer es wurde etwas anderes vereinbart. Konsumenten gegenüber ist ein Kostenvoranschlag im Zweifel verbindlich.

Holen Sie immer einen schriftlichen Kostenvoranschlag ein, bevor Sie einen Auftrag erteilen, damit Sie von unliebsamen Überraschungen verschont bleiben!

2.3 Unzulässige Vertragsbestandteile

Sie kennen das wahrscheinlich unter dem Begriff „Kleingedrucktes". Viele Unternehmen wie Webshop-Betreiber, Reiseunternehmen, Banken und andere verwenden bei Vertragsabschlüssen ihre **Allgemeinenen Geschäftsbedingungen (AGB).** Das sind gut durchdachte, vorformulierte Vertragsbestimmungen, die das Unternehmen möglichst für alle abzuschließenden Verträge verwenden will.

⚠️ Verwechseln Sie nicht **AGB** (**A**llgemeine **G**eschäfts**b**edingungen) mit dem **ABGB** (**A**llgemeines **B**ürgerliches **G**esetz**b**uch).

Um die Verbraucher/innen vor unverständlichen, klein gedruckten, nur auf den Vorteil der Unternehmer/innen ausgerichtete Vertragsbestandteile zu schützen, erfolgt im KSchG eine Aufzählung von Vertragspunkten, die **absolut ungültig** sind.

> **Beispiele**
> - Der Unternehmer/die Unternehmerin hat sich eine unangemessen lange oder nicht hinreichend bestimmte Lieferfrist ausbedungen.
> - Das gesetzliche Zurückbehaltungsrecht des Verbrauchers/der Verbraucherin wird ausgeschlossen oder eingeschränkt.
> - Es wird dem Verbraucher/der Verbraucherin eine Beweislast auferlegt, die ihn/sie von Gesetzes wegen nicht trifft.

2.4 Abzahlungsgeschäfte (Ratenkauf)

Mit Angeboten wie „Bequeme Teilzahlung!" oder „Kauf jetzt, zahle später!" werden Konsumentinnen und Konsumenten zu Einkäufen verleitet, von denen sie besser die Finger lassen sollten. Effektive Zinssätze von 12 Prozent und mehr machen das Ratengeschäft lukrativ für den Versandhandel, Elektrofachmärkte und andere Branchen.

🖉 Suchen Sie im Web nach einem Angebot zur Ratenzahlung. Berechnen Sie dann den effektiven Zinssatz. Überlegen Sie, ob es nicht sinnvoller wäre, einen Kredit bei einer Bank aufzunehmen.

> **Beispiel: Einkauf um 100,00 EUR bei Ratenzahlung**
> Wenn Sie auf www.quelle.at im Webshop am 20. April 2016 eine Ware um 100,00 EUR gekauft und in elf Raten bezahlt hätten, wäre ein effektiver Jahreszinssatz von 21,70 Prozent verrechnet worden.

Das Konsumentenschutzgesetz hat bei Abzahlungsgeschäften nur Gültigkeit, wenn folgende Bedingungen erfüllt sind:

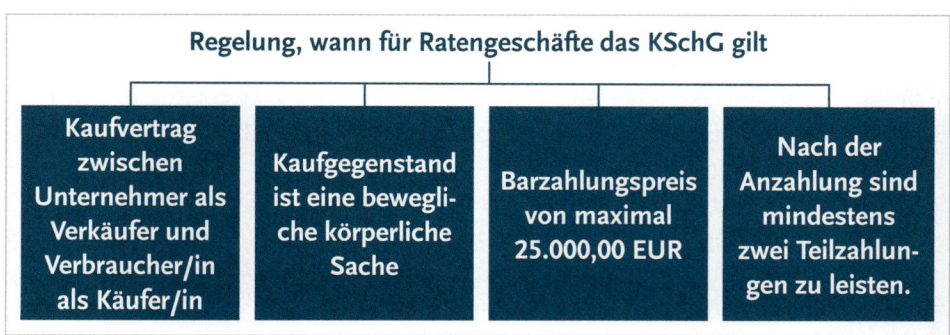

Regelung, wann für Ratengeschäfte das KSchG gilt
- Kaufvertrag zwischen Unternehmer als Verkäufer und Verbraucher/in als Käufer/in
- Kaufgegenstand ist eine bewegliche körperliche Sache
- Barzahlungspreis von maximal 25.000,00 EUR
- Nach der Anzahlung sind mindestens zwei Teilzahlungen zu leisten.

⚠️ Wenn kein Ratenbrief ausgestellt wird, ist das Ratengeschäft zwar gültig, der Unternehmer kann aber eine Geldstrafe bis zu 1.450,00 EUR bekommen.

Folgende weitere Vorschriften müssen eingehalten werden:

Das Ratengeschäft ist schriftlich festzuhalten.
Diese schriftliche Urkunde wird **Ratenbrief** genannt und hat neben den gesetzlichen Bestandteilen eines Kaufvertrages zum Beispiel zu enthalten:
- Barzahlungspreis, Gesamtentgelt und Höhe des effektiven Jahreszinssatzes
- Höhe der Anzahlung
- Anzahl, Höhe und Fälligkeit der Raten

Die Anzahlung
Spätestens bei der Übergabe der Sache hat der Verbraucher/die Verbraucherin mindestens eine Anzahlung von
- 10 Prozent zu leisten, wenn der Kaufpreis bis 220,00 EUR beträgt;
- 20 Prozent zu leisten, wenn der Kaufpreis 220,00 EUR übersteigt.

Übergibt der Unternehmer dem Verbraucher/der Verbraucherin die Sache, bevor er die Mindestanzahlung erhalten hat, hat er keinen Anspruch auf den Teil des Kaufpreises, der der Anzahlung entspricht.

> **Beispiel**
> Elektrohändler Maier übergibt Uschi den neuen Fernseher. Der vereinbarte Kaufpreis beträgt 2.000,00 EUR. Es wurden zehn Ratenzahlungen à 210,00 EUR vereinbart. Herr Maier hat weder eine Anzahlung verlangt noch einen Ratenbrief ausgestellt. Er hat also keinen Anspruch auf die 400,00 EUR, die er als Anzahlung hätte verlangen müssen, und riskiert noch dazu eine Geldstrafe bis zu 1.450,00 EUR.

2.5 Gewährleistung

Gemäß KSchG ist der Unternehmer/die Unternehmerin zur Verbesserung oder zum Austausch an dem Ort verpflichtet, an dem die Sache übergeben wurde.

Gewährleistung
Siehe auch S. 261 f.

> **Beispiel**
> Ein Bett-Angebot eines großen Möbelhauses lockt. Abholpreis nur 230,00 EUR (Zustellpreis 510,00 EUR). Natürlich nimmt man das Angebot des Abholpreises. „Aber wehe, wenn ich auf das Ende sehe" – frei nach Wilhelm Busch!

In diesem Fall handelt es sich um einen Abholmarkt. Der Käufer/die Käuferin muss sich mit dem Bett bei einem Mangel wieder auf den Weg machen, es sei denn, die Sache ist „sperrig, schwer oder durch Einbau unbeweglich geworden". Im konkreten Fall wäre zu klären, ob dies zutrifft. Sonst wird dem Käufer/der Käuferin wahrscheinlich nichts anderes übrig bleiben, als das Bett wieder selbst zum Abholmarkt zurückzubringen.

2.6 Gewinnzusagen gemäß § 5j KSchG

> „Sie haben eine Reise nach Paris gewonnen – Füllen Sie bitte das Datenblatt aus und fordern Sie Ihren Gewinn gleich ein."

So oder ähnlich beginnen Schreiben, die oft in unseren Briefkästen landen. Solche **Gewinnversprechungen** verstoßen jedoch gegen das Gesetz.

Seit 1999 müssen Unternehmer, die durch Gewinnzusagen den Verbraucher/die Verbraucherin **in Irrtum führen,** diesen Gewinn auszahlen und können notfalls auch auf Zahlung geklagt werden. Dabei bleibt es auch dann, wenn im Kleingedruckten darauf hingewiesen wird, dass es sich um keinen echten Gewinn, sondern nur um eine Gewinnchance handelt.

Inzwischen liegen schon einige Urteile des Handelsgerichtes Wien vor, wo Unternehmen zur Auszahlung von „versprochenen" hohen Gewinnsummen verurteilt wurden.

Unlautere Gewinnversprechungen verstoßen gegen das Gesetz.

Die Arbeiterkammer bietet eine Liste von unseriösen Unternehmen an: www.haendewegvonwerbefahrten.at

V Bearbeitung und Lösung alltäglicher Rechtsprobleme

Ziele erreicht? – „Konsumentenschutzrecht"

1. Erklären Sie, für wen das Konsumentenschutzgesetz gilt.
2. Erläutern Sie, wie man von einem Außergeschäftsraumvertrag zurücktreten kann und wie dabei vorgegangen werden soll.
3. Das Unternehmen Huber & Co liefert der Mayer GmbH Waren im Wert von 300,00 EUR. Stellen Sie fest, ob es sich hierbei um ein Verbrauchergeschäft handelt.
4. Sie haben eine Website auf Grundlage eines unverbindlichen Kostenvoranschlages in Auftrag gegeben. Nun informiert Sie Ihr Auftragnehmer, dass durch den notwendigen Zukauf von Software für Ihre Spezialwünsche der Preis wesentlich überschritten wird. Stellen Sie dar, welche Möglichkeiten Ihnen nun offenstehen.
5. Sie werden Mitglied in einem Fitness-Center, das soeben eröffnet hat und seinen Kunden nur die besten und neuesten Trainingsgeräte anbietet. In den AGB des Vertrages ist zu lesen: „Der Betreiber hat jederzeit das Recht, die Geräte auszutauschen." Zwei Monate später werden sämtliche Geräte durch den Betreiber verkauft und durch alte Geräte, die zum Teil nur noch eingeschränkt gebrauchsfähig sind, ersetzt. Lesen Sie im § 6 Abs. 2 KSchG nach, ob das erlaubt ist und wenden Sie die Gesetzesstelle auf den Fall an.
6. Holger kauft von seinem Kollegen ein gebrauchtes Moped. Nach drei Tagen treten erhebliche Mängel auf. Ermitteln Sie, ob das Konsumentenschutzgesetz eine Lösung dafür anbietet.
7. Erstellen Sie im Team eine kurze Zusammenfassung des Konsumentenschutzrechts auf einem Plakat oder als PowerPoint-Präsentation. Tauschen Sie mit einem anderen Schulkollegenteam dieses Plakat/ die PPP. Analysieren Sie deren Ergebnis und nehmen Sie unbedingt notwendige Korrekturen vor. Nach etwa fünf bis zehn Minuten Vorbereitungszeit erklären Sie den Schulkollegen/Schulkolleginnen das Konsumentenschutzrecht anhand deren allenfalls überarbeitetem Plakat/PPP. Das andere Team soll zu seiner Erklärung Ihr Plakat/Ihre PPP verwenden.
8. **Ausgangssituation**

   Am Sonntag, 16. Jänner 20.., surft Ines Berger im Internet und ist von den Kostümangeboten des Internet-Spezialkaufhauses „faschingspezi.at" begeistert. Ein großer Faschingsball in naher Zukunft lockt. Also packt sie in den elektronischen Warenkorb ein Kostüm Clown, Astronaut und Engel für sich, ihre Freundin und ihren Bruder Thomas.

   Dann bittet sie ihren Vater, Hans Berger, die Bestellung online abzuwickeln. Per Mausklick sendet Herr Berger die Bestellung ab. Diese wird bestätigt und als bald ordnungsgemäß ausgeführt. Die Faschingskostüme werden mit dem Paketdienst am 25. Jänner 20.. zugestellt.

   In der Zwischenzeit will Ines die Kostüme aber nicht mehr haben. Sie hat sich mit ihrem Bruder und ihrer Freundin darauf geeinigt, lieber doch gemeinsam als Indianersippe aufzutreten. Es ist Anfang Februar 20.. .

   a) Kann man in diesem Fall vom Kaufvertrag zurücktreten?

   Ausgangssituation (Fortsetzung)

   Glücklicherweise wurde die Rechnung von Herrn Berger noch nicht bezahlt. Er schreibt am 3. Februar 20.. einen eingeschriebenen Brief und schickt diesen samt Kostüm am gleichen Tag per Post an den Verkäufer.

   b) Bis wann muss Herr Berger die Rücktrittserklärung spätestens abschicken?

   c) Wer trägt die Kosten für die Versendung durch die Post?

   d) Wie wird der Brief, den Herr Berger an den Verkäufer geschrieben hat, wohl ausgesehen haben? Formulieren Sie den inhaltlichen Teil (ohne Adresse). Hinweis: Ergänzen Sie fehlende notwendige Angaben zum Fall frei, aber realistisch!

Wohn- und Mietrecht

Wohnen zählt zu den Grundbedürfnissen des Menschen. Während für manche eine Mietwohnung die ideale Wohnform ist, wünschen sich viele ihre eigenen vier Wände.

Mietverträge, Befristungen, Betriebskosten, Provisionen … sind Themen, mit denen man sich bei der Wohnungssuche auseinandersetzen muss. Ist man erst einmal Besitzer/in oder Bewohner/in der gewünschten Wohnung, lohnt es, laufend über seine Rechte und Pflichten informiert zu bleiben.

So wohnen die Österreicher/innen

- 5 % Anderes
- 2 % Haus zur Miete
- 17 % Eigentumswohnung
- 38 % Mietwohnung
- 38 % Haus im Eigentum

Wohnfläche in m²	
bis 49 m²	6 %
50–69 m²	17 %
70–89 m²	24 %
90–109 m²	16 %
110–129 m²	13 %
130–179 m²	15 %
ab 180 m²	9 %

Quelle: Statistik Austria, 2014

 Meine Ziele

Nach Bearbeitung dieses Kapitels kann ich
- die Rechte und Pflichten der Mieter/innen und Vermieter/innen nennen;
- die Bestandteile des Mietvertrages aufzählen;
- erklären, wie sich der Mietzins zusammensetzt,
- darlegen, worauf man beim Abschluss eines Mietvertrages achten muss.

KOMPETENZ-ERWERB

V Bearbeitung und Lösung alltäglicher Rechtsprobleme

§ Allgemeine Erklärung der Menschenrechte 1948
Artikel 25:
„1. Jeder hat das Recht auf einen Lebensstandard, der seine und seiner Familie Gesundheit und Wohl gewährleistet, einschließlich Nahrung, Kleidung, Wohnung, ärztliche Versorgung und notwendige soziale Leistungen, sowie das Recht auf Sicherheit im Falle von Arbeitslosigkeit, Krankheit, Invalidität oder Verwitwung, im Alter sowie bei anderweitigem Verlust seiner Unterhaltsmittel durch unverschuldete Umstände."

💬 Diskutieren Sie in der Klasse über den Zeitungsartikel. Welche Änderungen wären für ein zeitgemäßes Mietrecht notwendig?

Miteigentum: Mehrere Personen sind gemeinsame Eigentümer/innen einer Liegenschaft.

Liegenschaft = Grundstück (samt dem darauf errichteten Gebäude).

Wohnungseigentumsvertrag = Vertrag aller Miteigentümer/innen einer Liegenschaft.

1 Wohnen ist ein Grundbedürfnis

Wohnen ist ein grundlegendes menschliches Bedürfnis. Als Teil des Rechts auf einen angemessen Lebensstandard ist es fest verankert in der Allgemeinen Erklärung der Menschenrechte von 1948. Recht auf Wohnen bedeutet auch Recht auf Sesshaftigkeit und ist damit eine unverzichtbare Voraussetzung der menschlichen Existenz. Damit verbunden sind auch entsprechende Ansprüche auf eine zeitgemäße Qualität des Wohnens.

Ein Mietrecht von 1916

Die politischen Parteien haben das Thema Wohnen entdeckt. Die Probleme sind enorm, jahrzehntelang ist viel zu wenig geschehen.

Wer aktuell eine in der Erhaltung günstige Wohnung sucht, ist nicht zu beneiden: Das Österreichische Volkswohnungswerk baut ab Mai ein mit 60 Einheiten vergleichsweise kleines Wohnhaus in Aspern. Bis dato liegen 3 500 Anmeldungen vor. Die Sozialbau errichtet beim neuen Hauptbahnhof in Wien im Sonnwendviertel 1 860 Wohnungen. Bei 10 000 Anmeldungen hat der Computer automatisch abgeschaltet und keine Vormerkungen mehr angenommen.
Das österreichische Mietrecht für den klassischen Altbau hält der heutigen Situation überhaupt nicht mehr stand. Es stammt von 1916/17. Der Grundgedanke war damals, jenen Soldaten, die im Ersten Weltkrieg an der Front dienten und deren karger Sold die Familie daheim ernährte, mit einem extrem restriktiven Mietrecht eine gewisse Sicherheit für die Daheimgebliebenen zu geben. Seit damals gibt es die gesetzlichen Zinsstopp-Regeln, den Kündigungsschutz, die begrenzte Miethöhe etc. – bis heute. …

Claudia Ruff; in: Der Standard, 25. März 2013

2 Wohnen mit Wohnungseigentum

Wann spricht man von Wohnungseigentum?

Laut Wohnungseigentumsgesetz (WEG 2002) ist Wohnungseigentum
- das **Miteigentum** an einer **Liegenschaft** und
- das Recht, eine selbstständige Wohnung, eine sonstige Räumlichkeit, einen Kfz-Abstellplatz oder eine Garage **ausschließlich zu nutzen** und **allein darüber zu verfügen.**

An den **allgemeinen Teilen einer Liegenschaft** (z. B. am Fahrradkeller, am Stiegenhaus, an der Waschküche, am gemeinsamen Garten) kann **kein Wohnungseigentum** erworben werden.

Wie erwirbt man Wohnungseigentum?

- Wohnungseigentum kann nur schriftlich durch einen **Wohnungseigentumsvertrag** begründet werden.
- Der Erwerb von Wohnungseigentum erfolgt durch einen **Kaufvertrag** und
- durch die **Eintragung in das Grundbuch**.

Wer kann Wohnungseigentum erwerben?

- Jede **natürliche Person**
- **Eigentümerpartnerschaften:** Sie können nur aus zwei natürlichen Personen bestehen (z. B. Ehegatten, eingetragenen Partner/innen, Lebensgefährtinnen und -gefährten, Geschwister)
- **Juristische Personen,** z. B. GmbH, Vereine

Was ist der Nutzwert und wie wird er festgesetzt?

- Der Nutzwert einer Wohnung ist eine **Maßzahl,** die die Eigentumsanteile einer Wohnung im Verhältnis zu den anderen Wohnungen einer Liegenschaft festlegt.
- Dem Nutzwert entsprechend werden dann die Miteigentumsanteile **(Mindestanteile)** festgelegt.
- Die anteiligen Kosten (Betriebskosten, Hausmeister …) werden nach dem Nutzwert berechnet.

Die Bildung von Rücklagen ist verpflichtend

Für **Erhaltungs-** und **Verbesserungsarbeiten** sind die Wohnungseigentümer/innen gesetzlich verpflichtet, Rücklagen zu bilden. Entscheidungen über Erhaltungs- und Verbesserungsarbeiten werden in Eigentümer/innenversammlungen mit **Mehrheitsbeschluss** getroffen.

Eigentümerpartnerschaft
- Jede/r der beiden Partner/innen ist Eigentümer/in einer Hälfte.
- Sie **haften solidarisch** für alle Verbindlichkeiten, d. h. jede/r für alles.
- Sie dürfen über ihr Wohnungseigentum auch **nur gemeinsam verfügen** (es kann nur gemeinsam belastet oder verkauft werden).
- Wird eine Ehe bzw. Eingetragene Partnerschaft geschieden oder aufgelöst, wird die Miteigentumsgemeinschaft aufgehoben.

Aufgabenstellungen – „Wohnen mit Wohnungseigentum"

1. Kathrin und Michael möchten gemeinsam eine Eigentumswohnung erwerben. Wie werden sie gemeinsam Eigentümer dieser Wohnung?
2. Ein Immobilienmakler hat Kathrin und Michael eine sehr schöne Altbau-Eigentumswohnung angeboten. Im Grundbuch sind jedoch verschiedene Belastungen und ein Kredit eingetragen. Wie können die beiden diese Eigentumswohnung sorgenfrei erwerben?

3 Wohnen mit Mietvertrag

Mario und Isabella haben vor kurzem die Schule abgeschlossen und ihren ersten Job angetreten. Nun möchten die beiden gerne zusammenziehen. Nachdem sie sich noch keine Eigentumswohnung leisten können, möchten sie sich informieren, wie sie günstig eine Mietwohnung erhalten können. Was sie dabei alles beachten müssen, erfahren Sie in diesem Kapitel.

3.1 Mietvertrag

Wann spricht man von einem Mietvertrag?

Ein Mietvertrag entsteht, wenn ein Vermieter/eine Vermieterin dem Mieter bzw. der Mieterin die Benützung einer Wohnung oder einer anderen Räumlichkeit (z. B. Garage) gegen Entgelt **(Miete)** auf bestimmte oder unbestimmte Zeit gestattet.

Im privaten Miethausbereich bzw. bei Einfamilienhäusern kommt es durchaus vor, dass Mietverträge mündlich und/oder schlüssig (z. B. durch Übergabe bzw. Übernahme der Wohnungsschlüssel und Bezahlung bzw. Entgegennahme des Mietzinses) geschlossen werden. Trotzdem sind dies gültige Mietverträge.

💡 Mietverträge unterliegen der **Gebührenpflicht** beim Finanzamt für Gebühren, Verkehrssteuern und Glücksspiel.
Auch wenn ein schriftlicher Mietvertrag nicht vergebührt wird, ist der Vertrag rechtswirksam. Es führt aber dazu, dass bei Bekanntwerden beim Finanzamt ein Strafzuschlag zur Gebühr zu zahlen ist. Wohnraummietverträge sind allerdings gebührenbefreit.

Will der Vermieter seinem Mieter/seiner Mieterin bestimmte Arbeiten, wie Schneeschaufeln oder die Stiegenhausreinigung auferlegen, muss die Hausordnung zwingend Bestandteil des Mietvertrags sein. Das heißt: Die Hausordnung muss entweder ein Anhang zum Mietvertrag sein oder im Mietvertrag erwähnt werden.

Ein Mietvertrag kann **schriftlich**, **mündlich** oder auch **schlüssig** abgeschlossen werden. Voraussetzung ist, dass sich die Vertragspartner/innen
- über das **Mietobjekt** und
- die **Höhe des Mietzinses** einig sind.

Fixbestandteile des Mietvertrages

- **Mietvertragspartner**
  Am Beginn eines Mietvertrages steht üblicherweise, wer Vermieter und wer Mieter des betreffenden Mietobjektes ist. Für die rechtliche Qualifikation und die Rechte des Mieters/der Mieterin ist wichtig, wer der Vermieter ist. Wenn der Vermieter zustimmt, können auch mehrere Personen Mieter sein: In der Praxis werden aber meist nur eine oder zwei Personen als Mieter eines Objektes akzeptiert, die anderen mit dem Mieter im gemeinsamen Haushalt lebenden Personen sind entweder Mitbewohner/innen oder Untermieter/innen.
- **Beschreibung des Mietgegenstandes und Verwendungszweck**
  Adresse, Größe des Mietgegenstandes (Nutzfläche), Verwendungszweck (z. B. Nutzung als Wohnung, Büro, Geschäft).
- **Vertragsdauer**
  Hier unterscheidet man befristete (genau begrenzte Zeit) oder unbefristete Dauer.
- **Mietzins**
  In der Regel wird im Mietvertrag ein fixer Betrag als Hauptmietzins (Nettomietzins) vereinbart. Weiters wird im Vertrag meist nur darauf hingewiesen, dass der Mieter/die Mieterin anteilig die jeweiligen Betriebskosten, laufenden öffentlichen Abgaben und besonderen Aufwendungen zu tragen hat, ohne dass diese Kosten im Mietvertrag mit einem Betrag ausgewiesen werden.
- **Kostenaufteilung**
  In einem Haus mit mehreren Wohnungen wird dabei geregelt, wie die laufenden Kosten (Betriebskosten, Kosten der Gemeinschaftsanlagen etc.) innerhalb der Wohnungsnutzer/innen aufgeteilt werden.
- **Andere Vertragspunkte**
  Meist gibt es noch zahlreiche weitere Bestimmungen in Mietverträgen, wie z. B. eine **Hausordnung.** Mit einer Hausordnung können Vermieter das Zusammenleben im Mietshaus regeln und ihren Mietern bestimmte Pflichten auferlegen. Beispielsweise wie und wann Mieter Gemeinschaftsräume nutzen können oder wann Ruhezeiten gelten. Auch bestimmte Arbeiten, wie die turnusmäßige Reinigung des Treppenhauses oder den Winterdienst, können auf den Mieter übertragen werden.

Wann gilt das Mietrechtsgesetz (MRG)?

Die gesetzlichen Regelungen über das **Mietrecht in Österreich** sind unübersichtlich und kompliziert. Für die Mieter/innen ist es oftmals sehr schwierig festzustellen, welche Bestandteile des MRG anzuwenden sind. Die Bestimmungen über den Mieterschutz, z. B. Mietzinsschutz und Kündigungsschutz, gelten nicht für jedes Mietobjekt.

⚠️ Die **Bestimmungen des MRG** sind **zwingendes Recht** und können nicht verändert oder ausgeschlossen werden.

Wenn das MRG auf eine Wohnung nicht anwendbar ist, gelten die Bestimmungen des **ABGB**.

Wohn- und Mietrecht

Hauptmiete – Untermiete

Hauptmiete	Untermiete
Liegt vor, wenn der Mietvertrag mit ■ **dem Eigentümer/der Eigentümerin** der Liegenschaft oder ■ **dem Wohnungseigentümer/der Wohnungseigentümerin** abgeschlossen wird.	Liegt vor, wenn eine Person mit dem Hauptmieter/der Hauptmieterin einen Untermietvertrag abschließt und dadurch ein **Benützungsrecht** am Mietobjekt erhält. Der Untermieter/die Untermieterin ist rechtlich sehr stark vom Hauptmieter/der Hauptmieterin abhängig.

Kündigungsgründe
- Mietzinsrückstand
- Vertragswidrige Verwendung oder grob nachteiliger Gebrauch des Mietobjektes
- Fehlender Wohnbedarf des Mieters/der Mieterin
- Dringender Eigenbedarf des Vermieters/der Vermieterin

Beendigung des Mietvertrages

- **Befristete Mietverträge** enden automatisch durch Zeitablauf und müssen nicht extra gekündigt werden.
- **Unbefristete Mietverträge** können durch
  ▸ den Mieter bzw. die Mieterin unter Einhaltung der vertraglichen Kündigungsfrist,
  ▸ den Vermieter bzw. die Vermieterin nur über Gericht bei **Vorliegen eines Kündigungsgrundes** beendet werden.
- Der Mietvertrag endet auch, wenn das Mietobjekt vollständig zerstört wird (z. B. durch einen Murenabgang).

3.2 Wichtige Pflichten des Vermieters bzw. Rechte der Mieter/innen

Erhaltungspflicht des Vermieters

Der Vermieter/die Vermieterin ist verpflichtet, das Mietobjekt und die der gemeinsamen Benützung aller Bewohner/innen dienenden Anlagen (Dach, Fassade, Stiegenhäuser, Wege …) auf eigene Kosten im ortsüblichen Zustand zu übergeben und zu erhalten.

Verpflichtung des Vermieters, den Mieter/die Mieterin vor Störungen durch Dritte zu schützen

In ihrer Wohnung dürfen Mieter/innen sich frei entfalten. Das gilt auch für den Balkon, die Terrasse oder den Garten. Allerdings sollten sie dabei Rücksicht auf ihre Nachbarn nehmen. Der vertragsgemäße Gebrauch einer Wohnung endet da, wo Nachbarn „über Gebühr belastet" werden. Es gibt z. B. beim Balkongrillen unterschiedliche Rechtsprechungen. Eine befindet etwa, das Grillen sei einmal im Monat erlaubt, eine andere erlaubt es sechs Mal im Jahr.

Beeinträchtigte Mieter/innen können direkt gegen den störenden Nachbarn vorgehen oder sie können sich an den Vermieter wenden und von diesem Abhilfe verlangen.

Was ist auf dem Balkon erlaubt, und was sollte man eher vermeiden? Darf man überall grillen oder sich im Garten nackt sonnen? Mieter/innen sollten auf Regeln achten, damit es keinen juristischen Ärger gibt.

Recht des Mieters/der Mieterin, den Mietzins zu mindern

Wenn der Mieter/die Mieterin das Mietobjekt nicht mehr so wie vereinbart gebrauchen kann, hat er/sie das Recht, die Miete zu mindern (z. B. wenn die Heizung längere Zeit nicht funktioniert, bei **Schimmelpilzbefall** …).

Wenn aufgrund geltender medizinischer Erkenntnisse eine Gesundheitsgefährdung durch massiven Schimmelbefall für die Bewohner/innen besteht, ist sogar eine gänzliche Zinsminderung denkbar.

Beispiele aus der Rechtsprechung
- Wird dem Mieter/der Mieterin seit längerer Zeit das Betreten der verschmutzten und verwahrlosten allgemein zugänglichen Teile des Hauses zugemutet, erscheint ein Zinsminderungsanspruch von fünf Prozent als angemessen.
- Ermöglicht eine Heizung im Jänner und Februar nur eine Raumtemperatur von 18 Grad Celsius, rechtfertigt dies eine Zinsminderung von zehn Prozent.

Benützungsrecht und Instandhaltungspflicht des Mieters/der Mieterin

Der Hauptmieter/die Hauptmieterin ist berechtigt, den Mietgegenstand vertragsgemäß zu gebrauchen und zu benützen. Er/sie hat aber auch die Verpflichtung, alle Einrichtungen, wie z. B. Licht, Heizung und sanitäre Anlagen, zu warten und instand zu halten.

Abtretung der Mietrechte an nahe Verwandte

Eine Abtretung ist nur an Ehegatten, eingetragene Partner/innen und Verwandte in gerader Linie (Kinder, Enkelkinder, Eltern, Großeltern) und Geschwister möglich. Sie müssen aber zuvor zwei Jahre, Geschwister fünf Jahre im gemeinsamen Haushalt in der Wohnung mit dem Hauptmieter/der Hauptmieterin gewohnt haben.

Mietrechtseintritt beim Tod des Mieters/der Mieterin

Der Mietvertrag wird durch den Tod des Mieters/der Mieterin nicht aufgelöst. Die Erben treten automatisch in den Mietvertrag ein. Er kann aber sowohl von den Erben als auch vom Vermieter/von der Vermieterin gekündigt werden. Dies gilt aber nicht, wenn im Mietvertrag **eintrittsberechtigte Personen** eingetragen sind.

Eintrittsberechtigte Personen beim Tod des Hauptmieters/der Hauptmieterin sind
- der Ehegatte,
- eingetragene Partner/innen,
- Lebensgefährten/-gefährtinnen,
- Kinder, Enkel,
- Geschwister,
- Adoptivkinder,

wenn sie schon bisher in der Wohnung gewohnt haben.

3.3 Mietzins

Der Mietzins ist der **Preis für das Mietobjekt** in Hauptmiete.

Bestandteile des Mietzinses
- Hauptmietzins = Nettomiete
- Umsatzsteuer – USt. (10 % für Wohnungen)
- Anteilige Betriebskosten inkl. USt., z. B. für Wasser-, Kanal-, Müllgebühren, Versicherungsprämien, Kosten der Hausverwaltung
- Anteil für besondere Aufwendungen des Vermieters, z. B. Aufzug
- Entgelt für mitvermietete Einrichtungsgegenstände, z. B. Küche

Die **Fälligkeit der Miete** (bestimmtes Datum) wird im Mietvertrag bestimmt.

Der Vermieter/die Vermieterin hat in übersichtlicher Form eine **Abrechnung** über die Einnahmen und Ausgaben eines jeden Kalenderjahres zu legen. Auf Antrag des Mieters/der Mieterin kann die Abrechnung vom Gericht oder von der **Schlichtungsstelle** überprüft werden.

Wohn- und Mietrecht

Wie wird die Mietzinshöhe bestimmt?

- Bei Mietobjekten, die nicht dem MRG unterliegen, kann der Mietzins frei vereinbart werden. Er orientiert sich dann meist am **Marktpreis**.
- Bei Mietobjekten, bei denen das MRG anzuwenden ist (Altbauwohnungen und geförderte Neubauten), gelten **Mietzinsobergrenzen**. Dabei ist auf Art, Größe, Lage, Beschaffenheit, Ausstattung und Erhaltungszustand der Mietwohnung Rücksicht zu nehmen. Das MRG unterscheidet **vier Ausstattungskategorien** bei Wohnungen (A, B, C, D). Es werden **Kategorie- oder Richtwerthauptmietzinse** definiert, die nicht überschritten werden dürfen.
- **Wertsicherung der Mietzinshöhe:** Bei längerfristigen Mietverträgen wird die Höhe der Miete fast immer mit einer Wertsicherungsklausel gegen die Inflation abgesichert (z. B. gemäß Verbraucherpreisindex – VPI).

Gesetzlich mögliche Zu- und Abschläge bei Mieten

In der Praxis kommt es vor, dass die Zuschläge 100 Prozent vom Mietzins-Richtwert überschreiten.

Unterstes Wohngeschoss	von – 15 %
Unter Niveau	bis – 30 %
Nicht vorhandener Lift ab dem 2. Stock	– 4 %
Lage mit überdurchschnittlicher Beeinträchtigung etwa durch Lärm oder Geruchseinwirkung	bis – 20 %
Besondere Ruhelage oder Grünlage	bis + 20 %
Wohnung mit Balkon, Loggia oder Terrasse	bis + 10 %

Tipps für den Abschluss bzw. die Beendigung eines Mietvertrages

Vor dem Vertragsabschluss
- Die Mietwohnung genau besichtigen und auf Schäden und Mängel prüfen.
- Die Infrastruktur in der Gegend prüfen (Parkplätze, Geschäfte, Haltestellen von öffentlichen Verkehrsmitteln, Lärmquellen ...).
- Eine genaue Kostenaufstellung machen: Wie viel bezahle ich für die monatliche Miete, die Betriebskosten ...?
- Muss eine Kaution oder eine Ablöse bezahlt werden?
- Gibt es vertragliche Nebenpflichten (Schneeräumung, Putzdienste ...)?
- Den Mietvertrag genau durchlesen und zum besseren Verständnis eventuell eine Rechtsberatung (AK, Gerichtssprechtag, Rechtsanwalt ...) einholen.
- Die Hausordnung durchlesen und sich eine Kopie davon geben lassen.
- Alles was mündlich vereinbart wurde auch schriftlich festhalten.

Für den Vertragsabschluss
- Den Zustand der Mietwohnung, der Einrichtungsgegenstände, Kellerabteile, Garagen etc. sorgfältig mit Fotos und/oder Videoaufnahmen, Zeugen/Zeuginnen ... dokumentieren und in einem Übernahmeprotokoll genau beschreiben, das dann beide Vertragspartner/innen unterfertigen. Das Übernahmeprotokoll sollte zum Bestandteil des Mietvertrages gemacht werden.
- Die Anzahl der übergebenen Schlüssel im Mietvertrag genau angeben.
- Ablöse- und Kautionsbeträge vorher einbezahlen (Zahlungsbestätigung mitnehmen) oder bar gegen Aushändigung einer Quittung übergeben.

Von billiger Randlage zur teuren Ruhelage

Vermieter sind bei der Verrechnung von Zuschlägen oft sehr kreativ

Es ist ein besonders krasser Fall von Mietzins-Wucher: Für seine Wohnung in der Goldschlagstraße im 15. Bezirk bekam der Mieter von seinem Vermieter einen Hauptmietzins von 330 Euro vorgeschrieben. Der gesetzliche Hauptmietzins für dieses Objekt liegt allerdings nur bei 125 Euro, stellte die Schlichtungsstelle fest, die der Mieter kontaktierte. Möglich werden derart eklatante Überschreitungen nicht zuletzt durch die geltenden Regelungen für Zu- und Abschläge bei Mietverhältnissen, die dem Richtwert-System unterliegen. Eines der Hauptprobleme: Zwar schreibt der Gesetzgeber vor, für welche Merkmale der Wohnung Zu- und Abschläge möglich sind, der Vermieter muss sie aber im Vertrag weder ausweisen noch begründen.

www.kurier.at, 4. November 2015 (Auszug)

Die **Kaution** ist eine Sicherstellung für Beschädigungen am Mietobjekt. Der Vermieter muss eine Barkaution zinsbringend auf einem Sparbuch anlegen. Sie darf maximal sechs Monatsmieten betragen, kann in bar oder als Sparbuch erbracht werden. Am Ende des Mietverhältnisses wird die Kaution zuzüglich Zinsen rückerstattet (abzüglich der Kosten für eventuelle Beschädigungen).

Die **Ablöse** ist eine einmalige Zahlung einer bestimmten Summe beim Abschluss eines Mietvertrages, z. B. Kaufpreis für die Kücheneinrichtung.

Bei Beendigung des Mietvertrages

- Den Vermieter/die Vermieterin rechtzeitig von der Absicht der Beendigung des Mietvertrages verständigen.
- Mängel und Schäden beheben.
- Protokoll über die Mängelfreiheit der Mietwohnung, über die einwandfreie Rückgabe aller mitvermieteten Einrichtungsgegenstände und über die Rückgabe aller übergebenen Schlüssel sich vom Vermieter/der Vermieterin unterfertigen lassen.
- Zum Übergabetermin eventuell Zeugen/Zeuginnen mitnehmen und auch diese das Protokoll unterfertigen lassen.
- Kaution vom Vermieter/von der Vermieterin zurückfordern.

Websites für Interessierte:
www.help.gv.at
www.konsument.at
www.arbeiterkammer.at
www.mieterschutzverband.at
www.mietervereinigung.at

Wissensfragen – „Wohn- und Mietrecht"

1. Wer kann Eigentümer einer Wohnung werden?
2. Unterscheiden Sie Haupt- und Untermiete.
3. Nennen Sie je zwei Rechte und Pflichten von Mieter und Vermieter.
4. Wie erwirbt man Wohnungseigentum?
5. Nennen Sie die Fixbestandteile des Mietvertrages.

Ziele erreicht? – „Wohn- und Mietrecht"

1. Frau Lindner möchte ihre Eigentumswohnung vermieten.
   a) Nennen Sie die Bestandteile, aus denen sich der Mietzins zusammensetzt.
   b) Wovon kann die Höhe des Mietzinses abhängen?
   c) Die Wohnung befindet sich in zentraler Lage in Wien und hat 58 m². Wie viel Miete kann sie Ihrer Meinung nach dafür verlangen? Die Wohnung unterliegt dem Mietrechtsgesetz und hat die Ausstattungskategorie D. Informieren Sie sich im Internet über den lokalen Mietspiegel und schlagen Sie eine entsprechende Bruttomiete vor.
2. Setzen Sie gemeinsam mit Ihrem Sitznachbarn/Ihrer Sitznachbarin einen Mietvertrag für eine Wohnung auf.
3. Ihre Tante möchte eine Wohnung mieten. Geben Sie ihr Tipps, worauf sie achten soll.
4. Recherchieren Sie im Internet die Mietzinsobergrenzen in Österreich und diskutieren Sie über die Unterschiede in den einzelnen Bundesländern.
5. Es gibt Streitigkeiten mit dem Vermieter wegen Schimmelpilzbildung in Ihrem Schlafzimmer. An welche Beratungsstellen können Sie sich mit Ihrem gesundheitsgefährdenden Problem wenden?

Recht im Internet

Egal, was Sie im Internet machen, ob in Communities Fotos hochladen oder runterladen, Musik ins Netz stellen oder runterladen, Filme anschauen oder welche „reinstellen", Zitate verwenden, shoppen und Internet-Banking, oder einfach Mitglied in einer Community sein – das Internet ist ein großes Speichermedium und Sie sollten wissen, was man darf und was man eher lassen sollte.

Im WorldWideWeb gelten verschiedene Rechte, an die man sich auch halten muss. Aus diesem Grund ist beim Umgang mit Daten im oder aus dem Internet Vorsicht geboten. Grundsätzlich gilt immer: Das Internet vergisst nichts!

 Meine Ziele

Nach Bearbeitung dieses Kapitels kann ich
- die wichtigsten rechtlichen Bestimmungen nennen, die für die Verarbeitung von Daten bzw. Informationen von Bedeutung sind;
- verschiedene Arten von Daten unterscheiden;
- meine Rechte als Betroffene/r im Sinne des Datenschutzgesetzes ausüben;
- kritisch Vertragsabschlüsse im E-Commerce bewerten;
- die Voraussetzungen für sichere elektronische Signaturen aufzählen;
- den Umgang mit Social Media Networks kritisch beurteilen.

1 Datenschutzrecht

💬 Haben Sie schon einmal darüber nachgedacht, wie oft Sie schon persönliche Daten ohne besonderen Grund angegeben haben? Diskutieren Sie in der Klasse darüber.

> Max hat gerade eine Kundenkarte bei einem Elektronikhändler ausgefüllt. Dafür bekommt er 3 Prozent Guthaben pro Einkauf gutgeschrieben. Er hat auf dem Anforderungsformular nicht nur seine Adresse, sondern auch sein Alter, seine Handynummer, seine E-Mail-Adresse und einige seiner Hobbys angegeben. Wie viel er damit von seiner Privatsphäre bekannt gegeben hat, ist ihm nicht klar.

⚠️ **Überlegen Sie sich gut, wie viel Sie von sich preisgeben wollen.**
Das Geschäftsmodell von Facebook z. B. beruht darauf, Online-Anzeigen passend zu den Interessen der Nutzer/innen (Kundenprofile werden erstellt) zu schalten. Je mehr diese Werbeeinblendungen geklickt werden, desto mehr nimmt die Webseite ein.

Aha!
Gemäß Artikel 8 Absatz 1 der Charta der Grundrechte der Europäischen Union hat jede Person das Recht auf Schutz der sie betreffenden personenbezogenen Daten.

1.1 EU-Datenschutz-Grundverordnung – DSGVO

Am 25. Mai 2018 ist die neue Datenschutz-Grundverordnung in Kraft getreten. Durch die wirtschaftliche und soziale Integration am Binnenmarkt kam es zu einem massiven Anstieg des grenzüberschreitenden Verkehrs personenbezogener Daten. Die DSVGO vereinheitlicht nun EU-weit Regelungen für die Verarbeitung von personenbezogenen Daten durch private Unternehmen und öffentliche Institutionen.

Was sind die Ziele der DSGVO?
- Einheitlicher Rechtsschutz für alle betroffenen Personen in der EU
- Einheitliche Regeln für die Datenverarbeitung innerhalb der EU
- Gewährleistung eines starken und einheitlichen Vollzugsrechtes

Die DSVGO gilt als **EU-Verordnung** unmittelbar in jedem EU-Mitgliedstaat. Sie enthält jedoch zahlreiche sogenannte Öffnungsklauseln, die die nationalen Gesetzgeber verpflichten und/oder berechtigen, bestimmte Angelegenheiten näher zu regeln. Auch jene Unternehmen, die ihren Hauptsitz außerhalb der EU haben, müssen sich an die EU-DSGVO halten, wenn sie ihre Dienste in der EU anbieten.

Das österreichische Datenschutzgesetz (DSG) aus dem Jahr 2000 wurde durch das **Datenschutz Anpassungsgesetz 2018** novelliert und an die neue Rechtslage in der EU angepasst.

1.2 Datenarten

Man unterscheidet folgende Datenarten

Personenbezogene Daten	Indirekt personenbezogene Daten	Sensible Daten	Veröffentlichte Daten
Daten, die eindeutige Rückschlüsse auf eine einzelne Person zulassen. Dürfen nur mit Zustimmung des/der Betroffenen verwendet werden.	Daten, die keine eindeutige Bestimmung der Identität einer einzelnen Person zulassen. Dürfen immer verwendet werden.	Daten, deren öffentliche Bekanntgabe der Einzelne üblicherweise nicht wünscht.	Daten, die von der Person selbst oder von jemand anderem mit Erlaubnis veröffentlicht werden.
Beispiele: Sozialversicherungsnummer, Autokennzeichen, Geburtsdatum, Telefonnummer	**Beispiele:** Der Nachname einer Person (es könnte sich um Vater, Großvater, Sohn, Mutter, Schwiegertochter etc. handeln)	**Beispiele:** Religionsbekenntnis, sexuelle Orientierung, Zugehörigkeit zu Parteien oder Gewerkschaften, Gesundheitsdaten, ethnische Herkunft)	**Beispiel:** Telefonnummer unter www.herold.at, wenn z. B. beim Abschluss des Handyvertrags der Veröffentlichung zugestimmt wurde

> **Aha!**
> Nicht unumstritten ist z. B. der Einsatz und die Anwendung der **E-card** und die **elektronische Gesundheitsakte (ELGA)** in Österreich. Interessenkonflikte ergeben sich beim **Datenaustausch** zwischen Ärzten, Krankenkassen, Krankenhäusern und anderen Anstalten. Was dient der optimalen Gesundheitsversorgung der Patienten und Patientinnen und wo werden sensible Daten gespeichert, verarbeitet und vielleicht auch weitergegeben?

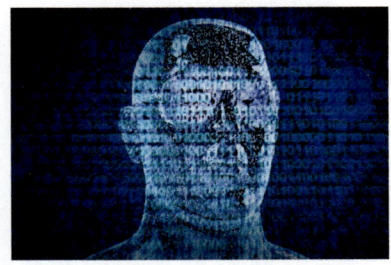

Der „gläserne Mensch"
In der Öffentlichkeit und in den Medien immer wieder massiv diskutiert wird der Konflikt zwischen **Datenschutz und Kriminalitätsbekämpfung.** Die umfassenden Zugriffsmöglichkeiten von Polizei, Behörden und Gerichten auf personenbezogene Daten erleichtert die Arbeit von diesen Institutionen. Der Datenschutz befindet sich daher in einem Spannungsfeld zwischen Überwachungsstaat und den Prinzipien des Rechtsstaates mit seinen vielen Freiheitsrechten.

1.3 Rechte der Betroffenen

Informationspflicht bei Datenerhebung

Denken Sie an den Einstiegsfall: Max hat ein Antragsformular für eine Kundenkarte beim Elektronikhändler ausgefüllt. Der Händler ist verpflichtet, Max im Antragsformular über folgende Fakten zu informieren:
- Über die eigene Identität (Name und Kontaktdaten)
- Die Art der Daten
- Über den Zweck der Datenverarbeitung
- Über die Empfänger: Für den Fall, dass die Daten an andere Stellen übermittelt werden sollen, über die Identität dieser anderen Stellen bzw. über die Art der Stellen, die die Daten erhalten sollen.

💬 Diskutieren Sie in der Klasse: Wie weit sollen der Staat, die Polizei, die Gerichte und andere Behörden oder auch private Unternehmen über unsere Privatsphäre informiert sein?

> **Aha!**
> Nach dem Gesetz darf ein Unternehmen Namen, Adresse, Berufsbezeichnung und Geburtsjahr auch ohne ausdrückliche Einwilligung zu Werbezwecken nutzen bzw. an eine dritte Stelle weitergeben. Es besteht jedoch die Möglichkeit, der Nutzung der Daten zu Werbezwecken zu widersprechen.

Bereits bei Vertragsabschluss muss das Unternehmen bei bestehender Werbeabsicht über das **Widerspruchsrecht** informieren. Manchmal ist die Möglichkeit zum Widerspruch in einem Bestellformular z. B durch ein Ankreuzkästchen gegeben. Häufig sind die Formulare so gestaltet, dass die betroffene Person selbst aktiv ein Kreuzchen setzen muss, um ihren Widerspruch geltend zu machen.

Widerspruchsrecht siehe S. 299.

Bei Telemedienanbietern (wie beispielsweise Online-Shops oder Online-Portalen) ist es üblich, dass Informationen zum Datenschutz in einer gesonderten **Datenschutzerklärung** zusammengefasst und zum Abruf bereitgehalten werden. Eine derartige Verpflichtung, Datenschutzinformationen in einer gesonderten Erklärung bereitzuhalten, gibt es nicht.

Kundenkarten-Antrag

Antrag ausfüllen, in Ihrer Conrad Filiale abgeben, per Email an Kundenservice@conrad.de oder an Conrad Electronic SE, Klaus-Conrad-Straße 2, 92530 Wernberg-Köblitz.

ACHTUNG:
Unbedingt vollständig in Druckbuchstaben ausfüllen und unterschreiben!

☐ **Ja, ich möchte eine Conrad Kundenkarte OHNE Zahlungsfunktion**

1. Conrad Electronic Kunden-Nummer

Sind Sie bereits Conrad Kunde? ☐ Ja ☐ Nein

Bitte tragen Sie hier Ihre Conrad Electronic Kunden-Nummer ein, falls Sie bereits eine solche haben: ☐☐☐☐☐☐☐☐

2. Ihre Anschrift

☐ Frau ☐ Herr

_____
Name, Vorname

_____
Straße, Nummer

☐☐☐☐☐ _____
PLZ   Wohnort

☐T ☐T ☐M ☐M ☐J ☐J ☐J ☐J
Geburtsdatum

☐ **Ja, ich möchte eine Conrad Kundenkarte MIT Zahlungsfunktion**

3. Lastschriftmandat / SEPA-Mandat

Mit meiner Unterschrift unter diesen Antrag ermächtige ich Conrad Electronic SE bis auf Widerruf, den Gegenwert der durch meine Kundenkarte getätigten Einkäufe von folgender Bankverbindung abzubuchen. Das SEPA-Lastschriftmandat (= Einzugsermächtigung) können Sie jederzeit widerrufen.
Conrad Electronic SE-Gläubiger-ID: DE74ZZZ00000048689

_____
IBAN

_____
Kontonummer (optional)

_____
Bankleitzahl (optional)

_____
Name der Bank

_____
Kontoinhaber

_____
Ort, Datum

_____
Unterschrift

4. Datenschutz

Bei der Kundenkarte mit Zahlungsfunktion wird uns zum Zwecke der Kreditprüfung die Bürgel Wirtschaftsinformationen GmbH & Co. KG, Gasstr. 18, 22761 Hamburg, und/oder die Schufa Holding AG, Kormoranweg 5, 65201 Wiesbaden, die in ihrer Datenbank zu Ihrer Person gespeicherten Adress- und Bonitätsdaten einschließlich solcher, die auf der Basis mathematisch-statistischer Verfahren ermittelt werden, zur Verfügung stellen, sofern wir unser berechtigtes Interesse glaubhaft dargelegt haben.

Hinweis zu §28b Nr. 4 BDSG
Zum Zweck der Entscheidung über die Begründung, Durchführung oder Beendigung des Vertragsverhältnisses bei Kundenkarten mit Zahlungsfunktion, erheben oder verwenden wir Wahrscheinlichkeitswerte, in deren Berechnung unter anderem Anschriftdaten einfließen.

Conrad Electronic SE ist berechtigt, die personenbezogenen Daten des Karten-Inhabers zur Aufnahme und Abwicklung des Kartenvertrages im Rahmen der geltenden Datenschutzbestimmungen zu verarbeiten und zu speichern. Eine Weitergabe dieser Daten an Dienstleister erfolgt ausschließlich im Auftrag von Conrad Electronic SE nur für die Abwicklung des Kartenvertrages.

Zur Versendung von Informationsmaterial und zu eigenen Werbezwecken, werden Ihre Daten nur intern oder Unternehmen der Conrad Unternehmensgruppe weitergegeben. Eine Weitergabe an andere Dritte findet nicht statt. Sofern Sie mit der Nutzung Ihrer personenbezogenen Daten zum Zwecke der Übersendung unseres kostenlosen Newsletter und zwecks Übermittlung von Informationen über Aktionen und Neuheiten einverstanden sind, erteilen Sie bitte in Ihrer Anmeldung hierzu Ihr Einverständnis. Wir weisen daraufhin, dass Sie Ihr Einverständnis jederzeit mit Wirkung für die Zukunft widerrufen können. Hier steht Ihnen ein jederzeitiges Widerspruchsrecht durch eine kurze formlose Mitteilung an

Conrad Electronic SE
Kundenbetreuung
Klaus Conrad Straße 2
92530 Wernberg-Köblitz
per Email an Kundenservice@conrad.de zu.

Datenschutzrechtliche Einwilligung

Bitte ankreuzen:
Ich bin damit einverstanden, dass Conrad Electronic SE meine Daten zu eigenen Werbezwecken nutzt und mir

☐ per Email
Emailadresse: _____

☐ per SMS oder per Telefon interessante Angebote unterbreitet.
Telefon: _____
Handy: _____

Diese Einwilligung kann ich jederzeit durch kurze formlose Mitteilung an
Conrad Electronic SE
Kundenbetreuung
Klaus Conrad Straße 2
92530 Wernberg-Köblitz
per Email an Kundenservice@conrad.de widerrufen.

_____
Ort, Datum

_____
Unterschrift

Recht auf Auskunft

Werden Daten verarbeitet, hat die betroffene Person das Recht auf folgende Informationen: Verarbeitungszwecke, Dateninhalte, Datenempfänger oder Empfängerkategorien, geplante Speicherdauer, Bestehen eines Berichtigungs-, Löschungs-, Einschränkungs- oder Widerspruchsrechts, Bestehen eines Beschwerderechts bei einer Aufsichtsbehörde, verfügbare Informationen über Datenherkunft, Bestehen einer automatisierten Entscheidungsfindung, Profiling eingeschlossen (Siehe S. 222).

💡 Die Rechte der Betroffenen sind meist unter dem Begriff „Datenschutz" z. B. auf den Websites angeführt.

Recht auf Berichtigung

Voraussetzung für den Anspruch ist, dass die Daten unrichtig sind, also mit der Wirklichkeit nicht übereinstimmen (z. B. falsches Geburtsdatum) oder dass die Daten unter Berücksichtigung des Zweckes der Verarbeitung unvollständig sind.

Recht auf Löschung (Recht auf „Vergessenwerden")

Voraussetzung für das Löschungsrecht ist das Zutreffen einer der folgenden Gründe:
- Die personenbezogenen Daten sind für die Zwecke, für die sie erhoben oder auf sonstige Weise verarbeitet wurden, nicht mehr notwendig (Wegfall des Verarbeitungszwecks).

⚠️ **Das Recht auf Löschung muss aktiv vom Betroffenen eingefordert werden!**

Das Löschungsrecht kann durch das Recht auf Meinungsfreiheit, durch Rechtspflichten des Verantwortlichen, Interessen der Rechtsverteidigung sowie öffentliche Interessen (öffentliche Gesundheit, wissenschaftliche und Archivzwecke) beschränkt sein.

Beispiel
Philip wechselt seinen Mobilfunkanbieter. Er stellt einen Antrag an den alten Anbieter, dass alle seine personenbezogenen Daten gelöscht werden. Eine vollständige Löschung ist aus Revisionsgründen gar nicht möglich (Finanzdaten müssen zehn Jahre archiviert werden).

Falls die Daten an Dritte weitergegeben wurden, muss der alte Anbieter angemessene Maßnahmen ergreifen, um Drittanbieter über das Ersuchen der Löschung zu informieren = **Mitteilungspflicht.**
Kommt der alte Mobilfunkbetreiber dem Antrag auf Löschung nicht nach, drohen ihm Geldstrafen.

- Die betroffene Person hat ihre Einwilligung zur Datenverarbeitung widerrufen.
- Die betroffene Person hat Widerspruch gegen die Verarbeitung eingelegt (und es liegen keine vorrangigen berechtigten Gründe für die Verarbeitung vor).
- Die personenbezogenen Daten wurden unrechtmäßig verarbeitet.
- Rechtliche Verpflichtung zur Löschung (z. B. Gesetz, Urteil, Bescheid)
- Fehlen einer Einwilligung der Erziehungsberechtigten eines Kindes

Auf Facebook verewigt, auf Google versteckt

2014 hatte der Europäische Gerichtshof das „Recht auf Vergessenwerden" begründet. Seitdem können europäische Nutzer Google dazu auffordern, einzelne Links für eine bestimmte Region aus dem Index zu entfernen. Google prüft die Anträge und entscheidet anschließend, ob die Seiten aus dem Suchindex entfernt werden. Wohlgemerkt werden die Einträge nicht komplett entfernt, sondern nur für die lokale Suchmaschine.

In seinem Transparenzbericht stellt Google auch Beispiele von Anfragen vor. Für einen Fall aus Deutschland heißt es: „Wir haben ein Ersuchen von einem Lehrer erhalten, der vor mehr als zehn Jahren wegen eines geringfügigen Vergehens verurteilt wurde, einen Artikel über die Verurteilung zu löschen. Wir haben die Seiten aus den Suchergebnissen für den Namen des Lehrers gelöscht." In anderen Fällen entschied sich Google gegen die Löschung.

💡 Google dokumentiert die Anfragen in einem halbjährlichen **Transparenzbericht.** Allein 2016 musste Google **914 Millionen Links** aus den Suchergebnissen herauslöschen. Diese führten zu insgesamt 352.000 verschiedenen Webseiten. 2015 lag die Anzahl bei „nur" 558 Millionen Anträgen, 2014 bei 345 Millionen Links. Ein Großteil der Anträge stammte aus der Medienindustrie. Aber auch Warner Music, EMI, Sony, Disney, Paramount Pictures, Adobe und auch Microsoft gehören zu den Unternehmen, die Googles Mitarbeiter/innen ordentlich ins Schwitzen bringen.

✏️ Testen Sie sich selbst! Tragen Sie auf Google Ihren Vor- und Nachnamen ein. Wie viele Ergebnistreffer werden gelistet und in welchem Zusammenhang?

Dem Antrag eines Niederländers, rund 50 Blogbeiträge zu entfernen, in denen Menschen über seinen mutmaßlichen Missbrauch sozialer Dienstleistungen schreiben, wurde nicht stattgegeben.

Facebook steht an erster Stelle

10 Prozent aller Anfragen betreffen zehn einzelne Seiten, darunter die großen Netzwerke Facebook, Twitter und Google+ sowie YouTube und Personen- und Dating-Suchmaschinen wie Profile Engine und Badoo. Letztere Plattform steht schon länger in der Kritik, Spam zu verbreiten und Fotos ohne die Einwilligung der Urheber zu verwenden.

Dass Internetnutzer dies zu unterbinden versuchen, ist verständlich. Interessanter ist, wie Facebook und Twitter in das Bild passen. Inmitten der Debatte um die Pflichten und Verantwortung solcher Plattformen scheinen die Google-Daten einen Trend zu bestätigen, wonach immer mehr problematische – oder jedenfalls aus Sicht der betroffenen Personen ungewollte – Inhalte nicht über klassische Websites, sondern über soziale Netzwerke verbreitet werden. selten war es einfacher, seine Meinungen in kürzester Zeit im Netz zu veröffentlichen. Selten war es einfacher, sich unangemessen zu verhalten oder zu blamieren oder sich über andere Menschen auszulassen.

Was noch immer viele Nutzer nicht wissen, ist, dass in vielen Fällen die Kommentare auch für Nicht-Facebook-Nutzer öffentlich sichtbar sind und von Suchmaschinen aufgegriffen werden. Nicht nur Hasskommentare und Verunglimpfungen, sondern auch möglicherweise unbeabsichtigte Hinweise über Wohnorte oder Beziehungen von Menschen tauchen in den Timelines auf und werden von Suchmaschinen indiziert.

Googles Transparenzbericht zeigt deshalb am Ende vor allem die Erkenntnis: Je beliebter soziale Netzwerke werden, desto mehr Menschen suchen offenbar nach Wegen, wieder zu verstecken, was andere über sie geschrieben haben. Letztlich aber entscheidet weiterhin Google, ob die Inhalte nun im Sinne des öffentlichen Interesses stehen – oder eine immer noch nicht klar definierte Grenze überschritten wird.

Eike Kühl, in: www.zeit.de, 26. November 2015 (gekürzt)

Recht auf Einschränkung der Verarbeitung

Voraussetzungen:
- Die betroffene Person hat die Richtigkeit der Daten bestritten.
- Die betroffene Person hat Widerspruch gegen die Verarbeitung eingelegt.

In diesen beiden Fällen ist die Einschränkung auf die Dauer der Prüfung des Anspruchs beschränkt.

- Die Verarbeitung ist unrechtmäßig und die betroffene Person hat die Löschung der personenbezogenen Daten abgelehnt und stattdessen die Einschränkung der Nutzung der personenbezogenen Daten verlangt.
- Die betroffene Person benötigt Daten, deren Verwendungszweck weggefallen ist, für die Geltendmachung von Rechtsansprüchen.

Solcherart eingeschränkte Daten dürfen nur mehr mit Zustimmung der betroffenen Person, zur Geltendmachung von Rechtsansprüchen, zum Schutz der Rechte anderer oder aus wichtigen öffentlichen Interessen verarbeitet werden.

Mitteilungspflicht

- Wurden Daten auf Antrag einer betroffenen Person berichtigt, gelöscht oder eingeschränkt, hat der Verantwortliche jeden anderen, an den die Daten weitergegeben wurden, über die Geltendmachung dieser Ansprüche in Kenntnis zu setzen.
- Eine Ausnahme besteht nur dann, wenn diese Mitteilungspflicht unmöglich oder mit einem unverhältnismäßig hohen Aufwand verbunden wäre.
- Die betroffene Person hat Anspruch auf Auskunft über diese Empfänger.

Recht auf Datenübertragbarkeit

Die betroffene Person hat das Recht, die erfassten Daten an ein anderes Unternehmen zu übermitteln. Die personenbezogenen Daten müssen somit vom ersten Unternehmen so zur Verfügung gestellt werden, dass das zweite Unternehmen sie einfach übernehmen kann. Dabei muss der Kunde seine Daten nicht selbst an das zweite Unternehmen senden.

> **Beispiel**
> Philip beauftragt seinen alten Mobilfunkanbieter, alle personenbezogenen Daten vor der Löschung an seinen neuen Mobilfunkanbieter zu senden, damit er sich dort deren Angabe sparen kann.

Ausgenommen vom Recht auf Datenübertragbarkeit sind:
- Daten, die aus den vom Kunden bereitgestellten Daten auf Basis eigener Algorithmen und Prozesse errechnet (z. B. prognostizierte Verhaltensweisen),
- oder aus **öffentlichen Quellen** (z. B. Kommentare auf Facebook-Seiten) erhoben wurden.
- Außerdem dürfen Rechte und Freiheiten von Dritten nicht beeinträchtigt werden (z. B. Adressbuch mit den Daten aller Kontakte).

Widerspruchsrecht

Betroffene haben die Möglichkeit, durch Angabe von konkreten persönlichen Gründen, die Datenverarbeitung zu unterbinden. Gegen Datenverarbeitung für Zwecke der Direktwerbung und damit verbundenes **Profiling** ist ein jederzeitiger Widerspruch ohne Angabe von Gründen möglich.

Profiling (Erstellung von Nutzerprofilen) = jede Art der automatisierten Verarbeitung personenbezogener Daten mit dem Ziel, persönliche Aspekte, z. B. Gesundheit, persönliche Vorlieben, Alter, Interessen, dieser natürlichen Person zu analysieren oder vorherzusagen.

Rechte betreffend automatisierte Entscheidungen und Profiling

Wird ein Profiling oder eine andere Art von automatisierter Einzelfallentscheidung beabsichtigt, muss darauf hingewiesen werden.
- Gemäß Art. 22 Abs. 1 DSGVO soll verhindert werden, dass die betroffene Person „einer ausschließlich auf einer automatisierten Verarbeitung – einschließlich Profiling – beruhenden Entscheidung unterworfen (wird), die ihr gegenüber rechtliche Wirkung entfaltet oder sie in ähnlicher Weise erheblich beeinträchtigt". Als Beispiel wird dabei die automatische Entscheidung über einen **Online-Kreditantrag** oder sogar über ein **Online-Einstellungsverfahren** genannt.
- Weiterhin gewährt Art. 22, Abs. 2 b die Zulässigkeit von automatisch zustanden gekommenen Entscheidungen, wenn diese nach dem Recht der Europäischen Union oder eines Mitgliedstaates zulässig sind.

💡 Ausgehend davon, dass der Anbieter ein Webtracking implementiert hat, werden bei jedem Website-Besuch und Service zahlreiche personenbezogene Kundendaten im Sekundentakt erfasst, analysiert und über Cookies gespeichert. Anhand der Webanalysen kann das Unternehmen auswerten, welche Informationen, Produkte, oder Services die betroffene Person am meisten interessieren. In weiterer Folge können Preise und Produkte bestmöglich abgestimmt und nahezu maßgeschneiderte Marketingaktionen durchgeführt werden.

1.4 Pflichten von Verantwortlichen und Auftragsverarbeitern

Begriffe

Verantwortlicher	Ist die natürliche oder juristische Person, Behörde, Einrichtung oder andere Stelle, die allein oder gemeinsam mit anderen über die Zwecke und Mittel der Verarbeitung von personenbezogenen Daten entscheidet.
Auftragsverarbeiter	Ist eine natürliche oder juristische Person, Behörde, Einrichtung oder andere Stelle, die personenbezogene Daten im Auftrag des Verantwortlichen verarbeitet.

V Bearbeitung und Lösung alltäglicher Rechtsprobleme

 Informationen können auch in Kombination mit standardisierten Bildsymbolen bereitgestellt werden.

Datenschutzbeauftragter	Die DSGVO verpflichtet Behörden und öffentliche Institutionen sowie Unternehmen, deren Kerntätigkeit die umfangreiche Durchführung von Datenverarbeitungsvorgängen ist, zur Einrichtung eines/einer Datenschutzbeauftragten. Diese/r steht zwischen dem Unternehmen und den Kunden, muss auf sensible datenschutzrechtliche Themen aufmerksam machen und ist in datenschutzrechtlichen Fragen zu kontaktieren. Er/Sie kann Beschäftigte/r des Verantwortlichen oder des Auftragsverarbeiters sein oder seine/ihre Aufgaben auf Grundlage eines Dienstleistungsvertrages erfüllen.

Datenverarbeitungsregister: Bis zum Inkrafttreten der neuen Datenschutz-Grundverordnung musste über verarbeitete Daten Meldung an die Datenschutzbehörde gemacht werden. Das dort geführte Datenverarbeitungsregister (DVR) wird ab diesem Zeitpunkt (bis zum 31. Dezember 2019) zu Archivzwecken fortgeführt werden.

Pflichten

- **Verzeichnis von Verarbeitungstätigkeiten:** Verantwortliche und Auftragsverarbeiter müssen ein solches Verzeichnis führen, das dem bisherigen Datenverarbeitungsregister (DVR) ähnlich ist. Unternehmen oder Einrichtungen, die weniger als 250 Mitarbeiter/innen beschäftigen, trifft diese Pflicht nicht, außer eine Verarbeitung birgt ein Risiko für Rechte und Freiheiten der Betroffenen oder sie erfolgt nicht nur gelegentlich oder umfasst sensible Daten.
- **Sicherheit der Verarbeitung:** Durch organisatorische Maßnahmen muss ein angemessenes Schutzniveau gewährleistet werden. Dies kann z. B. durch genehmigte Verhaltensregeln oder aufgrund genehmigter Zertifizierungsverfahren nachgewiesen werden.
- **Meldungen von Verletzungen des Schutzes personenbezogener Daten an die Aufsichtsbehörde:** Sind unverzüglich und möglichst binnen 72 Stunden nach Bekanntwerden zu erstatten. Umfasst ist jede Datenpanne (Vernichtung, Verlust, Zugriff ...) und zwar unabhängig von deren Verursachung, etwa durch Hackerangriffe oder bloß durch ein technisches Gebrechen.
- **Benachrichtigung der von einer Verletzung des Schutzes personenbezogener Daten betroffenen Person**
Ein Verantwortlicher hat Betroffene über die von ihm verursachten Datenschutzverletzungen ohne ungebührliche Verzögerung zu benachrichtigen, wenn ein hohes Risiko für Rechte und Freiheiten der betroffenen Person besteht.
- **Pflicht zur Datenschutz-Folgenabschätzung:** Bei heiklen Datenanwendungen und der Massendatenverarbeitung müssen Unternehmen selbst eine Folgeabschätzung des Risikos treffen. Bei hohem Risiko für die Rechte und Freiheiten natürlicher Personen müssen sie die Datenschutzbehörde informieren.

 **Transparenz**
Unternehmen müssen die Bestimmungen der DSGVO nicht nur einhalten sondern auch beweisen können, dass sie sich an diese halten. Bei einer Behördenkontrolle muss ein Unternehmen die Einhaltung nachvollziehbar darlegen können, sonst droht ein Verfahren und Strafen.

Datengeheimnis

- Der Verantwortliche, die Auftragsverarbeiter und ihre Mitarbeiter/innen müssen personenbezogene Daten aus Datenverarbeitungen geheim halten, soweit kein rechtlich zulässiger Grund für eine Übermittlung anvertrauter oder zugänglich gewordener personenbezogener Daten besteht.
- Mitarbeiter/innen dürfen personenbezogene Daten nur aufgrund einer ausdrücklichen Anordnung ihres Arbeitgebers übermitteln.
- Der Verantwortliche und die Auftragsverarbeiter müssen die von der Anordnung betroffenen Mitarbeiter/innen über die für sie geltenden Übermittlungsanordnungen und über die Folgen einer Verletzung des Datengeheimnisses belehren.

1.5 Rechtsbehelfe – Haftung – Sanktionen

Rechtsbehelfe

- Jede Person, die glaubt, dass die Verarbeitung der sie betreffenden personenbezogenen Daten nicht rechtmäßig geschieht, hat das **Recht auf eine Beschwerde** bei der **Staatlichen Aufsichtsbehörde** (in Österreich Datenschutzbehörde in Wien).

Beispiel
Frau Reiter, Mitarbeiterin eines Handelsunternehmens, wurde damit beauftragt, einen größeren Teilnehmerkreis Informationen per E-Mail zu schicken. Sie schrieb den Inhalt, selektierte die Kunden, kopierte diese Vorlage und bestätigte die Versendung. Dabei passierte ihr ein folgenschwerer Fehler: Sie kopierte die E-Mail-Adressen in das „An-Feld".
Da viele Adressen aus dem Vor- und/oder Nachnamen bestehen (personenbezogene Daten) und in diesem Fall diese durch die fehlerhafte Eingabe für alle Teilnehmer sichtbar waren, ein eindeutiger Verstoß gegen die Datenschutzvorschriften.
Ein Kunde legte daraufhin Beschwerde bei der Datenschutzbehörde ein, die nach Prüfung ein Bußgeld über Frau Reiter als Auftragsverarbeiterin verhängte.

- Gegen verbindliche Entscheidungen der Aufsichtsbehörde bzw. gegen Untätigkeit der Aufsichtsbehörde steht der **Rechtsweg an ein Gericht** offen. Zuständig für solche Beschwerden sind die Gerichte jenes Mitgliedstaates, in welchem die Behörde ihren Sitz hat.

Nach dem österreichischen Datenschutz-Anpassungsgesetz 2018 entscheidet das **Bundesverwaltungsgericht** über Beschwerden gegen Bescheide oder die Verletzung der Entscheidungspflicht der Datenschutzbehörde.

Recht auf gerichtliche Maßnahmen gegen Verantwortliche oder Auftragsverarbeiter

Jede natürlichen Person, der durch einen Verstoß gegen die DSGVO ein materieller oder immaterieller Schaden entstanden ist, hat Anspruch auf **Schadenersatz** gegen den Verantwortlichen oder gegen den Auftragsverarbeiter.
- Dabei haftet jeder Verantwortliche, der an der Verarbeitung beteiligt war, zur Gänze.
- Der Auftragsverarbeiter haftet, sofern er seine speziellen Pflichten nicht erfüllt oder die Anweisungen des Verantwortlichen nicht (zur Gänze) befolgt hat.
- Der Verantwortliche und der Auftragsverarbeiter sind von der Haftung befreit, wenn sie nachweisen können, dass sie in keinerlei Hinsicht für den Umstand, durch den der Schaden eingetreten ist, verantwortlich sind.
- Sind mehrere Verantwortliche oder mehrere Auftragsverarbeiter an einer Datenverarbeitung beteiligt, so haftet jeder einzelne für den gesamten Schaden. Damit soll ein wirksamer Schadenersatz für die betroffene Person gewährleistet werden.

⚠ Jener Verantwortliche oder Auftragsverarbeiter, der zum Ersatz des gesamten Schadens herangezogen wurde, kann sich bei den übrigen Beteiligten regressieren (d. h. deren Schadenersatzanteile rückfordern).

Sanktionen

Bei **Zuwiderhandeln** gegen die Bestimmungen der DSGVO drohen extrem hohe Strafen. Die Geldbußen sind von der Datenschutzbehörde als Verwaltungsstrafen gegen Unternehmen oder Einzelpersonen zu verhängen, die jeweils als für eine Datenverarbeitung Verantwortlicher oder Auftragsverarbeiter agieren.

V Bearbeitung und Lösung alltäglicher Rechtsprobleme

⚠️ Die Geldstrafen bei Verstößen gegen die Bestimmungen der DSGVO sind im Vergleich zu früher sehr hoch:

Beispiel
Verletzung des Auskunftsrechts oder Verletzung des Löschungsrechts: Höchstbuße 20 Mio. EUR oder 4 % des Jahresumsatzes (früher 500 EUR).

- Für **weniger schwere Verstöße** droht eine Geldbuße in Höhe von 10 Millionen Euro oder bei Unternehmen bis zu zwei Prozent des weltweiten Jahresumsatzes des letzten Geschäftsjahres.
- Für **schwerwiegende Verstöße** droht eine Geldbuße in Höhe bis zu 20 Millionen Euro oder bei Unternehmen bis zu vier Prozent des weltweiten Jahresumsatzes des letzten Geschäftsjahres. Es gilt der höhere Betrag.

Aha!
In bestimmten Fällen kann die Datenschutzbehörde anstelle der Verhängung einer Geldbuße auch eine förmliche **Verwarnung** aussprechen.

1.6 Datenschutzbehörden

Staatliche Aufsichtsbehörden
Jeder EU-Mitgliedstaat muss eine unabhängige Behörde für die Überwachung der Anwendung der DSGVO einrichten, damit die Grundrechte und Grundfreiheiten natürlicher Personen bei der Verarbeitung geschützt werden und der freie Verkehr personenbezogener Daten in der Union erleichtert wird. In Österreich ist das die **Datenschutzbehörde**.

Datenschutzrat
Dieser ist beim Bundeskanzleramt eingerichtet und nimmt Stellung zu Fragen von grundsätzlicher Bedeutung für den Datenschutz, fördert die Fortentwicklung des Datenschutzes und berät die Bundesregierung bei datenschutzrechtlich relevanten Vorhaben.

Europäischer Datenschutzausschuss
Der Europäische Datenschutzausschuss ist eine unabhängige Behörde für die Überwachung der Anwendung der DSGVO auf europäischer Ebene und garantiert die einheitliche Anwendung dieser Verordnung.

Aufgabenstellungen – „Datenschutzrecht"

1. Recherchieren Sie im Internet aktuelle Fälle zum Thema „Datenmissbrauch".

2. Herr Zauner, Marketingmitarbeiter eines bekannten Sportartikelunternehmens, kündigt wegen Mobbings gegen seine Person die Arbeitsstelle. Am letzten Arbeitstag speichert Herr Zauner den gesamten Datensatz aller Kunden auf seinen USB-Stick. Er beginnt nach zwei Monaten Urlaub bei einem Mitbewerber in der Sportartikelbranche wieder zu arbeiten. Herr Zauner kontaktiert viele frühere Kunden persönlich per E-Mail über die tollen Rabattangebote seines neuen Unternehmens.

    a) Herr Zauners früherer Arbeitgeber bemerkt den Datenmissbrauch. Was sind nun seine Pflichten gemäß der DSGVO?
    b) Welche Rechte haben die betroffenen Kunden?
    c) Wie kann der frühere Arbeitgeber gegen Herrn Zauner vorgehen?

3. Lesen Sie den folgenden Zeitungstext:
    a) Fassen Sie den Text in wenigen Sätzen zusammen.
    b) Wie hoch sind die in der DSGVO verankerten Geldstrafen?

Österreich zieht der Datenschutzgrundverordnung „die Zähne"

Statt saftigen Geldstrafen droht in Österreich ansässigen Firmen nur mehr ein Klaps auf die Finger. Auch Behörden stehen unter dem Schutz der Regierung und müssen keine Strafen befürchten.

Der europäische Datenschutz gilt in anderen Ländern als Vorbild. Über die Grenzen Europas wird mit den Daten der Bürger und ihrer Privatsphäre nicht so streng umgegangen wie hierzulande. Anstatt der in der DSGVO verankerten Geldstrafen will man in Österreich nur Wiederholungstäter an die Kandare nehmen. Bei einem einmaligen Verstoß drohen den Unternehmen in Österreich im Gegensatz zu anderen europäischen Ländern statt saftigen Geldstrafen nur Verwarnungen. Das haben FPÖ und ÖVP im Nationalrat durchgepeitscht.

Die IT-Nachrichtenwebsite „www.heise.de" schreibt dazu „Österreich tanzt beim Datenschutz aus der Reihe". Weiters heißt es, dass man dem Gesetz „die Zähne gezogen" habe. Außerdem schützt die Änderung vor allem die Regierung und die damit verbundenen Behörden. Geldstrafen können nicht gegen Behörden verhängt werden. Im jüngst beschlossenen Sicherheitspaket laut es folgendermaßen: „Gegen Behörden und öffentliche Stellen, wie insbesondere in Formen des öffentlichen Rechts sowie des Privatrechts eingerichtete Stellen, die im gesetzlichen Auftrag handeln, und gegen Körperschaften des öffentlichen Rechts können keine Geldbußen verhängt werden."

Außerdem werden Sammelklagen beschnitten, denn NGOs wie noyb vom Juristen Max Schrems können nicht auf Schadenersatz klagen. Und hier wird es schwierig, denn jene, die Prozesse vorfinanzieren, werden kaum einsteigen, wenn am Ende des Tages keine Schadenersatzsummen erzielt werden können. Privatpersonen müssen ein hohes finanzielles Risiko auf sich nehmen, um gegen Firmen wegen Datenschutzverletzungen vorgehen zu können. Auch nicht unter die strengen Datenschutzbestimmungen der DSGVO fallen ab sofort Polizei, Medien und Forschungseinrichtungen. Auch für Spione und Strafverfolger wurden die Bestimmungen gelockert. All diese Gruppen dürfen personenbezogene Daten auswerten.

www.diepresse.com, 25. April 2018

2 E-Commerce und Fernabsatz

Laura kauft am liebsten im Internet ein. Es gibt auch nichts Schöneres, als auf dem Sofa liegend mit dem Tablet online zu shoppen. Bisher hat sie aber auch noch keine schlechten Erfahrungen gemacht. Ihre Freundin Julia dagegen hat schon einmal bei einer Bestellung den Kaufpreis vorab überwiesen und die Ware nie erhalten.

Diskutieren Sie, wie man sich vor „bösen" Überraschungen beim Onlineshoppen wirksam schützen kann.

Wer im Internet gewerblich auftritt – und zwar schon ohne Onlineshop – hat diverse gesetzliche Vorgaben zu erfüllen. Kommt das Angebot eines Onlineshops dazu, steigen die rechtlichen Anforderungen an den Betreiber noch weiter.

Regelungen dazu finden sich im ECG, FAGG und KSchG:

Das **E-Commerce-Gesetz (ECG)** gibt dem elektronischen Geschäftsverkehr einen soliden rechtlichen Rahmen. Es regelt unter anderem die Informationspflichten für Diensteanbieter, den Abschluss von Verträgen im E-Commerce oder auch inwiefern einzelne Diensteanbieter im Rahmen ihrer Tätigkeit für ihr eigenes oder das Verhalten anderer verantwortlich sind und damit zur Verantwortung gezogen werden können.

Fernkommunikationsmittel sind z. B. Webshops, E-Mail, Teleshopping, Telefon, Fax, Kataloge, Werbung in Zeitungen mit Bestellschein.

Während in den Medien und in der Fachliteratur meist von der „Impressumspflicht" gesprochen wird, heißt es im ECG „Allgemeine Informationen".

Siehe Kapitel „Konsumentenschutzrecht", S. 277 f.

Haben Sie schon Amtswege elektronisch erledigt? Diskutieren Sie über Ihre Erfahrungen.

Die Fernabsatzbestimmungen des **Konsumentenschutzgesetzes (KSchG)** hingegen gelten nur für Verträge unter ausschließlicher Verwendung von Fernkommunikationsmitteln. Dabei wird allerdings vorausgesetzt, dass es sich um ein Geschäft zwischen einem Verbraucher (Konsumenten) und einem Unternehmer handelt und der Unternehmer darüber hinaus ein für den Fernabsatz organisiertes Vertriebs- und Dienstleistungssystem verwendet.

Wichtige Regelungen des E-Commerce-Gesetzes

Impressumspflicht/Allgemeine Information

Nicht nur, wenn jemand Handel über das Internet treibt, sondern bereits dann, wenn mit der Webpräsenz der Geschäftserfolg zum Beispiel durch Werbung gefördert wird, sieht § 5 ECG Informationspflichten vor (siehe Kapitel „Konsumentenschutzrecht", S. 278).

Wichtige Regelungen beim Fernabsatz

So wie das ECG sehen auch die Bestimmungen zum Fernabsatz im **KSchG und FAGG Informationspflichten** für den Unternehmer vor. Darüber hinaus sind vor allem die **Rücktrittsmöglichkeiten** von einem Vertrag, der im Wege des Fernabsatzes abgeschlossen wurde, von besonderem Interesse.

3 Elektronische Signatur

> *Max hat in den Ferien gejobbt und möchte sich die Lohnsteuer mit der Arbeitnehmerveranlagung zurückholen. Er möchte den Antrag elektronisch auf Finanzonline stellen, ist aber verunsichert, ob er dazu eine elektronische Signatur braucht oder nicht.*

Im Internet muss die Echtheit eines Dokuments bzw. die Identifizierung eines Absenders sichergestellt sein. Dies erfolgt durch elektronische Unterschriften (Signaturen). Das österreichische **Signatur- und Vertrauensdienstegesetz (SVG)** regelt die sichere elektronische Signatur.

Dabei wird zwischen einfachen, fortgeschrittenen und qualifizierten unterschieden. Die **qualifizierte Signatur** ist nach dem Signatur- und Vertrauensdienstegesetz grundsätzlich der handschriftlichen Unterschrift gleichgestellt. Man kann also mit einer qualifizierten Signatur elektronisch Verträge mit derselben Wirkung unterschreiben, als ob man den Vertrag mit der Hand unterschreiben würde.

Weiters finden sich im Signatur- und Vertrauensdienstegesetz Anforderungen an Unternehmen, die qualifizierte Zertifikate ausstellen, sogenannte **Zertifizierungsdiensteanbieter.** Das sind private Anbieter, die strenge Auflagen zu erfüllen haben und sicherstellen, dass eine unbefugte Verwendung der Signatur verhindert und eine Fälschung zuverlässig erkennbar gemacht wird.

Wie funktioniert die elektronische Signatur?

Anwender/innen erhalten von einem **Zertifizierungsdiensteanbieter** zwei **elektronische Schlüssel** zugeordnet:
- den privaten Schlüssel = **Private Key** und
- den dazu passenden öffentlichen Schlüssel = **Public Key**.

Wird ein elektronisches Dokument mit einer elektronischen Unterschrift signiert – sie befindet sich in der Regel auf einer Chipkarte, z. B. der E-Card – kann der Empfänger/die Empfängerin durch den Vergleich des privaten mit dem öffentlichen Schlüssel feststellen, ob das Dokument im Originalzustand übermittelt wurde und ob der/die Angeführte tatsächlich Urheber/in des Dokumentes ist. (Auf der Bürgerkarte ist eine qualifizierte Signatur enthalten.)

Die **Bürgerkarte** ist als **Handy-Signatur** (funktioniert mit allen Mobiltelefonen) und als **Karte mit aktivierter Bürgerkartenfunktion** (z.B. e-card plus einem Kartenlesegerät) erhältlich. Das Handy und die aktivierte e-card werden somit zum virtuellen Ausweis, mit dem man Dokumente oder Rechnungen digital unterschreiben kann.

Signaturwert	4EJ19BTOFjFofr4n84M7ZNQqrSMedUdMhgXsXi6Jjs8EiElMf7o/Kie9g5vkfTet
Unterzeichner	Amtsdirektor Dr. Max Mustermann
Datum/Uhrzeit-UTC	2008-09-01T15:54:29Z
Aussteller-Zertifikat	CN=Muster-Sig-00,O=Muster CA,C=AT
Serien-Nr.	12345678
Methode	urn:pdfsigfilter:bka.gv.at:text:v1.1.0
Parameter	etsi-bka-1.0@1220284469-32670914@26912-699-0-21632-20205
Prüfinformation	Informationen zur Prüfung der elektronischen Signatur und des Ausdrucks finden Sie unter: https://www.buergerkarte.at
Hinweis	Dieses Dokument wurde amtssigniert. Auch ein Ausdruck dieses Dokuments hat gemäß § 20 E-Government-Gesetz die Beweiskraft einer öffentlichen Urkunde.

💡 Eine Liste der Zertifizierungsdienstanbieter findet man unter www.signatur.rtr.at.

Die **Bürgerkarte** ist ein Schlüssel für viele E-Covernment-Angebote der Verwaltungsbehörden und für Web-Dienste der Wirtschaft. Anträge an Behörden können damit auf elektronischen Weg eingebracht werden.

www.buergerkarte.at

💡 Die e-card kann auch als Bürgerkarte genutzt werden.

4 Umgang mit Social Networks

Philip postet seine Urlaubsfotos auf Facebook, Sarah twittert für ihr Leben gern. Alle Erlebnisse werden geteilt, vieles kommentiert, fast nichts wird dabei ausgelassen. Dass dabei aber nicht selten rechtliche Grenzen verletzt werden, ist den wenigsten bewusst.

💬 Haben Sie sich schon Gedanken darüber gemacht, ob Ihre Aktivitäten in den sozialen Netzwerken rechtlich gedeckt sind?

Unter Social Networks oder Social Media versteht man auf digitalen Technologien basierende Medien, die es dem Nutzer/der Nutzerin ermöglichen, mediale Inhalte auf einfachem Weg mit einer großen Anzahl von Menschen auszutauschen.

Positiv daran ist, dass ohne große Zugangshürde Wissen, Hilfsangebote und Erfahrungen kommuniziert werden können. Bürgerinnen und Bürgern wird es ermöglicht, ihr Engagement im Sinne eines demokratischen Prozesses zu setzen und damit auf die Entwicklung des Staates und der Gesellschaft Einfluss zu nehmen.

💡 Durch die zunehmende private Nutzung sozialer Medien geraten Unternehmen in Zugzwang. Allein in Österreich kletterte zum Beispiel die Zahl der aktiven Facebook-Profile zuletzt auf 3,7 Millionen (Quelle: Social Media Radar): Somit besitzen mehr als 40 Prozent der Österreicher/innen ein Facebook-Profil. In den letzten Jahren (2015/2016) schafften auch Twitter (148 000) und LinkedIn (705 000) es, die Zahl ihrer aktiven User zu steigern. (Quelle: Social Media Radar) Diese User geben immer mehr Daten von sich preis und verwenden Social Media zunehmend für die Kommunikation und den Austausch mit geschäftlich relevantem Bezug, wodurch sich private und berufliche Nutzung zunehmend vermischen.

💡 Umfangreiche Informationen bietet die Website www.saferinternet.at des Österreichischen Instituts für angewandte Telefonkommunikation (ÖIAT).

Ein **periodisches elektronisches Medium** wird entweder
- **elektronisch ausgestrahlt** (Rundfunkprogramm),
- ist **elektronisch abrufbar** (Website) oder
- wird wenigstens viermal im Kalenderjahr in vergleichbarer Gestaltung **elektronisch verbreitet** (wiederkehrendes elektronisches Medium, z. B. Newsletter).

Medieninhaber ist laut Mediengesetz jedes Unternehmen, das eine Website betreibt und mindestens viermal im Jahr Newsletter versendet.

Social Networks sind keine rechtsfreien Räume

- **Cybermobbing** ist als „fortgesetzte Belästigung im Wege einer Telekommunikation oder eines Computersystems" gemäß § 107c StGB seit 1. Jänner 2016 ein eigener Straftatbestand und kann mit Freiheitsstrafe bis zu drei Jahren bestraft werden. Unter Cybermobbing fällt die Beleidigung in einer für eine größere Anzahl von Menschen wahrnehmbaren Art und Weise (z. B. „Whatsapp-Gruppe") und die Verbreitung von Tatsachen oder Fotos/Videos aus dem höchstpersönlichen Lebensbereich.
- Daneben kommen für die Täterin/den Täter auch noch die Strafbestimmungen gegen **Stalking** (beharrlicher Verfolgung) auch durch Postings in sozialen Netzwerken oder Foren, aber auch die klassischen Straftatbestände **Nötigung, Kreditschädigung** und **Datenbeschädigung** in Betracht.
- Das **Mediengesetz** sieht für Opfer Schadenersatzansprüche vor, da das Mediengesetz auch für Websites gilt.
- Das **Urheberrechtsgesetz** verbietet die Veröffentlichung von Bildern aller Art, wenn dadurch Interessen der/des Abgebildeten verletzt werden.
- Darüber hinaus verbietet das **allgemeine Persönlichkeitsrecht** bereits zuvor die bloße Aufnahme von Fotos/Videos ohne Zustimmung der/des Abgebildeten, wenn nur der leiseste Verdacht besteht, dass der Fotograf/die Fotografin mit dem Foto künftig Interessen der/des Abgebildeten beeinträchtigen könnte.

Aufgabenstellungen – „Social Networks"

1. Diskutieren Sie, welche Vorteile Social Networks im Privat- und Berufsleben bieten.
2. Suchen Sie unter Verwendung des Rechtsinformationssystems des Bundes die §§ 107, 107a und 107c Strafgesetzbuch. Welche Verhaltensweisen sind kriminell? Wie lauten die Strafen?
3. Suchen Sie unter Verwendung des Rechtsinformationssystems des Bundes die §§ 105 und 106 Strafgesetzbuch (Nötigung, schwere Nötigung). Welche Verhaltensweisen sind kriminell? Wie lauten die Strafen?
4. Recherchieren Sie auf der Website www.saferinternet.at, wie man sich gegen Cybermobbing wehren kann.

5 Mediengesetz

Das Mediengesetz betrifft seit einer Novelle 2012 nicht nur Medienunternehmer, sondern auch Inhaber von Websites und Versender von Newslettern, also alle periodischen elektronischen Medien. Das am weitesten verbreitete Beispiel dafür ist die Website.

Zusätzlich zu den Informationspflichten des E-Commerce-Gesetzes (ECG) schreibt § 25 des Mediengesetzes für Websites **spezielle Informationspflichten** des Medieninhabers (Impressumspflicht) vor. Dabei wird zwischen sogenannten „großen" und „kleinen" Websites unterschieden.

Kleine Website	Große Website
Der Informationswert geht nicht über die Darstellung des persönlichen Lebensbereiches oder die Präsentation des Medieninhabers hinaus und ist nicht geeignet, die Meinungsbildung zu beeinflussen (z. B. eine Tischlerei, die auf ihrer Website ausschließlich für ihre Produkte und Dienstleistungen wirbt, oder ein Verein, der seine Aktivitäten präsentiert). **Offenlegungspflichten**<ul><li>Name bzw. Firma des Medieninhabers</li><li>Wohnort bzw. Sitz des Medieninhabers</li><li>Unternehmensgegenstand des Medieninhabers</li></ul>	Der Informationswert geht über die Darstellung des persönlichen Lebensbereiches oder die Präsentation des Medieninhabers hinaus und ist geeignet, die Meinungsbildung zu beeinflussen (z. B. eine Online-Tageszeitung). **Offenlegungspflichten**<ul><li>Erklärung über die grundlegende Richtung eines Mediums</li><li>Unternehmensgegenstand (bei Vereinen: Vereinszweck)</li><li>Wohnort oder Sitz bzw. Niederlassung</li><li>Bei juristischen Personen/Gesellschaften: vertretungsbefugte Organe (z. B. Geschäftsführer) sowie Mitglieder des Aufsichtsrates, Gesellschafter inkl. aller Beteiligungsverhältnisse</li><li>Bei Stiftungen: Stifter und Begünstigte</li><li>Firma/Sitz/Unternehmensgegenstand jedes Medienunternehmens, an dem eine der anzugebenden Personen beteiligt ist.</li></ul>Die tatsächlichen Angaben unterscheiden sich je nach der Rechtsform.

Beispiel für eine kleine Website
Max Muster
4711 Musterdorf
Musterstraße 12 | Austria
Tischlerei
Tel: +43 XXX XXXX
Fax: +43 XXX XXXX XX
E-Mail: email@server.domain
UID-Nr: 91827364
Mitglied der WKÖ, WKNÖ, Landesinnung Tischler, Bundesinnung Tischler
Berufsrecht:
Gewerbeordnung:
www.ris.bka.gv.at
Bezirkshauptmannschaft Musterstadt
Meisterbetrieb, Meisterprüfung abgelegt in Österreich

Alle Angaben müssen leicht und unmittelbar auf der Website auffindbar sein.

- Ein **Verstoß gegen die Offenlegungspflicht** kann mit einer **Geldbuße** von bis zu 20.000,00 Euro geahndet werden.
- **Kennzeichnungspflicht:** In allen periodischen elektronischen Medien müssen Ankündigungen, Empfehlungen sowie sonstige Beiträge und Berichte, für deren Veröffentlichung ein Entgelt geleistet wird, als „Anzeige", „entgeltliche Einschaltung" oder „Werbung" gekennzeichnet sein.
- **Gegendarstellungspflicht:** Den Medieninhaber eines periodischen elektronischen Mediums trifft die Gegendarstellungspflicht. Kleine Websites sind von dieser Verpflichtung ausgenommen.

❓ Wissensfragen – „Recht im Internet"

1. Nennen Sie die Ziele der Datenschutzgrundverordnung.
2. Welche Rechte haben Personen, über die Daten verarbeitet werden?
3. Definieren Sie die Begriffe „Verantwortlicher", Auftragsverarbeiter und Datenschutzbeauftragter.
4. Zählen Sie die Voraussetzungen für eine elektronische Signatur auf.
5. Erklären Sie, was man unter einem Fernabsatzgeschäft versteht.
6. Nennen Sie die Informationen, die Unternehmen beim E-Commerce den Usern konkret angeben müssen.

V Bearbeitung und Lösung alltäglicher Rechtsprobleme

Ziele erreicht? – „Recht im Internet"

1. Herr Maier hat bei einem Onlineshop ein TV-Gerät gekauft und per Vorauskasse bezahlt. Auf der Website war angegeben, dass binnen zehn Tagen geliefert wird. Nun wartet er schon mehr als einen Monat und hat noch immer keinen Fernsehapparat.
   a) Kann Herr Maier sein Geld zurückverlangen?
   b) Muss er dem Verkäufer zuvor eine Nachfrist für die Lieferung setzen?
   c) Was kann er machen, wenn er den Kaufpreis nicht zurückbekommt?

2. Beurteilen Sie die folgenden Fälle, ob ein Rücktrittsrecht vorliegt. Wenn ja, geben Sie bei der Begründung die Rücktrittsfrist an.

Besteht ein Rücktrittsrecht?	Ja	Nein	Begründung
Peter hat ein Radio um 59 Euro über eine Internetseite bestellt. Drei Tage nach der Zustellung bekommt er das gleiche Radio von seiner Tante geschenkt.			
Herr Berger hat im Katalog des Unternehmens Conrad Electronic GmbH & Co KG eine Modelleisenbahn entdeckt. Er bestellt sie für seinen Sohn Thomas. Die Modelleisenbahn wird am Donnerstag, den 11. Oktober 20.. , geliefert. Thomas ist aber sehr enttäuscht, ihm fahren die Züge viel zu langsam.			
Thomas Berger ist enttäuscht, als er die bestellte CD von R. E. M. hört, die er am 27. Juli 20.. per Post von Amazon bekommen hat. Die Musik gefällt ihm nicht.			

3. Informieren Sie sich im Internet, wie Sie über die Bürgerkarte Zugang zur elektronischen Signatur erhalten und vergleichen Sie die Vor- und Nachteile der verschiedenen Zugangsmöglichkeiten.

4. Diskutieren Sie in der Klasse, wie sich schriftliche Verträge im Laufe der Zeit verändert haben.

5. Besuchen Sie die Websites von drei bekannten Unternehmen und suchen Sie dort die Impressumseite. Überprüfen Sie, ob alle Angaben laut E-Commerce-Gesetz angeführt sind. Begründen Sie Ihre Antwort.

6. Michael entdeckt auf der Website seiner Schule ein Foto, das zeigt, wie er mit Klassenkolleginnen und Kollegen engagiert an einem Projekt arbeitet. Da er nicht auf der Website der Schule verewigt sein will, bittet er die Direktorin, das Foto entfernen zu lassen. Schließlich, so meint er, verstoße man hier gegen sein Recht am eigenen Bild. Zeigen Sie auf, ob er tatsächlich einen Rechtsanspruch auf Entfernung des Bildes hat.

VI Rechtsdurchsetzung im Strafverfahren und im Zivilverfahren

Sie kommen faktisch tagtäglich mit Zivilrecht in Berührung: Wenn Sie z. B. im Ladengeschäft einkaufen, im Buchversand ein Buch bestellen, jemanden beerben. Der Schwerpunkt im Zivilrecht liegt im vertraglichen Bereich, der die private Rechtsbeziehung zwischen zwei Menschen regelt. Das Zivilrecht regelt allgemein Ihr Zusammenleben mit anderen Menschen, mit dem Ziel, dass jeder seine Persönlichkeit frei entfalten kann, zumindest bis an die Grenze, an der die Persönlichkeitsrechte anderer Personen beginnen. Diese Rechte müssen im Fall der Fälle auch durchgesetzt werden können.

Mit dem Strafrecht kommen Sie vor allem dann in Berührung, wenn Sie einen Straftatbestand des Strafgesetzbuches verletzt haben. Ihnen wird dann ein Verhalten vorgeworfen, mit dem Sie das friedliche Zusammenleben mit anderen Menschen, die persönliche Integrität oder die Vermögenssituation eines anderen Menschen gefährdet oder beeinträchtigt haben.

- Materielles Strafrecht (A) und Strafprozessrecht (B) .... Seite 310
- Zivilprozess- und Exekutionsrecht .... Seite 332

VI Rechtsdurchsetzung im Strafverfahren und im Zivilverfahren

Materielles Strafrecht (A) und Strafprozessrecht (B)

Gerichtssaalserien im Fernsehen prägen zunehmend das Bild der Strafjustiz in der Öffentlichkeit. Sie haben mit dem wirklichen Leben im Allgemeinen und dem strafrechtlichen Alltag nur wenig bis nichts zu tun.

Das Strafrecht umfasst den Bereich des Rechts, der vielen zuerst einfällt, wenn sie das Wort „Recht" hören, nämlich die Beschäftigung mit Verbrechen, Polizei und Gerichten. Beim Strafrecht geht es um Taten, die durch Gesetz verboten sind und vom Staat und seinen Gerichten mit Strafe geahndet werden. Es besteht ein öffentliches Interesse, dass die unrechtmäßigen Handlungen verfolgt und bestraft werden.

Die Ansichten, was bestraft werden soll, ändern sich aber im Laufe der Zeit. So wurde zum Beispiel im Jahr 1974 noch bestraft, wenn zwei nicht miteinander Verheiratete gemeinsam übernachteten („Kuppelei").

Welche Werte derzeit strafrechtlich geschützt sind und wie das Strafverfahren abläuft, erfahren Sie in diesem Kapitel.

 Meine Ziele

Nach Bearbeitung dieses Kapitels kann ich
- die Voraussetzungen der gerichtlichen Strafbarkeit nennen;
- häufig vorkommende Delikte charakterisieren;
- Strafzwecke erläutern und kritisch reflektieren;
- den Instanzenzug im Strafprozess beschreiben;
- die Verfahrensgrundsätze und ihre Bedeutung erklären;
- den Ablauf eines Strafverfahrens skizzieren.

Materielles Strafrecht

Beim Heimweg von einem Fest wirft der 17-jährige Peter aus Ärger nach einem Streit mit seiner Freundin ein Moped, das ihm im Weg steht, um. Das Moped fällt gegen ein parkendes Auto. Beide Fahrzeuge sind stark beschädigt. Peter kümmert sich nicht darum und geht einfach weiter. Am nächsten Morgen steht die Polizei vor der Tür. Jemand, der ihn kennt und den Vorfall beobachtet hat, hat Peter „verpfiffen".

Welche strafrechtlichen Folgen hat Peter zu erwarten?

Aha!
Das materielle Strafrecht regelt die Voraussetzungen und die Rechtsfolgen von Straftaten.

Wer gegen das Gesetz verstößt, muss mit Strafe rechnen!

Überall, wo Menschen zusammenleben, müssen Regeln (Gesetze) eingehalten werden. Der Staat hat die Aufgabe, für Recht und Ordnung zu sorgen. Das heißt, er muss dafür sorgen, dass die Gesetze eingehalten und Verstöße bestraft werden.

Nicht jeder Verstoß gegen Normen wird durch das Strafrecht geahndet, ganz im Gegenteil: Lediglich wenige Verstöße werden als strafrechtliches Unrecht definiert. Deshalb wird auch vom (bloß) **„fragmentarischen Charakter des Strafrechts"** gesprochen.

Leitende Grundsätze des Strafrechts

Schuldprinzip
Damit die Bürger/innen in strafrechtlicher Hinsicht korrekt handeln können, müssen sie natürlich wissen, was erlaubt bzw. verboten ist. Dem Täter/der Täterin muss seine/ihre **fehlerhafte Willensbildung** vorgeworfen werden können. Daher ist Voraussetzung für jede Bestrafung die **Schuld** (= Vorwerfbarkeit) des Täters/der Täterin.

Prinzip der Rechtsstaatlichkeit
Eine Verurteilung darf nur erfolgen, wenn die Handlung oder Unterlassung bereits zur Tatzeit mit Strafe bedroht war. Außerdem darf nur eine Sanktion verhängt werden, die zur Tatzeit bereits angedroht war (strafrechtliches Rückwirkungsverbot).

⚠️ Seit 1. 1. 2006 können neben natürlichen Personen (Menschen) auch Verbände (juristische Personen sowie Personengesellschaften) für Straftaten zur Verantwortung gezogen werden.

Beispiel
Doping als Unterfall des schweren Betrugs ist erst seit 1. 1. 2010 eine Straftat. Dopingvergehen vor diesem Zeitpunkt können daher nicht als kriminelle Handlung verfolgt werden.

Prinzip des Tatstrafrechts
Bestraft wird „nur" die strafbare Handlung des Täters/der Täterin, nicht die bloße Gefährlichkeit.

1 Strafgesetzbuch

Damit die Bürger/innen in strafrechtlicher Hinsicht korrekt handeln können, müssen sie natürlich wissen, was erlaubt und was verboten ist. Handlungen, mit denen man gegen das Gesetz verstößt, sind im **Strafgesetzbuch** (StGB) angeführt.

Aufbau des Strafgesetzbuches

Allgemeiner Teil	Besonderer Teil
Enthält Bestimmungen, die für alle oder eine Vielzahl von Delikten gelten.	Enthält die einzelnen Straftatbestände (Mord, Diebstahl, Ehrenbeleidigung …).

Zahlreiche weitere Straftatbestände finden sich in Gesetzen außerhalb des Strafgesetzbuches **(Nebengesetze),** z. B. im Suchtmittelgesetz.

§ 1 StGB Keine Strafe ohne Gesetz
(1) Eine Strafe oder eine vorbeugende Maßnahme darf nur wegen einer Tat verhängt werden, die unter eine ausdrückliche gesetzliche Strafdrohung fällt und schon zur Zeit ihrer Begehung mit Strafe bedroht war.

1.1 Allgemeiner Teil – die Elemente des Verbrechensbegriffes im Überblick

Wenn „etwas passiert ist", kann der Täter/die Täterin nicht „automatisch" bestraft werden. Vielmehr muss eine Reihe von Voraussetzungen erfüllt sein.

Übersicht über diese Voraussetzungen

Handlungsbegriff	Es muss eine vom menschlichen Willen beherrschbare Handlung vorliegen.
Tatbestandsmäßigkeit	Der Täter/die Täterin muss alle Merkmale erfüllen, die das Gesetz beim entsprechenden Delikt vorsieht.
Rechtswidrigkeit	Die Tat verstößt gegen eine Vorschrift und es besteht kein Rechtfertigungsgrund (z. B. Notwehr).
Schuld	Ist die innere (psychische) Beziehung des Täters/der Täterin zur Tat.

1.1.1 Handlungsbegriff

Strafbar ist nur eine vom **menschlichen Willen beherrschbare Handlung.** Wenn das Verhalten nicht vom Willen beeinflussbar ist, dann ist der Handlungsbegriff nicht erfüllt. Das ist der Fall bei
- Schlafenden, Bewusstlosen,
- Körperreflexen (z. B. Krampfanfall, Kniesehnenreflex) oder
- wenn jemand infolge fremder Gewalteinwirkung keinen Einfluss auf sein Verhalten hat.

> **Beispiel**
> Bert versetzt im Verlauf eines Wortwechsels Andi unversehens einen heftigen Stoß gegen die Brust. Andi stürzt auf eine vorbeigehende Frau, die dadurch schwer verletzt wird.

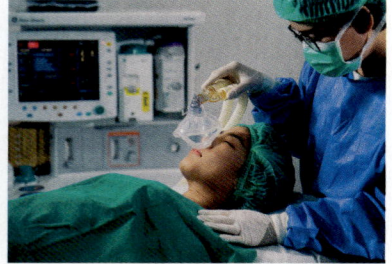

Wenn z. B. jemand in Narkose ein medizinisches Gerät zerstört oder im Zuge eines epileptischen Anfalls eine Körperverletzung begeht, liegt keine vom menschlichen Willen beherrschbare Handlung vor.

> ⚠️ Die Handlung kann aus einem **Tun** und einem **Unterlassen** bestehen. Nicht nur jemand, der etwas tut, sondern auch jemand, der etwas unterlässt, kann dafür zur Verantwortung gezogen werden.

Unterlassene Hilfeleistung, z. B. nach einem Pistenunfall, wird ebenso streng wie Fahrerflucht geahndet, unabhängig davon, ob man Schuld an dem Unfall hat oder nicht.

1.1.2 Tatbestandsmäßigkeit

Der Täter/die Täterin muss alle **Merkmale,** die das Gesetz beim entsprechenden Delikt vorsieht, erfüllen.

Man unterscheidet

Objektive Tatbestandsmerkmale	Subjektive Tatbestandsmerkmale
Sie beziehen sich auf das Äußere, also auf das für die Außenwelt Wahrnehmbare, z. B. die Person des Täters/der Täterin, die Tatwaffe, das Diebesgut ...	Sie beziehen sich auf die Zustände, die im inneren (seelischen) Bereich des Täters/der Täterin liegen, z. B. auf seine/ihre Einstellung zur Tat. Dazu zählen **Vorsatz** und **Fahrlässigkeit**.

Vorsatz

Vorsatz ist ein subjektiver Tatbestand. Vorsätzlich handelt, wer **wissentlich und willentlich** den Tatbestand eines Delikts erfüllt.

Beispiel
Alfred bedroht den Bankbediensteten mit einer Pistole, um diesen zur Herausgabe von Geld zu nötigen.
Eine Pistole erfüllt das objektive Tatbestandsmerkmal „Waffe" im Sinne des § 43 StGB, schwerer Raub.

💡 **Der Gesetzgeber unterscheidet drei Arten von Vorsatz**
Absicht: Dem Täter/Der Täterin kommt es darauf an, einen bestimmten Erfolg zu verwirklichen.
Wissentlichkeit: Der Täter/Die Täterin hält den Eintritt eines Umstandes oder Erfolges nicht bloß für möglich, sondern für gewiss.
Bedingter Vorsatz: Der Täter/Die Täterin verwirklicht einen Sachverhalt, der einem objektiven Tatbestand entspricht, und hält diese Verwirklichung bloß ernstlich für möglich und findet sich mit ihr ab.
Beispiel: Dem Täter/Der Täterin kommt es zwar nicht darauf an, jemanden durch seine/ihre Tat zu töten, aber die Möglichkeit des Todeseintritts hält ihn/sie nicht von seiner Tat ab.

Fahrlässigkeit

Fahrlässig handelt jemand, der die **Sorgfalt außer Acht lässt,** zu der er den Umständen entsprechend verpflichtet ist (objektive Sorgfaltswidrigkeit). Diese Verpflichtungen können sich aus Gesetzen, technischen Vorschriften (Normen) oder allgemeinen Verhaltenserwartungen ergeben. Es muss für einen „vernünftigen Beobachter" klar sein, dass dadurch ein unerwünschter Erfolg eintreten kann (objektive Vorhersehbarkeit). Die Strafbarkeit entfällt ausnahmsweise, wenn der Täter/die Täterin aus besonderen Gründen die Gefahr nicht erkennen kann.

Beispiel
Der Lkw-Lenker übersieht das Verkehrsschild „Vorrang geben" und kracht in einen Pkw auf der Vorrangstraße. Die Insassen des Pkw werden dabei schwer verletzt. Das „Übersehen" ist objektiv und subjektiv sorgfaltswidrig.

1.1.3 Rechtswidrigkeit

Manchmal ist es ausnahmsweise erlaubt, in fremde Rechte einzugreifen. Die Handlung ist dann nicht rechtswidrig, weil ein **Rechtfertigungsgrund** vorliegt.

Notwehr

Notwehr ist ein typischer Rechtfertigungsgrund. Darunter versteht man die Abwehr eines gegenwärtigen oder unmittelbar bevorstehenden rechtswidrigen Angriffs auf Leben, Gesundheit, Vermögen, sexuelle Selbstbestimmung oder Freiheit einer Person. Dabei darf man sich aber nur der **notwendigen Verteidigungsmittel** bedienen. Stehen mehrere Mittel zur Auswahl (z. B. Stock, Glasflasche oder Messer), muss das mildeste gewählt werden, wenn damit der Angriff ebenso wirksam abgewehrt werden kann.

> **Beispiel**
> Anton beleidigt im Streitgespräch mit seinem Schulkollegen Markus dessen Familie. Markus will sich das nicht gefallen lassen und schlägt Anton wuchtig ins Gesicht, sodass dessen Nase gebrochen ist.

> Sie wissen schon: Markus hat damit den Tatbestand der (schweren) Körperverletzung begangen. Ist er durch Notwehr gerechtfertigt? Nein, nur Angriffe auf Leben, Gesundheit, Vermögen, sexuelle Selbstbestimmung und Freiheit einer Person dürfen abgewehrt werden, nicht aber Angriffe auf die Ehre. Markus wird wegen schwerer Körperverletzung mit bis zu drei Jahren Freiheitsstrafe bestraft, bleiben wegen der Nasenverletzung schwere Dauerfolgen zurück, mit bis zu fünf Jahren.

💡 Die Überschreitung des notwendigen Maßes der Verteidigung (Notwehrüberschreitung) kann strafbar sein.

Auch die Verteidigung von Leben, Gesundheit, Vermögen, sexueller Selbstbestimmung und Freiheit anderer Personen ist zulässig. Man spricht dann von **Nothilfe.**

Rechtfertigender Notstand

Eine tatbestandsmäßige Handlung ist auch dann gerechtfertigt, wenn zur Rettung eines eindeutig höherwertigen Rechtsgutes ein erheblich geringerwertiges Rechtsgut verletzt wird.

> **Beispiel**
> Um ein Kind (Rechtsgut Leben), das überraschend auf die Straße gelaufen ist, nicht zu überfahren, lenkt Frau Hauer ihr Auto auf ein parkendes Fahrzeug (geringerwertiges Rechtsgut Vermögen).

Amtspflichten und Dienstpflichten

Das Gesetz macht es Beamten/Beamtinnen oft zur Vorschrift, in fremde Rechte einzugreifen. Denken Sie nur an die Festnahme oder den Waffengebrauch durch die Polizei, an Pfändungen durch Gerichtsvollzieher/innen usw.

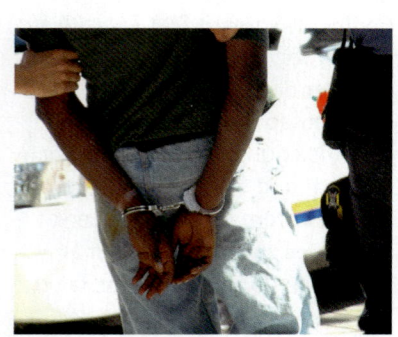

Allgemeines Anhalterecht

Verdächtige und flüchtende Straftäter/innen dürfen von jedermann festgehalten werden. Es muss aber sofort die Polizei verständigt werden.

> **Beispiel**
> Ein tollkühner Passant stürzt sich auf den gerade aus der Bankfiliale flüchtenden Bankräuber – dieses Verhalten des Passanten ist rechtmäßig, im praktischen Leben aber wegen der akuten Selbstgefährdung nicht zu empfehlen.

1.1.4 Schuld

Zum tatbestandsmäßigen rechtswidrigen Handeln muss die Schuld des Täters/der Täterin treten. Der strafrechtliche **Schuldbegriff** setzt sich aus folgenden Elementen zusammen:

Zurechnungsfähigkeit

Schuldhaft handeln kann nur jemand, der zurechnungsfähig ist. Bis zum vollendeten 14. Lebensjahr gilt eine Person als schuldunfähig, ebenso auch Jugendliche bis zum vollendeten 18. Lebensjahr bei verzögerter Reife.

> **Beispiel**
> Walter betrinkt sich bis zum Vollrausch (Unzurechnungsfähigkeit), um seine unglückliche Liebe zu vergessen. Sodann ersticht er den Nebenbuhler Peter. Walter ist zur Tatzeit schuldunfähig und kann daher nicht wegen Mordes bestraft werden; die Begehung einer Straftat im Vollrausch ist aber als eigenes Delikt strafbar.

⚠️ Bei Erwachsenen schließen Geisteskrankheit, tief greifende Bewusstseinsstörung oder eine gleichwertige seelische Störung die Zurechnungsfähigkeit aus.

Unrechtsbewusstsein

Dem Täter/der Täterin muss bewusst sein, dass er/sie unrecht handelt. Der Umstand, dass sich jemand nicht über die Rechtslage erkundigt hat, entschuldigt Fehlverhalten nicht („Unwissenheit schützt vor Strafe nicht").

Entschuldigender Notstand

Rechtmäßiges Verhalten muss dem Täter/der Täterin auch zumutbar sein. Ist rechtmäßiges Verhalten unzumutbar, führt der entschuldigende Notstand zur Straflosigkeit.

> **Beispiel**
> Andrea und Belinda gehen in einem entlegenen Gebiet hochalpin klettern. Beide stürzen in das Seil. Die einzige Möglichkeit für Andrea zu überleben, ist, das Seil durchzuschneiden. Andrea wird auch dann nicht bestraft, wenn Belinda deshalb zu Tode stürzt.

1.1.5 Die Entwicklung einer Straftat

① Frau Huber will ihren Mann umbringen.
② Frau Huber kauft Gift für den Mord.
③ Frau Huber mischt Gift ins Essen ihres Gatten Paul. Dieser erleidet einen schweren gesundheitlichen Schaden.
④ Paul Huber stirbt durch Vergiftung.

Manchmal gelingt es dem Täter/der Täterin nicht, die vorsätzliche Straftat zu Ende zu führen. Man spricht dann von **Versuch.**

> **Beispiel**
> Die Kugel des Täters trifft das Opfer in einen nicht lebenswichtigen Körperteil, sodass das Opfer überlebt. Es fehlt der Eintritt des Todes eines anderen als Tatbestandsmerkmal des Mordes gemäß § 75 StGB.

Der Versuch ist genauso strafbar wie die **Vollendung**. Versuch nimmt man schon sehr bald an, nämlich ab der „ausführungsnahen Vorbereitungshandlung."

> **Beispiel**
> Der Bankräuber zieht sich vor der Eingangstür der Bank die Strumpfmaske über das Gesicht. Dies ist bereits eine ausführungsnahe Vorbereitungshandlung. Wird er vom vorbeikommenden Polizisten verhaftet, lautet die Anklage auf versuchten Raub.

1.1.6 Beteiligung mehrerer an einer Straftat

Nicht nur die Person, die die Tat unmittelbar ausführt (unmittelbarer Täter), sondern auch **Bestimmungstäter/innen** (Anstifter) und **Beitragstäter/innen** (Gehilfen) werden bestraft, und zwar prinzipiell gleich.

> **Beispiel**
> Anton schlägt den Banküberfall vor (Bestimmungstäter), Barbara (Beitragstäterin) fährt Christoph zum Tatort, Christoph zwingt den Kassierer mit Waffengewalt zur Herausgabe des Geldes (unmittelbarer Täter).

1.1.7 Strafaufhebungs- und Strafausschließungsgründe

Manchmal kann die Strafbarkeit entfallen. Zum Beispiel wenn die Tat verjährt ist oder der Bundespräsident begnadigt hat, bei manchen Delikten auch durch Schadensgutmachung **(tätige Reue).**

Tätige Reue
Zu den „reuefähigen Delikten" gehören neben den „klassischen" Vermögensdelikten, wie z. B. Diebstahl, Untreue und Betrug, auch Gläubigerschutzdelikte (z. B. betrügerische Krida).

Voraussetzungen
- Der Schaden muss zur Gänze und freiwillig wiedergutgemacht werden.
- Die tätige Reue muss „rechtzeitig" erfolgen. D. h., der Schaden oder die Schadensgutmachung muss bereits vereinbart werden, bevor ein Verdacht der Behörde gegen den Täter/die Täterin besteht oder schon eine Anzeige bei der Staatsanwaltschaft aufliegt.

Die tätige Reue bewirkt daher nicht bloß einen Milderungsgrund, vielmehr darf gegen den Täter/die Täterin überhaupt keine Strafe verhängt werden.

> **Beispiel**
> Herr Forster sperrt seine 19-jährige Tochter Selina zu Hause ein, damit diese „keinen schlechten Umgang" hat.
> - Das erfüllt den **Tatbestand der Freiheitsentziehung,** der lautet: „Wer einen anderen widerrechtlich gefangen hält oder ihm auf andere Weise die persönliche Freiheit entzieht, ist mit Freiheitsstrafe von bis zu drei Jahren zu bestrafen."
> - Ist diese Tat rechtswidrig oder durch Notwehr gerechtfertigt? Nachdem von der Tochter (klarerweise) keine Gefahr für Leben, Gesundheit, Vermögen, sexuelle Selbstbestimmung oder Freiheit des Vaters ausgeht, liegt natürlich keine Notwehrsituation für den Vater vor und die Tat bleibt **rechtswidrig.**
> - Es gibt auch keine Hinweise darauf, dass der Vater an einer schweren Geisteskrankheit leidet. Deshalb handelt er auch **schuldhaft.**
> - Vergehen zwischen dieser Tat und der Aufdeckung durch die Polizei mehr als fünf Jahre, läge allerdings der **Strafaufhebungsgrund der Verjährung vor.** Sind noch keine fünf Jahre vergangen, wird der Vater bestraft.

1.2 Besonderer Teil des Strafgesetzbuches

Der Besondere Teil des Strafgesetzbuches gliedert die strafbaren Handlungen nach **Deliktsgruppen** in verschiedene **Abschnitte.**

Materielles Strafrecht und Strafprozessrecht

Strafbare Handlungen – Abschnitte im Strafgesetzbuch

... gegen Leib und Leben	Schwangerschaftsabbruch	... gegen die Freiheit
... gegen die Ehre	Verletzungen der Privatsphäre und bestimmter Berufsgeheimnisse	... gegen fremdes Vermögen
Gemeingefährliche strafbare Handlungen und strafbare Handlungen gegen die Umwelt	... gegen den religiösen Frieden und die Ruhe der Toten	... gegen Ehe und Familie
... gegen sexuelle Integrität und Selbstbestimmung	Tierquälerei	... gegen die Zuverlässigkeit von Urkunden und Beweiszeichen
... gegen die Sicherheit des Verkehrs mit Geld, Wertpapieren, Wertzeichen und unbaren Zahlungsmitteln	Hochverrat und andere Angriffe gegen den Staat	Angriffe auf oberste Staatsorgane
Landesverrat	... gegen das Bundesheer	... bei Wahlen und Volksabstimmungen
... gegen die Staatsgewalt	... gegen den öffentlichen Frieden	... gegen die Rechtspflege
Strafbare Verletzungen der Amtspflicht und verwandte strafbare Handlungen	Amtsanmaßung und Erschleichung eines Amtes	Störung der Beziehungen zum Ausland
Völkermord, Verbrechen gegen die Menschlichkeit, Kriegsverbrechen		

Strafbare Handlungen insgesamt 2016 (Auszug)	47 645
Davon strafbare Handlungen	
... gegen Leib und Leben	8 433
... gegen die Freiheit	3 824
... gegen fremdes Vermögen	16 107
... gegen Ehe und Familie	880
... gegen die sexuelle Integrität und Selbstbestimmung	953
Tierquälerei	87
... gegen die Zuverlässigkeit von Urkunden und Beweiszeichen	2 833
... nach dem Suchtmittelgesetz	7 351

Quelle: Statistik Austria, 2017

Im Abschnitt „**Strafbare Handlungen gegen fremdes Vermögen**" finden sich folgende Delikte: Sachbeschädigung, Diebstahl, Veruntreuung, Unterschlagung; dauernde Sachentziehung; unbefugter Gebrauch von Fahrzeugen; Raub, Erpressung, Betrug, Versicherungsmissbrauch und manche wirtschaftsstrafrechtliche Delikte.

2016 betrug die Anzahl der Verurteilungen 30 450.

Wirtschaftsstrafrechtliche Delikte im weiteren Sinne lassen sich in folgenden Gruppen zusammenfassen:

Computerkriminalität

- Der **widerrechtliche Zugriff auf ein Computersystem** kann eine Freiheitsstrafe von bis zu drei Jahren nach sich ziehen.
- Mit bis zu sechsmonatiger Freiheitsstrafe werden die **Verletzung des Telekommunikationsgeheimnisses** und das missbräuchliche Abfangen von Taten bestraft, ebenso der Missbrauch von Tonaufnahme oder Abhörgeräte und die **Verletzungen des Geschäfts- und Betriebsgeheimnisses.**

Entwicklung bei ausgewählten Deliktgruppen – Anzeigen

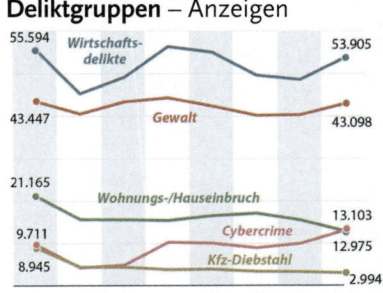

Grafik: © APA, Quelle: APA/BMI

Entwicklung des Internetbetrugs in Österreich
Im Bereich der Internetkriminalität hat besonders der Bestell- bzw. Warenbetrug stark zugenommen. Dieser macht mehr als die Hälfte aller Betrügereien im Internet aus. Weiters ist auch der Anteil der verschiedenen Formen des Vorschussbetruges angestiegen. Darunter fallen beispielsweise Vorauszahlungen wegen einer angeblichen Erbschaft im fernen Ausland, Kautionen für Wohnungsmieten, usw. Die Aufklärungsquote beim Internetbetrug ist österreichweit um drei Prozent zurückgegangen, erreicht aber immer noch etwas mehr als 40 Prozent.
www.bmi.gv.at

- Die **Datenbeschädigung** kann bis zu einer fünfjährigen Freiheitsstrafe führen, ebenso die Störung der Funktionsfähigkeit eines Computersystems,
- währenddessen der „bloße" **Missbrauch von Computerprogrammen** oder Zugangsdaten („Computerpasswort") mit bis zu sechs Monaten Freiheitsstrafe bedroht ist.

Wirtschaftskriminalität

- Als Delikt im Wirtschaftsleben kommt leider relativ häufig der **Betrug** vor, der gegebenenfalls bis zu einer Freiheitsstrafe von zehn Jahren führen kann (schwerer Betrug). Betrug liegt vor, wenn man z. B. den Geschäftspartner/die Geschäftspartnerin über rechtlich relevante Umstände täuscht, um sich zu bereichern. Dazu zählt auch die Täuschung über die eigene Zahlungsfähigkeit und Zahlungswilligkeit.
- Genauso streng wird der **betrügerische Datenverarbeitungsmissbrauch** bestraft.
- Die Befugnis eines Geschäftsführers, aber auch z. B. eines Arbeitnehmers/einer Arbeitnehmerin, über fremdes Vermögen zu verfügen, kann bei missbräuchlicher Verwendung gleichfalls mit bis zu zehnjähriger Freiheitsstrafe geahndet werden (Untreue).
- **Organisierte Schwarzarbeit** führt zur Freiheitsstrafe bis zu zwei Jahren.
- Beseitigt man Bestandteile seines Vermögens, um Gläubiger zu schädigen, spricht man von **betrügerischer Krida,** die gleichfalls mit Freiheitsstrafe bis zu zehn Jahren geahndet wird.
- Und wer „lediglich" grob fahrlässig seine Zahlungsunfähigkeit durch Vernachlässigung der Grundsätze ordentlichen Wirtschaftens herbeiführt, kann gleichfalls mit bis zu zwei Jahren Freiheitsstrafe bestraft werden.

Schäden durch Cybercrime: Sicherheitsgesetz in Arbeit

2016 verzeichnete das Bundeskriminalamt mehr als 10 000 angezeigte Cyberangriffe auf Unternehmen und Privatpersonen. Das entspricht einem Plus von 11,6 Prozent im Vergleich zum Jahr davor.
Bei DoS-Attacken (Denial of Service), die vor allem in der Industrie und im Finanzwesen zu beobachten sind, werden Systeme mit Datenpaketen überflutet und auf diese Art lahmgelegt. Dann fordern Angreifer Schutzgeld. DDoS-Attacken (Distributed Denial of Service) haben eine höhere Schlagkraft und legen ganze Netzwerke lahm.
Prominente Ziele derartiger Angriffe waren in Österreich im vergangenen Jahr das Außenministerium, das Bundesheer, die Nationalbank, der Flughafen Wien und A1. Von dem Mobilfunkunternehmen verlangten die Angreifer 100 000 Euro in Bitcoins (digitale Geldeinheit), gaben aber auf, als die Techniker des Unternehmens die Attacken abwehrten.
Behörden, Kuratorium Sicheres Österreich und Unternehmen aus dem Bereich der kritischen Infrastruktur arbeiten in Österreich derzeit an der Vorbereitung eines Cybersicherheitsgesetzes, das laut EU bis 2018 fertig sein muss. Inhaltlich geht es unter anderem um die verpflichtende Meldung von Attacken für Unternehmen aus dem Bereich kritische Infrastruktur (Strom, Wasser etc.). 100 bis 200 Unternehmen werden von der Meldeverpflichtung betroffen sein.

Die Presse, 21. Jänner 2017

Nebengesetze

Die Zahl der sonstigen strafrechtlichen Nebengesetze ist sehr groß. Eines der bedeutendsten ist das **Suchtmittelgesetz.** Es verfolgt zwei Tendenzen:

Materielles Strafrecht und Strafprozessrecht

- **Kleine Suchtgifttäter/innen** werden primär als **entwöhnungsbedürftige Kranke** gesehen. Durch bedingte Verfahrenseinstellung und Überwachung der ärztlichen Behandlung sollen diese Personen von einem weiteren Abgleiten in die Kriminalität bewahrt werden.
- Demgegenüber soll der **schweren Suchtgiftkriminalität** selbst nicht dem Suchtgift verfallener Großdealer mit **harten Strafen** entgegengetreten werden. Die Strafen für Süchtige sind geringer als die für Nichtsüchtige.

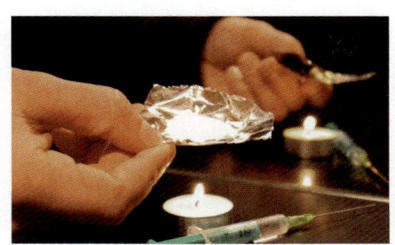

Aufgabenstellungen – „Strafgesetzbuch"

1. Erläutern Sie, wann eine Handlung durch Notwehr gerechtfertigt ist. Geben Sie ein Beispiel für Notwehr an.
2. Erklären Sie an einem Beispiel, wann jemand fahrlässig handelt.
3. Thomas braucht Geld und überredet Patrick und Lukas, in eine Trafik einzubrechen. Patrick steht Schmiere, während Lukas die Glastür einschlägt und die Kasse aufbricht. Der Alarm wird ausgelöst. Als die Polizei kommt, kann Patrick flüchten, Lukas wird geschnappt. Bei der Einvernahme verrät er, dass Patrick ebenfalls beteiligt war. Wer von den dreien ist der unmittelbare Täter, wer der Beitragstäter und wer der Bestimmungstäter?

2 Sanktionen

Das Strafrecht kennt drei Arten von Sanktionen

Strafe	Vorbeugende Maßnahmen	Diversion
Zweck der Strafe sind die Besserung und Abschreckung des Täters/der Täterin sowie die Abschreckung der Allgemeinheit.	Zweck der vorbeugenden Maßnahmen ist der Schutz vor gefährlichen Täter/innen. Eine bedeutende vorbeugende Maßnahme ist z. B. die Einweisung geistig abnormer Rechtsbrecher/innen in eine Anstalt.	Die Diversion ist ein Verfahren, bei dem es nicht um eine Bestrafung geht, sondern darum, dass sich der Täter/die Täterin bessert, einen Schaden gutmacht ...

2.1 Strafen

Strafen können als **Geldstrafe** oder **Freiheitsstrafe** verhängt werden.
- **Geldstrafen** können nur bei leichteren Delikten verhängt werden. Sie werden in **Tagessätzen** bemessen. Die Höhe des Tagessatzes hängt vom Einkommen ab.

Beispiel
Herr Bogner verdient 1.200,00 EUR monatlich. Davon wird das Existenzminimum von 900,00 EUR (wird nach dem Einkommen und Verbindlichkeiten wie z. B. Unterhaltszahlungen berechnet) abgezogen. Die verbleibenden 300,00 EUR ergeben die Höchstgrenze der Geldstrafe. Bei einer Verurteilung zu 40 Tagessätzen beträgt die Höhe eines Tagessatzes 10,00 EUR (300 : 30 = 10) und die Strafe insgesamt 400,00 EUR.

Strafvollzug in Österreich
Insgesamt gibt es 27 Justizanstalten, davon 8 Strafvollzugsanstalten und 15 gerichtliche Gefangenenhäuser. Dazu kommen 13 Außenstellen, die zum Teil als landwirtschaftliche Betriebe geführt werden. Die Größe der Anstalten variiert zwischen 63 und 990 Haftplätzen. Durchschnittlich sind etwa 9 200 Personen in Haft. Davon sind ca. 6 200 Strafgefangene, 1 800 Untersuchungshäftlinge und 1 000 im Maßnahmenvollzug untergebrachte Personen. Rund 6 % der Insassinnen sind Frauen, rund 3 % sind jugendliche Straftäter/innen und rund 8 % junge Erwachsene.
Etwa 5 000 Insassen/Insassinnen aus über 100 Nationen besitzen nicht die österreichische Staatsangehörigkeit.

www.strafvollzug.justiz.gv.at

- Die **Freiheitsstrafe** kann je nach Delikt zwischen einem Tag und 20 Jahren oder – als härteste Strafe – lebenslänglich dauern.

Man unterscheidet	
Verbrechen	**Vergehen**
Strafbare Handlungen, die mit mehr als drei Jahren Haft bedroht sind.	Alle anderen strafbaren Handlungen. Vergehen werden geringer bestraft.

Bedingte Strafnachsicht – bedingte Entlassung

Sowohl Geldstrafen als auch geringere Freiheitsstrafen können **„bedingt"** verhängt werden (auf „Bewährung"), Geldstrafen allerdings nur zur Hälfte. Wenn sich der Täter/die Täterin in einer Probezeit nichts mehr zuschulden kommen lässt, braucht er/sie den bedingten Teil der Geldstrafe nicht zahlen bzw. muss er/sie nicht oder nur kürzer in das Gefängnis.

Daneben besteht die Möglichkeit der **bedingten Entlassung** aus dem Gefängnis. In beiden Fällen kann dem Täter/der Täterin ein **Bewährungshelfer** bzw. eine Bewährungshelferin an die Seite gestellt werden.

Konkrete Strafzumessung

Wie hoch im Einzelfall eine Strafe ausfällt, hängt von den **Erschwerungs- und Milderungsgründen** ab.

Justizanstalt Stein/NÖ. In Stein werden nur männliche Strafgefangene mit einer Haftstrafe von über 18 Monaten bis lebenslang untergebracht.

Haftzelle

⚠ Es gibt noch ein außerordentliches Milderungsrecht für den Einzelfall.

Milderungsgründe	Erschwerungsgründe
■ Jugendliches Alter, 14. bis 18. Lebensjahr ■ Junge Erwachsene, 18. bis 21. Lebensjahr ■ Ordentlicher Lebenswandel bis zur Tat ■ Untergeordnete Beteiligung an der Tat ■ Unbesonnenheit ■ Allgemein begreifliche heftige Gemütsbewegung ■ Verlockende Gelegenheit ■ Drückende Notlage ■ Kein Schaden oder nur Versuch ■ Der Täter/die Täterin hat sich gestellt. ■ Der Täter/die Täterin war ernstlich bemüht, den Schaden gutzumachen bzw. der Schaden wurde gutgemacht. ■ Reumütiges Geständnis des Täters/der Täterin ■ Der Täter/die Täterin hat die Tat schon vor längerer Zeit begangen und hat sich in der Zwischenzeit nichts mehr zuschulden kommen lassen.	■ Der Täter/die Täterin hat mehrere strafbare Handlungen begangen oder die strafbare Handlung durch längere Zeit fortgesetzt. ■ Er/sie wurde schon wegen gleicher schädlicher Neigung verurteilt. ■ Der Täter/die Täterin war Urheber/in oder Anstifter/in oder sonst führend beteiligt. ■ Er/sie hat zu strafbaren Handlungen verführt. ■ Der Täter/die Täterin hat aus rassistischen, fremdenfeindlichen oder anderen besonders verwerflichen Beweggründen gehandelt. ■ Er/sie hat gegen das Opfer heimtückisch, grausam oder in qualvoller Weise gehandelt. ■ Er/sie hat die Wehr- oder Hilflosigkeit ausgenützt. ■ Er/sie war gegen Angehörige gewalttätig. ■ Er/sie hat gegen besonders Schutzbedürftige gehandelt. ■ Er/sie hat ein außergewöhnliches Maß an Gewalt eingesetzt.

2.2 Vorbeugende Maßnahmen

- Gefährliche, geistig abnorme Rechtsbrecher/innen können in einer **Anstalt für geistig abnorme Rechtsbrecher/innen** so lange untergebracht werden, wie sie als gefährlich eingeschätzt werden.
- Drogensüchtige und alkoholabhängige Rechtsbrecher/innen können in einer eigenen **Anstalt für entwöhnungsbedürftige Rechtsbrecher/innen** untergebracht werden.
- Gegen **gefährliche Rückfalltäter/innen** kann als vorbeugende Maßnahme zur Strafe zusätzlich **bis zu zehn Jahren Sicherheitsverwahrung** verhängt werden.

2.3 Diversion

Unter Diversion versteht man die Möglichkeit, dass in weniger schweren Fällen Staatsanwalt/Staatsanwältin und Richter/in das Verfahren einstellen, wenn der/die Verdächtige neben einer Schadenswiedergutmachung mit bestimmten **Maßnahmen** einverstanden ist:
- **Zahlung einer Geldbuße,** z. B. bei Ladendiebstahl oder fahrlässiger Körperverletzung im Straßenverkehr
- **Erbringung gemeinnütziger Leistungen,** z. B. nach Sachbeschädigung an öffentlichen Einrichtungen wie Besprühen von Wänden mit Farbspray
- **Schulung,** z. B. Besuch eines Fahrkurses bei Verkehrsdelikten
- **Außergerichtlicher Tatausgleich** (ATA)
- Bestimmung einer **Probezeit**

Der **Vorteil** einer Diversion liegt darin, dass man **nicht vorbestraft** ist und dadurch keine Eintragung in das Strafregister erfolgt. (**Vorstrafe** = der Täter/die Täterin wurde durch ein Gericht verurteilt. Eine Vorstrafe kann zu Problemen bei der Arbeitssuche führen.)

Der außergerichtliche Tatausgleich ist eine Form der Schadensgutmachung und der Konfliktbereinigung zwischen Täter/in und Geschädigtem/Geschädigter. Im Mittelpunkt des ATA steht immer das Gespräch zwischen Täter/in und Opfer. Es wird von geschulten Konfliktreglern/reglerinnen geleitet.

Im Rahmen der Diversion kann man bei Ladendiebstahl unter Umständen mit der Zahlung einer Geldbuße davonkommen.

💡 Die hohe Akzeptanz der Diversion zeigt sich daran, dass jährlich ca. 63 000 Personen ein Diversionsanbot erhalten und über 53 000 dieses annehmen.

Aufgabenstellungen – „Sanktionen"

1. Die Wirksamkeit von Strafen ist umstritten. Während eine Meinung besagt, dass es ohne Strafrecht noch wesentlich mehr Kriminalität gebe, meint eine andere Richtung, dass das seit Jahrtausenden existierende Strafrecht eher wirkungslos geblieben sei, da es noch immer Verbrechen gebe. Diskutieren Sie diese Thesen in der Klasse.
2. Diskutieren Sie, warum im Kriminalstrafrecht die Geldstrafe einkommensabhängig festgesetzt wird (Tagsatzsystem).
3. Diskutieren Sie: „Welche Auswirkungen hat eine Gefängnisstrafe? Denken Sie dabei an die Allgemeinheit, das bzw. die Opfer und die Täter bzw. den Täter/die Täterin.

💡 Für viele Tätigkeiten und Berufe ist die Vorlage einer aktuellen **Strafregisterbescheinigung** erforderlich. Sie darf meistens nicht älter als drei Monate sein.

3 Strafregister und Tilgung

- Alle strafrechtlichen Verurteilungen werden im **Strafregister** zentral erfasst. Die Führung obliegt der Bundespolizeidirektion Wien.
- Die **Strafregisterbescheinigung** (früher Leumunds-, Führungs- oder Sittenzeugnis) gibt Auskunft über die im Strafregister eingetragenen Verurteilungen einer Person bzw. darüber, dass das Strafregister keine Verurteilung enthält.

Um die **Resozialisierung** nicht dauerhaft zu beeinträchtigen, werden alle verhängten Strafen mit Ausnahme einer lebenslänglichen Freiheitsstrafe getilgt. Die Länge der **Tilgungsfrist** zwischen fünf und fünfzehn Jahren ist von der konkreten Strafe und der Anzahl der Vorstrafen abhängig.

Bei **Bagatellstrafen** (bis drei Monate Freiheitsentzug oder 90 Tagessätze Geldstrafe bzw. sechs Monate bedingt oder 180 Tagessätze bedingt bei Jugendlichen) scheint die Vorstrafe in einer Auskunft aus dem Strafregister nur für Strafverfolgungsbehörden auf, auch etwas höhere Strafen unterliegen nach einiger Zeit der bedingten Auskunft.

4 Jugend- und Heranwachsendenstrafrecht

4.1 Jugendstrafrecht

Der 16-jährige Martin ist immer knapp bei Kasse. Nachdem sein Taschengeld alle ist, er aber unbedingt noch mit seinen Freunden abfeiern möchte, steckt er im Supermarkt eine Flasche Whiskey in seine Jackentasche. Unbemerkt, wie er glaubt. Plötzlich hält ihn ein Angestellter am Arm und fordert ihn auf, ihm in das Büro zu folgen, wo er die Polizei verständigt.

💬 Was kommt jetzt auf Martin zu? Berücksichtigen Sie dabei, dass er sich bis jetzt noch nichts zuschulden hat kommen lassen.

Das heute in Geltung stehende Jugendgerichtsgesetz (JGG) aus dem Jahr 1988 trägt den Besonderheiten jugendlicher Täter/innen sowie der Jugendstraftaten Rechnung. So wird dabei berücksichtigt, dass die Nachteile der Neben- und Spätwirkungen einer Verurteilung oder Haft (wie beispielsweise einen Arbeitsplatz zu finden und diesen zu behalten) bei Jugendlichen besonders spürbar sind.

Es wird davon ausgegangen, dass Jugendliche und Heranwachsende noch in einem lernfähigen Alter sind und besser durch erzieherisch ausgerichtete Einwirkung als durch (Gefängnis-)Strafe von der wiederholten Begehung von Straftaten abgehalten werden können. Der junge Mensch, der sich eine strafrechtliche Verfehlung geleistet hat, soll durch das Jugendstrafrecht zurück auf die richtige Bahn gebracht werden.

⚠️ Im Jugendstrafrecht ist der Erziehungsgedanke ausschlaggebend, daneben das Bestreben, den jungen noch besserungsfähigen Menschen vor den nachteiligen Folgen einer Strafe zu schützen.

Sonderbestimmungen des Jugendstrafrechts

- Die Höchststrafen halbieren sich meistens, eine lebenslängliche Freiheitsstrafe kann nicht verhängt werden.
- Schöffen/Schöffinnen und Geschworene müssen besonders geschult sein (z. B. Lehrer/innen, Sozialarbeiter/innen).

- Täter/innen, die das 16. Lebensjahr noch nicht vollendet haben, bleiben straflos, wenn ihnen ein mit nicht mehr als fünf Jahren Freiheitsstrafe bedrohte Vergehen vorgeworfen wird und sie kein schweres Verschulden trifft.
- Haftstrafen gegen Jugendliche müssen in einer besonderen Abteilung des Gefangenenhauses oder in einer Sonderanstalt für Jugendliche verbüßt werden. Außerdem sollen Jugendliche während ihrer Haftstrafe arbeiten und Unterricht bekommen.
- Diversionen sind leichter möglich, der Umfang der unentgeltlichen gemeinnützigen Leistung darf insgesamt 120 Stunden nicht übersteigen.

- Kinder bis **14 Jahren** sind **strafunmündig.**
- Auf Jugendliche von **14 bis 18 Jahren** wird das **Jugendstrafrecht** angewendet.
- **18- bis 21-Jährige** gelten als junge Erwachsene, für sie gilt das **Heranwachsendenstrafrecht.**

Beispiele für Strafausmaße (Erwachsene)
- Der unbefugte **Gebrauch von Kraftfahrzeugen** kann mit einer Freiheitsstrafe bis zu drei Jahren geahndet werden.
- Häufig sind **Körperverletzungsdelikte,** die je nach Folgen und Grad des Verschuldens bis zu zehn Jahren Freiheitsstrafe nach sich ziehen können.
- **Gefährliche Drohung** wird mit bis zu drei Jahren Freiheitsentzug bestraft, wenn man einen anderen in Furcht und Unruhe versetzt, ebenso, wenn man dadurch oder mit Gewalt ein bestimmtes Verhalten erzwingt (Nötigung).
- **Suchtmitteldelikte** haben neben möglichen strafrechtlichen Konsequenzen auch zur Folge, dass der Täter/die Täterin Schwierigkeiten beim Erwerb eines Führerscheins bekommen kann.

4.2 Heranwachsendenstrafrecht

Mit der Jugendgerichtsnovelle 2001 wurde ein modernes Heranwachsendenstrafrecht eingeführt.
- Die verfahrensrechtlichen Sonderbestimmungen des Jugendgerichtsgesetzes gelten für alle Strafverfahren wegen einer vor Vollendung des 21. Lebensjahres begangenen Tat.
- Die längste **Freiheitsstrafe,** die verhängt werden kann, beträgt **15 Jahre.**
- Bedingte Strafnachsicht und teilbedingte Strafnachsicht können auch bei einer Freiheitsstrafe von bis zu fünf Jahren angewandt werden.
- Die Bestellung eines Bewährungshelfers/einer Bewährungshelferin ist leichter möglich.

Aha!
Die **Justizanstalt Gerasdorf** ist die einzige auf den Vollzug von **Haftstrafen für männliche Jugendliche und junge Erwachsene spezialisierte Strafvollzugsanstalt.**
Die Justizanstanstalt verfügt über 12 Lehrbetriebe, in denen die Ausbildung in 15 Lehrberufen möglich ist. Es besteht auch die Möglichkeit, dort einen Pflichtschulabschluss zu machen sowie eine dort betriebene Berufsschule des Bundes zu besuchen.

„Nur sehr geringe Rückfallquote"

Aktuell sind 80 Jugendliche in der Justizanstalt Gerasdorf untergebracht. Der jüngste Insasse ist 15 Jahre alt. Theoretisch ist die Haft ab 14 möglich, bleiben kann man bis 27, danach wird man in eine andere Haftanstalt verlegt. „Bei uns ist es aber in der Regel so, dass die meisten Jugendlichen vorzeitig entlassen werden", erklärt der stellvertretende Justizwachkommandant Michael Heiling. Fünf bis sechs von ihnen gelingt jährlich sogar ein Lehrabschluss. „Das ist insofern wichtig, da diese Personen nur eine sehr geringe Rückfallquote haben. Sie liegt im Bereich von 8 bis 10 Prozent!" Dass generell die Rückfallquote bei den Jugendlichen gering bleibt, dafür sorgen spezielle Programme nach der Entlassung: Ohne Bewährungshelfer geht beispielsweise kaum etwas.

www.ooen.at, 28. Mai 2015

Jugendliche gehören nicht ins Gefängnis

Drei Tage nach dem Schock aufgrund eines Berichts über die Vergewaltigung eines 14-Jährigen durch junge Mithäftlinge im Gefangenentrakt des Wiener Grauen Hauses lautet das unausgesprochene Motto: Häfen für Jugendliche müsse jugendgerechter werden. Aber es müsse Häfen bleiben, denn anders werde man dem Problem der Jugendkriminalität nicht gerecht. Genau das nun ist falsch. Vielmehr ist Nikolaus Tsekas, Co-Leiter von Neustart Wien, dem Verein für Resozialisierungshilfe, Unterstützung von Opfern und Prävention, beizupflichten, wenn er sagt: „Unter 18-Jährige haben im Gefängnis, wie wir es derzeit kennen, nichts verloren". Tsekas sagt das nicht aus Gründen der Sozialromantik, sondern aufgrund von vielfach bestätigtem Expertenwissen, also Erfahrung, die besagt, dass „jeder Jugendliche aus dem Gefängnis mit mehr krimineller Energie herauskommt, als er hineinging".
www.derStandard.at, 29. Juni 2013

4.3 Jugendkriminalität: Tatsachen und öffentliche Wahrnehmung

Jugendliche, die mit dem Strafrecht in Konflikt kommen und in Haft müssen, erreichen irgendwann wieder das Ende einer Haft, ohne dass sie in Haft „fertig resozialisiert" werden können. Ausgenommen wirklich schwere Straftaten werden Jugendliche nur für kurze Zeit inhaftiert, nicht selten endet die Haft bereits mit der Hauptverhandlung.

Problemlagen der Jugendlichen bestehen aber ungeachtet des Kontaktes mit der Justiz, ungeachtet der Verhängung und Vollziehung vorübergehender Haft in den allermeisten Fällen weiter. Diese Problemlagen sind aber damit nicht nur Sache der Justiz, sondern bedürfen einer gesamtgesellschaftlich wahrgenommenen Verantwortung.

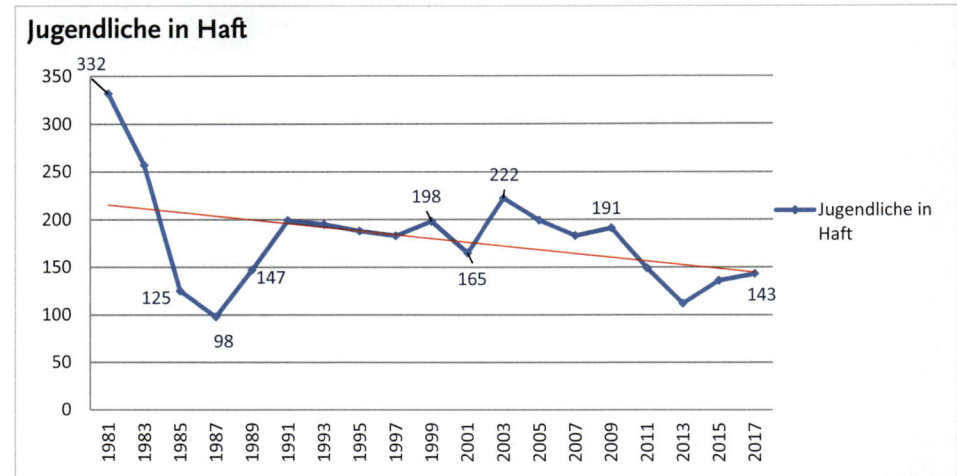

Quelle: Statistische Übersicht über den Strafvollzug; IVV-Daten des BRZ

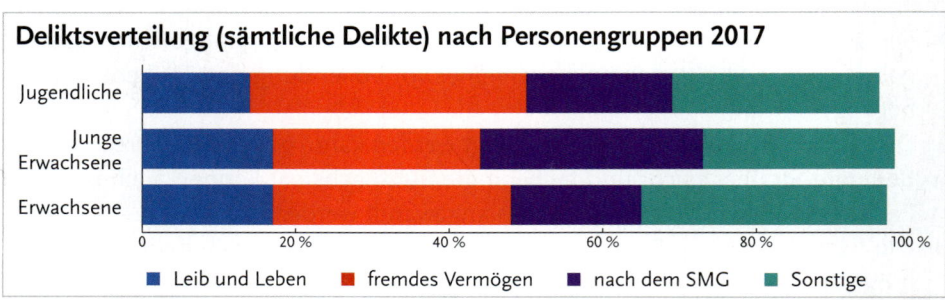

Quelle: Statistik Austria, Gerichtliche Kriminalstatistik 2017

Aufgabenstellungen – „Jugendstrafrecht"

1. Vergleichen Sie das Jugendstrafrecht mit dem Erwachsenenstrafrecht:

Fall	Erwachsenenstrafrecht	Jugenstrafrecht
Höchstrafe (Jahre)		
Lebenslängliche Freiheitsstrafe		
Haftanstalt		
Diversion		

2. Lesen Sie den Zeitungstext in der Randspalte. Nehmen Sie dazu Stellung und diskutieren Sie in der Klasse die verschiedenen Meinungen.

Strafprozessrecht

Hannah besucht mit ihrer Klasse eine Verhandlung am Landesgericht. Sie ist schon gespannt auf den Prozess, den sie verfolgen kann, und überlegt im Gerichtssaal, wer die beteiligten Personen sind und wo sie wohl sitzen.

💬 Haben Sie schon einmal an einer Verhandlung teilgenommen? Diskutieren Sie in der Klasse über Ihre Vorstellungen von einer Gerichtsverhandlung.

1 Wer ist an einem Strafprozess beteiligt?

Im Strafprozess wird im Zusammenwirken von Polizei, Staatsanwaltschaft und Gerichten geprüft, ob der/die Verdächtige tatsächlich eine strafbare Handlung begangen hat.

Der Strafprozess soll Fehlurteile (Justizirrtümer) verhindern und durch ein faires Verfahren die Einhaltung der Menschenrechte garantieren. Täterinnen und Täter sollen einer gerechten Strafe zugeführt werden. Die Strafe soll sie auch bessern.

⚠️ Bei Delikten mit einer Strafandrohung von mehr als drei Jahren Freiheitsstrafe besteht **Verteidigerpflicht!**
Beschuldigte, die sich keinen Verteidiger/keine Verteidigerin leisten können, erhalten kostenlos einen Rechtsbeistand (Verfahrenshilfe).

Staatsanwalt/ Staatsanwältin	Der Staatsanwalt/die Staatsanwältin leitet als Vertreter/in des Staates die Ermittlungen gegen Verdächtige und erhebt Anklage vor Gericht.
Beschuldigte/r	Dem Beschuldigten/der Beschuldigten kommen verschiedene Rechte zu: das Recht auf Aussageverweigerung, Verweigerung der Mitwirkung an der Wahrheitsfindung, Akteneinsicht, Beiziehung eines Verteidigers/einer Verteidigerin, Information über Verdachtsgründe.
Verteidiger/in	Verteidiger/innen sind Rechtsanwälte bzw. -anwältinnen, die als Beistand des/der Beschuldigten auftreten. Der Verteidiger/die Verteidigerin hat alle Verfahrensergebnisse zugunsten seiner/ihrer Mandanten und Mandantinnen kritisch zu überprüfen und zu beraten.

✏️ Warum sollte der/die Beschuldigte einen Verteidiger/eine Verteidigerin haben? Was sind seine/ihre Aufgaben?

⚠️ Nur die Trennung dieser Ämter garantiert, dass auch alle entlastenden Umstände zur Sprache kommen.

2 Verfahrensgrundsätze

- **„Im Zweifel für den Angeklagten/die Angeklagte":** Nur wenn der Richter/die Richterin überzeugt ist, dass der/die Beschuldigte die Tat begangen hat, darf er/sie ihn/sie verurteilen. Alle Zweifel führen zu einem Freispruch.
- **Legalitätsprinzip:** Der Staatsanwalt/Die Staatsanwältin muss bei Verdacht ein Strafverfahren einleiten und fortführen, ob er/sie will oder nicht.
- **Offizialprinzip:** Der Staatsanwalt/Die Staatsanwältin führt ohne besonderen Antrag einer/eines Geschädigten von Amts wegen das Verfahren.
- **Laienbeteiligung:** Bei schweren Verbrechen und politischen Delikten wirken Laien als **Schöffen/Schöffinnen** und **Geschworene** mit (siehe S. 328).
- **Objektivitätsprinzip:** Der Richter/Die Richterin und die Staatsanwaltschaft sind zur **vollen Objektivität** verpflichtet. Auch der Staatsanwalt/die Staatsanwältin muss alle entlastenden Umstände genauso wie belastende Momente erforschen.

> **„In dubio pro reo"** (lat.: Im Zweifelsfall für den Angeklagten), ein in allen Rechtsordnungen verankertes strafrechtliches Prinzip, bedeutet, dass wenn ein Richter Zweifel an der Schuld eines Angeklagten hat, er diesen nicht verurteilen darf.
> In Österreich ist dieses Prinzip in Art. 6 Abs. 2 der Europäischen Menschenrechtskonvention (MRK) und § 259 Abs. 3 Strafprozessordnung (StPO) normiert.

3 Wie läuft ein Strafverfahren ab?

Ermittlungsverfahren

- Nach einer Anzeige oder dem Bekanntwerden eines Deliktes ermittelt die Polizei unter Leitung der Staatsanwaltschaft den relevanten Sachverhalt **(Vorverfahren).**
- Dies führt entweder
  - ▸ zur Verfahrenseinstellung, wenn sich der Verdacht zerschlägt, oder
  - ▸ zur Anklageerhebung oder
  - ▸ zur diversionellen Erledigung.
- Stellt der Staatsanwalt/die Staatsanwältin das Verfahren jetzt nicht ein, erhebt er/sie **Anklage.**

Anklage

Hauptverhandlung

- Das Gericht beraumt eine **Hauptverhandlung** an, zu der der/die Beschuldigte geladen wird. Nach der Vernehmung werden die üblichen Beweise – Zeugenaussagen, Sachverständigengutachten, Lokalaugenschein, Urkundenverlesung – aufgenommen.
- Nach den Schlussvorträgen (Plädoyers) wird das **Urteil** verkündet.

Urteil

- Staatsanwalt/-anwältin und Beschuldigte/r können innerhalb von drei Tagen erklären, dass sie ein **Rechtsmittel** (Berufung, Nichtigkeitsbeschwerde) anmelden.
- Erhebt nur der/die Beschuldigte Rechtsmittel, kann die Strafe nicht verschärft werden, sondern bleibt schlimmstenfalls gleich.
- Das **Rechtsmittelverfahren** läuft so ähnlich ab wie eine Hauptverhandlung.

Rechtsmittelverfahren

> Die **Diversion** ist die Möglichkeit der Staatsanwaltschaft oder des Gerichts, bei hinreichend geklärtem Sachverhalt auf die Durchführung eines förmlichen Strafverfahrens zu verzichten. Siehe dazu auch S. 321.

> **Berufung** = Anfechtung des Urteils. Bei einem Berufungsverfahren kann der gesamte Prozess neu aufgerollt werden. Bei einer Nichtigkeitsbeschwerde erfolgt nur eine punktuelle Prüfung.

Als **Rechtsmittel** kommen, wie in der Übersicht „Instanzenzug" dargestellt, folgende in Betracht:

Berufung wegen		
Nichtigkeit (Nichtigkeitsbeschwerde)	**Schuld**	**Strafe oder Strafberufung**
Damit wird ein Verstoß gegen wichtige Bestimmungen der Strafprozessordnung oder bei der Auslegung der Strafbarkeitsvoraussetzungen einzelner Delikte geltend gemacht.	Hiermit kann die richterliche Beweiswürdigung bekämpft werden.	Hiermit werden eine Änderung der Strafart (z. B. Geld- statt Freiheitsstrafe) oder der Höhe der Strafe begehrt.

💡 Sämtliche Rechtsmittel können sowohl vom Beschuldigten als auch vom Staatsanwalt ergriffen werden.

Beispiel für Nichtigkeitsbeschwerde
Das Gericht weigert sich, einen wichtigen Entlastungszeugen anzuhören. Dies stellt einen Nichtigkeitsgrund dar.

⚠️ Im bezirksgerichtlichen und im einzelrichterlichen Verfahren kann ohne Hauptverhandlung mit schriftlicher **Strafverfügung** eine Geldstrafe oder eine bedingte Freiheitsstrafe von höchstens einem Jahr verhängt werden. Auch damit ist man vorbestraft.

Beispiel: Anklageschrift

STAATSANWALTSCHAFT LINZ
7 St 36/..

A N K L A G E S C H R I F T

Die Staatsanwaltschaft LINZ erhebt gegen

Heinz W i l l n e r, geboren am 8.1.19.. in Fürstenfeld, Österreicher, ledig, Angestellter, zuletzt wohnhaft in ..., Hummelhofstraße 8, dzt. in hg. U-Haft,

die

A N K L A G E :

Heinz W i l l n e r habe am 14.8..... in Linz versucht, Gabriele K l e t t zu töten, indem er ihr mehrmals mit einem 1 kg schweren Maurerfäustl auf den Kopf schlug.

Heinz W i l l n e r habe hiedurch das Verbrechen des versuchten Mordes nach den §§ 15, 75 StGB begangen und sei hiefür nach dem § 75 StGB zu bestrafen.

A N T R Ä G E :

1.) Anordnung einer Hauptverhandlung vor dem Landesgericht LINZ als Geschworenengericht

2.) Vorführung des Beschuldigten Heinz W i l l n e r aus der gemäß § 173 Abs. 1 und 7 StPO aufrecht zu erhaltenden

4 Instanzenzug

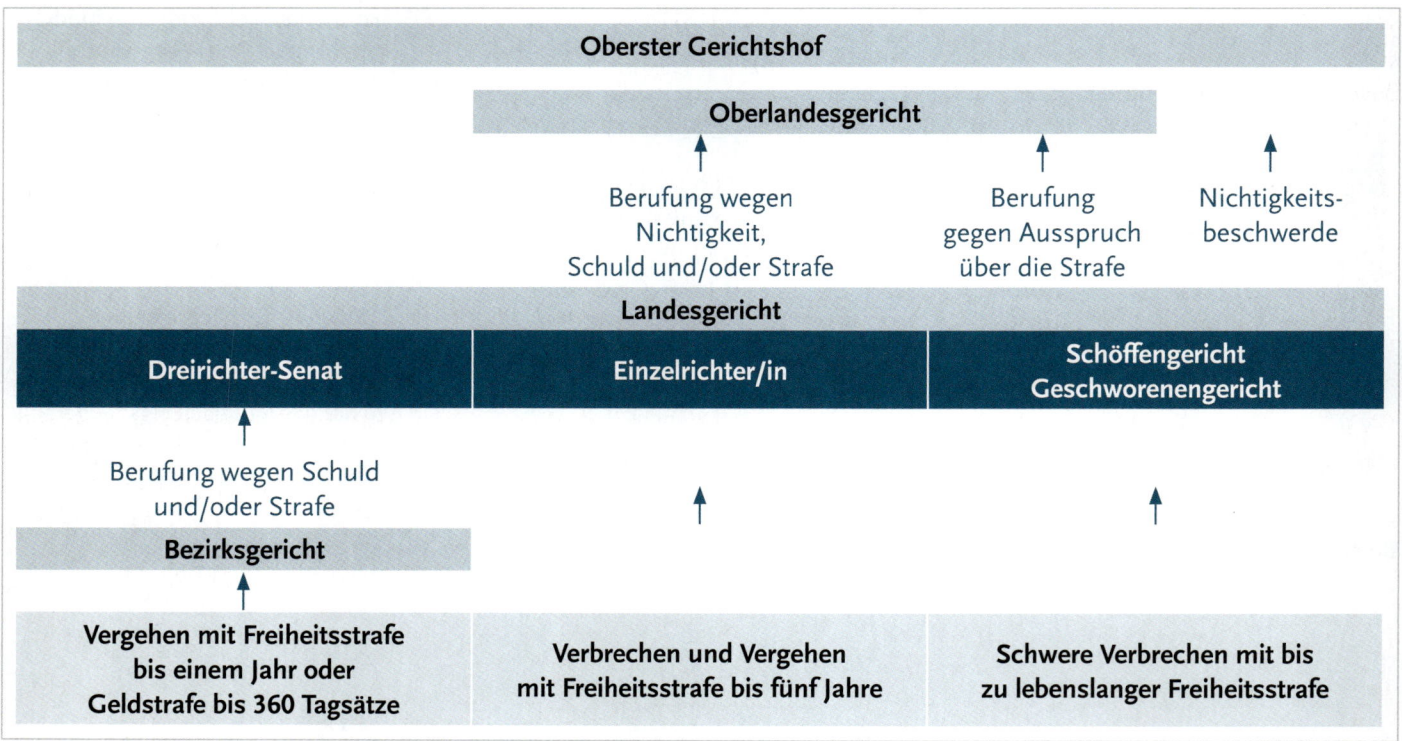

⚠ Prinzipiell kann jeder Österreicher/jede Österreicherin als Schöffe/Schöffin oder Geschworener/Geschworene geladen werden (Staatsbürgerpflicht!). Das Geschworenen- und Schöffenlistengesetz regelt die Auswahl nach dem Zufallsprinzip.

In welcher Besetzung werden Urteile gefällt?

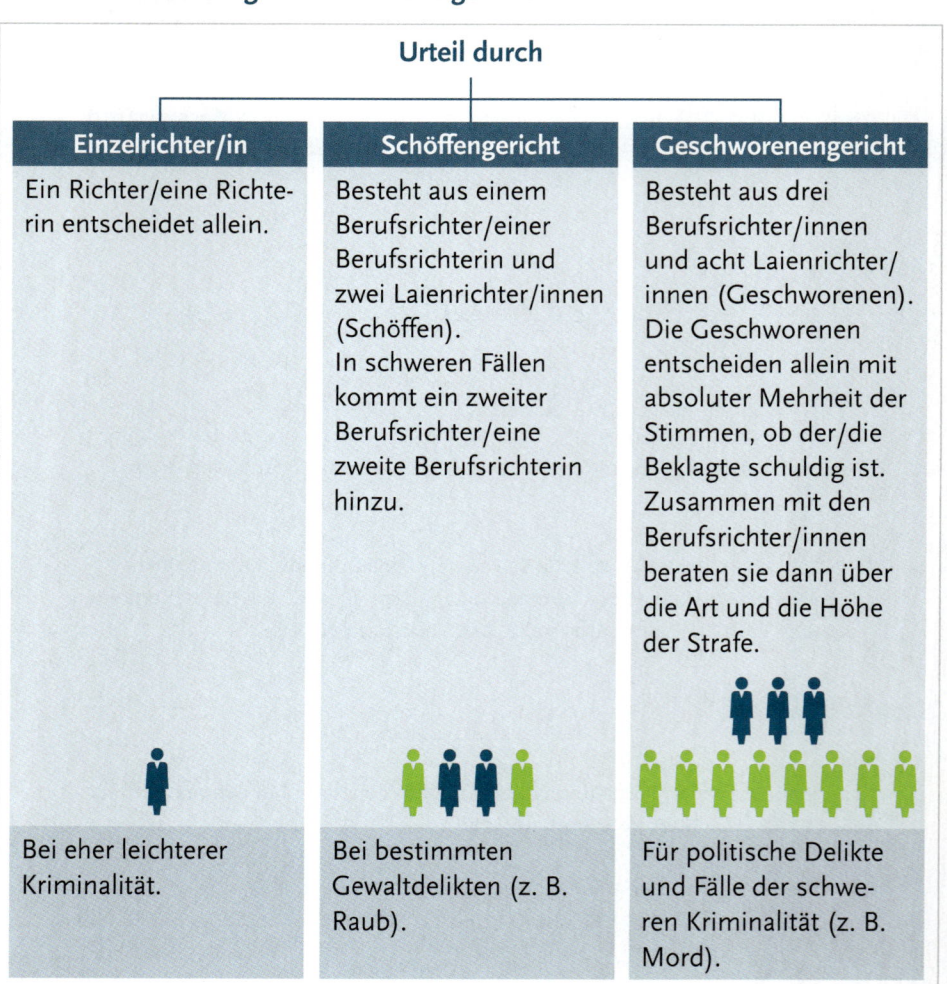

Materielles Strafrecht und Strafprozessrecht

5 Einsatz von Zwangsmitteln

Wenn die dringende Gefahr besteht, dass die Strafverfolgung behindert wird, können durch den Haft- und Rechtsschutzrichter **Zwangsmaßnahmen** gegen den Beschuldigten/die Beschuldigte verhängt werden:
- **Untersuchungshaft** wegen Fluchtgefahr, Verdunkelungsgefahr und Tatbegehungsgefahr
- Der/die Beschuldigte kann zur **Aufenthaltsermittlung** ausgeschrieben werden.
- Hausdurchsuchung, **Personendurchsuchung**
- **Überwachung** des Schriftverkehrs und der Telekommunikation
- **Lauschangriff** (Überwachung von Personen mithilfe technischer Mittel)

Die Justiz spioniert 7 721-mal im Jahr

Die Justiz setzt im Kampf gegen die Kriminalität von Jahr zu Jahr mehr Überwachungsmaßnahmen ein. 2015 gab es insgesamt 7721 Ausspäh-Maßnahmen, die sich auf Hausdurchsuchungen, Datenabfragen bei Mobilfunkbetreibern und Internet-Providern sowie dem Mitlesen und Mithören von Nachrichten und Telefonaten aufteilen.
Wien ist mit 2 727 Überwachungsmaßnahmen Spitzenreiter, gefolgt von Graz (1 146) und Innsbruck (859).
13 Mio. Euro kostete allein die Telefonüberwachung von Verdächtigen im Vorjahr.

www.kurier.at, 20. Juni 2016 (Auszug)

Aufgabenstellungen – „Strafprozessrecht"

1. Nennen Sie die Verfahrensgrundsätze, die für den Strafprozess in Österreich gelten. Führen Sie drei an und erklären Sie ihre Bedeutung.

Verfahrensgrundsätze	Erläuterung

2. Erklären Sie die Position folgender Personen: Staatsanwalt/-anwältin, Beschuldigte/r, Verteidiger/in.
3. Verfassen Sie gemeinsam mit Ihrem Sitznachbarn/Ihrer Sitznachbarin eine Anklageschrift.
4. Wovon hängt es ab, ob ein Bezirksgericht oder ein Landesgericht die Hauptverhandlung gegen Beschuldigte führt?
5. Nennen Sie die Arten von Gerichtszusammensetzungen am Landesgericht.

Gerichtzusammensetzung	Zuständig für
Geschworenengericht	

6. Jemand wurde am Bezirksgericht wegen Diebstahls verurteilt. Wer entscheidet über die Berufung?

Wissensfragen – „Strafprozessrecht"

1. Was ist der Zweck des Strafrechts?
2. Erklären Sie, was das Strafgesetzbuch ist.
3. Welche Voraussetzungen müssen für einen Straftatbestand erfüllt sein?
4. Wann ist eine Handlung durch Notwehr gerechtfertigt?
5. Wann handelt jemand fahrlässig?
6. Welche Nachteile kann eine Vorstrafe haben?
7. Erklären Sie die folgenden Begriffe: Diversion, Vorstrafe, bedingte Strafnachsicht, Strafregisterbescheinigung, Milderungsgründe.
8. Welche vorbeugenden Maßnahmen für Straftäter/innen gibt es?
9. Erklären Sie, warum es für Jugendliche Sonderbestimmungen im Strafrecht gibt.
10. Nennen Sie die Sonderbestimmungen des Jugendstrafrechts.
11. Wer ist an einem Strafprozess beteiligt?
12. Skizzieren Sie den Ablauf eines Strafverfahrens.
13. Warum muss es eine Möglichkeit geben, Urteile überprüfen zu lassen?

Ziele erreicht? – „Strafprozessrecht"

1. Lösen Sie die folgenden Fälle:

Fall	Strafbar Ja	Nein	Begründung
1. Ein Autofahrer verreißt das Steuer, weil er von einer Biene am Auge gestochen worden ist und fährt einen Fußgänger an, der schwer verletzt wird.			
2. Frau Huber fährt mit 120 km/h auf der Autobahn. Plötzlich platzt ein Reifen, sie verreißt das Lenkrad und rammt einen Wagen auf der Nebenfahrbahn. Dabei wird der Fahrer des Wagens getötet.			
3. Ein Schifahrer fährt mit deutlich überhöhter Geschwindigkeit über eine Geländekante, sodass er die unterhalb liegende Schipiste nicht einsehen kann. Dort stößt er mit einem Kind zusammen und verletzt es so, dass es an den Unfallfolgen stirbt.			
4. Der schlecht ausgerüstete Bergsteiger wird von einem Schneesturm überrascht. Er bricht die Tür zu einer versperrten Almhütte auf, um nicht zu erfrieren.			

Materielles Strafrecht und Strafprozessrecht

2. Analysieren Sie die Grafiken.

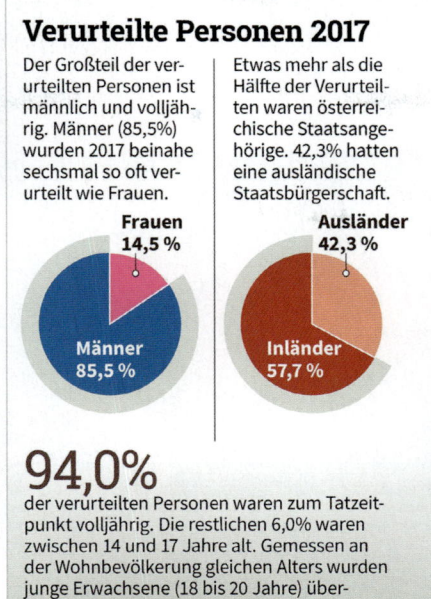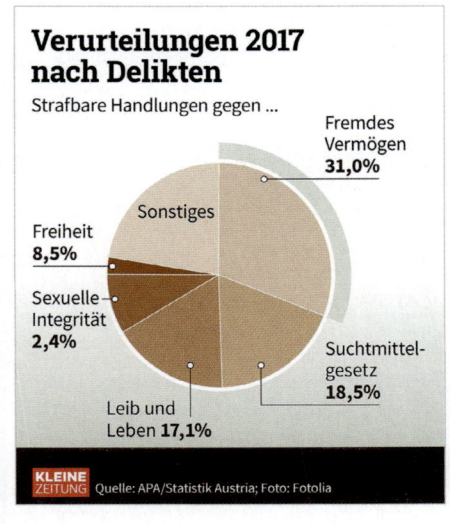

a) Erklären Sie, wann Freiheitsstrafen- und wann Geldstrafen verhängt werden.
b) Beschreiben Sie, welche Delikte unter den Abschnitt „Strafbare Handlungen gegen fremdes Vermögen fallen".
c) Versuchen Sie eine Erklärung zu finden, warum der Anteil der Frauen an den verurteilten Personen so viel geringer ist, als der der Männer. Liegt es daran, dass Jungen anders erzogen werden als Mädchen? Dass die Gesellschaft andere Erwartungen an junge Männer stellt als an junge Frauen? Werden Frauen seltener angezeigt, so dass sie gar nicht viel seltener Übles anstellen, aber häufiger straffrei davonkommen? Oder stecken weniger kulturelle, sondern eher biologische Gründe dahinter?

3. Peter, 22 Jahre, ist seit mehreren Monaten arbeitslos und leidet dementsprechend unter Geldnot. Er lässt sich von seinem Freund Viktor überreden, eine Trafik zu überfallen. Er steht dabei Schmiere. Die beiden werden auf frischer Tat ertappt.
   a) Unter welchen Abschnitt im Strafgesetzbuch fällt dieses Delikt?
   b) Recherchieren Sie im Internet wie hoch die Strafe für Peter ausfallen kann, wenn keine Personen zu Schaden gekommen sind.
   c) Welche Milderungsgründe könnten das Strafausmaß für Peter mindern?
   d) Unter welchen Umständen hat Peter die Chance auf eine Diversion? Welche Vorteile hat er dadurch?

4. Überprüfen Sie für den folgenden Fall die Elemente des Verbrechensbegriffes.

   Stefanie ist eine gesunde 24-jährige Frau. Sie fährt am Wochenende mit ihrem Freund Andi zu einem Festival nach Graz. Dort flirtet Andi heftig mit einem anderen Mädchen. Stefanie, die schon einiges getrunken hat, gerät derart in Rage, dass sie sich auf die Nebenbuhlerin stürzt. Diese fällt hin und bleibt bewusstlos liegen. Wie sich später herausstellt, hat sie eine Gehirnerschütterung erlitten. Stefanie wird angezeigt.

	Gegeben ja/nein ..., weil
Handlungsbegriff	
Tatbestandsmäßigkeit	
Rechtswidrigkeit	
Schuld	

Zivilprozess- und Exekutionsrecht

⚠️ Niemand darf sich sein Recht mit Gewalt selbst holen (Faustrecht), denn die österreichische Rechtsordnung verbietet grundsätzlich Selbsthilfe (eigenmächtiges Handeln). Der bzw. die Einzelne ist auf den Schutz seiner bzw. ihrer Rechte durch den Staat angewiesen.

Im Zivilrecht geht es um Rechtsverhältnisse des Privatrechts, z. B.:
- Rechte und Pflichten aus Verträgen
- Ehescheidungen
- Unterhaltsstreitigkeiten
- Schadenersatz

Ungefähr 2,7 Millionen Verfahren führen die österreichischen Gerichte im Jahr. Jedem und jeder kann es passieren, eine Klage oder einen gerichtlichen Zahlungsbefehl zugestellt zu erhalten. Daher sollte jeder aktive Staatsbürger und jede aktive Staatsbürgerin wissen, wie damit umzugehen ist. Dies auch vor dem Hintergrund, dass man ja auch völlig zu Unrecht geklagt werden kann.

Das staatliche Zivilprozessrecht regelt, wie Ansprüche von Bürgerinnen und Bürgern durchgesetzt werden. Liegt dann eine gerichtliche Entscheidung vor und hält sich der Verlierer/die Verliererin nicht daran, wird durch die Exekution der Zustand hergestellt, den das Urteil fordert.

 Meine Ziele

Nach Bearbeitung dieses Kapitels kann ich
- die Beteiligten in einem Zivilprozess nennen;
- die Zuständigkeit der Gerichte im Zivilprozess erklären;
- den Ablauf eines ordentlichen Zivilverfahrens beschreiben und die damit verbundenen Konsequenzen darstellen;
- verschiedene Arten von Exekutionsverfahren nennen;
- das Fahrnisexekutionsverfahren erklären.

1 Zivilprozessrecht

Kurt bestellt Bücher über das Internet, bezahlt aber die Rechnung auch nach zweimaliger Mahnung nicht. Einige Zeit später stellt ihm der Postbote einen gerichtlichen Zahlungsbefehl zu.

1.1 Was passiert in einem Zivilprozess?

In einem Zivilprozess setzt ein Bürger/eine Bürgerin seine/ihre Ansprüche gegen andere Personen unter Zuhilfenahme staatlicher Gerichte durch. „Bürger" kann in diesem Zusammenhang aber auch „juristische Person" bedeuten, (z. B. die Bank X klagt das Unternehmen Eiler BauGmbH auf Rückzahlung eines Darlehens).

Es stehen sich **zwei gleichberechtigte Parteien** gegenüber: **der Kläger/die Klägerin** und **der/die Beklagte.** Zur Beratung und Vertretung können sie einen Rechtsanwalt bzw. eine Rechtsanwältin beiziehen.

💬 Diskutieren Sie in der Klasse, was Kurt tun sollte.

Ein Zivilprozess sollte immer nur die letzte Möglichkeit sein, um den Rechtsfrieden wiederherzustellen, da er Zeit, Geld und Nerven in Anspruch nimmt und die zwischenmenschlichen Beziehungen zwischen den Parteien dadurch sicherlich nicht verbessert werden.

💡 Neben den staatlichen Gerichten gibt es auch noch **Schiedsgerichte.** Ihr Zweck ist eine rasche, effiziente und kostengünstige **Beilegung** von zivil- und handelsrechtlichen Streitigkeiten **außerhalb der staatlichen Justiz.** Ob ein Schiedsgericht von den Streitparteien angerufen werden kann, muss z. B. in einem Vertrag festgelegt sein **(Schiedsklausel).** Vereinsstatuten enthalten oft die Einsetzung von Schiedsgerichten zur Schlichtung von Streitigkeiten zwischen den Mitgliedern oder zwischen Mitgliedern und dem Vorstand.
Ständige Schiedsgerichte bieten z. B. die Wirtschaftskammern, die Rechtsanwalts- und Notariatskammern, aber auch die Internationale Handelskammer in Paris www.icc.org/court/arbitration.

1.2 Verfahrensarten

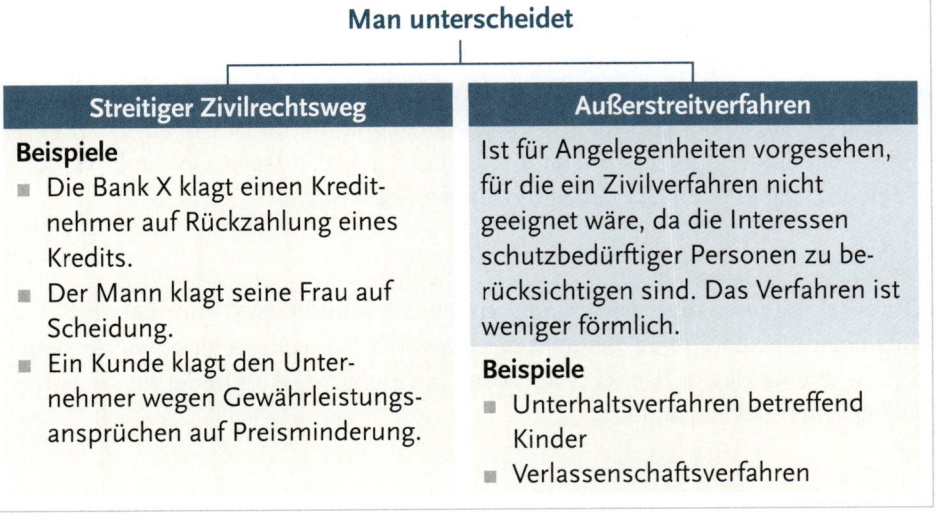

💡 Ob ein Rechtsstreit im streitigen Zivilrechtsweg oder im Außerstreitverfahren entschieden wird, bestimmt der Gesetzgeber.

Zivilgerichtsverfahren sind in der Regel öffentlich zugänglich.

1.3 Verfahrensgrundsätze

Öffentlichkeit der Verhandlung

Zivilgerichtsverfahren sind in der Regel öffentlich zugänglich. Jede/r darf unangemeldet zuhören kommen. Ausnahmen bestehen z. B. für familienrechtliche Prozesse (Ehescheidungsverfahren …).

Parteiöffentlichkeit

Kläger/in und Beklagte/r haben das Recht, an Verhandlungen teilzunehmen. Sie werden über ihre Rechtsanwälte/-anwältinnen von Terminen verständigt und erhalten gerichtliche Entscheidungen zugestellt.

💡 Die **Laienbeteiligung** ist weitgehend zurückgedrängt. Lediglich im arbeits- und sozialgerichtlichen Verfahren nehmen an den Entscheidungen aller Instanzen zwingend je ein Laienrichter bzw. eine Laienrichterin aus dem Kreis der Arbeitgeber- und Arbeitnehmervertreter teil.

Dispositionsgrundsatz

Das Prinzip der Disposition unterscheidet den Zivilprozess grundlegend vom Strafprozess.
- Die Prozessparteien bestimmen, ob und worüber Prozess geführt wird.
- Die Parteien können auch über das Ende des Prozesses frei entscheiden (z. B. durch einen gerichtlichen Vergleich, Ruhen des Verfahrens).

Beiderseitiges rechtliches Gehör

Jede Partei muss die Möglichkeit haben, sich im Verfahren zu äußern (Teilnahmeanspruch der Parteien). Die Parteien trifft die Pflicht zur Verfahrensbeschleunigung und Prozessförderung.

1.4 Zuständigkeit

Streitigkeiten werden in erster Instanz entweder den Bezirksgerichten oder den Landesgerichten zugewiesen. Man unterscheidet die **örtliche** und die **sachliche Zuständigkeit**.

1.4.1 Örtliche Zuständigkeit

Die örtliche Zuständigkeit regelt die räumliche Zuständigkeit unter gleichartigen Gerichten (z. B. zwischen Landesgericht Korneuburg und Landesgericht Krems/Donau.)
- Der **allgemeine Gerichtsstand,** bei dem geklagt werden kann, richtet sich nach dem **Wohnsitz** (gewöhnlichen Aufenthaltsort) des/der Beklagten.
- Daneben gibt es eine Vielzahl **besonderer Gerichtsstände** (z. B. Gerichtsstand der Niederlassung, Gerichtsstand der Schadenszufügung).
- Bei Bestellungen im EU-Ausland kann der österreichische Online-Besteller an seinem allgemeinen Gerichtsstand klagen (EU-Recht).

> **Beispiel**
> Der Salzburgerin Sabine verschuldet auf der Westautobahn A 1 im Bereich Linz einen Verkehrsunfall, bei dem der Wiener Walter verletzt wird. Walter kann Sabine in Linz klagen (Gerichtsstand der Schadenszufügung) oder in Salzburg (allgemeiner Gerichtsstand).

Der Unfallort entscheidet mit, welches Gericht bei einem Verfahren zuständig ist.

Zivilprozess- und Exekutionsrecht

1.4.2 Sachliche Zuständigkeit

Die sachliche Zuständigkeit umfasst die Verteilung auf unterschiedliche Gerichte.

Bezirksgerichte	Landesgerichte
Sind zuständig für: - **Streitwerte bis zu 15.000,00 EUR,** - bestimmte Arten von Streitigkeiten (unabhängig vom Streitwert) als **Eigenzuständigkeit,** insbesondere Familien-, Miet- und Exekutionssachen. Sie entscheiden immer durch einen **Einzelrichter/eine Einzelrichterin.**	Sind zuständig für: - alle, nicht den Bezirksgerichten zugewiesenen Rechtssachen und darüber hinaus bei: - **Streitwerten über 15.000,00 EUR** und - als **Eigenzuständigkeit** z. B. in Amtshaftungs-, sowie Arbeits- und Sozialrechtssachen, Gesellschaftsrechtssachen, Urheberrechtssachen. Sie entscheiden durch **Einzelrichter/innen,** außer eine Partei beantragt bei einem Streitwert über 100.000,00 EUR einen **Senatsprozess** (3 Richter/innen).

Amtshaftung = Haftung der Republik Österreich oder anderer juristischer Personen des öffentlichen Rechts für Gesetzesverletzungen ihrer handelnden Organe (z. B. Bürgermeister/in).

1.5 Ablauf des Verfahrens vor den Gerichten

1.5.1 Mahnverfahren

Für Klagen wegen offener **Geldforderungen bis 75.000,00 EUR** hat der Gesetzgeber zur schnelleren Erledigung das **Mahnverfahren** geschaffen.

- Der Gläubiger/Die Gläubigerin bringt eine **Mahnklage** beim zuständigen Gericht ein.
- Das Gericht prüft nicht, ob der Kläger/die Klägerin wirklich einen Anspruch auf Zahlung der Geldforderung hat. Es stellt dem/der Beklagten einen **bedingten Zahlungsbefehl** zu.

Aha!
Das Mahnverfahren soll die Gerichte entlasten, denn ca. 90 Prozent aller eingeklagten Geldansprüche bestehen zu Recht.

Möglichkeiten/Konsequenzen nach Zustellung eines bedingten Zahlungsbefehls

Zahlung	Einspruch	Kein Einspruch
Der/die Beklagte bezahlt innerhalb von 2 Wochen die Forderung samt Zinsen.	Der/die Beklagte erhebt innerhalb von 4 Wochen einen **Einspruch.**	Der/die Beklagte erhebt **keinen Einspruch.**
Ende des Verfahrens	- Der Zahlungsbefehl tritt **außer Kraft.** - Es kommt zu einem **ordentlichen Verfahren.**	- Der Zahlungsbefehl wird nach vier Wochen **rechtskräftig.** - Der Kläger/die Klägerin kann gegen den Beklagten/die Beklagte mit **Exekution** vorgehen (z. B. Gehaltspfändung).

VI Rechtsdurchsetzung im Strafverfahren und im Zivilverfahren

Beispiel zum ordentlichen Verfahren
Ein Nachbar klagt den anderen auf Unterlassung der direkten Zuleitung von Dachabwässern auf sein Grundstück. Da es sich dabei um keine Geldleistung, sondern um eine Unterlassungsklage handelt, ergeht kein bedingter Zahlungsbefehl. Es ist von Anfang an das ordentliche Verfahren einzuleiten.

1.5.2 Ordentliches Verfahren

Zu einem ordentlichen Verfahren kommt es,
- wenn der/die Beklagte Einspruch nach Erhalt eines Zahlungsbefehles erhebt,
- ab einem Streitwert von 75.000,00 EUR oder
- wenn es sich um keine Geldleistung handelt.

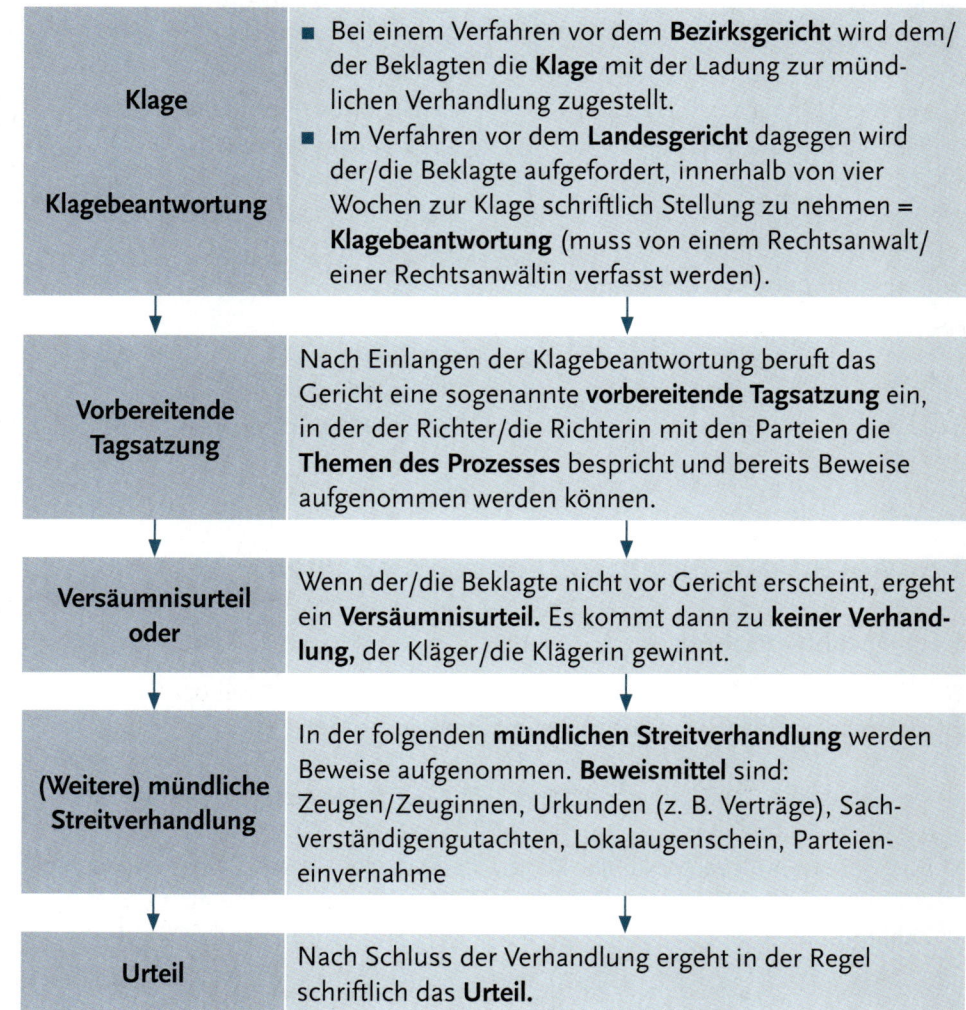

Klage / **Klagebeantwortung**	■ Bei einem Verfahren vor dem **Bezirksgericht** wird dem/der Beklagten die **Klage** mit der Ladung zur mündlichen Verhandlung zugestellt. ■ Im Verfahren vor dem **Landesgericht** dagegen wird der/die Beklagte aufgefordert, innerhalb von vier Wochen zur Klage schriftlich Stellung zu nehmen = **Klagebeantwortung** (muss von einem Rechtsanwalt/einer Rechtsanwältin verfasst werden).
Vorbereitende Tagsatzung	Nach Einlangen der Klagebeantwortung beruft das Gericht eine sogenannte **vorbereitende Tagsatzung** ein, in der der Richter/die Richterin mit den Parteien die **Themen des Prozesses** bespricht und bereits Beweise aufgenommen werden können.
Versäumnisurteil oder	Wenn der/die Beklagte nicht vor Gericht erscheint, ergeht ein **Versäumnisurteil.** Es kommt dann zu **keiner Verhandlung,** der Kläger/die Klägerin gewinnt.
(Weitere) mündliche Streitverhandlung	In der folgenden **mündlichen Streitverhandlung** werden Beweise aufgenommen. **Beweismittel** sind: Zeugen/Zeuginnen, Urkunden (z. B. Verträge), Sachverständigengutachten, Lokalaugenschein, Parteieneinvernahme
Urteil	Nach Schluss der Verhandlung ergeht in der Regel schriftlich das **Urteil.**

Jeder Zeuge/jede Zeugin bei Gericht hat
- Erscheinungspflicht,
- Aussagepflicht und
- Eidespflicht.

Ein grundloses, unentschuldigtes Fernbleiben kann eine Ordnungsstrafe zur Folge haben. Außerdem muss der Zeuge/die Zeugin alle Gerichts- und Rechtsanwaltskosten für die zusätzlich notwendige Verhandlung tragen.
Eine falsche Zeugenaussage kann mit einer Freiheitsstrafe von bis zu fünf Jahren geahndet werden.

Verfahrensdauer

Der geschilderte Verfahrensablauf könnte den Eindruck erwecken, dass alle Verfahren kurz dauern. In der Praxis liegen aber zwischen den einzelnen Abschnitten wegen der Einhaltung gesetzlich vorgeschriebener Fristen und der hohen Belastung der Gerichte oft Wochen oder Monate.

Verzögerungen können etwa auch durch
- die Vertagung der Verhandlung wegen der Erkrankung eines Zeugen,
- durch die Unmöglichkeit, einen Sachverständigentermin zu erhalten,
- durch neues Parteienvorbringen etc. auftreten.

Auch können die Rechtsbehelfe des **Widerspruches** gegen ein Versäumnisurteil und der Wiedereinsetzung in den vorigen Stand wegen einer unverschuldeten oder bloß leicht fahrlässig verschuldeten Frist- oder Terminversäumung durch eine Partei eine längere Verfahrensdauer verursachen.

Beispiel: Bedingter Zahlungsbefehl

Bezirksgericht Steyr 492 2 C 514/18w
Spitalskystraße 1
4400 Steyr
Tel.:+43 (0)57 60121 -62412 DVR: 0000485896

An
Anwaltspartnerschaft Dr. Karl Krückl, Diese Ausfertigung ist
Dr. Huber, Mag. Eilmsteiner **VOLLSTRECKBAR.**
Landstraße 50/IV
4020 Linz

RECHTSSACHE

KLAGENDE PARTEI vertreten durch:
Autohaus Anwaltspartnerschaft Dr. Karl Krückl,
Blechberger GmbH Dr. Huber, Mag. Eilmsteiner
Welser Straße 56 Landstraße 50/IV
4060 Leonding 4020 Linz
 Rechtsanwälte u. Verteidiger in Straf Vollmacht einschließlich der Vollmacht, den eingeklagten Betrag entgegenzunehmen, wurde erteilt. Gemäß § 19a RAO wird die Bezahlung der Kosten zu Händen des Klagevertreters begehrt.
 IBAN: AT71 1860 0000 1063 4343, BIC: VKBLAT2L
 Zeichen: AutohausBlec/ADYex-1

BEKLAGTE PARTEI
ADY express e.U.
Fröschlpoint 8
4540 Adlwang

WEGEN: 2.770,43 EUR **samt Anhang** (Werklohn/Honorar)

 2C514/16W-2
 Datum: 29. Mai 2018

Aufgrund der vom Gericht nicht überprüften Behauptungen der klagenden Partei/en ergeht folgender

BEDINGTER ZAHLUNGSBEFEHL

AUFTRAG AN DIE BEKLAGTE PARTEI

Aufgrund der Klage vom 28.05.2018 wird der beklagten Partei aufgetragen, der klagenden Partei die
Forderung von 2.770,43 EUR
samt 4,000 % Zinsen (jährlich) aus 49,80 EUR seit 13.12.2017
samt 4,000 % Zinsen (jährlich) aus 947,34 EUR seit 15.01.2018
samt 4,000 % Zinsen (jährlich) aus 869,20 EUR seit 22.01. 2018
samt 4,000 % Zinsen (jährlich) aus 416,28 EUR seit 01.02. 2018
samt 4,000 % Zinsen Gährlich) aus 94,63 EUR seit 05.02. 2018
samt 4,000 % Zinsen Gährlich) aus 146,77 EUR seit 09.02. 2018
samt 4,000 % Zinsen (jährlich) aus 246,41 EUR seit 12.02. 2018
und die mit 367,32 EUR bestimmten Kosten
innerhalb von 14 Tagen nach Zustellung dieses Zahlungsbefehls bei sonstiger Exekution zu zahlen oder, wenn die geltend gemachten Ansprüche bestritten werden, gegen den Zahlungsbefehl binnen vier Wochen Einspruch zu erheben.

KOSTENAUFGLIEDERUNG

Normalkosten TP 2:
Verdienstsumme	163,60 EUR
Umsatzsteuer	32,72 EUR
Pauschalgebühr	171,00 EUR
SUMME	367,32 EUR

Dieser Auftrag ist aufgrund der folgenden vom Gericht nicht überprüften Behauptungen der klagenden Partei ergangen:

Aktenzeichen: **16** steht für die Gerichtsabteilung, **C** für Zivilprozess, **2214/16**: Zivilrechtssache im Jahr 2016 beim Bezirksgericht Linz, **s** ist ein EDV-Prüfbuchstabe.

Vollstreckbar: Die Beklagte hat keinen Einspruch gemacht, die Exekutionsführung ist jetzt möglich.

Auf dieses **Bankkonto** des Rechtsanwaltes des Klägers kann die Beklagte einzahlen.

Samt Anhang = inklusive Zinsen und Gerichts- sowie Anwaltskosten.

Normalkosten = bestimmte Form von Rechtsanwaltskosten.

Pauschalgebühr = Gerichtsgebühren; der Kläger muss sie vorerst bezahlen und erhält sie von der Beklagten zurück, wenn er das Verfahren gewonnen hat.

Zinsenbegehren: Die Beklagte hat dem Kläger auch Zinsen zu zahlen.

Parteienvernehmung = Einvernahme des Klägers zum Beweis dafür, dass die Klagsforderung zu Recht besteht.

Rechtspfleger/innen: Sind besonders ausgebildete Gerichtsbeamte/beamtinnen (keine Juristen/Juristinnen), denen die Besorgung von genau umschriebenen Geschäften der erstinstanzlichen Gerichtsbarkeit in Zivilrechtssachen übertragen ist.

KLAGSVORBRINGEN

Die klagende Partei begehrt, def beklagten Partei die im Zahlungsbefehl angeführten Zahlungen aufzuerlegen, und bringt hiezu vor:

BESCHREIBUNG UND HÖHE DES ANSPRUCHS

Werklohn/Honorar

Angaben über Forderung	Beleg-Nr.	Datum von (am) bis	Forderung in EUR
Werklohn/Honorar	AR2120770	12.12.2016	49,80
Werklohn/Honorar	AR2121003	15.01. 2018	947,34
Werklohn/Honorar	AR2121060	21.01. 2018	869,20
Werklohn/Honorar	AR2121139	31.01. 2018	416,28
Werklohn/Honorar	AR2121165	04.02. 2018	94,63
Werklohn/Honorar	AR2121221	08.02. 2018	146,77
Werklohn/Honorar	AR2121240	11.02. 2018	246,41

Der eingeklagte Betrag wurde trotz Fälligkeit nicht gezahlt.

ANGABEN ZUM ZINSENBEGEHREN

Der Zahlungsverzug wurde zumindest leicht fahrlässig herbeigeführt.

BEWEISE
:Parteienvernehmung Urkunden:

WEITERES VORBRINGEN

Mahnklage Bezirksgericht

Kostenverzeichnis:
Klage TP2	EUR	72,00
120 % ES	EUR	87,00
ERV-Kosten	EUR	4,10
20 % USt	EUR	32,72
Pauschalgebühr	EUR	171,00
Summe	EUR	367,32

AutohausBlec/ADYex-1/2SZAZ/1/56/5SGRKZB/155

Bezirksgericht Steyr
Gerichtsabteilung 2
Josef Waizinger
(DIPLOMRECHTSPFLEGER)

Diese Ausfertigung ist VOLLSTRECKBAR.　　　　Datum: 12. Juli 2018

HINWEISE
Nach dem diesem Zahlungsbefehl zugrundeliegenden Klagsvorbringen ist bis zum 29. Mai 2016 nachstehender Gesamtbetrag entstanden:

Klagsforderung:	EUR	2.770,43
Zinsen:	EUR	38,35
Kosten (Zahlungsbefehl):	EUR	367,32
SUMME:	EUR	3.176,10

Bis zur Zahlung entstehen für jeden weiteren Tag zusätzlich 0,3037 EUR an Zinsen. Die Klage wurde der beklagten Partei zugestellt am: 6. Juni 2016.

Sind Zinsen von 8 Prozentpunkten über dem Basiszinssatz zu zahlen, so ändern sich die (täglichen) Zinsen jeweils mit Ablauf des 30. 6. bzw. 31. 12., wenn sich der Basiszinssatz zwischenzeitlich geändert hat.

Beispiel für einen Einspruch

EINSPRUCH
gegen den
Zahlungsbefehl

16C 2214 / 17 s (1VC)

An das
Bezirksgericht Linz
Museumstr. 10 (Eing.: Fadingerstr. 2)
4020 Linz

RECHTSSACHE

KLÄGER	vertreten durch:
Franz Huber	Anwaltspartnerschaft Dr. Karl Krückl,
Tischler	Mag. Eibensteiner, Rechtsanwälte
Leonfeldner Straße 3	Landstraße 50/IV
4040 Linz/Donau	4020 Linz

BEKLAGTE
Christine Ortmayr
Arbeitnehmerin
Weißstraße 3
4020 Linz

WEGEN: 122,76 EUR samt Anhang (Werklohn/Honorar)

Ich erhebe gegen den Zahlungsbefehl vom 20. Oktober 2017
GZ 16C 2214 / 14 s – 2

EINSPRUCH

___

GRÜNDE FÜR DEN EINSPRUCH

___

BEWEIS (Zeugen mit Namen und Adresse, Urkunden, Parteienvernehmung usw.):

___

Datum: _____ Unterschrift: _____

Mündliche Streitverhandlung am: NUR VOM GERICHT
                                                   AUSZUFÜLLEN!

Beginn: Ort:
LAD a4/A5 an KV/KL, BV/BK

Zivilprozess- und Exekutionsrecht

⚠ Ist die Beklagte den im Zahlungsbefehl genannten Betrag ihrer Meinung nach nicht schuldig, darf sie keinesfalls auf die Erhebung des Einspruchs vergessen.

Elektronischer Rechtsverkehr
Rechtsanwälte und Rechtsanwältinnen müssen Klagen elektronisch (nicht in Papierform) bei Gericht einbringen. Das Gericht stellt dem Rechtsanwalt/der Rechtsanwältin den Zahlungsbefehl ebenfalls elektronisch zu. Ähnliches gilt für Urteile, Protokolle, Exekutionsanträge und gerichtliche Beschlüsse im Exekutionsverfahren.

Beispiel: Klage außerhalb des Mahnverfahrens

An das
Landesgericht Linz
Fadingerstraße 2
4040 Linz

Linz, 28. 05. 2019
03/KreBru/1 – 1/m – 92342.doc
AEV GKM-Einzug
ADVM-Code P419147
Kto.-Nr. : 18901801
PSK.: 04037529

Klagende Partei:	Kreditbank AG Maximilianstraße 75 4020 Linz
vertreten durch:	Anwaltspartnerschaft Dr. Karl Krückl, Mag. Eibensteiner Rechtsanwälte und Verteidiger in Strafsachen 4020 Linz, Landstraße 50/IV Tel.: 0732/77 55 44, Fax: 0732/77 55 44 -10 VKB-Kto. 10634343, BLZ 18600 Code P419147 Prozess- und Geldvollmacht erteilt Gemäß § 19a RAO verlangt der gefertigte Anwalt die Bezahlung sämtl. Kosten zu seinen Handen
Beklagte Partei:	Brunner Sabine Kauffrau Kellergasse 12 4020 Linz
wegen:	80.276,90 EUR s.A.

K L A G E

Zweifach
1 Rubrik

1. Die Beklagte hat sich als Bürge und Zahler zu den Firmenkontokorrentkrediten 10.202.356 und 10.202.430 verbürgt, wobei über das Vermögen des Hauptschuldners das Insolvenzverfahren eröffnet wurde.

2. Der fällig gestellte Rückstand zu Konto 10.202.356 per 23. 5. 2019 beläuft sich auf 72.300,00 EUR, zu Konto 10.202.430 auf 7.976,90 EUR.

<u>Beweis:</u> Kreditunterlagen, Bürgschaftserklärung.

3. Vereinbarungsgemäß sind beide Konten mit 11,5 % Zinsen p.a. bei vierteljährlicher Kapitalisierung dieser Zinsen zum 1. 1., 1. 4., 1. 7. und 1. 10. eines jeden Jahres verzinst.

<u>Beweis:</u> wie bisher.

4. Aus den genannten Gründen wird daher beantragt, zu fällen das

URTEIL

Die beklagte Partei ist schuldig, der klagenden Partei den Betrag von 80.276,90 EUR samt 11,5 % Zinsen ab 23. 5. 2019 bei vierteljährlicher Kapitalisierung dieser Zinsen zum 1. 1., 1. 4., 1. 7. und 1. 10. eines jeden Jahres zu bezahlen, sowie die Kosten dieses Rechtsstreites zu Handen des Klagsvertreters zu ersetzen; dies alles binnen 14 Tagen bei sonstiger Exekution.

Linz, am 28. Mai 2019   Kreditbank AG

Urteilsantrag ist das Begehren des Klägers/der Klägerin an das Gericht (das gewünschte Urteil). Das Gericht darf dem Kläger/der Klägerin nie mehr zusprechen, als er/sie selbst begehrt, selbst wenn ihm/ihr mehr zustünde.

1.6 Rechtsmittel

- Ist der Kläger/die Klägerin oder der/die Beklagte mit dem Urteil nicht einverstanden, weil etwa seiner/ihrer Meinung nach manche Beweise falsch interpretiert wurden oder das Gesetz falsch angewendet wurde, kann die **Entscheidung der ersten Instanz bekämpft werden.**
- Die **nächste Instanz** wird dann das **Urteil** oder den **Beschluss** der Unterinstanz **überprüfen:** Es kann aber auch sein, dass das Urteil der ersten Instanz zur Gänze bestätigt oder nur teilweise abgeändert wird.
- Es kann dann sein, dass das Ersturteil aufgehoben wird und in der ersten Instanz neu verhandelt werden muss, weil grobe Mängel im Beweisverfahren festgestellt wurden.

Nicht in jedem Fall gelangt durch ein Rechtsmittel eine Entscheidung der zweiten Instanz an den Obersten Gerichtshof. Schließlich soll er nur mit Fällen von größerer Bedeutung befasst werden.

Instanzenzug

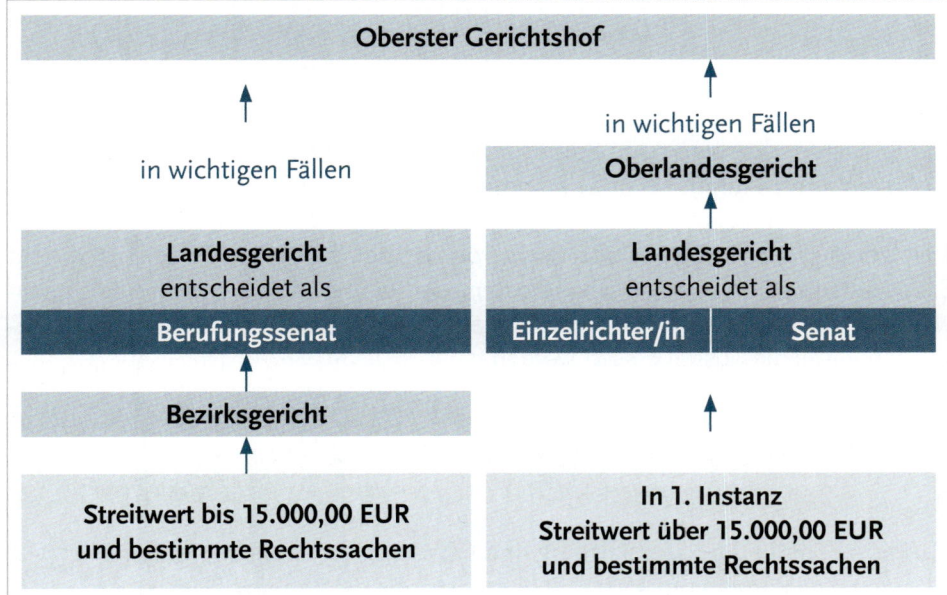

Beispiel: Instanzenzug
Karl hat sich einen Film aus dem Netz heruntergeladen, der erst in wenigen Wochen in die Kinos kommen wird. Er wird nun wegen Verletzung des Urheberrechts geklagt.
- 1. Instanz wird im Rahmen der Eigenzuständigkeit ein Landesgericht sein.
- In 2. Instanz ist das örtlich zuständige OLG zuständig.
- Als 3. und letzte Instanz kann dann noch der OGH angerufen werden.

1.7 Anwaltspflicht, Kosten und Verfahrenshilfe

Anwaltspflicht – Anleitungspflicht

- Weil das Recht zahlreiche Hürden und Fallstricke bietet, besteht bei Streitigkeiten, bei denen es um **mehr als 5.000,00 EUR** geht, zum Schutz der Parteien absolute **Anwaltspflicht.**
- Bei **Streitwerten bis zu 5.000,00 EUR** müssen vor allem Parteien ohne Rechtsbeistand vom Gericht durch Hilfestellungen im Prozess geschützt werden **(Anleitungspflicht = Manuduktionspflicht** durch den Richter/die Richterin).

Wann brauche ich einen Anwalt/eine Anwältin?

Obsiegende Partei = die Partei, die den Prozess gewonnen hat.

Die Kosten für Sachverständigengutachten sind oft hoch.

⚠️ Ein demokratischer Rechtsstaat hilft seinen Bürgern und Bürgerinnen, unabhängig von ihrem Einkommen und Vermögen, ihre Ansprüche durchzusetzen.

Kosten

- Zur teilweisen Abdeckung der Kosten des Justizapparates verlangt der Staat **Gerichtsgebühren**.
- Zusätzlich ist ein Vorschuss auf **Sachverständigengebühren** zu entrichten, die erheblich sein können (z. B. bei einem komplizierten Bauprozess). Die unterliegende Partei muss der obsiegenden (im Verhältnis des Obsiegens) die Gerichts- und Sachverständigengebühren zurückzahlen.
- Die Kosten des Rechtsanwaltes/der Rechtsanwältin sind durch das **Rechtsanwaltstarifgesetz** geregelt. Die Höhe richtet sich nach dem Streitwert und dem Umfang des Verfahrens.

⚠️ Die unterlegene Partei muss den Rechtsanwalt/die Rechtsanwältin der obsiegenden Partei bezahlen. Wenn die Kosten uneinbringlich sind, hat die obsiegende Partei ihren Rechtsanwalt/ihre Rechtsanwältin selbst zu zahlen. Der **Ersatzanspruch** gegen den Unterlegenen/die Unterlegene verjährt aber erst nach 30 Jahren.

Verfahrenshilfe

Damit auch minderbemittelte Bürger/innen die Möglichkeit haben, einen Prozess zu führen, um zu ihrem Recht zu kommen, gibt es die Verfahrenshilfe.

Der Umfang der Verfahrenshilfe reicht von der Befreiung von den Gerichts- und Sachverständigengebühren bis zur kostenlosen Vertretung durch einen Rechtsanwalt/eine Rechtsanwältin. Wenn der Prozess verloren wird, müssen aber der obsiegenden Partei die Kosten ersetzt werden.

Aufgabenstellungen – „Zivilprozessrecht"

1. Patrick lebt in der Stadt Salzburg und hat über einen Webshop mit Sitz in Wien eine Kamera um 450,00 EUR gekauft. Als die Zahlung fällig ist, ist er wieder einmal nicht flüssig. Kurz Zeit später flattert ein bedingter Zahlungsbefehl ins Haus.

    a) Von welchem Gericht wird der bedingte Zahlungsbefehl kommen?

    b) Stellen Sie dar, welche grundsätzlichen Möglichkeiten Patrick in dieser Situation hat und mit welchen Konsequenzen sein Handeln verbunden ist.

2. Susi lebt in Klagenfurt. Sie wurde in Villach beim Fortgehen von einem jungen Mann mit Wohnsitz in Graz verletzt. Wo kann sie ihren Schaden von 1.500,00 EUR einklagen?

3. Sie wollen eine Geldforderung von 80.000,00 EUR einfordern.

    a) Welches Gericht ist dafür zuständig.

    b) Beschreiben Sie den Ablauf des Verfahrens in Grundzügen.

2 Exekutionsrecht

> Sie erinnern sich: Kurt bestellte Bücher, bezahlte aber die Rechnung nicht. Der Postbote hat ihm einen gerichtlichen Zahlungsbefehl zugestellt, den Kurt wiederum nicht beachtete. Trotzdem ist er erstaunt, als einige Wochen später der Gerichtsvollzieher vor seiner Wohnungstür steht.

💬 Welche unerwünschten Folgen kann eine Exekution für Kurt haben?

Wie kommt es zu einer Exekution?
- Sobald eine rechtskräftige und vollstreckbare Entscheidung (Zahlungsbefehl, Urteil, Beschluss), d. h. ein **Exekutionstitel**, vorliegt, kann der Gläubiger/die Gläubigerin eine Exekution beantragen.
- Ein Urteil im Zivilprozess darf nur mit Gerichtshilfe im **Exekutionsverfahren** durchgesetzt werden (staatliches Gewaltmonopol).
- Für die Durchführung sind immer die **Bezirksgerichte** zuständig.
- Mit dem Exekutionstitel kann der Gläubiger/die Gläubigerin mindestens 30 Jahre auf das Vermögen oder Einkommen des Schuldners/der Schuldnerin zugreifen.

⚠️ Die Exekution ist die gerichtliche **Zwangsvollstreckung** von Rechten.

Welche Aufgabe hat der Gerichtsvollzieher/die Gerichtsvollzieherin?
- Der Gerichtsvollzieher/die Gerichtsvollzieherin (der Exekutor/die Exekutorin) ist ein/e Gerichtsbedienstete mit der Aufgabe festzustellen, ob ein verurteilter Schuldner/eine verurteilte Schuldnerin über pfändbare Gegenstände verfügt.
- Die Hauptaufgabe liegt darin, Zahlung zu verlangen und (Teil-)Zahlungen zu kassieren. Wenn das nicht möglich ist, wird ein sogenanntes **Pfändungsprotokoll** erstellt, in dem alle pfändbaren Fahrnisse des Schuldners/der Schuldnerin aufgeführt werden.
- Dem Gerichtsvollzieher/der Gerichtsvollzieherin ist unbedingt **Einlass in die Wohnung** zu gewähren. Im Extremfall kann der Gerichtsvollzieher die Polizei und einen Schlosser heranziehen und sich gewaltsam Zugang zur Wohnung verschaffen. Dies allerdings erst, wenn er zuvor zu unterschiedlichen Zeiten versucht hat, jemanden anzutreffen.

Inkassobüros
Immer häufiger überlassen Gläubiger/innen das Eintreiben offener Forderungen einem Inkassobüro, was für die Schuldner/innen natürlich teurer kommt. Mitarbeiter/innen von Inkassobüros muss kein Zutritt zur Wohnung gewährt werden. Sie dürfen keine Gegenstände mitnehmen oder pfänden!

Generell lassen sich zwei Arten von Exekutionsverfahren unterscheiden

Exekution wegen Geldforderungen des Gläubigers/der Gläubigerin	Exekution zur Erwirkung von Handlungen und Unterlassungen
Fahrnisexekutionsverfahren: Pfändung und Verwertung beweglicher Sachen (z. B. Fernseher, Stereoanlage, Teppich) **Forderungsexekution** (z. B. Lohnpfändung) **Liegenschaftsexekution:** Bezweckt die Pfändung und allenfalls Verwertung bzw. Versteigerung von Liegenschaften (Zwangsversteigerung)	In der Praxis nimmt der Gerichtsvollzieher dem Schuldner/der Schuldnerin den Gegenstand weg und händigt ihn dem Gläubiger/der Gläubigerin aus. Geht es um unvertretbare Handlungen, kann der Schuldner/die Schuldnerin (die verpflichtete Partei) durch exekutionsgerichtliche Geld- und Haftstrafen zur **Duldung** oder **Unterlassung** gezwungen werden (z. B. Herausgabe eines Gemäldes, Unterlassung gesetzwidriger Werbung)

Fahrnisse = bewegliche Sachen.

Gerichtliches Pfandsiegel („Kuckuck")

Im Folgenden wird nur die Exekution wegen Geldforderung behandelt.

VI Rechtsdurchsetzung im Strafverfahren und im Zivilverfahren

💡 Versteigerungen werden unter www.edikte.justiz.gv.at im Internet bekannt gemacht.

2.1 Exekution wegen Geldforderung

2.1.1 Fahrnisexekutionsverfahren

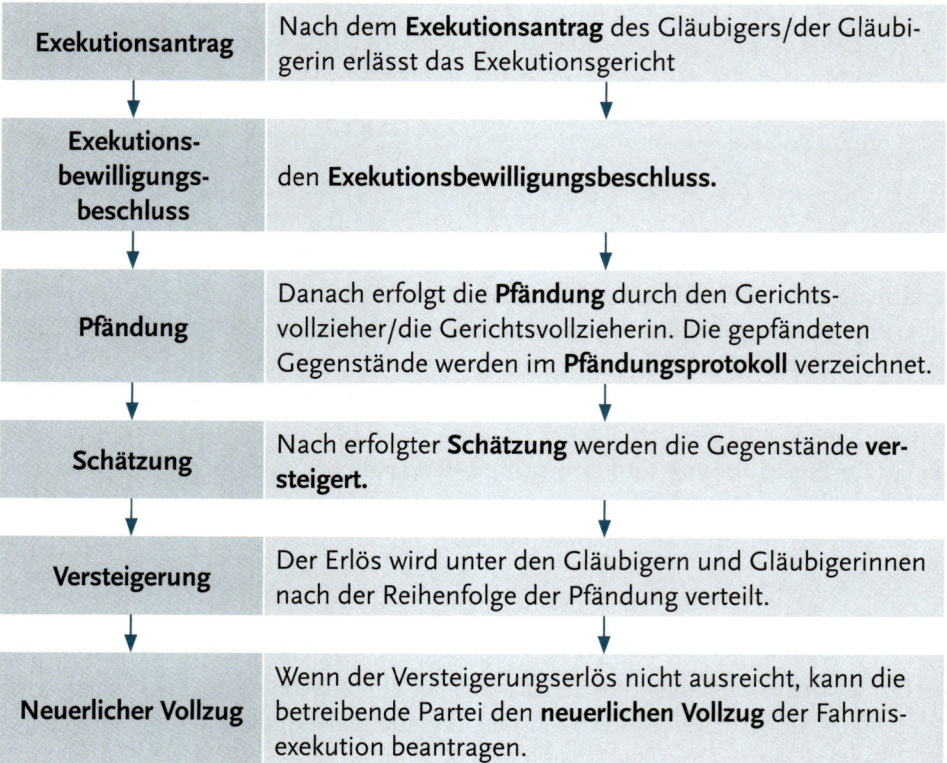

Exekutionsantrag	Nach dem **Exekutionsantrag** des Gläubigers/der Gläubigerin erlässt das Exekutionsgericht
Exekutionsbewilligungsbeschluss	den **Exekutionsbewilligungsbeschluss**.
Pfändung	Danach erfolgt die **Pfändung** durch den Gerichtsvollzieher/die Gerichtsvollzieherin. Die gepfändeten Gegenstände werden im **Pfändungsprotokoll** verzeichnet.
Schätzung	Nach erfolgter **Schätzung** werden die Gegenstände **versteigert**.
Versteigerung	Der Erlös wird unter den Gläubigern und Gläubigerinnen nach der Reihenfolge der Pfändung verteilt.
Neuerlicher Vollzug	Wenn der Versteigerungserlös nicht ausreicht, kann die betreibende Partei den **neuerlichen Vollzug** der Fahrnisexekution beantragen.

⚠️ Bei jeder größeren Anschaffung **Rechnung** mit Namen und Adresse geben lassen und **aufbewahren**. So kann man sein Eigentum am leichtesten nachweisen, sollte es einmal Prob-leme geben.

Gepfändet werden können alle Gegenstände, die sich in der Gewahrsame des Schulners/der Schuldnerin befinden, unabhängig davon, ob er/sie tatsächlich Eigentümer/in ist.

Beispiel
Der frisch verliebte Andi zieht unter Mitnahme seines neuen PC zur verschuldeten Bettina. Führt die Bank gegen Bettina Exekution, kann der PC gepfändet werden. Andi muss dann nachweisen, dass der PC ihm gehört.

Es besteht die Möglichkeit der **Austauschpfändung**. Ist etwa die einzige Sitzgelegenheit eine teure Ledergarnitur, kann diese versteigert werden, wenn der betreibende Gläubiger eine billigere Sitzgelegenheit zur Verfügung stellt.

Was darf nicht gepfändet werden?
Die Exekutionsordnung berücksichtigt auch wichtige Interessen des Schuldners:
- So ist die **Kahlpfändung** verboten, d. h., der verpflichteten Partei müssen z. B. die notwendigsten Möbel und Hausrat bleiben.
- Auch die zur **Fortsetzung der Erwerbstätigkeit notwendigen Gegenstände** dürfen nicht gepfändet werden,
- ebenso wie **höchstpersönliche Sachen** (z. B. der Ehering, Orden, Fotos).

Auch das Gehalt kann bis auf das Existenzminimum gepfändet werden!

Zivilprozess- und Exekutionsrecht

2.1.2 Forderungsexekution, Lohnpfändung

Wenn der Schuldner/die Schuldnerin ein **Erwerbseinkommen** (Lohn, Gehalt) hat, kann auch das gepfändet werden.

Bei der **Lohnpfändung** (häufigste Form der Forderungsexekution) wird das Einkommen von Schuldnern und Schuldnerinnen bis auf das **Existenzminimum** gepfändet. Der darüber hinausgehende Betrag wird direkt an die Gläubiger überwiesen.

Die Höhe des Existenzminimums hängt von der Anzahl der Sorgepflichten (Kinder, nicht berufstätige Ehegatten) und auch von der Höhe des Einkommens ab. Die Untergrenze für das Existenzminimum liegt bei 909 EUR (Stand 2018).

In Österreich sind Arbeitgeber durch das System der Lohnpfändungen belastet. Sie sind verpflichtet, eine genaue Rangliste der anhängigen Exekutionen zu führen, monatlich das Existenzminimum zu errechnen und den pfändbaren Betrag an Gläubiger zu überweisen. Dieser Aufwand ergibt für Arbeitnehmer/innen oft Probleme mit ihren Arbeitgebern bis hin zu Kündigungen und Problemen bei der Arbeitssuche.

⚠️ 2017 wurden 902 095 Exekutionen beantragt. Das sind 3 653 Anträge pro Arbeitstag!

💡 Die **Lohnpfändungstabelle** ist auf der Website des Bundesministeriums für Justiz als Broschüre unter www.justiz.gv.at abrufbar.

💡 **Berechnung des Existenzminimums** auf:
www.schuldnerberatung-wien.at/site/popups/Existenzminimum.html

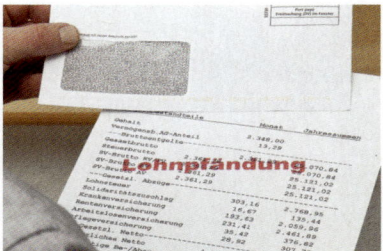

2.2 Sonstige Exekutionsarten

Exekution kann insbesondere auch durch
- die **Zwangsversteigerung** von **Liegenschaften** geführt werden,
- ebenso durch zwangsweise Pfandrechtsbegründung und
- durch Zwangsverwaltung einer Liegenschaft.
- Auch **Gewerberechte** können gepfändet werden.

Die staatlich anerkannte **Schuldenberatung** bietet kostenlose Unterstützung bei Überschuldung!

Versuchen Sie, immer den Überblick über Ihre Finanzen zu behalten!

Statistik der Schuldenberatung

Altersstruktur
Rund 23,3 Prozent der 2017 erstberatenen Klienten und Klientinnen waren 30 Jahre oder jünger.

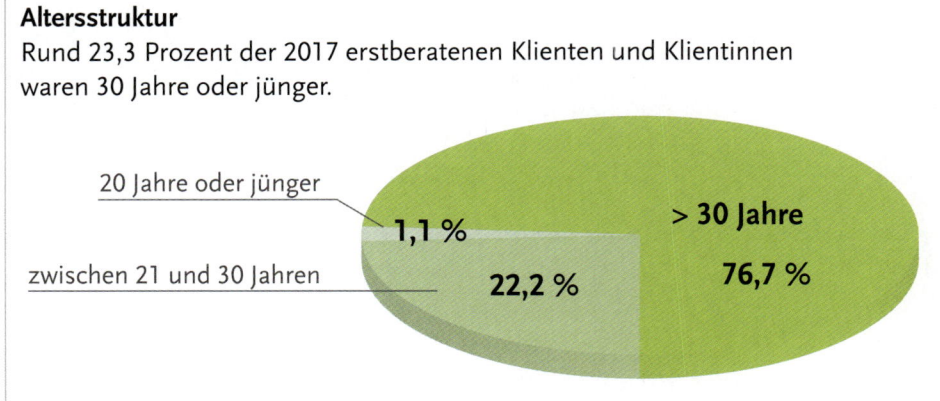

- 20 Jahre oder jünger: 1,1 %
- zwischen 21 und 30 Jahren: 22,2 %
- > 30 Jahre: 76,7 %

Schuldenhöhe
Die durchschnittliche Schuldenhöhe der Klientinnen und Klienten lag bei rund 27.500 EUR.

Staatlich anerkannte Schuldenberatungsstellen sind durch ein eigenes **Logo** erkennbar.

Staatlich anerkannte Schuldenberatung

www.schuldenberatung.at

 Ermitteln Sie auf der Website der Schuldenberatung die Hauptgründe für die Überschuldungen.

Aha!
Im Exekutionsrecht gilt der Grundsatz:
Wer zuerst kommt, bekommt auch zuerst!

VI Rechtsdurchsetzung im Strafverfahren und im Zivilverfahren

Aufgabenstellung – „Exekutionsrecht"

- Schildern Sie den Gang eines Fahrnisexekutionsverfahrens:

Nach dem _____ des Gläubigers/der Gläubigerin erlässt das Exekutionsgericht den _____ .

Danach erfolgt die _____ durch den Gerichtsvollzieher.

Die gepfändeten Gegenstände werden im _____ verzeichnet.

Nach erfolgter _____ werden die Gegenstände versteigert.

Der Erlös wird unter den _____ nach der Reihenfolge der Pfändung verteilt.

Wenn der Versteigerungserlös nicht ausreicht, kann die betreibende Partei den neuerlichen _____ der Fahrnisexekution beantragen.

Wissensfragen – „Zivilprozess- und Exekutionsrecht"

1. Wodurch unterscheidet sich ein Streitverfahren von einem Außerstreitverfahren? Nennen Sie je ein Beispiel.
2. Erklären Sie, was Schiedsgerichte sind und welche Vor- und Nachteile sie haben.
3. Nennen Sie die Verfahrensgrundsätze in einem Zivilprozess.
4. Was versteht man unter örtlicher Zuständigkeit?
5. Was versteht man unter sachlicher Zuständigkeit?
6. Wie bekämpft man einen bedingten Zahlungsbefehl?
7. Nennen Sie die drei Zeugenpflichten.
8. Welche Kosten können im Zuge eines Strafverfahrens anfallen und wer hat sie zu tragen?
9. Unterscheiden Sie die beiden Arten von Exekutionsverfahren.
10. Was ist das Existenzminimum? Bei welcher Exekutionsart spielt es eine Rolle?

Zivilprozess- und Exekutionsrecht

Ziele erreicht? – „Zivilprozess- und Exekutionsrecht"

1. Geben Sie einen Überblick über den Instanzenzug.

3. Instanz	
	Revision
2. Instanz	
	Berufung
1. Instanz	

2. Schildern Sie den typischen Gang eines Zivilprozesses von der Klagseinbringung bis zur Entscheidung des Obersten Gerichtshofes.

Fehlende Wörter:

mündlichen Streitverhandlung ▪ Klage ▪ Urkunden ▪ Klagebeantwortung ▪ Lokalaugenschein ▪ vorbereitende Tagsatzung ▪ Zeugen/Zeuginnen ▪ Sachverständigengutachten ▪ Parteieneinvernahme ▪ Urteil ▪ Versäumnisurteil

Aufgrund einer _____ trägt das Gericht dem/der Beklagten eine _____ auf.

Geht diese fristgerecht ein, beraumt das Gericht eine sogenannte _____ an, in der der Richter/die Richterin mit den Parteien die Themen des Prozesses bespricht.

Wenn der/die Beklagte nicht vor Gericht erscheint, ergeht ein _____. Es kommt dann zu keiner Verhandlung.

In der folgenden _____ werden Beweise aufgenommen. Beweismittel sind:

- _____
- _____
- _____
- _____

Nach Schluss der Verhandlung ergeht in der Regel schriftlich das _____

3. Kreuzen Sie die richtige Antwort an:

	Staatliche Gerichte	Schiedsgerichte
Ihre Entscheidungen unterliegen in der Regel einem kontrollierenden Instanzenzug.		
Sie sind schneller in der Entscheidung.		
Die wirtschaftlich stärkere Prozesspartei kann sie dominieren.		

4. Welche Behauptungen über den Zivilprozess sind richtig, welche falsch?

	richtig	falsch
Es dominiert der Grundsatz der Laienbeteiligung.		
Den Parteien kommt weitgehend die Disposition über den Prozess zu.		
Der Gerichtshof erster Instanz entscheidet nur bei Streitwerten über 40.000 € in Senaten.		

5. Georg möchte sich unbedingt ein neues Auto kaufen. Die Bank gibt ihm keinen Kredit, also bittet er seinen besten Freund Hans, ihm Geld zu leihen. Hans, der einiges gespart hat, lässt sich überreden und gewährt Georg einen Privatkredit über 10.000 EUR. Sie vereinbaren, dass Georg bis spätestens in einem Jahr das Darlehen zurückzahlt.

a) Georg gönnt sich einen schönen Tauchurlaub auf den Malediven mit seiner Frau und ein neues Sportrad. Der Kredit ist schon fällig und Georg wieder einmal nicht flüssig. Hans ist sehr sauer. Wutentbrannt über die fehlende Zahlungsmoral dringt Hans bei Georg ein und nimmt sich dessen Briefmarkensammlung, um sie zu verkaufen und damit Georgs Schulden zu tilgen. Der Verkaufserlös beträgt 9.000 €. Ist dies zulässig?

b) Bei welchem Gericht muss Hans seine Forderung einklagen?

c) Was muss das Gericht machen? Ist eine Verhandlung notwendig, um zu überprüfen, ob die Forderung von Hans zu Recht besteht?

d) Georg wirft wutentbrannt den gerichtlichen Zahlungsbefehl weg, da er seinem Freund die Gemeinheit, ihn zu klagen, nie zugetraut hätte. Welche Konsequenz hat dies für ihn?

e) Stellen wir uns vor, Georg hätte den Betrag bereits zurückgezahlt und bekäme trotzdem einen Zahlungsbefehl vom Gericht; wie kann er beweisen, dass er den Kreditbetrag bereits zurückgezahlt hat?

f) Hans hat jetzt ein rechtskräftiges Urteil (oder einen rechtskräftigen Zahlungsbefehl) in Händen. Was kann er machen, damit er tatsächlich zu seinem Geld kommt?

g) Hans hat eine Fahrnisexekution beantragt. Heißt das, dass er schon am nächsten Tag zu seinem Geld kommt? Wie läuft das Verfahren?

h) Georg wirft dem Gerichtsvollzieher Amtsmissbrauch vor, da er im Zuge der Pfändung auch Gegenstände seiner Ehegattin gepfändet hat. Durfte dies der Gerichtsvollzieher?

Stichwortverzeichnis

A

Abfertigungsanspruch 159
Abschiebeschutz 84
Abstammung 224
Abzahlungeschäfte 282
Adoption 227
AKM 135
Akteneinsicht 181
Aktenvermerk 183
Alleineigentum 247
Alleinregierung 42
Allgemeine Erklärung der Menschenrechte 80
allgemeines Wahlrecht 27
Amnesty International 81
Amt der Landesregierung 47
Amtshilfe 18
Anhalterecht, allgemeines 314
Anklageprinzip 64
Anklageschrift 321
Anlernling 150
Anonymverfügung 191
Anwaltspflicht 335
Arbeiterkammer 67, 71
Arbeitgeberhaftung 154
Arbeits- und Sozialgerichte 195 f.
Arbeitskampfrecht 169
Arbeitspflicht 155
Arbeitsrecht 146 ff.
Arbeitsschutzbestimmungen 161
Arbeitsverhältnis 148
Arbeitsvertrag 148 f.
Arbeitsvertragsrecht 148
Arbeitszeit 163
Arbeitszeitgesetz 163
Asylrecht 83
Aufenthaltsverbot 87
Ausbildungsdienst (AD) 32
Ausbildungsverhältnisse 149 f.
Ausgleichstaxe 165
Ausschuss der Regionen 99
Ausschüsse 36
AußenwirtschaftsCenter 70
Außergerichtlicher Tatausgleich (ATA) 315
Außergeschäftsraumverträge 277
Außerstreitverfahren 327
Aussperrung 169
Ausstattungsanspruch 227
Austritt 158
autochtone Volksgruppen 78

B

Baurecht 255
Befähigungsnachweis 117
Beharrungsbeschluss 37
Beklagter 327
Berufsverbandsrecht 167 f.
Berufsverfassungsrecht 167 ff.
Bescheid 183 f.
Beschuldigter 319
Besitz 244 ff.
Besitzstörungsverfahren 246
Besorgungsgehilfenhaftung 272
Beteiligter 180
Betriebsanlagengenehmigung 123
Betriebsanlagenrecht 122
Betriebsarzt 162
Betriebsausschuss 171
Betriebsrat 170
Betriebsvereinbarungen 169
Betriebsverfassungsrecht 169 ff.
Betriebsversammlung 170
Bewährungshelfer 320
Bezirke 48
Bezirksgerichte 62
Bezirkshauptmannschaften 46
Bezirksverwaltungsbehörden 46 f.
Blauhelme 31
Brauch 11
Brexit 111 f.
Briefwahl 27
Bundesamt für Fremdenwesen und Asyl (BAF) 84
Bundeseinigungsamt 196
Bundesfinanzgericht 54
Bundesgesetzblatt 37
Bundesgesetzgebung 35 ff.
Bundeskanzler/in 41 ff.
Bundesminister/innen 41 ff.
Bundespräsident/in 40
Bundesrat 35, 37
Bundesregierung 41 ff.
bundesstaatliches Prinzip f. 28
Bundesverfassung 23
Bundesversammlung 38
Bundesverwaltung 40 ff.
Bundesverwaltungsgericht 53
Bürgerkarte 305
Bürgermeister/in 49
Bürgschaft 261

C

Computerkriminalität 317
Cybercrime 318
Cybermobbing 304

D

Datenarten 294
Datenschutzgesetz 294
Datenschutzgrundverordnung – DSGVO 294
Datenverarbeitungsregister 300
Deliktsfähigkeit 209, 211
demokratisches Prinzip 23
Dienstbarkeiten 254
Dienstbarkeitsklage 254
Dienstzettel 149
Dienstzeugnis 159
direkte Demokratie 23 f.
Dispositionsgrundsatz 328
Diversion 315, 320
Domain Grabbing 130
Doppelstaatsbürgerschaft 75
Drei-Säulen-Modell 94
Dublin-III-Verordnung 83, 85
Durchrechnungszeitraum 163

E

E-Commerce-Gesetz 304
Ediktsdatei 200
Ehe 218 f.
Ehegattenerbrecht 236
Eheverbote 218
Ehevertrag 220
Ehewirkungen 219
Eigentum 245
Eigentumserwerb 247
Eigentumsklage 249
Eigentumsvorbehalt 261
Einantwortungsbeschluss 240
Eingetragene Partnerschaft (EP) 219
einvernehmliche Lösung 157
Einzelfallentscheidungen 12
Einzelrichter 322
elektronische Signatur 304
Enteignung 248
Enterbung 238
Enterbungsgründe 238
Entgeltfortzahlung 152
Entgeltleistung 152
Entgeltpflicht 151 f.
Entlassung 158
Entlassungsschutz 158
Erasmus 110
Erbantrittserklärung 240
Erbfolge, gesetzliche 236
Erblasser/in 232
Erblasserschulden 241
Erbvertrag 236
Erbfallschulden 241
Erfüllungsgehilfenhaftung 272
Erkenntnisbeschwerde 56
Erledigung 183
Erschwerungsgründe 314
Ersitzung 248
Erwachsenenschutzgesetz 213
EU-Anpassungsbestimmungen 125
EU-Beschlüsse 100
EU-Binnenmarkt 95
EU-Bürgerschaft 77
EU-Gesetz 99
EU-Kommission 98
EU-Mitgliedsländer 93
EU-Parlament 98

EU-Recht 12, 97, 100
EU-Rettungsschirm 110
EU-Richtlinien 110
Euro 93
Eurojust 94, 107
Europäische Menschenrechtskonvention (EMRK) 83
Europäische Union (EU) 91 ff.
Europäische Zentralbank (EZB) 96, 101
Europäischer Betriebsrat 173
Europäischer Gerichtshof (EuGH) 99, 103
Europäischer Gerichtshof für Menschenrechte (EGMR) 81
Europäischer Rat 98
Europäischer Rechnungshof 99
Europäischer Wirtschafts- und Sozialausschuss (EWSA) 99
Europäisches Patentamt 133
Europass 110
Europol 94, 107
EU-Verordnungen 100
EU-Verträge 94
Exekutionsrecht 343
Exekutionsverfahren 343
Exekutive 30
Existenzminimum 345

F

Fachgruppe 69
Fachverband 69
Fahrlässigkeit 271, 313
Fahrnisexekutionsverfahren 343 f.
Familie 217
Ferialpraktikanten 150
Fernabsatz 304
Feststellungsbescheid 194
Fischer, Heinz 41
Fixgeschäft 271
Flüchtling 87
Forderungsexekution 343
formelles Recht 15
Fortbetriebsrecht 119
Fragerecht 52
Fragestunde 52
freie Gewerbe 118
freie Werknutzung 135
freier Dienstleistungsverkehr 95 f.
– Dienstvertrag 150
– Kapitalverkehr 95
– Personenverkehr 95 f.
– Warenverkehr 95
freies Mandat 38
– Wahlrecht 27
Freiheitsstrafe 319 f.
Fremde 76
Fund 247
Fürsorgepflicht 154

G

Garantie 261, 264
Gastwirtehaftung 273
Gebrauchsmuster 133 f.
Gefährdungshaftung 272
geheimes Wahlrecht 27
Geldstrafe 319
Gemeinde 49
Gemeindeautonomie 50
Gemeinderat 49
Gemeinsame Außen- und Sicherheitspolitik (GASP) 94, 106 f.
gemeinsame Wirtschaftspolitik 94
Genfer Flüchtlingskonvention (GFK) 83
Gerichtsbarkeit 30, 62 ff.
Gerichtsorganisation 61 ff.
Gerichtsstand 328
Gerichtsvollzieher 343
geringfügige Beschäftigung 151
GERS 110
Gesamteigentum 247
Geschäftsfähigkeit 211
Geschworene 64
Geschworenengericht 328
Gesetze 12
Gesetzesantrag 36
Gesetzgebung 30
Gesetzgebungsverfahren, ordentliches 100
gesetzlicher Voraus 237
gesetzliches Erbrecht 236
Gewährleistung 261 ff., 283
Gewährleistungsfristen 263
gewaltenteilendes Prinzip 30
Gewerbeanmeldung 120
Gewerbearten 120
Gewerbeausschließungsgründe 119 f.
Gewerbeausübung, Beginn 120
Gewerbebehörde 120
Gewerbeberechtigung 120
Gewerberecht 117
Gewinnzusagen 283
Gläubiger/in 258
Gläubigerverzug 265
Gleichbehandlungsgebot 154
gleiches Wahlrecht 27
gleitende Arbeitszeit 163
Grundbuch 250
Grundbuchsprinzipien 250
Grundsatz des gesetzlichen Richters 63 f.
Grund-und Freiheitsrechte 79
Günstigkeitsprinzip 147
Gütergemeinschaft 220
Gütertrennung 220

H

Hahn, Johannes 107
Handlungsbegriff 312 f.
Handlungsfähigkeit 209, 211 f., 214
Handy-Signatur 305
Hauptmiete 289
Haustürgeschäfte 277
Heimfallsrecht 239
Hoheitsgewalt 14
Hoheitsverwaltung 177
Hoher Vertreter für Außen- und Sicherheitspolitik 96
humanitäres Bleiberecht 87

I

Immaterialgüterrecht 131 ff.
Immissionen 248 f.
Immunität 38
Impressumpflicht 306
indirekte Demokratie 23 f.
Individualarbeitsrecht 147
Industriebetriebe 118
Inkassobüros 343
Innehabung 245
innerstaatliches Recht 15
Innungen 69
Insolvenz-Entgelt-Fonds (IEF) 202
Insolvenzverfahren 199 ff.
Insolvenzverwalter 200
Interessenverbände 68 ff.
Interessenvertretungen 167
Internationaler Strafgerichtshof 81
Irreführung 129

J

Jonas, Franz 41
Judikative 30
Judikatur 17
Jugendkriminalität 318
Jugendstrafrecht 316
Jugendvertrauensrat 171
juristische Personen 15, 209

K

Karenz 153
Kaufvertrag 267
Kelsen, Hans 22
Kinder- und Jugendschutz 165
Kindesunterhalt 226 f.
Kindeswohl 224
Kirchschläger, Rudolf 41
Kläger 333
Klestil, Thomas 41
Klubzwang 38
Koalitionsregierung 42
kollektives Arbeitsrecht 147
Kollektivvertrag 168
Konkursverfahren 201
Konsumentenschutzgesetz 297
Konsumentenschutzrecht 276
Kontrahierungszwang 259
Konventionalstrafe 260
Konvergenzkriterien 95

Konzentrationsregierung 42
Kopenhagener Kriterien 93
Körner, Theodor 41
Korruption 65
Kostenvoranschläge 281
Kündigung 157
Kündigungsschutz 157

L

Ladung 179, 182
Landesgerichte 62
Landesgesetzgebung 44 ff.
Landeshauptfrau/Landeshauptmann 47
Landesregierung 46 f.
Landesverteidigung 32 ff.
Landesverwaltung 46 ff., 177
Landesverwaltungsgerichte 54
Landtag 44 f.
Landwirtschaftskammer 67, 70
Lauschangriff 329
Lebensgemeinschaft 228
Legislative 30
Legislaturperiode 35
Lehrling 150
Leistungsbescheid 194
Leistungsstörungen 261
Leistungsverwaltung 50
Liegenschaft 286
Liegenschaftsexekution 343
Liniensystem 236
Literar Mechana 135
Lohnpfändung 345
Lokalaugenschein 183

M

Magistrate 46 f.
Mahnverfahren 329
Mängel 262
Markenrecht 131 f.
Markenregister 132
Masseverwalter 201
materielles Recht 15
Mediation 222
Mediengesetz 301
Mehrarbeit 163
Mehrheitsregierung 42
Mehrheitswahlrecht 27
Meisterprüfung 119
Menschenrechte 79
Mietrechtsgesetz 288
Mietvertrag 287 f.
Mietzins 290 f.
Migration 87
Milderungsgründe 320
Minderheitsregierung 42
Mindestlohntarife 169
Misstrauensvotum 52
Mitarbeitervorsorgekassen (MVK) 159
Miteigentum 247, 286
mittelbare Bundesverwaltung 40

Mobbing 154
Mogherini, Federica 96
Monarchie 29
Moral 11
Musterschutz 132 f.
Mutterschutz 164

N

Nachtarbeiterschutz 164
Nationalrat 35 ff.
natürliche Personen 15, 209
Neutralität 31
NGOs 81
Niederschrift 182
Normalarbeitszeit 163
Normen 11
Notstand 271, 314
Nottestament 233
Notwehr 270, 314

O

Oberlandesgerichte 62
Oberster Gerichtshof (OGH) 62
objektives Recht 15
Obsorge 225
öffentliches Recht 14
Offizialprinzip 188
Online-Amtshelfer 18
Onlineshopping 278
ordentliches Verfahren im Zivilprozess 335
Organmandat 191
Österreichischer Gemeindebund 49
Österreichischer Gewerkschaftsbund (ÖGB) 67, 72

P

Paragraf 13
Paritätische Kommission 68
parlamentarische Kontrolle 52
Parteien 180
Parteiöffentlichkeit 328
Partnerschaftsprinzip 219
Patchworkfamilien 219
Patent 132 f.
Patentamt 131
Patentrecht 132 f.
Personenschutz 164 f.
persönliches Wahlrecht 27
Pfandrecht 252, 261
Pfandverwertung 253
Pflegefreistellung 152
Pflegekindschaft 227
Pflegevermächtnis 238
Pflichtteilsrecht 237
Plenarsitzungen 36
Pönale 60
Postensuchtage 159
Preisminderung 263

Prekariat 150
Privatkonkurs 203
Privatrecht 14
Privattestament 234
Privatwirtschaftsverwaltung 177
Probearbeitsverhältnis 150
Probezeit 157
Produktfehler 141
Produkthaftung 141
Produktsicherheit 144

R

Rat der EU 98
Reallasten 255
Rechnungshof 57
Rechtsanwendung 13
Rechtsarten 15
Rechtsauslegung 13
Rechtsfähigkeit 209 ff., 214
Rechtsgeschäfte 258
Rechtsgestaltungsbescheid 194
Rechtsinformationssystem (RIS) 16
Rechtsmängel 262
Rechtsmittelverfahren 186 ff.
Rechtsnormen 11
Rechtsobjekt 15
rechtsstaatliches Prinzip 30
Rechtssubjekt 15
Rechtswidrigkeit 270, 307 f.
Regenbogenkinder 219
reglementierte Gewerbe 118
Renner, Karl 22, 41
republikanisches Prinzip 28
Resolutionsrecht 52
richterliche Unabhängigkeit 63
RIS 16
Ruhezeit 164

S

Sachen 244
Sachmängel 262
Sachverständige 183
Sanierungsplan 201
Sanierungsverfahren 200 f.
Sanktionen 319
Schaden 269
Schadenersatz 269
Schärf, Adolf 41
Schatzfund 248
Scheidung 220 f.
Scheidungsfolgenrecht 221
Scheidungsfolgenvergleich 220
Scheidungsgründe 221
Schengener Abkommen 95, 106
Schengen-Informationssystem (SIS) 106
Schengenstaaten 95
Schlichtungsstellen 197
Schneeballsystem 130
Schöffen 64
Schöffengericht 328

Schubhaft 87
Schuld 315
Schuldenberatung 345
Schuldenregulierungsverfahren 203
Schuldner/in 258
Schuldnerverzug 265
Schuldverhältnis 258
Schutzfristen 136
Schutzvorschriften 162
Schwägerschaft 217
Selbsterhaltungsfähigkeit 227
Selbsthilfe 246
Selbstverwaltung 177
Servituten 254
Sicherheitsvertrauensperson 162
Sitte 11
Social Networks 305
Sorgfalts- und Haftpflicht 155
Sozialpartner 66 ff.
Staatenlose 76
Staatsanwalt 319
Staatsbürgerschaft 75
Staatsbürgerschaftsrecht 75
Stalking 298
Statutarstädte 46 f., 49
Stillschweigen 259
Strafaufhebungsgründe 316
Strafausschließungsgründe 316
strafbare Handlungen 317
Strafen 319 f.
Straferkenntnis 192
Strafgesetzbuch 312
Strafprozess 325
Strafregister 326
Straftat 315 f.
Strafverfahren 326
Strafverfügung 191
Strafvollzug 319
Strafzumessung 320
Streik 169
streitiger Zivilrechtsweg 333
Stufenbau der Rechtsordnung 11 f.
subjektives Recht 15
subsidiärer Schutz 87

T

Tantiemen 135
Tatbestandsmäßigkeit 307
Teilgewerbe 118
Teilzeitbeschäftigung 151
Termingeschäft 265
Testament 233 f.
Testamentswiderruf 236
Testierfähigkeit 235
Testierfreiheit 236
Tilgung 322
Todeserklärungsverfahren 211
Treuepflicht 155
Typenzwang 244

U

Überstunden 164
Überstundenzuschläge 164
unmittelbare Bundesverwaltung 40
Unrechtsbewusstsein 315
Unterhalt 221
Untermiete 289
Untersuchungsausschüsse 52
Untersuchungshaft 329
Urheberrecht 134 ff.
Urheberrechtsverletzungen 136 f.
Urkunden 182
Urlaub 152
UWG 129

V

Van der Bellen, Alexander 41
Verfahrensgrundsätze 334
Verfahrenshilfe 342
Verfassungsgerichtshof 55 f.
Verfassungsgesetze 22
Verfassungsprinzipien 12
Verfassungsrecht 22
Verhältniswahlrecht 27
Verjährung 267
Verlobung 218
Verordnungen 12
Verschollenheit 211
Verschulden 270
Verschuldensscheidung 221
Verteidiger 325
Vertrag über die Europäische Union (EUV) 111
Vertrag von Lissabon 96
– – Maastricht 94
Vertragsstrafe 260
Vertragstypen 267
Verursachung (Kausalität) 269
Verwaltung 30
Verwaltungsakte 178
Verwaltungsgerichte 187
Verwaltungsgerichtsbarkeit 53
Verwaltungsgerichtshof 53
Verwaltungsverfahren 178 ff.
Verwandtschaft 217
Verwertungsgesellschaften 131, 135
Verwertungsrechte 135
Verzug 265
Völkerrecht 15
Volksabstimmung 25
Volksanwälte 57
Volksanwaltschaft 56
Volksbefragung 25
Volksbegehren 24
Vollziehung 30
Volontär/in 150
Vorempfänge 238
Vorsatz 271, 313

W

Wahlen 26 f.
Wahlkarte 27
Waldheim, Kurt 42
Wehrpflicht 32
Werknutzungsbewilligung 136
Werknutzungsrecht 135
Werknutzungsrecht 136
Werkvertrag 150 f.
Wettbewerbsrecht 129 ff.
WIFI 70
Wirtschafts- und Korruptionsstaatsanwaltschaft (WKStA) 64 f.
Wirtschafts- und Währungsunion 94 f.
Wirtschaftskammer Österreich 67, 69 f.
Wirtschaftskriminalität 312
Wohnungseigentum 247, 286 f.

Z

Zahlungsbefehl, bedingter 335
Zahlungsplan 204
Zeitablauf 156
Zentralbetriebsrat 171
Zivildienst 33
Zivilprozess 332 ff.
Zivilrecht 14
Zivilschutz 34
Zivilschutzsignale 34
Zueignung 247
Zugewinngemeinschaft 220
Zurechnungsfähigkeit 315
Zuverlässigkeitsgewerbe 117, 120
Zwangsmaßnahmen 329
Zwangsmittel 329
Zwangsversteigerung 345
Zwangsvollstreckung 343
Zweikammersystem 35

Bildnachweis

Alle Bilder und Grafiken sind entweder Eigentum der TRAUNER Verlag + Buchservice GmbH, wurden von Bildagenturen zugekauft (stock.adobe.com, Shutterstock) oder werden über die Bildrecht GmbH in Wien abgerechnet.